Mira und Gerhard Schoenberner

Zeugen sagen aus

Berichte und Dokumente
über die Judenverfolgung
im »Dritten Reich«

Union Verlag Berlin

ISBN 3-372-00190-7

1. Auflage Union Verlag Berlin 1988
© by Gerhard Schoenberner
Revidierte und erweiterte Fassung der Originalausgabe:
Wir haben es gesehen, Hamburg 1962
Lizenz-Nr. 395/3708/88 · LSV 0266
Printed in the German Democratic Republic
Satz und Reproduktion:
Druckerei Neues Deutschland, Berlin
Druck und buchbinderische Weiterverarbeitung:
Druckwerkstätten Stollberg
Einband und Schutzumschlag: Gerhard Bunke
700 228 1
01800

> Merke, es gibt Untaten, über
> welche kein Gras wächst.
> *J. P. Hebel*

Schon während des zweiten Weltkrieges, als die Kamine von Auschwitz noch Tag und Nacht rauchten, verfaßten jüdische Augenzeugen Berichte über das Martyrium ihres Volkes und das Wüten der Mörder. Im Versteck, in Ghetto und Lager, vor den Augen des Feindes, unter Lebensgefahr und oft noch im Angesicht des Todes schrieben die Verfolgten ihre Erlebnisse auf. Viele versteckten ihre Tagebücher und vergruben ihre Notizen, weil sie hofften, jemand könnte eines Tages ihre Aufzeichnungen finden, falls sie selbst nicht am Leben blieben.

Es entstand eine neue Literatur, geboren aus dem drängenden Bedürfnis, den Mitmenschen kundzutun, was man erlebt und gesehen hatte. Dieses Bewußtsein der missionarischen Verpflichtung, eine Nachricht zu überbringen, das heute manchen fremd anmuten mag, war damals aufrichtig und allgemein. Selbst die Sterbenden baten die Jüngeren, die noch Kraft zu einem Fluchtversuch hatten, die Botschaft von ihrem Leiden mit hinauszunehmen in die Welt. Es ist keine nachträgliche Pose, wenn die Überlebenden schreiben, daß nur dieser Gedanke sie aufrecht hielt, denn nach dem Verlust ihrer Familie war ihnen der Tod oft vertrauter als das scheinbar sinnlos gewordene Leben. Die Hölle, der sie ausgesetzt waren, schien so wahnwitzig, daß sie überzeugt waren, die Welt würde ihr Fortbestehen nicht einen Tag länger dulden, wenn sie nur die Wahrheit erführe – ja, diese Welt selbst könnte so nicht bestehenbleiben, in der dies möglich geworden war.

Die meisten Zeugnisse sind mit ihren Schreibern verschollen. Hier und da fand man später hinter einer Mauer oder auf einem Dachboden ein verstaubtes Heft, letztes Lebenszeichen eines Menschen, dessen Spur ins Nichts führte. Einige Berichte wurden während des Krieges von Flüchtlingen ins neutrale Ausland gebracht oder unter dem frischen Eindruck der Erlebnisse in der Freiheit niedergeschrieben.

Jeder Überlebende glaubte etwas ganz Einmaliges und Wichtiges erzählen zu müssen. Er verstand sich als zufälligen, vielleicht einzigen Zeugen einer menschenvernichtenden Katastrophe. Damals waren die wenigen, die aus Auschwitz oder dem brennenden Warschauer Ghetto entkamen, tatsächlich Sendboten aus einer Unterwelt, von der man noch auf keine andere Art verläßliche Nachricht empfangen hatte.

Nach dem Krieg wuchs die Zahl der Augenzeugenberichte zu einer Lawine an. Rasch gegründete Untersuchungskommissionen und Institute sammelten systematisch Tausende von Aussagen, um aus vielen Teilbeobachtungen die Vorgänge jener Jahre zu rekonstruieren. Ein solcher Versuch, erste Kenntnisse über das System des Mordes und seine Einrichtungen zu ermitteln, hatte seine Bedeutung, solange es an anderen Unterlagen mangelte. Diese rein informative Funktion der Augenzeugenberichte ist heute erfüllt.

Auf Himmlers Befehl wurden zwar vor Kriegsende noch die meisten Unterlagen seines Amtes vernichtet, aber schon die zufällig erhalten gebliebenen Dokumente ergeben ein erdrückendes Beweismaterial. Es braucht in diesem Buch nichts mehr bewiesen zu werden, weil alles schon bewiesen ist. Die Tatsachen sind heute allgemein bekannt oder könnten es zumindest sein, da inzwischen genügend dieser Akten veröffentlicht wurden.

Eine Dokumentation, die das Leben der Unterdrückten behandelt, kann sich jedoch mit den Berichten der Unterdrücker nicht zufriedengeben. Die Befehle ebenso wie die ihnen folgenden Vollzugsmeldungen über Austreibungen, Deportationen, Beraubungen und Massentötungen geben nur Aufschluß über den statistischen Aspekt des Geschehens, an dem die Rassenfanatiker interessiert waren. Wie die Vernehmungsprotokolle zeigen, beschränkten sich die Mörder auch als Gefangene meist auf die Darstellung der administrativen Seite, die sie mit allen technischen Details umständlich zu beschreiben wissen, während Wortkargheit und Gedächtnisschwund ihre Schilderungen vage und farblos machen, sobald es um die Verbrechen selbst geht.

Erst durch die Augenzeugenberichte der Verfolgten ergibt sich ein vollständiges Bild. Ihre subjektiven, persönlichen Schilderungen übersetzen die barbarisch abstrakte Amtssprache der Schreibtischtäter in lebendige menschliche Anschauung. Sie mögen sich in einzelnen Daten irren – in der Atmosphäre, die sie wiedergeben, sind sie wahr, und nur diese innere Wahrheit ist entscheidend.

Die Judenverfolgung, die sich bis zum staatlich organisierten Genozid steigerte, ist das nach Umfang und Systematik sicher furchtbarste Verbrechen der Nazis, die auch Millionen Angehöriger der slawischen Völker ermordeten. Die Juden waren die ersten Opfer eines umfassenden Ausrottungsprogramms zur »rassischen Neuordnung« Europas, das von einem siegreichen Hitlerdeutschland verwirklicht worden wäre. Ihr Schicksal beweist, in welchen Abgrund des Verbrechens die nazistische Raubtierphilosophie führte. An diesem Beispiel zeigt sich die Krankheit einer ganzen Epoche. Nicht eine jüdische, eine deutsche Angelegenheit wird hier verhandelt.

Dieses Buch entspricht in seinem Aufbau dem historischen Ablauf der Ereignisse; seine einzelnen Kapitel zeigen die Verfolgungsmaßnahmen des Nazi-Regimes gegen die Juden in ihrer Steigerung von Stufe zu Stufe.

Mit Hitlers Machtantritt war das Ende der Demokratie in Deutschland gekommen. Die erste Terrorwelle richtete sich gegen die deutsche Arbeiterbewegung, in der die Nazis zu Recht ihren entschiedensten Gegner erkannten. Die Stimme der Vernunft und der Humanität mußte gewaltsam zum Schweigen gebracht werden, bevor die neuen Machthaber ihre Pläne in die Tat umsetzen konnten. Bald wurden alle politischen Parteien verboten. Entsetzt erkannten die Verfolgten, daß der Staat das Verbrechen schützte: Verbrecher hatten die Staatsmacht übernommen. Noch gab es Widerstände in der Maschinerie, aber die Gleichschaltung hatte begonnen. Eine wüste antikommunistische und antisemitische Haßpropaganda diente der Einschüchterung und Disziplinierung der Bevölkerung wie der psychologischen Vorbereitung weiterer Maßnahmen, die den Terror zum Gesetz erhoben. Der Errichtung der Konzentrationslager für alle politischen Gegner des Regimes folgten 1935 die Nürnberger Rassengesetze, die den Rückfall ins Mittelalter konstituierten.

1938 demonstrierte der neue Staat seinen kriminellen Charakter in aller Öffentlichkeit. Der zentral gelenkte Pogrom vom 9. November, der von der Propaganda als spontane Erhebung der deutschen Bevölkerung hingestellt wurde, leitete mit Brandstiftung, Mord und Massenverhaftungen eine zweite Welle von Gesetzen ein. Man nahm den deutschen Juden auf juristischem Wege die letzten Rechte und entzog ihnen die wirtschaftliche Existenzgrundlage, um sie zur Emigration zu zwingen.

Nach Beginn des zweiten Weltkrieges wurde der bis dahin erreichte Stand der antisemitischen Gesetzgebung in vollem Umfang auf die von Hitlers Truppen überfallenen Länder übertragen. Die polnischen Juden mußten als erste das Zeichen des Davidsterns anlegen. Sie wurden in bewachten Ghettos gefangengehalten, in denen Hunger und Seuchen bald ein Massensterben auslösten. In den westeuropäischen Staaten begnügte man sich vorerst mit der Registrierung und der Einführung der Kennzeichnungspflicht.

Mit dem Überfall auf die Sowjetunion begann die nächste Etappe. An die Stelle der Umsiedlung trat nun die Vernichtung. In allen Dörfern und Städten von der Ostsee bis zum Schwarzen Meer wurde die jüdische Bevölkerung unter dem Vorwand einer Registrierung zusammengetrieben und bis auf wenige, für die Truppe unentbehrliche Fachkräfte an Ort und Stelle erschossen. Gelegentlich verwendete man auch Gaswagen, wie sie in Deutschland bei der »Euthanasie«-Aktion eingesetzt wurden. Gleichzeitig suchte man nach wirksameren und weniger auffälligen Tötungsmethoden.

An mehreren Orten im besetzten Polen, deren Namen heute die ganze Welt kennt, wurden besondere Anlagen mit Gaskammern und Krematorien errichtet, in denen der Massenmord industriell betrieben werden konnte. 1942 erreichte die Verfolgung ihre höchste Stufe: das Prinzip der Deportation und Vernichtung wurde auf alle von Hitlerdeutschland besetzten Länder angewandt. In Polen wurde ein Ghetto nach dem anderen mit barbarischer Brutalität geräumt und die gesamte Bevölkerung – Männer, Frauen, Kinder und Greise – in Güterzügen zur Hinrichtung gefahren.

In Westeuropa wiederholte sich dieselbe Tragödie, überall begann nun die große Menschenjagd. Wer nicht freiwillig zum Sammelplatz ging, den holte die Polizei. Aus allen Himmelsrichtungen des Kontinents rollten die Transporte in die Todeslager.

In Auschwitz-Birkenau entstand die zentrale Vernichtungsanlage, die schließlich eine Tageskapazität von 9000 vergasten und verbrannten Menschen erreichte. Gleichzeitig befand sich hier das größte Konzentrationslager, in dem Hunderttausende von Deportierten als Sklavenarbeiter für die deutsche Großindustrie gehalten wurden, bis man auch sie als arbeitsunfähig vergaste.

Die deutschen Juden hatten den längsten Leidensweg und gingen durch alle seine Stationen. Sie starben in den Ghettos von Łódź und Theresienstadt, in den Erschießungsgruben von Riga und Minsk oder in den Gaskammern von Auschwitz und Treblinka. Nach achtjährigem Pariadasein brachten sie nur noch wenig Widerstandskraft auf, als die Abtransporte nach dem Osten begannen. Von der deutschen Bevölkerung wurden die Deportationen – wie alle anderen Verbrechen der Nazis – fast widerspruchslos hingenommen. Während es in den europäischen Nachbarländern selbst unter deutscher Besatzung zahlreiche Akte des Protestes und der Solidarität gab, blieben in Deutschland die Kirchen stumm und Versuche von Widerstand und Hilfe für die Verfolgten die Ausnahme.

Überall in Europa wurde ein stiller, zäher Kampf um falsche Pässe, um Waffen und um Obdach für die Untergetauchten geführt. Aber das stärkste Beispiel mutiger Auflehnung gab die polnische Judenheit. Es war das Warschauer Ghetto, das 1943 zur letzten Schlacht antrat für das Recht des Menschen, wie ein Mensch zu sterben. Die Flamme des Aufstandes griff auf andere Ghettos und Todeslager über und wirkte bis in die Reihen der westeuropäischen Résistance als Signal und Ermutigung.

Nach dem Beginn der sowjetischen Gegenoffensive begannen die Mörder, die Vernichtungslager einzuebnen. Sie ließen auch die riesigen Massengräber öffnen und die Leichen verbrennen, um keine Spuren ihrer Verbrechen zu hinterlassen. Gleichzeitig wurden die Vergasungen in Auschwitz noch ununterbrochen fortgesetzt, nur vorübergehend eingeschränkt durch die Bedürfnisse der Kriegswirtschaft, die mit der Zielsetzung des Rassenwahns in Widerspruch geriet. 1944, zur Zeit der alliierten Invasion, erfuhr der Massenmord mit der Deportierung einer halben Million ungarischer Juden seinen grausigen Höhepunkt. Ein Wettlauf mit der Zeit begann.

Gegen Kriegsende wurden die Insassen der Konzentrationslager auf Gewaltmärschen ins Innere Deutschlands getrieben. Tausende fanden noch wenige Tage vor der Befreiung den Tod. Kein Häftling sollte in die Hände der Sieger fallen. Man fürchtete lebende Zeugen.

Einer allein könnte die Epopöe nicht zu Ende erzählen. Dieses Buch hat daher keinen Autor. Es ist ein vielstimmiger Chor, aus dem einzelne hervortreten und ihre Stimme erheben, auch im Namen jener, die nicht mehr sprechen können.

Ein Jude, der im besetzten Europa überleben wollte, mußte nicht einem, er mußte hundert Toden entkommen. In jeder Stadt, in jeder Straße lauerten auf ihn die Menschenfänger. Ihr Netz war eng und undurchlässig, und wer ihnen einmal entkam, war noch nicht gerettet.

Die Zeugen dieses Buches sind bis auf wenige dem Tode entronnen. Sie leben heute in Tel Aviv und New York, Paris oder London, Warschau und vielleicht auch Berlin. Sie sind die Ausnahmefälle, in denen die sonst so perfekte Mordmaschinerie versagte.

Einige von ihnen konnten noch rechtzeitig auf legalem Wege ihre Heimat verlassen. Die meisten hatten einen gefährlicheren Weg. Sie entkamen den Razzien, flohen aus den Ghettos und brachen aus den Deportationszügen aus. Sie lebten im Versteck oder mit falschen Papieren, schlugen sich in neutrale Länder durch oder gingen in die Wälder zu den Partisanen. Das Lager haben nur die wenigen überlebt, die bessere Lebensbedingungen hatten, weil sie als Ärzte oder Bürokräfte für die SS-Verwaltung arbeiteten, oder jene, die erst im letzten Kriegsjahr eingeliefert wurden und noch besonders widerstandsfähig waren.

Jeder von ihnen hätte eine Odyssee zu berichten. Aber die individuelle Geschichte ihrer jahrelangen Flucht vor dem Tode wäre nicht typisch für das Kollektivschicksal, das dieses Buch zum Thema hat. Hier sind nur jene Szenen ausgewählt, die sich so oder ähnlich ungezählte Male abgespielt haben. Es ist ein Versuch, hinter der abstrakten Ziffer wieder den Menschen sichtbar zu machen und gleichzeitig am Einzelfall das allgemein Typische zu zeigen, damit er stellvertretend für jene Millionen spricht.

Die Berichterstatter machen uns zu Augenzeugen des Geschehens. Wir erfahren durch sie, was es bedeutet, einen gelben Stern zu kaufen, sich das Kennzeichen der Geächteten selbst an den Mantel zu heften und so den ersten Schritt zu tun auf einem Weg, der in die Gaskammern führt. Was es heißt, in einem Versteck unter der Diele zu liegen, vierzehn Stunden lang, bewegungslos und ohne Luft, um dann doch noch von den Abholern entdeckt zu werden; oder wie einem zumute ist, wenn die Gestapo ins Haus kommt, wenn man nach dem vorbereiteten Gepäck greift und sich ein letztes Mal in seinem Zimmer umsieht, wie in dem eines Verstorbenen.

Wir begreifen, wie es ist, im Viehwagen zu sitzen, viele Tage und Nächte, mit Kindern, Kranken, Sterbenden und Wahnsinniggewordenen, in entsetzlicher Enge und Hitze, und gen Osten zu fahren; zu wissen, daß der eigene Mann, das eigene Kind, die Eltern im Krematorium verbrannt werden, und trotzdem weiterleben und für die Mörder arbeiten zu müssen, bis man nach qualvollen Wochen oder Monaten schließlich selbst als »arbeitsunfähig« ins Gas geschickt wird.

Und wir begleiten die Überlebenden: den Partisanenkommandeur, der mit Frauen, Kindern und hilflosen Alten vor den deutschen Erschießungskommandos in die Sümpfe flieht; einen Untergetauchten in Berlin, der ohne Ausweis, ohne Lebensmittelkarte und Unterkunft durch die vertrauten Straßen der Stadt irrt, die plötzlich fremd und bedrohlich geworden sind; und jene letzten, die sich nach dem ungleichen Kampf im brennenden Ghetto durch die Abflußkanäle zurückziehen, um dem Flammentod zu entgehen.

Manch einem mag dieser Blick in die Finsternis schwerfallen. Aber welch unausmeßbarer Abstand besteht noch immer zwischen einem Bericht und der Wirklichkeit, die er wiedergibt; welcher Unterschied, von einem Massengrab zu lesen, oder selbst nackt am Rande der Grube zu stehen! Und wir sollten zu bequem sein, um anzuhören, was andere – durch Handeln oder Unterlassen unserer Landsleute – erleiden und durchsterben mußten?

In diesem Buch werden die Mörder oft nur »die Deutschen« genannt. Für die Verfolgten der besetzten Länder gab es keine Nazis und keine SS. Es gab eine deutsche Besatzungsmacht, und es gab ihre Verwaltung, ihre Soldaten, ihre Polizei. Sie trugen alle Hitlers Uniformen und arbeiteten mit geteilten Funktionen. Sie hatten Waffen, und für die Opfer, die das Gewehr auf sich gerichtet sahen, waren sie alle gleich.

So wie das Nazi-Regime seinen verbrecherischen Krieg nach innen und außen nur führen konnte, weil es in Deutschland zahllose Helfershelfer gab, die bereitwillig seine Befehle ausführten, so fand die deutsche Besatzungsmacht auch in den okkupierten Ländern überall Kollaborateure bei der Verfolgung der politischen Linken und der Jagd auf die Juden. In Polen und den eroberten Gebieten der Sowjetunion mobilisierte sie die schlimmsten Elemente der einheimischen Bevölkerung zu regelrechten Hilfstruppen, die bei Deportationen und Ghettoräumungen, an Erschießungsgruben und in den Todeslagern unter deutscher Aufsicht ihr blutiges Handwerk ausübten.

Die Menschen, die sich in diesem Buch an uns wenden, unterscheiden sich voneinander durch Alter und Lebenserfahrung, Nationalität und soziale Herkunft, durch Charakter und Bildungsniveau, religiöse Bindung oder politisches Bewußtsein. Da gibt es Hausfrauen aus Köln und Wien, die nie daran gedacht hatten, in ihrem Leben etwas anderes zu schreiben als die täglichen Eintragungen in ihr Haushaltsbuch, und bäuerlich naive Naturen aus der Ukraine oder den Karpaten, die ihre Aussagen ohne Vorbereitung dem Stenografen ins Protokoll diktieren.

Rechtsanwälte, Ärzte und Studenten kommen zu Wort. Ein subtiler Intellektueller berichtet über die Tragödie des Warschauer Ghettos mit einer menschlichen Zurückhaltung und Objektivität, die uns erschüttert und beschämt. Ein Gerichtsmediziner erklärt mit wissenschaftlicher Genauigkeit das technische Verfahren des Massenmordes, zu dessen Zeugen ihn die makabre Ironie des Schicksals machte. Und ein Mathematikstudent aus Lwow beschreibt wie ein moderner Simplicissimus das furchtbare Handwerk der Leichenverbrennung im Ton des Alltäglichen, um nicht vor Schmerz den Verstand zu verlieren.

Behütete Mädchen, die gestern noch in Lyon oder Amsterdam das Lyzeum besuchten, betrachten fast kindlich schüchtern, mit erschrockenem Befremden eine feindliche, von Abnormalität, Grausamkeit und Mord regierte Welt, in die sie sich plötzlich hinausgeschleudert sehen.

Jugendliche Draufgänger, die – statt in die Berufslehre zu gehen oder sich auf das Abitur vorzubereiten – ihr Examen in Lüge und Verstellung ablegen müssen, weil man unter der Herrschaft von Gangstern nur gegen die Gesetze bestehen kann, schildern ihre listenreichen Abenteuer im täglichen Kampf um ein Überleben.

Und dann sind da die Kinder, ein Junge aus Berditschew oder ein kleines Mädchen aus Tarnów, die in die Schule des Leides geschickt wurden, bevor sie noch das ABC erlernt hatten. Was sie uns mit sparsamen Worten und verblüffender Beobachtungskraft erzählen, klingt wie ein modernes Märchen der Gebrüder Grimm, in dem der Tod nicht den Wolfspelz, sondern eine SS-Uniform trägt.

Die Zeugen haben keine literarischen Ambitionen. Sie geben eine authentische Schilderung ihrer eigenen Erlebnisse, oft nur das äußere Abbild, ohne die Farbgebung psychischer Vorgänge. Ernst und sachlich-nüchtern, naiv und gewitzt oder reflektiv und empfindsam – je nach Erziehung und Temperament – berichten sie ihre Geschichte. Eines ist ihnen bei aller Verschiedenheit gemeinsam: es sind menschliche Stimmen, die da zu uns sprechen, voller Furcht, Unglauben, Trauer und Verzweiflung, Erschrecken oder Hoffnung.

Daneben stehen die Aussagen einiger kleiner Handlanger, die das blutige Geschäft des Mordens besorgten, und jener großen Herren, für die der Mord das Geschäft ihres Lebens war. Auch diese Zeugen tragen menschliche Gesichter und Namen, und manche von ihnen sogar einen akademischen Titel. Sie gehören derselben Zivilisation an wie ihre Opfer, sie waren kulturell und geographisch ihre Nachbarn, wuchsen oft in denselben Städten auf und haben womöglich gemeinsam mit ihnen die Schule besucht.

Aber ihre dienstlichen Anordnungen und Meldungen lesen sich wie Äußerungen seelenloser Roboter, und in den privaten Aufzeichnungen, die ihre menschliche Seite enthüllen, finden wir dieselbe zynische Unempfindlichkeit wieder, nur untermischt mit jenem Bodensatz von Sentimentalität, die der Kleinbürger gern für Menschlichkeit hält.

Man weiß nicht, worüber man mehr erschrecken soll, über die primitive Roheit eines Menschenschlächters in Slonim, der offen von seinem Gewerbe spricht, ohne zu ahnen, was er da ausplaudert, oder die kalte Arroganz seines kaum weniger primitiven Chefs, der von seiner Tätigkeit als deutscher »Kulturträger« im slawischen Osten berichtet; über die subalterne Beflissenheit jenes beschränkten Strebers, der Kommandant von Auschwitz war, oder die Mentalität eines SS-Professors, der mit dem gleichen distanzierten Interesse jede neue Vergasung wie den täglichen Speisezettel in seinem Tagebuch vermerkt.

Alle diese Texte sind Dokumente, in denen sich die berufsspezifische Blindheit ihrer Verfasser ebenso ausdrückt wie die abgrundtiefe Menschenverachtung des herrschenden Systems. Man muß sie Wort für Wort lesen: den trocken-bürokratischen Befehl des Chefs der deutschen Ordnungspolizei, der das Todesurteil für viele Tausende bedeutet, und die Erfahrungsberichte über Menschenverschleppung aus der Feder biederer Schupos, deren Beruf es einmal war, Verbrechen zu bekämpfen. Das Schreiben des Konzern-Vertreters, der beim Abendessen mit der KZ-Kommandantur über die

Abtretung von Zwangsarbeitern verhandelt, und das Angebot eines Krematoriumsfabrikanten, der seine Öfen wie Kühlschränke anpreist.

Müssen uns bei der Lektüre solcher Zeugnisse die Errungenschaften unserer Zivilisation nicht fragwürdig werden? Ist nicht eine ganze Gesellschaft in neuem Lichte zu betrachten, in deren Mitte dergleichen geschehen konnte? Vielleicht war es die instinktive Furcht vor solchen Fragen des Zweifels und der Beunruhigung, die so viele veranlaßte, sich die Ohren zuzuhalten, wenn von jenen Jahren gesprochen wurde. Sie ahnten, daß eine redliche Beantwortung Konsequenzen fordern könnte, die sie nicht auf sich nehmen wollten. Ebensosehr wie die Vergangenheit schreckt der Schatten, der von ihr auf die Gegenwart fällt.

Auschwitz war kein Alptraum, aus dem man nur aufzuwachen brauchte, und kein Spuk, der ebenso plötzlich wieder verschwindet, wie er gekommen ist. Auschwitz ist weder über Nacht gekommen noch ist es etwa schon verschwunden. Es gehört zu unserer Zeit und in unsere Geographie. Seine Folgen wie seine Ursachen sind in dieser Welt zurückgeblieben.

Die Gesellschaft, die den Moloch des SS-Staates aus sich hervorgebracht hat, besteht noch, und auch die Menschen, die ihm gedient haben, gibt es noch, soweit sie nicht inzwischen eines natürlichen Todes gestorben sind. Die meisten kehrten nach dem Krieg in die friedliche Kulisse ihrer bürgerlichen Existenz zurück. Hin und wieder erfuhr man aus der Zeitung, die über einen verspäteten Massenmord-Prozeß berichtete, wer da unlängst noch als angesehener Bürger in unserer Mitte gelebt hatte. Aber wenige Mordgehilfen wurden vor Gericht gestellt, noch weniger verurteilt. Die große Mehrzahl der eigentlich Verantwortlichen, die den Mord propagierten und von ihm profitierten, die die Gesetze schrieben und Befehle erließen, ging straffrei aus. Manche machten erneut Karriere und saßen bald wieder in Führungspositionen von Wirtschaft und Politik, Justiz, Verwaltung und Wissenschaft.

Die Jahre vergehen, die Spuren von Blut und Asche sind verblaßt. Über der gemarterten Erde Polens und der Sowjetunion, auch auf dem Boden der früheren Vernichtungslager und Erschießungsgruben, wächst das Gras, und mit ihm wächst die Gefahr des Vergessens.

Seit Jahren verbreiten Neofaschisten in vielen Ländern und Sprachen ihre Propagandaschriften, in denen die gerichtsnotorischen, dokumentierten historischen Fakten geleugnet werden und Auschwitz zur »Jahrhundertlüge« erklärt wird. Parallel dazu verlaufen die Versuche neokonservativer Kreise, die Verbrechen des Nazi-Regimes zu relativieren, seinen Terror bis hin zum Massenmord in Auschwitz als psychologische Reaktion auf eine vermeintliche Bedrohung aus dem Osten auszugeben und den Überfall auf die Sowjetunion als Verteidigung des »christlichen Abendlandes«. Ihr Ziel besteht darin, den zweiten Weltkrieg zu entnazifizieren und Traditionen zu retten, die sehr viel älter sind als das »Dritte Reich« und auch mit dessen Verschwinden nicht zu bestehen aufgehört haben.

In vielen Ländern der Erde lebt Hitlers Ungeist fort. Noch immer dienen die Theorie der Herrenrasse und die Praxis des Terrors dazu, etablierte Macht- und Besitzverhältnisse aufrechtzuerhalten. Noch immer gibt es Abstammungsparagraphen und Verbotsschilder, die Menschen wegen ihrer Hautfarbe aus der Gesellschaft ausschließen. Es gibt Konzentrationslager, in denen Frauen und Kinder an Hunger zugrunde gehen; Polizeikeller, in denen Menschen mit elektrischem Strom gefoltert werden; und eine Politik der militärischen Intervention, mit der man versucht, die um ihre Freiheit und Unabhängigkeit ringenden Völker niederzuhalten. Und schon wird in allen Teilen der Welt an neuen, noch furchtbareren Methoden der Zerstörung des menschlichen Lebens experimentiert.

Eine gestörte Erinnerung, unzureichendes Reaktionsvermögen und Mangel an Phantasie hindern uns immer wieder, die Dimensionen der Realität zu erfassen und zu Ende zu denken, gleichgültig, ob es sich um die Gaskammern handelt, die gesprengt wurden, oder um jene riesige radioaktive Feuerwolke, die schon morgen uns alle verschlingen und den Planeten Erde in eine Wüste verwandeln kann.

*

Dieses Buch ist dem Andenken derer gewidmet, die zum Schweigen gebracht wurden: den unschuldigen Opfern, die sich nicht wehren konnten, den Widerstandskämpfern in den Wäldern und großen Städten und den Soldaten aller Länder, die für die Befreiung Europas von der Nazibarbarei ihr Leben gaben. Wir können ihr Andenken nicht besser ehren, als uns bewußt zu werden und bewußt zu bleiben, warum die einen und wofür die anderen gestorben sind. In den Kämpfen und Auseinandersetzungen unserer Tage muß sich zeigen, ob und was wir aus der Vergangenheit gelernt haben.

I
Deutschland kapituliert
1933

»§ 1. *Die Artikel 114, 115, 117, 118, 123, 124 und 153 der Verfassung des Deutschen Reichs werden bis auf weiteres außer Kraft gesetzt. Es sind daher Beschränkungen der persönlichen Freiheit, des Rechts der freien Meinungsäußerung einschließlich der Pressefreiheit, des Vereins- und Versammlungsrechts, Eingriffe in das Brief-, Post-, Telegraphen- und Fernsprechgeheimnis, Anordnungen von Haussuchungen und von Beschlagnahmen sowie Beschränkungen des Eigentums auch außerhalb der sonst hierfür bestimmten gesetzlichen Grenzen zulässig.*«

Verordnung des Reichspräsidenten zum Schutze
von Volk und Staat vom 28. Februar 1933

Hitler wird Reichskanzler
Oskar Maria Graf

Die regengepeitschten Novemberstürme kamen. Die Straßenkehrer fegten die letzten Wahlzettel und Flugblätter weg. Die naßkalten Winde heulten durch die Straßen und Gassen. Das Leben bekam wieder sein mürrisch-tristes Gesicht. Alle wirtschaftlichen und politischen Experimente der Regierung Papen waren im Nichts verlaufen. Nur eins war endgültig gewiß geworden: Die Republik hatte aufgehört.

Ihre Spielregeln nahm kein Mensch mehr ernst. Es schien überhaupt, als ob auch niemand mehr die Politik ernst nähme. Jeder ließ sich einfach fatalistisch treiben.

Ohne Überraschung, fast mit demselben Gleichmut, mit dem sie eines Morgens erwachten und den dick herniederfallenden Schneeflocken zusahen, lasen die meisten Leute, daß das Kabinett Papen zurückgetreten sei. Der Reichspräsident hatte den General von Schleicher mit der Neubildung der Regierung betraut.

»Zuerst ein Katholik, dann ein Adliger, jetzt ein General – so kommt die Republik zu Fall«, witzelten einige, und gleichgültig meinte man von der Generalsregierung: »Na, es wird eine Militärdiktatur, so ungefähr wie unter dem Kaiser! Das sind wir wenigstens gewohnt.«

Indessen, der Skandal von der verschwenderischen Sanierung der ostpreußischen Großgrundbesitzer war inzwischen ruchbar geworden. Der Reichstag zeigte sich noch einmal aktiv und verlangte eine Untersuchung. Der neue Kanzler drohte mit abermaliger Parlamentsauflösung und Neuwahlen, und wie einst Brüning, deutete er etwas an von Parzellierung der unrentablen Gutshöfe. Die Junker fuhren zu ihrem Hindenburg. Der Reichspräsident verweigerte dem Kanzler, den er lediglich als seinen militärischen Untergebenen betrachtete, die Genehmigung zur Reichstags-Auflösung. Drei Tage darauf demissionierte die Schleicher-Regierung.

Jetzt überstürzten sich die Ereignisse.

Im Präsidenten-Palais tauchte wiederum Herr von Papen auf und verhandelte lebhaft. Von Schleicher hieß es, er verhandle mit rheinischen Stahlmagnaten, und es sei bereits ein genau durchdachter Staatsstreich mit der Armee besprochen. Dabei sollte sogar Hindenburg als Verhafteter ins Lager Döberitz gebracht werden.

Im Hotel »Kaiserhof« hatte Hitler die Seinen um sich versammelt. Elegante Autos fuhren vor. Ihnen entstiegen Großindustrielle und Bankiers, deutschnationale Parlamentarier und Prinzen. Es ging ein und aus, aus und ein. Draußen – abgeriegelt von einer starken Polizeikette – stauten sich erwartungsvolle nationalsozialistische Massen, die man geschickt hierher dirigiert hatte. Sie verlangten immer wieder nach ihrem »Führer« und brachen bei jeder Gelegenheit in wilde »Heil«-Rufe aus. Passanten, die nicht mitmachten, wurden verprügelt.

Über allem Leben aber lag ein lähmender Druck. In jeder Stadt, in jedem Dorf konnten die übermütigen SA-Leute Hitlers Überfälle auf Gegner machen, und die Polizei hielt sich zurück, kam stets zu spät und verhaftete jene, die die Nazis »provoziert« hatten. Ein verstummtes Grauen ging um. Die Menschen waren tief eingeschüchtert wie nach einem brutalen feindlichen Überfall. Sie gingen aneinander vorüber, grüßten nicht mehr, musterten sich gegenseitig mit Raubtierblicken, und kein politisches Wort fiel mehr.

Es war ein früher Januar-Vormittag. Starr ragten die Hauswände empor. Auf den vorspringenden Dächern der altmodischen Erker und Verzierungen lag der angeschwärzte, gefrorene Schnee.

Unruhig, wie Tausende, gingen meine Frau und ich durch die Straßen. Die Sonne hatte sich endlich aus dem dunstigen Himmel geschält. Klar und warm fiel sie in die tiefen Häuserschächte. Von den Dächern tropfte der nunmehr zergehende, schmutzige Schnee. Merkwürdig verstummte Menschengruppen sammelten sich vor den gelb leuchtenden Telegramm-Anschlägen.

Herausfordernd spazierten volluniformierte SA- und SS-Trupps von sechs bis zwölf Mann durch das Publikum und rempelten Passanten an. Die gingen mit scheuen Blicken an ihnen vorüber. Ab und zu blieb der Trupp der Uniformierten stehen und musterte so einen Zivilisten von oben bis unten, von unten bis oben höhnisch. Sekundenlang sah der angstbeklommene Mensch drein wie ein gefangenes Tier.

»Na, laßt ihn laufen! ... Es kommt uns keiner aus!« rief der SA-Führer, und seine Begleiter grinsten vielsagend. Der angehaltene Zivilist ging geduckt weiter. Er bog um eine Hausecke und beschleunigte seine Schritte.

Nervös patrouillierten die verstärkten Polizeistreifen, die diesmal seltsamerweise wieder zu sehen waren. Da und dort wurde ein Jude vom Trottoir heruntergestoßen, griff nach seinem heruntergefallenen Hut und ging über die Straße. Plötzlich plärrten Passanten hinter ihm her: »Haut ihn nieder, die Judensau! Nieder!« Die SA-Männer sahen befriedigt auf, wenn etliche nicht uniformierte Nazis zu laufen begannen. Selbstbewußt gingen sie den Laufenden nach. Über der Straße reckten sich Fäuste, die Schutzleute rannten herbei. Der Jude verschwand im Gewühl. Ordinäre Flüche flogen

17

ihm nach, und »Heil! Heil Hitler!« brüllten einige im Menschengemenge.

Wir sahen nicht mehr auf die Telegramme. Wir wußten es: Hitler war Reichskanzler geworden!

Wir konnten nicht nach Hause gehen und wanderten ziel- und planlos weiter. Manchmal hörten wir ein wüstes Geschrei von weitem, und die Leute rannten in dieser Richtung. Irgendwo hatten Nazis ein Schaufenster eingeschlagen oder einen Menschen verprügelt, vielleicht auch totgeschlagen. Wir merkten kaum, daß es dunkel wurde. Gelb fiel das Licht der Gaslaternen herab. Aus verschiedenen Wirtshäusern drang der Gesang der grölenden Männerstimmen und wurde zuweilen von kurzen, kommandoscharfen Rufen unterbrochen.

»Heil Hitler! Deutsch-land er-wache! Sieg Heil!« bellte es schmetternd, und ein viehisches Singen hub wieder an.

»Es ist aus! Alles aus!« brachte ich endlich würgend heraus und sah ohnmächtig auf meine Frau. Jetzt erst fiel uns auf, daß wir die ganze Zeit kein Wort geredet hatten. Sie nickte schluckend. Stumm gingen wir weiter ...

SA-Terror in Breslau

Ludwig Foerder

Es war Sonnabend, der 11. März 1933. Immer mehr blutrote Hakenkreuzfahnen waren in Breslau auf den Dächern und an den Fronten der Regierungsgebäude sichtbar geworden, seitdem Hitler am 30. Januar Reichskanzler geworden war. Seit einigen Tagen wehten sie auch von den beiden Monumentalbauten am Schweidnitzer Stadtgraben, die, nur durch eine schmale Straße getrennt, nebeneinanderstanden: dem Polizeipräsidium und dem Häuserkarree des Land- und Amtsgerichts. In das erste Gebäude war vor zwei Wochen der berüchtigte Heines als Präsident eingezogen; aus dem zweiten hatte man vor wenigen Tagen den Landgerichtspräsidenten Zint, einen als Mensch wie als Jurist gleich hervorragenden Beamten, vertrieben und ihm den Hut vom Kopf geschlagen, als er sich weigerte, ihn bei Hissung der Naziflagge abzunehmen.

Ich hatte mir, wie üblich, den Sonnabend frei von Terminen gehalten und die in unmittelbarer Nähe des Gerichts gelegene Neue Synagoge besucht. Der Gottesdienst war gegen elf Uhr zu Ende. Bis heute vermag ich nicht zu sagen, was mich veranlaßte, auf dem

Rückweg in das Gerichtsgebäude einzutreten, obwohl ich keinerlei Amtsgeschäfte darin zu erledigen hatte, und das im ersten Stock des Amtsgerichts gelegene Anwaltszimmer aufzusuchen. Ich unterhielt mich mit einigen Kollegen.

Plötzlich – es war genau elf Uhr – ertönte auf dem Korridor ein Gebrüll wie von wilden Tieren, das sich schnell näherte. Die Türen des Anwaltszimmers flogen auf. Herein quollen etwa zwei Dutzend SA-Männer mit ihren braunen Blusen und Kappen und schrien: »Juden raus!« Einen Augenblick waren alle – Juden wie Christen – wie gelähmt. Dann verließen die meisten jüdischen Anwälte das Zimmer. Ich bemerkte den mehr als siebzig Jahre alten Justizrat Siegismund Cohn, ein Mitglied des Verbandes der Anwaltskammer, wie er vor Schreck wie angenagelt auf seinem Stuhl saß und unfähig war, sich zu erheben. Einige von der braunen Horde stürzten auf ihn zu. Da traten ein paar jüngere christliche Kollegen, darunter Mitglieder des deutschnationalen »Stahlhelms«, hinzu und stellten sich schützend vor ihn, was die Eindringlinge bewog, von ihm abzulassen. Ich selbst rührte mich zunächst nicht von der Stelle. Da sprang ein SA-Mann auf mich zu und packte mich am Arm. Ich schüttelte ihn ab, worauf er sofort aus seinem rechten Ärmel eine Metallröhre hervorzog, die auf einen Druck eine Spirale herausspringen ließ, an deren Ende eine Bleikugel befestigt war.

Mit diesem Totschläger versetzte er mir zwei Schläge auf den Kopf, der infolge eines Blutergusses stark zu schwellen begann. Ich merkte, daß die Beulen dicht neben der Narbe des Loches saßen, das ich als Soldat im ersten Weltkrieg empfangen hatte. Die sich bald einstellenden heftigen Schmerzen wurden indessen zunächst durch den Anblick betäubt, den die Korridore des Gerichts boten. Überall sah man Richter, Staatsanwälte, Rechtsanwälte, wie sie, manche in ihren Amtsroben, von kleinen Gruppen der braunen Horde auf die Straße getrieben wurden. Überall rissen die Eindringlinge die Türen auf und brüllten: »Juden raus!« Ein geistesgegenwärtiger Assessor, der gerade seine Sitzung in Zivilsachen abhielt, schrie sie an: »Macht, daß ihr hinauskommt!« – worauf sie sofort verschwanden. In einem Zimmer saß ganz allein ein jüdischer Referendar. Zwei Rowdies schrien ihn an: »Sind hier Juden?« Er erwiderte seelenruhig: »Ich sehe keine.« Worauf sie die Tür zuwarfen und weiterzogen.

Ich begab mich in der Absicht, Hilfe von außen gegen die Unholde zu erwirken, in das Zimmer des Aufsichtsrichters des Amtsgerichts. Der vierundsechzigjährige Amtsgerichtsdirektor, früher Hauptmann der Landwehr, den ich seit über zwanzig Jahren als energischen und anständigen Deutschnationalen kannte, saß ziemlich bleich in seinem Lehnstuhl. Ich fragte ihn, was er zu tun gedenke, um diesen unerhörten Ereignissen zu begegnen. Er sagte mir, er habe bereits mit dem stellvertretenden Landgerichtspräsidenten telefoniert. Dieser habe ihm mitgeteilt, er werde sich seinerseits mit dem Oberlandesgerichtspräsidenten in Verbindung setzen. Ich meinte, die Innehaltung des Instanzenweges sei in dieser Situation wohl nicht ganz am Platze, und bat ihn, mich seines Telefonapparates bedienen zu dürfen, was er gestattete. Ich rief das Überfallkommando der Polizei an und erhielt den Bescheid, zwanzig Polizisten seien bereits zum Gerichtsgebäude unterwegs. Um ihr Eintreffen zu beobachten, stellte ich mich an das zum Polizeipräsidium hinausgehende Fenster des Zimmers. Nach einer kleinen Weile sah ich zwanzig Mann im Gänsemarsch zu zweien über die Straße kommen, aber in denkbar gemächlichstem Schritt. Sofort wurde mir klar, daß der neue Polizeipräsident Heines zu den Arrangeuren des Pogroms gehörte: er sorgte dafür, daß seine Männer nicht zu zeitig eintrafen. Während das Toben der SA in den Korridoren weiterging, öffnete sich plötzlich die Tür des Zimmers und herein trat, gefolgt von zwei Braunhemden, der Anführer der Bande. Er bot einen widerlichen Anblick: ein Kerl mit rotem Haar und Schnurrbart, einem kurzen, dicken Hals und unsäglich rohem Gesichtsausdruck.

Er trat auf den Richter zu, streckte den Arm in die Höhe und meldete in zackigem Tone: »Heil Hitler, Befehl von oben, das Gericht von Juden zu säubern.« Der alte Landwehroffizier saß wie geistesabwesend da, seine Kinnbacken klappten auf und zu, aber er brachte kein Wort heraus. Der SA-Führer sah sich im Zimmer um, wies mit der Hand auf mich und sagte zum Richter: »Ist das ein Jude?« Und nun geschah etwas, was ich nicht für möglich gehalten hätte, der alte Herr glaubte, diesem Wüstling die Wahrheit zu schulden, und erwiderte: »Jawohl, das ist ein jüdischer Rechtsanwalt.« Glücklicherweise nannte er wenigstens nicht meinen, den Nazis so gut bekannten Namen. Darauf winkte der Anführer seinen beiden Begleitern: »Bringt den Juden zum Hause hinaus!« Die beiden kamen auf mich zu und einer faßte mich am Arm. Ich schrie ihn an: »Nicht anrühren, ich gehe allein«, worauf sie zurückschreckten und mir den Weg aus dem Zimmer freigaben. Von ihnen gefolgt, ging ich die Treppe vom ersten Stock ins Erdgeschoß hinunter.

An der Eingangstür zum Gericht stand ein SA-Posten. Er versetzte mir beim Vorbeigehen einen Fußtritt, der mich dem gerade vorüberkommenden Landgerichtsdirektor Holdfeld, Vorsitzender des Vorstandes der Jüdischen Gemeinde, in die Arme schleuderte. Noch zitternd vor Aufregung, erzählte er mir, er habe gerade in der Bibliothek des Landgerichts gearbeitet, als der Tumult begann; es sei ihm gelungen, das Gebäude heil zu verlassen. Dann richtete er an mich die Frage: »Sagen Sie mir bloß, bei welcher Instanz wird man sich über diese Unerhörtheit beschweren?« Ich erwiderte ihm: »Verehrter Herr Geheimrat, ich fürchte, daß es eine solche Instanz nicht mehr gibt.« – Während wir noch, in Gedanken versunken, dahinschritten, fiel mir plötzlich ein: Heut vor fünfundzwanzig Jahren, am 11. März 1908, leistete ich als Referendar den preußischen Beamteneid. Es war eine würdige Jubiläumsfeier!

Ich begab mich auf den Heimweg. Im Laufe des Tages hörte ich von verschiedenen Seiten, daß die Tumultanten von einigen Gerichtsdienern und jüngeren Sekretären, Mitgliedern der NSDAP, geführt worden seien, die ihnen die für ihre Betätigung in Betracht kommenden Personen und Räumlichkeiten zeigten. So suchten sie in das Arbeitszimmer eines jüdischen Landgerichtsdirektors einzudringen, der im ersten Weltkriege als Soldat ein Bein verloren hatte. Er konnte jedoch die Tür nicht rechtzeitig aufschließen. Da schrien ihm die Hitlerschergen durch die verschlossene Tür zu: »Warte nur, du Judenlärge, wir werden schon dafür sorgen, daß du dein anderes Bein auch noch los wirst.« Außer mir wurde noch ein Anwalt, Maximilian Weiss, verletzt. Man schleppte ihn in seiner Amtsrobe aus dem Gerichtssaal und spaltete ihm mit einem Totschläger die Kopfhaut, daß er sogleich genäht werden mußte.

Die Art, in der die Breslauer Richter auf dieses in den Annalen der deutschen Rechtsgeschichte noch nicht dagewesene Ereignis reagierten, war sehr interessant und ist wohl bis heute kaum bekannt geworden: am Nachmittag desselben Tages versammelten sich über hundert Richter im Gebäude des Oberlandesgerichts und beschlossen, für alle Gerichte der Stadt Breslau ein Justitium (Stillstand der Rechtspflege) eintreten zu lassen. Es wurde bekanntgegeben, daß für eine gewisse Dauer kein Richter ein Gericht betreten werde, was zur Folge hatte, daß keine Verhandlungen stattfanden und der Lauf wichtiger gesetzlicher Fristen gehemmt oder unterbrochen wurde. Mit anderen Worten: Die Richter streikten! Wäre dieses Vorgehen an all den vielen Gerichten befolgt worden, in denen sich in den folgenden Wochen gleiche unwürdige Szenen abspielten, wer weiß, welchen Verlauf dann die »nationale Erhebung« genommen hätte, die mit einem derartigen Niedergang der Moral begann.

Nach den Erlebnissen dieses Tages fühlte ich mich weder physisch noch psychisch fähig, das Gericht in nächster Zeit wieder zu betreten. Von allen Seiten erhielt ich den dringenden Rat, Breslau mindestens zeitweise zu verlassen, da ich seit 1919 als Rechtsvertreter vieler jüdischer Gemeinden und Organisationen sowie des Bundes der republikanischen Frontkämpfer, des »Reichsbanners

Schwarz-Rot-Gold«, mehr als zweihundert Prozesse gegen Nazis geführt hatte, darunter einige gegen Goebbels und andere Parteigenossen sowie den großen Schweidnitzer Landfriedensbruch-Prozeß im Jahre 1930 mit Hitler als Zeugen. Seit diesem Prozeß hatte ich von Zeit zu Zeit telefonisch und schriftlich anonyme Drohungen erhalten, in denen mir versichert wurde, man werde mich »im Auge behalten«. So fuhr ich, wie ich meinte, für wenige Wochen, auf die tschechische Seite des Riesengebirges. Ich habe seitdem deutschen Boden nicht wieder betreten. Denn bald erhielt ich die Nachricht, Heines habe einen Haftbefehl gegen mich erlassen...

Der SA-Mann, der mir im Gericht die Schläge auf den Kopf versetzte, hatte mir, ohne es zu wollen, das Leben gerettet. Mein Breslauer Kollege Walter Eckstein, gleichfalls Frontkämpfer, Landtagsabgeordneter der USPD, fiel den braunen Horden in die Hände. Fünf Tage lang wurden ihm die Rippen einzeln eingetreten, bis der Tod ihn von diesen Martern erlöste. Ein Arbeiter, der behauptete, daß er keines natürlichen Todes gestorben sei, erhielt vom Volksgericht eine hohe Gefängnisstrafe. Gleichfalls wegen ihrer forensischen Tätigkeit in politischen Prozessen unter Ausübung ihrer beschworenen Anwaltspflichten wurden ermordet: Joachim – Berlin, Weinert – Chemnitz, Plaut – Kassel, Strauss – München. Ihre Namen sollten auf einer Ehrentafel im Sitzungsraum der Vereinigung der deutschen Anwaltskammervorstände verewigt werden, Seite an Seite mit den Namen der in den Weltkriegen gefallenen Anwälte.

Als die Nazis die Hoffnung aufgeben mußten, mich in ihre Gewalt zu bekommen, raubten sie mir alle meine mobile Habe. Meine gesamte Wohnungseinrichtung wurde versteigert. Später ermordeten sie meine Frau. Wegen Verletzung der »Residenzpflicht«, das heißt, weil ich mich nicht totschlagen ließ, wurde ich in der Liste der Anwälte gelöscht und aus dem Amt als Notar entlassen. Das war der Dank des Vaterlandes an diejenigen, die einst ihre Haut dafür zu Markte getragen hatten.

Eine Nacht im Gestapokeller
Fritz Ball

Wir zählen den 30. März 1933. Ich komme vom Gericht zurück. Tiefe Depression herrscht im Anwaltszimmer. Es heißt, daß alle »nichtarischen« Rechtsanwälte, Richter, Staatsanwälte ihren Beruf verlieren. Gerüchte laufen um, daß sich der Jüdische Frontkämpferverband an Hindenburg um Schutz gewandt habe.

Ich gehe zusammen mit einem jungen Referendar, der bei meinem Bruder und Sozius im Büro arbeitet, vom Gericht nach Hause. Unser Büro, an dem auch unser Vater teilhat, ist in meiner Wohnung. Der junge Mann bestätigt die Gerüchte, mich ergreift eine tiefe Niedergeschlagenheit, und ich sage harte Worte. Ich kenne keine persönliche Furcht. Schließlich bin ich Anwalt eines sehr großen zum Hugenbergkonzern gehörigen Unternehmens, und Hugenberg ist Minister im ersten Hitlerkabinett.

Bei meinem Bruder ist ein jüdischer Mandant. Als der Referendar das Büro verlassen hat, erzähle ich die Gerüchte im Anwaltszimmer über unsere Streichung als Rechtsanwälte und die bestätigenden Worte des arischen jungen Mannes. »Um Gottes willen, seien Sie vorsichtig«, meint der Mandant, »jedes Wort kann unser Tod sein.« Und er erzählt von Freunden und Bekannten, die aus ihren Wohnungen abgeholt, auf der Straße verhaftet worden sind. Erst gestern abend hatten mich Verwandte in gleicher Weise gewarnt, die in ihrer Wohnung nicht mehr laut zu sprechen wagen. Sie können ihr Dienstmädchen nicht entlassen; sie hat einen SA-Mann als Bräutigam. Die Arbeitslosigkeit ist zu groß. Sie wagen nicht, ihr zu kündigen. Sie hat bereits mit ihrem Schatz gedroht.

Mein Bruder geht zum Mittagessen in seine Wohnung. Um vier Uhr beginnt die Sprechstunde, ein Mandant beschäftigt mich eine halbe Stunde. Er hat gerade das Büro verlassen, da höre ich die Glocke läuten und gleich darauf Lärm. Ich trete von meinem Sprechzimmer in das Bürozimmer. Es ist voll von SA Leuten. »Herr Doktor ist verhaftet«, flüstern meine Bürodamen bleich. Mein Bruder ist Mitglied des Vorstandes der Anwaltskammer; er ist insofern mehr exponiert als ich. Ich betrete den Korridor, auch er ist voll von SA. Ein Sturmführer spricht gerade zu meinem Bruder. »Ziehen Sie sich an, kommen Sie mit«, sagt er. »Haben Sie einen Haftbefehl?« fragt mein Bruder. »Mund halten, Mantel anziehen«, kommandiert der Braune barsch. Mein Bruder nimmt Mantel und Hut. Da sage ich: »Wir sind hier zwei Rechtsanwälte Ball, Kurt Ball und Fritz Ball. Wen wünschen Sie?« Er stutzt, zieht einen ganz winzigen Zettel aus der Tasche, dann sagt er: »Fritz!« Ich ergreife Mantel und Hut. »Das bin ich«, sage ich. Hinter mir höre ich das Schluchzen meiner Bürodamen. Ein Mandant erscheint gerade, entsetzt sich beim Anblick der SA und der weinenden Damen. Meine Frau kommt aus der Privatwohnung. Ich küsse sie zum Abschied, wir sprechen kein Wort. »Folge mir bitte«, sage ich zu meinem Bruder, »damit ihr wißt, wo ich bin.« Er zieht den Mantel wieder an. »Kommen Sie beide mit«, schreit der Sturmführer. Noch in der Tür rufe ich meiner Bürovorsteherin zu: »Telefonieren Sie sofort Minister Hugenberg, daß ich verhaftet bin.«

Vor dem Hause steht ein offener Wagen, wie sie von der SA zum Transport von Gefangenen verwendet werden. Dort wartet eine Menschenmenge. Auf dem Wagen sitzt bereits ein bärtiger polnischer Jude. Es geht in rasendem Tempo los. Wir sind bald in der Yorkstraße. Wir kommen in die Nähe des Bahnhofs Tempelhof, fahren an mehreren Kasernen vorbei und halten schließlich vor einem Kaserneneingang. Ich kenne die Gegend. Hier fand meine letzte Musterung im Jahre 1918 statt ...

»Sie kommen, die Brüder Ball kommen«, höre ich Stimmen rufen, als es im Galopp vom Wagen herab ein paar Stufen herunter in den Keller der Kaserne geht, der aber noch Licht durchs Fenster empfängt. Als sich die Tür hinter mir schließt, befinde ich mich in einem kleinen Büroraum. Sofort bin ich von einem Dutzend ganz junger SA-Leute umringt, werde ausgefragt, wie ich heiße, wo ich wohne, welcher politischen Partei ich angehöre, wie ich bei den Wahlen gewählt habe; von allen Seiten schwirren die Fragen. »Was haben Sie dagegen getan, daß nach dem letzten Kriege so viele Ostjuden nach Deutschland gekommen sind?« Diese Frage stellt der, der hier in diesem Büro offenbar der Oberste ist.

»Sie sind Jude?«
»Ja.«
»Ihr Beruf?«
»Rechtsanwalt am Kammergericht und Notar.«

»Das seid ihr zum längsten gewesen«, schreit einer hinter mir aus der Menge. »Morgen werdet ihr Judenschweine alle aus den Gerichten gejagt. Ihr habt es nur unserem Führer zu verdanken, daß ihr bis heute noch gelebt habt.« »Sagen wir«, meinte einer hinter mir mit sehr ernster Stimme, »daß er bis heute noch gelebt hat. Wir hätten euch längst umgelegt.«

Dann geht es weiter, Frage über Frage, eine halbe Stunde lang. Wirre, unzusammenhängende, ganz unsinnige Fragen. Ich antworte, so gut es geht, dann wird mir schlecht. »Du hast dir wohl schon in die Hosen geschissen«, höhnt einer hinter mir. Ich überhöre die Frage, erwidere wohl zum zehnten Male, daß ich mich niemals politisch betätigt habe, daß ein Irrtum vorliegen müsse und daß ich keinen Grund zur Angst habe.

»Morgen früh wirste erschossen«, sagt einer hinter mir. »Haste noch nicht gehört, was hier gespielt wird? Ihr habt es wirklich nur der Güte Adolf Hitlers zu verdanken, daß ihr noch nicht alle längst ermordet seid.« Da höre ich hinter mir einen rufen: »Mensch, nun hör doch bloß auf, ihr seht doch, daß das alles Quatsch ist, laßt doch den Mann nach Hause gehen.« Bei diesem ersten freundlichen Wort werden meine Beine plötzlich schwach. Die Kehle ist mir so ausgetrocknet, daß ich nicht mehr sprechen kann. Ich bitte um einen Schluck Wasser. Man reicht mir ein Glas Wasser, aber andere hindern mich zu trinken. »Son Judenschwein aus unseren Gläsern trinken.«

Aber schließlich trinke ich ein paar Schlucke und fühle mich wieder besser. Man nimmt mir Uhr, Kette, Portemonnaie, kurzum alles ab, was ich bei mir habe. Ich trage zufälligerweise drei goldene Zwanzigmarkstücke bei mir. Auch sie verschwinden. Ich erhalte einen winzigen Zettel, dann heißt es: »Sie können gehen.«

Ich denke, nun bin ich frei, man hat mir nur meine Wertsachen genommen. Aber als ich aus der Tür gehe, erhalte ich einen Stoß und fliege von der Eingangstür, die schon einige Stufen unter der Erde liegt, eine Treppe von zehn bis zwölf Stufen herunter. Unten werde ich aufgefangen und weiter gestoßen. Eine Holztür klappt hinter mir zu. Es ist schwarze Nacht um mich. Ich taste mich langsam vorwärts, fühle eine Bank. Da kommen von links kleine glühende Lichter auf mich zu. Wie Glühwürmchen sehen sie aus. Ich bin plötzlich ganz ruhig, habe nur einen Gedanken: mögen sie mir gleich die Pistole an die Brust setzen und mich nicht lange quälen. Es ist merkwürdig, wie ruhig ich in dieser unheimlichen Lage bin.

Da sagt eine Menschenstimme: »Erschrecken Sie nicht. Wir sind vier Offiziere der Brigade Ehrhardt. Wir sitzen hier drinnen seit sechsunddreißig Stunden. Ich habe Streichhölzer bei mir, ich zünde Ihnen zunächst eines an, damit Sie sich orientieren können.« Er entfacht ein Streichholz, und ich sehe mich in einem fensterlosen Bretterverschlag, der wohl einen Teil des lichtlosen Korridors gebildet hat. Auf der Bank ist Raum für drei Leute. Man zwingt mich zum Sitzen, reicht mir Wasser. Dann fragen sie mich, erzählen selber. Ich sage ihnen, was ich schon zehnmal im Büro oben gesagt habe, daß ich mich niemals politisch betätigt habe, daß ich Rechtsanwalt und Notar sei und meine Mußestunden mit guter Kunst verbringe. Ich sage ihnen, daß ich keine Ahnung habe, warum ich verhaftet bin, und daß ein Irrtum vorliegen müsse. Dann erzählen sie selber. Es hat Krach zwischen Ehrhardt und Hitler gegeben. Sie sind bei einem Gastmahl verhaftet worden, Ehrhardt selber sei entflohen. »Wir haben manches erlebt«, sagt einer von ihnen, und er zeigt mir, nachdem er ein Zündholz entfacht hat, seine Narben an Kopf und Händen, – »aber hier kommen wir nicht mehr lebend heraus. Wir werden vorläufig anständig behandelt, wir haben heute sogar Zigaretten erhalten. Aber da nebenan, da setzt es Hiebe, die kriegen keine Zigaretten.« Und er lacht heiser. Dann schweigen wir alle. Da tastet sich einer im Dunkeln an mich heran, faßt meine Hand. »Mein Name ist ...« und er nennt Namen und Adresse. »Wollen Sie mir bitte einen großen Gefallen erweisen. Bestellen Sie meiner Frau meine letzten Grüße. Morgen früh werden wir erschossen.« Ich höre schweres Atmen in der Dunkelheit. Sie saugen an ihren Zigaretten, die vier Lichter glühen auf, stärker als zuvor, vergehen. So stehen sie, Minute nach Minute. Dann fangen sie an, in der Dunkelheit zu wandern. Ich sitze auf der Bank, weiß nicht, wie lange wir so zusammen sind. Dann wird die Tür aufgerissen, schwaches Licht dringt herein, mein Name wird gerufen. Ich stehe im Korridor vor einem SA-Offizier höheren Ranges.

»Sie haben einen Wagen?« fragt er.

»Nein, ich habe nie einen besessen.«

»Ein Rechtsanwalt Ball hat einen Wagen.«

»Weder mein Vater noch mein Bruder haben je einen Wagen besessen, aber es gibt noch einen anderen Rechtsanwalt unseres Namens.«

»Sie haben Ihr Büro in der Bendlerstraße?«

»Nein, mein Büro befindet sich am ... Platz.«

»Sie haben Ihr Büro niemals in der Bendlerstraße gehabt?«

»Nein, niemals.«

Sein Benehmen ist kurz, aber korrekt. Sein Ton ist nicht der der anderen.

»Sie können gehen.«

Ich gehe zurück in den dunklen Verschlag. Die Tür wird hinter mir verschlossen. Die gefangenen Offiziere wandern noch immer. Die Glühlichter ihrer Zigaretten gehen nicht aus. So sind wir wieder beieinander; ich weiß nicht, wie lange. Es ist schwer, in dieser Dunkelheit die Zeit zu bestimmen. Dann wird die Tür zum zweiten Male geöffnet, mein Name gerufen. Es ist derselbe Obersturmführer. Er richtet mehrere Fragen an mich, meist dieselben, die ich schon kenne, macht sich Notizen. Dann sagt er: »Ich bin hier Ihretwegen bis ein Uhr nachts geblieben, man bestürmt mich geradezu Ihretwegen. Wir können Sie höchstwahrscheinlich morgen früh wieder entlassen. Aber die Nacht müssen Sie hierbleiben. Man tut hier niemandem etwas zuleide. Wenn Sie wollen, können Sie auch in die andere Zelle gehen, da haben Sie wenigstens Licht, aber es sind nur Verbrecher darin.«

Ich gehe zu meinen Offizieren zurück. Ich weiß selber nicht, warum. Die Tür schließt sich hinter mir, und ich bereite mich darauf vor, hier auf der Bank den Rest der Nacht zu verbringen. Ich habe wieder Hoffnung für mich, und das Schicksal der Gefangenen berührt mich mehr als mein eigenes. Da setzt sich einer der Gefangenen zu mir auf die Bank. »Ich habe gehört«, sagt er zögernd, »daß Sie morgen wieder entlassen werden. Ich habe eine alte Mutter, sie lebt in Dessau. Tun Sie mir einen letzten Gefallen, schreiben Sie ihr gleich morgen früh.« Seine Stimme bricht, er wandert in der Zelle umher, dann setzt er sich wieder neben mich auf die Bank. Er nennt seinen Namen, die Anschrift der Mutter. Ich wiederhole alles zweimal und suche mich an den ersten Namen und die erste mir gegebene Adresse zu erinnern. Da sagt der Offizier, der mir zuerst seinen Namen genannt hat: »Der Herr Rechtsanwalt kann unmöglich alle Namen und Adressen im Kopfe behalten.« Er entfacht ein Streichholz, und beim Scheine des Lichts schreiben sie alle ihre Namen und Adressen auf ein winziges Stückchen Papier. »Aber gut verbergen, wir möchten Ihnen keine Unannehmlichkeiten bereiten. Vor allem, kommen Sie hier heil heraus, und bleiben Sie selbst gesund.«

Ich stecke den Zettel irgendwohin. Wieder herrscht Schweigen und tiefes Dunkel. Sie rauchen und rauchen, bieten mir eine Zigarette an. Aber ich lehne dankend ab und versuche, an die Mauer gelehnt, ein wenig zu schlafen. Und es gelingt mir wirklich, einzunicken. Ich schrecke empor. Im Korridor wird es lauter. Offenbar sind die Offiziere fort, die Mannschaften jetzt sich selbst überlassen. Da wird die Tür aufgerissen. SA stürmt in unseren Verschlag. Der Korridor ist plötzlich hell erleuchtet. Sie fallen über mich her, ziehen mich heraus. Krachend schlägt die Tür des Verschlages hinter mir zu. Sie schleppen mich in eine Ecke, ich sehe eine große Nilpferdpeitsche, sie beugen mich über, aber sie schlagen nicht zu, sie heben mich nur hoch und lassen mich auf einen Stuhl fallen. Sie binden mir die Arme hinter dem Rücken zusammen. Sie johlen und heulen wie schwer Betrunkene. Es sind viele intelligente Gesichter unter ihnen. Manche glaube ich sogar zu kennen. Alle sind junge Burschen zwischen achtzehn und fünfundzwanzig Jahren. Sie rufen auf mich ein, stellen Fragen, reißen Witze, überschreien sich. Dann stellt sich einer vor mich hin und sagt: »Um sechs Uhr wirst du erschossen.« Ich antworte: »Ich glaube das nicht. Ich weiß, daß ich morgen früh entlassen werde. Sie werden keinen Unschuldigen erschießen.« »Was der Junge für einen schönen Anzug anhat.« Sie betasten den Stoff meines Jacketts, meine Hose. Einer versucht, mich unzüchtig zu berühren. »Biste auch schwul?« fragt er. »Nein, ich bin verheiratet, habe Frau und drei Kinder«, antworte ich.

Plötzlich ein Hallo. Eine Riesenschere wird gebracht. Und nun geht es los. Sie zerren und schneiden an meinen ziemlich langen Haaren. Sie versuchen, ein Hakenkreuz auf meinem Kopf zu schneiden. Sie verletzen mich, ich blute. Sie stoßen und schubsen sich gegenseitig, um besser zu sehen. Der Lärm, das Gejohle wird immer ärger. Sie schreien jetzt alle zugleich so laut auf mich ein, daß ich nichts mehr verstehen kann. Neue kommen hinzu, der Kreis wird immer größer. »Spiegel bringen«, ruft einer. »Er muß sich im Spiegel sehen.« Sie halten mir einen Spiegel vor. Ich sehe meine verstümmelten Haare und sage, obwohl ich nach dieser Indianerszene kaum mehr sprechen kann:

»Ich danke Ihnen, meine Herren, daß Sie mir umsonst die Haare geschnitten haben, ich muß sonst beim Frisör wegen meines üppigen Haarwuchses immer doppelte Preise bezahlen.«

»Mach keine Witze, Mensch«, droht einer. Er sieht sehr übel aus, der Bursche, der das sagt. »Morgen früh bist du eine Leiche«, droht er. »Das hat uns mancher nicht geglaubt. Mach dein Testament, Mensch, das rat' ich dir.«

Der Kreis um mich wird kleiner, sie binden mich los. Sie ziehen und puffen mich und stoßen mich in den Keller zu den »Verbrechern«. Der Raum ist erhellt und geräumiger als der andere. Er muß sogar durch die Luke an der Wand am Tage etwas Licht erhalten. Aber er ist überfüllt, und es herrscht dort eine furchtbare Luft. Etwa fünfundzwanzig Menschen sind in ihm, sechs liegen auf ein wenig Stroh auf der Erde. Vier oder fünf sitzen auf einer Bank, die anderen stehen. Ein SA-Mann bewacht die Tür von innen und hält sie verschlossen. Kaum, daß ich mich in der neuen, ungewohnten Umgebung zurechtgefunden habe, wird ein junger Bursche eingeliefert. Er zittert am ganzen Körper. Einer steht von der Bank auf, läßt ihn Platz nehmen. Ich bin bald im Bilde, was hier gespielt wird. Wir haben einen Spitzel unter uns. Man hat mich gleich leise vor ihm gewarnt. Richtig, er trägt eine braune Hose wie die SA, nur ein anderes Jackett dazu. Er sieht auch längst nicht so bekümmert wie die anderen aus. Er versucht andauernd Gespräche anzuknüpfen, auch mit mir. Ich antworte allen, die mich fragen, dasselbe. Ich weiß nicht, warum ich hier bin, ich habe mich niemals um Politik gekümmert, es muß ein Irrtum vorliegen.

Plötzlich wird meine Aufmerksamkeit durch ein paar gurgelnde Laute erregt, die ich als Bitte um Wasser verstehe. Der Rufende liegt auf dem Boden, er hebt den Oberkörper etwas empor. Die Augen sind blutunterlaufen, die Nase, das ganze Gesicht schrecklich geschwollen, im ganzen Mund kein Zahn, er speit Blut. »Wasser, Wasser«, stöhnt er jetzt, aber er bekommt keines. »Sie haben ihn gestern nacht vorgenommen, ihn mit der Nilpferdpeitsche geschlagen. In seinem Schmerz hat er einen der ihn haltenden SA-Leute in den Arm gebissen, da haben sie ihm mit dem Peitschenstiel dreimal übers Gesicht gehauen und ihm alle Zähne ausgeschlagen. Er lag bis vor kurzem hier ohne Besinnung, nun schreit er nach Wasser.«

»Was ist sein Verbrechen?«

»Er ist Kommunist, alter Saalkämpfer.«

Die Tür öffnet sich. Ein breiter SA-Mann mit zwei auffallend vorstehenden Zähnen kommt herein. Dies Gesicht vergesse ich niemals, denke ich. Der Posten versucht, ihn am Hereinkommen zu hindern, aber er macht sich Bahn. In der Hand trägt er eine blutige Nilpferdpeitsche. Er kommt auf mich zu.

»Ein Neuer?«

»Jawohl.«

»Name?«

»Ball.«

»Wann eingeliefert?«

»Gestern nachmittag.«

»Jude?«

»Jawohl.«

Er hält mir die Peitsche unter die Nase. Dann geht er langsam zur Tür hinaus. »Das ist mal so an Ihnen vorübergegangen«, sagt einer. »Der schlimmste Schläger ist heute nacht nicht hier. Dem wären Sie nicht entgangen.« »Sie sind Jude«, höre ich einen anderen sagen. »Er muß das gewußt haben. Ich habe zufällig ein Stück Papier gesehen, das ein jüdischer Herr bekommen hat, der gerade oben verhört wird. Auf dem Zettel stand: Nicht schlagen, Jude!«

»Sie wissen doch, daß Ihr Kollege Joachim, der hier bei uns war, heute früh an Nierenentzündung gestorben ist?« fragt mich der SA-Posten. Ich hatte gehört, daß der Kollege Joachim, der sozialdemokratischer Abgeordneter war und in der Roten Hilfe verteidigt hatte, verschleppt und in einem Greuelkeller entsetzlich zugerichtet worden war. Das Anwaltszimmer war voll Nachrichten über ihn. Die letzte Nachricht lautete, daß man ihn hoffnungslos zugerichtet in einem Krankenhaus als Polizeigefangenen gefunden habe. Nun weiß ich: der arme Kollege ist ums Leben gekommen. Die Nachricht von seinem Tode mag in vielen deutschen Kollegenkreisen Entrüstung hervorgerufen haben. Joachim war schließlich Reichstagsabgeordneter und als Verteidiger sehr bekannt. Vielleicht stand deshalb auf dem vorhin erwähnten Zettel: Jude, nicht schlagen.

Als ich wieder auf den zerschundenen Menschen blicke, fange ich an zu frösteln. Draußen ist Lärm. Ich höre eine Frauenstimme, die Frau schreit furchtbar. Also auch Frauen sind hier! Kenne ich die Stimme nicht? Was ich mir nicht alles einbilde. Wenn sie nur aufhören würde, so furchtbar zu schreien. Dieses Schreien ist entsetzlich. Da kommt ein kleiner Mann auf mich zu. Er ist bartlos, auch sein Haupthaar ist glatt abrasiert. »Ich habe in manchen Zuchthäusern gesessen«, sagt er mir, »vierzehn Jahre meines Lebens habe ich in Strafanstalten verbracht, aber so etwas Furchtbares wie hier habe ich noch nicht erlebt. Ich glaube, wir haben es Ihnen zu danken, daß es heute nacht hier so ruhig ist. Ich denke, man wird Sie laufen lassen, und man will offenbar nicht, daß Sie hier zu viel sehen und hören. Ich bin heute die dritte Nacht hier. In den ersten zwei Nächten war es unbeschreiblich in diesem Keller.«

Bald weiß ich mehr. Die Tür wird jetzt von innen bewacht, um zu verhüten, daß die Schläger hereinkommen. Der Posten hat die Klinke in der Hand. Einen von den beiden anderen habe ich vorhin gesehen. Der Mann wendet sich ab von mir, und man fragt mich, ob ich mich hinlegen will. Man hält hier gute Kameradschaft. Jeder darf sich einige Zeit auf das schmutzige Stroh legen. Ich, der auf meine Entlassung hoffen kann, will anderen den Platz nicht wegnehmen, aber einer steht für mich auf, und ich lege mich nieder. Neben mir liegt der junge Mann, der gleich nach mir in die Zelle gebracht wurde. Er weint leise, und als ich ihm gut zurede, fängt er laut zu schluchzen an. Er ist fast noch ein Knabe. Sein Körper schüttelt sich, aber als er sich etwas beruhigt hat, erzählt er.

Sein Vater hat eine Druckerei, in der kommunistisches Material gedruckt wurde. Nach der Machtübernahme hat der Vater noch heimlich in einem Keller weitergedruckt. Man hat den Vater verraten, aber er ist rechtzeitig gewarnt worden und geflohen. Als die Nazis den Vater nicht vorfanden, haben sie ihn einfach mitgenommen. Er versteht selbst nichts von der Druckerei, ist irgendwo in einem Geschäft tätig. Er fleht mich an, sofort morgen seine arme Mutter aufzusuchen, die nun ganz allein ist. Woher sie nur alle wissen, daß ich wieder freikommen werde. Schließlich beruhigt er sich etwas. Es ist feucht und kalt auf der Erde, das Stroh ist sehr schmutzig, und mein Mantel bekommt Flecke. Aber das Liegen tut mir nach dem Durchlebten gut. Ich schließe die Augen und versuche zu schlafen. Es ist jetzt draußen im Korridor ruhiger. Ich höre weit fort eine Turmuhr drei schlagen.

Da wird plötzlich irgendwo in dem Gebäude Musik gemacht. Sie spielen Choräle auf Schifferklavieren und Ziehharmonikas. Die Musik klingt nur leise in unseren verschlossenen Keller, aber ich kann jeden Ton deutlich hören und weiß sofort, auf welchen Instrumenten gespielt wird. Die Musik wirkt verblüffend. Wie kommen Kirchenlieder nachts um drei Uhr in diese Kaserne? Dazwischen hört man sehr undeutlich, aber doch klar genug, unartikulierte schreiende Laute. Eine unheimlich gespannte Stimmung herrscht in unserem Raum. Alle lauschen mit entsetzten Gesichtern. Nur mein junger Nachbar und ich wissen noch nicht, was vor sich geht. Bald werden wir aufgeklärt. Wenn sie oben einen Mann zu Tode prügeln, machen sie dazu Kirchenmusik, um seine Schreie zu übertönen. Entsetzen erfaßt mich. Diese Musik, diese Choräle sind das Grauenhafteste, was ich bisher erlebt habe. Ich kann nicht mehr liegen. Ich stehe auf. Ich sehe schmutzig aus, mein Mantel ist ein Dreckhaufen, nasses Stroh hängt überall an mir. Jemand macht mir Platz, ich setze mich auf die Bank. Ein Gallenanfall macht mir starke Schmerzen und Übelkeit.

Da klopft es. Die Wache macht die Tür ein wenig auf, und der SA-Mann mit den vorstehenden Zähnen schiebt sich hinein, drängt den Posten, der ihn hindern will, beiseite. Er mustert uns alle. »Wo ist der Neumann«, fragt er, »den will ich mir noch einmal vornehmen.« »Der ist in einem der anderen Keller«, erwidert der Posten, »und überdies habe ich strenge Order, niemand hereinzulassen.« Der Braune mit den herausstehenden Zähnen sieht sich im Keller um. Schließlich geht er wieder. Als er fort ist, kriecht Neumann irgendwo hervor. Kameraden hatten Mäntel und was nur da war auf ihn gelegt. Der Schläger mit der blutigen Peitsche in der Hand hat ihn nicht gefunden. Wir haben einen anständigen Posten. Aber er wird bald abgelöst, und der neue verrichtet sein Amt lässiger. Er ist mürrisch. Man hat ihn wegen irgendeiner Kleinigkeit degradiert. Ich mag nicht hinhören, aber er spricht dauernd davon. Er fragt mich sogar, ob ich ihm nicht irgendwo eine Stelle besorgen könne, er habe das Leben als SA-Mann satt. Wenn er einmal aufhört zu reden, tönt die Musik zu uns herüber und dazwischen immer diese furchtbaren Schreie. Ich fühle mich sehr elend. Man bietet mir an, mich wieder hinzulegen. Ich lege mich nieder, mein Leib schmerzt. An Schlafen ist nicht zu denken, obwohl die Choräle endlich oben aufhören. Ich liege, versuche die Augen zu schließen. Es fängt an zu dämmern, und mattes Tageslicht dringt durch die Luke. Plötzlich ein Schuß, ein furchtbarer Knall. Ein Gewehr, ein Revolver muß direkt neben uns losgegangen sein. Alles steht auf. Wir Liegenden springen empor. Die Erregung ist ungeheuer. Da legt mir der mit der braunen Hose, den sie einen Spitzel nennen, die Hand auf die Schulter. »Ruhe, Herr«, sagt er, »das war ein Autoreifen von den Kasernenwagen.« Ich tue, als glaube ich ihm, aber bald wird geflüstert, »nebenan haben sie einen polnischen Juden erschossen, der gestern nachmittag eingeliefert worden ist. Er soll einem SS-Mann Geld gestohlen haben.« Ich muß an den bärtigen Mann denken, der gestern mit mir auf dem Wagen saß. Mein Herz klopft gewaltig.

»Mit denen macht man hier kurzen Prozeß«, meint einer. »Die schießt man einfach über den Haufen, verscharrt sie dann irgendwo. Der hätte besser daran getan, zu Hause zu bleiben.«

Wieder vergeht eine halbe Stunde, in der es allmählich heller wird. Es ist jetzt ruhig im Hause und auf den Korridoren. Ich liege wieder, schlafe wirklich einige Minuten. Plötzlich springt der Posten auf, steht stramm, kommandiert: »Alles strammstehen.« Ein junger SA-Offizier betritt mit zwei SA-Leuten den Raum. Er sieht gut aus, der Junge, auffallend dunkel, auffallend undeutsch. Er könnte Italiener, Südfranzose, sogar Jude sein. Er stellt Fragen an einige Insassen, dann wendet er sich zu mir.

»Warum sind Sie hier?«

»Ich weiß es nicht.«

»Sie werden es schon wissen, denken Sie nur nach.«

»Ich weiß es wirklich nicht, es muß ein Irrtum vorliegen.«

»Na, vielleicht besinnen Sie sich, worüber Sie sich mit Ihren Kollegen unterhalten haben.«

»Mir ist gesagt worden, daß ich heute früh wieder entlassen werde.«

»Kommt nicht in Frage, hier wird niemand ohne Verhör entlassen.« Ich blicke ihn fest an, den Burschen kenne ich. Er ist, glaube ich, einmal in einer meiner Vorlesungen gewesen. Er sieht aus wie ein junger Referendar. Er war sicher in meinem Kursus, aber in Uniform sehen alle so anders aus. Als er wieder draußen ist, frage ich, wie er heißt. Man nennt mir einen Namen. Ich kann mich aber nicht entsinnen, in der letzten Zeit einen Hörer dieses Namens gehabt zu haben.

Bald wird es heller. Das elektrische Licht wird ausgeschaltet, das Haus hallt wider von lauten Stimmen. Ich zweifle wieder, ob ich wirklich entlassen werde, aber das Tageslicht läßt mich ruhiger werden. Es wird etwas trockenes Brot und eine braune Flüssigkeit auf zwei Untertassen hereingebracht. Jeder kann sich eine halbe trockene Stulle und einen Schluck von der Untertasse nehmen.

»Was, Sie wollen nicht trinken?« fragt der Posten einen Insassen.

»Tassen gibt es hier nicht. Sie denken wohl, daß es vergiftet ist? Bohnenkaffee ist es gerade nicht, aber Sie können es ruhig zu sich nehmen. Sie werden daran nicht sterben.«

Meine Kehle ist so trocken, daß ich trotz des Ekels an der Untertasse nippe, aus der bereits sechs oder sieben Mann wie Tiere getrunken haben. Ich gehe in eine Ecke und speie langsam unbemerkt die braune Flüssigkeit aus.

Einige werden aufgerufen. Es heißt, sie werden in ein Konzentrationslager, wohl nach Oranienburg, gebracht. Andere werden abkommandiert, den Hof zu fegen. Nur wenige bleiben zurück. Unter ihnen befindet sich der jüdische Kaufmann, der, während ich auf dem Stroh lag, vom Verhör zurückgekommen war. Man hat ihn aufgrund einer anonymen Anzeige verhaftet. Man wirft ihm vor, daß er beim Verkauf von Waren, die an die SA weitergeleitet worden sind, unredlich gehandelt habe. Er beteuert, daß alle Beschuldigungen unwahr seien. Er macht einen guten Eindruck auf mich. Er ist Großkaufmann. Er muß noch einmal verhört werden und hofft, dann entlassen zu werden. Aber vielleicht bringen sie ihn nach Oranienburg. Wie es beim Verhör war, will er nicht sagen. Er blickt verstört um sich und kommt mit der Sprache nicht heraus, obwohl jetzt gerade auch der Spitzel den Raum verlassen hat und wir beide allein sind.

Dem Licht nach zu schließen, muß es jetzt etwa acht Uhr sein. Die Zeit wird mir sehr lang. Jetzt, wo die Schrecken der Nacht vorüber sind, wo draußen die Wagen rollen, die Motoren beim Anfahren der schweren Mannschaftswagen einen ungeheuren Lärm verursachen, wo das Haus voll von Leben und Rufen ist, jetzt, wo der Schrecken vorüber ist, fange ich an, nervös zu werden. Ich setze mich auf die Bank, stehe auf, setze mich wieder, stehe wieder auf. So geht es wohl eine Stunde. Die zum Hofreinigen Abkommandierten kommen zurück.

Endlich werde ich gerufen. Einer der beiden Offiziere, die mich nachts im Korridor wegen meines Autos und wegen vieler anderer Fragen vernommen haben, steht vor mir.

»Ich kann Sie also entlassen, Herr Rechtsanwalt«, sagt er nicht unfreundlich. »Sie müssen aber bis etwa elf Uhr warten, bis der Obersturmführer hier ist. Sie haben uns schön zu schaffen gemacht. Sechs Autos haben Ihretwegen bis spät in die Nacht vor der Tür gewartet. Das Telefon hat nicht stillgestanden. Meine Jungens haben wohl ein bißchen Spaß mit Ihnen gemacht. Das machen sie hier mit allen so, wenn wir fort sind. Ich freue mich, daß Sie den Humor behalten haben. Die Bemerkung mit dem Frisör hat mir großartig gefallen.«

Ich gehe in den Kellerraum zurück. Es schlägt genau zehn Uhr. Es erscheint der SA-Mann mit den spitzen Zähnen. Diesmal trägt er keine Nilpferdpeitsche. »Sie haben drei Goldstücke bei sich«, sagt er zu mir, »wir wollen nebenan in der Zelle elektrisches Licht legen lassen. Sie wissen, wie wichtig das ist. Ich nehme an, Sie spenden zwanzig Reichsmark für diesen Zweck.« Ich bejahe, und er geht heraus. Endlich, es hat längst elf Uhr geschlagen, werde ich gerufen. Der Obersturmführer steht vor mir. »Ich habe die ganze Nacht bis drei Uhr für Sie gearbeitet«, sagt er sehr höflich. »Ich habe mit unzähligen Stellen Ihretwegen telephoniert. Ich habe noch niemals über einen Menschen von allen Seiten so gleichlautende Antworten erhalten. Ich habe von allen Seiten gehört, daß Sie sich niemals politisch betätigt haben und ein anständiger Mensch sind. Es ist hier kein Hotel Adlon, aber Sie werden es hoffentlich nicht allzu schlecht gehabt haben. Sie haben sich heute nacht überzeugen können, daß man hier niemandem etwas zuleide tut, daß das alles Greuelmärchen sind.«

Und Joachim, der an Nierenentzündung gestorben ist, der blutende Mann mit den ausgeschlagenen Zähnen, die Choralmusik und die entsetzlichen Schreie dazwischen, der Schuß im Nebenkeller! Es kocht alles in mir, aber ich denke an Frau und Kind und schweige. Jetzt weiß ich auch, warum es heute nacht so ruhig war in unserem Keller. Ich sollte nichts zu sehen und zu hören bekommen, ich sollte bestätigen, daß alles Greuelmärchen sind. Der Herr Obersturmführer reicht mir jetzt sogar die Hand. »Ich freue mich, daß ich Sie entlassen kann. Hier ist Ihr Entlassungsschein. Lassen Sie sich oben abbürsten und gehen Sie sogleich zu einem Frisör.«

»Darf ich fragen, warum ich verhaftet worden bin?«

»Diese Frage kann ich Ihnen nicht beantworten, wir geben unsere Informationen nicht preis. Seien Sie vorsichtig, reden Sie nicht, das kann heute jedem passieren. Die Zeiten sind unruhig, wir haben eine Revolution.« Er grüßt militärisch, und ich gehe den Korridor entlang, die Treppe hinauf, die ich nachts zuvor heruntergeflogen war. Im Büro weise ich meinen Entlassungsschein vor, erhalte meine Sachen, bescheinige den Empfang aller meiner Wertsachen und bitte um eine Bürste, da der Obersturmführer gesagt hat, daß ich mich abbürsten lassen solle.

Die Leute im Büro sehen mich mit bösen Gesichtern an. Einer geht hinaus. Ich warte, bis er wiederkommt. Dann bürstet er mich ab, aber ich sehe noch immer unsagbar schmutzig aus. Gott sei Dank bedeckt mein Hut meinen verstümmelten Kopf. Ganz langsam gehe ich aus dem Keller. »Auf der Flucht erschossen« – diese in den letzten Tagen und Wochen so häufig gehörten Worte gehen mir durch den Kopf. Aber ich erreiche unbelästigt die Straße.

Bis Sonnabend früh 10 Uhr

hat das Judentum Bedenkzeit!

Dann beginnt der Kampf!

Die Juden aller Welt wollen Deutschland vernichten!

Deutsches Volk!

Wehr Dich!

Kauf nicht beim Juden!

Aktionskomitee der N.S.D.A.P.
Gau Groß-Berlin

Der Stürmer

Ritualmord-Nummer

Deutsches Wochenblatt zum Kampfe um die Wahrheit

HERAUSGEBER: JULIUS STREICHER

Sonder-Nummer 1 — Nürnberg, im Mai 1934 — 12. Jahr 1934

Preis 30 Pfennig

Jüdischer Mordplan
gegen die nichtjüdische Menschheit aufgedeckt

Das Mördervolk

Die Juden stehen in der ganzen Welt in einem furchtbaren Verdacht. Wer ihn nicht kennt, der kennt die Judenfrage nicht. Wer die Juden nur ansieht, wie Heinrich Heine (Chaim Bückeburg) sie beschreibt: „Ein Volk, das zu seinem Unterhalt mit Mäseln und alten Hosen handelt und dessen Uniform die langen Nasen sind", der sitzt auf falschem Wege. Wer aber weiß, welch eine ungeheuerliche Anklage schon seit Anbeginn gegen die Juden erhoben wird, dem erscheint dieses Volk in einem anderen Lichte. Er sieht in ihnen nicht nur ein eigenartiges, seltsam anmutendes Volk, er sieht in ihnen Verbrecher und Mörder und Teufel in Menschengestalt. Und es überkommt ihn gegen dieses Volk ein heiliger Zorn und Haß.

Der Verdacht, in dem die Juden stehen, ist der **Menschenmord**. Sie werden beschuldigt, nichtjüdische Kinder und nichtjüdische Erwachsene an sich zu locken, sie zu schlachten und ihnen das Blut abzuzapfen. Sie werden beschuldigt, dieses Blut in die Matzen (ungesäuertes Brot) zu verbacken und noch sonstige abergläubische Zauberei damit zu treiben. Sie werden beschuldigt, ihre Opfer, besonders die Kinder, dabei furchtbar zu martern und zu foltern. Und während dieser folternden Tötungen, stichte und Verwünschungen gegen die Nichtjuden auszustoßen. Dieser planmäßig betriebene Menschenmord hat eine besondere Bezeichnung, er heißt **Ritualmord**.

Das Wissen vom jüdischen Ritualmord ist schon jahrtausende alt. So ist so alt wie die Juden selbst. Die Richter haben es von Generation zu Generation übertragen. Es ist in durch Schriften überliefert. Es ist aber auch in der breiten Volksmasse vorhanden. In den verstecktesten Bauerndörfern flüstert man sich dieses Wissen. Der Ahne sprach es ihm zu seinem Enkel. Und dieser wieder trug es weiter auf Kinder und Kindeskinder. So vererbte es sich bis zum heutigen Tag.

So ist es auch in den anderen Völkern vorhanden. Wo irgendwo in der Welt eine Leiche gefunden wird, die den Anzeichen des Ritualmordes trägt, erhebt sich sofort laut und groß die Anklage. Sie richtet sich überall nur gegen die Juden. Hunderte und aberhunderte von Völkern, Stämmen und Rassen bewohnen den Erdball. Niemand denkt daran, sie des planmäßigen Kindermordes zu beschuldigen, sie als Mördervolk zu bezeichnen. Den Juden allein wird diese Anklage aus allen Völkern entgegengeschleudert. Und viele große Männer haben

Judenopfer

Durch die Jahrtausende vergoß der Jud, geheimem Ritus folgend, Menschenblut. Der Teufel sitzt uns heute noch im Nacken, es liegt an Euch die Teufelsbrut zu packen

Die Juden sind unser Unglück!

Die neue Justiz
Max Abraham

Schon im Jahre 1930, als der Nationalsozialismus erst im Werden war, wurde ich von dem SA-Sturmführer Jackzentis überfallen und mißhandelt. Der Sturmführer Jackzentis war ein berüchtigter Tagedieb und Rohling. Ich erstattete Anzeige gegen ihn, und er wurde wegen gefährlicher Körperverletzung zu drei Monaten Gefängnis verurteilt. Am gleichen Tage wurde noch wegen anderer Delikte gegen ihn verhandelt, der Richterspruch lautete auf weitere fünf Monate Gefängnis. Er wurde damals formell aus der NSDAP ausgeschlossen, weil dieser Angriff auf mein Leben in der kleinen Stadt unerhörtes Aufsehen erregte und die helle Empörung der Bevölkerung die Partei zu dieser Maßnahme zwang. Seine nationalsozialistischen Freunde hatten es mir aber nicht vergessen, daß die Gerichtsverhandlung ihren Führer als gemeinen Rohling entlarvte. Bei der Umwälzung wurde Jackzentis gleich wieder in sein Amt als Sturmführer eingesetzt und bekam eine leitende Stellung außerhalb Rathenows. Ich hielt mich für weniger gefährdet, nachdem dieser, mein ärgster Gegner, das Rathenower Feld verlassen hatte.

Zunächst hatte es auch den Anschein, als ob man mich in Ruhe lassen wollte. Ich harrte auf meinem Posten aus. Erst am 1. April, am Boykott-Tage, wurde die Situation für mich gefährlicher, und ich flüchtete nach Berlin, um von hier aus meine Reise ins Ausland anzutreten. Aber auf das Drängen meiner Freunde hin, jetzt in dieser ernsten und schweren Zeit die Gemeinde nicht im Stich zu lassen, ging ich auf meinen alten Posten zurück. Dieser Schritt wurde mir zum Verhängnis.

Am 26. Juni kehrte ich von einer Sitzung in Berlin nach Rathenow zurück. Vorher hatte ich mir das belgische Visum besorgt, da meine Situation von Tag zu Tag bedrohlicher wurde und eine, wenn auch vorübergehende Reise ins Ausland unvermeidbar erschien. Da ich aber am Sonnabend, dem 30. Juni, noch zwei Einsegnungen vorzunehmen hatte, verschob ich trotz größter Gefahr meine Reise auf den 1. Juli. Am 26. Juni, 11 Uhr abends, traf ich, von Berlin kommend, in Rathenow ein. Die Nationalsozialisten hatten wohl einen Wink bekommen, und mein Schicksal war besiegelt.

Um meine in der Großen Milower Straße gelegene Wohnung zu erreichen, mußte ich einen dunklen Sandweg, den Askanierdamm, passieren, der ungefähr 150 Meter lang und sehr schlecht beleuchtet ist. In der Bahn hatte ich meine nächste Konfirmationsrede ausgearbeitet, ich war noch immer in Gedanken versunken. Plötzlich versperrte mir jemand den Weg. Ich sah auf, ein unbekannter Mann in Zivilkleidung stand vor mir. Als ich ihn höflich bat, beiseite zu treten, schlug er auf mich ein. Ich glaubte es mit einem Betrunkenen zu tun zu haben, wandte mich angewidert von ihm ab und ging denselben Weg zurück. Er verfolgte mich und holte mich nach ungefähr drei Metern ein. Erneut griff er mich an und schlug mir die Brille herunter. Dadurch war ich im Augenblick hilflos, ich bin stark kurzsichtig. Der Kerl schrie mich an: »Wag's nicht, noch mal hier langzugehen!« Nach längerem Suchen gelang es mir, meine Brille zu finden. Ich stellte zunächst Erwägungen an, ob ich den Sandweg noch einmal passieren sollte. Ich begann zu ahnen, daß es sich nicht um die Rüpelei eines Betrunkenen, sondern um einen politischen Überfall handelte. Ich rechnete mit der Gefahr, in eine Falle zu laufen, und hielt es immer noch für sicherer, keinen Umweg zu machen, sondern geradewegs meiner Wohnung zuzustreben.

Die Schritte meines Angreifers waren verhallt, die Straße lag frei vor mir. Ich nahm, um rasch aufschließen zu können, meinen Hausschlüssel in die Hand. Als ich unmittelbar vor der Kreuzung war, sprang aus einem Versteck erneut jemand auf mich zu. Zunächst glaubte ich es mit einem anderen zu tun zu haben, weil sich in Begleitung dieses Angreifers ein Mädchen befand. Erst als er dicht vor mir stand, erkannte ich den Gegner von vorhin. Wieder schlug er blindlings auf mich ein. Ich setzte mich zur Wehr und traf ihn dabei mit dem Schlüssel, den ich noch immer in der Hand hielt. Das hatte er offenbar nicht erwartet, denn er ließ erschrocken von mir ab. Diese Gelegenheit benützte ich, um die Große Milower Straße zu erreichen. Da der Angreifer sich anscheinend von seinem Schreck erholt hatte und die Verfolgung wieder aufnahm, rief ich um Hilfe. Menschen sammelten sich an, auf mein Verlangen wurde Polizei geholt. Ein Polizist ersuchte mich, ihn auf die Polizeiwache zu begleiten. Inzwischen war auch mein Gegner eingetroffen. Er fing an, mich wüst zu beschimpfen. »Judenschwein! Das ist der Rabbiner von Rathenow! Dieser Hund hat mich überfallen!« Die Polizisten hörten ruhig zu.

Auf der Polizeiwache bat ich, die Personalien des Angreifers festzustellen, da ich Anzeige gegen ihn erstatten wollte. Man hörte mich nicht an, sondern zog meinen Gegner in ein vertrauliches Gespräch. Der Erfolg dieses Gespräches war, daß man mir eröffnete, ich sei verhaftet. Jetzt wurde mir deutlich klar, in welcher Situation ich mich befand, denn alsbald erschien ein ganzes Aufgebot von SS und SA in der Polizeiwache. Die SA- und SS-Leute schlugen auf mich ein und drohten mir, daß es mir noch teuer zu stehen kommen werde, einen SA-Führer überfallen zu haben. Die Polizei, in deren »Schutz« ich mich befand, griff nicht ein.

Als ich hier zum ersten Male vor den Augen der Polizei mißhandelt wurde, empfand ich eigentlich nicht die körperlichen Schmerzen, sondern es schnürte sich mir vor Ekel die Kehle zu. Das also war in Deutschland möglich! Ich hatte keine Angst um mein Leben – es verlor in diesem Augenblick für mich seinen Wert.

Ich wurde in eine kleine Zelle des Polizeigefängnisses eingeliefert. In die gleiche Zelle, in der ich wenige Tage vorher in meiner Eigenschaft als Seelsorger der Jüdischen Gemeinde einem jüdischen Inhaftierten Mut und Trost zugesprochen hatte. Hier lag ich blutüberströmt auf der Pritsche. Kaum war ich etwas zur Ruhe gekommen, hörte ich auf dem Gang Schritte. Sie kamen näher und hielten vor meiner Tür. Die Tür ging auf, zwei SS-Leute standen draußen. Sie brüllten: »Rabbiner 'raus! Jude 'raus!« Ich stand auf und wankte zur Tür. Mit einem Gewehrkolben wurde ich zur Seite gestoßen, so daß ich in die Ecke flog und stürzte.

Sie stießen mich grölend von einer Ecke der Zelle in die andere. Gummiknüppelschläge hagelten auf meinen Körper nieder. So ging es ungefähr zwei Stunden lang. Als sie von mir abließen, sank ich auf die Pritsche, unfähig, mich zu bewegen.

Früh um halb 6 Uhr war Wecken. Ich mußte mich so rasch als möglich anziehen und wurde wieder in das Polizeirevier geschleppt. Ungefähr zwanzig SA- und SS-Leute nahmen um mich her Aufstellung, an ihrer Spitze mein Angreifer vom vergangenen Abend. Jetzt erst erfuhr ich, daß dieser brutale Schläger ein SA-Führer war, der 23jährige Sturmbannadjutant Meiercord aus Rathenow. Er war, wie ich später hörte, schon unter dem Sturmführer Jackzentis bei der SA und wollte nun seine Rachsucht, wahrscheinlich »auf allgemeinen Wunsch«, an mir kühlen. Die zwanzig Mann hieben nun blindlings mit Gummiknüppeln auf mich ein. Meiercord allein hat mich dreimal bewußtlos geschlagen. Nach zweistündiger Marter wurde ich in die Dunkelzelle des Polizeigefängnisses gesperrt.

Um zwei Uhr mittags holte mich ein Kriminalbeamter heraus. Ich wankte wie ein Schwerkranker, und die Kleider klebten blutig an meinem Leib. Der Kriminalbeamte brachte mich in die Turnhalle des Lyzeums in Rathenow. Mehrere SA-Leute standen als Posten vor der Tür. In der Turnhalle selbst traf ich mit ungefähr siebzig Inhaftierten zusammen. Am gleichen Tage hatte man Massenverhaftungen in Rathenow vorgenommen, eine Maßnahme, die sich vor allem gegen Sozialdemokraten und Demokraten richtete. Unter den Häftlingen befanden sich mir gut bekannte Redakteure, Schulräte, Lehrer, Rektoren, Bildhauer, Schriftsteller, Sozialrat Weppner und drei jüdische Kaufleute. Hier machte man zunächst keinen Unterschied zwischen »Juden und Staatsfeinden«, auf fast alle hieb man wahllos und blindlings ein. Einzeln holte man sie heraus und brachte sie in die Abortanlage des Lyzeums. Zunächst wurde ein junger Mensch fürchterlich mißhandelt, der nach seiner Verhaftung »Freiheit!« gerufen hatte. Dann holte man mich dorthin, um mich von neuem zu quälen.

Im Laufschritt mußte ich in die Turnhalle zurück, um die anderen jüdischen Inhaftierten in die Abortanlage zu bringen. Wir waren vier Juden: die Kaufleute Arno Ganß, Alex Grischmann, Fritz Sinasohn und ich. Nachdem die SA-Männer uns erst ihre »Stärke« mit dem Gummiknüppel gezeigt hatten, drückten sie Arno Ganß den Gummiknüppel in die Hand mit dem Befehl, mich zu verprügeln. Er weigerte sich. Er könne doch nicht den Prediger und Seelsorger der Gemeinde schlagen. Aber unter fürchterlichen Schlägen wurde er zum Nachgeben gezwungen. Abwechselnd mußten wir vier Juden uns gegenseitig mit dem Gummiknüppel mißhandeln.

So geschehen in Deutschland am 27. Juni 1933, nachmittags zwischen halb drei und vier Uhr in den Abortanlagen des Lyzeums in Rathenow! Wir blieben zunächst in der Turnhalle. Man nahm noch weitere Verhaftungen in kleinen Städten und Dörfern des Westhavellandes vor, brachte die Inhaftierten ebenfalls in die Turnhalle, um dort einen großen Sammeltransport zusammenzustellen. Transport – nach Oranienburg!

Es war mittlerweile sechs Uhr geworden. Nahrung hatten wir bis dahin noch nicht empfangen. Zwei Lastwagen rollten heran. Ich wurde von einem Wagen auf den anderen geworfen. Endlich setzte sich der Transport in Bewegung. Als wir durch die Stadt fuhren, setzten unsere Transporteure eine lächelnde Miene auf, um den die Straßen dicht belagernden Menschenmassen zu zeigen, wie friedlich doch die SA und wie anständig sie zu ihrem Gegner sei. SA-Leute zogen mich in ein freundliches Gespräch, damit auch ich durch ein »sanftes Lächeln« dem Publikum die Friedfertigkeit der SA beweise. Die nationalsozialistische Presse brachte am nächsten Tage in fetten Lettern die Überschriften: »Rabbiner überfällt SA-Führer« – »Der verantwortliche Hetzer der jüdischen Greuelpropaganda verhaftet« – usw. ...

Als ich nach Oranienburg kam, war der Älteste der Judenkompanie, der 65jährige Scheib, bereits acht Tage im Bunker. Auch die jüdischen Kaufleute Goldschmidt, Wilk und Krausnick kamen gleich am Tage ihrer Einlieferung in die Arrestzellen. Die drei sollten angeblich einem gemeinsamen Verwandten zur Flucht verholfen haben.

Bald sollte auch ich diese »Strafverschärfung« kennenlernen. Dies war der Anlaß: Ende Juli wurde ich zur »Vernehmung« in Zimmer 16 geholt. Ich hoffte, mein Fall würde endlich aufgeklärt, und ich würde entlassen werden. Aber ich hatte nicht mit dem »Rechtsleben« im Dritten Reich gerechnet. Anstatt den nächtlichen Wegelagerer, der mich damals überfallen hatte, zu bestrafen, bezichtigte man mich der Gewalttätigkeit und warf mir vor, ich sei der Angreifer gewesen. Offenbar meinten die braunen Machthaber, die ihre geistige Nahrung aus Streichers »Stürmer«, aus den Ritualmordlegenden dieses pathologischen Giftmischers bezogen, es gehöre zu den Gepflogenheiten jüdischer Geistlicher, Passanten nachts auf den Straßen anzufallen und sie blutig zu schlagen.

Bei der Vernehmung schilderte ich den Hergang des Überfalls genauso, wie ich ihn dem Leser mitgeteilt habe, wahrheitsgemäß bis in alle Einzelheiten. Das Verhör leitete Sturmbannführer Krüger. Wie im Delirium begann er zu toben, als ich es wagte, mich zu verteidigen. »Was, du Schweinehund, du wagst es auch noch, einen SA-Führer der Lüge zu bezichtigen? Wir lügen nicht, wir sind deutsche Männer, nur ihr jüdischen Verbrecher lügt. Jetzt wirst du vier Tage in den Bunker geworfen, da hast du Bedenkzeit, mal sehn, ob dir da die Wahrheit einfällt! Wage nicht, nach vier Tagen noch zu behaupten, Meiercord hätte dich überfallen, du Lump!«

Er klingelte, schon erschien ein SA-Posten, der mich abführte. Nun begannen vier qualvolle Tage. Wir gingen über den Hof, kamen in einen kleinen Lagerraum, von dem links die Bunker abgeteilt waren. Sie lagen übereinander wie Käfige, unten drei, oben zwei, durch eine Art Hühnerstiege verbunden. Ich mußte emporklettern. Der Posten schloß die Tür auf, der älteste Bunkermann meldete: »Bunker fünf, belegt mit sieben Mann!«

Der Posten stieß mich in den Raum und verschloß hinter mir die Tür. Um mich war tiefe Nacht. Ich strauchelte und fiel auf einen Leidensgefährten. Die anderen erkannten mich an meiner Stimme. Sie rückten, so gut das noch ging, zusammen, um mir Platz zu machen. Der Raum war so klein, daß fast einer auf dem anderen zu liegen kam. Ich erfuhr, wer meine Mitarrestanten waren. Die Kaufleute Wilk und Goldschmidt, ein Einarmiger, lagen mit mir in Bunker 5, Krausnick war nebenan untergebracht. Einige politische Häftlinge, Nichtjuden, teilten mit uns den Raum.

Plötzlich ging die Tür auf: »Rabbiner, Zimmer 16!« Ich sprang auf, trat durch die Tür, sah das Tageslicht. Es mochte fünf Uhr nachmittags sein. Einen Augenblick lang hoffte ich, von der Qual erlöst zu werden. In Zimmer 16 empfing mich Stahlkopf. Er wußte von Krüger, daß ich mich gegen die Anschuldigungen verteidigt hatte. »Was, du Schweinehund, ein SA-Mann lügt? Der hat dich überfallen? Hast du hier immer noch nichts dazugelernt?« Und der Gummiknüppel sauste auf meinen Körper nieder. Unter der Wucht der Schläge brach ich ohnmächtig zusammen. Mehrere Stunden mochte ich bewußtlos gelegen haben, denn als ich wieder in den Bunker gebracht wurde, war es bereits dunkel. – Wieder taumelte ich auf das faulende Stroh. Ich glaubte, nicht lebend hier herauszukommen, aber ich fürchtete den Tod nicht mehr. Nur der Gedanke an meine Braut bereitete mir quälende Sorgen. Ich stand, ehe ich verhaftet wurde, kurz vor der Heirat. Sie war Vollwaise, ganz allein, ohne Schutz. Würde man wenigstens sie verschonen? Auch Frauen wurden in Konzentrationslager verschleppt, ich wußte das. Würde sie erfahren, welche Qualen ich selbst durchlitt, wie würde sie es ertragen?

Ende Oktober erhielt ich die Ladung zu einer Gerichtsverhandlung, die am 3. November vor dem Schöffengericht in Rathenow stattfinden sollte. Ich wurde der schweren Körperverletzung – §§ 223, 223a – beschuldigt.

Am Abend des 31. Oktober kamen wir auf dem Schlesischen Bahnhof in Berlin an. Wir waren etwa dreißig Mann und wurden von einem etwa sechzig Mann starken Berliner Polizeiaufgebot am Bahnhof empfangen. Jedem Gefangenen wurden Handschellen angelegt, als handele es sich um gefährliche Schwerverbrecher. Man überführte uns in das Polizeigefängnis Alexanderplatz. Dort blieb ich wiederum eine Nacht. Am nächsten Morgen um sechs Uhr wurde ich nach Rathenow transportiert und dort ins Amtsgerichtsgefängnis eingeliefert.

Am 3. November um elf Uhr sollte die Verhandlung stattfinden. Ich war zufrieden, daß mein Fall nun endlich vor ein ordentliches Gericht kommen sollte. Ich glaubte damals noch, daß deutsche Richter einen Unschuldigen unbedingt freisprechen würden. Der 3. November kam heran, es wurde elf Uhr, halb zwölf Uhr – niemand holte mich zur Verhandlung. Endlich um zwölf Uhr erschien in meiner Zelle ein Herr, der sich als mein Verteidiger vorstellte und mir sagte, die Verhandlung sei um drei Tage verschoben worden, da die Rathenower Gerichtskanzlei vergessen habe, die Staatsanwaltschaft in Potsdam zu unterrichten, so daß der Staatsanwalt überhaupt nicht erschienen sei. Für mich war das die erste Bekanntschaft mit dem »ordentlichen« Gericht.

Meine Braut sagte mir später, es sei unendlich schwer gewesen, einen Anwalt für mich zu finden. Sowohl die jüdischen als auch die arischen Anwälte in Deutschland fürchteten sich, politische Verteidigungen zu übernehmen, und für einen jüdischen Angeklagten war es fast unmöglich, einen Verteidiger zu bekommen.

Montag, den 6. November, elf Uhr – ich wurde von dem Justizwachtmeister zur Verhandlung geholt. Auf dem Flur des Gerichtes sah ich meinen Angreifer und ein Mädchen – vermutlich seine Begleiterin am Abend des Überfalls –, ferner Herrn Pfarrer Knobloch, den ich als Zeugen hatte laden lassen. Ich wurde auf die Anklagebank gesetzt.

Als ich eintrat, war der Gerichtshof bereits versammelt. Ich ließ mich schweigend auf meinen Platz führen. Alle, die nach mir kamen, grüßten mit dem Hitlergruß, der vom Vorsitzenden stramm beantwortet wurde. Dieser Vorsitzende – er hieß Mangelsdorf – war mir gut bekannt. Er war führender Demokrat in Rathenow gewesen. Bei der Reichspräsidentenwahl hatte er leidenschaftlich gegen Hitler, für Hindenburg gekämpft. Er hatte mich damals gebeten, in jüdischen Kreisen Gelder zu sammeln, um Hindenburgs Kandidatur zu unterstützen. Inzwischen hatte er sich gleichgeschaltet und dachte gar nicht daran, mir Gerechtigkeit widerfahren zu lassen, obgleich gerade er mich gut genug kannte, um zu wissen, daß ich kein Gewalttäter war.

Neben Mangelsdorf saßen zwei nationalsozialistische Schöffen, ein Förster und der Heizer Bürger aus Friesack. Als Ankläger fungierte der Staatsanwaltschaftsrat Stargard. Vor der Verhandlung stellte Meiercord den Antrag, als Nebenkläger zugelassen zu werden. Dem Antrag wurde stattgegeben. Nunmehr erfolgte der Zeugenaufruf. Außer dem erwähnten Pfarrer Knobloch traten zwei Männer auf, die mir völlig unbekannt waren: der Kriminalsekretär Amelungsen, Leiter der politischen Polizei, und ein Herr Richter. Meiercords Freundin, die siebzehnjährige Schülerin Kaehne, war gleichfalls Zeugin.

Aufgefordert, die Vorgänge vom 26. Juni zu schildern, erzählte ich wahrheitsgemäß den Hergang des Überfalls, der dem Leser bereits bekannt ist. Da ich aus dem Konzentrationslager nur »beurlaubt« war und neue entsetzliche Mißhandlungen befürchten mußte, wenn ich in zu starker Form gegen Meiercord Anklage erhob, gab ich allerdings die Möglichkeit zu, wir könnten im nächtlichen Dunkel ohne Verschulden des einen oder anderen aufeinandergestoßen sein. Daß Meiercord den ersten Schlag geführt, daß ich mich anfangs überhaupt nicht gewehrt hatte, sondern in anderer Richtung weitergegangen war, schilderte ich desto ausführlicher.

Meiercord benützte seine Aussage dazu, seinem Antisemitismus freien Lauf zu lassen und mich zu beschimpfen, ohne daß der Vorsitzende ihn ein einziges Mal rügte. Im übrigen behauptete er natürlich, ich sei der Angreifer gewesen und leistete darauf einen Meineid. Auch seine Begleiterin wurde zum Eide gebracht und schwor – ihrem Freund zuliebe – gleichfalls falsch.

Die Zeugenaussage des Kriminalsekretärs Amelungsen war so grotesk, daß ihr Inhalt hier wiedergegeben werden soll. Amelungsen, der über die Vorgänge, die eigentlich zur Verhandlung standen, nichts aussagen konnte, war vom Gericht als Leumundszeuge geladen und behauptete folgendes: Ich gehörte zu den gefährlichsten Gegnern des Nationalsozialismus, ich hätte mich auch nach der Machtergreifung Hitlers in der arrogantesten Weise auf den Straßen breitgemacht und jeden Nationalsozialisten mit Lump und Strolch beschimpft. Er aber, der gütige Polizeibeamte, sei stundenlang hinter mir hergegangen, habe diese Vorgänge beobachtet – aber alles eben nur, um mich »vor Prügeln« zu beschützen. Er hätte eigentlich schon hier einschreiten und mich verhaften müssen, doch sollte er mich aus wichtigen Gründen, die er hier nicht mitteilen könne, weiter beobachten. Durch meine zwangsläufige Verhaftung nach dem Vorgang am 26. Juni sei diese Beobachtung leider unterbrochen worden. Mein Anwalt konnte sich nicht durchsetzen, als er Amelungsen aufforderte, hier keine geheimnisvollen Andeutungen zu machen, sondern prägnant zu schildern, weshalb er mich beobachten mußte. Der Vorsitzende sprang jedoch ein, indem er erklärte, man könne dann nur unter Ausschluß der Öffentlichkeit verhandeln, weil es sich ja um »Hochverrat« handeln könne. Um nun Licht in dieses geheimnisvolle Dunkel zu bringen, wollte mein Anwalt den Ausschluß der Öffentlichkeit herbeiführen. Doch nun wollte man auch das nicht. Später erfuhr ich von maßgebender Seite, daß die Polizei mich verdächtigte, mit Kommunisten zwecks Propaganda in Verbindung gestanden zu haben. Doch was sagte der nächste Zeuge, Herr Pfarrer Knobloch, unter Eid aus? Ich kenne Herrn Abraham als religiösen Menschen und habe mehrere Jahre harmonisch mit ihm zusammengearbeitet.

Was mit dieser Verhandlung ferner nichts zu tun hatte, war der Fall Jackzentis, den Mangelsdorf nochmals aufrollte. Damals, so sagte er, sei ich Hauptzeuge gewesen, heute allerdings säße ich auf der Anklagebank. Damals hätte ich schon ein provozierendes Wesen gegen die SA zur Schau getragen. Damals hatte jedoch derselbe Mangelsdorf, dem ich zur Hindenburgwahl 1932 im Gerichtsgebäude persönlich gesammelte Wahlgelder überreichte, ein ungewöhnlich scharfes Plädoyer gegen Jackzentis gehalten und festgestellt, daß ich als ruhiger und friedlicher Bürger in der ganzen Stadt gut bekannt sei.

Der Staatsanwaltschaftsrat Stargard hielt nun das Plädoyer: man müsse sich den kräftigen und starken jüdischen Angeklagten ansehen, der der Tat überführt sei, den schmächtigen Nationalsozialisten stark mißhandelt zu haben. Der Angeklagte habe aus hemmungslosem politischem Haß gehandelt und müsse hart bestraft werden. »Ich beantrage eine Gefängnisstrafe von sechs Monaten.« Was bedeutete das Plädoyer meines Anwalts, der dem Recht nicht zum Siege verhelfen und den Vorgang nicht so darstellen konnte, wie er sich in Wirklichkeit abgespielt hatte, sondern die »Tat« als Putativnotwehr hinstellte und deshalb um meinen Freispruch bat. Ich hatte das letzte Wort. Ich erklärte noch einmal, ich sei unschuldig und bat ebenfalls um einen Freispruch.

Dem ehemaligen Demokraten Mangelsdorf aber erschien der Antrag des Staatsanwalts offenbar reichlich mild, denn er folgte nicht der üblichen Gepflogenheit, die Strafe etwas kürzer zu bemessen, als der Ankläger es verlangt. Das Gericht verurteilte mich zu vollen sechs Monaten Gefängnis und zur Tragung der Kosten. Ich nahm das Urteil nicht an und wurde ins Gefängnis zurückgebracht. Es gelang meiner Braut nur mit äußerster Anstrengung, meinen Rücktransport ins Konzentrationslager zu verhindern. Der Polizeimann Amelungsen mußte sich dieser Entscheidung des zuständigen Regierungspräsidenten fügen, obwohl er angab, ich müßte unbedingt ins Konzentrationslager zurückgebracht werden, da ich im Gefängnis sämtliche Türen und Wände demoliere und die Gefangenen durch mich gefährdet wären. So wurde ich im Gefängnis festgehalten – natürlich weiter als Schutzhäftling.

Am 21. Dezember gelang es endlich meiner Braut, mich aus der Schutzhaft zu befreien. Nach qualvollen sechs Monaten war ich nun in Freiheit, aber die Gefahr einer neuen Verhaftung schwebte ständig über mir. Bald erreichte mich die Mitteilung des Landgerichtes in Potsdam – das war die Berufungsinstanz –, daß die Berufungsverhandlung am 27. Jänner in Rathenow stattfinden sollte. Aber es geschah etwas Seltsames: die Staatsanwaltschaft, deren Antrag voll entsprochen worden war, legte gleichfalls Berufung ein, und dieser Berufung wurde stattgegeben. Ein ungewöhnlicher Fall, der auf die Rechtsprechung des Dritten Reiches ein helles Licht wirft. Der »allzu milde« Staatsanwaltschaftsrat Stargard fungierte nicht mehr. Der neue Staatsanwaltschaftsrat Herzog, der die Berufungsbegründung unterzeichnete, war ein dreißigjähriger SA-Mann und ein Parteifreund des Meiercord. Seine feindselige Haltung gegen mich bekundete er ganz offen. Er ließ sich sogar zu der Bemerkung hinreißen, er werde in der Berufungsverhandlung achtzehn Monate Gefängnis gegen mich beantragen.

Nun zweifelten wir natürlich, ob die Berufung irgendeinen Wert hätte, zumal auch noch die Verhandlung im feindlichen Rathenow stattfinden sollte, obgleich ich selbst unterdessen nach Berlin übersiedelt war. Mein Anwalt hielt es deshalb für nötig, die Berufung zurückzuziehen, was jedoch nur dann einen Sinn hatte, wenn auch der Staatsanwalt auf seine Berufung verzichtete. Unmittelbar vor der Verhandlung konferierte mein Anwalt mit dem Staatsanwalt. Nun geschah wieder etwas Merkwürdiges. Der Staatsanwalt Herzog erklärte nämlich, er müsse sich erst mit Meiercord besprechen. Meiercord hatte gar keine Berufung eingelegt. Was hier geschah, hatte mit Jurisprudenz nichts mehr zu tun – es war eine glatte Partei-Schiebung.

Nun übernahm Meiercord anstelle des Staatsanwaltes die Verhandlung und erklärte meinem Anwalt, der Staatsanwalt werde nur dann die Berufung zurückziehen, wenn ich bereit sei, eine Buße von 500 Reichsmark an die SA von Rathenow zu zahlen. Wir mußten auf diese Erpressung eingehen, da mir sonst achtzehn Monate Gefängnis und sofortige Verhaftung gedroht hätten. – Justiz im Dritten Reich!

Am nächsten Tage stand in der Rathenower Nazipresse zu lesen: Der Jude Abraham zahlt 500 Mark Buße an die SA, wodurch er endgültig seine Schuld eingestanden hat. Abraham wird in der nächsten Zeit seine Gefängnisstrafe antreten.

Trotz der sechsmonatigen Freiheitsberaubung, der Folterungen, die ich hinter mir hatte – sollte es noch nicht genug sein des grausamen Spiels. Ich erhielt die Aufforderung der Staatsanwaltschaft in Potsdam, am 5. März meine Strafe im Gefängnis in Plötzensee anzutreten. Mein Anwalt jedoch, der der Ansicht war, daß ein Gnadengesuch unbedingt Aussicht auf Erfolg hätte, reichte mit den dazu nötigen Unterlagen, vor allem der ausgezeichneten Leumundszeugnisse der Rathenower Geistlichen, das Gnadengesuch ein, wodurch die Strafvollstreckung ruhte. Die SA-Standarte in Friesack, wozu Rathenow gehörte, war gegen eine Begnadigung. Man hätte den Juden einfach totschlagen müssen. Ich amtierte nun wieder in meinem Beruf, und wir wiegten uns in Sicherheit, weshalb wir dann auch Ende April heirateten, um endlich nach bald einjähriger Qual zur Ruhe zu kommen, die wir wirklich verdient hatten. Doch waren wir kaum drei Tage in unserem neuen Heim, als wir die erneute Einladung zum Strafantritt im Gefängnis in Plötzensee erhielten. Das Gnadengesuch durchwanderte alle Instanzen bis zum Justizminister, wo es dann abschlägig beschieden wurde. Nach vierzehntägiger Ehe sollte ich also wieder ins Gefängnis wandern. Dazu reichte unsere Kraft nicht mehr aus. Um uns etwas zu erholen, beauftragten wir einen Anwalt, wenigstens einen halbjährigen Strafaufschub zu erwirken, damit ich meine »Strafe« zum bereits schon festgesetzten Termin am 14. Mai nicht anzutreten brauchte. Als wir auch das nicht erreichen konnten, blieb nur ein Weg übrig, um unser Leben zu retten. Als Touristen, ohne zuvor irgend jemand zu verständigen, gingen wir mittellos, ohne Paß über die Grenze. In der Tschechoslowakei konnten wir zum ersten Male wieder frei atmen.

Prag, 1934

»Rassenschande«

Meerane: Der in der Crotenlaiderstraße 57 zu Meerane wohnhafte jüdische Handlungsgehilfe Willy Wertheim unterhält mit der deutschen Stickerin Charlotte Ahnert ein rassenschänderisches Verhältnis. Die Eltern des Mädchens wohnen in der Crotenlaiderstraße 26. Sie sind mit der Wahl ihrer Tochter einverstanden. Das Verhalten des Juden und seiner artvergessenen Freundin erregt seit langem öffentliches Ärgernis.

Aus dem »Briefkasten« des »Stürmer«, Nr. 37/1935

In den letzten Augusttagen hat sich in unserer Stadt eine furchtbare Tragödie zugetragen, die alle, die von ihr Kenntnis bekamen, tief erschüttert hat; meine eigene Familie ist schwer betroffen, denn eine nahe Verwandte von mir liegt im Krankenhaus, und wir fürchten, daß sie nicht mit dem Leben davonkommen wird, und sie ist noch so jung. Sie wurde eines Tages plötzlich verhaftet, und wir hörten längere Zeit nichts von ihr. Da sie völlig unpolitisch ist, standen wir vor einem Rätsel. Kurz vor ihrer Verhaftung war im »Stürmer«-Kasten ihr Bild ausgestellt, weil sie mit dem Sohn des hiesigen Fabrikanten W. schon seit Jahren befreundet war. Es waren schon wiederholt solche Bilder von anderen Frauen veröffentlicht worden, aber da diese Veröffentlichungen meist auf Angebereien übelster Elemente beruhen und in unserer Stadt – es wohnen hier sehr viele Arbeiter – die Stürmerbande keine Erfolge hatte, gab man nichts auf den Schmutz.

Nach langen Bemühungen gelang es meinen Verwandten endlich zu erfahren, daß das junge Mädchen im Konzentrationslager wäre, und nach einiger Zeit hörten sie, daß sie im Krankenhaus läge. Der Besuch bei der Kranken wurde verweigert. Dann wurde plötzlich die Haft aufgehoben, weil meine Verwandte »leider« lebensgefährlich erkrankt sei; sie lag bandagiert im Bett und konnte nur mit Mühe sich vernehmbar machen. Sie war im Lager in der entsetzlichsten Weise geschlagen und gefoltert worden, hatte sogar noch einen Revers zu unterschreiben, daß sie »gut« behandelt worden sei, und mußte außerdem ein Protokoll unterfertigen, in dem genau angegeben war, wann und wie sie »Rassenschande« betrieben habe.

Während das Mädchen im Krankenhaus lag, wurde ihr Freund, der gleichfalls verhaftet und ins Konzentrationslager geschleppt worden war, auf dem hiesigen Friedhof der jüdischen Gemeinde begraben. Er soll regelrecht zu Tode geprügelt worden sein. Der Beisetzung des Erschlagenen wohnten zahlreiche Menschen bei, ich habe selbst gesehen, wie viele Personen den Friedhof am Tage der Beisetzung besuchten; man erzählte sich schreckliche Dinge von den Mißhandlungen, die der junge Mensch erlitten hat. Er wurde an den Füßen gebunden, auf die Erde geworfen und über steinigen Boden gezerrt wie ein Stück Holz. Der junge jüdische Fabrikantensohn ist an den Folgen der Tortur im Lager gestorben, und meine Verwandte, eine Arierin, liegt sterbenskrank im Krankenhaus, und wir fürchten, daß sie nicht wieder aufkommt.

Brief aus Meerane nach Paris, 1935

II
Der November-Pogrom
1938

Die in den Berichten aufgeführten Ziffern: 815 zerstörte Geschäfte, 29 in Brand gesteckte oder sonst zerstörte Warenhäuser, 171 in Brand gesetzte oder zerstörte Wohnhäuser, geben, soweit es sich nicht um Brandlegungen handelt, nur einen Teil der wirklich vorliegenden Zerstörung wieder. Wegen der Dringlichkeit der Berichterstattung mußten sich die bisher eingegangenen Meldungen lediglich auf allgemeinere Angaben, wie »zahlreiche« oder »die meisten Geschäfte zerstört«, beschränken. Die angegebenen Ziffern dürften daher um ein Vielfaches überstiegen werden.
An Synagogen wurden 191 in Brand gesteckt, weitere 76 vollständig demoliert. Ferner wurden 11 Gemeindehäuser, Friedhofskapellen und dergleichen in Brand gesetzt und weitere 3 völlig zerstört.
Festgenommen wurden rund 20 000 Juden, ferner 7 Arier und 3 Ausländer. Letztere wurden zur eigenen Sicherheit in Haft genommen.
An Todesfällen wurden 36, an Schwerverletzten ebenfalls 36 gemeldet. Die Getöteten bzw. Verletzten sind Juden.

Bericht des Chefs der Sicherheitspolizei, Reinhard Heydrich, an Hermann Göring vom 11. November 1938

Im Hause eines Kölner Arztes
N. N.

Am 9. November hatten wir Besuch zum Abendessen: einen deutschen Nichtjuden, der mit einer Amerikanerin verheiratet war. Er verabschiedete sich ungefähr um elf Uhr. Als wir ihn zur Haustür begleiteten, sahen wir, daß die Straße sehr belebt war. Es fuhren viele Lastwagen mit Männern in Naziuniform vorüber, und gegenüber, im Haus der Presse, war ein ständiges Kommen und Gehen. Unser Freund bot sich an, bei uns zu bleiben, für den Fall, daß wir Schutz brauchten, aber mein Mann hielt dies nicht für notwendig. Wir gingen nach oben zurück und räumten Obst und Zigaretten vom Tisch. Da hörten wir in der Nähe Schüsse fallen und sahen in der Entfernung Feuer brennen.

Um dreiviertel zwölf schellte es an unserer Wohnungstür. Es war Frau B., die Frau des Besitzers eines jüdischen Restaurants, das sich einige Häuser von dem unsrigen entfernt befand. Sie suchte Behandlung und Zuflucht. In unklaren Sätzen berichtete sie, daß Nazihorden in ihr Haus eingedrungen waren. Ihr Mann hatte die Flucht ergriffen. Die uniformierten Männer hatten ihre große Kaffeemaschine umgestürzt; diese war auf sie gefallen, und sie war für einen Augenblick unter der Maschine zusammengebrochen. Als es ihr mit Hilfe ihrer Angestellten gelungen war aufzustehen, hatte sie Wunden auf der Stirn, und mehrere Zähne waren ausgebrochen.

Mit ihr kamen ihre Köche, ein altes jüdisches Ehepaar, das irgendwo nahebei in einem dritten Stock wohnte. Nachdem mein Mann ihre Wunden verbunden hatte, erbot er sich, Frau B. zum Übernachten in die Wohnung dieser Leute zu bringen. Sie flehten uns jedoch an, sie bei uns zu behalten, und obgleich ich der Ansicht war, daß sie bei den anderen sicherer wäre, stimmte ich zu.

Wir bereiteten ihr ein Lager auf einem Diwan in dem im Erdgeschoß befindlichen Sprechzimmer meines Mannes, stellten ihr etwas Obst und Wasser hin, zeigten ihr, wie sie uns im zweiten Stock am Haustelephon erreichen könnte und begaben uns nach oben.

Kaum waren wir dort angelangt, als es heftig an unserer Haustür schellte. Ein Blick durch die Fenstergardinen zeigte uns, daß sich eine große Anzahl schwarz-uniformierter Männer vor unserem Haus ansammelte. Wir beschlossen, nicht zu öffnen. Kurz darauf wurde die schwere Haustür mit Schaftstiefeln eingetreten. Wir gingen daraufhin hinunter, um möglichst zu verhindern, daß sie alles beschädigten. In der Eingangsdiele zählte ich 34 Männer in SS-Uniform, und trotz meiner entsetzlichen Angst konnte ich mich des

Gedankens nicht erwehren, daß dies ein unübertreffliches Bild für einen Film über Nazigreuel abgeben würde. Die Szene steht mir noch immer lebhaft vor Augen.

Der Führer der Gruppe fing an, Fragen zu stellen: als erstes, ob das Haus uns gehöre oder ob wir nur Mieter seien.

Die Männer kamen alle mit uns nach oben. Als sie an unserem Dachgarten vorbeigingen, traten sie ein, zerstörten alle Holzteile und die Glasfenster einer kleinen Hütte und nahmen die Gans, die ein Patient meinem Mann zum Martinstag geschickt hatte.

In unserer eigenen Wohnung öffneten sie einige Schränke, zerbrachen alles Porzellan und Glas, das sie fanden, sowie die Zierstücke in unserem Wohnzimmer.

Sie gingen wieder nach unten, aber ein Mann kam zurück und forderte uns auf, sie in die Arbeitsräume meines Mannes zu begleiten. Ich sehe noch das verängstigte Gesicht der Frau B. vor mir, als wir mit all den SS-Männern in das Sprechzimmer kamen. Sie gingen jedoch wieder hinaus, ohne etwas anzurühren. Inzwischen – es war kurz vor eins – war Frau B. sehr ängstlich über das Verbleiben ihres Mannes geworden, und obgleich ich dringend riet, bis zum frühen Morgen zu warten, bestand sie darauf, daß mein Mann bei ihrem Schwager anrief, um nachzufragen. Ihre Vermutung war richtig: ihr Mann war dort und wollte dort über Nacht bleiben, aber obwohl sie nicht selbst ans Telefon ging, konnte er hören, wie sie weinte und bat, er möge sofort kommen. Er ging also zu Fuß den ganzen Weg vom Rande der Stadt und kam gegen halb zwei Uhr früh bei uns an. Wir machten auch ihm ein Bett auf einem zweiten Diwan und gingen wieder nach oben. Da sahen wir, daß der Himmel ganz rot war – die Synagoge brannte. Wir legten uns auf die Betten, ohne uns auszuziehen. Es war natürlich ausgeschlossen, daß wir auch nur für einen Augenblick einschliefen.

Das nächste Mal kamen sie um halb vier in der Frühe. Diesmal waren es nur fünf Männer in SS-Uniform, zwei in Zivil. Niemals sonst sind mir menschliche Wesen vorgekommen, die so aussahen: ihre Augen waren weit offen, das Haar stand in die Höhe – der Ausdruck von Männern in Raserei.

Sie kamen mit uns ins Wohnzimmer, der Führer der Gruppe nahm eine Pistole aus dem Gürtel, richtete sie auf meinen Mann und kommandierte: »'raus aus dem Zimmer.« Sofort trat ich zwischen ihn und meinen Mann, so daß die Pistole auf mich gerichtet war, und sagte: »Sie können mit dem Mann da nicht allein sprechen, er ist schwerhörig; aber ich werde ihm weitergeben, was Sie zu sagen haben.« Es folgte eine Minute ängstlicher Spannung. Er hätte uns beide auf der Stelle erschießen können, aber langsam, sehr langsam, ließ er seinen Arm und die Pistole sinken. Unsere sechzehnjährige Tochter mußte aufstehen und aus ihrem Schlafzimmer kommen. Dann machten sie sich daran, die Küchenschränke umzuwerfen und alles zu zerbrechen oder zu zerreißen, was in ihre Finger kam. Ehe sie fortgingen, wandte sich der Führer an mich: »Was auch immer Sie diese Nacht hören werden: gehen Sie nicht hinunter – es würde Sie das Leben kosten.« Wir blieben, wo wir waren. Ich hörte Schüsse, konnte nicht feststellen, woher sie kamen – und rührte mich nicht. Um sechs Uhr morgens ging mein Mann in das Badezimmer, um sich zu rasieren. Kurz danach kam unsere alte Köchin herunter – wir hatten für sie ein Zimmer am Eingang zum dritten Stock behalten – und erklärte, sie hätte es für klüger gehalten, während der Nacht nicht hinunter zu kommen, da sie fürchtete, man würde sie aus dem Hause weisen. Aber jetzt ging sie nach unten. »Vielleicht kann ich dem Herrn Doktor einen Schock ersparen.« Sie kam zurück. Ihr Schritt auf der Treppe klang wie der einer sehr alten Frau. Sie setzte sich auf das Fußende meines Bettes: »Etwas Fürchterliches ist geschehen. Auf dem Teppich in Herrn Doktors Sprechzimmer liegt ein Toter, und eine Frau, die schwer verwundet zu sein scheint, sitzt auf dem Teppich, mit dem Rücken an den Diwan gelehnt.« Und so fanden wir sie auf.

Um sieben Uhr rief mein Mann die Polizei in unserem Bezirk an. »Ja, Herr Doktor. Wir wissen, daß schreckliche Dinge geschehen sind. Aber wir haben strikten Befehl, keine Anrufe zu berücksichtigen; wir können nichts tun.« Verzweifelt rannte unsere Köchin auf die Straße und kam zurück mit einem Polizisten, der sagte, seine Frau sei einmal Patientin meines Mannes gewesen. Dieser Mann weinte von Herzensgrund und blieb während der ganzen schweren Prüfung dieses Morgens bei uns. Zunächst sorgte er telefonisch dafür, daß die Leiche des Herrn B. abgeholt wurde. Um acht Uhr wurde ein Sarg aus unserem Haus getragen. Dadurch entstand das Gerücht, daß mein Mann tot sei. Dann mußte ein Krankenhaus für Frau B. gefunden werden. Nach mehreren Ablehnungen setzte sich mein Mann mit Professor W. in der Städtischen Krankenanstalt in Verbindung, der sofort zusagte, daß er ihre Aufnahme veranlassen und sich selbst um sie kümmern würde.

Um halb neun kamen drei recht unauffällig aussehende Männer im Auto bei uns an. Sie waren alle jung, trugen Regenmäntel und zeigten die Gestapoabzeichen vor, die sie unter ihren Aufschlägen trugen. Nach einem kurzen Verhör in der Eingangsdiele erklärten sie meinen Mann für verhaftet. Als er nach oben ging, um Mantel und Hut zu holen, begleiteten ihn zwei mit der Pistole in der Hand. Die Männer erklärten mir sodann, ich sei ebenfalls verhaftet und müßte mit ihnen kommen. Ich sagte ihnen, ich müßte eine Tasse Kaffee haben und mich umziehen, niemand dürfe mit mir nach oben kommen; wieviel Zeit würden sie mir geben? 15 Minuten. Ich sagte zu meiner Tochter, sie solle zu unserem Nachbarn, Justizrat U., gehen und dort auf uns warten. Falls wir bis fünfzehn Uhr nicht zurück wären, sollte sie versuchen, einen Zug zu erwischen und zu meiner Mutter fahren.

Ehe ich in das Polizeiauto einstieg, stand der Polizist, der während dieser ganzen drei Stunden nicht von der Stelle gewichen war, stramm: »Frau A. hat sich heute morgen mit beispielhafter Selbstbeherrschung betragen. Ich hoffe, daß sie dementsprechend behandelt wird.« Keine Antwort.

Wir fuhren schweigend in dem dunstigen Licht des Novembermorgens. Der Eingang zur Gestapozentrale im Oberlandgericht, am Flußufer, war mir nicht neu. Ich war vor sechs Wochen dahin bestellt worden, weil ich einem unhöflichen SS-Mann, der mir bei meiner Rückkehr von England an der Grenze meinen Paß abgenommen hatte, widersprochen hatte. Aber im Geiste höre ich noch den unheimlichen Laut der Türen dort; unwiderruflich fallen sie hinter einem zu; sie haben keine Klinken und können nur von den Gestapoleuten selbst mit besonderen Schlüsseln geöffnet werden.

Im Verhörszimmer nahmen sie gerade eine Jüdin vor, die im Augenblick meiner Ankunft ohnmächtig wurde. So kam ich also dran. »Frau A. wird nicht ohnmächtig werden, die kann etwas aushalten.« »Ja«, sagte ein anderer, »sie hat die typisch jüdische Frechheit.« Ich sah ihn nicht einmal an, aber obwohl ich für meine schlechte Haltung bekannt bin, saß ich ganz aufrecht und beantwortete ihre dummen Fragen so kurz wie möglich. Die große Angst, die ich an jenem Morgen hatte, stellte sich als unnötig heraus; ich fürchtete nämlich, sie würden den Tod des Herrn B. meinem Manne in die Schuhe schieben. Aber weit entfernt davon: an dem Morgen war die Tötung eines Juden eine solche Kleinigkeit, daß sie nicht einmal versuchten, dafür einen Sündenbock zu finden. Ich wurde mit ein paar zynischen Bemerkungen über meinen Stolz entlassen.

Wo war mein Mann? Man konnte es mir nicht sagen. Jemand führte mich durch alle Zimmer, Korridore und Treppen, und dann stand ich auf der Straße. Es war ungefähr halb 10 Uhr. Das Licht war immer noch grau; es hatte begonnen, leicht zu regnen; es waren keine Leute da. Just ein paar Sekunden stand ich still. Das also war das Ende; so etwas war in unserem Jahrhundert möglich: kein Heim mehr, keine Arbeit, keine Bürgerrechte – alles war hin.

Ich ging zur Straßenbahnhaltestelle und fuhr nach Hause. Vor unserer zerbrochenen Haustür stand mein Mann, aschgrau im Gesicht. Ich werde nie den Ausdruck der Erleichterung auf seinen Zügen vergessen, als er mich sah. Wir standen einen Augenblick in unserer Eingangsdiele, und ich sagte, wir müßten fort; es hätte keinen Sinn, Widerstand gegen diese Hunnen zu versuchen. In der gleichen Minute kamen sie an: eine große Menge, eine ganze Reihe Kinder darunter, keine Männer in Uniform – dieser Haufen war Abschaum der Menschheit. Ein Mann fragte, wo das Sprechzimmer meines Mannes sei und ob er die Absicht hätte, dort noch weiterhin Patienten zu behandeln. Er riet ihm, niemanden zu behandeln, sondern sofort wegzugehen, sonst würde man mit ihm verfahren, wie er es verdiene.

Wir gingen zur Hintertür, die wir öffnen konnten, weil ich den Schlüssel eingesteckt hatte. Wir wagten nicht, in ein Taxi zu steigen, sondern gingen eine Strecke zu Fuß. Dann fuhren wir in einem Taxi zu Freunden, die in einem Vorort wohnten. Sie machten gerade eine Besorgung in der Nähe. Als man sie zurückholte, fanden sie mich auf dem Rücken ausgestreckt vor; ich konnte mich nicht mehr auf den Füßen halten.

Am späten Nachmittag wagte es mein Mann, in die Stadtmitte zurückzugehen. Vor unserem Haus war ein riesiger Abfallhaufen, bewacht von SS-Leuten. Die ganze Einrichtung des Hauses hatte man vernichtet und das meiste zum Fenster hinausgeworfen. Ich ging erst am nächsten Nachmittag hin und kam gerade zur richtigen Zeit, um zu sehen, wie eine der Frauen den Staubsauger fortschleppte.

Wir betraten das Haus erst wieder nach einigen Tagen. Es war unfaßbar. Wie sie es fertiggebracht hatten, unsere zwei großen Bronzelampen, die an zwei schweren Bronzeketten hingen, herunterzunehmen, konnten wir uns nicht erklären. Alle Bilder – Werke deutscher Maler – waren in kleine Stücke gerissen. Alles Holz war in so kleine Teile zerhackt worden, daß man kein Möbelstück erkennen konnte.

Uns wurde bestellt, wir sollten eine Dame aufsuchen, die einige Häuser entfernt auf unserem Platz wohnte. Sie war die Witwe eines Notars, die ich nur vom Sehen kannte. Nach dreimaliger Aufforderung suchte ich sie auf und fand all unser Silber, fast alle unsere Teppiche und den größeren Teil unseres Leinenvorrats in ihrem Speicher. Die Putzfrauen der Gegend hatten sich nach dem Tag der Zerstörung um fünf Uhr nachts getroffen und unsere Sachen in Abwesenheit der SS-Männer gesammelt. Jegliche Bezahlung für diesen Dienst, sagte man mir, müßte abgelehnt werden; sie würden es als Kränkung betrachten.

Die Verhaftung
Otto Blumenthal

Über dem Gutshof hängt dichter Nebel. Er kriecht von unten, vom See herauf, tastet sich über die feuchten Wiesen, hängt sich in den Wald und hüllt alles in eine milchig-graue, unsichtbarmachende Flut. Ich bespreche etwas mit Fräulein Glönkler, der Gutssekretärin, und schaue gleichgültig zum Fenster hinaus. Unten steht, verschwommen im Nebel, ein Lastauto und vor dem Eingang zum Hof ein Doppelposten, mit Stahlhelm und Karabiner. Weit hinten verschwindet ein Stahlhelmer im Nebel. Auf meine erstaunte Frage erwidert mir die Sekretärin, daß ein ganzes Auto voller Soldaten gekommen sei. Was sie wollten? Militärische Übung? Grenzbefestigung? Übrigens seien es nicht Soldaten, sondern SS aus Radolfzell. Es dauert nicht lange, da kommt ein Scharführer mit zwei Mann, alle kriegsmäßig ausgerüstet, durch das Tor und erklärt, niemand dürfe den Hof verlassen. Zu telefonieren sei verboten, das Telefon sei gesperrt. Er murmelt etwas von: »Bei Strafe sofortiger Verhaftung«, grüßt militärisch und verschwindet im Nebel.

Ich gehe den Weg zurück zu unserem Haus. Längs des Zaunes, der den ganzen Hof umschließt, stehen in Abständen von zwanzig Schritten Posten, die auf und ab patrouillieren. Man sieht sie wie Schemen aus dem Nebel auftauchen und wieder verschwinden. Und alle, alle haben sie das Gesicht zum Hof, zu uns gewandt! Liesel, das Hausmädchen unserer Freunde, macht Scherze: »Die wollen uns wohl verhaften?!« Mir wird schwer, sehr schwer ums Herz. Haben wir doch vorgestern am Radio gehört, daß der deutsche Legationssekretär vom Rath in Paris an den Folgen der Verletzungen gestorben ist, die ihm »die Hand eines jüdischen Mordbanditen« beigebracht hat. Was hat man vor mit uns?

Auch bei uns zu Hause ist man schon gewesen und hat das Verlassen des Hofes streng verboten. Ich gehe hinaus zum Hoftor und frage, ob mein Junge auch nicht zur Schule in das benachbarte Dorf gehen dürfe. Man verneint und hüllt sich auf weitere Fragen in eisiges Schweigen. Eine große Angst befällt mich. Etwas Namenloses bereitet sich vor, dem wir nicht entrinnen können. Ich komme mit meinen Ängsten zu meinem Freunde Udo und werde dort ausgelacht. »Irgendwelche militärischen Übungen. Kriegsspielereien oder sonst etwas Ähnliches!« Aber der Druck auf dem Herzen geht nicht fort. Und der Posten hinter dem Gitter steht nach wie vor mit dem Gesicht zu unserem Haus! Der Briefträger kommt durch den Nebel. Die erste Verbin-

55

dung mit der Außenwelt. Ich bestürme ihn mit Fragen, ob auch die anderen Höfe durch SS oder Militär besetzt seien. Er weiß von nichts, sagt nur, daß er viele Lastwagen mit SS gesehen habe. Ungeschoren verläßt er als einziger wieder den Hof. Zu unseren Freunden kommt Besuch. Ein Auto aus Radolfzell bringt einen jungen Architekten. Man läßt ihn ohne weiteres den Hofeingang passieren. Doch hat er draußen nichts bemerkt. Allerdings bei diesem dichten Nebel! Aber unsere Leute, die mit dem Gespann auf dem Feld arbeiten wollen, dürfen nicht heraus, auch nicht die Tagelöhner aus dem Dorf, die in der Mittagspause zum Essen heimfahren wollen. Drei volle Stunden dauert jetzt bereits diese unheimliche Belagerung. Um 12.00 Uhr setze ich mich ans Radio. Luxemburg bringt: »Inbrandsetzungen von Synagogen, Verhaftungen von Juden. Über ihr Schicksal ist nichts Näheres bekannt.« Zu Mittag bringe ich keinen Bissen herunter.

Nach dem Essen sehe ich aus den Fenstern. Vorne, rechts, links, hinten, überall feldmarschmäßige Posten, die hinter dem Hofgitter aus dem Nebel auftauchen und wieder verschwinden. Hilde und ich legen uns wie gewohnt nach dem Essen auf die Couch. Keiner redet zum andern; keiner vermag zu schlafen. Mich packt eine entsetzliche Unruhe. Ich stehe auf und sehe keinen Posten mehr. Ich gehe ins andere Zimmer und sehe dort aus dem Fenster. Auch dort kein Posten. Sollten sie fort sein? Sollte dieser Alpdruck von uns weichen? Ich wage nicht zu hoffen; ich gehe hinaus, um zu sehen, ob der Doppelposten noch vor dem Tor steht. Da taucht er aus dem Nebel auf – mein Herz droht stillzustehen. Ein Lastauto kommt, und ich weiß es nun mit tödlicher Gewißheit: sie holen dich! Das Lastauto hält, eine Bewegung kommt in die patrouillierenden Posten, mich überfällt grenzenlose Angst. Ich gehe mechanisch weiter, immer weiter weg von unserem Haus, zu Udo, als ob ich dort Schutz und Rettung fände. Der junge Architekt ist bei ihm. Ich werde vorgestellt, während mich die Angst fast besinnungslos macht. Ich gehe stumm zum Telefon herüber und rufe unser Haus an. Ich höre Hildes Stimme ganz fremd und fern: »Wo bist du denn? Sie suchen dich ja!« Nun ist es da. Nun hat diese namenlose Angst ein Ende, jetzt heißt es, sein Herz fest in die Hand nehmen und gewappnet sein. Ein Korporal und zwei Mann sind im Korridor, mit Stahlhelm und Karabiner. »Wir suchen Dr. B. Er ist verhaftet.« Udo versucht sich vor mich zu stellen, verlangt Vorlage von Verhaftungsbefehlen und erntet damit nur höhnisches Lachen.

Nun gehe ich zwischen zwei SS-Männern wie ein zum Tode Verurteilter und fühle alles Leben von mir abfallen. Eine unendliche, grenzenlose Traurigkeit ist in mir, aber schon ist alles vorbei. Hilde kommt mir entgegen, ich halte ihre Hand. Ihr mühsames Lächeln ist schon sehr entfernt, wir sind beide seltsam gefaßt und fühlen, daß wir uns jetzt bewähren müssen. Wir geben uns vor den sieben SS-Leuten, die jetzt bei uns eine Haussuchung nach Waffen und verbotenen Schriften abhalten, keine Blöße. Wie sie ungeschickt in meiner Bibliothek herumstöbern, befällt mich von neuem Unruhe. Wenn sie meine Trotzki-Biographie finden! Aber ich habe Glück; sie gehen vorbei. Nur die Ritualmordnummer des Stürmer erregt Befremden. »Woher haben Sie die?« »Ich habe sie mir gekauft.« »Warum haben Sie sich den Stürmer gekauft?« »Ich wollte einmal lesen, was darin steht. Ich wußte nicht, daß es für Juden verboten ist, den Stürmer zu kaufen.« Der Gendarm aus Wangen, auf den man offenbar die ganzen fünf Stunden bis zur Haussuchung gewartet hatte, bestätigt, daß es nicht verboten sei. Als das Haus völlig durchsucht ist, nimmt man mich mit. Hilde fragt den Gendarm, wohin. »Nur nach Wangen.«

Lorenz, mein Junge, steht mit Udo am Haustor. Dicke Tränen laufen über sein Gesicht. Udos Gesicht ist spitz und weiß. Ich klettere auf den Lastwagen. Rechts und links sind Bänke. Die SS-Soldaten steigen herauf und setzen sich. Das Verdeck wird heruntergelassen. Hilde, unser Haus, die Pappel verschwinden im Nebel. Jetzt bin ich allein mit diesen Mordbuben. Mein Leben liegt schon weit hinter mir. Ich will mich sammeln in meinen letzten Minuten. Ich sitze auf dem Boden des Wagens, mit untergeschlagenen Beinen und habe die Hände gefaltet. Ich bekomme einen Fußtritt und höre: »Steh auf, du Schwein!« Ich taumle nach oben, das Verdeck ist zu niedrig, ich muß gebückt stehen und mich festhalten, denn der Wagen holpert den Feldweg in unwahrscheinlich schneller Fahrt herunter.

Jetzt müssen wir im Wald sein, nun kommt ein Hohlweg, dort wird es geschehen. Jetzt – nein, noch nicht. Vielleicht nach der nächsten Biegung – und ich warte und versuche immer wieder, bereit zu sein. Im Streben nach äußerster Sammlung klingt es zum Holpern des Wagens immer wieder in meinen Ohren: Bereit sein ist alles! Plötzlich merke ich, daß wir schon den Wald passiert haben müssen, hier sind ja Wiesen, jetzt kommen Häuser, richtig, wir sind wirklich in Wangen, und diese Fahrt der tausend Todesqualen hat ein Ende. Das hatte ich nie zu hoffen gewagt. Als ich in Wangen aus dem Lastauto steige, ist mir, als sei ich von den Toten erstanden.

In Wangen werden von Ortsgendarmen die Personalien aufgenommen. Dann muß ich meine Taschen entleeren. Ich zögere, denn beim Abschied hat mein Freund Udo mir etwas in die Hand gedrückt, das ich sofort in meiner Tasche habe verschwinden lassen. Ich glaubte, es sei Gift, irgendein Mittel, um im Falle der Not Schluß zu machen, aber es war – wie sich jetzt herausstellte – Papiergeld, etwa 200,– RM.

Dann führt mich ein SS-Mann die Treppe herunter zum Ortsarrest. Unten öffnet sich eine Tür, ich bekomme einen kräftigen Fußtritt und stürze auf einen Haufen Menschen, die dort im Zwielicht des Kellers liegen. Es sind die fünf Juden aus dem Dorf, die sich mit aschgrauen Gesichtern wimmernd dort winden. Unser Arzt, Dr. Wolf, liegt fast leblos und stöhnend auf der Pritsche hingestreckt. Flüsternd bestürmt man mich mit Fragen. Ich selbst erfahre von diesen völlig gebrochenen Menschen folgendes:

Als der Gendarm fort war, haben die SS-Leute sie einzeln hier herausgeholt und in den Nebenkeller geschleppt. Dort sind sie zu viert über den einzelnen hergefallen und haben geschlagen, barbarisch, viehisch geschlagen. Wenn der eine ›erledigt‹ war, kam der nächste dran. So haben sie nacheinander alle fünf geholt und den Dr. Wolf zweimal. Zwei schwere Holzprügel haben sie an ihm zerschlagen. Sein Arm ist fast bewegungslos. Der Knochen muß verletzt sein, meint er. Und jetzt werden sie dich noch holen?

Wir hören Geräusche auf der Kellertreppe. Sie kommen. Jetzt bin ich an der Reihe! Wir lauschen. Das Geräusch verschwindet. Wir halten den Atem an. Nichts. Einer beginnt leise: »Die Synagoge ist gesprengt. Die Thorarollen sind fortgeschleppt!« Der kleine bucklige Emil Wolf reibt seinen zerschlagenen Arm und jammert. Wieder Geräusche auf der Treppe. Jetzt näher, immer näher. Irgend etwas erstarrt zu Eis in mir. Der Schlüssel krächzt in der Tür. Es ist nur der Gendarm. Ob jemand austreten will. Alles atmet erleichtert. Dann hören wir draußen Kommandos, das Motorlärmen des Lastwagens, das sich allmählich entfernt. Sie sind fort! Abgefahren, in die Kaserne, Gott sei gelobt! Die Gendarmen tun uns nichts!

Eine Stunde verrinnt. Eine zweite. Dr. Wolf erzählt mir, wie er verhaftet wurde. Er habe noch im Bett gelegen, da seien vier SS-Leute gewaltsam ins Zimmer gedrungen und haben ihn aus dem Bett gezerrt. Nebenan habe seine Frau im Bett gelegen. Die Tür habe offengestanden. Er habe Qualen gelitten, bis es ihm endlich gelungen sei, die Tür zu schließen. Man habe eine Revolvertasche bei ihm gefunden, aber nicht seinen Revolver. Als man ihn nachher im Keller verprügelte, habe man ständig gerufen: »Du bist der Rabbiner!« Dann habe man ihm sein EK I vom Rock gerissen, ihn angespuckt und gesagt: »Was, du Schwein willst auch im Krieg gewesen sein?!« Außer ihm habe man noch den Schreinermeister Hangarter, einen Arier, in den Keller geschleppt und blutig geschlagen, weil er einmal bei einer auswandernden jüdischen Familie eine Auktion abgehalten hat. Er sei übel zugerichtet gewesen, aber dann entlassen worden.

Ich schaue aus dem Kellerfenster und sehe draußen langsam Menschen vorbeigehen. Nur die Beine. Einer sagt: »Ist das nicht der Rukser?« Ich zwänge mich an das Kellerfenster. Draußen gehen Hilde und Udo auf und ab, schweigend und sehr ernst. Ich hüstele. Sie blicken hinunter zum Boden und sehen mich. Dann kommt der Gendarm die Treppe hinunter. Alle bestürmen ihn mit Fragen: »Was geschieht mit uns?« Er beruhigt: »Wenn ich bis 5.00 Uhr keine weiteren Nachrichten von der Gestapo bekomme, kann ich euch freilassen!«

Wir warten. Es wird 5.00 Uhr, es wird 5.30. Dann kommt der Gendarm. Einer nach dem andern wird heraufgeholt und oben entlassen. Draußen erwarten mich Hilde und Udo. Ein Weib lacht höhnisch, als wir vorübergehen. Die Frau eines Zöllners. Dann steige ich in Udos Wagen, und wir fahren hinauf auf den Hof. Wir essen bei Udo Abendbrot. Der Architekt ist noch da, er stört jetzt sehr. Aber man muß sich zusammennehmen. Wir hören im Radio: Die illegalen Aktionen gegen die Juden sind beendet. Udo will Bach spielen. Wir gehen in unser Haus hinüber und bringen den Jungen ins Bett. Ich beuge mich beim Gutenachtkuß über ihn und sage sehr feierlich: »Gott behüte dich, mein Kind.«

Wir gehen in unser Zimmer hinüber und ich verbrenne mit viel Mühe die Trotzki-Biographie im Ofen. Da geht die Zimmertür des Jungen auf, er steht im Nachthemd in seinem Bett und ruft: »Mami, es klingelt.« Hilde geht hinaus. Durch die Glasscheibe der Haustür blitzen Uniformknöpfe. Sie schreit entsetzt: »Da sind sie schon wieder!«

Draußen ist ein Beamter der Gestapo in Zivil und der Gendarm. Man müsse mich »leider« schon wieder verhaften. Hilde fragt, ob denn gegen mich irgend etwas vorliege. Man verneint sehr höflich. Bloß die allgemeine Aktion gegen die Juden wegen des Mordes in Paris. Ob ich mir Geld und ein paar Toilettensachen mitnehmen dürfe. Bitte sehr! Hilde zieht mich ins Nebenzimmer und küßt mich in grenzenloser Verzweiflung. Ich bin wie geistesabwesend.

Ich rufe telefonisch hinüber zu Udo und bitte ihn, herüberzukommen. Er kommt nicht, und ich gehe nun mit den beiden Männern hinaus in die Nacht. Im Rukserschen Haus ist Udo nicht. Niemand weiß, wo er ist. Erst später erfahre ich, daß er auf dem Wege zu mir von zwei Beamten der Gestapo angehalten, mit der Waffe bedroht und gezwungen worden ist, ihnen zum Lastwagen zu folgen, wo ihn dann der Gendarm als Nichtjuden befreit hat.

Es ist stockdunkel und so neblig, daß man kaum die Hand vor den Augen sehen kann. Am Lastauto stehen Udo und jetzt plötzlich auch Hilde, die mir ratlos und verzweifelt nachgelaufen ist, Hand in Hand. Im Wagen sitzen bereits Dr. Wolf und die andern vier Juden aus Wangen. Wir steigen ein. Hilde und Udo verschwinden in der Nacht und im Nebel. In rasender Fahrt geht es bergabwärts. Wohin? An Horn vorbei, am Haus des Dr. Bloch. Hat man ihn vergessen? Erst viel später erfahren wir, daß er von SS-Leuten so zugerichtet worden ist, daß man ihn einfach nicht weitertransportieren konnte. Als wir durch Radolfzell fahren, atme ich erleichtert auf. Gott sei Dank, es geht nicht in die SS-Kaserne.

Der Wagen fährt so rasch durch die Kurven und schleudert derart, daß allen übel wird. Zwei übergeben sich. In Konstanz wird vor dem Haus der Gestapo haltgemacht. Wir steigen aus. Aber es ist niemand mehr da, um Personalien aufzunehmen. So bringt man uns ins Gefängnis. Wir entgehen auf diese Weise den Quälereien der Gestapo, welche die vor uns Angekommenen, darunter alte Leute, in einem Raum zwölf Stunden mit dem Gesicht zur Wand stehen ließ. Im Gefängnis nimmt man uns Geld und Wertsachen ab, Messer und Werkzeuge. Wir müssen uns entkleiden und werden genau untersucht. Jetzt sehe ich zum ersten Male, wie scheußlich meine Kameraden zugerichtet sind. Rücken und Arme sind blutig verschwollen. Der Gefängniswärter fragt höhnisch grinsend, woher sie das hätten. Jeder zögert mit der Antwort. Die meisten sagen: »Ich weiß nicht, ob ich das sagen darf.« Darauf verständnisinniges Grinsen des Gefängnisbeamten. Er ist offenbar noch jung und kommt aus der SS. Die alten Beamten, die unsere Personalien aufnehmen, sind ordentlich. Wir liegen zu viert in einer Zelle, in der sich auch der Abort befindet. Nachts kann ich fast nicht schlafen. Am Ende bekomme ich in einem Anfall von Verzweiflung einen schweren Nervenzusammenbruch, und die Kameraden müssen mich trösten und aufrichten. Dann habe ich mich wieder in der Gewalt. Am nächsten Morgen wird uns durch ein Schiebefenster eine recht schlechte Wassersuppe gereicht. Dazu etwas trockenes Brot. Hunger hat sowieso niemand. Dr. Wolf, der kleine Bucklige, hat Schmerzen in seinem Arm, der alte Alfred Wolf jammert leise um seine gesprengte Synagoge. Für ihn, der dort aufgewachsen und groß geworden ist, bleibt es ein unfaßbarer Gedanke, daß »seine« Synagoge nicht mehr stehen soll. Mich quält die Unruhe: was wird mit uns? Denn daß wir hier nicht lange bleiben werden, scheint sicher. So verrinnen die Stunden. Man sitzt am Tisch, zermartert sein Hirn, legt sich auf den Strohsack, denkt nach Hause, und immer von neuem die Qual der Gedanken: was haben sie vor mit uns?

Es gibt Mittagessen. Wieder wird das Schiebefenster geöffnet, man stochert im Essen herum, man hat Hunger und ist nach einem Bissen satt. Und wieder Warten, tödliches, langes Warten. Da dreht sich die Tür im Schloß, ein Beamter erscheint, wir werden nach unten geführt und von einem Beamten der Gestapo nach Personalien vernommen. Als ich den Geburtsnamen meiner Mutter nenne, stutzt er. Es stellt sich heraus, daß er meinen Onkel Hans und meinen Vetter Ludwig aus Graudenz her kennt. Nun fasse ich mir ein Herz und frage ihn, was man eigentlich mit uns vorhat. Er antwortet mir, daß wir alle ins Konzentrationslager nach Dachau kommen sollen, bittet mich aber, es keinem weiterzuerzählen. Als er sieht, wie ich bei dem Wort »Dachau« zusammenfahre, versucht er mich zu trösten: »Ihr Los ist in der Tat nicht beneidenswert, aber Sie werden ja von dort wieder herauskommen.« »Wann glauben Sie etwa?« – »Nun, in etwa drei Monaten.« Drei Monate! Der Gedanke scheint mir zunächst unfaßbar. Ich beiße die Zähne zusammen und bitte, doch wenigstens meine arme Frau wissen zu lassen, wohin ich gekommen sei. Er bedauert sehr höflich. Das sei unmöglich. Doch werde man sehr rasch in Konstanz wissen, wohin wir alle gekommen seien. Meine Frau werde es auch erfahren.

Ich werde zurück in die Zelle geführt und habe selbstverständlich nichts Eiligeres zu tun, als meinen Kameraden den Inhalt dieser Unterredung mitzuteilen. Sie nehmen es merkwürdig gleichgültig auf. Ich erschauere bei dem Gedanken: Dachau! Ich denke an Willi Schmid aus München, den man nach der Verhaftung im Juni 1934 auf dem Transport erschossen hat. Ich denke an jenen aus dem Zuchthaus in Straubing entlassenen Juden, der einst mit der Bitte um Hilfe zu mir gekommen war und mir berichtet hatte, was ihm aus Dachau entlassene Schutzhäftlinge gesagt hätten: »Ihr habt es ja hier im Zuchthaus wie im Sanatorium!« Und ich überlege: soll ich es machen wie der Gutsbesitzer Rudolf Mosse, der sich auf dem Transport zum Konzentrationslager vor einen Autobus geworfen und sich hat überfahren lassen? Lange quält mich dieser Gedanke. So zergrübele ich mein Hirn. Um 4.00 Uhr nachmittags wird unsere Zelle wieder geöffnet. Wir bekommen all unsere Sachen wieder ausgehändigt, blaue Schutzpolizei nimmt uns in Empfang, der Leutnant hält uns eine kurze Rede: »Fluchtversuch – sofortiger Gebrauch der Schußwaffe –«, dann öffnet sich das Tor, das Lastauto steht bereits da. Keine Zeit mehr zu irgendwelchen Überlegungen. Unsere jetzt auf dreißig Mann angeschwollene Schar hinein, hinten drei Polizisten, Verdeck herunter, kein Aufsehen, und rasch zum Bahnhof. Wir fahren bis dicht an die Rampe, ein paar Neugierige haben sich dort gesammelt, schnell, schnell, nur kein Aufsehen, ins Abteil. Nun sitzen wir in einem für uns reservierten Waggon des Berliner D-Zuges. Der Zug fährt an, ich sehe aus dem Fenster noch einmal den Bodensee. Wer weiß, wann je wieder? Radolfzell, Singen.

Inzwischen sind wir mit unserer Begleitmannschaft ins Gespräch gekommen. Ein Wachtmeister war der Regimentskamerad eines der unsrigen. Beide waren während des Krieges 1914/1918 im gleichen Bataillon. Und schon ist man in den dicksten Kriegserinnerungen. Ob wir rauchen dürften? Natürlich! Doch sollten wir auf den Stationen die Zigaretten wegstecken! In Singen steigen die Polizisten aus, um für uns Würstchen, Zigaretten, Schokolade, Kekse und belegte Brote zu besorgen. Wir haben ihnen Geld und einen Zettel für die Besorgungen mitgegeben. Bald kommt ein Wachtmeister wie der leibhaftige Weihnachtsmann zurück. Doch nehmen sie kein Geld, ja nicht einmal eine einzige Zigarette von uns. Im weiteren Gespräch erfahren die Polizisten von uns, was im Keller von Wangen passiert ist. Sie sind empört; besonders, als sie erfahren, daß die SS-Männer dem Dr. Wolf das EK I vom Rock gerissen haben. »Wir wissen, daß Sie keine Verbrecher sind. Sie haben alle nichts getan. Das kann unmöglich im Sinne der Regierung sein! Beschweren Sie sich nur über diese Leute!« O ihr ahnungslosen Engel!

Der Kellner des Speisewagens kommt vorbei. Wir dürfen uns bei ihm Bouillon in Tassen bestellen und bekommen sie serviert wie die anderen Gäste! Und dabei fahren wir ... nicht weiter denken! Das gemeinsame Schicksal verbindet uns dreißig. Wir essen sogar mit Appetit und wissen, daß es uns auf lange Zeit nicht mehr so gut gehen wird. Jeder ist jetzt von dem Gefühl durchdrungen: wir müssen es durchmachen, komme, was da wolle! Als mir im Abteil zu heiß wird, trete ich auf den Gang und frage den dort wachenden Polizisten, ob ich ein Fenster öffnen könne. Er erlaubt es mit den Worten: »Ja, aber stürzen Sie sich nicht hinaus!«

In Stuttgart müssen wir umsteigen. Die Polizisten führen uns den Bahnsteig entlang in eine reservierte Wartehalle. Die Leute auf dem Bahnhof sehen uns ernst und schweigend an. Kein Schimpfwort fällt. Von 10.00 bis 2.00 Uhr nachts warten wir dort. Manche legen sich auf die Bänke, die meisten unterhalten sich mit den Polizisten über gemeinsame alte Kriegserinnerungen. Eine Viertelstunde ist überhaupt keine Bewachung da, weil die Polizisten sich ein wenig Erfrischungen holen wollen. Wir haben ihnen versprochen, auf uns selber aufzupassen, und wir halten Wort.

Um 2.00 Uhr nachts besteigen wir den Zug nach München. Vor den Abteilfenstern sammeln sich SA und Hitlerjungen. Rufe ertönen: »Fenster auf! Holt sie raus, die Schweine! Mördergesindel!« An den Abteilfenstern wird gezerrt, die Rouleaus sind sämtlich heruntergelassen, wir halten Koffer gegen die Fenster zum Schutz gegen etwaige Steinwürfe. Die Polizisten patrouillieren in den Gängen und achten darauf, daß niemand in den Waggon eindringen kann. Wir haben den Eindruck, als seien SA und Hitlerjungen extra für uns an den Zug bestellt. Es macht nicht den Eindruck einer spontanen Kundgebung. Endlich fährt der Zug weiter. Wir fahren bis München, wo wir gegen 5.00 Uhr morgens eintreffen. Dort steigen wir sofort in einen Vorortzug nach Dachau um.

»Schutzhaft« im KZ
Fritz Schürmann

Als wir auf dem Hof des Gerichtsgefängnisses stehen, ordnet der SS-Führer an, daß die älteren mit zwei, wir jüngeren dagegen mit sechs Schuß zu erschießen seien. »Und beerdigt sie nicht alle an einer Stelle, sonst stinkt es zu sehr«, fügt er hinzu ...

Vier Mann sitzen in unserer Zelle. Einer von uns war als Kriegsfreiwilliger blutjung in Gefangenschaft geraten. Er erzählt uns von dieser Zeit, und das ist gut. Nur jetzt nicht nachdenken. Später sprechen wir von den verschiedenen Möglichkeiten unserer nächsten Zukunft. Einer sagt: »Wir werden in ein Arbeitslager kommen.« Wir lachen ihn aus, denn so kann das Recht nicht gebrochen werden. Einer macht den Einwand: »Wir sind doch vollkommen unschuldig!« – Noch halten sich Optimismus und Pessimismus die Waage, bis wir nachts aus unseren Zellen geholt werden. Noch einmal flackert Hoffnung auf, vielleicht werden wir jetzt im Schutze der Dunkelheit nach Hause zu unseren Müttern, zu unseren Freunden geschickt?! Dunkler Hof. Wartende Lastwagen mit laufenden Motoren. Scheinwerfer. – Jeder von uns bekommt drei Scheiben Brot als Wegzehrung, dann werden wir auf die offenen Lastwagen verladen. Viele von uns ohne Mantel, schon jetzt sichere Todeskandidaten. Zwei Lastwagen rollen mit uns in die dunkle Novembernacht. Für manchen von uns die letzte Fahrt. Am Frühmorgen erreichen wir die benachbarte Großstadt. Durch ein Spalier von SS-Männern auf den Bahnsteig getrieben, stehen wir vor dem Sonderzug, in dem fast achthundert jüdische Menschen ins Ungewisse gefahren werden.

In unserem Wagen brechen Männer zusammen, die Reaktion auf die vergangenen Stunden; keiner von ihnen weiß, was noch bevorsteht, was ihnen an Nervenkraft abverlangt wird. Vor den Wagenfenstern stehen Polizisten mit geschultertem Gewehr. Im Morgennebel sehen wir die uns so vertraute Silhouette der Stadt. Werden wir sie jemals wiedersehen?! – Ich sitze neben meinem Vater. Er tröstet mich. Wir sprechen von unseren Lieben zu Hause ...

Einer reißt aus einem Buch das Deckblatt und verwandelt es in eine Postkarte: wir schreiben Grüße, wir lügen, es ginge uns gut, wir wären zuversichtlich. Dann bitten wir einen Wachtmeister um Beförderung dieser Nachricht: er muß vorher einen Begleitbeamten der Gestapo fragen und kommt dann wieder, es sei ihm verboten worden, die Karten aufzugeben.

Wohin geht diese Fahrt? Bald erkennen wir an der Richtung, die unser Zug nimmt, nachdem er in einer anderen Stadt noch Menschen aufgenommen hat, daß wir Weimar näher kommen. Mein Vater gibt mir sein Bild, da wir nicht wissen, wann und wo wir uns wiedersehen werden. Dann nehmen wir Abschied.

Als wir langsam in Weimar einrollen, kommt der Wachtmeister, den wir um Beförderung unserer Grüße baten, ruft laut in den Wagen: »Alles fertig machen«, und sagt leise zu uns: »Gebt mir schnell die Post, ich werde sie einstecken.«

SS, Polizei, hohe SS-Führer erwarten uns: mit Gewehrkolben erwarten sie wehrlose Männer. Aus meinem Abteil steigt ein sechzigjähriger Mann aus, auf einen Stock gestützt, als Hilfe für sein fehlendes Bein. Er trägt das Eiserne Kreuz Erster Klasse neben dem Silbernen Verwundetenabzeichen, für jedermann als Schwerkriegsbeschädigter erkennbar. Einer der SS-Offiziere entreißt ihm den Stock und versetzt ihm mit dieser Stütze mehrere Schläge über den Kopf. Mit Eichenknüppeln und Gewehrkolben werden wir wie Herdenvieh über den Bahnsteig des Bahnhofs Weimar getrieben. Helden von achtzehn bis zweiundzwanzig Jahren treiben alte Männer vor sich her, schlagen auf sie ein. Im Bahnhofstunnel von Weimar. Wir stehen dicht zusammengedrängt an der Fliesenwand. Wie Schäferhunde eine Herde zusammentreiben, so werden wir mit Gewehrkolben zusammengedrängt. Wilde Drohungen über das, was uns bevorsteht: »In vier Wochen lebt keiner von euch Schweinen mehr, ihr kommt zu euren Stammvätern nach Palästina, aber in Holzkisten verpackt«, das ist der Grundton all dieser Prophezeiungen.

Neben uns steht ein Rechtsanwalt, der Träger des Goldenen Verwundetenabzeichens und hundertprozentig Kriegsbeschädigter ist. Dieser Mann hat eine silberne Schädeldecke, ein ausgeschossenes Auge, eine verstümmelte rechte Hand und einen verletzten rechten Fuß, seine Nase ist angeschossen: ein Wrack. Er wird im Bahnhofstunnel von Weimar ohnmächtig. Einer der SS-Männer schlägt auf ihn ein, um ihn »zur Besinnung« zu bringen. Ein mutiger Nebenmann versucht zu retten, was an diesem Opfer noch zu retten ist:

»Sehen Sie nicht, daß der Mann hundertprozentig kriegsbeschädigt ist? Nehmen Sie darauf Rücksicht!« Als Antwort schlägt der Kerl noch kräftiger zu, indem er sagt: »Eure Kriegsverletzungen kennen wir, entweder steht der Schurke von selbst auf oder er bleibt liegen, aber dann für immer!«

Mir läuft der kalte Schweiß über das Gesicht. Neben mir stehen Menschen, die ihr letztes Gebet sprechen. Wird einer von uns dieser Hölle entkommen?

Wir werden mit Fußtritten und Faustschlägen in einen Lastwagen »befördert«. Mit auf die Knie gebeugtem Kopf müssen wir sitzen, als der Wagen uns durch die Stadt zum Konzentrationslager Buchenwald fährt. Ich habe meinen Vater aus den Augen verloren. Doch sein Bild will ich nicht verlieren: ich versuche es vorsichtig aus der Brusttasche meines Rockes zu ziehen und in das Innere meines Schuhes zu stecken, um es vor einer etwaigen Taschendurchsuchung zu retten. Der Wagen hält. Wir werden herausgerissen und in Fünferreihen »formiert«. Die Hüte werden uns vom Kopf geschlagen. SS-Männer schlagen, von hinten kommend, auf uns ein, mit dem Ruf »Wollt ihr Schweine vorwärts laufen!« – Wir rennen wie aufgescheuchtes Wild. Vor uns stehen SS-Männer, treten uns mit schweren Schaftstiefeln in den Leib, vor unsere Kniescheiben und treiben uns wieder rückwärts.

Links von uns stehen hohe SS-Offiziere und – lachen! Vor uns ein langgestrecktes Gebäude mit einem großen schmiedeeisernen Tor, vor dem sich Hunderte von Verhafteten drängen. Es bleibt geschlossen. Einer nach dem anderen müssen wir uns durch eine kleine Pforte zwängen. Auf der anderen Seite erwartet uns SS in einem Spalier. Schwere Eichenknüppel, Peitschen und Stahlruten sausen auf uns nieder. SS-Männer bringen uns zu Fall, indem sie uns Füße stellen.

Ich sehe meinen Vater vor mir, halte ihn mit beiden Händen fest. Er stolpert über einen gestürzten Mann, ich reiße ihn hoch, wir rennen weiter. Dann stehen wir in Zehnerreihen ausgerichtet auf dem Appellplatz des Konzentrationslagers. Männer liegen auf dem Schotter des Platzes vor uns, von der SS mit Stöcken bearbeitet.

Vor uns zwei Schwerverletzte, die sich vor den Schlägen der Rohlinge nicht retten können: der kriegsbeschädigte Rechtsanwalt und ein Achtzigjähriger mit gebrochenen Beinen. Nie werde ich das Bild los, wie der alte Mann uns flehentlich bittet, ihm beim Aufstehen behilflich zu sein, da er sich sonst auf der kalten Erde erkälten werde. Blut läuft über sein Gesicht. Uns blutet das Herz, wir dürfen ihm nicht helfen. Zwei SS-Männer gehen an dem Achtzigjährigen vorbei. Fragen ihn, ob er schon tot sei. Er hebt bittend seine Hände: »Ich bin ein alter Mann, helfen Sie mir. Sie können mich doch hier nicht liegen lassen.« Die beiden antworten ihm: »Du Dreckjude hast schon viel zu lange gelebt.« Eine Stunde später tragen ihn Häftlinge als ersten Toten aus dem Lager.

Neben uns stehen Männer mit blutigen Köpfen, mit scheuen Blicken, in denen sich all die Schrecknisse spiegeln. Alte politische Häftlinge kommen zu uns, sie sollen uns in Reih und Glied aufstellen. Die ersten Menschen, die uns hier begegnen. Sie versuchen, uns zu beruhigen, sie sprechen uns Mut zu, sie ermahnen uns, tapfer zu bleiben; hier sei nur Platz für gesunde Menschen. Gesund oder tot: für Kranke sei kein Platz! Es sei heute ein Befehl der Lagerkommandantur gegeben worden: »Sanitätssperre für sämtliche Juden!« Wir haben unter uns leidende und zuckerkranke Menschen, deren Todesurteil mit dieser Verfügung unterschrieben ist. Oben auf dem Platz vor der Kommandantur wird ein »Bock« aufgestellt: eine der häufigsten und mildesten Strafen wird uns zur Begrüßung vorgeführt. Zwei politische Häftlinge werden über den Bock geschnallt, zwei SS-Männer mit langen Ochsenziemern schlagen mit kräftigem Ausholen auf sie ein. Die übliche Strafe ist auf 25 Hiebe festgesetzt, doch wenn das Opfer seine Schmerzensschreie nicht unterdrücken kann, wird die Strafe auf 35 Schläge erhöht.

Drei große Holzbaracken nehmen in der ersten Nacht die bisher angekommenen Juden auf. In fünf »Etagen« geschichtet, liegen wir auf ungehobelten Brettern dicht nebeneinandergezwängt in fürchterlicher Enge. Ohne Stroh, ohne Decken, in kalter Novembernacht! Hier lerne ich, daß nichts so relativ ist wie das Gefühl des Glücks: ja, ich bin glücklich! Ich liege neben meinem Vater, ich kann ihn trösten, ich kann seine Schmerzen lindern, indem ich mein Bein unter sein verletztes Knie lege, ich kann ihm seine Füße warm reiben. Am Morgen des nächsten Tages kommt die SS und treibt uns aus den Baracken auf den Platz. Wieder stehen wir in Reih und Glied. Noch haben wir keinen Bissen Brot und keinen Schluck Wasser bekommen. Schreckliche Bilder: die Spuren des gestrigen Tages. Aus Männern sind zerfallene Greise geworden. Blaublutig geschlagene Gesichter, irre Augen sehen uns an. Später erfahren wir, daß an die siebzig Menschen, die in dem unvorstellbaren Gedränge der überfüllten Baracken den Verstand verloren hatten, von der SS totgeschlagen worden sind.

Der zweite Tag vergeht mit dem Ausfüllen der Einlieferungsscheine. Politische Vergangenheit, Logenzugehörigkeit, gerichtliche Strafen? Am späten Nachmittag wird uns aus Schüsseln, die vor uns ungesäubert Hunderte von Häftlingen benutzt haben, das erste »Essen« verabfolgt. Essen, das hauptsächlich nach Soda schmeckt und uns noch durstiger macht. Wasser bleibt für uns unerreichbar.

Wir stehen elf Stunden ununterbrochen in Reih und Glied auf dem Appellplatz: hinter uns die Wachtürme mit SS, die jedes Nicht-Strammstehen registriert. Vor mir steht mein Vater. Manchmal drohen seine Kräfte zu versagen. Es hilft dann der Hinweis: »Denk an heute abend, bald liegen wir wieder auf unserem Brett, geborgen vor diesen Tieren.«

Am Abend des dritten Tages ist der Durst unerträglich geworden, nachdem wir spätnachmittags eine versalzene Fischsuppe bekommen haben. In der Dämmerung stehen wir mit den ungesäuberten Schüsseln des Vortages und essen. Mein Vater sträubt sich: er könne nicht aus diesen Dreckschüsseln essen. Ich ermahne meinen Vater: »Du mußt essen. Wenn Du nicht kannst, dann iß mit geschlossenen Augen; aber wir müssen bei Kräften bleiben!«

Und mein Vater ißt.

Wir stehen im Regen, da wir noch nicht in die Baracken dürfen. Unsere Kleider werden naß, und wir müssen uns später mit den durchnäßten Kleidern auf unsere Bretter legen. Trotzdem hat die kühle Nässe des Regens für uns ein Gutes: in unseren Hüten und Mützen fangen wir das kostbare Naß auf, unsere Zunge liegt uns geschwollen im ausgetrockneten Mund. Nach einer halben Stunde haben wir so viel Wasser aufgefangen, daß wir unsere Lippen befeuchten können. Als wir später etwas mehr Übung im Auffangen des Wassers haben, als wir wissen, daß vom Teerpappen-Dach der Baracke das Wasser in dicken Tropfen fällt, haben wir genug Regenwasser, um einen Schluck zu nehmen.

Die kaltgewordene Suppe, der Durst und das Regenwasser: diese drei Gründe zusammen mögen ausschlaggebend für das sein, was diese Nacht zu einer Schreckensnacht macht. Gegen acht Uhr abends bitten einige Menschen, auf die Latrine gehen zu dürfen. Es wird ihnen verboten. Immer mehr Männer verlangen, hinaus zu dürfen: eine Durchfall-Epidemie ist ausgebrochen, die bei den völlig unzureichenden und unhygienischen Einrichtungen furchtbare Formen annimmt. Männer winden sich in Schmerzen. Es gibt Bilder, die nicht wiederzugeben sind. Hüte werden als Nachtgeschirre benutzt, Hundertmarkscheine als Toilettenpapier. Um zwei Uhr nachts, als einige schon geistesgestört sind, bekommen wir jüngeren die Erlaubnis, die Männer in Gruppen von zwanzig zur Latrine zu führen. 10000 Männer in fünf Baracken zusammengedrängt, nur eine Latrine für dreißig Mann – und Durchfall-Epidemie! Die Menschen rennen wie Tiere aus der Baracke, sie sind nicht zu halten – und wir sollen sie in Viererreihen aufstellen! Ich komme gerade von einer dieser »Führungen« zurück, da springt ein Mann von vierundfünfzig Jahren splitternackt aus der Baracke in die feuchtkalte Novembernacht. Als er sieht, daß wir uns ihm entgegenstellen, geht er mit dem Kopf durch eine der wenigen Fensterscheiben. Wir reißen ihn zurück. Er schreit uns an: »Ihr Feiglinge, warum wollt ihr mich nicht sterben lassen?« – Er weiß nicht mehr, was er tut, oder weiß er es besser als wir? – Draußen schreit ein Mann: »Ihr Mörder! Ihr Verbrecher! Ihr Mörder! Schlagt mich doch tot, ihr Mörder!« Ein Wahnsinniger schreit die Wahrheit in die Nacht. SS-Männer haben ihn mit Stricken an der Außenwand unserer Baracke festgebunden. Das Schreien ist entsetzlich! Fensterscheiben klirren, ein Aufschrei, ein Schuß fällt. Jetzt nur Ruhe und Disziplin, sonst sind wir alle verloren. Maschinengewehre würden schnelle Arbeit leisten.

Am nächsten Morgen liegt neben dem Toten ein junger Mann mit verbundenen Armen: es ist der Sohn dieses Mannes. Er hatte das Schreien seines Vaters nicht mehr hören können und war aus der zweiten Etage seines Lagers mit beiden Fäusten durch das Fenster gesprungen, um zu ihm zu kommen.

Ein Rechtsanwalt von zweiundsechzig Jahren hat sich durch einen Sturz bei unserer Ankunft den Oberarmkopf ausgekugelt. Mit schmerzverzerrtem Gesicht steht er mit uns elf Stunden auf dem Appellplatz. Wir sind hilflos und können seine entsetzlichen Schmerzen nicht lindern; denn es ist Sanitätssperre für sämtliche Juden. Jüdische Ärzte versuchen abends unter Lebensgefahr, ihm zu helfen. Aber diese Versuche mißlingen, da keinerlei Narkotika zur Verfügung stehen und ein Wiedereinrenken des Armes nur in der Narkose möglich ist. Nach achtundvierzig Stunden erklärt sich der Sanitäter des »Lazaretts« bereit, den Arm einzukugeln. Da dieser Sanitäter im Zivilberuf Polsterer und Dekorateur gewesen ist, endet sein Laieneingriff mit dem Bruch des Schulterknochens. Unsere jüdischen Ärzte dürfen das Lazarett nicht betreten ...

10000 jüdische Männer sind auf einem Raum zusammengedrängt, der Ausmaße von 100 mal 130 m hat. Auf diesem Raum stehen die fünf primitiven Holzbaracken, die jede für höchstens fünfhundert Menschen berechnet sind.

Vier schmale Laufgänge bringen uns zu unserem Brett. Bilder aus dem Mittelalter: Sklaven in den Kojen der Galeeren. So hocken wir auf den ungehobelten Brettern der scheunenähnlichen Baracken, die aus dünnen Latten errichtet sind.

Erst nach vier Wochen bekommen wir jeden Morgen in unserem Eßnapf Wasser, mit dem wir uns »waschen« können.

Der Kampf der Frauen
Emilie Reich

Ich erfuhr, daß man meinen Mann in das Polizeigefängnis auf der Rossauerlände gebracht hatte. Mit frischer Wäsche und Nahrungsmitteln machte ich mich auf den Weg dorthin. Ich durfte ihn weder sehen, noch wurden die Pakete für ihn angenommen, und ich schleppte mich wieder nach Hause. Meine Schwester versuchte mit harter Zähigkeit, für mich irgendein Zeichen zu erhalten, daß mein Mann noch am Leben sei. Erst vor kurzem hatte er an einer schweren Erkrankung des Herzmuskels gelitten, und der Arzt hatte ihm strenge Schonung auferlegt. Wie sollte er diese Aufregung, diesen Schrecken ertragen können?

Inmitten Hunderter von Frauen stand ich tagtäglich vor dem Gefängnis. Nichts! Endlich erhielten wir die Weisung, unseren Männern, Vätern, Söhnen Wäsche zu bringen. Welche Erlösung! Jetzt wußte ich wenigstens, daß er am Leben war, daß sein Herz standgehalten hatte ...

Meine beiden Kinder, zwei Mädchen von zehn und achtzehn Jahren, waren für einige Tage bei Verwandten untergebracht gewesen. Die ältere stand kurz vor der Gymnasialmatura. Ich nahm sie jetzt beide wieder zu mir nach Hause. Bald mußte ich sie doch wieder zu meiner Schwester geben, da man in der Schule mit Fingern auf sie wies und sie verhöhnte, weil ihr Vater eingesperrt war. Meine vierundachtzig Jahre alte Mutter, die achtzehn Jahre lang bei uns gelebt hatte und so Zeugin meines Eheglücks war, mußte fort, da ich ihr die furchtbaren Aufregungen ersparen wollte, die jetzt zum Hauptinhalt meines täglichen Lebens wurden.

Nach zehn Tagen kam endlich die erste, direkte Nachricht von meinem Mann, eine Postkarte mit den Worten: »Nicht verzagen, ich harre aus.« Nun durften wir den Gefangenen Wäsche bringen und standen in langen Schlangen vor dem Gefängnis an. Der Mob verhöhnte uns Frauen, doch keine wich von der Stelle. In der zweiten Woche sah ich endlich meinen Mann. Ein Polizist ließ das Tor einen Augenblick offen. Ich sah ihn lächeln vor Glück, als er meiner ansichtig wurde, und schon fiel das Tor wieder ins Schloß. Weinend wankte ich nach Hause, beneidet von Hunderten von Schicksalsgenossinnen, denen selbst dieses karge Glück versagt blieb, einen Blick mit ihrem geliebten Gefangenen zu tauschen. Ich wußte nicht, daß mein Mann schon eine Stunde nach unserem so kurzen »Wiedersehen« zusammen mit hundertfünfzig Mitgefangenen in ein anderes Polizeigefängnis übergeführt wurde und daß er sich vierundzwanzig Stunden später bereits auf der Fahrt in die Hölle von Dachau befand, als »Schutzhäftling«.

Ahnungslos brachte ich wieder frische Wäsche für ihn. Man sagte mir, er sei im Inquisitenspital. Also doch! Das kranke Herz hatte versagt. Alles war verloren. In wahnwitziger Aufregung fuhr ich zum Inquisitenspital. Man wies mich ab. Ich hörte nicht auf, um Einlaß zu bitten. Der Posten am Tor, ein Braunhemd, grinste bloß roh: »Wenn er gestorben ist, werden Sie es schon erfahren.«

Wie ich damals nach Hause fand, weiß ich bis heute nicht. Weinend und von Zeit zu Zeit laut schreiend, schlich ich durch die Straßen. Es war ein weiter Weg, aber ich konnte keine Tram nehmen, denn ich konnte nicht unter Menschen sein.

Zehn Tage lang hörte ich nichts von meinem Mann, konnte ich nichts über ihn in Erfahrung bringen. Zehn Nächte wußte ich nicht, ob er lebte oder noch litt, was aus ihm geworden war. Zehnmal vierundzwanzig Stunden lang klang mir die brutale Lache des SA-Mannes im Ohr: »Wenn er gestorben ist, werden Sie es schon erfahren.«

Die Post brachte eine Doppelkarte. Seine Handschrift! Er lebte: Was schrieb er? »Harre mutig weiter aus, ich bin gesund. Schreibe regelmäßig.« Ich war erfüllt von Glück. Ich nahm die zweite Karte in die Hand, warf einen Blick auf sie und brach zusammen. Auf der Karte stand: Ihr Mann ist seit dem 2. April im Konzentrationslager Dachau ... Weiter kam ich nicht. Ein Schleier legte sich vor meine Augen. Als ich wieder zu mir kam, erfaßte ich erst das Entsetzliche. Ich schrie, daß man es, wie man mir später erzählte, im ganzen Haus hörte: »Er hat doch nichts getan. Man kann ihn doch nicht für nichts bestrafen!«

Am nächsten Tage schon begann ich mit meinen Gängen von Behörde zu Behörde. Ich suchte alle Personen auf, von denen ich annehmen durfte, daß sie meinem Mann vielleicht Hilfe bringen könnten. Ich versuchte überall klarzumachen, daß er das Opfer eines Irrtums sei, da er sich niemals um Politik gekümmert hatte. Ein Paket, das ich nach Dachau sandte, kam ohne Begleitbrief zurück. Einige Tage später erschien das Bild meines Mannes in einem wüsten Nazihetzblatt und – wie ich später erfuhr – gleichzeitig auch im »Schwarzen Korps«, der Zeitschrift der SS. Hier sah ich selbst zum ersten Male die skrupellose Technik der Nazi-Propaganda. Mein Mann, der durchaus normal, objektiv sympathisch und zufällig nicht im geringsten so aussieht, wie den Nazis eingeredet wird, daß »der Jud« ausschaut, war bis zur Unkenntlichkeit »retuschiert«. Es war eine schlimme Karikatur, keine Photographie mehr, und wäre nicht die Bildunterschrift gewesen, ich selbst hätte ihn niemals in diesem »Konterfei« erkannt. So also arbeiteten die aufrechten deutschen Männer. Mit dem Bilde stimmte der Text überein: »Maximilian Reich ..., ein wütender Hetzer und Greuel-Propagandist.«

Ich redete mir ein, daß ich jetzt den Beweis in Händen hätte, daß eine Verwechslung vorliegen müsse. Mein Mann hatte ja niemals einen politischen Artikel geschrieben, er konnte also auch keine Hetze oder Greuelpropaganda betrieben haben. In diesem Sinne richtete ich nun, unter Berufung auf die Veröffentlichung im »Schwarzen Korps«, Gesuche an die Gestapo Wien, Hitler, Bürkel, Himmler, an die Gestapo Berlin. Die Antworten waren gleichlautend: »Wird weitergeleitet.«

Gott sei Dank kam jede Woche ein Brief und eine Karte meines Mannes, und wenn sie auch nichts besagen durften, bewiesen sie doch, daß er am Leben war. Das feuerte immer wieder zu neuem, fieberhaftem Suchen nach Wegen zu seiner Befreiung an. Dieses dauernde Grübeln, was man noch unternehmen könnte, ihm zu helfen, wen man noch aufsuchen, wohin man sich noch wenden solle, dieses Hin- und Herhasten von Amt zu Amt, stunden-, tagelanges Warten, erfolglos in jedem Falle, ob man durchkam oder nicht, dieses Lauern auf neue Möglichkeiten, es riß an unseren Nerven, ruinierte unser Dasein. Und doch war es das einzige, das meinen Lebenswillen wachhielt. Ich sage »uns«, denn mein Schicksal war ja nicht vereinzelt. Beileibe nicht, und ich als »Arierin« hatte es doch leichter, ich wurde weniger angerempelt und gar nicht insultiert. Ich kam zu Beamten, die für andere unerreichbar blieben. Ich hatte es viel, viel besser als die meisten meiner Leidensgefährtinnen. Ich mußte fast lachen, wenn ich mir vorzustellen versuchte, daß meine Lage »besser« war, so furchtbar erschien sie mir, aber dann dachte ich an die andern und mußte erkennen, daß sie noch viel furchtbarer daran waren. Ein zweckloser Bittweg, eine Absage auf Gesuch oder Vorstellungen hatten aufgehört, Anlässe zur Verzweiflung zu sein. Fehlschlag nach Fehlschlag bewies nur, daß ein neuer Weg ausfindig gemacht werden mußte. Mein Leben war ganz auf das eine Ziel eingestellt: die Befreiung meines Mannes.

Ende Mai gelang es mir nach vielen fruchtlosen Bemühungen doch, bei der Wiener Gestapo vorzukommen. Als ich den Beamten darlegte, daß mein Mann unschuldig sei und daß man ihn freilassen müßte, sagte er bedauernd, daß das im Augenblick unmöglich wäre. Ich solle durchhalten, Ende Juli werde mein Mann bestimmt wieder zu Hause sein. Diese Erklärung war niederschmetternd. Wir hatten Ende Mai. Noch zwei volle Monate: sechzig Tage voller Qual und Sorgen! Aber schließlich tröstete ich mich mit dem Gedanken, daß nun wenigstens ein fester Termin gegeben war, dem man entgegenharren konnte. Das Versprechen war so fest und sicher gegeben worden, daß ich nicht an seiner Richtigkeit zweifelte, obwohl sich schnell Ereignisse einstellten, die mich hätten mißtrauisch machen müssen. Aber man glaubt so gerne, was man wünscht, und ich brauchte Hoffnung, um nicht zusammenzubrechen. Wir wußten wirklich nichts, wir hatten keine Ahnung, *wie* entsetzlich es in Dachau zuging. Aber selbst das wenige, das wir wußten, lag wie ein lähmender Schrecken über uns allen, trieb uns immer wieder an, alles zu versuchen, unsere Männer zu befreien.

Aus Dachau sickerten Entsetzensnachrichten durch. Man bekam eine entfernte Vorstellung von den Brutalitäten, die dort verübt wurden. Unsere Sorge um Leben und Gesundheit unserer Angehörigen wuchs, und gleichzeitig wuchs die Sorge um die Zukunft, die Angst um das eigene Leben und das der Kinder, denn die Not wurde immer schärfer. Es wurde mir auch klar, daß mein Mann, sobald er aus dem Konzentrationslager entlassen würde, nicht im Lande bleiben dürfte. Die Zeitungen verlautbarten entsprechende Verordnungen. Wieder war ich in abgrundtiefen Jammer gestürzt. Ich bin doch zu alt, um noch einmal von vorne anfangen zu können. Ich hänge mit allen Fasern meines Herzens an der österreichischen Heimat. Wie liebe ich ihre Berge, ihre Seen, die lieblichen Hügel des Wiener Walds, die freundlich erhabene Majestät der Hochalpen. Österreich! Welche Naturschönheiten, welche Kulturfreuden! Ich war ein Teil davon, es gehörte zu mir wie ich zu ihm. Meine alte Mutter, meine Geschwister ... nein, nein, nein, ich kann nicht fort. Die Vorstellung schon schnitt wie ein Messer durch mein Herz. Dann dachte ich wieder, auch diese Pein müsse ertragen werden, wenn nur mein Mann zurück wäre.

Die Menschen machten es mir ja nicht schwer zu scheiden, doch die stumme Landschaft sprach zu mir mit tausend Zungen. Der Wald, das Wasser, selbst der Wind, die Luft, die einen umweht, die ganze Atmosphäre war meines Lebens voll, enthielt und spiegelte meine schönsten Erlebnisse, all meine Erinnerungen. Doch es mußte sein, und langsam begann ich Abschied zu nehmen von allem, was mir im Heimatlande lieb gewesen war, schmerzlichen Abschied.

Wo lag die Landschaft, der ich zugehörte? Mein Leben war ein Wandern geworden, aber nicht durch Wälder und Halden, sondern von Stein zu Stein über steinige Straßen, von Amt zu Amt, von Leidensstation zu Leidensstation. Immer wieder traf ich Frauen, deren Männer Schicksalsgenossen des meinigen waren. Da sah ich erst, um wieviel besser ich doch noch daran war als viele Zehntausende. Auf sie drückte außer der furchtbaren Qual und Not, die wir teilten, die bestialische Folter der Nazi-Exzesse, die in Österreich noch viel wilder tobten, als es bis dahin in Deutschland der Fall gewesen war. Ich sah selbst, wie man sie aus den Häusern schleppte, wie sie, umringt von einer johlenden Menge, die Gehsteige mit ätzender Lauge waschen mußten, die ihnen die Hände zerfraß. Arme Frauen setzte man zum Gespött des erbarmungslosen Mobs in die Schaufenster. Halbwüchsige Buben insultierten jede Frau, die nicht die Legitimation des Hakenkreuzes trug. Erst später erfuhr ich, daß wenigstens von diesen Schandtaten Kunde ins Ausland gedrungen war, weil beim furchtbaren Verprügeln Hunderter Jüdinnen auch einige Ausländerinnen erheblich verletzt wurden. Kundige SS- und SA-Leute, die wußten, welche Familien Geld besitzen mochten, verstanden sich darauf, auch nach deren Ausplünderung noch das Letzte aus diesen Unglücklichen herauszupressen. Hatte man ihnen zuerst alle Juwelen, Wertgegenstände, ja die Möbel aus den Zimmern fortgenommen, so nahm man ihnen jetzt die Kinder. Das war das wirksamste Folterinstrument, und welche Tragödien mußte ich da mit ansehen und anhören! Die Kinder wurden abgeholt, in einen öffentlichen Park oder auf einen großen Hof geführt, und dort mußten sie »turnen«. Es waren die leichteren Foltermethoden des Konzentrationslagers. Zu Tode erschrocken folgten die armen Mütter der Truppe, die die Kinder wegführte. Sie wurden zurückgescheucht. Die Kinder wurden so lange geschunden, bis sie zusammenbrachen. Mit Schlägen und schweren Mißhandlungen wurde nicht gespart. Dann ließ man die Eltern wissen, daß die und die Summe Lösegeld erlegt werden müsse, wenn die Kinder nicht jeden Tag zum »Turnen« abgeholt werden sollten. Wollte man das Leben der geliebten Kinder retten, mußte das Lösegeld irgendwo, irgendwie aufgetrieben werden. Doch auch dann setzte nicht selten eine andere Bande der braunen Gangster das grausame Katz- und Mausspiel fort.

Nicht selten hatte ich Beamtenbesuch, der mir zuredete, meinen Mann, der doch ein Jude war, einfach aufzugeben und dann selbst aller Vorteile teilhaftig zu werden, die einer »Vollarierin« in Deutschland zustehen.

Endlich ging auch der Juli zu Ende, bald würde die grausame Wartezeit vorüber sein. Es wurde August, nichts rührte sich. Am 10. August wurde ich morgens von der Bezirkspolizei angerufen. Ich sollte sofort bei Herrn Sieber, Zimmer Nr. 27, erscheinen. Ich schrie ganz aufgeregt ins Telefon: »Ist mein Mann schon da?« Die Antwort lautete zwar »Nein«, aber der Zusatz »Es handelt sich aber um seine Freilassung« versetzte mich in gehobenste Stimmung.

Natürlich eilte ich schnurstracks zu Herrn Sieber, der mir die längst gewohnten Fragen vorlegte, wo mein Mann beschäftigt war, ob ich Kinder habe, wovon ich lebe usw. Mindestens zwei Dutzend Gesuche, in denen alle diese Fragen ausführlich beantwortet waren, lagen bei der Gestapo. Diese Wiederholung längst abgeleierter Fragenphrasen machte mich völlig verzagt. Schließlich getraute ich mich mit der großen Frage heraus: »Kommt denn mein Mann immer noch nicht zurück?« »Gewiß bald«, meinte der Beamte. »Solche Erhebungen pflegen der Freilassung vorauszugehen.« Wieder ließ ich mich beruhigen. Es war so schwer, ja unmöglich zu unterscheiden, ob die Beamten einen quälen wollten oder ob sie einem gern geholfen hätten, aber durch die unbarmherzige Maschinerie dieser Geheimen Staatspolizei daran gehindert wurden, es nicht wagten. Jedenfalls hörte ich bald von meinen Leidensgefährtinnen, daß auch sie vorgeladen worden waren. Ja, mit einigen hatte sich ein Sadist sogar ein besonderes Späßchen erlaubt. Ihnen wurde genau der Zug angegeben, mit dem ihre Männer am nächsten Tage auf dem Westbahnhof in Wien eintreffen würden. Viele Frauen wurden so auf den Bahnhof gelockt, wo sie von Ausgang zu Ausgang eilend von Mittag bis in die sinkende Nacht und in den grauenden Morgen ihrer Lieben harrten, die nicht kamen. Ein ritterlicher, ein echter Nazi-Ulk. Und solche Kavaliere nannten sich jetzt österreichische Beamte.

Für mich fing wieder die endlose Tretmühle meiner Bittgänge an. Ich suchte alle Amtsstellen auf, bei denen ich schon vorgesprochen hatte, und überall sah ich neue Gesichter. Erst später klärten mich Sachkundige auf, daß auch diesem schnellen Wechsel der Beamten ein System zugrunde liege. Mit wirklich unsagbarer Geduld und Zähigkeit, allen Abweisungen zum Trotz, suchte ich immer wieder bei der Zentralstelle der Gestapo vorzukommen. Endlich kam ich an der Torwache vorbei.

Meine immer wiederholte Bitte, mit dem Chef der Pressestelle sprechen zu dürfen, rührte schließlich einen Beamten, und er gab mir einen Passierschein. Nach langem Suchen kam ich auch an die richtige Stelle. Wiederum ein neues Gesicht. Zuerst unwirsche Abweisung. Ich hatte aber allmählich gelernt, wie man mit diesen Herren umzugehen hatte, und meine Festigkeit und unbeirrbare Entschlossenheit machten den Gewaltigen bald unsicher. Er stand mir Rede. Mit dem Mute der Verzweiflung sagte ich: »Hier, an dieser Stelle, hat man mir vor zwei Monaten versichert, daß mein Mann am 26. Juli entlassen wird, da auf seinem Akt eine Strafdauer von vier Monaten vermerkt war.«

»Wer hat Ihnen das gesagt?«

»Regierungsrat Weimann, der damalige Leiter der Pressestelle.«

»Dazu war er nicht berechtigt. Ich kenne den Akt. Daß ein Journalist mit weniger als sechs Monaten davonkommt, ist ganz ausgeschlossen.« Ich sah und hörte nichts mehr. Ich taumelte aus dem Zimmer.

Acht Tage später erhielt ich das folgende, am Hauptbahnhof in Weimar aufgegebene Telegramm: »Erwarte mich Sonntag früh sechs Uhr Westbahnhof – Max.« Mein Mann war frei!

Soll ich erzählen, wie er ankam? Wie ich überströmte vor Glück und – wie ich ihn nicht erkannte. Kahlgeschoren. In abgerissenen Kleidern, die nicht ihm gehörten, entstieg er dem Zuge. Wenn sie ihn schon nicht zum Verbrecher hatten machen können, wollten sie ihn doch wenigstens wie einen Verbrecher aussehen lassen. Ich schämte mich der Kinder wegen. Und mein Mann hatte das gleiche Gefühl. Sie liebten ihren Vater. Jetzt sahen sie ihn als »Verbrecher« wieder. Geschoren, ohne Kragen. Das Hemd offen. Die Ellenbogen aus den Ärmeln tretend ...

Das Ärgste war vorbei. War es das wirklich?

Die Hetze begann bald von neuem. Mit allen Schikanen wurden wir gejagt. Mein Mann mußte sich täglich auf der Polizei melden. Jeden Tag kam er zu einem anderen Beamten. Ich ließ ihn keinen Schritt allein tun. Immer war ich mit ihm. Nach ein paar Tagen erschien ein Polizist bei uns und fragte nach, weshalb mein Mann sich nicht regelmäßig auf der Wachstube melde. Ich versuchte ihm klarzumachen, daß wir regelmäßig dort waren und uns immer bedeutet worden war, es sei in Ordnung. Doch diese gemeinen Sadisten hatten über die Meldung weder eine Eintragung gemacht, noch waren sie je bereit gewesen, meinem Mann eine Bestätigung seines Besuches auszufolgen. Es gehörte zum System, daß man die Menschen in Angst und Schrecken hielt. Verfolgung um der Verfolgung willen war offenbar Dienstvorschrift. Mit Feuereifer betrieb ich, unterstützt von meinen Freunden, unsere Ausreise. Nichts schien klappen zu wollen. Ich hatte die Bestätigung des amerikanischen Konsulats, daß unsere Affidavits in Ordnung wären. Mein Onkel war einverstanden, daß ich mit den Kindern gleich hinüberkäme. Mein Mann, der seit fünfundvierzig Jahren in Wien lebte, aber leider im kleinen Orte Wieselburg in Ungarn geboren war, zählte auf die ungarische Quote und würde erst später an die Reihe kommen. Aber wir würden nie an die Reihe kommen, wenn wir nicht bald, nicht schleunigst herauskonnten. Wir mußten die Kinder zurücklassen, um den Vater zu retten. Nur fort, schnell fort!

Schon mußte sich mein Mann versteckt halten. Die Geheimpolizei kam wiederholt nachfragen. Wir hatten das rückwärtige Gartenfenster stets geöffnet, und sobald die Klingel erscholl, saß mein Mann rittlings auf dem Fensterbrett, bereit davonzulaufen. So lebten wir, wenn man das noch Leben nennen konnte. Ständig mit angespannten Nerven. Des Nachts trauten wir uns nicht einzuschlafen, und wenn wir endlich doch für kurze Zeit in bleischweren Schlummer gefallen waren, schreckten wir beim leisesten Geräusch auf, in Schweiß gebadet.

Und wieder kam, wie ein Wunder, die Rettung. Ein Vetter meines Mannes, der in London lebt, sandte uns das Permit. Wir fuhren. Soll ich erzählen, wie ich meine Kinder zurückließ? Oder wie man die armen Leute beim Grenzübertritt schikanierte und schlug, wie man ihnen die letzten Sachen wegnahm, wie man meinen Mann buchstäblich mit einem Fußtritt in den Rücken über die Grenze beförderte, wie er den lachend hinnahm, als Schlußpunkt unter die letzten Leiden? Mich als »Arierin« behandelte man anständig.

Dürfen wir klagen? Sicher nicht. Und doch liegt die Zukunft so düster vor uns. Und froh, der Heimat, die dem Teufel in die Hände fiel, entronnen zu sein, lernen wir an Leib und Seele erfahren, weshalb in unserer alten Sprache die Fremde das Elend hieß. In einem Alter, in dem wir hatten hoffen dürfen, die bescheidenen Früchte ehrlicher, hingebungsvoller Arbeit von dreißig Jahren zu ernten, führen wir jetzt das Bettelleben von Refugiés.

Die Kinder wachsen in fremder Obhut heran. Wir haben sie endlich mit der Hilfe herzensguter, opferfreudiger Menschen auch nach England gebracht. Sie sind gerettet. Wir haben nicht das Fahrgeld, sie wenigstens jeden Sonntag wiederzusehen. Ein kleines Ungemach, gewiß, aber wir sind über fünfzig, so lange waren wir jetzt von ihnen getrennt, jetzt bleiben wir weiter getrennt. Wozu leben wir, worauf warten wir? Auf das amerikanische Visum, das nicht kommt. Auf die britische Arbeitserlaubnis, die nicht erteilt wird.

Dürfen wir klagen? Nein, und tausendmal nein. Wir können uns glücklich schätzen, und wir tun es oft. Wir sind wirklich nicht undankbar, im Gegenteil! Wie oft schreckt mein Mann des Nachts aus dem Schlafe empor, wenn er die entsetzlichen Greuel des Konzentrationslagers im Traume wiedererlebt. Wie oft sehe ich, daß dieser hart gewordene Mann im Schlafe weint. Die Tränen rinnen ihm unaufhaltsam aus geschlossenen Augen über das geliebte Gesicht. Er weint, es weint aus ihm, viertelstundenlang. Ich wecke ihn. Er weiß von nichts. Er hat keine Erinnerung, wovon er träumte. Es muß etwas Schreckliches gewesen sein, ein Traumgesicht, fast oder ganz so furchtbar wie die Wirklichkeit, die er durchlebt hat.

(1939)

Ein Kind schreibt aus Wien

Amsterdam, Februar 1939

Liebe Schwester,
ich komme noch mit einer großen Bitte. Aus Wien bekam ich sehr, sehr traurige Briefe, und zwar folgende. Vor etwa zehn Tagen einen, geschrieben von einem Mädchen, das zwölf Jahre alt wird, ich hatte Dir wohl schon von ihr erzählt ... Sie schreibt: »Wir hatten hier sehr heiße Tage und mußten zur Abkühlung einen Tag und eine Nacht im Keller verbringen. Als wir wieder herauskamen, waren Einbrecher dagewesen und haben alles gestohlen, Geld, Wäsche, Kleider, Schmuck, selbst die Sachen von dem Kleinen, und darauf bekam Tante Martha den Zusammenbruch.«

Sie haben nichts, als was sie auf dem Leibe tragen. Nun kommt meine Bitte. Hast Du von Deinem Mädel, was sie absolut nicht mehr tragen kann, und auch von Dir, was Du nicht mehr trägst, so schicke es an Martha. Es ist eine große Not. Ich glaube bestimmt, daß Dein Mann damit einverstanden ist.

Das Mädel muß nun den Jungen betreuen, tagsüber sind sie bei Bekannten und nachts schläft sie mit dem Jungen allein in der Wohnung. Ist dies nicht ein furchtbares Trauerspiel? ...

Wien, Februar 1939

Sehr geehrte Frau Z.,
ich erlaube mir, im Namen meiner Tante Martha Ihnen für das Paket herzlich zu danken. Meine Tante ist sehr krank und liegt im Spital. Aber vor allem will ich mich erst bei Ihnen vorstellen, damit Sie wissen, wer ich bin. Mein verstorbener Papi und Tante Martha waren Cousins. Ich bin 11½ Jahre alt und heiße Leni und bleibe jetzt immer bei meiner Tante, weil meine Mama auch vor einigen Wochen gestorben ist. Ich werde das Paket aufbewahren, bis Tante Martha nach Hause kommt. Dann wird sie Ihnen selber schreiben. Sie ist vor lauter Aufregung krank geworden. Im Oktober ist mein Papi gestorben, sechs Wochen später meine Mami. Der Onkel Jacob ist auch schon seit voriges Jahr im Mai fort, ich kann Ihnen nicht schreiben, wo er ist. Im Jänner ist Sonja gestorben, das war von Tante Martha das Mäderl. Sie war vier Jahre alt. Tante Martha hat aber noch ein Kind. Das ist der Hans, er ist 1½ Jahre alt. Jetzt ist noch etwas passiert, ich kann Ihnen nicht alles schreiben, das war zuviel für die Tante. Sie hat mir oft von Ihnen erzählt. Sie hat Sie sehr gerne. Sie hat immer so lieb von Ihnen gesprochen. Und Bil-

der von Ihnen und Ihrem Töchterchen hat sie mir gezeigt. Also nochmals vielen Dank, es grüßt Sie bestens Leni und Hansi

Ich geh' morgen ins Spital, hoffentlich kann Ihnen die Tante schon selber schreiben.

Wien, 10. März 1939

Meine liebe, gute Tante,
Deinen lieben Brief habe ich erhalten. Und ich danke Dir vielmals, daß Du mir erlaubst, daß ich zu Dir Tante sagen darf. Ich habe Dich auch lieb und die Tante Anna auch, weil Tante Martha Euch lieb hat. Sie ist leider noch sehr krank und kann nicht selber schreiben. Ich und Hansi sind bei einer Frau im selben Haus. Ich will nicht mehr auf Hansi aufpassen. Er ist sehr schlimm. Er läßt sich nicht von mir waschen und anziehen. Er beißt und kratzt mich immer und schreit immer nach der Mama. Ich gehe zur Schule. Die Frau Lehrerin hat mich gerne. Die Sachen, die Du geschickt hast, werden Tante Martha passen, weil sie ist sehr mager geworden. Mir sind die Sachen zu groß, aber Tante Martha wird mir alles richten, wenn sie gesund ist. Leni

Wien, März 1939

Liebes, gutes Tanterle,
Deine Karte ist gestern angekommen. Die Adresse vom Spital kann ich Dir nicht schreiben. Liebe Tante, ich werde Dir die Wahrheit schreiben, obwohl Tante Martha es mir verboten hat. Sie ist seit Januar im Landesgericht. Das, was die Tante Berta geschrieben hat, das beruht auf Wahrheit, daß Einbrecher hier waren und uns alles gestohlen haben. Die Tante hat in der Aufregung einige unbedachte Äußerungen gemacht, und deshalb ist ihr dieses Unglück passiert.

Ich kann Dir nicht alles so schildern, wie es war, das muß man selbst sehen, um es zu verstehen. Ich hätte es Dir nicht geschrieben, aber weil Du die Adresse vom Spital wissen wolltest. Tante Martha darf es nicht wissen, daß ich Dir die Wahrheit geschrieben habe und Tante Berta auch nicht. Ich gehe jeden Mittwoch zu ihr. Ich lege Dir ein Zetterl von ihr bei, das sie mir zugesteckt hat. Bitte nochmals, verrate mich nicht, daß Du alles weißt.

Viele Busserl
Leni

Vielen Dank für die schönen Sachen und viele Grüße und Küsse – Martha. Ich bin im Spital und kann nicht mehr schreiben.

Wien, März 1939

Liebe Tante,

ich sende Dir einen Brief von meiner Tante. Hansi ist jetzt immer bei Frau F., bis die Tante nach Hause kommt.

Viele Busserl von Leni

Aus dem Gefängnis, März 1939

Mein liebes, gutes Tantchen,

gestern war mein Lenchen bei mir und hat mir eingestanden, daß sie Dir die ganze Wahrheit geschrieben hat. Liebe Tante, wirst Du jetzt schlecht von mir denken? Ich weiß nicht, ob Leni Dir alles genau geschrieben hat, ich kann hier nicht soviel mit ihr sprechen. Man hat uns alles weggenommen, wir sind nur mit dem, was wir am Leibe gehabt haben, da gestanden, ich habe in der Aufregung einige Worte gesagt, die ich nicht hätte sagen sollen, und deshalb bin ich schon drei Monate hier. Denke deswegen nicht schlecht von mir. Schau, liebes Tanterl, Dein Bruder war doch auch voriges Jahr dreizehn Wochen hier, wo ich bin, das weißt Du doch, und deswegen war er auch nicht schlecht. Ich danke Dir viel tausendmal für die schönen Sachen. Wenn ich sie nicht hätte, so müßte ich immer in einem Kleid herumgehen. Sie passen mir sehr gut, nur die Schuhe sind mir zu groß, aber ich kann sie auch tragen. Du kannst Dir nicht vorstellen, wie ich mich gefreut habe mit den Sachen und hauptsächlich, weil sie von Dir sind.

Ich habe immer an Dich gedacht. Sei mir nicht böse, daß Leni Dir geschrieben hat, daß ich im Spital bin. Ich habe mich geschämt, Dir die Wahrheit zu schreiben. Bitte, schreibe der Tante Berta nichts davon. Wenn ich auch hier bin, so verzage ich trotzdem nicht, und ich hoffe, daß ich in kurzer Zeit bei meinem geliebten Buberl sein werde. Leni ist ein gutes Kind. Wenn ich sie nicht hätte, so wäre ich ganz verlassen. Ich werde sie deswegen immer bei mir behalten. Ich würde mich freuen, wenn Leni mir am Mittwoch von Dir einen Brief bringen würde. Sie kommt jeden Mittwoch zu mir. Tausend Grüße und Küsse

Deine Martha

Grüße Deinen Mann und Tochter und Tante Anna herzlich. Ich sende Dir eine Aufnahme von mir, sie ist von hier und ist nicht gut. Den Brief gebe ich Leni mit. Hoffentlich kommt er gut an. Bitte nochmals, sage der Tante Berta nichts davon.

Wien, April 1939

Liebes, gutes Tanterle,
habe Deinen Brief erhalten. Das Paket habe ich noch nicht, aber das dauert immer länger. Ich werde Dir gleich schreiben, wenn es kommt. Dies Mal war es nicht möglich, einen Brief von Tante Martha beizulegen. Der »Onkel« hat zu gut aufgepaßt. Sie darf weder schreiben noch Briefe empfangen. Liebes Tanterle, Du schreibst, wir sollen Gottvertrauen haben. Ich glaube nicht an Gott. Warum hat er uns so gestraft? Ich kann Dir nicht schildern, was wir mitgemacht haben. Mir hat Gott meine lieben Eltern genommen. Mein Bruder war in demselben Erholungsheim mit Deinem Herrn Bruder voriges Jahr zusammen und ist dort gestorben. Das ist das Heim, wo die Tante jetzt ist.

Das Schrecklichste war, wie die Einbrecher hier waren und uns alles gestohlen haben. Damals waren wir drei Tage im Keller versteckt und haben uns nicht hinaus gewagt. Kann man da noch zu Gott vertrauen?

Schau, liebes Tanterle, der »Onkel« ist so schlecht zu uns. Ich darf in kein Kino gehen, in kein Theater, ich darf nicht in den Park gehen, manche Tage darf ich mich nicht auf der Straße zeigen. Ist das nicht genug? Ich bin noch nicht ganz zwölf Jahre, aber manches Mal glaube ich, daß ich schon hundert Jahre alt bin.

Aber jetzt will ich damit aufhören, sonst wirst Du noch böse. Hansi ist jetzt ganz bei der Frau F., sie bekommt für ihn fünfzehn Mark im Monat von der Gemeinde, und ich esse im Mädchenhort. Hansi ist sehr schlimm, aber ein goldiger Spitzbub. Ich schicke Dir ein Bild von ihm. Er wollte nicht ruhig stehen bleiben, so haben wir ihm die Hände am Gitter angebunden. Ich habe ihn fotografiert. Im nächsten Brief schicke ich Dir ein Bild von mir. Meine Tante hat einen Anwalt. Sonst weiß ich Dir nichts zu schreiben.
Deine Leni

Wien, Mai 1939

Liebes, liebes Tanterle,
habe Deinen lieben Brief erhalten und mit großer Freude gelesen. Ich freue mich immer, wenn Du mir schreibst. Was das Thema Gott anbetrifft, so möchte ich Dich einmal fragen, was Du dir darunter eigentlich vorstellst. Du wirst mir zur Antwort geben, Gott ist eine unsichtbare Macht, aber man muß trotzdem daran glauben. Jetzt werde ich dir ein kleines Beispiel schreiben. Wenn ich Dir schreibe, ich habe Dir 1000 Mark geschickt, aber Du wirst es nie erhalten, das Geld bleibt unsichtbar, wirst Du mir das glauben? Du wirst mir zur Antwort geben, Du wirst mir das glauben, bis Du es

siehst. Dasselbe sage ich auch. Ich glaube nur, was ich sehe. Auch schreibst Du mir, Du könntest mir Fälle schreiben, was Du gesehen hast. Liebes Tanti, das, was ich gesehen habe, hast Du sicher noch nicht gesehen. Aber nun will ich das Thema wechseln, sonst wirst Du mir noch böse.

Ich denke immer sehr viel nach über alles und ich sage immer das, was ich mir denke. Es tut mir sehr leid, daß Du so ein schwaches Herz hast. Wenn ich bei Dir wäre, so hätte ich Dir alle Arbeit abgenommen. Ich kann schon ein bisserl kochen. Ich kann Kaffee kochen, und Powidl-Knödel habe ich auch schon gemacht. Ich schicke Dir ein Bild von mir, ich habe alles an, was Du mir geschickt hast. Du wirst mich auslachen, weil ich mit der Puppe fotografiert bin. Ich spiele manchmal noch gerne. Bitte, lache mich nicht aus und sei mir nicht böse. Es freut mich, daß Du zum Komitee gehen willst. Vielleicht kannst Du was ausrichten. Ich wäre Dir sehr dankbar. Bitte, schreibe mir bald wieder. Deine Briefe sind ein großer Trost für mich. Für heute viele Grüße und Millionen Busserl

Deine Leni und Hansi

Aus dem Gefängnis, Juni 1939

Meine liebe, gute Tante,
ich danke Dir sehr, daß Du Dich so um mich bemühst. Ich hoffe, daß ich bald von hier herauskomme. Leni und Hansi fahren nach Amerika. Ich kann momentan noch nicht mit, weil ich am Amerikanischen Konsulat nicht gemeldet war. Leni hat mich aber schon angemeldet. Ich muß aber mindestens ein Jahr warten, bis ich fahren kann. Ich hoffe, bald Antwort von Dir zu bekommen. Ich danke Dir für Deine Güte, vielleicht kann ich mich noch einmal für alles revanchieren. Tausend Grüße und Küsse

Martha

Wien, Juni 1939

Meine liebe Tante,
habe heute Deinen lieben Brief erhalten. Ich fahre nach New York, vielleicht schon in zwei Wochen, und wenn Tante Martha ihre Einwilligung gibt, so kann Hansi auch mit. Ich fahre mit einer Reisegesellschaft. Und in New York ist die Tante Grete. Sie hat uns angefordert. Ich danke Dir, daß Du so gut bist. Aber für mich und Hansi brauchst Du Dich nicht mehr bemühen. Wenn Du Tante Martha eine Einreisebewilligung nach Holland schicken könntest, so waren wir Dir sehr dankbar. Aber zuerst müßtest Du dich erkundigen,

ob sie dort arbeiten darf. Tante Grete hat die Sache einem Advokat in New York übergeben, und wir hoffen, daß Tante Martha bald nach Hause kommt.

Jetzt will ich Dir Deine Fragen beantworten. Meine Schwester ist sieben Jahre alt und ist seit Dezember in London. Mein Bruder Julius war achtzehn Jahre alt und ist in Buchenwald gestorben. Ich bin am zweiten Juni zwölf Jahre alt geworden und lebe vorläufig noch. Mein guter Pappi war 53 Jahre alt und ist im Oktober gestorben. Woran er gestorben ist, sagt mir Tante Martha nicht. Er war Polizeiinspektor bis März 1938. Mein liebes Muttilein war seit sieben Jahren kränklich, und der Tod meines Pappi hat sie ganz zugrunde gerichtet. Sie war auch 53 Jahre alt. Mein Pappi war der Cousin von Tante Martha. Die Mutter vom Pappi und der Vater von Tante Martha waren Geschwister. Jetzt habe ich Dir alles geschrieben. Wenn ich wegfahre, so werde ich Dir eine schöne Karte von Amerika schicken, und wenn ich groß bin, werde ich Dir viele Dollar schicken. Viele herzliche Grüße und Millionen Küsse

Deine Leni und Hansi

III
Polen unterm Hakenkreuz

1939–1942

Heute, mein Führer, steht das Volk einiger denn je um Sie geschart. Was Sie von diesem Volk fordern werden, es wird freudig alles in blindem Vertrauen gehen. Es wird in blindem Vertrauen dem Führer folgen. Wie ein stählerner Block im glühenden Feuer gewaltiger Ereignisse ist heute die Einheit Deutschlands.
Das Volk geht dorthin und wird dorthin marschieren, wohin Sie die Richtung geben. Sei es zum erwünschten Frieden, sei es aber auch zum entschlossensten Widerstand.
Niemals aber haben wir, das deutsche Volk, freudiger und überzeugter und entschlossener den Willen bekundet: Führer befiehl, wir folgen.

Hermann Göring in der Reichstagssitzung vom 6. Oktober 1939

»Die Deutschen kommen!«

Bericht aus Warschau

Ein neues München oder Krieg? Diese Frage lag am ersten September noch immer in der Luft, als die deutsche Armee schon die Grenze überschritten hatte und die ersten Bomber über Warschau zu sehen waren. Als Antwort auf Hitlers Erklärung, er werde innerhalb von zwei Wochen in Warschau sein, verurteilte Leutnant Umistowski über den Rundfunk aufs heftigste »jene Wahnsinnigen, die nur die Sprache der Gewalt verstehen«. Die vorherrschende Meinung war jedoch, daß die Nazis noch immer ihre alte Politik der Erpressung betrieben. Aber diesmal bedeutete es Krieg. Wir begrüßten ihn sogar mit Erleichterung, denn wir glaubten, daß der Nazismus endlich vernichtet und die Menschenwürde gerettet werden würde.

Die Ereignisse entwickelten sich jedoch anders, als wir gehofft hatten. Schon am ersten Tag durchbrachen die Deutschen unsere gesamte Front. Am zweiten Tag nahmen sie in ständigem Vormarsch Czestochowa und Katowice. Mit zunehmender Spannung erwarteten wir die Kriegserklärung Frankreichs und Englands. Am dritten Tag wurde sie ausgesprochen. Das kämpfende Polen faßte wieder Mut. Voller Freude und Hysterie liefen die Leute durch die Straßen und schrien: »Nieder mit Hitler!«

Inzwischen hatten die Deutschen Pommern durchquert, sie waren in Schlesien eingefallen und marschierten auf Lodz und Krakau zu. Die Nachrichten waren erschreckend. Sieben Tage nach Ausbruch des Krieges wurde Warschau belagert.

Nachdem sich die Regierung aus der Hauptstadt zurückgezogen hatte, veröffentlichten die sozialistischen Parteien einen Aufruf an alle Einwohner, die Stadt bis zum Letzten gegen die anrückenden Truppen der Nazis zu verteidigen. Viele unserer Mitglieder, die gerade fliehen wollten, folgten dem Aufruf und verteidigten gemeinsam mit der Bevölkerung Warschaus tapfer ihre Stadt.

Der sechste September. Wir werden diesen Tag nie vergessen. Wir hatten uns in unserem Versammlungsraum zusammengefunden, als an alle Männer der Befehl erging, am nächsten Morgen die Stadt zu verlassen. Flüsternd saßen wir im Dunkeln und beratschlagten, wie und wohin wir gehen sollten. Saul war verzweifelt, weil er seine schwerkranke Mutter nicht allein lassen konnte. Furcht vor der Zukunft ließ uns fast wünschen, eine Bombe möge augenblicklich das Haus zerschmettern und uns und unser Elend unter sich begraben. Mit dem Morgengrauen begann ein neuer schrecklicher Tag.

Die Menschen liefen herum wie wahnsinnig – zum Sterben verurteilt auf einem sinkenden Schiff. Während der ganzen Nacht und am folgenden Morgen strömten Flüchtlinge über die Weichselbrücken nach Praga, in Richtung Brisk und Lublin. Als die Brücken und Straßen bombardiert wurden, liefen die Flüchtlinge in den Wald und auf die Felder und warfen sich schutzsuchend zu Boden. Die Flugzeuge kamen im Tiefflug und bestrichen das Gelände mit Maschinengewehrfeuer ...

Alle Geschäfte und Haustüren waren geschlossen. Keine Zeitung war zu bekommen. In ihren Häusern verbrannten die Menschen Bücher, Zeitungen, Briefe und Bilder. Das war die Nacht, in der man den Einmarsch der Deutschen erwartete. Aber sie kamen nicht. Warschau verteidigte sich. Isoliert und völlig auf sich gestellt, setzte die Stadt ihren hartnäckigen Verteidigungskampf fort. Die Bombardements wurden immer häufiger. Wer es nicht selbst erlebt hat, wird sich niemals ein Bild dieses Schreckens machen können.

Ich erinnere mich, daß ich mit einem Freund durch die Straßen ging, als es zum erstenmal Alarm gab. Wir rannten durch ein Tor, als wenn wir in der Einfahrt sicherer wären. Zitternd hielten wir uns aneinander fest. Ein sechsstöckiges Gebäude brach vor unseren Augen mit donnerndem, angsterregendem Lärm in sich zusammen. Wir schrien hysterisch auf und fragten uns, wann wir selbst an der Reihe wären.

Die Nacht war grauenhaft. Ich schlief im Haus eines Freundes, wo sich in einem kleinen Raum über vierzig Menschen aufhielten. Das Bombardement dauerte an. Immer wieder hörten wir aus dem Radio: »Feuer sind ausgebrochen«, »Die Straßen brennen«, »Wohnungen sind zerstört«, »Tausende von Menschen sind getötet«. Der Ansager bat dringend um Freiwillige. Dann wurde die Hymne der Armee gesungen: »Legionen« ... Legionen ohne Munition, ohne Festungen, gegen hochmodern ausgerüstete Divisionen. Bald stand die ganze Stadt in Flammen. Warschau brannte.

Ungefähr dreihundert von uns waren in einem Keller zusammengepfercht. Viele kauerten erschöpft auf den Stufen. Aus allen Ecken drangen Seufzer. Kinder schrien nach Wasser, aber woher sollte man Wasser nehmen? Die Menschen beteten um ein Wunder. Ich selbst überraschte mich beim Gebet, daß Hilfe von Frankreich und England kommen möge. Die Stadt lag in Todeskrämpfen. Leute der verschiedensten Art kamen aus ihren Kellern, um zu plündern, zu löschen oder um zu retten. Wir erfuhren, daß die Franzosen auf eine Bewegung der Deutschen warteten, um dann mit ihrer Offensive einzusetzen. Warschau mußte die volle Wucht des ersten deutschen Schlages aushalten.

Der letzte Tag. Das Donnern der Kanonen nahm kein Ende. Hunderte von Bombern verdunkelten den Himmel. Die Stadt verteidigte sich nicht mehr. Aus keinem einzigen Flakgeschütz wurde mehr gefeuert. Kein Maschinengewehr schoß mehr. Die fallenden Bomben zerschmetterten die Häuser und verwandelten ganze Häuserblocks in Gebirge von Schutt. Die Stadt war ein kochender Kessel von Feuer und Blut.

Am nächsten Tag war es ruhig. Es war alles vorbei. Warschau hatte kapituliert.

Ktana

Bericht aus Lodz

Der Donner der Geschütze ließ nach. Die Nachricht: »Sie kommen«, brach über uns herein. Panik breitete sich in der Stadt aus. Todesangst und die unterdrückte Neugier: »Was wird der morgige Tag bringen?« Nähere Einzelheiten über das entsetzliche Massaker auf der Brzezinyer Landstraße waren schon überall bekannt. Tausende, die beim letzten Luftangriff getötet worden waren, bedeckten noch immer die Straßen, während viele Tausende von Verwundeten noch ohne Hilfe auf den umliegenden Feldern lagen. Als wollte man zum Unrecht noch die Beschimpfung fügen, riefen die weißen Anschläge der Polizei die Öffentlichkeit auf, »die einmarschierenden Truppen friedlich zu empfangen«...

8. September 1939

Samstag, ein klarer Herbsttag. Die Stadt liegt in hellem Sonnenschein. Panzer der einmarschierenden Armee bewegen sich langsam auf den »Platz der Freiheit« zu. Die Gesichter der siegreichen Soldaten strahlen vor Freude. Sie werden von einer rufenden deutschen Menge begrüßt. Diese sogenannte »unterdrückte Minderheit« ist jetzt plötzlich aufgetaucht und füllt die Straßen mit hallenden, hackenschlagenden »Heil«-Rufen.

Meine Füße tragen mich automatisch zur Leichenhalle. Es wurde erlaubt, die Toten abzuholen, die am Tag zuvor auf der Brzezinyer Landstraße getötet worden sind. Auf dem Friedhof dränge ich mich durch die Menge der hinterbliebenen Polen und Juden. Überall sehe ich geschwollene und verweinte Augen, die aufmerksam die Listen der bereits identifizierten Leichen prüfen. Augen, die unter den Inschriften auf den frischen Gräbern nach den Namen ihrer Lieben suchen ... Lodz begräbt seine Toten.

9. September 1939

»Jude!« Wir hören diesen wilden Schrei aus dem Munde der deutschen Einwohner in Lodz, die bis gestern unsere Nachbarn waren. Der Wolf hat sein Lammfell abgestreift, und seine Zähne hungern nach Beute. Die deutschen Jugendlichen liegen im Hinterhalt und warten auf vorbeigehende Juden. Sie greifen sie erbarmungslos an, ziehen sie an den Bärten und reißen sie an den Haaren, bis das Blut fließt, glühend vor sadistischer Freude über ihren wilden Sport. Das ist zu ihrer »nationalen Mission« geworden, und sie führen sie mit der sprichwörtlichen deutschen Gründlichkeit aus.

Bestürzung und Furcht haben die Juden von Lodz überfallen. Das Nazigift hat nur einige Stunden gebraucht, um ihr Leben zu lähmen. Es ist gefährlich geworden, sich auf die Straße zu wagen. Wie sollen wir weiterleben?

Einer unserer Nachbarn war zur Zwangsarbeit ins Hauptverwaltungsgebäude geholt worden. Nachdem er den Boden gescheuert hatte, befahl man ihm, die Fliesen mit dem eigenen Mantel trocken zu wischen. In seiner Verwirrung zögerte er einen Augenblick, worauf er gewaltsam niedergestoßen und von einigen Soldaten über den ganzen Boden geschleift wurde. Erst als seine Kleider völlig mit dem schmutzigen Wasser getränkt waren, wurde ihm erlaubt, aufzustehen. Dann rasierten sie einen Teil seines Kopfes kahl und stießen ihn auf die Straße.

Hätte ich ihn nicht mit meinen eigenen Augen gesehen und selbst von ihm gehört, was ihm diese »kultivierten« Barbaren angetan haben, hätte ich niemals geglaubt, daß die menschliche Natur so viehisch sein kann.

13. September 1939

Es wird immer schwieriger, Brot zu bekommen, da Juden überall, wo sie sich anstellen, vertrieben werden. Statt dessen werden sie zur Zwangsarbeit eingezogen und grausam geschlagen. Die Höllenhunde sind losgelassen. Horden wilder Plünderer überfallen noch immer jüdische Geschäfte, ohne daß jemand ihnen Einhalt gebietet. Von Tag zu Tag erscheinen weniger Juden auf den Straßen. Mein Vater und mein Bruder wagen nicht, das Haus zu verlassen. Jedes Klopfen an der Tür erschreckt uns. Das geringste Geräusch läßt mir das Blut in den Adern erstarren. Heftiger Protest steigt in mir auf, doch ich habe keine anderen Möglichkeiten, ihn auszudrücken, als in meinem Schreiben ... Den Juden ist es verboten, zu kaufen und zu verkaufen, zu lernen, zu beten, sich zu versammeln, zu protestieren, zu sprechen, zu weinen.

Jardena

Die »Neue Ordnung«

Aus den Unterlagen des Generaloberst Johannes Blaskowitz

3. Am 23. 11. 1939 veranstaltet Polizeioberleutnant Altendorf eine »Juden-Aktion« in Parzew. Seine Truppe (Leute vom Pol. Batl. 102) plündert und zerstört dabei eine größere Anzahl von Geschäften und mißhandelt die Zivilbevölkerung. Es sollten angeblich die Bestände bei den Juden auf Hamsterwaren untersucht werden. Auch ein SS-Führer der Sicherheitspolizei hielt dieses Vorgehen der Polizei für untragbar und erstattete seiner vorgesetzten Dienststelle in Lublin Meldung.

6. In Opole versuchte ein SS-Kommando unter Führung von SS-Obersturmführer Berger und in Begleitung des bewaffneten Volksdeutschen Ullrich von den Juden 100 000 Zloty, angeblich für Arbeitslöhne bei der Anfertigung von Pelzen für die SS, beizutreiben. Die Ortskommandantur war vorher nicht unterrichtet.

7. Am 31. 12. 1939 werden nachts etwa 250 Juden in Tschenstochau bei eisiger Kälte auf die Straße geholt und nach einigen Stunden in eine Schule geführt, wo sie angeblich nach Gold durchsucht wurden. Auch die Frauen mußten sich dabei nackt ausziehen und wurden von den Polizisten auch in den Geschlechtsteilen untersucht.

9. Am 6. 12. 1939 plündern Angehörige des Pol. Batl. 72 in Tschenstochau ein jüdisches Ladengeschäft. Hierbei wurden auch für die Truppe in Arbeit befindliche Ledermengen fortgenommen. Aufgrund der Nachforschungen der Truppe wird die Frau des Inhabers, Frau Barmherzig, als unbequeme Zeugin von der Polizei verhaftet und umgebracht.

12. Am 19. 1. 1940 läßt der Oberleutnant Bock, Führer der 1. Komp. des Pol. Batl. 102, vor seinem Abrücken die jüdische Bevölkerung von Kazimierz, Männer und Frauen, schwerstens mißhandeln, damit, wie er sich selbst ausdrückte, »sie uns im guten Andenken behalten«.

13. Am 22. 1. 1940 werden durch die Polizei auf Befehl des Kreishauptmanns Dr. Ehaus in Rzeszow 30–40 Juden auf dem Marktplatz öffentlich ausgepeitscht.

15. Am 1. 12. 1939 entnahmen 2 Männer in SS-Uniform und 1 Zivilist aus der Wohnung des Juden Chaim Niewiedowicz in Glowno, Mosciesky 18, 1 Damenpelzjacke, 5 Pelzwesten und 2 Felle und fuhren im Kraftwagen (angeblich Nr. 44 208 082) Richtung Lodsch ab. Die Gegenstände waren dem Juden von einer Wehrmachtsdienststelle zur Bearbeitung übergeben, worüber dieser eine Bescheinigung vorgewiesen hat.

27. Am 31. 1. 1940 entnahmen Polizeiassistent Lucht und Kriminal-

Verordnung
vom 14. November 1939

Erhebliche durch die Juden verursachte Mißstände im öffentlichen Leben des Verwaltungsbereichs des Regierungspräsidenten zu Kalisch veranlassen mich, für den Verwaltungsbereich des Regierungspräsidenten zu Kalisch folgendes zu bestimmen:

§ 1

Als besonderes Kennzeichen tragen Juden ohne Rücksicht auf Alter und Geschlecht am rechten Oberarm unmittelbar unter der Achselhöhle eine 10 cm breite Armbinde in judengelber Farbe.

§ 2

Juden dürfen im Verwaltungsbereich des Regierungspräsidenten zu Kalisch in der Zeit von 17—8 Uhr ihre Wohnung ohne meine besondere Genehmigung nicht verlassen.

§ 3

Zuwiderhandlungen gegen diese Verordnung werden mit dem Tode bestraft. Bei Vorliegen mildernder Umstände kann auf Geldstrafe in unbeschränkter Höhe oder Gefängnis, allein oder in Verbindung miteinander, erkannt werden.

§ 4

Diese Verordnung tritt bis auf die Bestimmung in § 1 sofort, § 1 vom 18. November 1939 ab in Kraft.

Lodz, den 14. November 1939.

Der Regierungspräsident zu Kalisch
Uebelhoer

angestellter Hospodarsch von der Kommandantur der Sipo und des SD in Radom (beide in SS-Uniform) Lebensmittel und Gewürze verschiedener Art größtenteils ohne Bezahlung aus 6 jüdischen Geschäften in Kozienice. Sie entwendeten dabei 2 Ringe. Ihr Kraftwagen hatte vollkommen verdeckte Kennzeichen. Sie gaben an, für die Verpflegung ihrer Dienststelle sorgen zu müssen.

28. Der jüdische Gerber Elias Rappaport aus Zarki, der im Auftrag der Oberfeldkommandantur Tschenstochau Leder zu liefern hat, wird von einem Polizeibeamten angehalten, in der Unterkunft der 1. Komp. Pol.-Batl. 72 in Tschenstochau durchsucht und mißhandelt und ihm sein gesamtes Geld in Höhe von 1102 Zloty abgenommen. Er war nach Tschenstochau gekommen, um Gerbstoffe einzukaufen. Durch das energische Eingreifen des *neuen* Kommandeurs des Pol. Batl. und des *neuen* Führers der genannten Kompanie wurde das geraubte Geld sichergestellt und der Oberfeldkommandantur abgegeben.

31. Kurz vor Weihnachten sollten 1600 Juden aus Nasielek ausgewiesen werden. Die Polizei sperrte alle in die Synagoge und verprügelte sie dort mit Hundepeitschen. Einige wurden neben der Synagoge gleich erschossen. Als man den großen Teil am nächsten Morgen zum Bahnhof brachte, wurden sie mit Peitschenhieben durch eine besondere Schmutzstelle getrieben, welche als »Rotes Meer« bezeichnet wurde.

24 heimlich später zurückgekehrte Juden erhielten zusammen täglich 5 Brote als Verpflegung und wurden in einen eiskalten Raum gesperrt, dessen Fenster mit Brettern zugenagelt wurden. Die Polizei nahm ihnen die Mäntel ab und schloß sie bei 9 Grad Kälte ein. Das Schreien und Heulen der frierenden Juden einschließlich der Frauen wäre straßenweit zu hören gewesen. Der Kommandeur der in Nasielek liegenden Truppen erreichte erst beim zuständigen Landrat und Kreisleiter Gäblich die Abbeförderung der Juden. Die Angelegenheit wurde dem zuständigen Gauleiter mitgeteilt.

33. Am 18. 2. 1940 holen 2 Wachtmeister der 3./Batt. 182 in Petrikau mit vorgehaltener Pistole die 18jährige Jüdin Machmanowic und die 17jährige Jüdin Santowska aus ihrer elterlichen Wohnung ab, führen sie zum polnischen Friedhof und vergewaltigen die eine davon. Der anderen, die gerade ihre Periode hatte, sagten sie, daß sie in einigen Tagen wiederkommen würden und versprachen ihr 5 Zloty.

Zwei Jahre im Warschauer Ghetto
Mary Berg

12. Juli 1940

Letzte Woche wurden in Warschau Volksküchen eröffnet. Eine ist ganz in unserer Nähe, Sienna-Straße 16. Eine Mahlzeit in diesen Küchen besteht aus Kartoffel- oder Kohlsuppe und einer winzigen Portion Gemüse. Zweimal in der Woche bekommt man ein kleines Stück Fleisch für einen Zloty und zwanzig Groszy.

Es gibt jetzt eine große Zahl illegaler Schulen, und ihre Zahl vermehrt sich mit jedem Tag. Die Schüler lernen in Dachstuben und Kellern. Auf den Lehrplänen stehen alle Fächer, sogar Latein und Griechisch. Zwei dieser Schulen wurden im Juni von den Deutschen entdeckt. Wie wir später erfuhren, sind die Lehrer auf der Stelle erschossen und die Schüler in ein Konzentrationslager in der Nähe von Lublin verschleppt worden.

Auch unser Lodzer Gymnasium hat mit dem Unterricht begonnen. Die meisten der Lehrer sind hier in Warschau. Zweimal in der Woche wird der Unterricht in unserer Wohnung abgehalten, die verhältnismäßig sicher ist, weil meine Mutter die amerikanische Staatsbürgerschaft besitzt. Wir lernen alle planmäßigen Fächer und machen sogar chemische und physikalische Versuche, bei denen Gläser und Töpfe aus unserer Küche die Retorten und Reagenzgläser ersetzen müssen. Besonderer Wert wird auf Fremdsprachen gelegt, vor allem Englisch und Hebräisch. Wir diskutieren leidenschaftlich über polnische Literatur. Unsere Lehrer versuchen zu beweisen, daß die großen polnischen Dichter Mickiewicz, Slowacki und Wyspianski das jetzige Unheil vorausgesagt haben.

Die Lehrer sind mit ganzem Herzen bei ihrer Aufgabe, und die Schüler lernen mit vorbildlichem Fleiß. Die Tatsache, daß unsere Schule illegal ist, und die Gefahr, in der wir ständig schweben, erfüllt uns alle mit einem seltsamen Ernst. Der alte Abstand zwischen Lehrern und Schülern ist verschwunden. Wir fühlen uns wie Waffenbrüder, die füreinander verantwortlich sind.

Es ist schwierig, die Lehrbücher zu beschaffen; ihr Verkauf ist offiziell verboten worden. Wir machen Notizen von den Vorträgen unserer Lehrer und repetieren sie. Trotz dieser außerordentlichen Schwierigkeiten hat unser Gymnasium sogar Reifezeugnisse ausgegeben. Die Examen und die Abschlußfeier fanden in der Wohnung unseres Direktors, Dr. Michael Brandstetter, statt. Es war Nachmittag, alle Vorhänge waren zugezogen, und einige Schüler standen vor dem Haus Wache. Die Kandidaten wurden einzeln geprüft. Die

Lehrer saßen dabei um einen runden, mit grünem Tuch bespannten Tisch. Alle bestanden die Prüfung. Die Diplome wurden nicht wie in alten Tagen vom Erziehungsministerium ausgestellt, sondern vom Vorstand unseres illegalen Gymnasiums. Sie waren auf normalem Papier getippt und trugen die Unterschrift aller Lehrer. Mit Tränen in den Augen hielt der Direktor die übliche Ansprache an die Abiturienten, die – wie alle jungen Polen und besonders die jüdische Jugend – die Schule ohne irgendeine Aussicht für die Zukunft verlassen, außer der, Sklaven in einem Nazi-Arbeitslager zu werden.

15. November 1940

Heute wurde das jüdische Ghetto offiziell eingerichtet. Es ist den Juden verboten, sich außerhalb seiner Grenzen zu bewegen, die von bestimmten Straßen gebildet werden. Es herrscht große Aufregung. Die Menschen eilen nervös in den Straßen hin und her und geben flüsternd Gerüchte weiter, eines phantastischer als das andere.

Die Arbeit an den Mauern, die fast drei Meter hoch werden sollen, hat schon begonnen. Von Nazi-Soldaten bewacht, schichten jüdische Maurer Ziegel auf Ziegel. Wenn einer nicht schnell genug arbeitet, wird er von den Aufsehern geschlagen. Ich muß an unsere Sklaverei in Ägypten denken, wie sie in der Bibel beschrieben ist. Aber wo ist der Moses, der uns aus dieser neuen Knechtschaft führen wird?

Am Ende der Straßen, die noch nicht völlig für den Verkehr gesperrt sind, stehen deutsche Wachen. Deutsche und Polen dürfen das abgesperrte Viertel betreten, aber keine Pakete bei sich tragen. Das Gespenst des Hungertodes steht uns allen vor Augen.

20. November 1940

Die Straßen sind leer. In jedem Haus finden Zusammenkünfte statt. Die Spannung ist fast unerträglich. Einige verlangen, daß wir protestieren sollen. Das ist die Stimme der Jungen, die Älteren halten das für eine gefährliche Idee. Wir sind von der Welt abgeschnitten. Es gibt keine Radios, kein Telefon, keine Zeitungen. Nur die Krankenhäuser und die polnischen Polizeistationen im Ghetto dürfen Telefon haben.

Den Juden, die bisher in den »arischen« Stadtteilen wohnten, war mitgeteilt worden, daß sie bis zum 12. November ausziehen müßten. Viele haben bis zum letzten Augenblick gewartet, weil sie hofften, daß die Deutschen durch Proteste oder Bestechung dazu gebracht werden könnten, den Befehl zur Einrichtung des Ghettos zu widerrufen. Aber diese Hoffnung erfüllte sich nicht, und viele unserer Leute mußten ihre schön möblierten Wohnungen von einer Minute zur anderen verlassen. Nur mit ein paar Bündeln in der Hand kamen sie im Ghetto an.

4. Januar 1941

Das Ghetto liegt in tiefem Schnee. Es ist schrecklich kalt, und keine Wohnung ist geheizt. Wo ich auch hingehe, finde ich die Menschen in Decken gehüllt oder unter Federbetten zusammengekauert, soweit diese warmen Sachen nicht schon von den Deutschen für ihre Soldaten beschlagnahmt worden sind. Die bittere Kälte macht die deutschen Posten, die an den Ghettotoren Wache stehen, noch grausamer als sonst. Wenn sie durch den tiefen Schnee auf und ab stapfen, schießen sie von Zeit zu Zeit. Nur so, um sich aufzuwärmen; viele Passanten werden ihre Opfer. Andere Wachen, die sich während ihres Dienstes langweilen, organisieren sich eine besondere Unterhaltung. Sie wählen sich zum Beispiel ein Opfer unter den zufällig Vorübergehenden und befehlen ihm, sich mit dem Gesicht in den Schnee zu werfen. Wenn er einen Bart trägt, reißen sie ihn aus, bis der Schnee sich vom Blut rot färbt. Falls so ein Nazi schlechter Laune ist, kann auch der jüdische Polizist, der mit ihm Wache steht, das Opfer sein.

Gestern beobachtete ich, wie ein deutscher Gendarm einen jüdischen Polizisten auf der Chlodna-Straße, in der Nähe des Durchgangs vom großen zum kleinen Ghetto, »exerzieren« ließ. Der junge Mann war zum Schluß völlig außer Atem, aber der Nazi zwang ihn weiter auf und nieder, bis er in einer Blutlache zusammenbrach. Jemand rief nach einem Krankenwagen, und der jüdische Polizist wurde auf eine Bahre gelegt und mit einem Handwagen fortgebracht. Im ganzen Ghetto gibt es nur drei Krankenwagen, deswegen werden meistens Handwagen benutzt. Wir nennen sie Rikschas.

10. Januar 1941

In der vergangenen Nacht durchlebten wir mehrere Stunden tödlicher Angst. Gegen elf Uhr nachts drangen deutsche Gendarmen in das Zimmer ein, in dem unser Haus-Komitee tagte, tasteten die Männer ab und beschlagnahmten alles Geld, das sie fanden. Dann befahlen sie den Frauen, sich auszuziehen, in der Hoffnung, verborgene Diamanten zu finden. Unsere Untermieterin Frau R., die zufällig im Zimmer war, protestierte mutig und erklärte, sie würde sich nicht in Gegenwart von Männern ausziehen. Dafür erhielt sie einen heftigen Schlag ins Gesicht und wurde noch brutaler abgesucht als die anderen. Die Frauen mußten ungefähr zwei Stunden nackt bleiben, während die Nazis Revolver gegen ihre Brüste und ihren Unterleib richteten und drohten, alle zu erschießen, wenn sie nicht Dollars oder Diamanten herausgäben. Endlich, gegen zwei Uhr morgens, gingen sie mit einer spärlichen Beute von ein paar Uhren, armseligen Ringen und einem kleinen Betrag polnischer Zlotys. Sie hatten weder Diamanten noch Dollars gefunden. Die Einwohner des Ghettos erwarten jede Nacht solche Überfälle, aber die Sitzungen der Haus-Komitees werden trotzdem weitergeführt.

5. Februar 1941

Durch das Schaufenster eines Ladens kann ich die Menschen beobachten. Der Anblick ist mir schon vertraut: ein armer Mann kommt herein, kauft ein viertel Pfund Brot und geht wieder hinaus. Kaum auf der Straße, bricht er gierig ein Stück von der klebrigen Masse ab und steckt es in den Mund. Ein Ausdruck der Zufriedenheit breitet sich auf seinem Gesicht aus, und im Umsehen ist das ganze Stück Brot verschwunden. Jetzt zeigt sein Gesicht Enttäuschung. Er wühlt in seinen Taschen und zieht seine letzten Kupfermünzen heraus – zu wenig, um irgend etwas zu kaufen. Er kann sich nur noch in den Schnee legen und auf den Tod warten. Oder soll er zur Gemeindeverwaltung gehen? Es hat keinen Zweck. Dort sind schon Hunderte wie er. Die Frau hinter dem Schreibtisch, die sie empfängt und ihre Geschichte anhört, hat Mitgefühl; sie lächelt höflich und sagt ihnen, sie sollten in einer Woche wiederkommen. Jeder muß abwarten, bis er an die Reihe kommt. Aber nur wenige werden die Woche überleben. Der Hunger wird sie zerstören, und eines Morgens wird wieder ein alter Mann mehr im Schnee gefunden werden, mit blauem Gesicht und geballten Fäusten.

Was sind die letzten Gedanken dieser Menschen, was läßt sie ihre Fäuste so fest ballen? Sicherlich fiel ihr letzter Blick in das Schaufenster gegenüber der Straßenseite, auf der sie sich zum Sterben niedergelegt haben. In diesem Schaufenster sehen sie weißes Brot, Käse und sogar Kuchen, und während sie in ihren letzten Schlaf fallen, träumen sie noch, daß sie in einen Laib Brot beißen.

Jeden Tag werden mehr solcher »Träumer ohne Brot« in den Straßen des Ghettos gefunden. Ihre Augen sind von einem Nebel verschleiert, der zu einer andern Welt gehört. Gewöhnlich sitzen sie gegenüber den Schaufenstern von Lebensmittelgeschäften, aber sie sehen das Brot nicht mehr, das hinter dem Glas liegt, wie in einem fernen, unzugänglichen Paradies.

Wenn ich all dies gründlich gesehen habe und mein Herz sich vor Trauer zusammenzieht, kehre ich in mein warmes Zimmer zurück. Ich habe Hunger. Mein einziger Wunsch ist jetzt, mich satt zu essen.

15. Februar 1941
Die Straßen des Ghettos sind eine nach der andern abgeriegelt worden. Jetzt werden nur noch Polen zu dieser Arbeit herangezogen. Die Nazis trauen den jüdischen Maurern nicht mehr, die absichtlich an vielen Stellen die Ziegel lose ließen, um nachts durch die Löcher Nahrung einzuschmuggeln oder auf die »andere Seite« entkommen zu können.

Jetzt werden die Mauern höher und höher, und es gibt keine losen Ziegel mehr. Oben sind Glasscherben in einer dicken Mörtelschicht eingelassen, damit jene, die zu flüchten versuchen, sich die Hände zerschneiden.

Aber die Juden finden immer noch Wege. Die Abwässerkanäle sind noch nicht blockiert, und durch die Öffnungen werden kleine Säcke mit Mehl, Zucker, Getreide und anderen Artikeln hereingebracht. In dunklen Nächten werden auch durch Löcher in den Mauern Lebensmittel geschmuggelt. Es genügt, einen Ziegel zu lockern. Besondere Päckchen werden gemacht, die durch diese Löcher geschoben werden können.

28. Februar 1941
Die Brotknappheit wird immer schlimmer. Auf die Lebensmittelkarten gibt es sehr wenig, und auf dem Schwarzen Markt kostet ein Pfund Brot jetzt zehn Zloty. Das Brot ist schwarz und schmeckt nach Sägespänen. Weißes Brot kostet sogar 15 bis 17 Zloty. Auf der »arischen« Seite sind die Preise viel niedriger.

12. Juni 1941
Die Bevölkerung des Ghettos wächst ständig. Der Strom der Flüchtlinge nimmt nicht ab. Es sind Juden aus der Provinz, denen all ihr Eigentum geraubt worden ist. Bei ihrer Ankunft spielt sich immer die gleiche Szene ab. Der Wächter am Tor prüft die Personalien des Flüchtlings, und wenn er feststellt, daß es ein Jude ist, versetzt er ihm einen Stoß mit dem Gewehrkolben zum Zeichen, daß der Flüchtling unser Paradies betreten darf.

Diese Menschen sind zerlumpt und barfuß. Ihre Augen haben den tragischen Ausdruck von Verhungernden. Es sind in der Mehrzahl Frauen und Kinder. Sie werden von der Gemeinde betreut, die sie in sogenannten Heimen unterbringt, wo sie früher oder später sterben.

Ich habe ein solches Flüchtlingsheim besucht. Es ist ein ödes Gebäude. Die Zimmerwände sind abgerissen worden, um große Säle zu schaffen. Es gibt keine sanitären Einrichtungen, die Kanalisation ist zerstört. An den Wänden stehen mit Lumpen bedeckte hölzerne Pritschen. Hier und dort liegt ein schmutziges Federbett. Auf dem Fußboden sah ich halbnackte, ungewaschene Kinder apathisch daliegen. In einer Ecke saß ein entzückendes kleines Mädchen, vier oder fünf Jahre alt, und weinte. Ich konnte nicht anders, ich mußte ihr zerzaustes blondes Haar streicheln. Das Kind sah mich mit seinen großen blauen Augen an und sagte: »Ich habe Hunger.« Ich wurde von einem Gefühl tiefer Scham erfüllt. Ich hatte an dem Tag gegessen, aber ich besaß kein Stück Brot, das ich dem Kind hätte geben können. Ich wagte nicht, ihm in die Augen zu schauen, und ging fort.

Die Sterblichkeit nimmt zu. Allein der Hunger fordert vierzig bis fünfzig Opfer am Tag. Aber es sind Hunderte neuer Flüchtlinge da, die ihre Plätze einnehmen. Die Gemeinde ist hilflos. Alle Unterkünfte sind überfüllt, und die hygienischen Zustände könnten nicht schlechter sein. Seife gibt es nicht. Was wir auf unsere Karten als Seife bekommen, ist eine klebrige Masse, die zerfällt, sobald sie mit Wasser zusammenkommt. Sie macht schmutzig statt sauber.

Eine der Plagen des Ghettos sind die Bettler, die sich ständig vermehren. Es sind Flüchtlinge, die hier weder Freunde noch Verwandte haben und die selbst in den schrecklichen »Heimen« der Gemeinde keinen Platz mehr gefunden haben. In den ersten Tagen nach ihrer Ankunft suchen sie Arbeit. Nachts schlafen sie in den Hauseingängen, das heißt praktisch auf der Straße. Wenn sie erschöpft sind und ihre geschwollenen Füße sie nicht weiter tragen, setzen sie sich auf den Rand des Bürgersteiges oder an eine Mauer. Sie machen die Augen zu und strecken schüchtern, zum erstenmal bettelnd, ihre Hand aus. Nach ein paar Tagen bitten sie mit offenen Augen um Mildtätigkeit. Und wenn der Hunger sie noch heftiger quält, beginnen sie zu schreien. So entsteht der Typ des sogenannten »wütenden Bettlers« ... Vielleicht wirft ihm irgend jemand zwanzig Groszy oder sogar einen halben Zloty hin, aber für eine so kleine Summe kann er sich nichts kaufen.

Als ich heute in den Hof ging, sah ich einen großen, gut angezogenen jungen Mann in der Nähe des Müllkübels. Er war einer von jenen, die vor dem Krieg in Polen Geisteswissenschaften studierten, ohne sich um das tägliche Brot sorgen zu müssen. Als hätte er gemerkt, daß er beobachtet wurde, drehte er sich plötzlich um, und da sah ich, daß sein Mantel vorne völlig zerrissen war. Durch sein offenes Hemd sah ich seine magere Brust. Er bückte sich, um die Papiertüte aufzuheben, die neben ihm lag, und rannte schnell davon. Der junge Mann hatte im Müll nach etwas Eßbarem gewühlt. Ich hatte ihn überrascht, und so lief er beschämt fort.

Horden von Kindern kriechen zwischen den Beinen der Ghettoeinwohner herum und bitten um ein Stück Brot. Es ist wahr, nicht alle Kinder betteln. Viele verdienen sich ihren Lebensunterhalt oft viel leichter als die Erwachsenen. Ganze Banden kleiner Jungen und Mädchen zwischen fünf und zehn Jahren haben sich organisiert. Die Kleinsten und Dünnsten unter ihnen wickeln Säcke um ihre winzigen, ausgemergelten Körper. Dann schlüpfen sie in den Straßen, die nur mit Stacheldraht abgezäunt sind, hinüber auf die »arische« Seite. Die größeren Kinder ziehen den Draht auseinander und stoßen die kleineren hindurch. Die anderen halten nach deutschen Wächtern oder polnischen Polizisten Ausschau.

Einige Stunden später kommen die Kleinen zurück, mit Kartoffeln und Mehl beladen. Gewöhnlich gehen sie in die Vororte, wo Lebensmittel billiger sind als im Stadtzentrum. Oft geben die Bauern ihnen Kartoffeln umsonst – ihr schreckliches Aussehen erweckt Mitleid. Außer Kartoffeln bringen sie oft dunkles Bauernbrot mit. Mit einem glücklichen Lächeln auf ihren schmalen grünen Gesichtern schlüpfen sie ins Ghetto zurück. Auf dieser Seite des Stacheldrahts warten ihre älteren Partner. Oft stehen sie dort stundenlang und warten, bis der Posten einmal damit beschäftigt ist, den Paß eines Ausländers oder eines Polen, der das Ghetto besucht, zu kontrollieren. Das ist der Augenblick, in dem sie ihre Eßwaren einschmuggeln können. Manchmal bemerkt der Deutsche sie nicht. Manchmal bemerkt er sie, aber er tut so, als ob er sie nicht sähe. Das kommt seltener vor, aber es gibt Deutsche, besonders unter den Älteren, die vielleicht eigene Kinder zu Hause haben und deshalb einen Funken Mitleid für diese Kerlchen zeigen, die wie wandelnde kleine Skelette aussehen. Aber die meisten der deutschen Posten feuern kaltblütig auf die rennenden Kinder, und die jüdischen Polizisten müssen die blutenden Opfer aufheben, die wie verwundete Vögel niederfallen, und sie auf vorüberfahrende Rikschas werfen. Kehren die Kinder jedoch mit ihrer Beute heil und gesund zu ihren verhungernden Eltern zurück, herrscht grenzenlose Freude in der Familie. Die mehligen Kartoffeln und das dunkle Brot schmecken wundervoll. Am nächsten Morgen versuchen die kleinen Schmuggler wieder, die Ghettogrenze an der Ecke Sienna- und Zelazna-Straße zu überqueren; vielleicht wird derselbe Wächter da sein, der sie schon einmal hat durchkommen lassen.

26. Juni 1941

Ich schreibe diese Zeilen im Luftschutzkeller unseres Hauses. Ich habe Nachtwache – ich bin Mitglied des Luftschutzes. Die Russen bombardieren Warschau immer häufiger. Unser Haus liegt in einer gefährlichen Gegend, in der Nähe des Hauptbahnhofes. Es ist jetzt elf Uhr. Ich sitze neben einer kleinen Karbidlampe. Zum erstenmal seit Ausbruch der Feindseligkeiten zwischen Deutschland und Rußland komme ich zum Schreiben. Es war eine große Überraschung: Krieg zwischen Deutschland und Rußland! Wer hätte gehofft, daß er so bald kommen würde.

29. Juli 1941

Die Typhusepidemie wütet im Ghetto. Allein gestern sind mehr als zweihundert Menschen der Krankheit erlegen. Die Ärzte heben nur noch verzweifelt die Hände. Es gibt keine Arzneien, und die Hospitäler sind überfüllt. Ständig werden in den Krankensälen und den Korridoren neue Betten aufgestellt, aber das löst das Problem nicht, und die Zahl der Todesopfer steigt von Tag zu Tag.

Das Krankenhaus Ecke Leszno- und Rymarska-Straße hat im Fenster seines Büros ein Schild: »Keine Betten frei.« Das Berson-Kinderkrankenhaus in der Sienna-Straße ist mit Kindern jeden Alters überfüllt, alle typhuskrank. Das Krankenhaus Ecke Leszno- und Zelazna-Straße hat seine Türen geschlossen; es ist für keinen einzigen Patienten mehr Platz.

Vor einigen Tagen sah ich in der Leszno-Straße einen Vater, der seinen schon fast erwachsenen Sohn in den Armen trug. Beide waren in Lumpen gehüllt. Das Gesicht des kranken Jungen war feuerrot, und er tobte im Delirium. Zögernd blieb der Vater vor dem Eingang des Krankenhauses stehen. Er stand dort eine Zeitlang und überlegte anscheinend, was er tun sollte. Schließlich legte der Unglückliche seinen Sohn auf den Stufen vor dem Empfangsbüro nieder und zog sich mehrere Schritte zurück. Der erschöpfte Junge wand sich in Krämpfen am Boden und stöhnte laut. Plötzlich kam eine Krankenschwester im weißen Kittel heran und beschimpfte den vergrämten Vater, der mit hängendem Kopf dastand und bitterlich weinte. Nach einiger Zeit bemerkte ich, daß der kranke Junge aufgehört hatte zu zucken, als wäre er eingeschlafen. Seine Augen waren geschlossen, und auf seinem Gesicht lag ein Ausdruck stiller Zufriedenheit.

Einige Augenblicke später warf der weinende Vater einen Blick auf seinen Sohn. Herzzerreißend schluchzend, beugte er sich über sein Kind und sah lange auf dessen Gesicht, als suche er darin noch eine Spur von Leben. Aber es war vorbei. Schon bald erschien ein kleiner schwarzer Wagen, eine kostenlose Einrichtung der Gemeinde, und der noch warme Körper des Jungen wurde zu den anderen Toten gelegt, die in den benachbarten Straßen aufgelesen worden waren. Eine Zeitlang starrte der Vater dem sich entfernenden Wagen nach. Dann verschwand er.

Täglich werden Kranke vor den Hospitälern ausgesetzt. Mütter, die es nicht mehr ertragen können, ihre Kinder ohne ärztliche Hilfe leiden zu sehen, hoffen, daß es ihnen auf diese Art gelingt, sie in einem Krankenhaus unterzubringen.

31. Juli 1941

Vom Fenster der neuen Wohnung, die wir als Hauswartsfamilie erhalten haben, beobachte ich die Straße. Das Fenster geht auf den Teil der Sienna-Straße, der in der Nähe der Sosnowa liegt und immer sehr belebt ist. An der Ecke ist ein Zeitungsstand.

Direkt daneben verkauft eine ältere Frau an einem kleinen Tisch Armbinden verschiedener Qualität. Sie kosten zwischen fünfzig Groszy und zwei Zloty. Die billigsten sind aus Papier mit einem aufgedruckten Davidstern; die teuersten sind aus Leinen, mit einem gestickten Davidstern und Gummibändern. Im Ghetto herrscht große Nachfrage nach diesen Armbinden, denn die Deutschen sind in dieser Beziehung sehr »empfindlich«. Wenn sie einen Juden mit einer zerknitterten oder schmutzigen Armbinde sehen, schlagen sie gleich auf ihn ein.

Die Straßen an der Grzybowska sind voll von Verhungernden, die auf dem Gemeindebüro um Hilfe bitten wollen. Man sieht eine große Zahl fast nackter Kinder, deren Eltern gestorben sind und die in Lumpen auf den Straßen herumsitzen. Ihre Körper sind schrecklich ausgezehrt, durch ihre pergamentartige, gelbe Haut kann man die Knochen sehen. Das ist das erste Stadium von Skorbut. Im letzten Stadium dieser furchtbaren Krankheit sind dieselben kleinen Körper aufgebläht und mit schwärenden Wunden bedeckt. Manche dieser Kinder haben ihre Zehen verloren; sie humpeln umher und stöhnen. Sie sehen nicht mehr wie menschliche Wesen aus, sie sind Affen ähnlicher als Kindern. Sie betteln nicht mehr um Brot, sondern um den Tod ...

Die Komitee-Straße, in der Nähe der Grzybowska, ist ein lebender Friedhof von skorbutverzehrten Kindern. Die Einwohner dieser Straßen leben in großen höhlenartigen Kellern, in die niemals ein Sonnenstrahl dringt. Durch die kleinen, schmutzigen Fenster kann man die ausgezehrten Gesichter und aufgelösten Haare der älteren Leute sehen, die nicht einmal mehr die Kraft haben, sich von ihren Pritschen zu erheben. Mit sterbenden Augen starren sie auf die tausend und abertausend Füße, die draußen vorbeigehen. Manchmal streckt sich eine knochige Hand aus einem der kleinen Kellerfenster und bettelt um ein Stück Brot.

Die Szenen auf der Grzybowska sind nicht weniger traurig. Alle paar Meter sind Öfen aus Eisen oder Ziegelsteinen aufgestellt, auf denen große Töpfe kochenden Wassers stehen. In der Nähe liegen dünne Brotscheiben auf kleinen Tischen oder Bänken. Hier kann man für vierzig Groszy ein Glas heißes Wasser mit Sacharin und eine Scheibe Brot bekommen. Zahllose Menschen bewegen sich hier in einem unvorstellbaren Gedränge. Da verkauft eine Frau Gelee aus Pferdeknochen für zehn Groszy die Portion; daneben ein Bonbon-Verkäufer, und ein Stückchen weiter bietet eine Frau Fisch-Kuchen feil, die aus den winzigen Fischen gemacht werden, die man im Ghetto »Stinker« nennt. Ein Fisch-Kuchen kostet dreißig Groszy, mit einer Scheibe Brot fünfzig Groszy. Auch sie werden von vielen gekauft.

Die Grzybowska ist immer mit Horden von Bettlern bevölkert, denn hier befindet sich die größte der von der Gemeinde unterhaltenen Suppenküchen. Die Straße ist ein schrecklicher Nährboden für Typhusbazillen. In jedem Haus sind mehrere Typhuskranke.

10. September 1941

Es war ein heißer Tag. Wir verließen das Haus gegen vier Uhr nachmittags. Auf den Gesichtern der Menschen, die durch die Straßen eilten, lag ein Ausdruck ungewöhnlicher Angst. Man konnte die Spannung auf Schritt und Tritt spüren. Als wir den Durchgang Ecke Leszno- und Zelazna-Straße erreichten, sahen wir weit und breit keinen Menschen mehr. Ich bat Harry, mich wieder nach Hause zu bringen, aber es war zu spät, denn im selben Augenblick beobachteten wir, wie ein deutscher Posten am Durchgang sein Gewehr auf uns anlegte. In mir starb alles ab; ich fühlte, daß meine letzte Stunde gekommen war. Meine Beine gaben nach. Die Jungens faßten mich unter die Arme und liefen tapfer über die Straße. Ich hatte ein stechendes Gefühl in den Schultern, als ob mich eine Kugel getroffen hätte. Auf der heißen Straße war Totenstille. Plötzlich ertönte ein trockener Knall, und eine Kugel flog über die Fahrbahn. Zum Glück hatten wir das gefährlichste Stück schon überquert. Harry und Bolek waren totenblaß. Ich war ganz grün im Gesicht, als ich Romeks Wohnung betrat. Ich war erschüttert und konnte mich nicht beruhigen.

Ein paar Minuten später stürzte Romeks Schwester ins Zimmer und erzählte, noch ganz außer Atem, von den Schießereien in den Straßen. Romek blieb still. In seinen Augen las ich tiefe Verzweiflung. Später brachte er mich nach Hause. Als wir an den Durchgang Leszno – Zelazna kamen, stand dort ein SS-Mann, der mit einem Stock jedem Vorübergehenden über den Kopf schlug. Alle Fußgänger mußten hier Spießruten laufen, denn es gibt keinen anderen Weg von der Leszno-Straße zum Kleinen Ghetto.

Aber es gelang uns, in der Menge, die sich durch die Passage schob, unterzutauchen und so den Schlägen glücklich zu entgehen. Alle Männer müssen beim Passieren des Tores ihre Hüte abnehmen, um die Deutschen zu grüßen. Der SS-Mann nahm die Gelegenheit wahr und schlug sie auf den bloßen Kopf. Viele kamen auf der anderen Seite mit blutüberströmtem Gesicht an.

Wann wird diese Hölle enden?

23. September 1941

Ach, unsere Befürchtungen vor den Feiertagen waren nur zu berechtigt. Gestern, am Vorabend zum jüdischen Neujahr, riefen die Deutschen den Gemeindevorstand mit Ingenieur Czerniakow an der Spitze zu sich und forderten von ihm die sofortige Auslieferung von fünftausend Mann für die Arbeitslager. Der Vorstand weigerte sich, diesen Befehl zu befolgen. Daraufhin brachen die Deutschen ins Ghetto ein und organisierten einen richtigen Pogrom. Die Menschenjagd dauerte den ganzen gestrigen Tag bis heute morgen an. Von allen Seiten hörte man Schüsse.

Ich war zufällig auf der Straße, als die Jagd begann. Ich konnte gerade noch in einen Hauseingang flüchten, in dem sich schon viele Menschen drängten, und wartete dort zwei Stunden. Um viertel neun entschloß ich mich, nach Hause zu gehen, denn man braucht eine halbe Stunde von der Leszno-Straße zur Sienna-Straße. Um neun ist Polizeistunde, und danach darf niemand mehr auf der Straße sein.

An der Ecke Leszno- und Zelazna-Straße vor dem Arbeitsamt stand eine riesige Menschenmenge, militärisch in Reihen aufgestellt. Die meisten waren junge Männer zwischen achtzehn und fünfundzwanzig Jahren. Die jüdischen Polizisten mußten darauf achten, daß keiner weglief. Die jungen Männer standen mit gesenkten Köpfen, als ob sie zur Schlachtbank geführt würden. Tatsächlich haben sie kaum andere Aussichten, als abgeschlachtet zu werden. Die Tausende, die bisher in die Arbeitslager geschickt wurden, sind spurlos verschwunden.

Ich sah viele Bekannte unter den Unglücklichen und war froh, daß Romek mich an diesem Abend nicht nach Hause gebracht hatte. Plötzlich öffnete sich die Tür eines Papiergeschäfts, vor dem ich wie versteinert stand und die Kolonne der Verdammten anstarrte. Eine Hand legte sich auf meine Schulter, es war ein jüdischer Polizist, der mich rasch hineinzog.

Einen Augenblick später fiel an der Stelle, wo ich gestanden hatte, ein Mann von einer Kugel getroffen zu Boden. Ein Aufschrei ging durch die Menge wie ein elektrischer Schlag und drang durch die geschlossene Ladentür. Der Mann stöhnte eine Weile, aber bald wurde er auf einem Handwagen fortgeschafft. Der Hausmeister ging sofort daran, das noch warme Blut vom Bürgersteig zu waschen.

Zitternd schaute ich auf meine Uhr. Die Sperrstunde, die Stunde des sicheren Todes auf den Ghettostraßen, kam heran. Instinktiv machte ich eine Bewegung zur Tür, aber der Polizist wollte mich nicht gehen lassen. Als ich ihm sagte, wie weit ich wohnte und daß es mir gleichgültig sei, ob ich heute oder morgen erschossen würde, versprach er, mich nach Hause zu bringen.

Ich verließ den Laden zusammen mit einigen anderen, die auch nach Hause wollten. Es war fünf Minuten vor neun. Der Polizist begleitete mich bis zu unserer Haustür. Als ich unsere Wohnung betrat, war es halb zehn. Meine Eltern hatten fast die Hoffnung aufgegeben, daß ich noch am Leben wäre und überschütteten mich mit Fragen. Aber ich war nicht fähig, ihnen zu antworten und fiel sofort auf mein Bett. Selbst jetzt, während ich diese Zeilen schreibe, bin ich noch völlig aufgewühlt. Ich sehe die vielen tausend jungen Juden wie Schafe vor der Schlachtbank stehen. So viele Söhne, Brüder und Männer wurden von ihren Liebsten fortgerissen, die sie wahrscheinlich nie wiedersehen werden und von denen sie nicht einmal Abschied nehmen dürfen.

In einigen Monaten werden die Mütter, Frauen und Schwestern dieser Männer durch eine amtliche Postkarte benachrichtigt werden, daß Nummer soundso gestorben ist. Es ist unverständlich, daß wir die Kraft haben, das alles zu ertragen ...

25. September 1941

Die Seuche fordert mehr und mehr Opfer. Die Sterblichkeit ist jetzt auf fünfhundert am Tag angestiegen. Jede Wohnung, in der jemand an Typhus erkrankt, wird desinfiziert. Wenn einer stirbt, wird sein Zimmer oder seine Wohnung mit Desinfektionsmitteln überschwemmt. Die Gesundheitsabteilung der Gemeinde tut alles, was in ihrer Macht steht, um die Epidemie zu bekämpfen. Aber der Mangel an Arzneien und an Hospitalräumen sind die Hauptursachen für die hohe Sterblichkeit, und die Nazis erschweren die Organisation ärztlicher Hilfe immer mehr.

1. Oktober 1941

Die Nazis halten sich streng an den jüdischen Kalender. Gestern vor Sonnenuntergang, zur Stunde der Gebete, die den Bußtags-Gottesdienst einleiten, wurden große weiße Plakate angeschlagen. Sie verkündeten die traurige Nachricht, daß die Einwohner der rechten Seite der Sienna-Straße, eines Teiles der Gesia- und Muranowska-Straße und einer Anzahl Häuser in der Nähe der Ghettogrenzen bis zum 6. Oktober ihre Wohnung räumen müssen.

Den ganzen Tag regnete es ohne Unterbrechung, als ob der Himmel die Trauer unseres Volkes unterstreichen wollte. Mein Vater blieb bis gegen Abend im Keller und betete zu Gott, während meine Mutter nach einer neuen Wohnung suchte. Bisher hat sie nichts gefunden.

3. Oktober 1941

Viele Mieter aus unserm Haus sind schon ausgezogen, aber wir haben noch immer keine Wohnung gefunden. In der Smocza-Straße zeigte man uns ein Zimmer, in dem noch die Leiche eines Mannes lag, der in der Nacht zuvor an Typhus gestorben war. Die Wirtin sagte uns, das Zimmer wäre frei, sobald die Leiche fortgebracht wäre.

Wir gingen schnell davon und gaben es an jenem Tag auf, weiter zu suchen. Während ich diese Zeilen schreibe, sind meine Eltern auf Wohnungssuche unterwegs. Ich habe alle meine Freunde, Jungen und Mädchen, mobilisiert, um uns zu helfen. Es ist ein Glück, daß sie nicht auch für sich selbst eine neue Wohnung suchen müssen.

6. Oktober 1941

Gestern waren wir völlig verzweifelt. Der Karren mit unseren Möbeln war fertig gepackt. Wir wollten schon in das Zimmer meiner Schulkameradin Zosia Zakheim in der Panska-Straße 24 ziehen, um zunächst ein Dach über dem Kopf zu haben. Plötzlich kam meine Freundin Ola Szmuszkiewicz angerannt, mit der Nachricht, daß sie in einer großen, schönen Wohnung in der Leszno-Straße zwei Zimmer für uns gefunden hätte. Es gäbe dort sogar ein Klavier.

22. November 1941

Immer öfter sieht man die Leichen Erfrorener in den Straßen liegen. In der Leszno-Straße, vor dem Gericht, sitzen oft Mütter mit Kindern. Unter den alten Fetzen, in die sie gewickelt sind, schauen frostrote Füßchen hervor. Manchmal preßt eine Mutter ihr erfrorenes Kind an sich und versucht, den leblosen kleinen Körper zu erwärmen. Oft drückt sich ein Kind an seine Mutter und versucht sie zu wecken, weil es glaubt, sie sei eingeschlafen. Aber die Mutter ist tot. Die Zahl dieser obdachlosen Mütter und Kinder wächst von Tag zu Tag. Oft bleiben sie nach ihrem Tode noch viele Stunden auf der Straße liegen, da sich keiner um sie kümmert.

Die kleinen Karren von Pinkerts Beerdigungsinstitut sind ständig unterwegs. Entdeckt ein Bettler ein brauchbares Kleidungsstück an einer Leiche, so nimmt er es sich, deckt den nackten Körper mit einer alten Zeitung zu und beschwert sie mit ein paar Ziegeln oder Steinen, damit der Wind das Papier nicht fortbläst. In der Komitee- und Grzybowska-Straße sieht man jetzt weniger Bettler als im vergangenen Jahr; sie sind einfach weggestorben. Der Hunger nimmt immer schrecklichere Formen an. Die Preise für Lebensmittel steigen.

Es ist nicht leicht, mit einem Päckchen in der Hand durch die Straßen zu gehen. Wenn ein Hungriger jemanden mit einem Päckchen erblickt, geht er ihm nach und entreißt es ihm in einem günstigen Moment. Im Davonrennen öffnet er es rasch und schlingt den Inhalt hinunter. Wenn in dem Päckchen nichts zu essen ist, wirft er es weg. Nein, das sind keine Diebe; es sind nur Menschen, die der Hunger wahnsinnig macht ...

1. Dezember 1941

Die Deutschen haben dem Ghetto eine große Ladung Kartoffeln zur Verfügung gestellt. Zuerst waren die Leute von dieser plötzlichen Großzügigkeit überrascht, aber die Überraschung hielt nicht lange an. Es stellte sich heraus, daß die Kartoffeln ursprünglich für die deutschen Soldaten an der Ostfront bestimmt waren, aber unterwegs erfroren sind. Da öffneten die Deutschen ihr Herz und schickten den Juden im Ghetto die erfrorenen Kartoffeln. Jetzt stehen lange Schlangen vor den Lebensmittelgeschäften.

Die sanitären Zustände verschlechtern sich ständig. Die meisten Abwässerrohre sind zugefroren, und in vielen Häusern können die Toiletten nicht mehr benutzt werden. Oft werden menschliche Exkremente zusammen mit dem Abfall auf die Straße geworfen. Die Wagen, die früher regelmäßig den Müll aus den Höfen abholten, kommen jetzt selten oder gar nicht mehr. Im Augenblick wird der ganze Schmutz vom Frost desinfiziert. Aber was wird geschehen, wenn der erste Frühlingswind kommt? Im Ghetto wird ernsthaft befürchtet, daß eine Cholera-Epidemie ausbrechen und den Becher unseres Unglücks zum Überlaufen bringen könnte.

24. Dezember 1941

Eben haben die Nazis befohlen, daß die Ghettoeinwohner bis zum 1. Januar 1942 alle Pelze, Pelzmäntel, -krägen, -muffs und selbst kleine Pelzstückchen abgeben müssen – ein schönes Weihnachtsgeschenk. Die Gemeinde hat zu diesem Zweck mehrere Sammelstellen eingerichtet. Der Befehl ist vom Kommissar Auerswald unterzeichnet.

Wer auch nur das kleinste Stückchen Pelz verbirgt, wird mit dem Tode bestraft.

16. Januar 1942

Wir wohnen jetzt in der Chlodna-Straße. Als Portiersfamilie bekamen wir zwei kleine dunkle Räume für uns allein. Eine Toilette gibt es nicht. Wir kochen auf einem kleinen, eisernen Ofen. Die Wände sind mit Eis bedeckt, und wenn das Öfchen sich erwärmt, rinnt das Wasser von den Wänden.

20. Februar 1942

Der Winter wird immer strenger. Man sieht mehr und mehr Erfrorene in den Straßen, sie liegen vor den Hauseingängen, mit angezogenen Knien, versteinert in der Geste ihrer letzten Abwehr gegen den Tod. Es ist ein haarsträubender Anblick, aber die Vorübergehenden sind schon daran gewöhnt.

15. April 1942

Heute bekamen wir einen mysteriösen Brief von Onkel Percy, der uns vor einer Woche verließ, um sich nach Zaklikow Lubelski durchzuschlagen. Er schreibt, er sei angekommen, aber die Reise sei lang und gefährlich gewesen. Er habe Lublin gerade im richtigen Augenblick verlassen. Was er damit meint, wird vielleicht durch die Nachricht erklärt, die uns Frau Minc, eine Mieterin in unserem Haus, heute abend erzählt hat. Ein naher Verwandter von ihr, der kürzlich im Ghetto eingetroffen ist, berichtete ihr Einzelheiten über ein schreckliches Massaker in Lublin, bei dem er seine Frau und zwei Kinder verlor ... Es klingt alles schrecklich, und ich kann es einfach nicht glauben.

17. April 1942

Das ganze Ghetto war heute in Panikstimmung. Die Leute verschlossen eilig ihre Läden. Es lief ein Gerücht um, daß ein besonderes »Vernichtungskommando«, das schon den Pogrom in Lublin verübt hat, in Warschau angekommen sei, um auch hier ein Massaker zu organisieren.

28. April 1942

Seit dem siebzehnten dieses Monats lebt das Ghetto in ständiger Angst. In der Nacht vom siebzehnten zum achtzehnten wurden zweiundfünfzig Personen getötet, vor allem Bäcker und Schmuggler. Alle Bäcker sind verängstigt. Epstein und Wagner, die Besitzer der Bäckerei in unserm Haus, schlafen nicht mehr in ihrer Wohnung. Die Deutschen kommen mit vorbereiteten Namenslisten in die Häuser; wenn sie den Gesuchten nicht finden, nehmen sie statt dessen einen anderen aus der Familie mit. Sie führen ihn ein paar Schritt vor das Haus, lassen ihm höflich den Vortritt und schießen ihn von hinten nieder. Am nächsten Morgen findet man die Menschen tot auf der Straße. Wenn ein Hauswart den Deutschen nicht schnell genug die Tür öffnet, wird er auf der Stelle erschossen.

8. Mai 1942

Leutnant Hertz, der oft mit uns im Hof sitzt, ist sehr pessimistisch. Er erzählt immer makabre Geschichten; heute zum Beispiel hat er uns von einem Polizisten berichtet, der wegen ein paar Erdbeeren erschossen wurde. Der Polizist saß auf einem Karren mit Heu, der ins Ghetto gefahren wurde. Der deutsche Posten fragte ihn, ob im Karren noch irgend etwas anderes sei. Der Polizist tat so, als ob er nicht verstünde. Der Posten befahl dem Kutscher anzuhalten. Er hob das Heu hoch und fand Erdbeeren darunter versteckt. Kutscher und Polizist wurden sofort erschossen. Hertz sagt: »Bald ist alles vorbei, und wir alle werden getötet.«

3. Juni 1942

Eben wurden hundert Zivilpersonen und zehn Polizisten im Gefängnis in der Gesia-Straße erschossen. Es ist eine Maßnahme der Deutschen, um die Schmuggler einzuschüchtern. Aber nur einige der Hingerichteten waren tatsächlich »Schmuggler«. Die übrigen wurden wegen Betretens des »arischen« Stadtteils, unbezahlter Strafgebühren oder öffentlicher Bettelei verhaftet. Alle Anstrengungen, sie zu retten oder eine Begnadigung zu erwirken, waren vergeblich. Die Nazis haben riesige rote Plakate mit den Namen ihrer jüngsten Opfer anschlagen lassen.

5. Juli 1942

Der Terror im Ghetto hält an. Es gibt auch Gerüchte, die von einer unmittelbar bevorstehenden Deportation des gesamten Ghettos sprechen. Ich weiß nicht, woher die ungeheuerliche Nachricht kommt, daß die Warschauer Juden nur noch vierzig Tage zu leben haben. Aber man erzählt es sich überall.

Der jüdische Friedhof
Ein Schweizer Chauffeur erzählt/Franz Blättler

»Sie fahren heute morgen ins Zel-Lager«, befiehlt mir Feldwebel Franken und drückt mir einen entsprechenden Fahrbefehl in die Hand. Auf diesen Moment habe ich schon lange gewartet. Das Zel-Lager ist ein großes Ersatzteillager für Autobestandteile; erstens kann ich allein hinfahren, stehe also nicht unter der Kontrolle eines deutschen Soldaten, und zweitens nimmt das immer einige Stunden in Anspruch, so daß man mir nicht nachweisen kann, wie ich den Vormittag verbrachte. Nun kann ich meinen längst gehegten Wunsch realisieren, dem berüchtigten Judenfriedhof einen Besuch abzustatten. Wird es mir gelingen? Das Betreten des Judenfriedhofes und des Ghettos ist den Angehörigen der deutschen Wehrmacht, also auch mir, strengstens verboten. Ich hole meinen Wagen, fahre die »Neue Welt« hinunter, und statt geradeaus zu fahren, biege ich links in die Bahnhofstraße ein. Noch einmal ein kurzer Blick in den Rückspiegel, nein, es folgt mir niemand. Die Bahnhofstraße hinunter, rechts in die Güterstraße hinein, an der Markthalle vorbei, und in den nächsten Minuten muß ich in die Nähe des Ghettos kommen. Vor mir taucht eine hohe Ziegelmauer auf. Unwillkürlich drückt mein Fuß nicht mehr so stark auf das Gaspedal. Mir graut ein wenig vor den Dingen, die ich in den nächsten Augenblicken sehen werde. Leer schauen die Fenster, die teilweise trotz der Kälte noch immer die zerbrochenen Scheiben als Folgen der Bomben- und Geschoßeinschläge tragen, auf mich herunter, stumme Zeugen des Leidens, das sich auf der andern Seite ihrer Öffnung abspielt.

Ich fahre weiter die Ghettomauer entlang. Nun taucht auch zu meiner Linken eine langgestreckte Ziegelmauer auf, das muß der Judenfriedhof sein. Die Straße ist eingekeilt zwischen den beiden Stätten des Grauens. Für mich »Arier« bedeutet sie noch körperliche Freiheit, für die Juden zu meiner Rechten und Linken ist sie so nahe und doch nicht erreichbar. Das kleine Gebäude da vorn muß der Eingang sein. Richtig, schon kommt die deutsche Wache auf die Straße und mustert kritisch meinen Wagen. Die nächsten Minuten werden entscheidend sein. Kurz vor der Wache parkiere ich den Wagen auf der rechten Straßenseite und bin eben im Begriff, ihn zu verlassen. Doch halt, was soll ich mit der umgehängten Pistole auf dem Friedhof? Alles, was Waffen trägt, ist für die Polen Feind, und ich komme ja als Freund, die Toten werden mir nichts antun; rasch lasse ich die Waffe unter meinem Sitz verschwinden.

»Haben Sie überhaupt eine Legitimation, um hier anzuhalten?« ruft mich die Wache an. »Rotes Kreuz«, melde ich prompt zurück und zeige dabei auf meinen Aeskulap-Stab; daß ich simpler Motorfahrer bin, verschweige ich wohlweislich. Die Wache ist unschlüssig, auf solchen Besuch ist sie nicht gefaßt. Ich sehe, daß ich schon gewonnenes Spiel habe. So zuverlässig sonst eine deutsche Wache ist, kommt ein außerordentlicher Fall, ist sie ratlos; die notwendige Phantasie zum Improvisieren fehlt ihr. »Passen Sie auf, daß niemand an den Wagen geht!« setze ich noch militärisch hinzu und schreite dann auf den versperrten Eingang des Friedhofes zu.

Ein noch nie gerochenes Etwas schlägt mir entgegen, süßlich und widerlich. Ich stecke mir noch schnell einen Stumpen an, um aus seinem Aroma weitere Courage zu schöpfen. Da kommt ein noch relativ gut gekleideter Zivilist mit der jüdischen Armbinde, an der Mütze den Judenstern, und stellt sich als jüdischer Polizist vor. In fließendem Hochdeutsch fragt er mich nach meinen Wünschen. Ich befinde mich noch immer unter den Augen der deutschen Wache und melde diesmal in gut schweizerischem Ton mein Begehren, den Judenfriedhof anzusehen. Ich deute zuerst auf meine Mütze mit dem Schweizerkreuz, sehe ihm dabei scharf ins Gesicht und sage ihm nur: »Schweizer, Rotes Kreuz«, und schon glaube ich zu sehen, wie in dem Mann etwas vorgeht. Diese zwei Worte scheinen Wunder zu wirken. Seine unnahbare Haltung verschwindet, er öffnet sofort die Barriere und fordert mich auf, ihm zu folgen. Der Hof steht voller Handkarren, auf diesen liegen, kreuz und quer übereinander geworfen, Männerleichen jeden Alters, Frauenleichen und Kinderleichen, die meisten nackt, vollständig abgemagert, mit Ausschlägen bedeckt, viele von ihnen tragen Wunden. Links ist ein niedriger Schuppen, dessen Tore geöffnet sind. Davor liegen, zu einem großen Haufen aufgestapelt, Leichen eintägiger bis etwa dreijähriger Kinder, es sieht wie ein großer Haufen zerbrochener Puppen aus. Wie ein böser Traum haftet dieses Bild in mir. Ist das wirklich möglich? Kann man Menschen aus Fleisch und Blut so elend krepieren lassen?

Der jüdische Polizist sieht, wie mich dieses Bild entrüstet, und er fordert mich auf, weiterzugehen. Nein, ich will nicht vor diesen gräßlichen Eindrücken fliehen. Ich unterdrücke das in mir aufsteigende Ekelgefühl und versuche jede Einzelheit dieser Greuel zu erfassen. »Darf ich diese Halle betreten?« frage ich meinen Begleiter. Er zuckt mit den Schultern, damit will er sagen: Ich bin es gewöhnt, wenn du es ansehen willst, meinetwegen! Die Halle besitzt keine Fenster, und ich muß mich zuerst an das mich umgebende Halbdunkel gewöhnen. Der Geruch der Toten ist unausstehlich. Ich glaube, der Stumpen ist im Moment meine Rettung, sonst könnte ich diesen Totengeruch nicht ertragen. Links liegen auf den Holzpritschen Männerleichen, nur noch mit den Hosen bekleidet. »Sehen Sie sich einmal die Hinterköpfe an«, tönt die Stimme meines Begleiters wie aus weiter Ferne an mein Ohr. »Diese fünfundzwanzig Mann wurden durch Genickschüsse getötet, wie es für uns Juden üblich ist.« Tatsächlich weist ein jeder von ihnen im Genick oder Hinterkopf Einschußstellen auf, viele zwei bis drei Löcher, weil der erste Schuß keine tödliche Wirkung hatte. »Warum wurden diese Männer erschossen?« will ich wissen. »Das wußten sie selbst nicht!« ist seine lakonische Antwort. Daneben liegt einer mit einem aufgedunsenen, blauen Gesicht. »Der wurde aufgehängt!« ertönt wieder die teilnahmslose Stimme des Führers. Ich will schon gar nicht mehr fragen, ich glaube, keiner von all denen, die hier liegen, ist eines natürlichen Todes gestorben. Und so geht die grauenvolle Musterung weiter. Die Ernte eines einzigen Morgens ist hier aufgestapelt, Verhungerte, Gehängte, Erschossene. Da liegt einer mit einem eingeschlagenen Schädel, die Hände noch immer krampfhaft gefaltet, als hätte er noch um Barmherzigkeit gefleht, eines weniger grausamen Todes zu sterben. Obschon wir 20° unter Null haben, bin ich in Schweiß gebadet. Viele der Toten weisen gebrochene Glieder auf. Nun muß ich aber wieder hinaus an die Sonne und an die frische Luft. »Interessieren Sie sich auch für die Massengräber?« fragt mich der jüdische Polizist. »Jawohl, ich möchte alles sehen.« Er erklärt mir: »Neben dem alten jüdischen Friedhof war früher ein großes Feld. Heute ist das eines der größten Massengräber, das je existiert hat, angefüllt mit Juden aus allen Teilen Europas. Sie wundern sich sicher, daß ich so gut Deutsch spreche? Mein Name ist ..., von Beruf Architekt, das heißt, ich war es einmal vor dem Kriege. Früher wohnte ich in Lodz und wurde von dort ins Warschauer Ghetto deportiert. Ich studierte in der Schweiz und vor der Machtübernahme auch in Deutschland. Daß ich heute noch lebe, verdanke ich meinen Sprachkenntnissen, als jüdischer Polizist muß ich auch mit der Besatzungsbehörde verkehren.«

Er weist mit der Hand über das Gelände: »Das große Feld da drüben mit den aufgeworfenen Erdhaufen, das sind die gefüllten Massengräber. Auf denen werden bereits wieder Kartoffeln gepflanzt. Hier werden wir nun gleich Gelegenheit haben zuzusehen, wie die gesammelten Leichen eines einzigen Vormittags verscharrt werden. Allerdings fangen wir schon morgens 7 Uhr an, damit wir gegen Mittag mit dieser Arbeit fertig sind.« »Darf ich Ihnen als Schweizer einige Fragen stellen?« frage ich ihn. Er mustert mich aufmerksam und sagt dann mit ernster Stimme: »Warum auch nicht? Sehen Sie, ich werde über kurz oder lang genauso dalie-

109

gen wie die andern, die Sie sehen. Ein Entfliehen gibt es für uns nicht. Als Intellektueller sollte ich nach deutschem Programm schon längstens nicht mehr leben, einzig meine Sprachkenntnisse haben mich bis heute am Leben erhalten. Meine Glaubensgenossen werden aber so systematisch dezimiert, daß es in längstens zwei bis drei Jahren keine Juden mehr gibt, also meine Stelle als Polizist auch illusorisch werden wird. Viel verlieren kann ich also nicht, mögen Sie nun meine Angaben auswerten, wie Sie wollen.« »Wie viele Personen sterben pro Tag?« möchte ich von ihm wissen. »Vierhundert bis sechshundert«, antwortet er, »die Kurve ist jedoch beständig im Steigen.« »An was sterben die meisten?« »90 % verhungern, 5 % sterben eines gewaltsamen Todes, und die restlichen 5 % werden durch Seuchen dahingerafft.« »Warum haben die meisten Leichen zerschlagene Glieder und sind nackt?« »Waren Sie noch nie im Ghetto?« ist seine Gegenfrage. »Die meisten von uns Juden haben nichts mehr. Lassen wir unsere toten Familienmitglieder regulär fortschaffen, so müssen wir noch für sie einen Platz im Massengrab bezahlen. Da nur noch vereinzelte von uns über Geldmittel verfügen, ist uns dies nicht möglich, und so werfen wir die Leichen während der Nacht durch die Fenster auf die Straße. Bei diesen Stürzen aus den oberen Stockwerken brechen sich die Toten die Glieder. Jeden Morgen sammeln dann die Karren, die Sie auf dem Friedhof gesehen haben, die Leichen im Ghetto, und so geht die Verscharrung auf Kosten des Staates. Hat einer noch einen Fetzen am Leibe, wird ihm dieser entweder von den Angehörigen abgenommen oder unten auf der Straße von Passanten vom Leibe gerissen. Textilien sind im Ghetto unerschwinglich, und jeder verschmierte Lappen ist für uns wertvoll.«

Unterdessen sind wir bei den Massengräbern angelangt. In einer Tiefe von 5 bis 10 m werden die Leichen fortlaufend begraben, mit der Erde, die man vorher aushebt, werden später die Leichen zugedeckt. Auf den Zweiräderkarren werden die Leichen gefahren. Frauen und Männer kommen in ein separates Grab. Kaum ist ein Karren da, kommen einige Juden, die mit dieser Arbeit vorläufig noch ihr Leben erhalten, jeder nimmt eine Leiche am Kopf und an den Beinen und, je nach Geschlecht, wird sie mit einem Schwung rechts oder links in die Grube geworfen. Unten, wenn die Leiche aufschlägt, gibt es einen unangenehmen Ton, hervorgerufen durch den hohlen Bauch, der wie ein Resonanzboden tönt, im wahrsten Sinne eine schaurige Melodie des Todes. Diese Männer haben Übung, man sieht es. Innert kürzester Zeit sind über hundert Leichen verscharrt. Ab und zu kommt ein großes Blatt Papier auf eine Lage Leichen und darüber etwas Chlorkalk, die Deutschen fürchten die Pest, die sie über die Ghetto- und Friedhofmauer hinaus verfolgen könnte. »Die ›Grabsteine‹ da drüben verkaufen uns die Deutschen, es sind kleine Tafeln, die schon nach einigen Tagen im Regen zerfallen, da es nur gepreßter Sand ist.« Können nun die Angehörigen eines verstorbenen Juden eine hohe Summe bezahlen, man spricht von 700 Zloty, erwerben sie sich damit das Recht, den Toten in einem Einzelgrab beerdigen zu lassen. Die Leiche wird auch separat beerdigt; weil der Platz aber beschränkt ist und die Deutschen des guten Geschäftes nicht verlustig gehen wollen, kommt schon nach kurzer Zeit eine neue Leiche in dasselbe Grab. Dies führt dann öfters zu offenen Szenen auf dem Friedhof, da mit der Zeit verschiedene Angehörige eines Toten behaupten, es sei ihre Grabstätte.

Ich bin nun froh, daß ich meine Pistole nicht mitgenommen habe. Schon die Uniform allein wirkt abschreckend auf die Anwesenden. Jeder, der mich sieht, zieht scheu seine Mütze. Grüßen ist das erste, das die Deutschen den Juden beigebracht haben oder beibringen wollten. Aus ihren Augen spricht die Angst und, wenn ich einen anspreche, weicht er scheu zurück oder macht eine steife Verbeugung.

Vom Eingang her ertönt eine Flucherei in deutscher Sprache: »Verdammtes Judenschwein, wolltest wohl etwas schmuggeln?« kann ich verstehen, und ich bitte meinen Begleiter, mit mir zum Ausgang zurückzukommen. Jawohl, da ist ein deutscher Wachtposten, er muß irgendeinen Koller haben und im Zuge der »Neuordnung« schafft er am »neuen Europa«. Mit Fußtritten und Gewehrkolben traktiert er die umstehenden Juden. Will sich einer entfernen, droht er ihm mit Erschießen, was er auch ohne Zweifel in die Tat umsetzen würde, »auf der Flucht« werden tagtäglich viele erschossen. Ein Leichenträger hat einen Schlag auf den Kopf erhalten, das Blut läuft ihm über die Stirne. Nun sieht der Soldat mich, zögernd hält er mit seinem brutalen Gebaren inne. Er ist im Zweifel, wie er sich verhalten soll. Ich trage Stiefel und Uniform, also bin ich für ihn sicher ein Verbündeter, auf der anderen Seite kommt ihm meine Aufmachung doch ziemlich unbekannt vor. Er macht rechtsum und verläßt schnell den Friedhof. Soll ich ihm nacheilen und ihm sagen, was für ein Schwein er sei, auf wehrlose Menschen loszuschlagen? Fehlt's mir an Mut oder an anständiger Gesinnung, daß sich mein Inneres wohl gegen solche Greuel auflehnt, aber die einzig richtige und anständige Tat nicht auf dem Fuße folgen läßt? Nein, ich glaube, es ist keines von beidem. Ich will diese Stätte noch einmal betreten, ich will noch mehr Beweise der neuen deutschen Kultur haben, ein vorzeitiges Verlieren der Nerven kann mir dies aber verunmöglichen. Wenn ich heute mit der Besatzungsbehörde in Konflikt komme, werde ich keinen unbewachten Schritt mehr in Warschau tun können, also vorderhand auf die Zähne beißen und sich beherrschen. Ostentativ verteile ich meinen ganzen Vorrat an Stumpen und Zigaretten unter die verfolgten Juden. Sie schauen mich ungläubig an. Mit der Tag und Nacht dauernden Verfolgung haben sie sich abgefunden; daß es für sie nur noch Schläge, Hunger und baldigen Tod gibt, verwundert sie nicht mehr, aber daß einer kommt und ihnen Rauchwaren austeilt, scheint ihnen unwahrscheinlich.

Mein Begleiter will mich weiterführen, doch mein Bedarf ist für heute gedeckt. Ich will zurück zu meinen Kameraden in unser Kantonnement, einige Quadratmeter anständige Gesinnung in diesem Elend. Ich schüttle meinem Führer die Hand und schäme mich, diese Stätte des Grauens als freier Mensch verlassen zu dürfen. Wieviel hätte jeder der Anwesenden gegeben, um nur einen einzigen Tag mit mir tauschen zu können! »Auf Wiedersehen«, sage ich zu dem israelitischen Architekten. – »Das kann man nie wissen bei uns«, ist seine fatalistische Antwort. Dieser Mann trägt nicht nur sein schweres Schicksal heldenhaft, sondern er entschuldigt noch seine Glaubensgenossen, die weniger Kraft aufbringen als er und in wahnsinniger Angst vor jedem Auftauchen eines Deutschen zittern. Als ich auf die Straße komme, sehe ich, wie die Wache mit einem SS-Unteroffizier vor meinem Wagen diskutiert. Aus ihren Gesten kann ich ersehen, daß man über mich spricht. Glücklicherweise läßt man mich unbehelligt in meinen Wagen steigen, denn zu einer »kameradschaftlichen Aussprache« bin ich im Moment nicht aufgelegt. Langsam lasse ich die Stätte der 400000 lebendig Begrabenen hinter mir. Bei der Einfahrt ins Lazarett grinst hohnlachend ein gelbes Transparent auf mich herunter mit der Aufschrift: »Deutsch sein heißt Charakter haben.«

(1942)

Auf der »arischen« Seite
Adolf Folkmann

Wortlos marschierten wir durch die Straßen von Lwow.
 Ich wollte nicht mehr in das Ghetto zurückkehren. Ich veranlaßte die Leute, die an der Spitze des Zuges marschierten, nicht den kürzesten Weg zum Ghettotor zu nehmen. Ich schlug vor, daß unsere Kolonne nicht auf der Sloneczna weiterging, sondern rechts in die Midowa einbog.
 Als der Zug die Ecke der Peltewna erreichte, riß ich meinen alten Schwiegervater, der wie ein Schatten mich seit Wochen und Monaten begleitete, aus der Reihe. Wir rissen die Abzeichen von unserer Brust und die Judenbinden von unseren Armen. Mit hocherhobenem Kopf traten wir von der Mitte der Straße auf den Gehsteig.
 Wir mischten uns unter die Passanten, und wir hatten Glück. Keiner beobachtete uns. Die anderen Juden setzten ihren Schicksalsweg durch das Ghettotor fort.
 Wir gingen durch die Zolkiewska nach Osten, ich zunächst, hinter mir der alte Binder. Wir gingen am Haus vorbei, wo wir so lange mit dem ukrainischen Priester gewohnt hatten, und setzten unsern Weg fort zu Frau Wislocki, der polnischen Freundin meines Kameraden Dolek, die ihres Geliebten wegen alles für uns Juden zu tun bereit war.
 Ohne Zwischenfälle erreichten wir das Häuschen der Frau Wislocki. Es stand nur 150 Meter von der östlichen Grenze des Ghettos entfernt, isoliert, ohne Nachbarn, umgeben von unbebauten Grundstücken. Frau Wislocki empfing uns freundlich. Dolek war schon bei ihr. Nach einigen Stunden erschienen auch Rothenberg und Julek mit einem dritten Kameraden.
 Wir waren also sechs entsprungene Juden bei Frau Wislocki. Sie hatte nur ein Zimmer und eine Küche, in der sie mit Dolek wohnen wollte. Eine kleine Kammer, in der nur ein armseliges Bett stand, stellte sie uns zur Verfügung. Hier hausten wir in der folgenden Zeit. Wir vereinbarten mit Frau Wislocki, daß sie uns Essen gab, und wir wollten ihr für jede Person 200 Zloty täglich bezahlen ... In der Küche der Frau Wislocki bauten wir ein Versteck. Wir hoben den Fußboden an einer Stelle auf und buddelten ein Loch in die Erde. Das Loch war 1,20 Meter tief und etwa 1,50 Meter lang. Wir hatten damit ein Versteck für höchstens drei Personen. Wir waren jedoch sechs.
 Sicherheitshalber stellten wir das Bett der Frau auf die lockeren Planken des Fußbodens. Das Loch sollte für den schlimmsten Fall einigen unter uns vorübergehende Sicherheit bieten.

Tagsüber hielten wir uns in dem kleinen Zimmer auf. Wir saßen auf dem Fußboden und auf dem wackligen Bett und spielten Karten. Wir aßen und tranken, Frau Wislocki versorgte uns gut. Wir schmiedeten Pläne – und verwarfen sie alle. Wir hofften, daß sich nach einiger Zeit irgendwelche Aussichten bieten würden. Welche? Das wußten wir nicht. Einstweilen hieß es aushalten!

Es gab natürlich beinahe täglich Auftritte unter uns. Wir versöhnten uns jedoch immer wieder schnell. Wir waren schon gewohnt, die Nervosität und Reizbarkeit des anderen nicht allzu ernst zu nehmen. Frau Wislocki war ebenfalls nervös. Die gute Seele hatte entsetzliche Sorgen, uns das notwendige Essen zu beschaffen. Täglich mußte sie mit riesigen Lebensmittelpaketen heimkehren. Sie fürchtete, daß sie eines Tages auffallen werde.

Wir lebten schon über eine Woche bei Frau Wislocki, als es eines Tages hart an der Tür klopfte. Unsere Sinne konnten die merkwürdigsten Geräusche unterscheiden und sie auf die Größe der drohenden Gefahr abschätzen. Das Klopfen lautete verdächtig. Wir verschwanden im Loch, alle sechs Mann. Wir hatten im Versteck nur Platz, wenn wir uns aufeinanderlegten. Sich zu setzen oder auszustrecken war unmöglich. Jede Bewegung bereitete den anderen Schmerzen und Ungelegenheiten. Das Loch hatte keine Ventilation, keinen Ausgang, außer in die Küche unter dem Bett. Wir zogen die beweglichen Planken des Fußbodens über uns.

Der Fremde war ein ukrainischer Polizist. Er fragte nach einer unbekannten Person, die angeblich im Hause wohnen sollte. Frau Wislocki wollte ihn abweisen, er war jedoch eigensinnig und trat in die Küche ein. An einem Haken entdeckte er das Jackett von Dolek. Ohne zu zögern sagte der Polizist Frau Wislocki auf den Kopf zu: »Sie verstecken Juden in Ihrer Wohnung! Heraus mit ihnen!«

Die Frau beteuerte vergeblich, daß außer ihr niemand in der Wohnung sei. Der Ukrainer witterte ein Geschäft. Juden zu entdecken, war für diese Helfershelfer der Nazisten eine Quelle großer Einnahmen geworden.

»Weder Ihnen noch dem Juden geschieht etwas, wenn er nur hervorkommt«, sagte der Ukrainer und setzte hinzu: »Mit mir kann die Sache geordnet werden.«

Frau Wislocki war verzweifelt und schrie: »Dolek, mein Dolek, komm hervor, sprich mit dem Herrn Polizisten!«

Dolek kroch aus dem Loch. Der Ukrainer war ein geschickter Bursche. Auf jeden Fall versuchte er, mehr Geld zu erpressen und behauptete, er wüßte, daß noch andere Juden außer Dolek in der Wohnung versteckt seien. Wenn sie nicht alle hervorkämen, werde er selbst nach ihnen suchen und dann werde die Sache nur schwer »zu ordnen« sein.

Dolek gab nach und rief Julek aus dem Loch. Als der Ukrainer auch dann noch nicht zufrieden war, riefen die beiden nach dem alten Binder und nach einiger Zeit nach unserem vierten Kameraden. Nur noch Rothenberg und ich saßen im Loch.

Nun endlich glaubte der Ukrainer, daß er alle versteckten Juden entdeckt hatte. Er verlangte 40000 Zloty. Nach langem Handeln einigten sie sich auf 10000, aber weil der Ukrainer nur bares Geld und keine Juwelen haben wollte, konnten sie ihm nur 7000 Zloty bezahlen. Der Polizist verschwand und wollte am nächsten Tag die fehlenden 3000 Zloty holen.

Unser Versteck war entdeckt. Wir mußten damit rechnen, daß der Ukrainer am nächsten Tag zurückkehren und weitere Forderungen stellen würde, bis ins Unendliche uns erpressen würde – um uns am Ende doch noch anzuzeigen. Am richtigsten wäre es gewesen, zu verschwinden, das sahen wir alle ein. Doch keiner von uns hatte ein anderes Versteck. Wir mußten bleiben. Der Ukrainer kam nicht, um seine 3000 Zloty zu holen. Wir hatten Angst, daß er uns andere Erpresser in das Haus schicken werde.

Wir erlebten in den nächsten Wochen das grauenhafte Schicksal der Versteckten, vor dem wir früher immer zurückgeschreckt waren und dem wir sogar die alltäglichen Gefahren unseres Daseins im Ghetto und im Kontor des Herrn Wolf immer vorgezogen hatten. »Illegal« zu leben war das Schlimmste. Man hatte stets das Gefühl, am Ende werde man doch entdeckt. Man hatte keine Herrschaft mehr über sich selbst oder auch nur über die einfachsten Umstände in der Umgebung. Man war in allem und in jedem Augenblick vom Willen und von der Willkür fremder Menschen abhängig.

In den folgenden Wochen lebte ich in einem Dauerzustand der Angst und der Unsicherheit. Es war nicht mehr Angst, die eine Stunde oder einen Tag dauerte, wie früher. Es war die Angst, die sich mit meinem Bewußtsein und meinem Körper zu einer unlösbaren Einheit vereinte. Ich fühlte immer deutlicher mit jedem Tag, der ging, daß mein Denken und Fühlen umschattet wurden, daß mein Bewußtsein in der grundlosen Tiefe des Wahnsinns unterzutauchen begann.

Wir wurden zahlreicher bei Frau Wislocki. Die Eltern Rothenbergs kamen eines Tages, und Frau Wislocki hatte nicht das Herz, sie angesichts der Versprechungen und Bitten von Rothenberg abzulehnen. Die alten Leute waren an einer anderen Stelle von zwei polnischen Kriminalbeamten entdeckt worden. Ihr polnischer Wirt hatte den Beamten alle Habe der beiden Juden ausgeliefert und sie auf die Straße gesetzt. Sie wußten, wo ihr Sohn versteckt war, und kamen zu uns.

Die beiden polnischen Kriminalbeamten, die die Alten entdeckt hatten, verfolgten jedoch ihre Spur und erschienen am nächsten Tag bei Frau Wislocki in Begleitung von zwei ukrainischen Milizsoldaten.

Wir sechs Männer versteckten uns wieder im engen Loch. Die vier Polizisten traten ein und begrüßten die Eltern Rothenbergs wie alte Bekannte: »Ach, da seid Ihr ja! Nun, habt keine Angst! Euch geschieht nichts. Ihr habt ja nichts mehr. Aber Euren Sohn wollen wir haben, diesen Goldfisch. Ihn und seine reichen Freunde. Sie haben doch reichlich Gold und Geld, nicht wahr, Frau Wislocki?« sprach der Anführer der Erpresser.

»Sie waren hier, Herr Rothenberg und zwei seiner Freunde«, gab Frau Wislocki geschickt zu. »Sehen Sie, meine Herren Polizisten, ich bin nur eine arme Frau, ich will Ihnen nichts verbergen. Die jüdischen Herren sind gestern weggefahren.« Frau Wislocki gelang es beinahe, die Polizisten zu überzeugen. »Was ich von Herrn Rothenberg bekam, war nicht viel, das wollen Sie mir doch nicht nehmen, meine Herren Polizisten?« fuhr sie treuherzig fort.

Die Polizisten berieten sich. Einer der zivilen Kriminalbeamten bestand darauf, die Wohnung auf jeden Fall zu untersuchen. Sie klopften die Wände nach Verstecken ab und traten in die anderen Räume, wo sie natürlich unser Gepäck entdeckten.

Die Diskussion dauerte schon eine Stunde. Wir lagen im Loch und waren dem Ersticken nahe. Die Augenblicke, während derer die Polizisten in die Nebenräume gingen, benutzten wir, um den Fußboden unter dem Bett ein wenig hochzuheben und Luft zu bekommen. Es schien uns unmöglich, in dem Loch noch länger auszuhalten.

»Du Hure«, schrie einer der Ukrainer Frau Wislocki an, »du hast gelogen, die Juden sind gar nicht weggereist, ihr Gepäck steht doch hier!«, und er bedrohte die arme Frau mit dem Revolver.

»Gnädige Herren, Sie irren sich. Die Juden sind weg. Heute nachmittag soll jemand das Gepäck abholen«, versuchte Frau Wislocki sich herauszureden.

»Wunderbar«, schrie der zivile Anführer. »Diesen Mann werden wir abfangen. Er wird unser Goldfisch für heute.« Laut und zufrieden lachte er.

Die vier Polizisten machten es sich in der Küche bequem. Sie zwangen Frau Wislocki, ihnen Essen und Trinken und Tabak vorzusetzen.

Und wir lagen im Loch, aufeinander, unbeweglich, in Angst erstarrt, dem Ersticken nahe. Der alte Binder kämpfte mit nervösen Hustenanfällen. Er stopfte sich die Faust in den Mund. Lieber wollte er ersticken, als einen Laut von sich geben. Er benahm sich heldenhaft.

Minuten wurden zu Stunden, Stunden zu Monaten und Jahren. Die Zeit verlor ihren Sinn. Uns schien, als lägen wir seit Beginn der Welt in dieser Gruft. Und die vier Polizisten tranken und aßen, sprachen und sangen, sie machten grobe Späße und warteten auf den »Goldfisch«, auf den Mann, der unser Gepäck holen sollte.

Als die Polizisten gekommen waren, war es ungefähr fünf Uhr nachmittags. Um acht Uhr waren sie noch immer da. Sie warteten. Und wir lagen aufeinander, unbeweglich, ohne Luft, steif vor Angst, durchnäßt von der Erde, frierend im Sommer, atemlos in unserem Versteck.

Die beiden Polen und die beiden Ukrainer unterhielten Frau Wislocki und die Eltern Rothenbergs mit ihren Heldentaten gegen die Juden. Die beiden Alten mußten den Polizisten jüdische Lieder vorsingen. Frau Wislocki benahm sich wunderbar. Sie versuchte die Häscher zu überzeugen, daß sie vergebens warteten. Es würde bald Polizeistunde sein. Niemand werde dann während der Nacht kommen, um das Gepäck zu holen. Die Polizisten jedoch fühlten sich wohl. Es gab Wodka und Wurst. Sie wollten nicht gehen.

Wir dachten, jeder Augenblick sei unser letzter. Bei den kleinsten Bewegungen, die unvermeidlich waren, gab die nasse Erde nach und kleine Kieselsteine rollten herab. Frau Wislocki hörte die geringsten Geräusche. Ihre Angst stieg von Minute zu Minute. Jammernd warf sie sich auf ihr Bett, damit dieses krächzte und wir uns bewegen konnten. Sie machte so viel Lärm als nur möglich, damit niemand die Geräusche, die wir verursachten, hören könne. Sie wärmte sich Wasser und nahm ein Fußbad nach dem anderen. Sie saß auf ihrem Bett über unseren Köpfen, plätscherte mit dem Wasser und schrie und jammerte, sie wolle zu Bett gehen, die Polizisten möchten abziehen. Galant erboten sich die Räuber, ihr den Rücken zuzudrehen, wenn sie sich ausziehen und ins Bett gehen wollte. Während Frau Wislocki besonders laut schrie, verständigten wir uns leise miteinander im Loch, daß diese Lage nicht länger auszuhalten sei und wir hervorkriechen wollten. Es war genau neun Uhr, Polizeistunde für Polen. Da klopfte es an der Tür.

Es war ein junger Jude, der in derselben Wohnung, wo die Eltern Rothenbergs gehaust hatten, versteckt gewesen war. Auch er wurde verjagt. Und auch er wollte zu uns kommen.

Es war ein Riesenspaß, der nun für die Polizisten begann. Sie glaubten erst, es wäre der Mann, der das Gepäck holen sollte. Nachdem sie sich überzeugt hatten, daß sie bei diesem armen Juden nichts holen konnten, begannen sie ihn nach alter Manier zu quälen. Der junge Jude mußte sich nackt ausziehen, vor ihnen tanzen und jüdische Lieder singen und ihnen aus dem jüdischen Ritual vorspielen. Die vier Polizisten waren schon schwer betrunken. Sie bedrohten die Anwesenden mit Seitengewehren und Revolvern und führten ein höllisches Schauspiel auf.

Wir hielten weiter im Loch aus, unbeweglich, starr vor Grauen, ohne Luft. Wir versuchten uns so zu wenden, daß jeder mit dem Mund die Erdwand erreichte. Wir saugten aus der Erde die Nässe und die Luft mit den letzten Kräften, die uns zur Verfügung standen.

Die ganze Nacht hindurch blieben die Polizisten. Sie tranken und machten ihre tollen und groben Späße mit dem jungen Juden und der Frau Wislocki. Erst morgens um sieben Uhr, nach vierzehn Stunden, erhoben sie sich und machten sich taumelnd auf den Weg. Sie legten Frau Wislocki ans Herz, den Mann, der das Gepäck holen sollte, zurückzuhalten, bis einer von ihnen am Tage wieder erscheinen werde.

Wir stiegen aus dem Loch. Das heißt, drei von uns hatten keine Kraft mehr, selbst herauszuklettern. Wir waren mehr tot als lebendig. Wir alle spuckten Blut. Wir sechs Männer kamen aus dem Loch wie sechs Greise, erschöpft, zitternd, steif. Und wir mußten schnell handeln. Die Polizisten konnten bald wiederkommen.

Auf dem Grundstück neben Frau Wislockis Häuschen standen einige verfallene Holzbauten. In einer Hütte hatte ein Tischler seine Werkstatt. Eine andere Hütte daneben war baufällig und verlassen. Sie hatte nur drei Wände. Wir beschlossen, uns dort zu verstecken. Dolek sollte als einziger bei Frau Wislocki bleiben und sich im Notfall im Loch verstecken. Wir anderen richteten uns im verfallenen Verschlag unter dem Dach auf den Balken ein. Hier konnten wir wenigstens sitzen, uns ausstrecken. Doch auch hier durften wir uns kaum bewegen, damit man uns von der benachbarten Tischlerwerkstatt aus nicht entdeckte. Im Halbdunkel, auf den Dachbalken, saßen wir in den folgenden vier Wochen, Tag und Nacht. Vier lange Wochen hindurch!

Jeden Abend kam Frau Wislocki und brachte uns etwas Essen, einige Zigaretten und Wasser. Je mehr Tage vergingen, desto schrecklicher wurde die Stimmung unter uns, desto unerträglicher wurde die Beziehung zu Dolek und Frau Wislocki.

Dolek setzte uns zu, wir sollten die Hütte verlassen. »Ihr gefährdet mich«, sagte er. »Ich könnte jahrelang bei Frau Wislocki wohnen, wenn nur ihr nicht wäret. Ihr bringt uns alle in den Tod!« Jeden Tag, jede Nacht mußten wir dieses Lied anhören. Und es wurde uns mit ganz anderen, viel gröberen Worten wiederholt. Dann vergingen Tage, an denen weder Frau Wislocki noch Dolek sich zeigten. Wir hungerten entsetzlich. Wir hatten nichts zu trinken. Und wir wagten uns nicht hinaus, nicht einmal die wenigen Schritte hinüber zur Wohnung der Frau Wislocki.

Die vier Polizisten kamen beinahe täglich und sogar mehrmals am Tage. Nachdem wir vierzehn Tage auf den Dachbalken der Hütte gesessen hatten, drohte uns Frau Wislocki, daß sie das Haus verschließen und wegziehen würde, wenn wir nicht sofort abzögen. Wir hatten keine Möglichkeit dazu. Frau Wislocki, die gute Seele, war den Anstrengungen dieser Wochen nicht länger gewachsen. Sie zwang die Eltern von Rothenberg, die Wohnung zu verlassen. Auch die Alten kamen zu uns in die Hütte. Rothenberg wies sie fort. Die Alten weinten und beteten.

Wir wußten, daß Rothenberg Gift bei sich hatte. Ich bat ihn um Gift für mich und den alten Binder. Wir wollten nicht weiterleben. Rothenberg aber war aus hartem Holz. Das Gift, das mehr wert war als alles andere, wollte er nicht herausgeben. Er selbst hegte noch unverständliche Hoffnungen, daß er von der Hütte doch noch wegkommen werde.

Endlich entschloß sich auch Rothenberg, nur noch einen Tag abzuwarten. Er teilte das Gift mit seinen alten Eltern. Er gab ihnen eine genügende Dosis, womit sie den Tod freiwillig finden konnten, und überredete sie, wegzuziehen und das Gift in einiger Entfernung von unserem Versteck einzunehmen. Es war eine unbeschreibliche Szene. Sie lief sachlich ab, und das gerade war das Grauenhafte. Sohn, Vater und Mutter verhandelten um Gift und freiwilligen Tod, wie man über einen Spaziergang verhandelte. Jedes menschliche Gefühl war von uns gefallen.

Die beiden Alten nahmen das Gift und zogen ab. Rothenberg sprach von diesem Augenblick an kein Wort mehr mit uns. Stumm saß er auf seinem Balken und wagte nicht zu schlafen, weil er fürchtete, daß einer von uns ihm sein Gift stehlen könnte.

Ich verhandelte mit meinem Schwiegervater, wie er sich am besten das Leben nehmen könnte. Doch wir konnten nichts ausdenken, was ihm einen Selbstmord ermöglichte. Wir wollten schon eine Axt aus der Tischlerwerkstatt stehlen und uns gegenseitig totschlagen. Aber dazu reichte unsere seelische Kraft nicht mehr aus.

Ich wollte dieses Leben nicht weiter leben. Vier Wochen saßen wir schon in der Hütte, und wir alle waren beinahe verrückt geworden. Keiner von uns fühlte sich länger als normaler Mensch. Nur für wenige Minuten am Tage gelang es mir, meine Gedanken so zu konzentrieren, daß ich unsere Lage und unsere Aussichten überprüfen konnte. In einem solchen lichten Augenblick entschloß ich mich, zusammen mit dem alten Binder die Bürde des Weiterlebens auf mich zu nehmen.

Frühmorgens schlichen wir in die Wohnung zu Frau Wislocki. Seit vielen Tagen hatten wir kein Essen und kein Trinken mehr bekommen. Ich bat Frau Wislocki, zum letzten Mal uns etwas Essen zu geben. Wir rasierten uns, putzten unsere Schuhe, reinigten unsere Kleider und tranken einen heißen Kaffee. Ich vereinbarte mit Frau Wislocki, daß sie sofort auf den Bahnhof gehen und uns zwei Fahrkarten nach Radomsko kaufen sollte. Wir wollten mit unseren unzureichenden Papieren die Fahrt riskieren. Jetzt war uns schon alles gleichgültig geworden.

Frau Wislocki, die gute Frau, schimpfte zwar entsetzlich, doch sie war bereit, für uns alles zu tun, wenn wir nur wegzogen. Sie wollte eben aus dem Hause und zum Bahnhof gehen, als die beiden polnischen Kriminalbeamten, die uns seit Wochen verfolgten, nicht um uns zu fangen, sondern um uns auszurauben, in das Haus traten. Wir hatten keine Zeit mehr, uns zu verstecken. Wir waren entdeckt.

Mit großem Hallo warfen sich die beiden Häscher auf uns. Sie befahlen, alles, was wir bei uns hatten, herauszugeben. Im letzten Augenblick gelang es mir, den wertvollsten Gegenstand, den ich besaß, die Kennkarte mit meinem Bild, die auf falschen Namen ausgestellt war, in dem Bett der Wirtin zu verstecken. Genau und gründlich untersuchten die Kriminalbeamten unsere Kleidungsstücke. Sie nahmen uns alles Geld ab und alle Wertgegenstände, die sie fanden. Dem alten Binder gelang es, einen 1000-Zloty-Schein in einem Polstersessel zu verstecken. Ich hatte noch unentdeckt 70 Dollars in meine Krawatte eingenäht und einen Brillanten, der im Ärmel des Jacketts versteckt war.

Ich flehte den Kriminalbeamten an, er möge wenigstens die falschen Papiere meines Schwiegervaters zurückgeben. Der Pole aber höhnte: »Wozu braucht ihr das, morgen werdet ihr von einem anderen entdeckt, und dann habt ihr kein Geld und Gold mehr. Dann ist es aus mit euch!« Gegen die 1000 Zloty, die der Alte versteckt hatte, gaben sie die Papiere dann doch heraus.

Wir waren beraubt, wir hatten bei dieser Szene viele harte Schläge und Fußtritte bekommen, doch die beiden mit der Beute abziehenden Räuber ließen uns lebend zurück.

IV
Exekutionen im Osten
1941–1943

Ich will hier vor Ihnen in aller Offenheit auch ein ganz schweres Kapitel erwähnen. Unter uns soll es einmal ganz offen ausgesprochen sein, und trotzdem werden wir in der Öffentlichkeit nie darüber reden ...
Ich meine jetzt die Judenevakuierung, die Ausrottung des jüdischen Volkes. Es gehört zu den Dingen, die man leicht ausspricht. – »Das jüdische Volk wird ausgerottet«, sagt ein jeder Parteigenosse, »ganz klar, steht in unserem Programm, Ausschaltung der Juden, Ausrottung, machen wir« ... Von allen, die so reden, hat keiner zugesehen, keiner hat es durchgestanden. Von euch werden die meisten wissen, was es heißt, wenn 100 Leichen beisammenliegen, wenn 500 daliegen oder wenn 1000 daliegen. Dies durchgestanden zu haben und dabei – abgesehen von Ausnahmen menschlicher Schwächen – anständig geblieben zu sein, das hat uns hart gemacht. Dies ist ein niemals geschriebenes und niemals zu schreibendes Ruhmesblatt unserer Geschichte.

Heinrich Himmler in einer Rede vor
SS-Führern in Posen am 4. Oktober 1943

Unter deutscher Besatzung
Moses Maiersohn

Am 25. Juni 1941 haben die Deutschen unsere Stadt besetzt. Gleich am ersten Tag ihrer Herrschaft gaben sie den Befehl, daß sich alle Männer ab zehn Jahren – gleichgültig ob Juden oder Christen – auf dem Marktplatz versammeln sollten. Falls der Befehl nicht befolgt würde, sollte die ganze Stadt mit allen Einwohnern vernichtet werden.

Auf dem Marktplatz wurden die Männer in zwei Gruppen geteilt, Juden und Christen. Alle Versammelten mußten sich auf den Boden setzen. Zwei Christen, die etwas zu spät kamen, sind auf der Straße erschossen worden. Das rief in der ganzen Stadt eine Panik hervor. Die Deutschen haben alle Männer durchsucht. Den Juden nahmen sie alles ab, den Christen nicht. Da viele Juden gedacht hatten, sie sollten zur Arbeit weggeführt werden, trugen sie Päckchen mit Lebensmitteln bei sich. Die Deutschen haben sie ihnen fortgenommen und an die Christen verteilt. Nach fünf oder sechs Stunden durften die Christen heimgehen und eine Stunde später auch die Juden.

Ungefähr acht Tage später bekamen zwölf Juden den Befehl, sich auf der Kommandantur zu melden. Es waren die reichsten Leute der Stadt, die den Deutschen von den christlichen Einwohnern namhaft gemacht worden waren. Auf der Kommandantur wurde den zwölf Bürgern mitgeteilt, sie hätten dafür zu sorgen, daß innerhalb einer Viertelstunde alle Juden ihre Wertsachen ablieferten. Anderenfalls würden alle Juden der Stadt getötet.

Zehn der zwölf Juden wurden von den Deutschen fortgeschickt, um den Befehl dem Judenrat zu melden. Die beiden Brüder Szapiro haben sie als Geiseln zurückbehalten. Der Befehl ist befolgt worden, aber die Brüder Szapiro hat man trotzdem nicht freigelassen, sondern in das Städtchen Raduszkiewicz geführt. Man ließ sie erst frei, als das für sie verlangte Lösegeld von 500 000 Rubel und eine große Menge von Stoffen und Leder an die Deutschen entrichtet worden war.

Tag für Tag hat man uns zur Arbeit getrieben, alle Mann, ohne Ausnahme, Männer, Frauen und viele Kinder. Bei der Arbeit wurden wir schrecklich gequält. Dabei taten sich die örtlichen Polizisten – Weißrussen und Polen – ganz besonders hervor. So spannten sie uns zu sechs Mann vor einen Wagen mit sechzig Pud Korn, um ihn zur Mühle zu ziehen, die weit hinter der Stadt lag. Sobald sich einer aufrichtete, um vom Ziehen der schweren Last auszuruhen, schlug die Polizei sofort mit den Läufen und Kolben ihrer Gewehre auf den Betreffenden ein, bis das Blut floß. Sie ließen nicht nach, bevor der Wagen an Ort und Stelle war.

Eines Tages haben die Deutschen wieder zwölf Geiseln festgenommen und die Juden erneut gezwungen, ihr Vermögen abzuliefern. So lebten wir schon vor der Errichtung der Ghettos unter schweren Bedingungen. Im März 1942 wurde dann das Ghetto eingerichtet. Man hat uns, ungefähr eintausendfünfhundert Juden, zuerst in acht Häuser zusammengesperrt. Nur mit großer Mühe gelang es, noch vier weitere Häuser mit einzubeziehen. Als wir schon im Ghetto waren und unser Vermögen abgegeben hatten, haben die Deutschen nochmals Geld und Waren aus uns herausgepreßt. Der Judenrat wollte Unannehmlichkeiten im Ghetto vermeiden und rief deshalb jeden Juden einzeln auf, beim Rabbi, der selbst Mitglied des Judenrates war, alles abzugeben, was er noch vermochte, wenn er es auch bisher vergraben, bei sich getragen oder sonst irgendwie versteckt hatte. Ende Mai trieben die Deutschen bei uns hundert Jugendliche zusammen und brachten sie zur Arbeit nach Krasny. Unter ihnen befanden sich zwei meiner Kinder, eine Tochter von neunzehn und ein Sohn von siebzehn Jahren. Eigentlich sollten sie sonntags heimkommen dürfen. Der Judenrat hatte auch das Recht, unter Umständen einige der Arbeiter auszutauschen, wenn er an ihrer Stelle andere zur Arbeit schickte. Meine Kinder jedoch sind die ganze Zeit über dort geblieben.

Einige Wochen später gelangten Nachrichten über Erschießungen in den umliegenden Städtchen Rakow, Raduszkiewicz, Wolozin und anderen zu uns. Wir begannen, nach Mitteln und Wegen zu suchen, wie wir uns vor der bevorstehenden Gefahr retten könnten. Jeder machte sich eifrig an die Arbeit, ein Versteck, einen »Bunker« zu bauen, denn allen war klar, in welcher Gefahr wir schwebten.

Am Vorabend eines Schabbes, es war Ende Juli 1942, hörten wir plötzlich Motorengeräusch. Gleich darauf meldete uns die jüdische Wache, das Ghetto sei umstellt. Erschrocken und voller Angst liefen wir sogleich in unsere Verstecke. Die Gestapo in Begleitung der Polizei – Weißrussen und Polen – fiel ins Ghetto ein. Sie gingen in jedes Haus, betraten jedes Zimmer und jagten die Juden heraus. Dabei schlugen sie mit Gewehrkolben, Knüppeln und auch den stählernen Läufen auf sie ein. Auf der Straße teilten sie dann die Menschen in zwei Gruppen. Wer blutete, wurde in die Synagoge geschickt, wo sich ein Sammelplatz befand. Alle, die nicht blutig geschlagen worden waren, wurden in Reihen aufgestellt und später mit Lastwagen nach Krasny zur Arbeit geschickt.

Im ganzen sind ungefähr vierhundert Mann nach Krasny abtransportiert worden, jüngere Männer und auch Frauen. Wie die Deutschen feststellten, fehlten etwa neunhundert Juden, denn außer den nach Krasny Verladenen waren in der Synagoge lediglich zweihundert Mann versammelt. Deshalb erließen sie sofort einen Aufruf, daß sich alle Facharbeiter melden sollten. Ihnen würde nichts Böses geschehen, sie sollten am Leben bleiben.

Viele Facharbeiter kamen freiwillig aus dem Versteck hervor. Viele andere wurden in ihrem Bunker entdeckt. Sie trieb man mit Prügel in der Synagoge zusammen, wo die zweihundert noch immer warteten. Von dort führte man sie einen Kilometer vor die Stadt und tötete sie alle.

Ein Teil der Menschen, die sich im Ghetto noch versteckt hielten, meinte abends, der Sturm sei schon vorüber und wagte sich aus seinen Bunkern heraus. Auch sie entgingen den deutschen Kugeln nicht. Alle sind im Ghetto selbst erschossen und begraben worden. Bei diesem Massenmord kamen insgesamt neunhundert Juden ums Leben.

Mitten in der Nacht wagten sich dann die restlichen zweihundert Juden aus ihren Verstecken hervor. In kleinen Gruppen gingen sie nach Krasny und kamen wohlbehalten dort an. Unter den letzten befanden sich auch meine Frau, meine dreizehnjährige Tochter und ich.

Nach den Mordaktionen in den Städtchen Wolozin, Iwie Radin und Gorodok sammelten sich alle legal oder auch illegal am Leben gebliebenen Juden in Krasny, wo es schon vorher viele jüdische Jugendliche gab, die dorthin zur Arbeit geschickt wurden. Es waren dort ungefähr achttausend Juden versammelt. Deshalb wurde in der Stadt selbst ein Ghetto eingerichtet und etwa einen Kilometer von der Stadt entfernt ein Arbeitslager. Im Ghetto lebten viertausend Mann und im Arbeitslager nochmals viertausend Juden. Kommandant von Lager und Ghetto war der Mörder Kundt, ein Gestapomann.

Die Insassen des Ghettos wie auch des Lagers wurden in den Waffenfabriken beim Ein- und Ausladen von Munition, auf einer Baustelle an der Bahnlinie, in den Sägewerken und bei anderen schweren Arbeiten beschäftigt.

Meine Frau lebte mit dem Sohn und der jüngeren Tochter im Ghetto, sie arbeiteten im Munitionslager. Meine ältere Tochter und ich waren im Arbeitslager und arbeiteten auf der Baustelle.

Als die Jugendlichen in Krasny die traurigen Nachrichten aus den umliegenden Städtchen hörten, beschloß der größte Teil von ihnen – hauptsächlich diejenigen, welche dabei ihre Familien schon verloren hatten – in die Wälder zu entfliehen und mit der Waffe in der Hand Rache zu nehmen. Da der Judenrat erkannte, daß diese Flucht einen Massencharakter annahm, warnte er davor, weil sonst auch noch die letzten Juden in Krasny umgebracht würden. Wir hatten eine Todesangst, denn wir spürten, daß die Reihe auch bald an uns käme.

Am Tag vor dem Purimfest saß ich mit meiner Familie und der Familie Gelfer aus Gorodok beisammen. Wir sprachen über unser bitteres Schicksal, und ich schlug vor, in die Wälder zu entfliehen. Keiner der Anwesenden teilte meine Ansicht. Sie beschlossen alle, im Ort zu bleiben und auf ihr Schicksal zu vertrauen.

Am gleichen Abend kam der Bauer Staruszkiewicz zu mir und schlug mir vor, bei ihm zu arbeiten. Gleichzeitig bat er mich, niemandem davon zu erzählen. Keiner solle von seinem Besuch etwas wissen. Ich schöpfte keinen Verdacht aus seinen Worten und maß ihnen keine besondere Bedeutung bei. Ich dachte, er hätte Angst, daß jemand erfahren könnte, er habe etwas mit Juden zu tun.

Am nächsten Morgen um fünf Uhr schlich ich mich heimlich aus dem Lager zu ihm. Um halb acht war ich schon mitten in der Arbeit, als der Bauer zu mir kam und mir erzählte, daß vor einer halben Stunde Ghetto und Lager abgeriegelt worden seien und sogar die ganze Stadt bewacht würde. Mir brach der kalte Schweiß aus. Halb wahnsinnig vor Sorge warf ich alles hin und wollte davonrennen. Ich hatte nur den einzigen Wunsch, in diesem Augenblick mit meiner Familie zusammen zu sein. Aber der Christ hielt mich zurück. Er erklärte mir, wie unsinnig es wäre, so zu handeln. Zu meiner Familie würde ich auf keinen Fall gelangen und mich nur dem sicheren Tode aussetzen. Angetan mit Bauernkleidern, bedrückt von Schmerz und Trauer, befand ich mich eine halbe Stunde später hinter der Stadt. Der Bauer hatte mir das Entkommen ermöglicht, indem er mich durch seinen Garten hinausließ.

Ohne ein bestimmtes Ziel folgte ich der Landstraße und bedachte gar nicht, wie gefährlich so eine Marschroute war. Nach etlichen Kilometern blieb ich instinktiv an einem Hügel stehen. In meinem Hirn blitzte der Gedanke auf, ob man von dort aus etwas sehen könnte.

Ich lief sofort den Hügel hinauf und blickte in Richtung Krasny. Feuerzungen und dicke Rauchsäulen stiegen zum Himmel auf, als wollten sie die »Höchste Instanz« dort oben mahnen, das herrliche Schauspiel nicht zu verschlafen, und sie fragen, ob das ihr Wille gewesen sei. Ich stand noch lange auf dem Hügel, bis ich meine Gedanken wieder beisammen hatte und den Weg nach Gorodok fortsetzte. Von einem Bauern, der aus Krasny kam, habe ich später den Verlauf der Mordaktion erfahren. Nachdem sie Ghetto und Arbeitslager umstellt hatten, trieben die Deutschen mit der Polizei gemeinsam alle Juden in die Baracken in der Nähe des Ghettos unter dem Vorwand, sie sollten dort gegen Typhus geimpft werden. Auch alle, die bereits auf Arbeit gegangen waren, wurden wieder zurückgeholt und ebenfalls in die Baracken gesteckt. Alle Versammelten erhielten den Befehl, sich nackt auszuziehen, und wurden zu je zwanzig Mann in ein Auto geladen und zu einer Scheune vor der Stadt gebracht. Dort erschossen die Mörder sie mit Maschinenpistolen. Danach hat man alle Toten, Halbtoten und Verwundeten wie Mist in die Scheune geworfen und angezündet. Die nächsten Judengruppen wurden zu einer anderen Scheune gebracht, und nachdem auch diese gefüllt war, ist sie ebenfalls angezündet worden. So ging es weiter, bis alle Juden ermordet waren.

Bei diesem Massenmord sind meine Frau und meine drei Kinder umgekommen. Alle achttausend Juden von Krasny – die Erwachsenen und die Kinder – haben denselben Tod erlitten. Nur acht Menschen konnten sich retten.

»Volkszählung« in Uman

Aus der Aussage von Oberleutnant Erwin Bingel

Am 15. September kamen wir in Uman an. Ich meldete mich auf der Stadtkommandantur und nahm weitere Befehle entgegen. Der Auftrag für mich lautete: erstens, die in dem Gebiete befindlichen Bahnstrecken unter Bewachung zu stellen; außerdem den Flughafen von Uman abzusperren. Zu diesen einzelnen Befehlen kam ein Sonderbefehl hinzu, der lautete, am folgenden Tag den Flughafen von Uman für jeden Verkehr zu sperren, auch für die Wehrmacht.

An dem bestimmten Tag war meine Kompanie unter Verstärkung zum Flughafen marschiert. Eine gewisse Unruhe unter den Mannschaften war spürbar, denn man konnte mit Recht annehmen, daß etwas Besonderes geschehen müßte. Aus der Stadt hörte man russische Weisen singen, man konnte daran hören, daß riesige Menschenmassen im Anrücken waren. Die Hauptstraßen waren mittlerweile schon sehr gut einzusehen, und auf diesen Straßen kamen riesige Kolonnen in Sechserreihen singend anmarschiert; jetzt erreichten sie das Gelände vor dem Flughafen. Deutlich sichtbar war, daß es sich nicht nur um Männer handelte, sondern um Männer, Frauen und Kinder jeglichen Alters. Was diese Massenansammlung zu bedeuten hatte, konnte sich niemand denken. Noch geheimnisvoller wurde dies alles, als man mir den Befehl überbrachte, die Bewachung der nächsten Posten zurückzuziehen.

Meine Leute zog ich nun auf vierhundert Meter Entfernung zurück, bis auf einige Hauptposten, die an der Straße Uman–Kiew standen. Diese Leute hatten eine Entfernung von zweihundert Meter bis zu dem Aufmarschgelände. Inzwischen war es heller Tag geworden, man konnte alles auf das genaueste erkennen und unterscheiden. Da ein Herankommen unmöglich war, konnte man nur unter größter Aufmerksamkeit feststellen, was dieses Gehabe eigentlich bedeuten sollte. Als der Platz vor dem Flughafen reichlich angefüllt war, kamen einige Lastkraftwagen aus der Stadt angefahren. Ihnen entstiegen einige Trupps Feldgendarmerie, die sofort auf die Seite geführt wurden. Anschließend wurden aus einem Wagen einige Tische abgeladen und in größeren Abständen aufgestellt. Mittlerweile waren noch einige Wagen ukrainischer Miliz angefahren, die von SS-Offizieren befehligt wurden.

Diese Miliz führte Arbeitsgerät mit sich und außerdem einen Lastwagen, beladen mit Chlorkalk. Nun muß ich kurz auf den vorherigen Tag zurückgehen. An diesem Tag wurden auf dem Vorplatz des Flughafens lange Gruben ausgehoben, die das Aussehen von Kartoffelmieten hatten.

An diesen Gruben fuhr nun der Lastwagen entlang, und man lud in Abständen von fünfzehn bis zwanzig Metern jeweils sechs bis acht Säcke Chlorkalk ab.

In der Zwischenzeit waren einige Transportflugzeuge Muster Junkers 52 auf dem Flughafen gelandet. Ihnen entstiegen einige Trupps SS-Soldaten, die wiederum nach dem Sammeln zu dem schon anwesenden Feldgendarmeriekommando marschierten und dort ebenfalls Aufstellung nahmen. Hier konnte man nun erkennen, daß eine Vereidigung der beiden Kommandos durchgeführt wurde. Ich wurde nun von meinem Dolmetscher benachrichtigt, daß er in Erfahrung gebracht hätte, diese Massenversammlung sei auf einen Anschlag zurückzuführen, der in allen Straßen Umans hing und außerdem in Uman Land durch die ukrainische Miliz verbreitet worden sei. Dieser Anschlag lautete folgendermaßen:

Betrifft die jüdische Bevölkerung in Uman Stadt und Land.
Aufforderung.
Wegen einer genauen Feststellung der jüdischen Bevölkerung in Uman Stadt und Land haben sich alle Juden, gleich welchen Alters, an dem ihnen bekannten Stichtag an ihrem Meldeort zu stellen.
Nichterscheinen hat schwerste Strafe zur Folge.

Dieser Anschlag hatte zur Folge, daß jeder der Verlangten erschien. Die an sich harmlose Aufforderung war einigermaßen in Verbindung zu bringen mit den schon erfolgten Vorbereitungen. Um so entsetzter waren wir alle von dem, was wir in den nächsten Stunden zu sehen bekamen. Man hatte eine Reihe der Juden antreten lassen und führte sie an die einzelnen Tische. An diesen Tischen mußten sie sich aufstellen und alles, was sie auf dem Leib hatten, ausziehen. Ein ganzer Teil hatte noch Schmuckstücke bei sich, die sie auf den Tisch legen mußten. Nun mußten sie sich nach dieser Entkleidung in eine Reihe vor die aufgeworfenen Gruben stellen, ganz gleich welchen Geschlechts sie waren, und die Kommandos schwenkten hinter dieser Reihe ein, um ihre unmenschlichen Taten, die wohl schon in aller Welt bekannt geworden sind, zu vollbringen.

Mit Maschinenpistolen und 0,8-Pistolen legten diese Leute mit einer derartigen Geschäftigkeit diese Reihe um, daß man wohl fast annehmen konnte, sie hätten dieses Treiben schon zu ihrer Lebensaufgabe bestimmt.

Frauen, die Kinder von vierzehn Tagen bis drei Wochen an der Brust trugen, wurden von diesem fürchterlichen Gang nicht verschont. Es blieb ihnen auch nicht erspart, daß sie mit ansehen mußten, wie man ihre Kinder an den Beinchen faßte und sie mit einem Schlag mit der Pistole oder mit einem Knüppel erschlug, und sie anschließend zu den teils noch Lebenden in die Grube warf. Erst als man ihnen durch dieses Mitansehen das Schlimmste angetan hatte, gab man ihnen die Kugel, die sie von diesem Anblick befreite.

Die ganze Aktion dauerte von vormittags acht Uhr bis nachmittags um halb fünf Uhr. Um siebzehn Uhr war der Platz wie ausgestorben, nur einige Hunde tummelten sich, von dem Blutgeruch, der greifbar in der Luft hing, angezogen, auf dem Platz. Noch hallten uns die Schüsse in den Ohren ...

Da man in den höheren Behördenstellen annahm, und zwar mit Recht, daß diese Aktion sehr wahrscheinlich einen Prestigeverlust für die deutsche Kriegsführung bedeutete oder nach sich ziehen könnte, da ja die sogenannte Elitetruppe zur Ausführung dieser schändlichen Mordtat befohlen war, ging man auf folgende Art vor: man setzte die in Uman von SS ausgebildete ukrainische Miliz an. Befehligt wurden sie wiederum von einigen SS-Offizieren und einigen SS-Unterführern. Durch diese Maßnahme nahm das Ganze einen nationalen Anstrich an. Dieser Aktion fielen weitere sechstausend Menschen zum Opfer; die Zahl wurde amtlich bestätigt ...

ВСЕМ ЕВРЕЯМ

С целью заселения мало-населенных районов Украины ВСЕ ЕВРЕИ, проживающие в городе Кисловодске и ТЕ ЕВРЕИ, которые не имеют постоянного места жительства, обязаны: в среду, 9 сентября 1942 г., в 5 ч. утра по берлинскому времени (в 6 ч. по московскому времени) явиться на товарную станцию гор. Кисловодска. Эшалон отходит в 6 час. утра (7 час. по московскому времени).

Каждому еврею взять багаж, весом не более 20 кг., включая продовольственный минимум на 2 дня.

Дальнейшее питание будет обеспечено на станциях германскими властями.

Предлагается взять лишь самое необходимое, как то: драгоценности, деньги, одежду, обувь.

Каждая семья должна запломбировать квартиру и к ключу прикрепить записку, в которой указать фамилии, имена, профессии и адрес членов данной семьи; ключ этот с запиской передать на товарной станции германскому коменданту.

Ввиду транспортных затруднений багаж свыше 20 кг., а также мебель не могут быть взяты. Для лучшей подготовки и отправки остающихся вещей каждая семья должна записать и запечатать все имущество, белье и т.д. с точным указанием хозяина. За целость и сохранность вещей отвечает комендатура № 12.

Кто посягнёт на имущество евреев, или попытается ворваться в еврейскую квартиру, будет немедленно расстрелян.

Переселению подлежат и те евреи, которые приняли крещение.

Не подлежат переселению семьи, у которых один из родителей еврей, а другой — русский, украинец или гражданин другой национальности.

Не подлежат переселению также и граждане смешанного происхождения.

Добровольное переселение смешанных семей, метисов 1-й и 2-й категории, может быть произведено при дальнейшей возможности.

Все евреи должны выстроиться на вокзале группами в 45-50 человек — причем так, чтобы отдельные семьи держались вместе. Организация постройки людей должна полностью окончиться в 3 час. 45 мин. по берлинскому (в 4 час. 45 мин. по московскому времени).

Еврейский комитет отвечает за планомерное проведение этого постановления. Евреи, которые попытаются препятствовать исполнению этого постановления, будут строжайше наказаны.

Кисловодск, 7-го сентября 1942 г.

Комендатура № 12.

Jetzt klappt der Laden

Aus dem Tagebuch des SS-Hauptscharführers Felix Landau

11. 7. 1941. Um 11 Uhr abends kamen wir zurück zur Dienststelle. Hochbetrieb. Unten im Keller, den ich noch vormittags ausgeräumt habe, stehen fünfzig Häftlinge, darunter zwei Frauen. Ich löste sofort freiwillig einen Kameraden – der bei diesen Wache hatte – ab. Fast alle werden morgen erschossen. Die meisten Juden unter ihnen waren in Wien. Sie träumten noch immer von Wien. Ich mache bis drei Uhr früh des anderen Tages Dienst. Hundemüde komme ich dann endlich um halb vier Uhr ins Bett.

12. 7. 1941. Um sechs Uhr früh werde ich plötzlich aus meinem festen Schlaf geweckt. Zur Exekution antreten. Nun gut, spiele ich halt noch Henker und anschließend Totengräber, warum nicht? Ist doch eigentümlich, da liebt man den Kampf und dann muß man wehrlose Menschen über den Haufen schießen. Dreiundzwanzig sollten erschossen werden. Darunter befinden sich die schon erwähnten Frauen. Sie sind zu bestaunen. Sie verweigern, von uns auch nur ein Glas Wasser anzunehmen. Ich werde als Schütze eingeteilt und habe eventuell Flüchtende zu erschießen. Wir fahren die Landstraße einige Kilometer entlang und gehen dann rechtsseitig in einen Wald. Wir sind nur sechs Mann augenblicklich und suchen nach einem geeigneten Ort zum Erschießen und Vergraben. Nach wenigen Minuten haben wir so etwas gefunden. Die Todeskandidaten treten mit Schaufeln an, um ihr eigenes Grab zu schaufeln. Zwei weinen von allen. Die anderen haben bestimmt erstaunlichen Mut. Was wohl jetzt in diesem Augenblick in den Gehirnen vorgehen mag? Ich glaube, jeder hat eine kleine Hoffnung, irgendwie doch nicht erschossen zu werden. Die Todeskandidaten werden in drei Schichten eingeteilt, da nicht so viele Schaufeln hier sind. Eigentümlich, in mir rührt sich nichts. Kein Mitleid, nichts. Es ist eben so, und damit ist für mich alles erledigt. Nur ganz leise klopft mein Herz, wenn ungerufen die Gefühle und Gedanken erwachen, als ich mich in einer ähnlichen Situation befand. Am 25. Juli 1934 im Bundeskanzleramt vor den Maschinengewehrläufen der Heimwehr. Da hat es auch Augenblicke gegeben, da wollte ich weich werden, nicht äußerlich, nein, das würde bei meinen Eigenschaften nie in Frage kommen, aber innerlich. So jung, und nun ist alles vorbei. Dies waren die Gedanken, dann drängte ich dieses Gefühl zurück und an dieser Stelle kam ein Trotz und die Erkenntnis, daß mein Tod nicht umsonst gewesen sein wird.

Nun stehe ich heute als Überlebender vor anderen, um sie zu erschießen. Langsam wird das Loch immer größer, zwei weinen ununterbrochen. Ich lasse sie immer länger graben, da denken sie nicht so viel. Während der Arbeit sind sie auch tatsächlich ruhiger. Die Wertgegenstände wie Uhren und Geld werden auf einen Haufen zusammengelegt. Nachdem alle auf einem freien Platz nebeneinander gebracht werden, werden die zwei Frauen als erste zum Erschießen auf das eine Ende des Grabens aufgestellt. Zwei Männer wurden bereits von unserem K. K. a. P. im Gebüsch erschossen. Ich habe dies nicht gesehen, da ich auf die anderen zu achten hatte. Die Frauen traten ruhig und gefaßt an die Grube, drehten sich um, sechs Mann hatten von uns diese zu erschießen. Die Einteilung wurde getroffen, drei Mann auf Herz, drei Mann auf Schädel. Ich nehme Herz. Die Schüsse fallen und die Gehirnmassen schwirren durch die Luft. Zwei auf Schädel ist zuviel. Sie reißen fast den ganzen Schädel weg. Fast alle sinken lautlos zusammen, nur bei zweien klappt es nicht, sie heulen und winseln noch lange. Die Revolverschüsse taugen nichts. Bei uns beiden, die wir zusammen schießen, ist kein Versagen. Die vorletzte Gruppe muß nun die bereits vorher Erschossenen in das Massengrab werfen, dann müssen sie sich aufstellen und fallen auch – und zwar von selbst – hinein. Die letzten zwei müssen sich auf den vorderen Rand des Grabens setzen, damit sie gleich richtig hineinfallen. Nun werden noch einige Leichen mit einer Spitzhacke umgeschichtet und dann beginnen wir mit der Totengräberarbeit.

Hundemüde komme ich zurück und nun geht es wieder an die Arbeit, alles im Gebäude in Ordnung bringen. Ohne Rast geht es weiter. Nachmittags kommt nun unerwartet der Wagen aus Radom zurück. Ich freue mich wie ein kleines Kind auf die Post. Es war auch meine erste Frage. Leider konnte ich die viele Post gar nicht lesen. Kaum hatte ich begonnen, kam der Hauptsturmführer zu mir und ersuchte mich, eine Übersiedlung und Einrichtung des neuen Dienstgebäudes in Angriff zu nehmen ...

22. 7. 1941. Der Tag war wieder etwas ereignisreich. Morgens kamen meine bestellten Arbeiter nicht. Als ich nebenan zum Judenkomitee gehen wollte, kam gerade ein Mitarbeiter von diesem und ersuchte mich um Unterstützung, da sich die Juden weigerten zu arbeiten. Nun ich aber hinüber. Als mich diese Arschlöcher sahen, rannten alle nach allen Himmelsrichtungen auseinander. Schade, ich hatte keine Pistole mit, sonst hätte ich einige über den Haufen geschossen. Ich ging nun zum Judenrat und eröffnete ihm, daß, wenn nicht in einer Stunde hundert Juden antreten, dann würde ich mir hundert Juden aussuchen, aber nicht zur Arbeit, sondern

zum Erschießen. Kaum dreißig Minuten später kamen hundert Juden an und außerdem noch siebzehn Mann für diejenigen, die erst geflüchtet waren. Ich meldete den Vorfall und verlangte gleichzeitig, daß man die Geflüchteten als Arbeitsverweigerer erschießen müsse. Das geschah auch genau zwölf Stunden später. Zwanzig Juden wurden umgelegt ...

28.7.1941. Übrigens gab es in dienstlicher Beziehung am Freitag und Samstag eine interessante Angelegenheit. Aus einer Nebenortschaft brachten Ukrainer eine Meldung, die ungefähr folgenden Inhalt hatte: Ukrainer hatten im Walde vierundzwanzig von den Russen ermordete Ukrainer aufgefunden. Die Leichen seien fast alle unkenntlich. Die Kripobeamten setzen sich, nachdem es sich um eine Mordsache handelt, sofort in Bewegung und fahren in diesen Ort. Dort werden sie von einem Pfaffen feierlich empfangen und herzlich begrüßt. Der Pfaffe meinte noch, es sei außerordentlich liebenswürdig, daß die Deutschen so viel Anteil nehmen an der Ermordung und dem Schicksal der Ukrainer. Die Leichen wurden feierlich beigesetzt und unsere Beamten nahmen notgedrungen daran teil. Unterwegs erklärte mir noch der Pfaffe: »Wissen Sie, was das Niederträchtigste ist, daß man den Ukrainern jüdische Pässe und Papiere in die Taschen gesteckt hat.« Nun schlägt es dreizehn. Diese angeblich ermordeten Ukrainer waren unsere standrechtlich erschossenen Juden (23) und ich glaube zwei Ukrainer, prost Mahlzeit. Die Leichenpapiere stanken noch bestialisch. Ich ließ sie mit Petroleum übergießen, verbrennen und in der Grube vergraben.

1.8.1941. Arbeit gab es wieder genügend, bis 22 Uhr. Der Generalgouverneur soll morgen kommen, und da muß meine Miliz eingekleidet sein. Abends um 19 Uhr kam ich in ihre Kaserne und mußte feststellen, daß von den sechzig Mann nur zwölf eingekleidet waren. In fast drei Tagen arbeiteten ungefähr vierzig Schneider und konnten dies nicht fertigbringen. Nun wurde ich aber wild. Zum Großteil lag natürlich die Schuld an der Führung der Miliz. Ich ließ den Ältestenrat sofort zu mir kommen und erklärte, daß bis zwölf Uhr am kommenden Tag alle fehlenden Uniformen fertig sein müssen, da ich sonst fünf Schneider wegen Sabotage erschießen werde ...

2.8.1941. Die Arbeiten laufen weiter. Morgens um sechs Uhr wurde begonnen. Der Generalgouverneur kommt nicht. Um zwölf Uhr meldete mir der Ältestenrat: alle Uniformen fertig. Seitdem ich ihnen die zwanzig Mann wegen Arbeitsverweigerung wegschießen ließ, klappt der Laden.

Freudigster Arbeitseinsatz

Aus einem Lagebericht des Gebietskommissars Gert Erren

Am 1. September 1941 traf ich mit meinem Stabsleiter Staehle zur Übernahme der deutschen Zivilverwaltung in Slonim ein, nachdem kurz vorher der Herr Generalkommissar in Minsk uns persönlich in unseren Dienst eingewiesen hatte. Da ich meine beiden Beamten in Kauen hatte zurücklassen müssen und hier ohne Wagen, ohne irgendwelches Büromaterial oder sonstige Hilfsmittel keine Arbeit beginnen konnte, ließ ich Staehle als Quartiermacher zurück und fuhr mit Einverständnis des Herrn Generalkommissars ins Reich, um alles Nötige zu besorgen. Ich kam zurück mit zwei stark strapazierten, klapperigen Wagen, von denen einer nach sieben Pannen weidwund in Brest liegenblieb, um nach vierzehn Tagen notdürftig geflickt nachzukommen. Meine beiden Beamten trafen trotz Telegramm, Fernschreiben, Fernsprüchen und Mahnbriefen erst nach vier Wochen von Kauen über Minsk in Slonim ein. Einer war bereits krank und mußte nach zwei Tagen zum Burgarzt nach Krössinsee zurückgeschickt werden; der andere folgte nach weiteren vier Wochen aus Krankheitsgründen nach, nachdem er trotz seiner 58 Jahre tapfer versucht hatte, mit den Ortsverhältnissen fertig zu werden. Mein Mitarbeiterstab bestand also anfangs nur aus Stabsleiter Staehle (jetzt persönlicher Referent genannt), Ordensjunker Hick und Dolmetscher Metzner.

Als Dienstgebäude bezog ich das ehemalige Haus der GPU, ein leidlich erhaltener Steinbau, jedoch total verwahrlost – mußte erst völlig hergerichtet werden. Die ersten vierzehn Tage waren voll ausgefüllt mit der Einrichtung von Dienst- und Wohnräumen, Garage und Wirtschaftsräumen, Pflasterung der Zufahrtsstraßen, Sicherung der Ernährung, Aussuchen von geeignetem Hilfspersonal usw.

An Stelle der beiden ausgefallenen Beamten Kukuruz und Böhlig erhielt ich als vorübergehenden Ersatz die für Mosyr vorgesehenen Beamten Hilger und Immertreu, die ich jedoch auf Weisung der Personalabteilung des Herrn Generalkommissars wiederum nach einigen Wochen an ihr bestimmtes Gebiet abgeben mußte.

Inzwischen trafen vom Ostministerium Kraftfahrer Klein und Stenotypistin Fräulein Schulze und Fräulein Rogowsky ein. Sowohl das häufige Wechseln wie auch noch mehr das völlige Fehlen von Mitarbeitern erschwerte die Arbeit in den ersten Monaten ungeheuer; der Papierkrieg häufte sich von Woche zu Woche und nur durch die Zuweisung des Stabs Newel zur Einarbeitung konnten die größten Lücken vertretungweise ausgefüllt werden. Endlich am 20. 12. trafen Inspektor Kohler und Neuendorff, am 23. 12. Dolmetscher Osiander und am 10. 1. 42 Inspektor Sender ein. Ein Sachbearbeiter für Steuerwesen fehlt immer noch, da der mir zugesagte Inspektor Kotsch aus Minsk nicht hergesandt wurde. Dadurch können weiterhin die gerade im ehemals polnischen Gebiet so schwierigen Steuersachen nur lückenhaft durch Nichtfachleute bearbeitet werden. Ich bitte deshalb nochmals dringend um einen Steuerfachmann. Sehr willkommen war mir die am 27. 12. erfolgte Ankunft von zwei deutschen Revierförstern, die in Slonim und Iwacewice Dienstort nahmen.

Ich muß noch erwähnen, daß ich die Abschaffung der Bezeichnung Stabsleiter sehr bedaure. Es ist doch selbstverständlich, daß ich einen ständigen Vertreter haben muß, der nicht nur ein Sachgebiet bearbeitet, sondern die Gesamtübersicht haben muß, um sowohl mich in der Dienststelle zu vertreten, wenn ich mein Gebiet bereise, wie auch im Außendienst sämtliche Belange in Rayonstädten und Gemeinden überprüfen und beurteilen können muß. Dazu sind die charakterlich sorgfältig ausgesuchten, politisch weitgehend geschulten und mit höchstem Idealismus arbeitenden Ordensjunker mit ganz wenigen Ausnahmen besonders geeignet. Ich habe jedenfalls in dieser Beziehung die besten Erfahrungen gemacht. Die Bezeichnung Stabsleiter hat sich bei der Bevölkerung derart fest verankert, daß sie nicht mehr auszumerzen ist, wenn sie auch befehlsgemäß im Dienstbereich nicht mehr angewendet wird. So überaus knapp und unzureichend auch die Zahl meiner Mitarbeiter ist, so haben doch freudigster Arbeitseinsatz und völlige Hingabe an die Aufgabe des Ostens in den wenigen Monaten Erfolge gezeitigt, die man dankbar anerkennen muß.

Das einheimische Hilfspersonal bleibt weiterhin ein wunder Punkt im Arbeitseinsatz. Nach vielen Fehlschlägen ist es mir gelungen, einigermaßen brauchbare Hilfskräfte heranzuziehen, die, politisch überprüft, durch einen Dolmetscher-Lehrgang geschult und unter ständiger Aufsicht gehalten, nun schon als Hilfe zu werten sind. Die außerhalb von Volkstums- und Konfessionskämpfen stehenden mohammedanischen Tataren bewähren sich am zuverlässigsten.

Unterbringung:
Die Stadt Slonim stellt ein wahlloses Durcheinander von einigen guten Steinbauten, vielen brauchbaren Holzhäusern und einer Menge von abbruchreifen, windschiefen Blockhütten dar. Einheitlich gut erhaltene geschlossene Stadtteile, die sich als Wohnviertel für Deutsche eignen würden, gibt es nicht. Ein Drittel der Stadt ist

völlig zerstört. Dadurch, sowie durch starken Flüchtlingszustrom, war Slonim bei meiner Ankunft stark übervölkert, die Wohnverhältnisse teilweise katastrophal. Die Judenaktion vom 13. 11. schaffte fühlbare Abhilfe; es wurde möglich, eine Straße völlig zu räumen und für Deutsche Dienststellen und Wohnungen herzurichten. Diese Straße mit dem umliegenden Viertel wird weiterhin gesäubert und für den zukünftigen SS-Stützpunkt vorbereitet. Unter der Voraussetzung, daß dauernde höchste Einsatzfähigkeit meiner Mitarbeiter nur durch sorgfältigste Betreuung in der Gestaltung der gesamten Lebenshaltung erfolgen kann, habe ich vom ersten Tage an dafür gesorgt, daß jedes Gefolgschaftsmitglied nicht nur ordentlich wohnt und ausreichend ernährt wird, sondern auch der ganze Lebensstil deutsche Kultur und repräsentatives Ansehen verkörpert. Unser Gefolgschaftsheim vereinigt in getrennten Räumen bei gemeinsamen Mahlzeiten alle Gefolgschaftsmitglieder der deutschen Dienststellen einschließlich Sonderführer und Polizei. Der äußere Zuschnitt ist so gehalten, daß auch Leute mit weniger Kinderstube bald zu Formen erzogen werden, die schon durch ihre äußere Haltung dem bedienenden einheimischen Personal Achtung vor deutschen Herrenmenschen aufzwingt. Nachlässigkeiten in Haltung, Anzug und Benehmen untereinander werden nicht geduldet. Gemütliche Aufenthaltsräume ermöglichen nach getaner Tagesarbeit gemeinsame Abendstunden bei Radiomusik, Schach- und Kartenspiel, auch ausgedehnte Dispute über brennende Tagesfragen. Eine ansehnliche Bibliothek (dank der Mithilfe des Herrn Generalkommissars und einiger Freunde aus dem Reich) schafft Ausgleich und Erholung für Bücherfreunde.

Judentum:
Bei meiner Ankunft zählte das Gebiet Slonim etwa 25 000 Juden, davon allein in der Stadt Slonim etwa 16 000, also über zwei Drittel der gesamten Stadtbevölkerung. Ein Ghetto einzurichten war unmöglich, da weder Stacheldraht noch Bewachungsmöglichkeiten vorhanden waren. Daher traf ich von vornherein Vorbereitungen für eine künftige größere Aktion. Zunächst wurde die Enteignung durchgeführt und mit dem anfallenden Mobiliar und Gerät sämtliche deutsche Dienststellen, einschließlich Wehrmachtquartiere, ausgestattet und so weit großzügige Hilfeleistung bei anderen Gebieten gestellt, daß jetzt beim Anwachsen aller Dienststellen bei mir selbst Mangel herrscht. Für Deutsche unbrauchbares Zeug wurde der Stadt zum Verkauf an die Bevölkerung freigegeben und der Erlös der Amtskasse zugeführt. Dann folgte eine genaue Erfassung der Juden nach Zahl, Alter und Beruf, eine Herausziehung aller Handwerker und Facharbeiter, ihre Kenntlichmachung durch

Ausweise und gesonderte Unterbringung. Die vom SD am 13. 11. durchgeführte Aktion befreite mich von unnötigen Fressern; und die jetzt vorhandenen etwa 7000 Juden in der Stadt Slonim sind sämtlich in den Arbeitsprozeß eingespannt, arbeiten willig aufgrund ständiger Todesangst und werden im Frühjahr genauestens für eine weitere Verminderung überprüft und aussortiert. Das flache Land wurde eine Zeitlang großzügig von der Wehrmacht gesäubert; leider nur in Orten unter eintausend Einwohnern. In den Rayonstädten wird nach der Durchführung der Hilfsarbeiten für die West-Ost-Bewegung das Judentum bis auf die notwendigsten Handwerker und Facharbeiter ausgemerzt werden. Da die Wehrmacht nicht mehr bereit ist, Aktionen auf dem flachen Lande durchzuführen, werde ich die gesamten Juden des Gebietes in zwei oder drei Rayonstädten zusammenfassen, nur in geschlossenen Arbeitskolonnen einsetzen, um damit endgültig Schleichhandel und Partisanenunterstützung durch Juden auszurotten. Die besten Fachkräfte unter den Juden müssen unter Aufsicht in meinen Handwerkerschulen ihre Kunst intelligenten Lehrlingen weitergeben, um einmal den Juden auch im Handwerk entbehrlich zu machen und auszuschalten.

Verhältnis zur Wehrmacht:
Nach anfänglichen Kompetenzstreitigkeiten und Auseinandersetzungen, die aber weniger der Schuld des hiesigen Ortskommandanten als der Bereichskommandantur in Baranowitschi zuzuschreiben waren, wurde das Verhältnis zur Wehrmacht nach ganz kurzer Zeit nicht nur erträglich, sondern führte im Laufe weniger Wochen zu einer ausgezeichneten, engen und gedeihlichen Zusammenarbeit. Heute ist es so, daß alle Wehrmachtsdienststellen, die in meinem Gebiet irgendwelche Belange zu vertreten haben, zu mir kommen, um nach gemeinsamer Planung gemeinsam zu arbeiten. Dieses Verhältnis wirkte sich in den gegenwärtigen Arbeiten für die West-Ost-Bewegung besonders vorteilhaft aus, und ich kann nur wünschen, daß es weiterhin so bleibt.

(1942)

Ich habe mitgeschossen

Aus der eidesstattlichen Erklärung von Alfred Metzner

1941 wurde ich dienstverpflichtet zum Einsatzstab Rosenberg und kam dadurch zum Gebietskommissar Slonim als Dolmetscher. Ich war auch Fahrer. In Slonim war ich von Juli 1941 bis 15. Dezember 1943.

Ich war zuerst bei dem Gebietskommissar Gert Erren als Fahrer tätig. Gleichzeitig war ich als Dolmetscher und Begleiter bei dem Gebietskommissar Erren. Ich wurde später bei dieser Dienststelle als Verwaltungsführer eingestellt im Einsatzstab und verdiente RM 400,– brutto im Monat, und zwar kam ich 1942 zu dem Einsatzstab. Mir waren in Slonim die Werkstätten unterstellt. Ich war zuerst Arbeitseinsatzleiter und später stellvertretender Arbeitseinsatzleiter. Dabei unterstanden mir 120 Arbeiter aller Berufe, darunter 20 Frauen, welche Aufräumungsarbeiten, Schneiderarbeiten usw. durchführten. Später übernahm Neuendorf die Leitung als Arbeitseinsatzleiter, und ich war dessen Stellvertreter. Dieses war meine hauptsächliche Tätigkeit von 1942 bis 1943. Bei diesem Einsatzstab hatten wir eine Werkstätte, in der Kisten, Ausbesserungsarbeiten für den Einsatzstab ausgeführt wurden.

II. Im Jahre 1942 begann dann bei unserem Einsatzstab die Judenvernichtung. Der Befehl dazu kam von Berlin, und die Durchführung wurde den Gebietskommissaren nach Belieben überlassen.
1. *Vernichtung von Juden in Slonim:*
Im Juli oder August 1942 war die erste Massenvernichtung von Juden in Slonim. Die Zahl dieser Massenvernichtung betrug etwa 4000 Juden. Die Vernichtungs- und Transportkommandos waren aus einheimischer Polizei, d. h. je einer Wache, zusammengestellt. Es wurden Gruppen von 30 bis 40 Personen auf Lastwagen verladen und durch die einheimische Polizei an den Massenvernichtungsort gebracht. Die Verladung erfolgte mit Kolben- und Stockschlägen, weil die Exekution an einem Tag erledigt werden mußte. Die erste Vernichtung der Juden fand außerhalb Slonim in einem Wäldchen statt. Dazu wurden Gruben von 4 m Breite, 5 m Tiefe und 150 m Länge ausgehoben. Ich bin als dritter oder vierter mit meinem Wagen zu dem Vernichtungsort gekommen. Bei der Ankunft wurden die Juden von der einheimischen Polizei von den Wagen heruntergeschlagen und zu den Gruben getrieben. Die Exekutionen fanden nicht durch mich statt, sondern es waren dazu eigene Exekutionskommandos von freiwilligen Letten und SS-Leuten

bestimmt. Der Führer des Vernichtungstrupps war SS-Unterstumführer Amelung. Die Truppen waren gut mit Schnaps und Zigaretten versorgt, damit sie den Auftrag ordnungsgemäß ausführten. Ich selbst war bei der ersten Exekution nicht beteiligt, sondern fuhr dabei nur etwa 10- bis 20mal mit meinem Lkw, auf dem jedesmal etwa 30 bis 40 Juden waren, zum Exekutionsort. Es kümmerte sich nach der Exekution niemand darum, ob alle tot oder ob noch lebendige Juden in den Gruben waren. Frauen und Männer mußten sich vor der Exekution entkleiden, Wertgegenstände, Kleider usw. abgeben. Die Kleider und Wertgegenstände wurden gesammelt und sollten nach Auslieferung an den Gebietskommissar von ihm an den Generalkommissar nach Minsk ausgeliefert werden. Nach der Exekution mußten Juden die Gruben zuschaufeln, welche dafür extra aus dem Ghetto geholt wurden. Durch die Trunkenheit des Vernichtungskommandos wurden viele Juden nur angeschossen und nicht getötet. Diese schleppten sich sowohl am gleichen wie am nächsten Tage angeschossen und blutüberströmt nackt durch die Gegend und wurden, nachdem Panik unter der Bevölkerung auszubrechen drohte, sofort von der einheimischen Polizei erschossen. Manche gelangten bis nach Baranowitschi, wo sie die Kunde von der ersten Massenvernichtung verbreiteten. In Baranowitschi wurden diese ebenfalls aufgegriffen und vernichtet. Der Gebietskommissar und Chef, Gert Erren, erhielt aufgrund der mörderischen Vorfälle den Namen »Blutiger Gebietskommissar«. Ich habe bei dieser Exekution niemanden erschossen.

Ich selbst war lediglich Begleitkommando bei einem Lkw und habe mich dabei bei dem Auf- und Abladen beteiligt. Ich hatte dabei eine Peitsche oder Pistole in der Hand und war bei dem Auf- und Abladen beteiligt. Die Männer, Mütter und Kinder wurden in die Gruben gestoßen. Dabei wurden Kinder erst erschlagen und dann mit Füßen in die Gruben gestoßen. Als die nächsten Wagen kamen, sahen die Juden in den Gruben die blutüberströmten Körper und wichen von den Gruben zurück. Der Einsatzkommissar schoß auf die zurückweichenden Juden und wurden die restlichen mit Schlägen in die Gruben zurückgetrieben. Die übriggebliebenen Juden, die angeschossen waren oder außerhalb der Gruben lagen, wurden von anderen Juden in die Gruben geschleift. Bei dem Vernichtungskommando waren mehrere gemeine Sadisten, so wurden z. B. schwangere Frauen aus Vergnügen in die Bäuche geschossen und anschließend in die Gruben geworfen.

Nachdem das Vernichtungskommando ziemlich betrunken war und dadurch kein genaues Ziel mehr hatte, wurden z. T. 4–5 Schuß auf eine Person abgefeuert. Vor der Exekution mußten sich die Juden einer Leibesvisitation unterziehen, dabei bücken und After und Geschlechtsteile nach Wert- und Schmucksachen untersuchen lassen. Ich habe bei dieser Exekution nicht mitgeschossen. Bei den Abladungen von den Lkw wurden die Juden, die nicht von den Wagen wollten, mit Schlägen von den Lkw heruntergetrieben. Um 8 Uhr kehrten alle in ihre Heimatortschaft zurück. Anschließend war Besprechung beim Gebietskommissar Gert Erren, wo über die gesamten Tagesvorgänge gesprochen wurde. Dabei wurden viele gelobt und die Schwachen gemaßregelt und ihnen empfohlen, sich in Zukunft zu bessern. Anschließend an diese Besprechung wurde getrunken und gefeiert. Die Gesamttodeszahl an diesem Tag betrug etwa 4000–8000 Juden, und zwar Männer, Frauen und Kinder.

2. *Schirowitz* (ist ein Vorort von Slonim und etwa 7–9 km entfernt). Bei dieser Exekution wurden etwa 1200 bis 1400 Juden aus dem Ghetto vernichtet. Es wurden bei dieser Aktion Gruppen von 500 Personen zu Fuß an den Vernichtungsort geführt und von den eingeteilten Vernichtungskommandos vernichtet. Bei dieser Exekution war ich selbst dabei und habe selbst mitgeschossen. Die Anlagen der Gruben waren diesmal 4 m breit, 5 m tief und etwa 60 bis 80 m lang. Der Exekutionsort war außerhalb der Ortschaft hinter einem Wäldchen. Einige Tage vor der Exekution wurden Schießproben an dem Exekutionsort durchgeführt, um festzustellen, ob die Bevölkerung von Schirowitz den Schall der Exekutionen hören könne.

Diese Exekution verlief ungefähr folgendermaßen: die Wachleute gingen mit den Juden in die Gruben. Dabei wurde das hintere Ende der Gruben verschlossen und die Juden gezwungen, sich am Rand auszuziehen und sich sofort ohne eine Untersuchung in die Gruben hineinzulegen. Als die erste Schicht drinnen lag, gingen die Wachleute aus den Gruben heraus unter gleichzeitigem Einsetzen von beiderseitigem Feuer. Durch diese Art der Aufstellung wurde es ermöglicht, ein Kreuzfeuer auf die Juden zu eröffnen. Die erste Schicht betrug etwa 100–120 Mann in der Grube. Nach der ersten Exekution mußte sich die zweite Schicht der Juden so auf die toten Körper legen, daß der Kopf auf den Füßen der unteren Leichen zu liegen kam. In einer Grube wurden etwa 5–6 Schichten aufeinandergeworfen, und betrug die Anzahl der Juden in einer Grube etwa 400–500 Personen. Die Exekutionen wurden mit Schnellfeuergewehren, Karabinern, Maschinenpistolen, ganz nach Belieben durchgeführt. Vorher wurden viele zu Tode geschlagen. Es war erstaunlich, wie die Juden in die Gruben hineingingen, nur mit gegenseitigen Tröstungen, um sich dadurch gegenseitig zu ermuntern und den Exekutionskommandos die Arbeit zu erleichtern. Die Exekution selbst dauerte 3–4 Stunden. Ich war die ganze Zeit an der Exekution beteiligt. Die einzigen Pausen, die ich machte, waren, wie mein Karabiner leer geschossen war und ich neu laden mußte. Es ist mir dadurch nicht möglich zu sagen, wie viele Juden ich selbst während dieser 3-4 Stunden umgebracht habe, da während dieser Zeit ein anderer für mich weiterschoß. Wir haben während dieser Zeit ziemlich viel Schnaps getrunken, um unseren Arbeitseifer anzuregen. Die noch in den unteren Schichten lebenden bzw. nur angeschossenen Juden wurden durch die oberen Schichten erstickt oder durch das Blut der oberen Schichten ertränkt. Dieses Mal kamen keine angeschossenen Leute lebend davon. Die Gräben wurden anschließend durch die einheimische Bevölkerung zugeschaufelt. Nach dieser Massenvernichtung wurde wiederum eine Besprechung bei dem Gebietskommissar durchgeführt. Der Gebietskommissar lobte bei dieser Gelegenheit meinen Fleiß und war mit der ganzen Aktion zufrieden. Bei dieser Besprechung war außer den bereits Erwähnten der Stabsleiter Wolter aus Hannover beteiligt.

III. In dieser Art und Weise wurden weitere Exekutionen in anderen Ortschaften durchgeführt, so in Koslowtschisna etwa 700-800 Juden, in Deretschin etwa 2000-3000 Personen, in Holinka 400 bis 500 Juden, in Bytin etwa 3000-4000. Bei diesen Exekutionen mußten alle, die bei der vorhergehenden Exekution anwesend waren, wieder teilnehmen. Wir benutzten dabei die gleichen Waffen. Außerdem haben sich der Herr Muck, Uffz., sowie freiwillige Soldaten und Eisenbahner vom Bahnhof Slonim beteiligt, als sie merkten, daß bei diesen Exekutionen etwas zu gewinnen war. Bei dieser Exekution wurden Kleider und Schmuckstücke vor der Exekution abgelegt. Körperliche Untersuchungen fanden aus Mangel an Zeit nicht statt.

IV. In einer von diesen Ortschaften war eine Widerstandsbewegung, die vom SD aufgedeckt wurde. Die Leute wurden besonders scharf beim SD vernommen und mißhandelt und anschließend mit den Juden erschossen. Es handelt sich dabei um 80 Polen vom nationalen Kongreß. Der Führer dieser SD-Truppe war SS-Untersturmführer Amelung. Auch an dieser Exekution habe ich mich beteiligt. Diese Polen wurden durch deutsche Schutzpolizei unter Leitung vom Oberwachtmeister zusammen mit einheimischer Polizei zusammengetrieben, zum Exekutionsplatz gebracht und dort sofort erschossen.

Es ist nicht zu begreifen
Briefe, gefunden im Mantel einer Ermordeten

Meine Teuren! Tarnopol, den 7. April 1943
Bevor ich von dieser Welt gehe, will ich Euch, meine Liebsten, einige Zeilen hinterlassen. Wenn Euch einmal dieses Schreiben erreichen wird, sind ich und wir alle nicht mehr da. Unser Ende naht. Man spürt es, man weiß es. Wir sind alle, genauso wie die schon hingerichteten unschuldigen, wehrlosen Juden, zum Tode verurteilt. Der kleine Rest, der vom Massenmorden noch zurückgeblieben ist, kommt in der allernächsten Zeit an die Reihe. Es gibt für uns keinen Ausweg, diesem grauenvollen, fürchterlichen Tode zu entrinnen.
Gleich am Anfang (im Juni 1941) wurden etwa 5000 Männer umgebracht, darunter auch mein Mann. Nach sechs Wochen habe ich nach fünf Tagen langen Herumsuchens unter den Leichen (die vor der Ziegelei umgebracht und von dort nach dem Friedhof geschafft wurden) auch seine gefunden. Seit diesem Tage hat das Leben für mich aufgehört. Ich habe mir einst selbst in meinen Mädchenträumen keinen besseren und treueren Lebensgefährten wünschen können. Es waren mir nur zwei Jahre und zwei Monate vergönnt, glücklich zu sein. Und nun? Müde vom vielen Leichensuchen, war man »froh«, auch seine gefunden zu haben, kann man diese Qualen in Worte kleiden?

26. April 1943
Ich lebe noch immer und will Euch noch schildern, was vom 7. bis zum heutigen Tage geschehen ist. Also es heißt, daß alle jetzt an die Reihe kommen. Galizien soll vollständig judenfrei gemacht werden. Vor allem soll das Ghetto bis zum 1. Mai liquidiert sein. In den letzten Tagen sind wieder Tausende erschossen worden. Bei uns im Lager war Sammelpunkt. Dort wurden die Menschenopfer sortiert. In Petrikow schaut es so aus: vor dem Grabe wird man ganz nackt entkleidet, muß niederknien und wartet auf den Schuß. Angestellt stehen die Opfer und warten, bis sie dran sind. Dabei müssen sie die ersten, die Erschossenen, in den Gräbern sortieren, damit der Platz gut ausgenutzt und Ordnung ist. Die ganze Prozedur dauert nicht lange. In einer halben Stunde sind die Kleider der Erschossenen wieder im Lager. Nach den Aktionen hat der Judenrat eine Rechnung von 300000 Zloty für verbrauchte Kugeln bekommen, die zu bezahlen waren ... Warum können wir nicht schreien, warum können wir uns nicht wehren? Wie kann man so viel un-

schuldiges Blut fließen sehen und sagt nichts, tut nichts und wartet selber auf den gleichen Tod? So elend, so erbarmungslos müssen wir zugrunde gehen. Glaubt Ihr, wir wollen so enden, so sterben? Nein! Nein! Wir wollen nicht! Trotz aller dieser Erlebnisse. Der Selbsterhaltungstrieb ist jetzt oft größer, der Wille zum Leben stärker geworden, je näher der Tod ist. Es ist nicht zu begreifen.

Aussage der Lehrerin Fanja Simkin

Es war in Schamowo, am frühen Abend des 2. Februar 1942. Meine Schwester und ich küßten uns zum Abschied, denn wir wußten, daß wir in den Tod gingen. Ich hatte einen Sohn, Walerij. Er war neun Monate alt. Ich wollte ihn zu Hause zurücklassen, weil ich hoffte, daß jemand ihn zu sich nehmen und aufziehen würde. Aber meine Schwester sagte: »Tu das nicht! Er wird in jedem Fall umkommen. Laß ihn wenigstens mit dir zusammen sterben!« Ich wickelte ihn in ein Tuch, damit er es warm hatte.

Meine Schwester kam zuerst an die Reihe. Wir hörten Schreie und Schüsse. Dann war es wieder still. Wir waren in der zweiten Gruppe. Man brachte uns auf den Friedhof. Sie griffen die Kinder bei den Haaren oder am Kragen wie Katzen und schossen sie in den Kopf. Alle kreischten vor Entsetzen. Mein Junge wurde mir aus den Armen gerissen. Er rollte in den Schnee. Er fror, und es tat ihm weh. Er schrie. Dann warf mich ein Stoß um. Sie begannen zu schießen. Ich hörte Stöhnen, Flüche und Schüsse, und ich begriff, daß sie mich nicht getroffen hatten. Aber Walerij ... in meinem Kopf drehte sich alles. Dann schlugen sie auf jeden Körper, um zu kontrollieren, ob jemand noch am Leben war. Zweimal erhielt ich einen schrecklichen Hieb. Ich blieb still. Nun begannen sie, den Toten die Kleider auszuziehen. Ich trug einen schäbigen Rock. Sie rissen ihn mir vom Leib. Kommandant Krause rief die Polizisten zusammen, und alle gingen fort. Ich kroch hinüber zu Walerij. Er war kalt. Ich küßte ihn und sagte ihm Lebewohl. Was konnte ich machen? Ich stand auf und ging davon. Ich dachte, man würde mich töten. Warum sollte gerade ich am Leben bleiben?

Ich lief die ganze Nacht. Meine Hände erfroren. Ich habe keine Finger mehr. Aber ich erreichte die Partisanen.

Befehlshaber der Sicherheitspolizei und des SD.
K a u e n

Aufgenommen Zeit Tag Monat Jahr	Raum für Eingangsstempel	Befördert Zeit Tag Monat Jahr
von durch		an durch
Fs.-Nr. 394	Telegramm — Funkspruch — Fernschreiben Fernspruch	Verzögerungsvermerk

+ SIPO RIGA NR. 1331 6.2.42 1155 =SCHL=
A) AN EK 1 A REVAL. -
B) EK 1 B MINSK. -
C) AN EK 3 KOWNO. ==
BETRIFFT: EXEKUTIONEN. ==
ERBITTE UMGEHEND MITTEILUNG UEBER ANZAHL DER DURCHGEFUEHRT
EXEKUTIONEN GETRENNT NACH
A) JUDEN,
B) KOMMUNISTEN,
C) PARTISANEN,
D) GEISTESKRANKE,
E) SONSTIGE (NAEHERE ANGABEN), VON DER GESAMTZAHL WAREN
WIEVIEL FRAUEN UND KINDER? =
DER BDF DER SIPO UND DES SD. OSTLAND - ROEM. 2 - 260/42
I.A. GEZ. STUEBER SS-STUBAF.

Befehlshaber der Sicherheitspolizei und des SD.
Kauen

Aufgenommen Zeit Tag Monat Jahr	Raum für Eingangsstempel	Befördert Zeit Tag Monat Jahr
von durch		− 9.2.42 128 an durch
Fs.-Nr. 412	Telegramm — Funkspruch — Fernschreiben Fernspruch	Verzögerungsvermerk

An die Gruppe A = Riga

Betr. Exekutionen bis zum 1. Februar 1942 durch das EK.3.
Bezug: Dortiges FS. Nr. 1331 vom 6.2.42
A: Juden 136421
B: Kommunisten 1064 (darunter 1 Kommissar 16 hoh.pol.Funkt. 5 Polit.Instr.)
C: Partisanen 56
D: Geisteskranke 653
E: Polen 44. russische Kriegsgefangene 28. Zigeuner 5. Armenier 1.

Gesamtzahl: 138.272, darunter Frauen 55556, Kinder 34464.

Bei den Partisanen
Tuwia Bjelski

Im Waldlager herrschte bei unserer Rückkehr eine drückende Atmosphäre. Vor nicht langer Zeit hatten wir eine Belagerung bestehen müssen, und jetzt war eine neue große Jagd im Gange. Die Wälder waren riesengroß, die Sümpfe tief, und man wußte nicht, wohin man fliehen sollte. Man konnte nur versuchen, sich zu verstecken. Aber es gab viele Verräter auf dem Lande und unter den Partisanen. Man sah keinen Ausweg. Es wird unser Ende sein, dachten viele.

Milaszewski und zwei Adjutanten von der Abteilung der polnischen Partisanen kamen, um uns zu besuchen. Während der Unterhaltung brachten plötzlich zwei Verbindungsmänner die Nachricht, daß die Deutschen kaum zwei Kilometer von Milaszewskis Lager entfernt seien. Es war Mittag. Milaszewski gab mir zum Abschied die Hand: »Mut, Freund, wir sind von allen Seiten umzingelt.« Er hatte keine Sorge um sein eigenes Schicksal. Seine Gruppe bestand nur aus Kämpfern, aber er wußte, daß wir Frauen, Kinder und Greise bei uns hatten.

Wenige Tage vorher hatte ich Benzoin Golkowicz mit einigen Männern zu Pferde ausgeschickt, um zu erfahren, wo der Feind stand. Bis jetzt waren sie nicht zurückgekehrt. Ich hatte keine Ahnung, wo sie geblieben waren, und hielt sie für verloren.

Kaum war Milaszewski gegangen, als einige russische Kundschafter auf dem Weg zu ihrem Hauptquartier bei uns vorbeiritten. Sie sagten mir nichts. Von weitem hörte man eine Schießerei.

Asael und ich bestiegen unsere Pferde und ritten zu Kowaljew, der uns das Neueste erzählte. Die polnischen Partisanen waren von den Deutschen angegriffen worden und mußten sich zurückziehen. Die Deutschen näherten sich unserem Versteck, am nächsten Tag würden sie sicher hier sein. Die Sonne ging schon unter. Nachts würden sie nicht vorrücken.

»Was willst du tun?« frage ich Kowaljew.

»Das ist eine müßige Frage. Einen offenen Kampf werden wir nicht durchstehen können. Deswegen müssen wir fliehen.«

»Wohin?«

»Der Weg ist frei.«

Er sagte nichts weiter, er war unruhig. Ich versuchte es noch einmal.

»Was sollte ich deiner Meinung nach tun?«

»Was du willst.«

Ich brach sofort auf, wir kehrten ins Lager zurück. Alle waren nervös und warteten auf das, was ich sagen würde. Man mußte die Gemüter beruhigen, sie mit der Lage vertraut machen und sie gleichzeitig ermutigen. Ich sprach mit jedem einzelnen und erklärte, daß uns nichts anderes übrigbliebe, als das Lager zu verlassen. Ich sprach auf russisch, weil Grischa, der politische Kommissar der Abteilung, unter uns war. Er versammelte sofort seine Gruppe und ging ohne meinen Bescheid los. Ich fuhr fort: »Ihr werdet sehen, daß es gelingen wird, den Deutschen zu entkommen, aber ihr müßt mutig und ruhig sein.«

Wir verfolgten Grischa. Er hatte eine ziemlich große Gruppe. Ich holte ihn ein, tadelte ihn und drohte, ihn wegen Ungehorsams zu erschießen. Ich befahl ihm, zurückzukehren. Sie hatten vorgehabt, sich der russischen Brigade anzuschließen, kehrten aber zu unserem Lager zurück. Und nun kam die ganze russische Brigade auf uns zu, das heißt gerade in der entgegengesetzten Richtung, die Grischa gewählt hatte. Ich fragte, wohin sie wollten, aber sie antworteten nicht. Ich vermutete ihren Plan: sicher würden sie in Richtung Osten abbiegen, den Fluß Schobin entlang. Hinter der russischen Brigade marschierte Zorins Gruppe. Es waren jüdische Flüchtlinge aus Minsk und Umgebung.

Ich befahl meiner Abteilung von neuem, während des Marsches die strengste Disziplin zu wahren. Ich erklärte, daß ich die Ungehorsamen erschießen lassen würde. In Wirklichkeit war ich verwirrt und sah keinen Ausweg. Instinktiv folgte ich nicht dem Weg der russischen Partisanen.

Hilfe und Rat gaben uns zwei Kameraden, der Lehrer Mechlis und der Händler Akiba. Sie rieten uns, einen Weg einzuschlagen, der sehr schwierig war, uns aber in eine sichere Gegend führen würde. Nach einem ungefähr zwölf Kilometer langen Marsch durch die großen Sümpfe würden wir eine trockene Stelle erreichen. Dort könnten wir uns verstecken. Die Insel hieß Krasnaja Gorka.

Mechlis gab uns sein Wort, uns sicher zum Ziel zu führen. Wir kannten ihn als intelligenten und gutherzigen Mann. Er war einer der wenigen, die uns immer Mut zusprachen.

Ich fühlte, daß es keinen Augenblick zu verlieren gab. Ich befahl, daß jeder so viel Lebensmittel mitnehmen sollte, wie er tragen konnte. Der Furier beaufsichtigte die Verteilung. Die Vorbereitungen wurden in großer Eile getroffen, und alle warteten auf den Befehl zum Aufbruch. Ich befahl, die Kühe und Pferde loszubinden, da wir sie nicht mit uns führen konnten. Wir hatten nur wenige Kühe, aber viele Pferde.

Auf unseren Schultern trugen wir die Kinder, die Waffen, die Lebensmittel und die notwendigsten Habseligkeiten. Diejenigen, die die Kinder trugen, gingen als erste, denn der Sumpf wurde von den vielen Füßen immer tiefer und schlammiger. Die Stärkeren und diejenigen, die unsere Waffen trugen, marschierten am Schluß. Wir gingen einer hinter dem anderen, um nicht zu viele Spuren zu hinterlassen. Manchmal versanken wir bis zum Gürtel. Später wurde der Sumpf wieder seichter. In drei Stunden schafften wir drei Kilometer. Dann fanden wir eine trockene Stelle und machten Rast. Manche schliefen trotz der Feuchtigkeit und des Schlamms ein. Die Luft war schwül. Wir ermahnten alle, nicht laut zu sprechen, wie in unserem ersten halben Jahr, als wir nur zwanzig unbewaffnete Männer gewesen waren. Im Morgengrauen beratschlagten wir: vielleicht war es möglich, den ganzen Tag hier zu bleiben. Man hörte keine Schüsse. Die Schießerei hatte die ganze Nacht hindurch angedauert, aber gegen Morgen war es still geworden.

Ich beschloß, zu unserem Lagerplatz zurückzukehren und zu sehen, was dort vorging. Mechlis, Asael und zwei andere begleiteten mich freiwillig. Wir stellten Wachen auf, und Akiba erhielt den Befehl, die Menschen auf dem Weg weiter zu führen, den er kannte, falls es nötig werden sollte, sich zurückzuziehen.

Wir machten uns auf den Weg. Diesmal gingen wir nicht durch den Sumpf, sondern auf einem Pfad, den Mechlis entdeckt hatte. Wir gingen langsam und vorsichtig. Bald näherten wir uns der Straße, wo unserer Meinung nach die Deutschen sein mußten. Mechlis wagte sich auf die Straße. Er wollte anhand der Radspuren feststellen, wann das letzte Mal Fahrzeuge hier vorbeigefahren waren. Aber er fand keine frischen Spuren von der vergangenen Nacht und auch nicht vom Morgen. Er kam zurück und rief mich. Wir gingen hinaus auf die Straße und faßten neuen Mut. Vielleicht war die Gefahr vorbei? Während wir sprachen, hörten wir einen Kanonenschuß und den Einschlag der Granate. Wir hörten das durchdringende Pfeifen und konnten feststellen, aus welcher Richtung sie kam.

Wir warfen uns auf die Erde und robbten durch das Gebüsch. Jetzt noch eine Granate und noch eine. Eine Kanone, die wahrscheinlich auf einem Panzer montiert war, schoß ununterbrochen in Richtung auf unser altes Lager und auf das der russischen Brigade. Die Granaten explodierten ganz in unserer Nähe, dem Waldstreifen entlang.

Mechlis fragte: »Was sollen wir machen?«

»Wir bleiben hier liegen, solange geschossen wird. Wenn uns eine Granate trifft, kann man nichts machen. Aber wir können hier jetzt nicht weg.«

Ungefähr zehn Minuten blieben wir still liegen, dann hörte das

Schießen auf. Ich war sicher, daß die Deutschen nach dem Beschuß vorrücken würden, wie es üblich ist. Wir mußten uns beeilen, um zu unseren Leuten zurückzukehren. Aber wir irrten uns. Die Deutschen waren sehr nah, nur einen halben Kilometer von uns entfernt.

Wir rannten einige hundert Meter; plötzlich explodierte ein Hagel von Gewehrschüssen in unserer Nähe. Ich dachte, wir wären verloren. Sie hatten uns gesehen und würden uns niederschießen! Wir warfen uns auf den Boden. Wir hörten Stimmen von Weißrussen. »Hurra! Fangt die Juden!« Es war ein Überfall auf unser verlassenes Lager. Wir waren sehr nah und hörten das Knacken der trockenen Zweige unter den Füßen der Deutschen und der Polizisten, aber wir sahen nichts. Der Wald war sehr dicht.

»Fang die Kuh! Fang sie, los!«

Ich begriff, daß sie schrien, um uns zu erschrecken, da sie annahmen, daß wir im Hinterhalt lägen. Die Deutschen kamen gewöhnlich hinterher, voran ging immer die örtliche Polizei. Was sollten wir nun tun? Vielleicht würden sie den Sumpf durchqueren und uns verfolgen?

Atemlos erreichten wir unsere Leute. Sie waren verwirrt und erschrocken. Wie von Krämpfen geschüttelt, lagen sie zusammengekauert auf der Erde. Es war ein schrecklicher Anblick. Wir beschlossen, ihnen nicht den vollen Ernst der Lage zu verraten. Wir mußten die Menschen stärken, denn die Situation war wirklich gefährlich. Wir hießen alle aufstehen: »Vorwärts, marsch!« Wir wollten uns vorsichtig aus der Gefahrenzone zurückziehen. Wieder waren wir in den Sümpfen und in offenem Feld. Wir versanken im hohen Gras, so daß nur noch die Größten von uns zu sehen waren. Das war gut. Wir konnten auch tagsüber marschieren, ohne aufzufallen. Es wurde der Befehl gegeben, wenn ein Flugzeug in Sicht ist, alle auf die Erde werfen und nicht rühren, bis es sich entfernt hat.

Es kreisten Flugzeuge über uns. In der Abenddämmerung erreichten wir den nächsten Wald. Hier war der Sumpf noch tiefer. Wir hatten keine Kraft mehr, weiterzugehen. Wir aßen nicht regelmäßig. Jeder kaute, was er gerade hatte: alte Brotstücke, harte Bohnen, Gerste, Weizen und Roggenkörner. Die Kinder baten nicht um Essen. Sie hatten Hunger, aber sie weinten nicht und schrien nicht.

Ich löste den Gurt meiner Maschinenpistole und befestigte ihn an meinem Hosengürtel. Dann setzte ich mich unter einen Baum und band mich am Stamm fest, um nicht zu versinken, und schlief ein. Die anderen machten es ebenso. Sie banden sich einfach an den Stämmen fest. Einige stiegen auf die Bäume. So verbrachten wir die Nacht. Der Morgen war herrlich. Wieder setzten wir uns in

Bewegung und wandten uns, der Landkarte folgend, nach Norden. Wir wateten durch sehr tiefes Wasser. Es war fast unmöglich, das Ende der Kolonne zu übersehen und sich zu vergewissern, ob alles in Ordnung war. Wir dachten: hier wird es Opfer kosten. Nach einiger Zeit betraten wir festen Boden und gelangten auf einen schönen Hügel – Krasnaja Gorka.

Später erkannten wir, daß unsere Sicherheit zweifelhaft war. Wenige Kilometer von uns entfernt übernachteten die Deutschen häufig in den verlassenen Hütten der Holzfäller. Aber im Augenblick fühlten wir uns vom Feind genügend weit entfernt. Er würde die Sümpfe nicht durchqueren, und auf den anderen Seiten gab es keine Landstraßen in der Nähe. Nördlich von uns befand sich ein tiefer Fluß, den man ohne Brücke nicht überqueren konnte.

Wir begannen, uns mit unseren Kleidern und unserer Wäsche zu beschäftigen. Der Regen hatte aufgehört, die Sonne wärmte uns. Wir saßen und lagen im Gras. Der Hunger quälte uns, aber die Freude über unsere Rettung gab uns Kraft. Die Durchkämmung des Waldes dauerte noch immer an. Wir durften uns nicht rühren. Wir stellten überall Wachen auf. Wir würden hier lange Zeit zubringen müssen. Unsere Posten entdeckten im Schilf eine Frau. Sie ergriffen sie und brachten sie zu mir, wie es für solche Fälle vorgesehen war, und fragten, was sie mit ihr tun sollten. Wir fragten die Frau, was sie dort getrieben habe.

»Ich suche meine Familie, die aus Kletischtsche geflüchtet ist.« Das ist ein Dorf an der Grenze, ungefähr sechs Kilometer entfernt.

Sie war vollkommen durchnäßt. Ich war überzeugt, daß sie eine Spionin war, und selbst wenn sie keine war, würde sie uns doch unabsichtlich verraten. Die Bauern wußten, daß sich in den Wäldern Partisanen aufhielten und daß es verboten war, deren Gebiet zu betreten. Die russischen Partisanen waren ebenso wie wir aus Sicherheitsgründen gezwungen, alle zu beseitigen, die sie hätten verraten können. Auch wir verfuhren in diesem Falle so.

Wir lagen mehrere Tage an diesem Ort. Von morgens bis abends war ununterbrochen das Geschützfeuer zu hören, mit dem die Deutschen den Wald belegten. Wir nährten uns von Pilzen, Beeren und Getreidekörnern, mit denen wir unsere Taschen gefüllt hatten, bevor wir das Lager verließen. Bohnen hatten wir nur sehr wenig. Einige von uns besaßen noch ein paar Handvoll Mehl, das wir aus dem Lager mitgenommen hatten. Es gab fast kein Salz. Unsere größte Sorge waren die alten Leute und die Kinder. Der Hunger wurde immer unerträglicher. Die Menschen wurden schwach, und der Geschützdonner kam immer näher. Die Kanonen grollten. Granaten explodierten. Nachts konnten wir in der Ferne einzelne Stimmen des Feindes unterscheiden. Unsere Gemeinschaft von siebenhundertfünfzig Menschen wurde immer schwächer und sank immer mehr in Verzweiflung.

Eines Nachts schickte ich Akiba mit einigen Leuten in das Dorf Kletischtsche. Vielleicht würden sie etwas Eßbares auftreiben.

Als unsere Leute in die Nähe des Dorfes kamen, sahen sie eine große deutsche Truppeneinheit. Das Dorf war von den starken Scheinwerfern der Militärfahrzeuge hell erleuchtet. Akiba kehrte mit leeren Händen zurück, aber diese Nachricht, die er mitbrachte, war wichtig für uns. Etwas später erzählten uns Bauern, daß die Zahl der Deutschen in dem Dorf in jener Nacht in die Tausende ging.

Ungefähr zehn Tage verstrichen. Bei einer Frau aus unserem Lager bemerkte ich schon eine Schwellung unter den Augen. Einer unserer Ärzte erklärte mir, daß dies eine Auswirkung des Hungers sei. Dr. Eisler und Dr. Kaplinsky untersuchten die Leute. Die wenigen Nahrungsmittel, die einige noch besaßen, wurden beschlagnahmt und unter den Kindern und Kranken verteilt.

Bei einer Zählung am ersten Tage in Krasnaja Gorka stellten wir fest, daß sechs Menschen fehlten, unter ihnen Wolf Kelonditzki und seine beiden Kinder, ein Mädchen von vier und ein Junge von zwei Jahren. Ich fragte, wer sich freiwillig melden wolle, nach den Vermißten zu suchen. Zuerst meldete sich niemand, aber dann fand sich Lovka bereit und bat darum, daß zwei andere ihn begleiteten. »Wähle dir, wen du willst, und wenn er sich weigert, dann befehle ich ihm, mitzugehen.«

Drei zogen los. Einen Tag waren sie unterwegs. Gegen Abend kehrten sie mit den Vermißten zurück. Aus Kräftemangel hatten sie den Anschluß verloren. Wolf hatte seine beiden Kinder tragen müssen. Auch die anderen waren sehr geschwächt.

Etwas später erfuhren wir, daß die Deutschen alle Bauern aus Kletischtsche zusammengeholt und in Lastwagen abtransportiert hatten. Sie verbrannten das Dorf. Die Bauern wurden nach Deutschland verschleppt, und nur etwa zwanzig konnten entkommen. Das Vieh, das die Deutschen nicht mitnehmen konnten, wurde von ihnen niedergeschossen, soweit es nicht schon im Feuer umgekommen war. Auf die gleiche Art brannten die Deutschen in dieser Zeit siebzehn Dörfer und Hunderte von Bauernhöfen nieder. Auch das Dorf Nalibuki wurde durch Feuer vernichtet. Wie uns unsere Kundschafter später mitteilten, war es die Absicht der Deutschen, die Dörfer am Rande des Waldes zu zerstören, damit sie den Partisanen nicht mit Vorräten helfen oder ihnen als Versteck dienen konnten.

Verbesserungsvorschläge
Tötung durch Motorenabgase

II D 3a (9) Nr. 214/42 g. Rs.   Berlin, den 5. Juni 1942
                                           Einzigste Ausfertigung.

                     Geheime Reichssache!

I. *Vermerk:*

Betrifft: Technische Abänderungen an den im Betrieb eingesetzten und an den sich in Herstellung befindlichen Spezialwagen.

Seit Dezember 1941 wurden beispielsweise mit 3 eingesetzten Wagen 97000 verarbeitet, ohne daß Mängel an den Fahrzeugen auftraten. Die bekannte Explosion in Kulmhof ist als Einzelfall zu bewerten. Ihre Ursache ist auf einen Bedienungsfehler zurückzuführen. Zur Vermeidung von derartigen Unfällen ergingen an die betroffenen Dienststellen besondere Anweisungen. Die Anweisungen wurden so gehalten, daß der Sicherheitsgrad erheblich heraufgesetzt wurde.

Die sonstigen bisher gemachten Erfahrungen lassen folgende technische Abänderungen zweckmäßig erscheinen:

1.) Um ein schnelles Einströmen des CO unter Vermeidung von Überdrucken zu ermöglichen, sind an der oberen Rückwand zwei offene Schlitze von 10 × 1 cm lichter Weite anzubringen. Dieselben sind außen mit leicht beweglichen Scharnierblechlappen zu versehen, damit ein Ausgleich des evtl. eintretenden Überdruckes selbsttätig erfolgt.

2.) Die Beschickung der Wagen beträgt normalerweise 9–10 pro m². Bei den großräumigen Saurer-Spezialwagen ist eine Ausnutzung in dieser Form nicht möglich, weil dadurch zwar keine Überlastung eintritt, jedoch die Geländegängigkeit sehr herabgemindert wird. Eine Verkleinerung der Ladefläche erscheint notwendig. Sie wird erreicht durch Verkürzung des Aufbaues um etwa 1 m. Vorstehende Schwierigkeit ist nicht, wie bisher, dadurch abzustellen, daß man die Stückzahl bei der Beschickung vermindert. Bei einer Verminderung der Stückzahl wird nämlich eine längere Betriebsdauer notwendig, weil die freien Räume auch mit CO angefüllt werden müssen. Dagegen reicht bei einer verkleinerten Ladefläche und vollständig ausgefülltem Laderaum eine erheblich kürzere Betriebsdauer aus, weil freie Räume fehlen.

In einer Besprechung mit der Herstellerfirma wurde von dieser Seite darauf hingewiesen, daß eine Verkürzung des Kastenaufbaues eine ungünstige Gewichtsverlagerung nach sich zieht. Es wurde betont, daß eine Überlastung der Vorderachse eintritt. Tatsächlich findet aber ungewollt ein Ausgleich in der Gewichtsverteilung dadurch statt, daß das Ladegut beim Betrieb in dem Streben nach der hinteren Tür immer vorwiegend dort liegt. Hierdurch tritt eine zusätzliche Belastung der Vorderachse nicht ein.

3.) Die Verbindungsschläuche zwischen Auspuff und Wagen rosten des öfteren durch, da sie im Innern durch anfallende Flüssigkeiten zerfressen werden. Um dieses zu vermeiden, ist der Einfüllstutzen nunmehr so zu verlegen, daß eine Einführung von oben nach unten erfolgt. Dadurch wird ein Einfließen von Flüssigkeiten vermieden.

4.) Um eine handliche Säuberung des Fahrzeuges vornehmen zu können, ist der Boden in der Mitte mit einer dicht verschließbaren Abflußöffnung zu versehen. Der Abflußdeckel mit etwa 200 bis 300 mm Ø erhält einen Syphonkrümmer, so daß dünne Flüssigkeit auch während des Betriebes ablaufen kann. Zur Vermeidung von Verstopfungen ist der Krümmer oben mit einem Sieb zu versehen. Dicker Schmutz kann bei der Reinigung des Wagens durch die große Abflußöffnung fortgespült werden. Der Boden des Fahrzeuges ist zur Abflußöffnung leicht zu neigen. Hierdurch soll erreicht werden, daß alle Flüssigkeiten unmittelbar zur Mitte abfließen. Ein Eindringen der Flüssigkeiten in die Röhren wird somit weitgehendst unterbunden.

5.) Die bisher angebrachten Beobachtungsfenster können entfallen, da sie praktisch nie benutzt werden. Bei der Fertigung weiterer Fahrzeuge wird durch den Fortfall der Fenster mit Bezug auf die schwierige Anbringung und dichte Abschließung derselben erhebliche Arbeitszeit eingespart.

6.) Die Beleuchtungskörper sind stärker als bisher gegen Zerstörungen zu sichern. Das Eisengitterwerk ist so hoch gewölbt über den Lampen anzubringen, daß eine Beschädigung der Lampenfenster nicht mehr möglich ist. Aus der Praxis wurde vorgeschlagen, die Lampen entfallen zu lassen, da sie angeblich nie gebraucht werden. *Es wurde aber in Erfahrung gebracht, daß beim Schließen der hinteren Tür und somit bei eintretender Dunkelheit immer ein starkes Drängen der Ladung nach der Tür erfolgte.* Dieses ist darauf zurückzuführen, daß die Ladung bei eintretender Dunkelheit sich nach dem Licht drängt. Es erschwert das Einklinken der Tür. Ferner wurde festgestellt, daß der auftretende Lärm wohl mit Bezug auf die Unheimlichkeit des Dunkels immer dann einsetzt, wenn sich die Türen schließen. Es ist deshalb zweckmäßig, daß die Beleuchtung vor und während der ersten Minuten des Betriebes eingeschaltet wird. Auch ist die Beleuchtung bei Nachtbetrieb und beim Reinigen des Wageninnern von Vorteil.

7.) Um eine schnelle und leichte Entladung des Fahrzeuges zu erreichen, ist ein ausfahrbarer Rost anzubringen. Er ist auf kleinen Rädern in U-Eisen-Schienen zu führen. Das Aus- und Einfahren hat mit einer unter dem Wagen angebrachten Drahtseilzugwinde zu geschehen. Die mit der Anbringung beauftragte Firma hält diese Ausführungsart wegen Kräfte- und Materialmangel z. Zt. für undurchführbar. Die Ausführung ist bei einer anderen Firma anzuregen.

Vorstehende technische Abänderungen sind an den im Betrieb befindlichen Fahrzeugen nur dann nachträglich auszuführen, wenn jeweils ein Fahrzeug einer anderen größeren Reparatur unterzogen werden muß. An den in Auftrag gegebenen 10 Saurer-Fahrgestellen sind die vorstehenden Abänderungen so weit als möglich zu berücksichtigen. Da die Herstellerfirma gelegentlich einer Rücksprache betonte, daß konstruktive Abänderungen z. Zt. nicht oder nur für kleinste Abänderungen möglich sind, ist bei einer anderen Firma der Versuch zu unternehmen, mindestens *eines* dieser 10 Fahrzeuge mit allen Neuerungen und Abänderungen, die sich bisher aus der Praxis ergaben, auszustatten. Ich schlage vor, die Firma in Hohenmauth mit der Einzelausführung zu beauftragen.

Nach den Umständen ist bei diesem Fahrzeug mit einer späteren Fertigstellung zu rechnen. Es ist dann nicht nur als Muster-, sondern auch als Reserve-Fahrzeug bereitzuhalten bzw. einzusetzen. Bei Bewährung sind die übrigen Fahrzeuge nacheinander aus dem Betrieb zu ziehen und dem Musterfahrzeug entsprechend umzubauen.

II. Gruppenleiter II D
SS-Obersturmbannführer Rauff
mit der Bitte um Kenntnisnahme und Entscheidung vorgelegt.

I. A.
Just   Su. 4/6.
             Wa

Aus den Akten des Reichssicherheitshauptamts

Verwendung von Zyklon B

Im Sommer 1941, den genauen Zeitpunkt vermag ich z. Zt. nicht anzugeben, wurde ich plötzlich zum Reichsführer SS nach Berlin befohlen, und zwar direkt durch seine Adjutantur. Entgegen seiner sonstigen Gepflogenheit eröffnete er mir, ohne Beisein eines Adjutanten, dem Sinne nach folgendes: Der Führer hat die Endlösung der Judenfrage befohlen, wir – die SS – haben diesen Befehl durchzuführen. Die bestehenden Vernichtungsstellen im Osten sind nicht in der Lage, die beabsichtigten großen Aktionen durchzuführen. Ich habe daher Auschwitz dafür bestimmt, einmal wegen der günstigen verkehrstechnischen Lage und zweitens läßt sich das dafür dort zu bestimmende Gebiet leicht absperren und tarnen. Ich hatte erst einen höheren SS-Führer für diese Aufgabe ausgesucht; um aber Kompetenzschwierigkeiten von vornherein zu begegnen, unterbleibt das, und Sie haben nun diese Aufgabe durchzuführen. Es ist eine harte und schwere Arbeit, die den Einsatz der ganzen Person erfordert, ohne Rücksicht auf etwa entstehende Schwierigkeiten. Nähere Einzelheiten erfahren Sie durch Sturmbannführer Eichmann vom RSHA, der in nächster Zeit zu Ihnen kommt. Die beteiligten Dienststellen werden von mir zu gegebener Zeit benachrichtigt. Sie haben über diesen Befehl strengstes Stillschweigen, selbst Ihren Vorgesetzten genenüber, zu bewahren. Nach der Unterredung mit Eichmann schicken Sie mir sofort die Pläne der beabsichtigten Anlage zu. – Die Juden sind die ewigen Feinde des deutschen Volkes und müssen ausgerottet werden. Alle für uns erreichbaren Juden sind jetzt während des Krieges ohne Ausnahme zu vernichten. Gelingt es uns jetzt nicht, die biologischen Grundlagen des Judentums zu zerstören, so werden einst die Juden das deutsche Volk vernichten.

Nach Erhalt dieses schwerwiegenden Befehles fuhr ich sofort nach Auschwitz zurück, ohne mich bei meiner vorgesetzten Dienststelle in Oranienburg gemeldet zu haben.

Kurze Zeit danach kam Eichmann zu mir nach Auschwitz. Er weihte mich in die Pläne der Aktionen in den einzelnen Ländern ein. Die Reihenfolge vermag ich nicht mehr genau anzugeben.

Zuerst sollten für Auschwitz Ostoberschlesien und die daran angrenzenden Teile des General-Gouvernements in Frage kommen. Gleichzeitig, und dann je nach Lage fortgesetzt, die Juden aus Deutschland und der Tschechoslowakei. Anschließend der Westen: Frankreich, Belgien, Holland. Er nannte mir auch ungefähre Zahlen der zu erwartenden Transporte, die ich aber nicht mehr nennen kann. Wir besprachen weiter die Durchführung der Vernichtung. Es käme nur Gas in Frage, denn durch Erschießen die zu erwartenden Massen zu beseitigen, wäre schlechterdings unmöglich und auch eine große Belastung für die SS-Männer, die dies durchführen müßten im Hinblick auf die Frauen und Kinder.

Eichmann machte mich bekannt mit der Tötung durch die Motoren-Abgase in Lastwagen, wie sie bisher im Osten durchgeführt wurde. Dies käme aber für die zu erwartenden Massentransporte in Auschwitz nicht in Frage. Die Tötung durch Kohlenoxydgas, durch Brausen in einem Baderaum, wie die Vernichtung der Geisteskranken an einigen Stellen im Reich durchgeführt wurde, erfordere zuviel Baulichkeiten, auch wäre die Beschaffung des Gases für die großen Massen sehr problematisch. Wir kamen in dieser Frage zu keinem Entscheid. Eichmann wollte sich nach einem Gas, das leicht zu beschaffen wäre und keine besonderen Anlagen erfordere, erkundigen und mir dann berichten. Wir fuhren ins Gelände, um den geeigneten Platz festzulegen. Wir hielten das Bauerngehöft an der Nord-West-Ecke des späteren Bau-Abschnittes III Birkenau für geeignet. Es war abgelegen, gegen Einsicht durch umliegende Waldstücke und Hecken geschützt und nicht zu weit von der Bahn entfernt. Die Leichen sollten auf dem angrenzenden Wiesenplan in tiefen langen Gruben untergebracht werden. An ein Verbrennen dachten wir zu diesem Zeitpunkt noch nicht. Wir errechneten, daß man in den dort vorhandenen Räumlichkeiten ungefähr 800 Menschen gleichzeitig nach Gasdichtmachung durch ein geeignetes Gas töten könne. Dies entsprach auch der späteren Kapazität. Den Zeitpunkt des Beginnes der Aktionen konnte mir Eichmann noch nicht sagen, da alles noch in Vorbereitung wäre und der RFSS noch nicht den Anfang befohlen hätte.

Eichmann fuhr nach Berlin zurück, um dem RFSS über unsere Besprechung zu berichten. Einige Tage später schickte ich durch Kurier einen genauen Lageplan und eine genaue Beschreibung der Anlage an den RFSS. Eine Antwort bzw. einen Entscheid hierüber habe ich nie bekommen. Späterhin sagte mir Eichmann einmal, daß der RFSS damit einverstanden sei.

Ende November war in Berlin bei der Dienststelle Eichmann eine Dienstbesprechung des gesamten Judenreferates, zu der auch ich hinzugezogen wurde. Die Beauftragten Eichmanns in den einzelnen Ländern berichteten über den Stand der Aktionen und über die Schwierigkeiten, die der Durchführung der Aktionen entgegenstanden, wie Unterbringung der Verhafteten, Bereitstellung der Transportzüge, Fahrplankonferenz u. a. Den Beginn der Aktionen konnte ich noch nicht erfahren. Auch hatte Eichmann noch kein geeignetes Gas aufgetrieben.

Im Herbst 1941 wurden durch einen Geheimen Sonderbefehl in den Kriegsgefangenen-Lagern die russischen Politruks, Kommissare und besondere politische Funktionäre durch die Gestapo ausgesondert und dem nächstgelegenen KL zur Liquidierung zugeführt. In Auschwitz trafen laufend kleinere Transporte dieser Art ein, die durch Erschießen in der Kiesgrube bei den Monopolgebäuden oder im Hof des Blocks XI getötet wurden. Gelegentlich einer Dienstreise hatte mein Vertreter, der Hauptsturmführer Fritzsch, aus eigener Initiative Gas zur Vernichtung dieser russischen Kriegsgefangenen verwendet, und zwar derart, daß er die einzelnen im Keller gelegenen Zellen der Russen vollstopfte und unter Verwendung von Gasmasken Zyklon B in die Zellen warf, das den sofortigen Tod herbeiführte. Das Gas Zyklon B wurde in Auschwitz durch die Firma Tesch & Stabenow laufend zur Ungezieferbekämpfung verwendet, und es lagerte daher immer ein Vorrat dieser Gasbüchsen bei der Verwaltung. In der ersten Zeit wurde dieses Giftgas, ein Blausäurepräparat, nur durch Angestellte der Firma Tesch & Stabenow unter größten Vorsichtsmaßnahmen angewandt, später wurden einige SDG (Sanitätsdienstgrade) als Desinfektoren bei der Firma ausgebildet, und es haben dann diese die Gasverwendung bei der Entseuchung und Ungezieferbekämpfung durchgeführt. Beim nächsten Besuch Eichmanns berichtete ich ihm über diese Verwendung von Zyklon B, und wir entschlossen uns, bei der zukünftigen Massenvernichtung dieses Gas zur Anwendung zu bringen.

Aus den Aufzeichnungen des KZ-Kommandanten Rudolf Höß

V
Die »Aussiedlung«
1942

Aus dem Generalgouvernement werden jetzt, bei Lublin beginnend, die Juden nach dem Osten abgeschoben. Es wird hier ein ziemlich barbarisches und nicht näher zu beschreibendes Verfahren angewandt, und von den Juden selbst bleibt nicht mehr viel übrig. Im großen kann man wohl feststellen, daß 60 Prozent davon liquidiert werden müssen, während nur 40 Prozent bei der Arbeit eingesetzt werden können. Der ehemalige Gauleiter von Wien (Globocnik), der diese Aktion durchführt, tut das mit ziemlicher Umsicht und auch mit einem Verfahren, das nicht allzu auffällig wirkt.

Josef Goebbels in seinem Tagebuch am 27. März 1942

Das Ghetto wird geräumt
Ein Tagebuch / M. B.

Mittwoch, 22. 7. 1942

Das ist also das Ende des Warschauer Ghettos, das seit fast zwei Jahren verzweifelt um sein Leben gekämpft hat. Heute mittag wurden Plakate geklebt, die die Aussiedlung aller Bewohner »nach Osten«, ohne Rücksicht auf Alter und Geschlecht, verkündeten. Man braucht sich wohl nichts vorzumachen – diese Ankündigung ist das Todesurteil. Die Deutschen werden nicht irgendwo »im Osten« Tausende von Menschen ansiedeln, sie ernähren und kleiden, dieselben Menschen, die sie in Warschau konsequent aushungerten. Es erwartet sie ein schneller oder langsamer Tod. Vielleicht gibt es noch Hoffnung für die Helfer der Deutschen, die von der Deportation ausgeschlossen sind: die Arbeiter in Industrie und Handwerk, Polizisten, das Personal des Judenrates und so weiter. Diese haben sogar das Recht, Frauen und Kinder bei sich zu behalten. Aber die übrigen? Einen sehr deutlichen Anhaltspunkt enthält diese zynische Anordnung: Jeder Aussiedler darf 15 kg seines Eigentums als Reisegepäck mitnehmen. Es ist erlaubt, alle Wertsachen, wie Geld, Schmuck, Gold mit sich zu führen. Aber Gold durften die Juden doch seit einigen Monaten nicht mehr besitzen! Stellt euch in eine Reihe, damit wir euch töten, aber bringt die Wertsachen mit, ihr erspart uns so viel Mühe!

Das ist also die Erklärung der Aufregung, die seit Anfang der Woche hier um sich griff. Schon vorgestern ließen die Wachen an den Ghettoausgängen niemanden passieren. Gleichzeitig verhaftete man mehrere hundert Personen und brachte sie, wie ich annehme, in den Pawiak, das Gefängnis. Es waren Ärzte, Rechtsanwälte, Frauen. Man sprach von Geiseln. Heute verstehe ich mehr. Man nahm sie gefangen, um die anderen in Ruhe zu liquidieren. Ich verstehe und begreife die Juden nicht. Lassen sie sich wie Hammel zur Schlachtbank führen? Finden sie keinen Ausdruck des Protestes, der Verzweiflung? Unterdessen herrschte heute ein heilloses Durcheinander. Mittags begann die Menschenjagd durch die jüdische Polizei. Die Deutschen mischen sich nicht viel ein. Es gibt zwei Sorten von Uniformierten: schwarze und grüne. Sie stellten an allen Ghettoausgängen Maschinengewehre auf, und man hört fast ununterbrochen Schüsse – ich vermute als Warnung. Aber diese wilde, unschöne Schießerei dauerte schon die ganze Nacht. Die Deutschen zielen mit ihren Gewehren in die Fenster und schießen mit Revolvern auf Passanten. Eine Ärztin aus dem Kinderkrankenhaus in der Sienna-Straße erzählte mir heute, daß es in ihrem Gebäude kein Zimmer gibt, das nicht von außen beschossen wurde.

Nun befaßt man sich, wie es scheint, mit den Menschen, die nicht von Nutzen sind. Bettler, Obdachlose und Umsiedler aus der Provinz werden aufgegriffen und dann in größeren Gruppen zum Platz an der Stawki-Straße geführt, wo ein Nebengleis der Eisenbahn endet. Unser Kundschafter war dort und sah angeblich, wie man sie mit Hast und Gedränge in Güterwagen verlud und diese dann mit Stacheldraht verschloß. Schlimmer als Vieh. Es regnet, und der Anblick dieses Elends, sagt er, wäre nicht zu ertragen.

Von früh bis spät kamen heute Dutzende von Menschen ins Büro – manche kannten wir kaum – und flehten um Aufnahme in die Arbeitsliste, um Ausstellung einer Legitimation, um jede Art von Hilfe. Dies ist wirklich unmöglich. Die allgemeine Panikstimmung und Angst, durch die andauernde Schießerei noch verstärkt, ist so schrecklich, daß ich heute abend froh war, das Ghetto zu verlassen. Als ich dann das nahezu normale Treiben auf den Straßen Warschaus sah, konnte ich es nicht fassen, daß ganz in der Nähe Tausende von Menschen ins Jenseits »ausgesiedelt« werden.

Donnerstag, 23. 7. 1942
Seit einigen Monaten bin ich täglich im Ghetto, und ich habe mich an den Anblick gewöhnt. Heute fand ich es vollkommen verändert, wie ausgestorben, stumm und starr vor Entsetzen. Gestern wurden 5000 Bewohner deportiert. Das soll die tägliche Norm sein. Rechnet man, daß fünfzehn Prozent der Bevölkerung bleiben, so wäre die Aussiedlung in zwei Monaten abgeschlossen.

An der Mauer steht eine dichte Postenkette deutscher Gendarmen. Als ich in der Chlodna-Straße war, sah ich, wie ein Wachposten in ein Fenster im Ghetto zielte und schoß, weil sich dort jemand zeigte. Bis gestern noch waren die Straßen im Ghetto bevölkert, doch heute scheinen sie ausgestorben. Vereinzelte Passanten huschen ängstlich vorbei. Ständig ertönen Schüsse. Vor dem Gebäude des Judenrates, vor der jüdischen Polizeikommandantur und vor einigen großen Firmen stehen Menschen herum. Sie jagen nach dem »Ausweis«, nach der Bescheinigung, die eine Arbeitsstelle bestätigt und sie somit vor der Aussiedlung schützt. Schon heute zahlen einige für solchen Wisch Hunderte, ja Tausende von Zloty. Man erzählte mir, daß in der Nacht die Deutschen »gewirtschaftet« hätten. Am Tage werden die Sammeltransporte von jüdischen Polizisten zusammengestellt. Sie leerten die Gefängnisse, nahmen die leicht Erkrankten aus dem Hospital und die Bewohner eines Altersheimes mit. Aber nachts fielen die Deutschen in die

Wohnungen ein, zerrten die Menschen auf die Straße und erschossen sie vor dem Haus. Wie man sagt, wurden über hundert Juden getötet. In der Sliska- und in der Panska-Straße lagen die Leichen.

Die Geschäfte sind fast alle geschlossen und mit Brettern vernagelt. Nur einige Verteilungsstellen haben geöffnet, doch Brot gibt es nicht. Fremde Juden hielten mich auf der Straße an, da sie mich ohne Armbinde sahen: »Was wird mit uns? Was sagen die Polen? Helfen Sie uns!« In dieser Nacht schlief wohl keiner im Ghetto. Man packte seine Sachen, floh von einer Straße in die andere, versteckte sich in Kellern. Eine große Menschenmenge weinte und jammerte die ganze Nacht hindurch im Bethaus.

Freitag, 24. 7. 1942

Auf dem Grzybowskiplatz habe ich heute einen Zug von Deportierten auf dem Weg zum Umschlagplatz gesehen. Es waren an die 3000 Menschen, Männer, Frauen und Kinder. Sie gingen in Dreierreihen, nach typisch deutscher Vorschrift. Zu beiden Seiten ein Spalier jüdischer Miliz mit Stöcken und SS-Männer mit Gewehren und Peitschen. Fast alle Juden trugen ein kleines Bündel oder Paket, in den Händen hielten sie ihren Ausweis, ihre Arbeitskarte, Dokumente, die letzte Hoffnung auf Rettung. Ein alter Mann stolperte, er trat aus der Reihe und suchte Halt an einer Hauswand. Da schlug ihn ein Deutscher mit dem Knüppel auf Kopf und Rücken. Der Alte fiel rückwärts. Der Deutsche zog seinen Revolver, schoß ihn nieder und ging weiter, ohne sich umzusehen. Das geschah einige Schritte vor mir. Ich kann das Gefühl des Grauens nicht beschreiben, das mich ergriff. Ich mußte in einen Hauseingang treten und mich an die Mauer lehnen.

Montag, 27. 7. 1942

Die »Aktion« dauert an. Diese makabre Umschreibung für die Deportation hörte ich im Präsidium der jüdischen Polizei, wo ich eine Angelegenheit zu klären hatte. In einem Zimmer standen junge Polizisten mit der täglichen Zuteilung, einem Brot, unterm Arm. Sie sprachen ruhig, ja sogar fröhlich miteinander. Einer von ihnen wandte sich an seinen Nachbarn: »Na, Kollege, hast du heute die Aktion mitgemacht?« Ein anderer rief: »Herrschaften, morgen beginnt die Aktion um sechs Uhr früh.« Vielleicht bin ich bei solchen Äußerlichkeiten etwas zu empfindlich, aber der Ton war so hoffnungslos, routiniert und zynisch zugleich. Diese Menschen repräsentieren doch die Intelligenz, sie sind Abiturienten, Rechtsanwälte.

Heute bekam ich die Nachricht vom Tode des bekannten Malers K. Er wurde aus seiner Wohnung geholt, ging die Treppen nicht schnell genug hinunter, und schon erschoß ihn der Deutsche von hinten. Denn im Ghetto gilt es, schnell zu gehen – auch dem eigenen Tod entgegen. Hört man hier »schnell!«, so heißt das »im Laufschritt!«.

Ich erwähnte schon, daß in der ersten Verordnung eine Reihe von Firmen und Institutionen genannt wurden, deren Mitarbeiter von der Aussiedlung ausgeschlossen sind. Diese Leute nennt man hier »die Gedeckten«. Die Wahrheit ist, daß es jetzt außer der Polizeiuniform nichts mehr gibt, was einen sicher »deckt«. Vom Fenster unseres Büros aus sahen wir heute eine Menschenansammlung auf der Straße. Vor unseren Augen zerrissen die Deutschen Ausweispapiere. Einer ließ sich sogar mit einem Juden ein und schrie ihn an: »Wer arbeitet, sitzt in der Fabrik, man geht geschlossen zur Arbeit. Aber du treibst dich hier herum, also arbeitest du nicht!«

Mittwoch, 29. 7. 1942

Wohin fahren die Transporte? Eben das weiß niemand genau. Man spricht von Belzec, Sobibor und am meisten von Treblinka. In der Nähe von Warschau soll die Auswahl stattfinden. Die Alten, die Kranken und Kinder, alle »Unbrauchbaren«, werden angeblich sofort erschossen. Die übrigen schafft man nach Treblinka. Im Ghetto kursieren Nachrichten, die von Aussiedlern aus Brest und Siedlce stammen sollen. Sie hätten dort Arbeit, Wohnung und Verpflegung bekommen. Diese Gerüchte bringen die Deutschen in Umlauf, um ihre nächsten Opfer zu beruhigen.

Die »Aktion« scheint planlos, ohne irgendein System durchgeführt zu werden. Nicht mehr 5000, sondern 7000 Bewohner verlassen täglich das Ghetto. In der ersten Tageshälfte stellt die jüdische Polizei das Kontingent zusammen, später füllen es die Deutschen auf. Diese »blockieren« oder umstellen ein Haus und nehmen alle Bewohner ohne Ausnahme mit. Ein feststehender Plan der Deportation scheint nicht zu bestehen. Auf jeden Fall wird jedoch das sogenannte Kleine Ghetto zuerst durchkämmt, vor allem die Häuser, in denen Besitzer kostenloser Lebensmittelkarten wohnen.

Die oben erwähnte Blockade eines Hauses habe ich heute in der Prosta-Straße erlebt. Ich sollte dort auf Wunsch meines Freundes dessen Verwandte aufsuchen. Doch ich kam zu spät. Sie mußten gerade die Wohnung verlassen haben, denn die Tür stand offen, und in den Zimmern herrschte Unordnung. Ich ging hinein und hörte plötzlich vom Hof her Pfiffe und Schreie. »Alle 'runterkommen! Alle auf'n Hof! Wer oben bleibt, wird erschossen!« Ich schaute aus dem Fenster und sah auf dem Hof jüdische Polizisten, um die sich die Mieter sammelten. Fast alle von ihnen versuchten noch ein Bündel mitzunehmen, ein lärmender Haufen verzweifelter Menschen. Als ich die Treppen hinunterging, drückte mir eine fremde Jüdin ein Päckchen in die Hand und sagte flehend: »Nehmen Sie doch! Nehmen Sie doch! Es wird sich jemand bei Ihnen melden.« Ich hatte nicht einmal Zeit, meinen Namen und meine Adresse anzugeben, denn Polizisten rissen die Frau von mir weg und schleppten sie nach unten. Andere durchsuchten die oberen Stockwerke. Es dauerte nicht lange, bis alle Mieter, ungefähr sechzig Personen, unter ihnen Kinder und Greise, auf dem Hof standen. Ein Taubstummer bemühte sich, den Polizisten etwas klarzumachen, doch vergeblich. Er lief auf mich zu. Ich senkte meinen Blick und drehte mich um. Wie konnte ich ihm helfen? Nach einer Viertelstunde wurden Dreierreihen gebildet, und die Bewohner verließen den Hof. Ich öffnete das Päckchen der Frau und fand darin ein warmes Oberhemd, ein Paar Strümpfe und ein in Tücher gewickeltes Besteck.

Donnerstag, 30. 7. 1942

Wir fuhren mit einer Rikscha zur Stawki-Straße. Auf dem großen Platz standen Polizisten und alle möglichen Helfershelfer der Deutschen, also Letten, Ukrainer und jüdische Polizei. Aber mit meinem Führer konnte ich ohne Schwierigkeit passieren: Ich befand mich in der wogenden Menge, bald wurde ich nach vorne, bald nach hinten gestoßen, doch konnte ich den in der Ferne stehenden Zug beobachten. Unweit fand die letzte Auslese statt. Einer nach dem andern gingen die Juden durch die Kontrolle, die schnell und oberflächlich durchgeführt wurde. Mein Begleiter stellte sich neben den Tisch. Von Zeit zu Zeit mischte er sich in das Gespräch und gab irgendwelche Erklärungen ab. Plötzlich sah ich, wie er einem Mann heimlich ein Papier zusteckte. Dieser wies das Papier dem Deutschen vor und wurde sofort zu der Gruppe geschoben, die nicht zur Verschickung bestimmt war. Eine Frau, ich glaube es war seine eigene, packte ihn an der Schulter und wollte mit ihm gehen, aber der Polizist schlug ihr ins Gesicht und stieß sie auf die andere Seite des Stacheldrahts, wo es zum Eisenbahnzug ging. Gleich darauf gingen wir weiter.

Wir schieben uns durch die Menge. Es ist eine unerträgliche Hitze, Gedränge und Gestank. Die Menschen sind ausgehungert, verschmutzt und aufs äußerste erschöpft. Der Blick der einen spricht von vollkommener Resignation, der anderen von Angst und Erregung. Wir stoßen bis zu einem großen Gebäude vor, dem ehemaligen Spital. In den vier Stockwerken drängen sich die Menschen. Ununterbrochen bewegen sie sich treppauf, treppab. Die Deutschen treiben die Menschen hinunter zu den Waggons. Die Masse flüchtet nach oben, in der Hoffnung, den kritischen Moment hinauszuzögern. Manche hocken apathisch in einem Winkel, von allen Seiten gestoßen, und scheinen sich für nichts mehr zu interessieren ... Mein Begleiter macht mich darauf aufmerksam, daß es Menschen gibt, die hier achtundvierzig Stunden oder mehr verbringen.

Ein junger Polizist versucht uns den Weg zu bahnen, aber die Menge stößt uns nach unten zurück. Plötzlich ein schrecklicher Aufschrei: »Sie kommen! Die Deutschen!« Und eine mächtige Woge trägt uns nach oben in den zweiten Stock. Denn es besteht immer die Hoffnung, daß unten genügend Opfer eingefangen werden. Von Zeit zu Zeit vernimmt man aus dem Erdgeschoß Revolverschüsse. »Schießen sie in die Luft?« flüstere ich Herrn Ch. zu. Er blickt mich nur verwundert an und gibt mir keine Antwort.

Langsam drängen wir uns durch und gelangen nach oben. Es sind wenige Menschen hier, aber überall herrscht ein unausstehlicher Gestank. Die Leute schwitzen, sind krank. Sie sind gezwungen, ihre Notdurft an Ort und Stelle zu verrichten, denn es ist unmöglich, bis zu den Korridoren vorzudringen. Die meisten sind schmutzig, in zerrissenen Kleidern. Nur wenige sind etwas besser angezogen, die Intelligenz.

Im dritten Stock schreit, nein, brüllt eine wahnsinnig gewordene Frau: »Man hat sie genommen!« Und dann weiter etwas Unverständliches auf Jiddisch. Irgend jemand erzählt mir, daß man ihre beiden Kinder zum Zug geschleppt hat. Sie will um jeden Preis fort. Mit allen Kräften sucht sie die sie umgebende Menge beiseite zu schieben und den Kindern nachzulaufen, aber ein Mann hält sie zurück. Vielleicht ist es der Vater? Es gelingt ihr, sich zu befreien und zum Fenster zu stürzen. Trotz des Gedränges im ganzen Gebäude ist der Platz neben den Fenstern leer.

Jetzt sehen wir, warum: kaum hat sie sich aus dem Fenster gebeugt, da ertönt ein Schuß. Niemand ist verwundet. Aber die Frau ist ohnmächtig geworden. Sie ist zu Boden gefallen, ein Haufen menschlichen Elends. In diesem Hause des Schreckens haben wir vier Stunden verbracht.

Ja, ich war dort, betäubt, erschüttert. Für Augenblicke schien es mir, als wären wir in einem Bahnhof und warteten auf den Zug. Dann plötzlich erinnerte mich ein Wort, eine Szene daran, daß dies der Todeszug war, auf den man hier wartete, daß alle diese Geschöpfe sich quälen, drängen, daß sie auf ihre Vernichtung warten. Ich hörte Leute sagen: »Alles ist besser als diese Müdigkeit, dieses Warten. Ich gehe!« Andere sah ich, irrsinnig vor Furcht, ohnmächtig werden, als sie hörten, die Deutschen sammelten ein neues Deportationskontingent. Ein junges Mädchen in zerfetztem Kleid stürzte auf den Korridor hinaus, klammerte sich an Herrn Ch.s

Schulter und schrie: »Man hat mir alle vier geholt. Ich bin allein, ganz allein! Töten Sie mich!« Endlich verließen wir diese Hölle. Jetzt noch klingen mir die Schreie, das Weinen und die Revolverschüsse in den Ohren.

Auf dem Rückweg erzählte mir Herr Ch. Einzelheiten über den Transport. Fast alle Züge werden nach Treblinka geschickt. Jeden Tag fährt ein Zug von achtundfünfzig Waggons mit je hundert Menschen und zwei Wagen mit Personal. Seit ein paar Tagen hat man das tägliche Kontingent auf zehntausend erhöht. Ein zweiter Zug soll eingesetzt werden. Bis dahin wird einfach die doppelte Menge in die Waggons hineingepfercht. Die Transportverhältnisse sind derart, daß schon unterwegs, während dieser ersten Etappe, ein Teil der Menschen zugrunde geht.

Freitag, 31. 7. 1942

Die Menschenjagd, die Morde und Pogrome halten an. Im Ghetto toben sich die »Junaken« aus. Was für Leute sind das? Die Deutschen haben eine Bande von Räubern und Lumpen ins Ghetto gebracht: ungefähr zweihundertfünfzig Letten in ihren khakifarbenen Uniformen mit weinroten Streifen am Kragen, Litauer, Ukrainer und aus deutscher Gefangenschaft entlassene Russen, die alle eine schwarze Uniform tragen. Diese Junaken haben freie Hand. Sie plündern leere Häuser, aber sie überfallen auch die Juden in ihren Wohnungen. Sie erschießen sie, ohne jegliche Veranlassung und ohne sich verantworten zu müssen. Auf diese Art kam Dr. Raszej, ein bekannter Chirurg, ums Leben, obwohl er die Erlaubnis besaß, einen jüdischen Patienten zu besuchen. Mit ihm starben alle Anwesenden – bis auf den Kranken. Die Junaken sorgen für ihre Unterhaltung. Man sieht oft, wie die Jungen, von denen manche weniger als zwanzig Jahre alt sind, von hinten auf Passanten schießen. Sie nehmen sich auch eine Rikscha, natürlich mit einem jüdischen Fahrer, und beschießen von dort aus die Fußgänger. Sie lassen sich mit Juden ins Gespräch ein, gehen mit ihnen spazieren, doch plötzlich schießen sie sie kaltblütig nieder. Na ja, und die Deutschen selbst ... Heute war ich Zeuge, als ein deutscher Gendarm einen Menschen erschoß. Sofort liefen Polizisten zusammen. Einer von ihnen erzählte mir dann später, wie dieser Deutsche die Taschen des Toten durchsuchen ließ, um dessen Adresse zu erfahren und die Familie zu benachrichtigen! Er schrieb alles mit einem Bleistift auf und setzte hinter diese Notizen die Nummer 182. Gestern vergaß ich zu erwähnen, daß sich ein deutscher Zollbeamter, kein Soldat oder Polizist, auf die Mauer am Umschlagplatz setzte und mit seinem Gewehr in die Fenster schoß. Er schien sich gut zu unterhalten.

Für die meisten gebildeten Juden im Warschauer Ghetto bleibt der Tod von eigener Hand der einzige Ausweg. Jeden Tag hört man von zahlreichen Selbstmorden. Aber Schußwaffen besitzt niemand. Auch die Apotheken haben geschlossen, und so kann man schwer Gift bekommen. Die Art des Freitodes ist dementsprechend schrecklich: Erhängen, Sprung aus dem Fenster, Öffnen der Pulsadern. Oft töten sich ganze Familien. Man erzählt sich furchtbare Dinge. Rechtsanwalt B. verübte Harakiri! Was müssen die Menschen durchgemacht haben, ehe sie sich zu dieser Verzweiflungstat entschlossen. In welcher Hölle von Angst, Trauer und Leiden haben sie gelebt!

Samstag, 1. 8. 1942

... Auf der Nowolipie-Straße begegne ich einer Gruppe von vierhundert Leuten, die während einer Treibjagd in den Straßen von Warschau gefangengenommen wurden. Sie werden von acht Deutschen geführt, die nur mit Peitschen bewaffnet sind, von denen sie häufig Gebrauch machen. Das erste Gefühl – Erstaunen und Verachtung: Warum flieht ihr nicht? Warum kämpft ihr nicht gegen die Henker? Ihr würdet wenigstens im Kampfe, auf der Flucht, im Widerstand umkommen. Dann habe ich verstanden – diese Menschen hoffen ja noch!

Montag, 3. 8. 1942

Gestern wurde das Internat, dessen Leiter der bekannte Erzieher und Schriftsteller Janusz Korczak war, geschlossen deportiert. Die Deutschen erlaubten dem Pädagogen zu bleiben, doch er lehnte das Angebot ab. Er begleitete seine Kinder auf ihrem letzten Gang. Aber schon auf dem Umschlagplatz wurde Korczak von den Zöglingen getrennt und in einen anderen Waggon gesteckt. Zeugen dieser Szene behaupteten, noch nie etwas Ergreifenderes gesehen zu haben. Solche Tat wie die Korczaks ist hier nicht selten. So hat das Personal des jüdischen Kinderkrankenhauses seine Patienten bei der Deportation nicht verlassen. Mit Korczak gingen auch seine Helfer. Ihn selbst kannte ja ganz Polen als den »alten Doktor« in den Plaudereien des polnischen Rundfunks. Seine Kinderbücher haben einen festen Platz in der polnischen Literatur. Bis gestern wurden hunderttausend Bewohner ausgesiedelt.

Dienstag, 4. 8. 1942

Die Deutschen wollen sich die Mühe sparen, die Menschen selbst zur Deportation einzufangen. Sie kamen auf eine vortreffliche List. Man versprach jedem, der sich freiwillig auf dem Umschlagplatz meldete, folgende Vorteile: Er bekommt Verpflegung (3 kg Brot und 1 kg Marmelade) mit auf den Weg und wird nicht von seiner Familie getrennt. Ich habe gehört, daß sich bis fünf Uhr nachmittags des ersten Tages gleich 11 000 Menschen meldeten. Wer wie ich täglich das Ghetto sieht, versteht die Einstellung dieser Leute: dies alles möglichst schnell hinter sich zu bringen.

Mittwoch, 5. 8. 1942
Das jüdische Gefängnis in der Gesia-Straße wurde schon am ersten Tag der »Aktion« geräumt. Nun erschießt man dort die Alten, Kranken und Gebrechlichen, eben den »Ballast«, den man nicht mal mehr nach Treblinka fährt. Täglich fünfzig bis achtzig Menschen sterben auf diesem Gelände. Das Gefängnis ist jedoch nicht der einzige Hinrichtungsort. Dutzende von Bewohnern erschießt man auf dem Friedhof in der Okopowa-Straße und auf dem benachbarten Sportplatz. Nicht zu vergessen die unzähligen Opfer im ganzen Ghetto, auf den Straßen, Höfen und in den Wohnungen.

Donnerstag, 6. 8. 1942
Die Deutschen halten die eigenen Versprechen nicht und achten auch keine Verordnungen. So werden jetzt zum Beispiel die Eltern der Polizisten, die man bisher nicht deportierte, abtransportiert. Ferner sind in den letzten Tagen einige Hundert der »kasernierten« Familien ausgesiedelt worden. Die von der Deportation ausgenommenen Arbeiter wohnten mit Frau und Kindern in besonderen Häuserblöcken. Eben diese »Kasernen« umzingelten die Deutschen, als die Männer in den Fabriken waren. Sie führten die Bewohner aus den Kasernen in der Nowolipie-Straße ab. Dort wohnen Arbeiter der wichtigsten Betriebe, zum Beispiel der Fabriken von Többens und Schultz. Viele Frauen haben Angst, tagsüber allein zu bleiben und gehen darum mit ihren Männern in die Fabrik. Doch auch dort drohen Kontrollen, und man nimmt nicht nur die »Schwarzarbeiter« mit, sondern auch die dort Beschäftigten. Eine solche »Säuberung« habe ich heute im Betrieb von Többens gesehen. Der große Fabrikhof, gerade noch voller Menschen, war plötzlich wie leergefegt, denn einige SS-Männer kamen durch das Fabriktor. Man muß diese fliehenden Menschen gesehen haben, die mit blinder Angst in das Gebäude stürmten. Wie die Tiere! Wie vor einer Gefahr zu Tode erschrockene Tiere! Aber auch die SS-Männer hatten etwas Tierisches an sich. Sie waren wie hungrige, schnüffelnde Hunde. Mit schnellen Schritten, nach allen Seiten Ausschau haltend, betraten sie das Gebäude. Mehr konnte ich nicht sehen. Später erfuhr ich, daß achtzig Personen mitgenommen wurden.

Aufruf

An die Einwohner des jüdischen Wohnbezirks.

Gemäss Anordnung der Behörden vom 22 Juli 1942 werden alle Personen, welche nicht in Anstalten und Unternehmen tätig sind, unbedingt umgesiedelt.

Die Zwangsaussiedlung wird ununterbrochen weitergeführt. Ich fordere erneut die der Aussiedlung unterliegende Bevölkerung auf, sich freiwillig auf dem Umschlagplatz zu melden und verlängere auf weitere 3 Tage, d. h. den 2., 3. und 4. August 1942 die Ausgabe von 3 kg. Brot und 1 kg. Marmelade an jede sich freiwillig meldende Person.

Freiwillig zur Abreise erscheinende Familien werden nicht getrennt.

Sammelpunkt für Freiwillige: Dzika 3 — Stawki 27.

Der Leiter des Ordnungsdienstes

Warschau, den 1. August 1942

Ich glaube, das Nahziel der Deutschen ist die vollständige Räumung des »Kleinen Ghettos«. Vier Straßen sind schon fast leer. Jetzt sind die anderen an der Reihe. Nun verlassen schon 15000 Bewohner täglich das Ghetto!

Samstag, 8. 8. 1942

Heute sah ich in der Leszno-Straße, wie die Deutschen eine Arbeiterkolonne auf dem Heimweg anhielten. Sie begannen einige Männer abzusondern. Es stellte sich heraus, daß alle über fünfunddreißig Jahre herausgeholt wurden. Schnell waren ungefähr hundert »Ältere« zusammen, nachdem die Deutschen die Personalausweise auf das Alter hin überprüft hatten. In Dreierreihen jagte man sie zum Platz. Die anderen setzten langsam ihren Weg fort. Alle Ausweise und Bescheinigungen nützen nichts mehr. Die ersten Verordnungen, die einen bestimmten Personenkreis von der Deportation ausschlossen, sind hinfällig geworden. Ich habe sogar Männer mit Leinenstreifen an der Brust auf dem Platz gesehen. Es waren Arbeiter von Többens und Schultz. Niemand wagt sich auf die Straße. Die Aktion hat wohl ihren Höhepunkt erreicht. Die jüdischen Polizisten sind nur noch kleine Handlanger. Deutsche und Junaken bevölkern die Straßen. Mit einem dieser Junaken habe ich mich heute auf russisch unterhalten. Er ist achtzehn Jahre alt. Als russischer Soldat kam er auf der Krim in deutsche Gefangenschaft. Er nahm das Angebot, für die Deutschen zu arbeiten, ohne Zögern an. »Sie geben mir zu essen und bezahlen mich. Ich mache alles, was sie wollen.« Man hat mir erzählt, jeder der Ukrainer hätte sich vorgenommen, mindestens vierhundert Juden zu töten. Das soll die Rache für »die Opfer der Juden unter sowjetischer Herrschaft« sein.

Auf den Straßen sind nur wenige Passanten zu sehen. Das Ghetto scheint ausgestorben. Deshalb habe ich mich auch gewundert, als ich eine Frau mitten auf dem Damm gehen sah. Sie sprach jeden an, auch die Deutschen. Sie war verrückt. Die Frau lief die Straßen auf und ab und suchte ihr Kind, das verschleppt oder vielleicht getötet worden war. Sie ist die personifizierte Verzweiflung. Für sie wäre der Tod eine Erlösung, aber die Verrückte wird von den gemeinen, brutalen Deutschen am Leben gelassen. Oft wird hier um einen schnellen Tod gebeten. Es ist schon dazu gekommen, daß einige Juden den Deutschen oder Junaken für eine tödliche Revolverkugel Geld anbieten! Doch der Kelch des Leidens muß bis zur Neige geleert werden – und sterben ist nicht einfach, wenn man sich danach sehnt. Das Leben, oder besser gesagt, das Essen ist ein Problem. Ein Kilo Brot kostet 70 Zloty, Kartoffeln 20 Zloty, Speck, Butter ein paar Hunderter, eine Zigarette 1,50 Zloty.

Montag, 10. 8. 1942

Im »arischen« Warschau dauert die Jagd nach entlaufenen Juden an. Der Aufenthalt der Juden außerhalb des Ghettos und die Unterstützung dieser Menschen sind unter Todesstrafe verboten. Gestern hielt ein deutscher Gendarm auf der Poniatowski-Brücke ein jüdisches Kind fest und zwang mit dem Revolver einen vorübergehenden Polen dazu, es in die Weichsel zu werfen. Ich erfuhr es von einem Augenzeugen. Jeder kennt auch die Geschichte mit dem Deutschen, der ein eingefangenes Kind eigenhändig in die Kanalisation warf.

Im Ghetto fahren in diesen Tagen Aufnahmewagen einer deutschen Filmgesellschaft. Es werden gestellte Szenen gefilmt: die »Neue Ordnung« im Ghetto, der neue soziale Aufbau und anderes mehr. Sie drehten auch das Verladen jüdischer Kinder auf ein Fuhrwerk. Ich verstehe nicht, warum sie das machen.

Dienstag, 11. 8. 1942

Heute bin ich sehr früh ins Ghetto gegangen. Zwischen fünf Uhr und sechs Uhr dreißig macht hier das Leben noch einen normalen Eindruck. Die Aktion hat ja dann noch nicht begonnen, und jeder versucht, Nahrung aufzutreiben und das Schicksal seiner Verwandten zu klären. Später, nach der ganztägigen Arbeit, wenn man schon annehmen darf, daß die Aktion bis zum nächsten Morgen unterbrochen ist, sieht man wieder mehr Leute auf der Straße. Meistens bilden sie kleine Gruppen und bewegen sich auf der Straße nur im Laufschritt. Diese Menschen kann man leicht in Verwirrung bringen. Ruft jemand, die nächste Straße wäre blockiert, so kehrt der Haufen aufgescheucht um. Aber eine andere Gruppe kommt ihnen entgegen. Das bedeutet, von dort aus muß man auch fliehen. Die beiden Haufen treffen aufeinander. Was gibt's bei euch? Kommt man da durch? Die Menschen überschütten sich mit Fragen und verlieren vor Angst ihre Fassung. Wenn auf unserer »arischen« Seite einmal eine mehrstündige Razzia stattfindet, ist die ganze Stadt erschüttert. Man stelle sich nun eine vierwöchige Menschenjagd ohne Pause vor, eine viel schlimmere, weil sie die ganze Stadt ergreift. Sie ist blutig, brutal, und es gibt vor ihr keine Rettung!

Mittwoch, 12. 8. 1942

Am Morgen habe ich zwei große Leiterwagen gesehen, beladen mit den Leichen kleiner Kinder im Alter bis zu zwei Jahren.

Donnerstag, 13. 8. 1942

Viele Straßenzüge sind schon gänzlich geräumt. SS-Männer suchen jetzt dort die letzten Bewohner. Finden sie jemanden, so wird er auf der Stelle erschossen. Hinter den Deutschen gehen Juden mit Tragen, mit denen sie die Leichen fortschaffen. Solche Kontrollen der leeren Häuser sind nur ein Vorwand zum Stehlen. Oft sehen die Kontrollmannschaften furchtbare Dinge. Das Haus ist leer, Hals über Kopf verlassen. Auf dem Tisch stehen noch volle Teller, die Betten ungemacht, offenstehende Schränke und Schubladen. In einem Zimmer liegt ein Junge mit gespaltenem Schädel. In einer anderen Wohnung liegt eine Frau im Bett und reagiert nicht auf die Schreie der SS-Männer. Sie ist tot. Auf dem Nachttisch sieht man ein leeres Veronal-Röhrchen.

Heute erschoß an der Ecke Zelazna-Krochmalna-Straße ein Junake eine Jüdin, die an der Hand ein vierjähriges Kind hielt. Die Mutter fällt, das Kind ist über und über mit Blut bespritzt, zerrt mit seinen roten Händchen an der Toten und beschmiert ihr Gesicht mit Blut.

Dienstag, 18. 8. 1942

Einige Tage lang habe ich nichts geschrieben. Bis heute dauerte die Aktion noch an. Sie wurde mit einer unverminderten, nein, noch größeren Härte durchgeführt. Die Gesamtzahl hat schon 200 000 überschritten. Die Geschichte kennt kein Massaker, das so hinterhältig auf Anordnung einer Regierung geschah. Man kann das nur Massaker nennen. Tatsache ist, daß zwei oder drei Transporte an die Ostfront geschickt wurden, um dort Minen zu räumen und Schützengräben auszuheben. Alle anderen Transporte sind vernichtet, darüber gibt es keinen Zweifel mehr. Es kreisen sogar Gerüchte, die von einer Verarbeitung der Leichname zu Gebrauchsartikeln (zum Beispiel Seife) berichten.

Im Ghetto gibt es fast nichts zu kaufen. Für 1 kg Brot verlangt man über 85 Zloty, für Zucker 450 Zloty und für Butter 800 Zloty.

Heute ist es ruhiger. Fast die gesamte Gestapo und viele ihrer Helfershelfer bei der Aktion (Letten, Litauer) sind von Warschau nach Otwock und anderen nahen Städten am rechten Weichselufer gefahren. Es blieben nur die Polizisten. An einer Mauer sah ich ein Plakat mit der Aufschrift: »Schmach der jüdischen Ordnungspolizei! Sie ermordete über 200 000 Landsleute!«

Mittwoch, 19. 8. 1942

Gestern kam die Verordnung, die Judenkinder sollten sich am nächsten Tag auf dem Umschlagplatz einfinden, ebenso alle, die keine Arbeitskarten besitzen. Die Verbissenheit, mit der man die kleinen Kinder umbringt, ist ganz besonders teuflisch. Heute abend habe ich an der Ecke der Gesia- und Okopowa-Straße eine dichtgedrängte Gruppe von 150 bis 200 kleinen Kindern gesehen. Ihnen gegenüber standen ein paar Deutsche, die ihre Gewehre auf die Gruppe richteten. Die Kinder waren wie von Sinnen vor Angst. Sie weinten, versteckten sich eines hinter dem anderen und bissen sich in die Finger. In der Nähe stand eine Gruppe von Frauen – wahrscheinlich die Mütter. Eine von ihnen riß sich los, stürzte auf einen Deutschen zu, um ihm etwas zu erklären. Sie gestikulierte und wies auf eines der Kinder. Der Deutsche brüllte sie an, wie nur sie es können, und befahl ihr, auf ihren Platz zurückzugehen. Er drohte ihr mit dem Gewehr. Sobald sie sich umgedreht hatte, schoß er, und sie fiel tödlich getroffen nieder.

Donnerstag, 20. 8. 1942

Seit drei Tagen sind keine Deutschen im Ghetto, und niemand wird deportiert. Einige Juden glauben in ihrer unverbesserlichen Einfalt an ein Ende der Aktion. Ich habe diese Illusionen nicht.

Mittwoch, 26. 8. 1942

Die Aussiedlung beginnt wieder. Die Deutschen und die Junaken sind, nach Beendigung der Massaker in einigen Orten bei Warschau, hierher zurückgekehrt. Man hört Berichte und Gerüchte, die von noch größeren Grausamkeiten sprechen, aber man stumpft hier ab, und ich bin nicht mehr so leicht zu beeindrucken. Doch ich fühle mich immer seltsamer und mir ist nicht ganz wohl, wenn ich zweimal täglich – zur Arbeit und zurück – durch die Straßen des Ghettos mit diesem Gefühl der Sicherheit und Geborgenheit gehe. Ich empfinde dabei, daß ich abseits stehe, daß es mich nichts angeht und daß das Schlimmste, was mich in dieser Hölle treffen könnte, höchstens noch eine erschütternde Szene mehr, noch eine nervenbelastende Begebenheit wäre. Ich denke oft über dieses Gefühl nach, versuche es zu klären und erröte dabei, denn – ehrlich gesagt – empfinde ich eine gewisse Zusammengehörigkeit zwischen mir und den Schindern. »Wir Arier.« Wie erbärmlich das ist! Aber es ist wohl nur der Instinkt des Menschen, der Selbsterhaltungstrieb, der sich da meldet. Tröstlich ist die unumstößliche Gewißheit, daß es zur Entscheidung und zur Abrechnung kommt. Die Juden sind doch nur der erste Akt. Wird er von den Deutschen beendet, so kommen wir an die Reihe. Vielleicht stehen wir schon am Rande des Abgrunds von Leiden und Gefahren, und dann wehe uns!

Donnerstag, 27. 8. 1942

Die Welt schweigt. Die Welt weiß, was hier vor sich geht – es kann nicht anders sein, und sie schweigt. Es schweigt im Vatikan der Vertreter Gottes, es schweigen die Beschützer der guten Sache in

London und Washington, es schweigen die Juden in Europa und in Amerika. Dieses Schweigen läßt einen erstaunen und erschrecken. Die Deutschen werden doch einst versuchen, alles zu leugnen, und wenn die Wirklichkeit es ihnen nicht erlauben wird, dann werden sie versuchen, die eigene Schuld auf die Polen, Litauer, Ukrainer und Letten abzuwälzen. Aber es handelt sich nicht um die Zukunft; vielleicht findet sich jetzt noch eine Stimme, die der Deutsche verstehen wird und die ihm zurufen würde »Genug«. Die Stimme der Kraft und der Strafe. Unterdessen ertönt die Stimme des Protestes nicht aus der Freiheit, sondern von dort, wo es am schwersten ist, zu sprechen – aus der Gefangenschaft. Alle militärischen, ideellen, freiheitlichen Organisationen des unterirdischen Polen überbrücken ihre ideologischen Unterschiede, siegen über das Gift der deutschen Propaganda und über ihre eigenen, manchmal sehr scharfen Vorurteile und tiefen Gegensätze – sie vereinigen sich in der Verurteilung der deutschen Grausamkeit. In einer illegalen Zeitschrift habe ich die Proklamation des »unterirdischen Polen« gelesen. Ich rechne gar nicht damit, daß bei uns alle, ohne Ausnahme, genauso denken – aber so denken jene, die die Verantwortung für das Schicksal des Vaterlandes auf sich genommen haben und somit als einzige das Recht besitzen, im Namen unserer Heimat zu sprechen.

Freitag, 28. 8. 1942

Das Schicksal der Deportierten ist mehr oder weniger bekannt. Vielleicht sind ein, zwei Transporte wirklich nach Osten gefahren, um die ausgesuchten, gesunden, starken, jungen Menschen dort an der Front als Arbeiter einzusetzen. Die große Masse jedoch wird nach Treblinka gebracht. Dieser Ort ist mit einer Mauer des Schweigens umgeben, aber vereinzelte Nachrichten sickern doch durch. Die Personenzüge halten nicht auf diesem Bahnhof. Die Züge mit den Juden fahren bis ans Lager heran. Jeweils zehn oder zwanzig Waggons werden nacheinander hineingeschoben. Die Ankömmlinge treibt man heraus und zwingt sie, ihre Habe, vor allem Geld und Wertsachen, abzugeben. Dann ziehen sich die Juden aus und gehen nackt in den »Baderaum«. Eine große Aufschrift verspricht nach dem Bad Kleidung und Arbeitsplatz. Es geht jedoch nur darum, Panik und Widerstand zu vermeiden. Dieses Bad ist nämlich schon das Ende. Der Baderaum ist eine Todeskammer. Ich weiß nicht, ob man Giftgas oder elektrischen Strom verwendet oder ob die Luft allmählich entzogen wird. Die nächste Etappe ist jedoch auf jeden Fall ein Massengrab, das mit einem Spezialbagger ausgehoben wurde. In dieser Grube sind die Leiber von Männern, Frauen und Kindern dicht aufeinandergeschichtet. Die Lagerwache wird, unter SS-Kommando, von den Ukrainern gestellt. Sie haben

Geld im Überfluß und geben in der Umgegend Tausende für Schnaps und Frauen aus. Im Umkreis von einigen Kilometern ist die Luft vom Gestank der faulenden Leichen verpestet, so daß die Bauern der Umgebung Tag und Nacht die Fenster geschlossen halten und sie mit Papierstreifen abdichten.

Samstag, 29. 8. 1942

Wir leben den ganzen Tag über inmitten der Menschenjagd. Das Ghetto ist fast geräumt, und deshalb befassen sich die Deutschen mit den Arbeitern der Fabriken von Schultz, Többens und anderen. Heute bin ich auf dem Heimweg am Ghettoeingang durch eine »Selektion« über eine Stunde aufgehalten worden. Eine Gruppe von hundert Arbeitern, die außerhalb der Judenstadt beschäftigt war, wurde kontrolliert. In Fünferreihen mußten die Männer an einer SS-Kommission vorbeigehen. Diese suchte willkürlich ein, zwei Personen aus jeder Reihe aus und stellte sie an die Wand. Neben mir stand längere Zeit ein junger Mann, der außergewöhnlich ungeduldig war. Er flüsterte mir zu, er habe keine Angst vor der Kontrolle. Nur: »Werden sie sich nicht beunruhigen, wenn ich mich verspäte?« »Warten zu Hause Angehörige auf Sie?« fragte ich. Er bejahte mit glänzenden Augen und einem strahlenden Lächeln. Kurz darauf wurden seine Personalien festgestellt, und er durfte weitergehen. Hastig drehte er sich um und stieß dabei einen danebenstehenden Junaken an. Dieser legte ohne Zögern sein Gewehr an und schoß. Der Junge fiel. Einen Augenblick lang sah ich noch sein erfreutes Gesicht. Jetzt lebte er nicht mehr. Der Junake befahl den Umstehenden, die verschütteten Kartoffeln, die der Tote in einem Sack bei sich getragen hatte, aufzusammeln.

Donnerstag, 3. 9. 1942

Heute war ich seit fünf Tagen zum erstenmal wieder im Büro. Alle Passierscheine sind nämlich vorübergehend für ungültig erklärt worden. Da vor zwei Tagen ein schwerer nächtlicher Luftangriff auf Warschau stattgefunden hatte, fragte ich einige Leute im Ghetto, wie sie ihn überstanden hätten. Alle sagten mir, es wäre eine ausnahmsweise ruhige Nacht gewesen, weil sich die Deutschen versteckt hielten. Die meisten Bewohner kampieren in Kellern, Ruinen und allen möglichen Verstecken. Die Männer, die am Tage arbeiten müssen, suchen für ihre Angehörigen, vor allem die Kinder, sichere Plätze aus. Man erzählte mir von einem getarnten, zugemauerten Versteck, wo eine Alte für 200 Zloty täglich die Kinder aufbewahrt. Es spielen sich tragische Vorfälle ab. Einer meiner Bekannten bekam den Brief eines jüdischen Polizisten: »Ich schreibe vom Umschlagplatz. Wir wurden hinterlistig gefangen.

Man befahl uns, den Pariser Platz zu umstellen. Bald stellte sich dies als eine Falle heraus. Man kesselte uns ein und brachte alle hierher. Seit zwei Tagen habe ich nichts gegessen und muß auf der nackten Erde liegen. Es herrschen furchtbare Zustände. Jeden Augenblick sollen wir abtransportiert werden. Ich weiß nicht wohin, bestimmt in den Tod. Aber es ist schon alles egal. Ich bitte weder um Hilfe, sie ist doch unmöglich, noch um Mitleid. Ich flehe euch aber an, holt meine Mutter aus dem Versteck, das keiner kennt, sonst verhungert sie.« Es folgte dann eine Zeichnung und Beschreibung des Ortes. In einem anderen Fall versteckten Freunde eine Frau. Als sie deportiert wurden, benachrichtigten sie deren Sohn. Er wußte nun, daß seine Mutter lebte, daß sie Hilfe brauchte und befreit werden mußte, weil sie allein nicht aus dem Versteck herauskam. Aber der Mann kannte den Ort nicht!

Samstag, 5. 9. 1942

Die Räumung und Säuberung des Ghettos von den wenigen Überlebenden dauert an. Grundsätzlich von der Deportation ausgenommen sind nur Arbeiter, die in besonderen Straßenzügen wohnen. Aus Angst vor einer »Blockade« fliehen sie aus diesen Häusern, aber offiziell lebt im Ghetto außerhalb der »Blöcke« niemand mehr. In Wirklichkeit jedoch halten sich noch viele Alte, Kranke und vor allem Flüchtlinge dort auf. Einige treibt der Hunger ans Licht, andere werden von den Häschern entdeckt. In der Nowolipie-Straße sah ich eine bezeichnende Szene. Jüdische Polizisten trugen auf Befehl der SS eine gelähmte oder vielleicht auch altersschwache Frau in ihrem Stuhl aus der Wohnung. Ein Deutscher ließ sie auf die Straße stellen, ging einen Schritt zurück und holte langsam seine Pistole hervor. Eisiges Schweigen herrschte ringsum. Dann schaute er der Alten direkt ins Gesicht und drückte ab.

Montag, 7. 9. 1942

In der Firma hatte ich diesmal Sonntagsdienst. Es scheint, die Vernichtungsaktion wird mit der größten Anstrengung geführt und zugleich nähert sie sich wohl ihrem Ende. Man weiß, daß einige Menschen am Leben bleiben – für wie lange? Es sollen 40 000 bis 60 000 Bewohner überleben. Gestern bekamen diese Glücklichen sogenannte Lebensnummern. Deshalb mußten sich alle Juden frühmorgens in der Mila-, Niska- und Smocza-Straße sammeln. Wer diese Menschenmasse nicht sah, der kann sich ihre Furcht überhaupt nicht vorstellen. Diese riesige, verstörte, machtlose und zugleich vor Angst und Unruhe brodelnde Menge bewegte sich langsam zu den Toren, wo die Auslese stattfand. Neben den Gendarmen und SS-Männern standen die Arbeitsherren der zerschlagenen Juden:

Schultz und die Direktoren der übrigen Fabriken. Die Leute gingen nach Arbeitsplatz und Wohnort geordnet. Viele hatten Bündel und Lebensmittel mitgenommen. Unverbesserlicher Trieb, etwas zu besitzen! Hier habe ich nun furchterregende Dinge gesehen, vor allem die Trennung der Kinder von ihren Eltern. Ein Mann mit einem sechsjährigen Kind und einem Säugling – die Frau war schon deportiert – hatte die Chance, am Leben zu bleiben, allerdings ohne seine Kinder. Er ließ sie mitten auf der Straße stehen und ging zu dem bewußten Tor. »Papa«, rief die älteste Tochter. Das vergesse ich nie. Eine Frau, die nur allein durchgelassen wurde, versuchte trotzdem, ihren kleinen Sohn durchzuschmuggeln. Ein Deutscher trennte die beiden und prügelte angesichts aller die Mutter mit der Peitsche, trat nach ihr und schlug ihr mit Fäusten ins Gesicht. Als er endlich von ihr abließ und die Frau zu sich kam, war das Kind schon fort. Es wurde mit den anderen weggetrieben. Ich habe die nach dem Kleinen suchenden Augen gesehen. Das vergesse ich nie. Ein alter, ungefähr achtzigjähriger Jude, wohl der Opa, kniete vor einem SS-Mann, einer zwanzigjährigen Rotznase, und flehte um das Leben eines Kindes, das er an der Hand hielt. Der Deutsche lachte. Das vergesse ich nie.

Donnerstag, 10. 9. 1942

Es wurden etwa 30000 »Lebensnummern« ausgegeben. Es ist eine Karte mit einer handgeschriebenen, fortlaufenden Nummer, einem Stempel des Judenrates und einer Unterschrift. Viele Juden, die alle ihre Angehörigen verloren haben, wünschen sich den Tod und geben sogar unentgeltlich ihren Freibrief ab. Die Frauen der Offiziere, die in Offizierslagern leben, hatten auch Nummern erhalten, doch gestern waren sie alle auf dem Umschlagplatz, wo man sie ihnen wieder abnahm. Die Liquidation nähert sich ihrem Ende.

Illegale Broschüre, Polen 1943

Eine Welt versinkt
Michel Mazor

Gegen jeden Augenschein weigerten sich die Menschen, an die Unmenschlichkeiten zu glauben, die sich in der Welt abspielten. Ich entsinne mich eines Gespräches, das ich in einem Moment führte, als die »Große Aktion« auf ihrem Höhepunkt war. Zu mehr als tausend Mann waren wir eingepfercht in den Tischlerwerkstätten der Brüder Landau in der Gesia-Straße. In jenen Tagen besaßen wir bereits genaue Informationen über das Los der Deportierten. Die Frauen und Kinder, die noch am Leben waren, blieben ganze Tage lang hinter kaschierten Wänden versteckt, die aus Holzkisten gezimmert waren. Nach einem solchen Tag, an dem eine schreckliche Menschenjagd stattgefunden hatte, versammelten sich abends einige von uns im Büro der Fabrik. Einer der Gesprächspartner, ein Geschichtsprofessor, dessen Namen ich vergessen habe, aber dessen wachsfarbenes Gesicht mit den glühenden, unsteten Augen in meiner Erinnerung lebendig ist, versuchte uns zu überzeugen, daß wir uns unter dem Einfluß einer pessimistischen Psychose befänden, die unseren Wirklichkeitssinn verzerrte. Auf unsere Einwände, die sich auf verifizierte, unbestreitbare Tatsachen bezogen, erwiderte er mit zahllosen Beispielen aus verschiedenen Epochen der Geschichte, in denen die Menschen von einer kollektiven Angstpsychose vor einer nicht existierenden Gefahr befallen waren ... Er sprach lange und nervös, als ob er in erster Linie sich selbst überzeugen wollte. Ach, die Realität triumphierte über ihn: kurz darauf wurde unser Prediger bei einer Razzia geschnappt.

Zu jener Zeit wußten wir bereits mit Sicherheit, was die Deportation bedeutete. Folgendermaßen hatten wir es feststellen können: auf dem Umschlagplatz, von wo die Züge mit den Deportierten abfuhren, waren die Nummern der abgeschickten Waggons angeschrieben, und wir konnten uns davon überzeugen, daß dieselben Wagen zwölf bis vierzehn Stunden später leer zurückkamen; dies war der Beweis, daß sie keine lange Reise nach Osten gemacht hatten. Von der Existenz Treblinkas erfuhren wir durch einen polnischen Eisenbahner, dessen Frau eine Verwandte hatte, die dorthin deportiert worden war. Der Mann hatte einige Tage in dieser Gegend verbracht. Durch eigene Beobachtungen und die Berichte von Bauern aus der Umgebung kam er zu der Feststellung, daß man täglich Tausende von Menschen in das Lager hineinbrachte, für die keinerlei Verpflegung herbeigeschafft wurde. Statt dessen fuhren ganze Transporte mit Gepäck und Kleidung aus dem Lager heraus.

Es konnte demnach keinen Zweifel mehr geben. Endlich sahen wir eines Tages bei der Tischlerei einen jungen Mann, dem es geglückt war, aus Treblinka zu entkommen. Er war am Leben geblieben, indem er einige Tage in einem Kommando gearbeitet hatte, das die Leichen vergrub. Eines Abends war unerwartet ein großer Transport von Juden aus der Stadt Radom in Treblinka angekommen. In dem allgemeinen Durcheinander, das dabei entstand, gelang es ihm, aus dem Lager zu flüchten, und er kehrte ins Ghetto zurück.

Zu Beginn der »Aktion« bereiteten sich viele ruhig auf die Abreise vor: sie zogen Reisekleider an, packten leicht transportierbare Koffer und diskutierten über die Devisen, die man für die Ausgaben an den neuen Arbeitsplätzen mitnehmen müßte.

Ich entsinne mich einer Unterhaltung zu Beginn der »Aktion« mit dem Führer der Linkspartei Poalé-Zion, Szachne Sagan, und mit Dr. Ringelblum. Meiner Ansicht nach mußte man alle von dem Schicksal, das uns erwartete, in Kenntnis setzen und – da es kein anderes Mittel der Verteidigung gab – sich in einer Masse von mehreren hunderttausend Menschen gewaltsam gegen die Tore des Ghettos werfen, die Postenkette durchbrechen und sich im »arischen« Stadtteil zerstreuen. Ich war mir klar darüber, daß die große Mehrzahl der Menschen dabei umgebracht würde. Einer kleinen Anzahl wäre es jedoch vielleicht möglich, sich zu verstecken. Ich dachte, wir hätten nichts zu verlieren, da die Ausrottung, die uns bevorstand, total sein sollte. Meine Gesprächspartner entgegneten mir, es bestünde die Hoffnung, einen Teil der Bevölkerung zu retten. Es sei nicht bewiesen, daß die Deutschen die totale Ausrottung beabsichtigten. Sie erwögen die Ausgabe gewisser Schutzausweise. Man nannte mir die Stadt Rowno als Beispiel, wo anfangs rund zwanzigtausend Juden bestialisch umgebracht wurden, jetzt jedoch sechs bis siebentausend von ihnen als Handwerker in Ruhe lebten und arbeiteten.

Die offizielle Lesart, die uns über die jüdische Polizei erreicht hatte, die mit der deutschen Deportations-Leitung zusammenarbeitete, lautete, daß nur ein Teil, der »Überschuß« der Bevölkerung, zur Deportation bestimmt sei. Zunächst behauptete man, daß dreihunderttausend Juden im Ghetto verblieben. Aus diesem Grund war anscheinend der »Judenrat« in Verhandlungen mit den Deutschen, um die Zahl der Juden des Ghettos festzustellen: der »Judenrat« versuchte, die Zahl zu verringern, während die Deutschen sie im Gegenteil für höher hielten. In dem Maße, in dem die »Aktion« ohne Nachlassen weiterging, veränderten sich stufenweise die Gerüchte über die Zahl derer, die bleiben würden: man sprach von zweihundertfünfzigtausend, von zweihunderttausend usw., bis es gar keinen Zweifel mehr gab, daß alle diese Gerüchte unbegründet waren und daß die »Aktion« total war. Dennoch glaubten die Massen noch immer nicht an die völlige Ausrottung und verloren die Hoffnung nicht, der »Aktion« seien Grenzen gesetzt.

Es war sieben oder acht Tage nach dem Beginn der Aussiedlung. Die Räumlichkeiten der Sozialen Selbsthilfe des sechsten Bezirks waren uns noch zugänglich, und wir versammelten uns dort häufig. Es war der Tag, an dem wir die tragische Mitteilung von Wielikowski erhielten, daß die »Aktion« beschleunigt und das tägliche Kontingent von zehntausend auf zwölftausend Personen erhöht würde. Unter dem Eindruck dieser Nachricht begaben wir uns in den Hof; es war an einem schönen Sommertag, nachmittags um fünf Uhr. Im Hof hatten sich einige hundert Menschen zusammengedrängt. Sie hatten die Straßen verlassen, da sie ihnen gefährlicher schienen oder weil sie sich in der Illusion wiegten, auf dem Grundstück der Fürsorge außer Gefahr zu sein. Die Menschen hatten erschöpfte Gesichter, waren ausgehungert, unausgeschlafen und ungewaschen. Alle saßen oder lagen halb ausgestreckt, gegen die Mauern oder gegen ihr Gepäck gelehnt. Und in diesem Augenblick verwandelte sich die Masse unter meinen Augen. Jemand betrat den Hof mit den Rufen: »Die Aktion ist beendet, die Deutschen haben es gesagt. Sie sind im Auto an uns vorbeigefahren und haben es uns gemeldet.« Diese Worte elektrisierten die Masse. Alle erhoben sich, die Leute stürzten aufeinander zu und wiederholten die Worte, zögernd zunächst, dann mit Überzeugung: »Die Aktion ist beendet, sie ist zu Ende.«

Unsere kleine Gruppe versuchte, sie wieder zur Vernunft zu bringen, aber ohne den geringsten Erfolg; alle brüllten: »Sie ist zu Ende, sie ist zu Ende, die Deutschen haben es gesagt.« Die Leute versammelten sich in Gruppen, die einen umarmten sich, andere lachten, einige weinten ... Die nervöse Spannung steigerte sich, verwandelte sich in Ekstase, nahm die Form einer Massenpsychose an. Die Szene war beängstigend, unbeschreiblich und unvergeßlich ... Sie hatte noch nicht lange gedauert, höchstens fünfzehn bis zwanzig Minuten, da hörten wir Trillerpfeifen. Die jüdische Polizei war in der Nähe. Eine neue Menschenjagd hatte begonnen.

Meine Frau und ich waren bereits in der Tischlerei der Brüder Landau versteckt. Es war im August, an einem stickig heißen Tag. Unter uns hatte sich die Nachricht verbreitet, durch die Gesia-Straße ginge ein großer Zug von Deportierten. Von einem jüdischen Polizisten erfuhren wir, daß es die Bewohner des »Kleinen Ghettos«

waren, die liquidiert werden sollten. Das »Kleine Ghetto« bestand aus einigen Straßen, in denen zum größten Teil wohlsituierte Leute und Intellektuelle wohnten. Ein Gebäude der Tischlerei lag an dieser Straße. Unsere kleine Gruppe stieg ins erste Stockwerk, und wir machten uns daran, heimlich die Straße zu beobachten. Unseren Augen bot sich ein seltsames Bild. Die Straße war in ihrer ganzen Breite mit Menschen überflutet. Eine Eskorte von jüdischen Polizisten und Deutschen bewachte sie. Die Begleitmannschaft war so spärlich verteilt, daß man sie zeitweise gar nicht mehr wahrnahm. Im Grunde gab es fast nichts zu bewachen: die Eingefangenen waren der Gnade des Jägers ausgeliefert, und sie verfügen über kein Mittel, ihm zu entgehen. Beim geringsten Fluchtverdacht wurde der Verdächtige von einer Kugel getötet. Und selbst wenn jemandem die Flucht gelungen wäre, hätte er sich einige Tage später unausweichlich in den gleichen Reihen wiedergefunden. Der Zug der Deportierten war unübersehbar. Man konnte die Opfer zu Tausenden zählen.

Den Anfang dieser gespenstischen Prozession konnten wir noch beobachten, aber ihr Ende war nicht abzusehen. An jenem Tage hatten die Deutschen keine Eile – das Kontingent war mehr als erfüllt –, und sie beschleunigten den Marsch nicht, wie sie es sonst taten. Auch ihnen war heiß, und die Straße war staubig. Die Leute bewegten sich langsam vorwärts, sie gingen nicht in geschlossenen Reihen, sondern in Gruppen oder einzeln. Manchmal konnte man Mütter sehen, die kleine Kinder an der Hand führten. Eltern trugen ihre Säuglinge auf dem Arm. Einige hatten kleine Pakete bei sich, die meisten waren ohne Gepäck, man hatte sie unvorbereitet geschnappt. Die Frauen trugen leichte Kleider, als wären sie auf die Promenade gegangen. Mit Ergriffenheit beobachteten wir die Menge. Manchmal erkannten wir vertraute Gesichter, manchmal schien es uns nur, als kannten wir die Leute. Im übrigen bedeutete es wenig, ob wir sie kannten oder nicht. Es war ihr letzter Weg auf dieser Erde, es war das letzte Mal, daß wir sie sahen. Es war sehr heiß, die Leute waren erschöpft und bewegten sich sehr langsam vorwärts. Mag sein, daß manche von ihnen nicht wußten, was sie wenige Stunden später erwartete, aber sie mußten düstere Vorahnungen haben und sich im klaren darüber sein, daß das, was ihnen widerfuhr, unausweichlich war. Es gab keinen Ausweg. Am beängstigendsten war die Ruhe, die von dieser Menge von Märtyrern ausstrahlte. Wir jedoch konnten hinter den Mauern, die uns noch beschützten, nicht ruhig bleiben: wir wußten mit Gewißheit, daß in einer Stunde diese ganze Menge wie Vieh in Güterwagen verladen würde, daß sie in Treblinka, nach einer Fahrt von hundert Kilometern, entkleidet und in die

Gaskammern gestoßen würde und daß eine Viertelstunde später auf der anderen Seite ihre Leichen herausgeholt werden würden. Und an der Welt wird sich nichts geändert haben: am gleichen Tag werden die Leute in allen Städten der Welt, auch in Warschau, ins Kino gehen oder ins Café, ein Glas trinken, oder werden sich zu Freunden begeben, um eine Partie Bridge zu spielen.

Die Razzien wurden zur Gewohnheit für uns. Die jüdische Polizei umstellte ein Haus, man hörte den Befehl: »Jedermann in den Hof!« und »Alle Türen offenlassen!« Dann begann die genaue Durchsuchung der Wohnungen; wer sich versteckte, wurde gewaltsam in den Hof getrieben. (Später gingen die Deutschen dazu über, die in den Wohnungen Zurückgebliebenen einfach an Ort und Stelle zu erschießen.) Dann wurden die Ausweise überprüft und die Opfer abgeführt.

Einmal, etwa zehn Tage nach Beginn der »Aktion«, wurde unser Haus in meiner Abwesenheit umstellt: die Ausweise der Sozialen Selbsthilfe hatten nur noch sehr geringen Wert. Meine Frau erzählte mir, daß sie zweimal versucht hatte, sich zu verbergen. Ein jüdischer Polizist entdeckte sie und schleppte sie in den Hof. Trotzdem unternahm sie einen dritten Versuch und entwischte ihm glücklich. Sonst wäre sie nicht am Leben geblieben.

Ein andermal war ich zugegen, als die Jagd sich in unserem Hause abspielte; sie wurde von einem Offizier der jüdischen Polizei geleitet, dem Rechtsanwalt L., der später im Lager Poniatow umkam. Er trug hohe gelbe Rohrstiefel, eine elegante Jacke und hielt eine Reitpeitsche in der Hand: in seinem ganzen Aussehen versuchte er einen SS-Mann zu imitieren. Er ließ etwa zwanzig Personen aus unserem Haus abführen. Aus unserer Nachbarwohnung, wo die Familie eines Juweliers wohnte, wurden alle Insassen herausgeholt. Während man ihre Schritte noch auf der Straße hallen hörte, brachen einige Polizeibeamte in die Wohnung ein und machten sich auf die Suche nach Schmuckstücken, die ihrer Meinung nach darin versteckt sein mußten. Jede Razzia stürzte alle in Verwirrung und Angst, aber schon einige Minuten später gewannen die täglichen Sorgen wieder überhand: überall mühten sich die Leute ab, etwas Nahrung zu finden, was immer schwieriger wurde; die Frauen machten wieder Feuer in der Küche, wuschen die Wäsche und reinigten die Kinder. Es dauerte nicht lange, und schon kam ein neuer Befehl: »Alle in den Hof!«

Etwas unendlich Beängstigendes und Grauenvolles lag in dieser Verflechtung von Alptraum und täglichem Leben. Jede Schranke zwischen Leben und Tod war geschwunden. Das Übergleiten des

Lebens in den Tod hatte seinen allmählichen Charakter verloren, es war ein Sprung ins Nichts geworden. Mit gebieterischer Offenheit drang der Tod ins Leben ein, und zugleich schien alles unwahrscheinlich und unerwartet. Eine Familie, die wenige Augenblicke zuvor noch friedlich am Tisch gesessen hatte, verschwand auf einen Schlag, wie durch ein böses Geschick. Ich kenne viele Fälle, in denen jemand, der kurze Zeit abwesend war, bei der Rückkehr keinen mehr vorfand, weder seine Frau noch seine Kinder oder seine alten Eltern. Der Mann kam nach Hause: in der Wohnung war alles an seinem Platz – der Tisch mit den Überresten eines unterbrochenen Mahls, das Schulheft, in dem das Kind seine ersten Buchstaben schreiben lernte, das Spielzeug ... Nur die menschlichen Wesen, die diese rührenden und nunmehr unnützen Gegenstände beseelt hatten, fehlten – sie existierten nicht mehr.

Diese Invasion des Todes, die jede Spur menschlichen Lebens hinwegfegte, schien so widernatürlich, daß alle Ereignisse ihre Realität einbüßten und einer makabren Phantasie zu entspringen oder Hexerei zu sein schienen. Deshalb lebte am Grund unseres Bewußtseins die Hoffnung, daß ein Zauberwort gefunden würde, daß man nur eine Bewegung zu machen hätte – und wie durch eine Magie würde der Alptraum verschwinden und alles wieder an seinen Platz rücken. Die grandiose Absurdität der Vernichtung, die sich in der Welt abspielte, hinderte die Opfer daran, sich über die Aussichtslosigkeit ihrer Situation klarzuwerden. Oft kam es vor, daß ich mit Leuten sprach, die eine Stunde zuvor bei einer Menschenjagd ihre Liebsten verloren hatten. Sie redeten darüber – was mich immer frappierte – ohne die Verzweiflung und das Leid, das sie zu normalen Zeiten in entsprechenden Situationen unvermeidlich zum Ausdruck gebracht hätten. Jetzt sprach aus ihrem Verhalten eher eine Art resignierten Erstaunens. Sie weigerten sich, das Geschehene zu verstehen. Es schien ihnen, als müßte dieser häßliche Traum sich von einem Augenblick zum anderen auflösen, und man müßte nur irgendein Mittel zum Überleben finden, um das Aufwachen abzuwarten. Eine junge Frau aus meiner Bekanntschaft erzählte mir eines Tages, daß sie ihre alten Eltern in den Ruinen eines von den Bomben zerstörten Hauses versteckt hatte; jeden Abend, wenn die Razzien beendet waren, brachte sie ihnen zu essen. Sie glaubte, daß sie so am Leben bleiben könnten, bis das alles aufhörte, denn eines Tages mußte doch dieser Schrecken ein Ende nehmen.

Wenn die für den Tag vorgesehene Zahl von Opfern erreicht war, wurde die »Aktion« eingestellt, um tags darauf mit der Morgendämmerung neu zu beginnen. Vom Ende der täglichen »Aktion« erfuhren wir durch die heimkehrenden jüdischen Polizisten.

Sie ließen uns auch wissen, zu welcher Tageszeit sie am nächsten Tag antreten mußten.

Bis zu jener Stunde war die Gefahr vorbei. Nun sah das Ghetto einem aufgestörten Ameisenhaufen ähnlich: die Leute krochen aus ihren Löchern hervor, machten sich auf und gingen in andere Straßen, um zu sehen, was bei ihren Verwandten und Freunden passiert war. Und nur zu oft erlebte ich selbst, daß eine Wohnung leer war und ihre Türen gähnend offenstanden.

Um den 25. August herum bekamen wir alle den Befehl, uns vor der Fabrik aufzustellen, um eine Rede des deutschen Kommissars anzuhören. In ziemlich freundlicher Form teilte er uns mit, daß die »Aktion« in unserer Fabrik beendet sei. Er garantierte allen Zurückgebliebenen Sicherheit und forderte uns auf, ruhig unserer Arbeit nachzugehen. Wahrscheinlich glaubte er, was er sagte, aber die Beruhigung, die seine Rede hervorgerufen hatte, hielt nicht länger als zwei Tage vor; dann setzte eine neue Welle von Razzien ein. Wie gewöhnlich verlangten die Deutschen, die die Razzia dirigierten, von der Werksverwaltung die Auslieferung einer festgelegten Zahl von Menschen, die aus unserer Fabrik zum »Umschlagplatz« gebracht werden sollten. Die Brüder Landau akzeptierten dieses Ansinnen nicht. So wurden wir in Reihen aufgestellt und die Deutschen wählten selbst nach Belieben die Opfer des Tages. Zur Zeit der Razzia am 4. September bedeutete Alexander Landau einigen Personen, unter denen auch ich mich befand, nicht auf den Hof hinauszugehen, sondern im Büro zu bleiben. Wir gehorchten und vertieften uns in Dossiers, eifrige Arbeit vortäuschend. Das Büro befand sich im Erdgeschoß, das auf einen inneren Hof hinausging. Der Tag war schwül, und das Fenster stand weit offen. Wir saßen über unseren Akten und versuchten, so wenig Lärm wie nur möglich zu machen. Plötzlich sprang durch das Fenster eine Frau ins Zimmer. Ihr Haar war gelöst und sie hatte die Kontrolle über sich verloren. Sie schrie hysterisch: »Versteckt mich, ich will leben, ich auch.« Sie glitt mit großer Geschwindigkeit unter den Tisch, an dem wir saßen. In der nächsten Sekunde betrat der jüdische Polizist, vor dem die Frau entfliehen wollte, den Raum. Es war ein junger Mann mit ovalem Gesicht und feinen Zügen; er trug einen Kneifer und war ohne jeden Zweifel ein Intellektueller. Er forderte die Frau auf, mit ihm zu kommen und drohte bei Nichtbefolgung, die Deutschen zu holen, was unser aller Tod bedeutete. Schließlich ging er darauf ein, gegen ein Lösegeld von hundertfünfzig Złoty die Frau laufenzulassen.

Wir versprachen, ihm diese Summe nach Beendigung der Razzia auszuzahlen, aber er verlangte das Geld sofort. Dabei gab er uns zu verstehen, daß er unser Leben für zu unsicher hielt, um sich auf derartige Schuldverschreibungen zu verlassen. Wir händigten ihm alles Geld aus, das wir bei uns hatten, und er entfernte sich. Offenbar hatte jedoch der Lärm, den diese Szene verursachte, die Aufmerksamkeit eines Deutschen erregt, der sich in der Nähe befand. Er stürzte in unser Büro und schrie: »Alles raus!« Wir wurden gezwungen, in den Hof hinauszugehen und uns den übrigen anzuschließen, die dort angetreten waren. Eine Gruppe war schon für die Deportation ausgesondert, aber die Zahl der Opfer schien noch ungenügend. Zwei Deutsche, unter ihnen jener, der uns in den Hof getrieben hatte, begannen von neuem mit der Selektion. Als ich an der Reihe war, sagte der Deutsche: »Dieser da wurde im Büro gefaßt«, und bestimmte mich mit einer Geste zur Deportation. Ich befand mich in einer ziemlich großen Gruppe, die von der jüdischen Polizei eingekreist war. Einige Minuten später wurden wir in Reihen aufgestellt und unser Marsch zum Umschlagplatz begann. Unterwegs schlossen sich Gruppen an, die in anderen Fabriken aussortiert worden waren. Als wir uns dem Umschlagplatz näherten, bildeten wir eine lange Kolonne.

Bei unserer Ankunft sah ich einen der größten Kriminellen der jüdischen Polizei, Szmerling, umgeben von zahlreichen Polizisten, auf einem hohen Stuhl sitzen. An dieser Stelle befand sich der Eingang zum Platz, der von den Häuserfronten zweier Straßenseiten gebildet wurde. Dieser Durchgang, der vorne breit war, verengte sich nach hinten immer mehr. Wir mußten durch diesen Gang hindurch und gelangten, von den hinter uns Kommenden geschoben, auf den Umschlagplatz. Ich war zum ersten Male hier, und mein Aufenthalt war auch diesmal nur kurz. Meine Eindrücke sind daher sehr oberflächlich. Ich habe nur ein riesiges Feld im Gedächtnis behalten. Auf der einen Seite befand sich ein großer mehrstöckiger Betonbau; in der Mitte Schienenstränge, auf denen eine lange Kolonne von Viehwaggons wartete. Auf dem Platz befanden sich nur sehr wenige Menschen.

Nach unseren Informationen wurden manchmal mehrere tausend Menschen auf dem Umschlagplatz konzentriert, die dann alle Stockwerke des großen Gebäudes füllten. Reichte die Anzahl der Waggons für einen sofortigen Abtransport nicht aus, so blieben die Deportationskandidaten oft mehrere Tage lang dort. Während dieser Zeit bestand noch eine Möglichkeit, »angefordert« und befreit zu werden. Auf dem Marsch zum Umschlagplatz beschloß unsere kleine Gruppe von vier Personen – der Generalsekretar der Selbsthilfe N. A., der Rechtsanwalt M., der Journalist G. und ich – zusammenzubleiben, in der Hoffnung, daß eine energische Intervention zu unseren Gunsten unternommen werden würde. Unglücklicherweise gab es an diesem Tag genügend Waggons und wir wurden sofort verladen. Vom Moment an, als wir uns im Waggon befanden, war der Sargdeckel über uns zugeschlagen: selbst die Deutschen konnten niemand mehr aus dem Zug herausholen, jedenfalls war so etwas noch nie vorgekommen.

Der Zug setzte sich langsam in Bewegung, manövrierte im Warschauer Eisenbahnnetz und hielt noch mehrere Male. Es war halb neun Uhr abends. Wir hörten die Sirene für Fliegeralarm. Der Zug blieb nochmals stehen. Wir wünschten sehnsüchtig, eine Bombe möge unseren Zug treffen, aber wir vernahmen nur zwei, drei entfernte Detonationen. Eine halbe Stunde später war der Alarm beendet, der Zug fuhr weiter.

Auf dem Weg zum Umschlagplatz waren wir erschüttert. Wir hatten uns geweigert zu verstehen, was uns erwartete, gemartert von einer verzweifelten Hoffnung und der Angst, diese Hoffnung könnte unerfüllt bleiben. Vom Augenblick an, als wir uns im Waggon befanden, geschah eine vollständige Verwandlung mit uns. Mich überkam eine epische Ruhe, meine Gedanken waren klar, die einzige Realität war das Unausweichliche, das uns bevorstand. Ich betrachtete mich als einen fremden Körper, der nicht mehr zu mir gehörte. Soviel ich sehen konnte, widerfuhr auch meinen Kameraden etwas Ähnliches.

Unser Zug überquerte die Weichsel, wir erblickten die Poniatowski-Brücke, die Straßenbahnen, die darüber fuhren, die schöne Stadt Warschau mit ihrem Lichterglanz, eine ganze Welt, in der man noch atmen konnte, leben, lieben. Während dieses Bild vor unseren Augen abrollte, sprachen wir mit einer erschreckenden Objektivität von dem Schicksal, das uns erwartete. »Morgen« – so sagten wir – »wird es noch Straßenbahnen geben und Menschen, die helle Kleider tragen auf der Poniatowski-Brücke, aber uns wird es nicht mehr geben.«

Nur Asz, ein junger Mann voller Dynamik, konnte den Gedanken an das Ende nicht ertragen. Er war in düstere Verzweiflung versunken und wiederholte immer wieder: »Man muß ein Mittel zur Rettung finden.« Ich begann, ihm von einem alten Buch zu erzählen, das ich liebte, »Der Trost der Philosophie« von Boëtius, aber er unterbrach mich erbittert: »Was soll ich mit Ihrer Philosophie in einem solchen Augenblick?« »Welchen Wert hätte die Philosophie«, entgegnete ich ihm, »wenn sie in einem solchen Augenblick nicht zu trösten vermöchte?«

Im Waggon
Aron Carmi

Wir fuhren bereits stundenlang. Der Durst verbrannte unsere Kehlen und Münder. Plötzlich hielt der Zug an. Im Waggon brach ein Tumult aus.

»Warum hält der Zug? Warum haben wir angehalten?« wurde von allen Seiten gefragt.

Diejenigen am Fenster antworteten, daß der Zug angehalten habe, um Wasser aufzunehmen, und allein das Wort Wasser machte uns noch durstiger.

»Ruft doch und bittet um etwas Wasser. Ruft doch!« wurde von vielen vorgeschlagen.

Die am Fenster riefen und baten um Wasser. Draußen standen Polen, Streckenarbeiter. Einige traten an den Eisenbahnwagen heran, nahmen etwas Schnee auf, formten ihn zum Schneeball und riefen denen am Fenster zu:

»Gebt uns Geld, dann könnt ihr den Schnee haben!«

Einer warf eine Münze heraus und ein Schneeball wurde für ihn hereingeworfen. Nun wollten andere aus allen Teilen des Wagens Schnee kaufen, Hände reichten Münzen zum Fenster, und von draußen drangen die Rufe der Streckenarbeiter herein: »Geld, gebt Geld!« Viele hatten das Geld bereit und warteten. Andere begannen an sich herumzusuchen, um das Geld aus ihren Verstecken zu nehmen. Einige hatten gar kein Geld. Schnell wurde ein Preis festgesetzt: 100 Zloty pro Schneeball. Zuerst erreichten die Schneebälle auch diejenigen, die dafür bezahlt hatten, aber in wenigen Augenblicken war der ganze Wagen in Aufruhr. Hände reckten sich empor, um einige schmelzende Schneeflocken zu erhaschen, mit der Verzweiflung, mit der sich ein Ertrinkender an einen Strohhalm klammert. Jeder dürstete, und die Hände stießen sich gegenseitig weg. Viele versuchten kleine Schneestücke mit der Zunge aufzulecken, wohin sie auch gefallen waren.

All dies geschah beim ersten Anhalten. Plötzlich fiel draußen ein Schuß, und der Handel mit dem Schnee hörte auf. Wir hockten in einer weit vom Fenster entfernten Ecke und gehörten daher nicht zu den Privilegierten, die diese »lebensnotwendige« Ware erwerben konnten. Umsonst hatte ich meine Hände mit den Münzen darin zum Fenster ausgestreckt.

Mosche versuchte immer noch, herauszufinden, wo wir uns befanden. Ich hörte, wie er einem Mann, der am Fenster stand, zurief: »Mendel, paß genau auf und sieh, wohin wir fahren!« Mendel beruhigte ihn und sagte, daß wir nach Westen nach Koluszki führen, daß aber die Einfahrt in den Bahnhof schwierig sei. Hier war ein Eisenbahnknotenpunkt, in den auch viele andere Züge einfahren wollten; wir wurden stundenlang aufgehalten.

Dann begann wieder der Handel mit dem Schnee. Die Preise waren inzwischen gestiegen, und man verlangte bereits 500 Zloty für einen Schneeball. Und da die Ware teurer geworden war, wurde sie auch sorgfältiger behandelt. Jemand fand einen Topf, in den die Schneebälle gelegt wurden, damit kein Unberechtigter sie wegnehmen konnte. Diejenigen, die kein Geld hatten, wurden von wilder Verzweiflung ergriffen. Einer jammerte laut auf und schrie immer wieder: »Gebt mir auch Schnee! Ich bin doch auch ein Mensch, ich will auch leben!« Auch wir zahlten den Preis für den Schnee, und nach langem Warten und vielem Gerufe kamen auch wir endlich an die Reihe.

Einige Familien sorgten füreinander und teilten den Schnee gerecht unter sich auf. Aber der Schnee, der keinerlei Salze enthielt, verstärkte den Durst nur, und die Kehle wurde immer rauher und trockener. Immer noch stieg die Temperatur im Waggon. Das Wasser lief von der Decke und diejenigen, die an der Seite standen, leckten das herablaufende Wasser von den Wänden.

Gute Manieren und gutes Benehmen, die man uns in der Vergangenheit gelehrt hatte, fielen von uns ab. Es blieb allein der Wille zu leben und zu atmen und forderte ungehemmten Ausdruck. Frauen jeden Alters – alte und junge – zogen die Mäntel aus und rissen sich die Kleider vom Leib. Alles schien völlig entwurzelt. Unser Verstand schien sich zu trüben. Die Menschen hatten jede Fassung verloren.

Dann ertönte wieder das lange Pfeifen der Lokomotive wie bei unserer Abfahrt. Jetzt erklang der Ton fast noch länger, ein satanischer Sirenenton, der uns vollends verrückt machte und wie ein Bohrer durch Ohren, Schädel und Gehirn drang. Wir fuhren in Koluszki ein, und hier erlebten wir Krisis und Zusammenbruch.

Nach dem Pfeifen trat eine tiefe, beängstigende Stille ein. Noch lauschten alle auf das Echo, das langsam erstarb. Es war die Ruhe vor dem Sturm. Wir verhielten uns ganz still, um das Fahren des Zuges zu hören und seine Richtung erkennen zu können. Ich schaute Mosche an und sah, daß er eifrig nachdachte. Der Zug hielt an. Die Beobachter am Fenster berichteten, daß sie viele Deutsche, Polizisten und Züge sahen.

Plötzlich gab es einen Stoß, erst rückwärts, dann vorwärts. Mosche hatte sehr genau auf die Geräusche geachtet, und plötzlich stieß er einen schrillen Schreckensschrei aus. Aber er hatte sich sofort wieder in der Gewalt, er lauschte noch einige Sekunden und dann flüsterte er mir zu:

»Das ist die Lokomotive. Wenn sie abgekoppelt wird, dann fühlt man solche Stöße. Wenn meine Befürchtungen zutreffen, werden wir bald ebensolche Stöße vom Ende des Zuges her spüren.«

Nun berichteten die Beobachter am Fenster auch schon, daß die Lokomotive abgekoppelt worden sei. Die Vorahnungen und die Angst waren noch nicht auf ihrem Höhepunkt, waren noch nicht zu nackter Todesfurcht geworden. Irgend jemand beruhigte sich und die anderen. Er war überzeugt, daß die Lokomotive nur Kohle laden und dann zurückgebracht würde. Die Lokomotive fuhr aber am ganzen Zug entlang. Dann fühlten wir die gleichen Stöße wie schon vorher, nur in umgekehrter Richtung, erst vorwärts und dann rückwärts. Wir hatten inzwischen erfahren, daß vor Koluszki noch einige Waggons mit Juden an den Zug angehängt worden waren. Einige Sekunden später fuhr der Zug an. Zuerst herrschte schreckerfülltes Schweigen. Alle warteten auf ein Wunder oder darauf, daß sich ein Abgrund öffne.

Aber es geschah kein Wunder, und nach wenigen Augenblicken wußten wir alle endgültig, daß der Zug seine Richtung geändert hatte, daß wir nach Osten fuhren. Es war, als ob es im Wagen eine Explosion und dann einen völligen Zusammenbruch gegeben habe. Viele Menschen schrien verzweifelt zu Gott. Die kleinen Kinder im Wagen verstanden zwar nicht, worum es ging, aber auch sie schrien aus Leibeskräften. Ich blickte meine Familienangehörigen an und sah, daß sie alle in einem einzigen Augenblick alt geworden waren. Meine kleine Schwester Malkale, die neun Jahre alt war, verstand schon genau, was vorging, und weinte bitterlich: »Mutter, ich habe doch nie jemandem etwas Böses getan.« Meine Schwester Rachele, zwölf Jahre alt, klammerte sich an mich und sagte: »Aron, ich habe solche Angst. Du mußt mich beschützen ...« Und sie hielt mich mit all ihrer Kraft fest.

Meine Schwester Bracha, die schwanger war, weinte laut. Sie war etwa achtundzwanzig Jahre alt. »Mein Baby ist noch nicht einmal geboren, es ist völlig unschuldig, warum nur ist es zum Untergang verurteilt?« Ihr Mann streichelte ihr Haar. Als ich diese beiden ansah, konnte auch ich mich nicht länger beherrschen und schluchzte auf. Aber ich versuchte still für mich zu weinen, damit keiner meine Stimme hörte.

Mosche fing jetzt an, offen zu uns zu sprechen und die Situation abzuschätzen. Er machte uns klar, daß wir verloren seien, daß er unseren Glauben und unser Vertrauen vorher nicht habe erschüttern wollen, daß es nun aber völlig sicher sei, daß man uns nach Treblinka bringen würde.

Ich betrachtete die Menschen um mich herum. Sie verkörperten Schrecken und Furcht. Einige zerrauften ihre Haare, einige warfen sich hin und her, andere fluchten mit aller Kraft. Eine Frau drückte ihr Kind heftig an die Brust, das Baby röchelte ein wenig, und sie preßte es nur noch stärker an ihr Herz, während sie ihm zärtliche Koseworte zuflüsterte.

»Seht, was sie tut; seht doch nur, was sie tut ... sie ist verrückt geworden«, wurde von allen Seiten gerufen.

»Das ist mein Kind, und ich will, daß es einen heiligen Tod stirbt, laßt es doch einen heiligen Tod sterben.« Und als es endlich gelungen war, der Frau das Kind zu entreißen, war es erstickt.

Ein anderer Jude, der in unserer Nähe stand, wurde verrückt. Er trug einen weißen Schal um seinen Hals. Er nahm ihn ab und versuchte, ihn um einen der eisernen Haken an der Wagenwand zu schlingen, um sich zu erhängen. Man versuchte ihn zurückzuhalten, aber er schlug und trat mit ungeheurer Kraft um sich und schrie: »Laßt mich doch mich erhängen!« Als es gelang, ihm den Schal aus der Hand zu winden, brach er in einer Ecke zusammen. Viele andere wollten sich nicht mit dem bevorstehenden Tode abfinden, sie bereiteten sich darauf vor, Widerstand zu leisten.

Es war schon Abend. Der Zug fuhr sehr schnell. Mosche machte Pläne, verwarf sie und plante Neues. Unser Mosche war mit einer starken Phantasie gesegnet. Aber seine Vorstellungen waren niemals sinnlos oder beziehungslos, immer fand er einen Anhaltspunkt in der Wirklichkeit, von dem er ausgehen konnte, um seine Pläne zu realisieren. Er nahm an, daß wir Treblinka während der Nacht erreichen würden. Das bedeutete, daß diese Nacht unsere letzte Nacht sein und uns unsere letzte Chance bieten würde. Unter den Menschen im Wagen war alles ganz offen und ganz klar, es gab keine Geheimnisse oder Dinge mehr, die man voreinander verbergen mußte. Wer noch denken konnte, der dachte laut. Viele sprachen die Beichtgebete vor dem Tode, aber nicht mehr in überkommenen Formeln und Versen, sondern als heftige und verwirrte Beichte all dessen, woran sich das hoffnungslose Herz noch erinnerte. Vater dachte zurück an die Vorbereitungen, die er vor langer Zeit einmal für die Auswanderung nach Erez Israel getroffen hatte, die aber niemals zu Ende gebracht worden waren. Er erinnerte sich jetzt daran, daß Mutter dagegen gewesen war und daß sie als Scherz unter anderen, schwerwiegenderen Gründen auch angeführt hatte, daß sie sich fürchte, mit einem Schiff zu reisen.

»Wir haben uns gefürchtet, mit einem Schiff zu fahren«, sagte Vater und nahm damit einen Teil der Verantwortung auf sich. »Wir haben uns gefürchtet, mit dem Schiff zu fahren ... aber vielleicht war uns dies bestimmt, und es ist nicht unsere Schuld.«

Mosche flüsterte mir zu, daß heute die entscheidende Nacht sei. Heute müßten wir versuchen, aus dem Waggon zu springen, sonst wären wir verloren. Die anderen Familienmitglieder hörten ihn flüstern. Mutter war völlig verstört. »Was soll dann aus uns werden? Verlaßt uns nicht. Laßt uns zusammenbleiben. Laßt uns zusammenbleiben. Der Tod wartet auf uns alle. Laßt uns wenigstens zusammen sterben.«

Vater saß schweigend da; sein Kopf hing vornüber, als ob er ohnmächtig geworden sei. Ich hatte eine kleine Flasche selbstgebrauten Schnaps bei mir. Ich nahm die Flasche jetzt heraus, um meinen Vater damit zu stärken. Als er die Flasche sah, wurde er sehr aufgeregt, aber er wollte nicht trinken. »Meine Söhne, noch schwerere Augenblicke liegen vor uns, laßt uns die Flasche dafür aufheben.« Er hatte angefangen, über die Flasche zu sprechen, aber er fuhr mit einem anderen Thema fort: »Seht, Kinder, ich bin schon über fünfzig Jahre alt. Ich bin in einem Alter, in dem schon viele Menschen sterben müssen. Für mich ist es daher leichter, mich mit dem Ende, das vor mir liegt, abzufinden. Aber ihr, Kinder, seid noch jung. Wenn ihr irgend etwas tun könnt, um von hier zu entfliehen, dann benutzt die Gelegenheit. Verpaßt eure Chance nicht.«

Mutter fiel ihm ins Wort: »Nein, nein, nein, es gibt kein Entkommen. Wohin wollen sie gehen, und was soll aus Rachele und Malkale und aus uns anderen werden. Laßt uns nur zusammenbleiben bis zum letzten Atemzug.«

Es schien mir, daß nicht mehr meine Mutter sprach, sondern eine Fremde, die ich noch nie vorher gehört hatte.

Dann sprach wieder mein Vater zu uns; er sagte uns, daß wir entfliehen müßten, wenn es nur irgendeine Möglichkeit dafür gäbe. Dies sei nicht nur ein Vorschlag, sondern ein Befehl, dem wir folgen müßten; denn jeder Moment sei kostbar, und in einer Stunde könne es – Gott behüte – schon zu spät sein. Mosche schöpfte zweifellos aus diesen Worten Mut, und er beschloß, zu fliehen. Aber im Augenblick war das eine bloße Idee, sie hatte noch keinerlei Realität. Es war schon Nacht. Der Mond schien in das Wagenfenster.

Plötzlich hielt der Zug an. Man hörte Metallgeräusch und dann das Kreischen der Verschlußstangen. Die Wagentür wurde geöffnet. Das Halblicht der Nacht und die kalte Luft drangen in den Wagen auf die erschöpften und fast ohnmächtigen Reisenden ein. Was war das? Hatten wir Treblinka bereits erreicht? War unsere Chance schon verpaßt?

Eine Gruppe von Mongolen und Ukrainern kletterte in den Waggon, sie hatten alle Maschinenpistolen in den Händen. Der Wagen war überfüllt, aber sie fanden noch Platz, denn alles drängte sich zusammen und preßte sich eng gegeneinander, während die Mongolen und Ukrainer die Insassen plünderten und filzten. Sie wußten durch umfangreiche Erfahrungen, wo solche Reisenden wie wir ihren letzten Besitz versteckten. Zuerst gingen sie zu den Frauen und rissen ihnen die letzten Fetzen vom Körper, untersuchten ihre Brüste und Geschlechtsteile und fanden Geld und Schmuck. Sie rissen die Ringe von den Fingern. Die meisten waren zu erschöpft, um irgendeinen Widerstand zu leisten. Die wenigen, die sich weigerten oder gar wehrten, wurden mit den Gewehrkolben geschlagen.

»Das Geld her!« riefen sie dauernd und fluchten und beschimpften uns. War es vorher schon klar, daß man uns zur Schlachtbank führte, so gab es nun keinerlei Zweifel mehr. Flüchten ... aber bis jetzt hatte keiner gewagt, der erste zu sein.

Was im Wagen vor sich ging, wurde von Mund zu Mund weiterberichtet. Przydlowski, der Vorsitzende des Judenrates, sagte, daß nun das Ende gekommen sei und daß jeder, der die Möglichkeit sähe, zu entfliehen, es tun solle.

Wir entschlossen uns zur Flucht und begannen von der Familie Abschied zu nehmen. Vater ermutigte uns und versuchte uns mit Sprüchen unserer Weisen zu stärken und unseren Geist aufzurichten. »Der, der eine einzige Seele rettet, hat eine ganze Welt gerettet. Und wenn ihr gerettet werdet, so werde ich eine der Ursachen dafür sein, und das Verdienst an eurer Rettung wird auch mein Verdienst sein.« Mutter nahm das Geld, das sie bei sich, Rachele und Malkale verborgen hatte und teilte es zu gleichen Teilen zwischen Mosche, mir und unserem Verwandten Joseph Lewkowicz auf. Wir küßten uns zum Abschied. Als ich zu meiner Schwester Bracha kam, hätte ich fast meine Absichten geändert und meinen Entschluß wieder aufgegeben.

»Was hat denn mein ungeborenes Baby getan? Warum darf es niemals das Licht der Welt erblicken?« murmelte sie unausgesetzt mit bebender Stimme. Meine Hände wurden schwach und ich verlor den Mut. Aber dann hörte ich Mosche sagen, daß jetzt die Gelegenheit da sei. In kurzer Zeit würde es zu spät sein. Anderen Familien ging es genauso wie uns. Wie ein Signal ging es durch den Wagen, auf das hin sich die jungen und kräftigen Leute auf den Weg machten: »Zum Fenster«. Diejenigen, die am Fenster standen, waren rabiat, aber sie gaben nach, angesichts derer, die mutig genug waren, um auszubrechen und die Flucht zu wagen. Wir sahen einige über die Köpfe der anderen steigen. Auch Mosche stieg auf die Schultern eines Nebenmannes und kletterte über die Köpfe der Stehenden hinweg auf das Fenster zu. Ich war verblüfft, aber ich wollte unbedingt bei Mosche bleiben, der ein erfahrener Soldat war, ich kletterte also auch herauf und begann zum Fenster zu kriechen.

Jetzt war schon eine ganze Reihe junger Leute, die beschlossen hatten, aus dem Waggon zu springen, am Fenster zusammen. Wir faßten das Gitter und begannen daran zu rütteln, hin und her. Das Gitter befand sich in einem Rahmen, der fest in die Wagenwand eingebaut war. Aber wir rüttelten und zogen so lange, bis es nachgab und wir es herausreißen konnten. Es diente uns dann als kleiner Tritt, mit dem wir die Lukenöffnung erreichen konnten. Von draußen hörte man immer wieder Schüsse. Im Wagen fühlte man eine merkwürdige Ehrfurcht vor den Wagemutigen.

Aber keiner wollte der erste sein, keiner wußte, wie man aus einem Eisenbahnwagen hinausspringt; und wir fürchteten uns alle vor dem Springen. Jetzt wurde ganz selbstverständlich Mosche zur entscheidenden Persönlichkeit. Mit ruhiger Stimme gab er uns Erklärungen und Anweisungen, und alle hörten auf ihn.

»Könnt ihr die Gewehrsalven hören?« fragte er. »Am Ende des Zuges befindet sich ein deutscher Posten. Er schießt an den Fenstern vorbei, um die Leute an der Flucht zu hindern. Jede Ladung hat zehn Schuß, dann wieder eine Ladung und wieder eine. Drei solche Ladungen sind im Magazin eines Maschinengewehrs. Dann gibt es eine Pause, in der man keine Schüsse hört. Er wechselt das Magazin und dann fängt er wieder an zu schießen. Wir müssen die Pausen ausnutzen.«

Nachdem Mosche uns dies erklärt hatte, sagte er uns noch, wie wir springen müßten. Der erste, der sprang, war ein junger Mann aus einem kleinen Dorf, der einen langen Kaftan trug; damit blieb er an irgend etwas hängen, er mußte wieder in den Wagen zurückklettern und noch einmal springen. Dann war ich an der Reihe. Ich spürte tödliche Angst. Mosche wollte, daß ich vor ihm herausspringe, damit er mir noch sagen konnte, wie ich es machen sollte. Wir hatten abgemacht, daß ich dort auf ihn warte, wo ich beim Sprung landete, dort würde er mich finden.

Ich erhob meine Hände und tat alles, was er mir geraten hatte, dann wartete ich auf das Ende der drei Salven. Bevor ich sprang, warf Mosche meinen Mantel hinaus, und ich hörte noch einmal seine Stimme »Beweg dich nicht von der Stelle. Ich komme und treffe dich dort!«

Ich stieß mich vom Fenster ab. Einen Augenblick lang flog ich durch die Luft, dann landete ich in einem schneegefüllten Graben, in den ich tief einsank.

Die Reise nach Treblinka
Tadeusz Stabholz

»Tadzik, wohin fährt man uns? Warum schweigst du?« Fritzi zieht mich an der Hand. Sie kann sich in der Situation noch nicht zurechtfinden. Ich erspare mir die Antwort. Der Beobachtungsposten an der zweiten Luke schreit in den Wagen hinein: »Brüder, sie fahren uns nach Treblinka!« Der Zug rast in wildem Tempo. Die Frauen fangen an zu weinen. Aus den anderen Wagen springt man schon ab. Wir hören eine heftige Schießerei. Die Ukrainer werfen Handgranaten. Trotz der schrecklichen Lage versuche ich mich zu beherrschen. Ich schaue aus der Luke und sehe mit Kummer, daß alle, die bisher abgesprungen sind, schon nicht mehr leben. Es ist ein richtiges Trommelfeuer. Die SS-Leute jagen den »Springern« ganze Ladungen ihrer Maschinenpistolen in den Körper.

Ein sonniger Tag, der Himmel ist blau, die Welt ist schön. Wir fahren durch die schönsten Ausflugsorte hinter Warschau. Der Flieder blüht, und die Kinder spielen fröhlich auf den Feldern. Wir aber fahren in den Tod, ins Gas. Wie ein Gespenst jagt unser Zug dahin. Mit jeder Minute bringt er uns dem Ziel näher. Ich schaue Fritzi an, und mir tut das Herz weh. Nicht mehr lange und ich habe es hinter mir. Ich beiße mir die Lippen blutig. Szymek sagt etwas zu mir, aber ich höre nichts und verstehe nichts. Daraufhin gibt er mir einen Stoß: »Du, nimm dich zusammen, wir springen.« Ich versuche, mich zu fassen, und wir stellen uns auf. »Ja! Wir springen.« Ich als erster und nach mir Fritzi. Dann sollen Heniek, Szymek, Bele, Pinek folgen. Sabine und Marisie wollen nicht springen. Sie sind beide völlig erledigt. Fritzi hält sich ausgezeichnet, ich bewundere ihren Mut. Dann heißt es Platz machen.

Wir rücken auseinander, und ich strecke mich zur Luke hinaus. Eine Hand ist schon draußen und der Kopf dicht unter dem Dach. Ich zwänge mich hinaus. Mit dem linken Bein bin ich schon auf der anderen Seite. Szymek und Pinek helfen von unten nach. In letzter Minute – ich will gerade abspringen – hält Fritzi mich fest und bittet weinend: »Tadzik, erbarm dich! Spring nicht! Wenn sie uns wenigstens mit einem Schuß töten würden. Vielleicht werden wir nur verwundet und müssen uns noch lange quälen.« Ich zögere zuerst, dann ziehe ich mich durch die Luke in den Wagen zurück. »Gut, Tadzik! Vielleicht soll es so sein. Also springen wir nicht! Es ist schon besser, wenn wir zusammen umkommen!« höre ich die Stimme von Dr. Stein. Er ist wie immer ruhig und beherrscht. »Fritzi hat recht, Tadzik! Auch wenn du tatsächlich gut gelandet wärst, so hätte dich doch jeder als Jude erkannt. Du würdest trotzdem umkommen. Die besten Chancen von uns allen haben Bele und Sabine. Sie sollen springen.« Dr. Steins Worte machen auf uns großen Eindruck, wir geben das Abspringen auf. Dafür drängt Bele sich jetzt ans Fenster. Sie umarmt Fritzi und küßt sie zärtlich. Dann verabschiedet sie sich von uns allen. »Helft mir hinauf!« Uns zittern die Arme, als wir sie hochheben. Der Zug rast wie wahnsinnig dahin. Vielleicht werden sie sie nicht treffen, vielleicht gelingt es. »Mit dem rechten Bein zuerst, Bele!« Aber sie ist schon draußen. Genau wie Pinek Lewin es ihr geraten hat, stemmt sie sich mit den Knien gegen die Bretter des Wagens. Plötzlich stößt sie sich ab und springt. Wir halten den Atem an. O weh! Sie ist zwischen die Schienen des Nebengleises gefallen. Es beginnt eine wilde Schießerei. Wir erkennen es ganz deutlich: unzählige Kugeln durchsieben ihren Körper.

Die Menschen im Wagen werden vor Durst halb verrückt. Ein kleiner, kaum zehnjähriger Junge zieht ein flaches Gefäß unter seinem Gürtel hervor. Es ist schon kein Tropfen Wasser mehr darin, doch er hebt es an die Lippen. Die um ihn herumsitzenden Menschen geraten in Bewegung. Undeutliche, kaum noch menschliche, fast tierische Laute stoßen sie aus. Gierig strecken sich die Hände, greifen nach dem Gefäß, entreißen es den schwachen Kinderhänden und packen zu. Jeder will es haben. Man würde sich darum schlagen, aber dazu ist es viel zu eng. So kann man nur mit Kopf, Mund und Gesicht kämpfen.

Aus einem Winkel ertönen die halberstickten Worte: »Es gibt keinen Gott mehr! Der Satan beherrscht die Welt!«

Mit traurigem Lächeln sagt Fritzi zu mir: »Tadzik, das ist nun unsere letzte Reise. Wir treffen uns im Himmel wieder. Vielleicht ist es dort besser?« Die Räder rattern: In den Tod! In den Tod! In den Tod! Ins Gas! Ins Gas! Ins Gas!

An der Bahnstation Sluzk sind wir schon vorbeigefahren. Bis Treblinka sind es noch fünfzig Kilometer. Jeder von uns versucht einen Blick aus dem Fenster zu werfen. Wir betrachten jeden Fliederbusch, jeden blühenden Baum, alles, alles wollen wir sehen.

Heniek flüstert mir leise zu: »Ist es wirklich wahr, daß wir einmal ganz normal gelebt haben? Bist du tatsächlich früher einmal morgens aufgestanden, ohne zu denken, daß es dein letzter Morgen sein könnte? Hat man die Menschenwürde jemals so mit Füßen getreten, und ist je der Auswurf der Menschheit Herr über Leben und Tod von Tausenden gewesen? Will sich denn niemand dieses himmelschreienden Unrechts annehmen?«

Heniek ist sechzehn Jahre alt und kennt kaum ein anderes Leben. Er schaut sein Schwesterchen an und denkt an seine Eltern, die auch in Treblinka umgekommen sind. Jetzt ist die Reihe an ihm und seiner Schwester. Von der gesamten Familie wird keiner übrigbleiben, der den Mördern einmal die Anklage ins Gesicht schleudern könnte.

Der Zug verlangsamt die Fahrt. Draußen setzt eine wüste Schießerei ein. Handgranaten explodieren in der Luft. In einem der Wagen ist die Tür aufgerissen worden und über zehn Menschen sind herausgesprungen. Sie laufen auf das nahe Wäldchen zu. Die Schießerei wird immer schlimmer. Es dauert nicht lange und alle Flüchtlinge liegen verblutend im grünen Gras zwischen den Feldblumen.

Wir fahren weiter. Wenn man nur schon schneller an Ort und Stelle wäre! Das Warten auf den Tod ist schlimmer als der Tod selbst. Pinek hat Galgenhumor und macht Witze. Er bedauert, kein Kölnisch Wasser zu haben, denn er meint, aus uns würde Seife gekocht und da sollte sie wenigstens gut riechen. Ich möchte ihm am liebsten ins Gesicht schlagen, aber er lacht nur und witzelt weiter: »Denkt dran, je schneller ihr das Gas einatmet, desto schneller werdet ihr auch krepieren! Und vergeßt nicht, mich vor dem Tod etwas zu kitzeln, denn ich will mit einem Lächeln auf den Lippen sterben.«

»Willst du endlich den Mund halten«, schreie ich ihn an. »Mir ist nicht zum Lachen zumute.«

Noch mehr Menschen sterben im Wagen, denn sie wollen es sich ersparen, die Gaskammern kennenzulernen. Pinek sagt: »Aus jedem Waggon suchen sie sich Leute für ihre sadistischen Orgien heraus.« Damit hat er wieder ein Thema, um darüber Witze zu machen. Er fährt fort: »Ich würde mir dazu aussuchen ...« Er schaut sich im Wagen um, aber dann spricht er doch nicht weiter. Der Witz scheint selbst ihm nicht am Platze.

Malkinia. Jetzt sind es noch fünf bis sechs Kilometer. Der Zug hält eine Viertelstunde, die Lokomotive manövriert. Den kurzen Aufenthalt nutzen die Menschen aus, um Selbstmord zu begehen. Es gibt ein einfaches Mittel. Man steckt den Kopf zum Fenster hinaus, und schon bekommt man eine Kugel. Schluß! Nicht weit von uns hält ein Personenzug nach Warschau. Die Fahrgäste sehen dem Schauspiel entsetzt zu. Ein Pfiff und der Zug setzt sich in Bewegung.

Von hier ab ist die Strecke nur noch eingleisig. Die Lokomotive ächzt, denn sie schleppt heute eine schwere Last. Eine Brücke, ein Teich und ein kleines Haus – Station Treblinka! Der Zug hält. Aber noch sind wir nicht an Ort und Stelle. Die Hälfte der Wagen bleibt auf einem Nebengleis stehen, wir fahren weiter. Es geht durch einen Wald. Auf der anderen Seite befindet sich eine Chaussee.

Aus den Erzählungen kennen wir es gut, dieses Wäldchen, und wissen, welche beängstigenden Geheimnisse es birgt! »Macht euch zum Baden und Entlausen bereit, liebe Freunde!« Wieder dieser verrückte Pinek. Zum Teufel mit ihm! Ich nehme Fritzi in den Arm. »Wir wollen uns nicht trennen, Fritzi«, sage ich. »Wir bleiben zusammen.«

»Ja, Tadzik, zusammen«, ist ihre Antwort.

Stacheldrahtzäune und Stacheldrahtgräben umgeben das Wäldchen. Alle paar Meter steht ein Wachturm und auf ihm SS-Leute mit Scheinwerfer und Maschinengewehr. Die Todesfabrik wird gut bewacht. Der Wald ist dunkel, und in den Waggons wartet eine traurige Fracht. Wir halten eine ganze Weile. Mit einmal wird es wieder heller. Die Lokomotive fährt noch einmal an, und wir sind am Bestimmungsort.

Die Rampe ist voll bewaffneter SS-Leute. Einige Zivilisten laufen zu jedem Wagen. Das Sonderkommando! Die Riegel werden hochgerissen, die Türen aufgeschoben.

»Los! Aussteigen! Tempo! Tempo!«

Wir springen hinaus. Fritzi, Heniek und ich halten uns fest bei den Händen, wir wollen uns nicht trennen. Da kommt ein Befehl: »Frauen und Kinder nach rechts! Los!«

Ich verstehe nicht, ich will nicht verstehen. Aber schon kommt ein SS-Mann angelaufen. Er packt Fritzi und versetzt mir einen Schlag mit dem Kolben. Ich falle hin und verliere das Bewußtsein. Heniek kümmert sich um mich und hilft mir wieder auf die Beine. »Mein Gott, ich werde Fritzi nicht mehr wiedersehen!« Ich suche sie und entdecke sie wie durch einen dichten Nebel in einer Gruppe von Frauen, die gerade durch das Tor geht. Fritzi bemerkt mich auch und winkt mir. Das sieht ein Deutscher und schlägt sie mit der Peitsche. Sie verschwindet hinter dem Tor.

Natek, Szymek und Pinek stoßen zu uns. Auch Natek hat sich gerade von seiner Frau verabschiedet. Er kann sich nicht beherrschen und weint. Dr. Stein steht mit gesenktem Kopf da. Auch er denkt wahrscheinlich an sein Liebstes, ein fünfjähriges Töchterchen, das er fremden Menschen auf der »arischen« Seite anvertraute. Das Kind hat keine Ahnung, daß es weder Vater noch Mutter jemals wiedersehen wird.

Jetzt gehen die letzten Frauen durch das Tor. Marisie steht der Wahnsinn im Gesicht, und Sabine schreit zu uns herüber: »Endlich ist diese Qual vorbei. – Bleibt stark!«

Jetzt ist die Reihe an uns! Aber wohin sind die Frauen verschwunden? Aus dem Wäldchen ist kein Laut zu hören. Bald werden wir es wissen. In diesem Augenblick ist mir schon alles gleichgültig. Ich bin völlig apathisch und des Lebens müde. Ich bin siebenundzwanzig Jahre alt, aber das stimmt wahrscheinlich gar nicht. Ich muß schon achtzig oder noch älter sein. Ich schaue mich um. Auf der einen Seite stehen unsere Eisenbahnwagen, aus denen die Leute vom Sonderkommando die Leichen herausschleppen. Sie haben viel Arbeit damit. Auf der anderen Seite sehe ich einen hohen, vielleicht vier Meter dicken Zaun aus unbehauenen Kiefernstämmen und zwei kleine Tore. In dem einen, das vielleicht fünfzig Meter von uns entfernt ist, sind meine Fritzi und alle Frauen und Kinder für immer verschwunden. Vor dem zweiten Tor steht ein SS-Mann mit einem vom Sonderkommando. Die SS-Männer umstellen uns, weisen in eine Richtung und befehlen: »Im Laufschritt, los!« Sie bekräftigen ihren Befehl mit Schlägen. Die Peitschen knallen. Die SS-Leute lassen Hunde auf uns los, die sich bellend auf die Menschen stürzen. Sie beißen zu, oft bleibt ein Stück Fleisch zwischen ihren Zähnen. Jeder versucht, den Hunden zu entgehen. Wenigstens um eine Minute wollen die Menschen ihr Leben verlängern. Niemand hat den Mut, zum Tor zu gehen, dem Tor des Todes. Ich gehe. »Gehen wir, Heniek«, sage ich, aber Szymek schreit: »Wohin willst du, Verrückter?« Mir steht schon alles bis zum Halse. Ich laufe los, vor mir laufen noch andere. Ein paar Meter vor dem Tor stolpere ich über etwas und falle hin. Heniek läuft an mir vorbei durch das Tor und ist verschwunden. Ich stehe schnell auf und laufe ihm nach. Eine Hand in weißem Handschuh versperrt mir den Weg. Ich bleibe stehen und begreife nicht, was vorgeht. Ein Zivilist vom Sonderkommando packt mich am Kragen und schleudert mich zur Seite, wo ich stehen bleibe. Ein SS-Mann gibt mir einen Stoß, daß ich neben dem Zaun hinfalle. Eine ganze Weile grübele ich darüber nach, was das bedeuten mag. Mir fallen Pineks Reden im Zug ein, und der kalte Schweiß bricht mir aus. Fast beneide ich die Glücklichen, die das Tor zu den Gaskammern schon durchschritten haben. Die Hand des SS-Mannes verwehrt noch einigen anderen den Weg durchs Tor. Immer wiederholt sich das gleiche: der Zivilist weist ihnen mit einem Tritt in das Gesäß den Weg zu der Stelle am Zaun, wo ich sitze.

Szymek und Dr. Stein laufen an mir vorbei. Da sie mich an der Seite sitzen sehen, bleiben sie einen Augenblick stehen und schauen mich an. Aber schon bekommen sie einen Stoß und verschwinden im Tor. Dann kommen Natek, Pinek und die Brüder Tempelhof. Die Hand versperrt ihnen den Weg, und sie treten zu mir auf die Seite.

Auf der Rampe sind noch etwa zweihundert Mann geblieben. Die Hälfte von ihnen geht durch das Tor, die andere Hälfte bleibt bei uns draußen. Unter ihnen auch ein paar ältere Juden mit langem Bart und Peies, in langen Kaftanen. Jetzt besteht für mich kein

Zweifel mehr, daß man uns nur herausgesucht hat, um uns zu Tode zu quälen.

Das Sonderkommando hat inzwischen seine Arbeit beendet. Hunderte von Leichen liegen neben den Eisenbahnwagen. Fuhrwerke kommen herbei, und die Toten werden zusammen mit Abfall und Kot aufgeladen. Es ist einerlei – alles zusammen wird ja doch in den Ofen geworfen. Eine Lokomotive fährt ein. Alle Waggons werden gründlich durchsucht und auf ein Nebengleis geschafft. Kurz darauf kommt die zweite Hälfte unseres Zuges. Wir erhalten inzwischen den Befehl, uns in Zehnerreihen aufzustellen. Ein SS-Mann zählt uns. »Hundert!« Er scheint etwas erstaunt zu sein. Pinek sagt: »Nicht einmal ruhig sterben läßt uns dieser Auswurf!« Mein Herz schmerzt nur ein Gedanke: »Fritzi, Fritzi! ...«

Vor den Eisenbahnwaggons wiederholen sich die gleichen Szenen wie bei uns. Das verzweifelte Bitten der Frauen: »Wir wissen, daß wir in den Tod gehen. Aber gebt uns ein bißchen Wasser vor dem Sterben. Nur einen Tropfen Wasser!« SS-Leute und Sonderkommando reißen die Familien brutal auseinander. Frauen rechts! Männer links! Die Frauen treibt man schon zum Tor. Die Peitschen knallen. Vor Schreck und Verzweiflung werden manche Frauen verrückt. Sie drücken die Kinder wild an sich. Die Bestien brüllen: »Schneller! Los!« Wieder gibt es Prügel. Wieder fallen die Hunde die Unglücklichen an, beißen sie und zerreißen ihre Kleidung. Sie gehen in die Gaskammern, und man hat ihnen nicht einmal Wasser gegeben.

Eine ausgezeichnete Organisation. Alles klappt reibungslos und ohne Verzögerung. Es gibt keine Möglichkeit, sich zu widersetzen. Was kann ein vor Durst und Erschöpfung halb Toter schon machen nach mehreren Tagen auf dem »Umschlagplatz« und mehrtägiger Reise zu einhundertfünfzig Mann in einem verschlossenen Waggon? Jetzt kommen die Männer an die Reihe. Ich sehe, wie einige von ihnen sich zu Boden gleiten lassen und ganz langsam auf die Waggons zukriechen. Auch Pinek sieht das. Ob es ihnen gelingen wird? Der Bahnsteig in Treblinka liegt sehr hoch. Sie lassen sich zwischen zwei Waggons fallen und versuchen, auf der anderen Seite hinauszugelangen. Wir können sie nicht mehr sehen.

Plötzlich rattert ein Maschinengewehr. Wir hören Stöhnen. Erledigt! Inzwischen treibt man die Männer im Laufschritt zum Tor. Die Hälfte ist schon darin verschwunden. Die SS-Leute betrachten die Laufenden völlig gleichgültig. Es ist heiß. Ein SS-Mann nimmt die Mütze ab und wischt sich mit einem Tuch den Schweiß vom Gesicht. Einer vom Sonderkommando reicht ihm eine Flasche Bier mit einem Becher. Der SS-Mann trinkt mit Vergnügen, und die Menschen laufen an ihm vorbei in den Tod. Er trinkt die Flasche leer und scheint sehr zufrieden. Er macht ein »freundliches« Zeichen mit der Hand, und ein paar dürfen sich unserer Gruppe anschließen. Von weitem sehe ich meinen Kollegen Lolek Kannengießer laufen. Auch er bemerkt uns, und obwohl der Deutsche ihn nicht festgehalten hat, läuft er zu unserer kleinen Gruppe. Der SS-Mann brüllt: »Halt! Wohin, du Schweinehund?« Drei SS-Leute packen Lolek, prügeln ihn und stoßen ihn durch das Tor.

Hier ist das Drama zu Ende, der Transport ist erledigt. Bald wird der zweite Akt in den Gaskammern beginnen und der dritte mit uns. Natek flüstert mir zu: »Warum hat man nur Männer ausgesucht?« Bald werden wir es erfahren. Einige Leute vom Sonderkommando kommen zu uns heran. Gesunde, gut genährte Burschen. Sie fragen, woher wir kommen und ob wir vielleicht ihre Familien in Warschau kennen. Wir erfahren, daß sie schon fast ein Jahr bei dieser Sonderkommando-»AG« arbeiten; ein Teil bei den Zügen, andere bei den Gaskammern und eine dritte Gruppe in den Krematorien. Es fehlt ihnen an nichts, denn die Judentransporte – vor allem die aus Westeuropa – bringen viel zu essen mit. Sie entbehren nichts, aber ihre Tage sind gezählt. Sie haben zuviel gesehen. Man wird Treblinka liquidieren, und man wird auch sie liquidieren.

Die meisten Männer des Sonderkommandos haben ihre nächsten Angehörigen, Väter, Mütter, Frauen, Kinder oder andere nahe Verwandte in die Gaskammern hineingehen sehen. Andere, die in den Krematorien arbeiten, haben oft ihre eigenen Liebsten verbrennen müssen.

Ihre Herzen sind versteinert. Sie haben mit niemand mehr Mitleid. Mit ihnen hat ja auch keiner Mitleid gehabt. Irgend jemand fragt, ob sie denn wissen, was mit uns sein wird, und einer antwortet mit bitterem, teuflischem Grinsen: »Was zittert ihr so um euer bißchen Leben? So kostbar ist es auch nicht. Eine Million Juden ist schon vor euch in Treblinka umgekommen. Genauso werdet auch ihr umkommen. Deshalb stürzt der Himmel nicht ein. Zittert nicht!« Aber wir haben keine Angst. Wir wollen nur wissen, welchen Tod wir sterben müssen. Ein anderer erklärt uns: »Seit kurzem ist großer Betrieb in Treblinka. Die Krematorien können die Arbeit schon nicht mehr bewältigen. Deshalb werden die Leichen jetzt auch in Gruben verbrannt. Ihr werdet die Vergasten aus den Kammern herausschleppen und in die Gruben tragen dürfen. Zur Belohnung werdet ihr dann nicht vergast, sondern an den gleichen Gruben erschossen. Das ist schon mehr als einmal passiert.«

Erschossen werden! Erschossen! Welche himmlischen Klänge sind das für uns. Der Herr der Welt verläßt uns nicht, wir haben Glück! Die erste gute Nachricht nach so langer Zeit! Auch Natek und Pinek sind glücklich. Nur kein Gas! Nur nicht in die Gaskammern! Wir werden keinen schweren Tod haben. Es wird uns leichter ums Herz. Sogar der Durst quält uns jetzt weniger.

Mehrere SS-Leute kommen auf uns zu. Die vom Sonderkommando treten zur Seite und stellen sich dort auf. Man zählt uns: einhundertfünfundsiebzig Mann. Dann hören wir den Befehl: »Gebt ihnen Wasser!«

Nach etwa fünf Minuten kommt ein Karren mit einem großen Faß Wasser. Es ist schmutzig und stinkt, aber es ist doch Wasser. Trinken! Die Menschen werden völlig verrückt. Mit letzter Kraft stürzen sie sich auf das Faß. Wir schlagen uns, schreien und fallen zu Boden. Jeder will der erste sein. Dabei kippt das Faß um, und das Wasser läuft aus. Wir werfen uns auf die Knie und lecken den feuchten Sand. Die SS-Männer schütteln sich vor Lachen und machen Fotos. Für sie ist das ein komisches Schauspiel.

Plötzlich kommt ein Untersturmführer mit einem Papier in der Hand. Er sagt etwas zu seinen Leuten. Gleich darauf heißt es: »Aufstehen!«

Jetzt geht es los. Neben uns steht der Zug. Wir werden in drei Waggons verladen. Wir verstehen schon gar nicht mehr, was jetzt geschieht. Wir sind knapp sechzig Mann in einem Waggon. Der Boden ist vom Chlor gesäubert worden. Die Türen werden verriegelt, das Begleitkommando erscheint. Der Führer erklärt ihnen: »Laut Befehl von Obergruppenführer von Eupen müssen auf jeder Station die Gefangenen gezählt werden. Wenn auch nur einer fehlt, werden alle übrigen erschossen.«

Er sagt es so laut, damit wir es hören und uns danach richten. Ich bin mit Natek, Pinek und den beiden Brüdern Tempelhof im gleichen Waggon. Der ältere Tempelhof – ein Ingenieur und Verwalter eines Krankenhausbüros – leidet schreckliche Schmerzen. Er hat Krebs.

Über eine Stunde bleiben wir an der Rampe stehen. Endlich hören wir den Pfiff einer Lokomotive. Die Wache nimmt ihre Plätze auf den Trittbrettern der Waggons ein. Der Zug fährt an. Wieder geht es durch den Wald. Zurück. Fort aus Treblinka! Jetzt fahren wir schon durch Felder.

Über dem Wald steht eine Rauchwolke.

Fritzi, ach Fritzi! ...

BEKANNTMACHUNG

Zur Durchführung der vom SS- und Polizeiführer im Distrikt Krakau angeordneten Judenaussiedlung im Kreis Sanok, wird Folgendes bekannt gemacht:

1. Vom 5. 9. 1942 an erfolgt im Kreis Sanok eine Judenaussiedlung.

2. Jeder, der in irgendeiner Form die Aussiedlung gefährdet oder erschwert oder bei einer solchen Handlung Mithilfe ausübt, wird erschossen.

3. Jeder, der während und nach der Aussiedlung einen Juden aufnimmt oder versteckt, wird erschossen.

4. Jeder der unerlaubt die Wohnung eines ausgesiedelten Juden betritt, wird als Plünderer erschossen.

5. Während der Umsiedlung ist das Herumstehen auf den Strassen verboten, die Fenster sind geschlossen zu halten.

Sanok, den 4. Sep. 1942.

»Aktion« in der Provinz

Ein Kind erzählt / Rebekka Kleiner

Ich öffnete die Tür, wenn die Deutschen klopften. Man mußte sehr schnell öffnen, sonst schossen sie mit dem Gewehr oder mit dem Revolver. Anfangs schlugen die deutschen Soldaten keine Frauen und Kinder. Sie schlugen nur die jungen Leute, die sie in den Häusern fanden. Aber später schlugen sie alle. Selbst Großvater, der doch schon sehr alt war, bekam mehrfach Peitschenschläge ins Gesicht.

Anfangs weinte ich, wenn die Deutschen kamen, aber nach einer gewissen Zeit weinte ich nicht mehr. Ich wußte, daß das nicht half, aber mein Herz klopfte sehr stark. Die Deutschen schlugen die Kinder nicht, sie nahmen sie mit sich fort, man weiß nicht wohin. Manchmal töteten sie sie auf der Stelle.

Es gab Deutsche, die keine Kinder töteten. Aber selbst diese waren nur gut, wenn sie allein in die Wohnung kamen. Als ich eines Tages bei meinem Onkel in Bendzin war, kam ein Deutscher, um die Wohnung zu durchsuchen. In der Küche schmorte ein Stück Rindfleisch. Ich wußte, daß es uns verboten war, Fleisch zu essen. Ich lief schnell in die Küche, um den Topf zuzudecken, in dem es schmorte. Der Deutsche rannte hinter mir her. Ich dachte, er würde mich töten, aber er lachte nur und tat nichts. Ein anderes Mal war Razzia bei uns in Sosnowiec. Die Soldaten machten Jagd auf junge Mädchen. Sie hatten große Angst. Lea und Lisa, die beiden Töchter unserer Nachbarn, versteckten sich in unserer Wohnung, eine unter dem Bett, die andere im Schrank. Bald kamen die Soldaten brüllend herein und fragten, ob es bei uns junge Mädchen gäbe. Mama sagte nein, aber sie machten sich ans Suchen und fanden beide. Sie wollten auch Mama mitnehmen, aber ich und meine Schwester begannen aus Leibeskräften zu schreien und zu weinen, und die Soldaten ließen uns Mama da. Die beiden Mädchen nahmen sie mit. Uns geschah nichts. Ich wußte, daß ich nicht weinen und nichts sagen durfte, und blieb still in meiner Ecke. Ich machte mich so klein wie möglich.

Aber dies alles hat mir nur halb soviel Angst gemacht wie der Tag der Deportation.

Mama kehrte eines Tages aus der Fabrik zurück, in der sie arbeitete, und sagte, sie müsse uns, meine Schwester und mich, zur Kontrolle mitnehmen. Der Befehl war, daß die Arbeitenden mit ihrer gesamten Familie in die Fabrik zu kommen hatten; die anderen sollten sich auf dem Sportplatz einfinden. Man wollte unsere Ausweise stempeln.

Mein Großvater war sehr intelligent. Er wollte nicht hingehen und blieb allein zu Hause. Mama hatte vor nichts Angst. Sie war eine gute Arbeiterin, und ihr Chef war mit ihr zufrieden.

Ich erinnere mich sehr genau, sogar an das Datum. Es war Mittwoch, der 12. August 1942, gegen vier Uhr morgens. Mama weckte uns, wusch uns und zog uns die schönsten Kleider an. Wir sollten für die Kontrolle nett aussehen, um den Deutschen keinen Vorwand für Quälereien zu geben.

Gegen sechs Uhr morgens brachte Mama uns in die Fabrik. Etwa fünfhundert Personen arbeiteten dort, jeder kam mit seiner Familie. Es war nicht genügend Raum für alle. Wir warteten bis elf Uhr morgens auf die Kontrolle. Schließlich kamen jüdische Polizisten und befahlen uns, zum Sportplatz zu gehen, weil die Ausweise dort gestempelt würden. Sobald wir auf der Straße waren, umzingelte uns die Gestapo, und wir begriffen, daß wir verloren waren. Der Weg war sehr weit. Die Gestapo-Leute schlugen uns mit Peitschen und schossen in die Luft. Auf dem Sammelplatz war es sehr eng. Mama hielt uns beide an den Händen, um uns nicht zu verlieren. Der Himmel bedeckte sich, und ein schreckliches Gewitter brach los. Der Regen strömte herab. Mama legte uns Taschentücher auf den Kopf, aber das half nichts. Wir waren völlig durchnäßt. Ich war sehr müde, ich konnte nicht mehr stehen und setzte mich in den Schmutz. Es war schrecklich, und bis heute erinnere ich mich an alles. Der Abend kam, und es regnete noch immer.

Als es dunkel wurde, beleuchteten die Deutschen den Platz mit großen Lampen. Sie schossen die ganze Zeit. Die Kinder schliefen im Schmutz. Niemand weinte laut; alle bemühten sich, möglichst leise zu weinen. Die Leute sagten: »Vielleicht wird Gott die Kinder weinen hören?«

Ich konnte nicht einschlafen. Mama setzte sich zu uns auf die Erde und nahm mich in die Arme. Sie wiegte mich sanft und fragte immerzu: »Schläfst du, mein Schatz?« Als ich einschlief, fürchtete sie, daß ich vor Hunger und Durst ohnmächtig geworden war. Viele Kinder und Erwachsene wurden bewußtlos. Immerzu wurde geschrien: »Hilfe, Hilfe!«

Die Schwestern der jüdischen Gemeinde kamen, um die Bewußtlosen wieder zu sich zu bringen. In der Nacht hörte ich schreckliche Schreie. Ein Kind kam zur Welt.

Ich glaubte vor Durst sterben zu müssen. Mama zeigte mir, wie man eine hohle Hand macht und das Regenwasser schlürft, das sich darin ansammelt. Aber das vergrößerte nur meinen Durst. Wir hatten auch großen, schrecklichen Hunger.

Am frühen Morgen begannen die Deutschen, uns zu schikanieren. Sie brachten Brot herbei und aßen es mit großem Appetit. Die

Brotreste warfen sie in den Schmutz des Platzes. Höhnisch sahen sie auf die Juden, die begierig die kleinen Brotstückchen anstarrten. Mama erlaubte uns nicht, sie aufzuheben. Aber andere Kinder hatten noch größeren Hunger als wir, und ihre Mütter nahmen das Brot, wuschen es in einer Pfütze und gaben es ihnen zu essen.

Einige Deutsche warfen das Brot in die dichteste Menschenmenge und sahen zu, wie die Leute es sich aus den Händen rissen und sich dabei gegenseitig stießen und erdrückten. Manche Soldaten warfen Steine und Eisenstücke in die Menge. Viele Mütter hatten ihre Säuglinge im Kinderwagen mitgebracht. Die Deutschen warfen die Kinder heraus und schlugen die Menschen mit dem Gummi der Wagenräder. Ich sah einen toten Juden, der durch einen Schlag auf den Kopf getötet worden war. Um ihn herum bildete sich eine Blutlache. Als die Kontrolle gegen Mittag begann, wurde es noch schlimmer. Die Deutschen drängten die Juden von einer Ecke in die andere, verteilten Peitschenhiebe und gaben Gewehrschüsse ab. Die Leute traten aufeinander. Viele sagten laut den Anfang des Sterbegebets auf.

Ich verlor Mama. Die Menge riß unsere Hände auseinander. Ich biß und teilte Fußtritte aus, ich verteidigte mich, weil man mich stieß, aber niemand achtete darauf. Jeder sah den Tod vor seinen Augen. Ich fiel auf die Erde, wurde getreten und dachte, daß dies auch für mich den Tod bedeutete. Jemand nahm mich in die Arme und schrie: »Rettet das Kind!«

Ich konnte nicht mehr atmen, war schweißnaß, aber dieser Mann rettete mich. Ich wußte nicht, wo sich Mama befand. Es gab Tausende von Menschen, so daß man sich nicht sehen konnte. Wer weiter draußen stand, wurde weniger gedrückt, aber er wurde von den Deutschen geschlagen. Die Leute sagten Psalmen auf. Es war schrecklich, ohne Mama zu sein. Sie suchte mich inzwischen unter den getöteten und erdrückten Kindern, die man auf die Seite geschafft hatte. Plötzlich erkannte ich auf dem Platz meine Tante, und sie führte mich zu Mama zurück.

Man näherte sich der Kontrolle. Es gab zwei Tische. Man sagte, der links sei schlecht und der rechte gut. Es gab nur eine Schlange, und die Soldaten zeigten, wohin man zu gehen hatte. Mama wurde zum linken Tisch geschickt. Ein bösartiger Deutscher saß dort. Er grinste die ganze Zeit.

»Wo ist dein Vater?« fragte er mich.

»In Palästina«, antwortete ich.

Er schrie: »Eine Fabrikarbeiterin, zwei Kinder, Vater in Palästina, Gruppe III.«

Gruppe III war schlecht. Das bedeutete, daß man noch eine Kontrolle passieren mußte, die entschied, ob man deportiert werden sollte oder nicht. Gruppe I wurde freigelassen. Gruppe II kam zur Zwangsarbeit, das waren vor allem die jungen Leute. Gruppe IV bedeutete den Tod.

Mit vielen Leuten der Gruppe III wurden wir in ein leeres Haus geführt. Das war Donnerstag nachmittag. Dort blieben wir bis Dienstag. Das Haus war leer, weil alle seine Bewohner zur Kontrolle waren und von dort nicht wiederkamen. Wir betraten eine Wohnung, aus der die Deutschen die Möbel schon herausgeholt hatten, und legten uns auf den Boden schlafen.

Die jüdische Gemeinde schickte uns Suppe in großen Eimern, aber niemand aß. Man hatte Angst. Einige Menschen starben ganz plötzlich. Mama sagte, das käme von einer Herzattacke. Andere stürzten sich aus dem vierten Stock. Die Deutschen erlaubten uns nicht, die Leichen fortzuschaffen. Man überwachte uns von allen Seiten. Nur wenige wurden freigelassen.

Am Dienstag schrie ein Deutscher: »Ethla Kleiner mit zwei Kindern, sofort vortreten!« – Er sagte, Mama sei eine nützliche Jüdin und ließ uns gehen. Als wir zu Hause ankamen, erzählte uns Großvater, daß er meinen Onkel in Bendzin benachrichtigt hatte. Dieser Onkel hatte viele Freunde. Er hat sein möglichstes getan, er hat die Deutschen angefleht, er hat ihnen Geld gegeben, und so sind wir freigelassen worden.

VI
Deportationen im Westen
1940–1944

Im Zuge der praktischen Durchführung der Endlösung wird Europa von Westen nach Osten durchgekämmt. Das Reichsgebiet einschließlich Böhmen und Mähren wird, allein schon aus Gründen der Wohnungsfrage und sonstiger sozialpolitischer Notwendigkeiten, vorweggenommen werden müssen.
Die evakuierten Juden werden zunächst Zug um Zug in sogenannte Durchgangsghettos verbracht, um von dort aus weiter nach dem Osten transportiert zu werden. (...)
Der Beginn der einzelnen größeren Evakuierungsaktionen wird weitgehend von der militärischen Entwicklung abhängig sein.

Aus dem Protokoll der Wannsee-Konferenz vom 20. Januar 1942

Flucht aus Holland
Harry C. Schnur

In den frühen Morgenstunden des 10. Mai 1940 – es ist noch dunkel – werde ich von Geschützdonner und den Detonationen einschlagender Bomben geweckt. Es ist kurz nach drei. Ich kann mir denken, was geschehen ist. Ich laufe nach unten, schalte das Radio ein und höre die aufgeregte Stimme des Ansagers, der die schreckliche Nachricht vom deutschen Überfall auf Holland durchgibt. »Achtung! Fünf deutsche Flugzeuge versuchen auf dem Flugplatz X zu landen. Achtung! Zwanzig deutsche Flugzeuge setzen Fallschirmjäger in der Nähe von Scheveningen ab. Achtung! Sechzig Flugzeuge unbekannter Nationalität überfliegen Dordrecht in westlicher Richtung.«

Nun ist es eingetreten, was wir alle befürchtet, aber uns stets zu glauben geweigert hatten. Ich stürze in das Zimmer meiner Frau. Auch sie ist durch den Geschützdonner geweckt worden. »Es ist soweit.« Sie versteht mich. Während die Sonne langsam an einem strahlend blauen Himmel aufgeht, ziehen wir uns hastig an.

Die Kinder schlafen noch. Ist es nur ein Traum? Nein – aus dem Lautsprecher dröhnt ununterbrochen die furchtbare Wahrheit. Deutsche Flugzeuge, Geschwader auf Geschwader, immer neue deutsche Fallschirmjägerbataillone; eine Proklamation der Königin, und dann – die ersten Nachrichten von der Front.

Wo liegt die Front? Höchstens zwei Stunden mit dem Wagen von hier. Wird die Armee standhalten können, bis Hilfe kommt? Wird überhaupt Hilfe kommen?

Claire und ich halten Kriegsrat. In ihren Augen ist Furcht, aber sie bemüht sich, sie nicht zu zeigen. Vor Monaten haben wir uns vorbereitet. Kümmerlich genug, aber wir haben getan, was wir konnten. Eine große Handtasche enthält unseren Schmuck, und, was viel wichtiger ist, unsere Papiere. Was ist ein Mensch und noch dazu ein Jude ohne Papiere? Geburts- und Heiratsurkunden, sorgsam gebündelt, Originale und Fotokopien, dazwischen Carolines britischer Paß.

Was sonst? Die Speisekammer ist gefüllt. – Vor Monaten haben wir für den Notfall einen Ölofen und mehrere Öllampen und rollenweise Verdunklungspapier und eine Menge Verbandszeug gekauft. Nicht umsonst haben wir seit zwei Jahren regelmäßig unseren ARP-Kurs besucht. Was bleibt noch zu tun? Kindheitserinnerungen an Generalstreik und Revolution steigen auf. So fülle ich alle verfügbaren Behälter und die Badewanne mit Wasser. Während Claire und Ilse die Kinder anziehen, die aufgewacht sind und nicht länger im Bett bleiben wollen, gehe ich auf die Straße. Meine beiden holländischen Nachbarn grüßen mich. Sie sind ungewöhnlich ernst an diesem Morgen, aber sie glauben fest, daß Hilfe kommen wird. Ich habe meine Zweifel, aber ich halte es für klüger, sie nicht auszusprechen.

Gruppen erregter Leute stehen überall herum – das heißt, erregt sehen sie nur für den aus, der die sprichwörtliche Ruhe, um nicht zu sagen, das Phlegma der Holländer kennt. Andere jedoch gehen ihren alltäglichen Pflichten nach, die Milchfahrer auf ihren Dreirädern, die Postboten tragen die erste Post aus. Es laufen die verschiedensten Gerüchte um. Der Rundfunk teilt eine neue Anordnung mit: Allen deutschen Staatsangehörigen ist es bei hohen Strafen verboten, das Haus zu verlassen.

Nun beginnt das Warten, das nervenzerrüttende Warten. Das Geschrei im Radio hält an. Ich drehe von einer Station zur anderen, höre aber nichts, was uns auch nur die geringste Hoffnung ließe. Die deutschen Sender stoßen Drohungen in holländischer Sprache aus, und das aufgeregte Stakkato von Paris und Brüssel übermittelt nichts als Hiobsbotschaften. All das vermischt mit den Warnungen aus Hilversum: Dreißig deutsche Flugzeuge setzen Fallschirmjäger aus einer Höhe von 1500 Fuß ab; Schieberei wird streng bestraft; achten Sie sorgfältig auf die Stimmen unserer drei Ansager, nur sie geben Gewähr für die Richtigkeit der Meldungen. Ich drehe auf BBC. Eine leicht gelangweilte Stimme im Oxford-Akzent berichtet, daß Prinzessin Juliana mit Gemahl und Kindern gerade in England eingetroffen ist.

Gegenüber, vor der großen Tennishalle, sind Autobusse in einer langen Schlange aufgefahren. Sie haben Flüchtlinge aus dem östlichen Teil des Landes gebracht, die in der großen Halle einquartiert werden sollen. Und die Unglücksnachrichten im Radio nehmen kein Ende. Ich habe nicht die Kraft, abzuschalten. Kämpfe in Rotterdam – die Brücke zwischen Holland und Belgien in deutscher Hand. In der Tat, es sieht trübe aus.

Plötzlich beginnen die Sirenen zu heulen. Der erste Luftangriff. Wir sitzen im dunklen Flur. Draußen bellen die Geschütze, und das Haus bebt jedesmal beim Aufschlag der Bomben, die Gott sei Dank noch ziemlich weit von uns entfernt sind. Die niedergedrückte Stimmung der Erwachsenen steckt sogar die Kinder an. Mit großen, staunenden Augen sitzen sie zitternd da und warten. Nur das Baby, das in aller Eile aus seiner warmen Wiege genommen worden ist, protestiert hörbar.

Endlich Entwarnung. Draußen ist blauer Himmel und strahlender Sonnenschein. Über der Innenstadt stehen verräterische Rauchsäulen, und Brandgeruch weht herüber.

In immer kürzeren Abständen treiben uns die Sirenen in den Flur. Luftangriffe Tag und Nacht. Ilse und die Kinder müssen von nun an unten schlafen. Das Radio hat für ein paar Stunden geschwiegen; die Nachrichten sind schlecht. Ich bin mir darüber im klaren, daß es sich nur noch um Tage handeln kann, wenn nicht ein Wunder geschieht. Aber geschehen heutzutage noch Wunder?

Ein neuer Luftangriff ist gerade vorbei, als ich den Schlußsatz der Nachrichten höre: »Alle Personen englischer Staatsangehörigkeit werden aufgefordert, sich zum Konsulat zu begeben. Ihre Evakuierung wird in die Wege geleitet.«

Claire und ich schauen uns an, vielleicht wird es uns möglich sein, eins unserer Kinder zu retten. Nur einmal unterdrückt sie einen Schluchzer; dann geht sie und packt zwei kleine Koffer. Das Baby muß bei uns bleiben, aber die beiden anderen Kinder können vielleicht entkommen. Aber wie sollen sie zum britischen Konsulat gelangen? Unser holländischer Nachbar schickt seinen Sohn zu unseren Freunden, und in wenigen Minuten sind sie da, diese guten und treuen Freunde, und nehmen die Kinder mit.

Der Abschied ist nicht leicht.

Aber nach einer Stunde sind sie schon wieder zurück. Caroline, die in London geboren wurde, hat einen britischen Paß; sie soll am nächsten Tag evakuiert werden. Aber ihr kleiner Bruder ist »staatenlos«, und ein staatenloses jüdisches Kind hat kein Recht auf Rettung.

An diesem Tag gibt es elf Luftangriffe auf Amsterdam und drei weitere während der Nacht. Am nächsten Morgen nehmen unsere Freunde das Kind mit. Sie hat ein Schild mit ihrem Namen und dem Bestimmungsort um den Hals und trägt eine kleine Tasche mit etwas Kleidung und Lebensmitteln; ihre Lieblingspuppe muß auch mit. Sie ist ganz aufgeregt bei dem Gedanken, nach England zu fahren. Mir fällt es schwer, froh zu erscheinen, und Claire ...

Sie sind fort, und wir werden benachrichtigt, daß der Transport Amsterdam verlassen hat. Bis Ymuiden fahren sie mit dem Schiff – eine Reise von etwa zwanzig Meilen durch Kanäle und Schleusen, die ständig unter Beschuß liegen.

Ist es Tag oder Nacht, als wir hören und unseren Ohren nicht trauen wollen: Ein Schiff mit englischen Flüchtlingen an Bord ist bei Ymuiden auf eine Mine gelaufen und gesunken. Fast alle Passagiere sind umgekommen.

Claire wird leichenblaß und bricht mit einem Schrei zusammen. Meine Knie zittern, ich habe das Gefühl, ich werde ohnmächtig, was ich bis dahin noch nie erlebt habe. In diesem Augenblick tritt unser holländischer Nachbar ein, der ebenfalls die Nachricht gehört hat und nun versucht, uns zu beruhigen. Es sei ein anderes Schiff gewesen, das nach Indonesien fahren sollte, sagt er. Ich versuche zu sprechen, aber ich bringe nur ein heiseres und unartikuliertes Krächzen hervor. Was bleibt uns denn übrig, als uns an den letzten Rest Hoffnung zu klammern – die abscheuliche »Hoffnung«, daß vielleicht anderer Leute Kinder anstelle unseres eigenen umgekommen sind.

Nach geraumer Zeit kommen unsere Freunde vom britischen Konsulat. Sie versichern uns, daß der Transport mit unserem Kind England unversehrt erreicht hat. Wir atmen auf, aber es ist unmöglich, eine offizielle Bestätigung zu erhalten, denn alle telegraphischen Verbindungen sind unterbrochen.

Die dritte Nacht kommt und geht vorüber. Immer noch ist das Radio unser einziges Mittel zu erfahren, was vor sich geht. Neben dem Apparat habe ich Karten von Holland, Belgien und Frankreich an die Wand geheftet. Es ist leider nur zu klar, was geschieht. Der Kanonendonner, der näher und näher rückt, spricht eine deutliche Sprache. Und plötzlich gibt BBC eine Meldung durch, die zeigt, wie nahe das Ende sein muß: Königin Wilhelmina ist in England gelandet.

Und was meldet Hilversum? Noch immer nichts. Wieder und wieder die Stimmen der drei Ansager: »Hören Sie nur auf die Stimmen der Ansager, die Sie kennen.« Ein Geistlicher hält eine Predigt. Natürlich, heute ist ja Pfingstmontag. Seine Stimme zittert und ist brüchig vor Erregung. Er ist unfähig, sich noch an das Manuskript zu halten: »O Gott, laß ein Wunder geschehen, rette unser Land und unsere Königin!«

Die letzte Verteidigungslinie wird noch immer gehalten: zwei hart umkämpfte Provinzen. Aber die Fronttruppen sind auf dem Rückzug, erschöpft und fürchterlich dezimiert, und die Reserven, die sie ersetzen sollen, kommen nicht. Sie sind in heftige Kämpfe um Rotterdam und seinen Flugplatz verwickelt, der dreimal den Besitzer wechselt, sie greifen überall kleinere Gruppen von Fallschirmjägern auf und liefern holländischen und deutschen Nazis blutige Straßengefechte. Die wenigen niederländischen Flugzeuge sind vernichtet, und die Flak kann die Naziflugzeuge nicht abschießen, die aus unerreichbarer Höhe Tod und Verderben auf die schönen, friedlichen Städte herunterschleudern. Rotterdam ist verwüstet, und dreißigtausend Menschen sind in weniger als einer Stunde getötet worden. In immer kürzeren Abständen heulen die Sirenen, fallen die Bomben. Hoch oben im blauen Himmel glitzert etwas wie ein Schwarm silberner Sardinen in der blauen Adria. In geschlossener Formation zieht ein feindliches Geschwader ruhig dahin, ohne sich um die ohnmächtigen kleinen Wolken zu kümmern, die tief unter ihnen zurückbleiben. Und immer noch weht von der Innenstadt der Brandgeruch herüber.

Nachrichten. Der Bürgermeister von Rotterdam bittet dringend um Ärzte, Schwestern und Verbandstoffe. Plünderer werden auf der Stelle erschossen. General Winkelman übernimmt das Kommando über die Festung Holland. Amsterdam darf nur mit einer schriftlichen Erlaubnis des Armeehauptquartiers verlassen werden. Personen deutscher Staatsangehörigkeit müssen nach wie vor in ihren Häusern bleiben, ihre Frauen jedoch dürfen morgen, Dienstag, den 14., auf die Straße.

Und wieder eine Nacht, eine unruhige Nacht, zerrissen von Scheinwerfern und Geschützlärm. Ich kann nicht lesen. Sollte das schon das Ende sein? So viel ist noch zu tun, so wenig schon getan. Und was am seltsamsten ist: daß dies alles zu Ende gehen wird, ohne daß ich dabei bin, ohne daß ich es sehen kann. Und doch bin ich dankbar für die sieben glücklichen Jahre, für das Lachen unserer Kinder und für die Hand, die immer in der meinen lag.

Ein kurzer Schlaf und am frühen Morgen ein neuer Alarm. Dann kommt Claires Mutter. Sie lebt nur drei Minuten von uns entfernt, konnte aber bisher nicht zu uns kommen. Die alte Dame weint hemmungslos. Erst vor ein paar Monaten war es uns gelungen, sie aus Deutschland herauszuholen. Sie hatte gehofft, ihre letzten Jahre in Frieden mit ihren Kindern und Enkelkindern zu verleben. Sie versteht diese Welt nicht mehr.

Claire will einen letzten Versuch wagen. Es sieht so aus, als wäre der Hafen von Ymuiden noch immer offen. Sie eilt zu einem unserer Freunde, einem der Vorsitzenden des Jüdischen Flüchtlings-Komitees. Gibt es eine Chance zu entkommen oder es wenigstens zu versuchen? Alles ist besser, als hier untätig herumzusitzen und hilflos auf das Ende zu warten. Man sagt ihr, sie solle sich am Nachmittag noch einmal melden, da vielleicht ein Transport versuchen wird, durchzukommen. Ein Hoffnungsstrahl? Wir wollen uns keinen Hoffnungen hingeben, eine Enttäuschung wäre jetzt zu grausam.

Nachmittag. Für jeden von uns steht ein Koffer bereit. Ungeduldig warte ich auf Claire. Endlich kommt sie mit einer Taxe. Wenn wir sofort zum Komitee gehen, haben wir vielleicht noch eine kleine Chance.

Hanna, Ilse – kommt ihr endlich? Beeilt euch! Der Taxifahrer wird ungeduldig. Claire möchte hier noch abschließen, dort noch etwas mitnehmen, doch wir haben keine Zeit mehr. Ich stopfe meine Taschen voll Zigaretten, und im Hinauslaufen greife ich noch eine Schokoladenschachtel und einige Wolldecken. Marc weint: er will seinen großen Teddybär nicht zurücklassen. Wir zwängen uns mit den Koffern in die Taxe, fünf Erwachsene und zwei Kinder. Ein letzter Blick auf unser kleines Haus. Wie schön die hellen Tulpen im Sonnenschein leuchten!

»Nicht für hundert Gulden würde ich Sie nach Ymuiden fahren!« meint der Taxifahrer, der heute sicher mehr als einmal darum gebeten worden ist. »Es wird ständig bombardiert.« »Wer hat denn etwas von Ymuiden gesagt? Bringen Sie uns zum Komitee!« Eigentlich darf ich nicht einmal das Haus verlassen, denke ich, aber dieser Gedanke ärgert mich. Sitzt mir immer noch die preußische Disziplin in den Knochen? Schließlich, was habe ich denn noch zu riskieren?

Die Straßen sehen nicht mehr so ruhig aus wie vorhin. Es kommt mir sonderbar vor, daß die Verkehrsampeln noch in Betrieb sind und daß sich die Autos nach ihnen richten sollen.

Da! Die Sirenen und fast gleichzeitig die betäubenden Explosionen von Bomben. Der Fahrer will anhalten und in Deckung gehen, aber ich überrede ihn, weiterzufahren. Bald sind wir vor dem Haus des Komitees. Nur hinein, schnell. Ganz in der Nähe schlagen Bomben ein und lassen das Haus erzittern. In der Vorhalle drängt sich eine Menge verschreckter Menschen. Die Luft ist schlecht; manche Leute werden ohnmächtig, und einige Frauen jammern und stöhnen. Schließlich gelingt es den Dienern, wieder etwas Ordnung herzustellen. Wir stehen am Eingang, da es unmöglich ist, weiter in den Raum hineinzukommen. Vor der Tür sind fünf Busse aufgefahren, in denen schon neunundsechzig jüdische Kinder aus dem Städtischen Waisenhaus sitzen. Die Eltern sind tot, vermißt oder befinden sich in deutschen Konzentrationslagern. Man versucht, die Kinder aus Amsterdam herauszubekommen.

Wir bekommen Plätze, die letzten im letzten Bus, und schon beginnt die Kolonne abzufahren. Wir haben es mit Mühe gerade noch geschafft.

Eine zusammengewürfelte Menge füllt unseren Wagen: bärtige alte Männer, junge Mädchen, Frauen – und natürlich Kinder. Einige von uns tragen Pakete oder Taschen, andere haben überhaupt kein Gepäck, da sie direkt von der Straße gekommen sind. Zum Schluß haben sich noch einige Leute in den Wagen gedrängt, der nun gefährlich überladen ist. In den Kurven schleifen die Räder am Chassis des Wagens, der manchmal umzukippen droht. Allen Insassen sind zwei Dinge gemeinsam: alle sind sie Juden – und alle sind sie vollkommen stumm. Niemand spricht ein Wort. Es ist, als ob wir versuchten, uns ganz klein, ganz unauffällig zu machen, damit uns das Unheil vielleicht doch noch übersieht. Obwohl es sehr heiß ist, scheint niemand die Hitze zu spüren, auch ich nicht. Ich sitze regungslos da und wäge unsere Chancen ab, durchzukommen. Sie scheinen mir sehr gering. Wir fahren durch die vertrauten Straßen der Stadt, die für so viele Jahre unsere Heimat war, und ich weiß, daß ich sie wahrscheinlich zum letztenmal sehe.

Wird es ein Gewitter geben? Die strahlende Sonne verbirgt sich hinter einem dunklen Vorhang. Doch das sind keine Wolken: dikker, schwarzer Rauch bedeckt den halben Himmel.

Als wir die Stadt verlassen, dort, wo die Straße nach Haarlem beginnt, sehen wir vor uns eine riesige Rauchwand, durchbrochen von großen roten Stichflammen. Die Benzin- und Öltanks des Ölhafens brennen, und auch der nördliche Teil der Stadt, die Fabriken jenseits der Bucht stehen in Flammen. Ein seltsamer Kontrast, der strahlende Sonnenschein und dieses schreckliche Bild der Zerstörung. Plötzlich werden wir von einer Militärstreife angehalten. Wir haben zwar einen Passierschein vom Kommandeur der Garnison, aber es ist fraglich, ob er überall anerkannt wird. Schon hier stauen sich Autos und Menschen auf Fahrrädern. Sie werden unerbittlich zurückgeschickt. Doch im ersten Bus sitzt die unermüdliche Frau Weißmüller, der Schutzengel der jüdischen Kinder. Selbst Nichtjüdin und holländische Staatsangehörige, hat sie sich seit 1933 ständig um jüdische Flüchtlingskinder bemüht, für Transporte nach Palästina holländische Visa besorgt, die verschlossenen Türen der Bürokratie gestürmt und niemals das Wort »Nein« als Antwort hingenommen.

In Haarlem verlieren wir zehn endlose Minuten durch ein Gespräch mit Soldaten. »Es ist hoffnungslos«, sagen sie, »Ymuiden ist völlig überfüllt, und es gibt keine Schiffe mehr.« Aber Frau Weißmüller bringt es fertig, bis zu einem Offizier vorzudringen, der uns schließlich gestattet, weiterzufahren, »auf eigenes Risiko«, wie er sagt. Ein eiserner Reifen der Furcht umschließt unsere Brust. Weiter, nur weiter – jede Umdrehung der Räder ist eine Erleichterung.

Velsen, noch viereinhalb Meilen bis Ymuiden. Auf den Straßenkreuzungen sind Barrieren errichtet, vor denen Hunderte von Wagen warten. Die Flüchtlinge, in deren Gesichtern Schrecken und Verzweiflung stehen, flehen die Soldaten an der Absperrung vergeblich an, sie durchzulassen. So weit sind sie gekommen, und nun, kurz vor dem Hafen, werden sie zurückgeschickt. Jede Minute Warten ist die Hölle. Wir wollen laufen, rennen. Alles andere, nur nicht warten.

Endlich, die Schranke öffnet sich, und die Wagen fahren an. Vor uns die ersten Häuser von Ymuiden. Ein Schild: Zum Hafen – 2 Meilen. Plötzlich wieder ein Halt. Vor einer Eisenbahnunterführung staut sich der Flüchtlingsstrom in wirrem Durcheinander: Autos, Radfahrer, Kinderwagen und Fußgänger. Vergeblich versucht

Frau Weißmüller mit den Soldaten und Offizieren zu verhandeln, die mit schußbereiten Gewehren die Menge zurückhalten wollen. Wir dürfen nicht weiterfahren. Unsere Wagen drehen und halten in einer Seitenstraße.

Wir sind voller Verzweiflung – so nah der Küste noch zu scheitern. Doch Frau Weißmüller bringt es fertig, bis zum Garnisonskommandanten vorzudringen und mit ihm zu sprechen, um einen letzten Versuch zu machen. Inzwischen warten wir.

Die Sonne hat noch immer Kraft, obwohl es schon sieben Uhr ist. Sogar von hier aus kann man noch den Rauch über Amsterdam sehen. Wir sitzen in tiefem Schweigen da. Niemand hat Hunger oder Durst, obwohl wir den ganzen Tag nichts zu essen oder zu trinken hatten.

Um uns herum liegen freundliche kleine Landhäuser und Gärten, doch es sind kaum Menschen zu sehen. Zwei Rowdies von einem Typ, den wir leicht erkennen können, stehen am Bordstein und machen herausfordernde Bemerkungen über die Juden, die jetzt versuchen, ihre Haut zu retten. Sirenen und das Geräusch in der Nähe explodierender Bomben vertreiben sie.

Plötzlich – wie lange haben wir gewartet? – kommt Frau Weißmüller angelaufen. »Schnell, weiter!« Doch als wir an die Unterführung kommen, halten uns die Soldaten wieder an. Wie lange werden unsere Nerven diese grausame Spannung noch aushalten?

Ein Offizier erscheint und erlaubt uns schließlich, weiterzufahren. Ist es wirklich wahr? Wir beginnen wieder zu hoffen. Wir durchfahren die kleine Stadt. Die Bevölkerung winkt uns zu. Sie scheinen zu wissen, weshalb wir fliehen.

Der Hafen. Hier verbindet der Kanal Amsterdam mit der Nordsee und passiert die gewaltigen Schleusen von Orange. Der Hafen ist durch Militär abgesperrt und vollkommen verlassen. Wo sind die Hunderte von Fischerbooten, Dampfern und kleinen Schiffen aller Art, die man früher hier sehen konnte? Nur zwei Dampfer liegen vor Anker; einer von ihnen unter Dampf.

Die Soldaten führen uns in langer Reihe die verlassenen Lagerhäuser entlang, um uns etwas Deckung vor Flugzeugen zu geben. Sie sind freundlich und hilfsbereit, aber sehr niedergeschlagen. Sie erzählen uns, daß die niederländische Armee in fünf Tagen 100 000 Mann verloren hat, ein Viertel ihrer Gesamtstärke. Sie verteilen uns in kleinen Gruppen am Quai, damit wir den Flugzeugen kein Ziel bieten. Wir müssen den ganzen Pier entlang laufen, um zum nächsten zu gelangen, an dem unser Schiff liegt.

Überall sind Maschinengewehre aufgestellt, die gegen deutsche Bomber wohl kaum etwas ausrichten können. Der Anblick kleiner Abteilungen englischer Kriegsmatrosen und Seeleute, denen wir unterwegs begegnen, ermuntert uns irgendwie. Einige von uns stoßen sogar einen kleinen Freudenschrei aus. Aber wir sehen, daß sie nur dabei sind, die Maschinengewehre abzubauen. Zwei englische Torpedoboote, die am Quai vertäut sind, nehmen Männer und Waffen auf.

Ich schleppe zwei schwere Taschen. Marc läuft an meiner Seite. Niemand konnte seinen großen Teddy tragen, und so mußten wir ihn zurücklassen. Marc, dessen Unterlippe ein wenig zittert, blickt ständig dorthin zurück, wo sein armer Bär ganz allein auf dem verlassenen Quai sitzt und zu einem kleinen Punkt zusammenschrumpft. Claire läuft mit ihrer Mutter hinter mir. Die alte Dame, von der Hitze und Aufregung völlig erschöpft, ist einem Zusammenbruch nahe. Hanna und Ilse, die Koffer und Decken tragen, helfen ihr irgendwie weiter, während Claire das Baby in ihren Armen trägt.

Der Weg kommt uns endlos vor. Ich schwitze stark, mein Atem geht schwer. Plötzlich fällt mir ein, wie sehr ich es immer gehaßt habe, mein eigenes Gepäck zu tragen. Sogar für die kleinsten Entfernungen habe ich immer einen Gepäckträger genommen, weil ich stets zu faul war. Das ist wohl die gerechte Strafe. Was für ein Glück, daß ich wenigstens laufen kann und nicht anderen zur Last falle. Vor wenigen Monaten mußte ich mit einem entzündeten Fußgelenk wochenlang zu Bett liegen. Auf der Flucht, denke ich, ist der ganze technische Fortschritt umsonst. Auch menschliches Mitgefühl hilft letztlich nicht weiter: man muß gesunde und zuverlässige Füße haben. Kranke und Schwache bleiben sich selbst überlassen.

Vor und hinter uns eine lange auseinandergezogene Schlange von Flüchtlingen, die ihre Habseligkeiten mit sich schleppen. Viele von ihnen sind am Ende ihrer Kräfte, aber sie bringen es nicht über sich, ihr Gepäck zurückzulassen – der letzte Besitz, der ihnen geblieben ist. Vollkommen erschöpft sitzen und liegen sie überall auf dem Quai. Die britischen Seeleute und einige holländische Soldaten ermutigen sie und sind ihnen behilflich.

Marc trottet an meiner Seite dahin, der arme kleine Kerl ist heute außergewöhnlich artig und so müde. Bald werden wir auf dem schönen großen Schiff sein, mein Sohn, und eine wundervolle Reise antreten.

Noch zweihundert Meter, noch hundert – endlich sind wir da. Die Menge drängt sich über die Gangway, farbige Seeleute helfen den Kranken und Schwachen.

Die »Bodegraven« ist ein Frachter von 8000 Tonnen und für fünfunddreißig Passagiere eingerichtet. Mehr als vierhundert Flüchtlinge drängen sich in das Schiff. Die kleinen Kinder und einige alte Leute erhalten die Kabinen zugeteilt – sechs oder sieben Personen in einer kleinen Zweibettkabine.

Wir erleben einen herrlichen Sonnenuntergang. Am Horizont stehen der Rauch und die Flammen des brennenden Amsterdam. Die letzten Passagiere sind an Bord gegangen, einige holländische Soldaten und Matrosen mit voller Ausrüstung und ein Offizier.

Langsam setzt sich das Schiff in Bewegung und gleitet am Quai entlang. Da geschieht das Schreckliche. Eine kleine Gruppe von Flüchtlingen kommt, stolpernd vor Erschöpfung, angelaufen. Sie rufen: »Nehmt uns doch mit, um Gottes willen!« Ein einbeiniger Mann, der verzweifelt an seinen Krücken heranhumpelt, versucht vergeblich, an das Schiff heranzukommen und nach einem Seilende zu greifen, das an der Seite herunterhängt. Er schreit schrill und durchdringend. Eine Frau wird nur mit Mühe von anderen daran gehindert, ihr Baby über die Reling auf das Deck zu werfen. Mit jeder Sekunde gewinnt das Schiff an Fahrt und gleitet weiter. Der Anblick der Unglücklichen ist fürchterlich, Claire kann ihre Tränen nicht zurückhalten. Ich wende mich ab. Die kleine Gruppe bleibt hinter aufsteigendem Staub in hoffnungslosem Schweigen zurück.

Der Himmel wird fahl, und langsam kommt die Dämmerung. Wir haben kaum die Hafeneinfahrt hinter uns gelassen, als an Land plötzlich alle Lichter aufflammen. Für einen Augenblick bin ich verwirrt. Ganz deutlich kann ich den Pier sehen, das Hafenviertel, sogar die Straßenlaternen sind zu erkennen. Und was soll das plötzliche Abschalten bedeuten? Doch dann begreife ich, was mir später bestätigt wird: in diesem Augenblick marschierten die Deutschen in die Stadt ein, und das Aufflammen der Lichter sollte das Zeichen für die eigenen Bomber sein. Die holländische Armee hatte nach tapferem, aber hoffnungslosem Widerstand am späten Nachmittag kapituliert, doch die Nazis setzten ihr Bombardement unverteidigter Städte bis spät in die Nacht hinein fort.

Das Schiff verliert an Fahrt und dreht bei. Der Kapitän will nicht weiter, aber die britischen Torpedoboote, die mit enormer Geschwindigkeit halb über dem Wasser dahinjagen, befehlen ihm, zu fahren. Das Stampfen der Maschinen, das willkommenste aller Geräusche, setzt ein, und wir gewinnen wieder an Geschwindigkeit.

Ich atme auf. Es sieht so aus, als wären wir schließlich doch den Fängen der Nazis entronnen. Aber in Sicherheit sind wir erst, wenn wir an Land gehen. Minen und Torpedos bedrohen uns noch immer.

Es ist kühler geworden, und die meisten der Passagiere sind an einer senkrechten Leiter in den Schiffsraum hinuntergeklettert. Claire und ich wollen jedoch nicht unten eingesperrt sein, denn dort gäbe es kein Entkommen, »wenn etwas passieren sollte«. Wir gehen in der Nähe des Hecks auf und ab, wo die Kinder in einer der Deckkabinen untergebracht sind.

Da gibt der Kapitän Order: »Alles nach unten!« Zufällig sind wir in der Nähe des Hecks. Plötzlich zerreißt eine Stichflamme mit ohrenbetäubendem Lärm die Dunkelheit: ein deutsches Flugzeug hat das Feuer auf uns eröffnet. Wir werfen uns zu Boden; ich halte Claire in meinen Armen. Wie Hagelkörner schlagen die Kugeln auf das Eisendeck, nur einen Meter von uns entfernt. Schreie ertönen, aber Claire gibt keinen Laut von sich.

Es sieht aus wie ein Feuerwerk. Die Leuchtspurgeschosse zeichnen ihre Spuren in den Himmel. Das ist das Ende, denke ich. Eine Bombe wird unser Ende sein.

Aber die britischen Motorboote haben aus ihren Schnellfeuergeschützen ihrerseits ein heftiges Sperrfeuer eröffnet, und der Deutsche dreht ab.

Alle Lichter sind gelöscht, und wir fahren mit Volldampf voraus.

England, Juli 1940

Die Sterne
Marga Minco

Aus dem Fenster meines Zimmers sah ich schon von weitem meinen Vater kommen. Vor einigen Wochen war ich aus dem Krankenhaus entlassen worden, und obgleich ich täglich ein paar Stunden liegen mußte, war ich doch vollständig wiederhergestellt.

Ich kannte bisher von Amersfoort nur diese eine Straße, ein stilles Außenviertel mit neuen, paarweise gebauten Häusern, die von Gärten umgeben waren. Mein Vater ging mit kurzen, kräftigen Schritten und lüftete schwungvoll seinen Hut vor einer Frau, die in ihrem Vorgarten stand und Blumen pflückte. Sie sagte anscheinend etwas zu ihm; denn er blieb einen Augenblick lang stehen. Als er dicht beim Haus war, sah ich, daß er ein Päckchen in der Hand trug. Ein braunes Päckchen. Ich ging nach unten, sah ins Wohnzimmer hinein und meldete: »Vater kommt, mit einem Päckchen!«

»Was ist da drin?« fragte ich ihn an der Haustür.

»Worin?« fragte mein Vater, der ruhig Mantel und Hut aufhängte. Er hatte das Päckchen auf die Garderobe gelegt.

»Da, in dem Paket, das du mitgebracht hast«, sagte ich ungeduldig. »Du wirst es noch sehen«, sagte er. »Komm!«

Ich folgte ihm nach drinnen. Dort legte er es auf den Tisch, während ihm alle neugierig zusahen. Es war mit Bindfaden verschnürt, dessen Knoten er geduldig löste. Dann faltete er das Papier auseinander. Es waren die Sterne.

»Ich habe sie für alle Fälle mitgebracht«, sagte er. »Ihr könnt sie jetzt auf sämtliche Mäntel nähen.« – Meine Mutter nahm einen aus dem Haufen und betrachtete ihn aufmerksam. »Ich will doch sehen, ob ich noch gelbe Seide im Haus habe«, sagte sie.

»Ist doch orange«, sagte ich. »Du mußt orange dafür nehmen.«

»Es wäre besser«, sagte Lotte, die Frau meines Bruders, »wenn wir Garn in der Farbe der Mäntel nehmen würden.«

»Wie scheußlich wird das zu meiner roten Jacke passen«, sagte Bettie. Sie war aus Amsterdam gekommen und wollte ein paar Tage bei uns bleiben.

»Wie ihr es macht, ist eure Sache«, sagte mein Vater. »Wenn ihr nur daran denkt, daß sie an der linken Seite auf Brusthöhe sitzen sollen.«

»Woher weißt du das?« fragte meine Mutter.

»Es stand doch in der Zeitung«, sagte mein Vater. »Habt ihr nicht gelesen? Sie müssen deutlich sichtbar sein.«

»Wieviel du davon mitgebracht hast!« sagte meine Mutter, die an jeden von uns ein paar Sterne austeilte. »Konntest du so viel bekommen?«

»Natürlich«, sagte mein Vater. »So viel ich wollte.«

»Das ist gut«, sagte sie. »So können wir etwas für die Sommersachen zurückbehalten.«

Wir holten die Mäntel aus der Garderobe und fingen an, die Sterne aufzunähen. Bettie machte es äußerst sorgfältig, mit kleinen, unsichtbaren Stichen. »Du mußt sie säumen«, sagte sie zu mir, als sie sah, daß ich den Stern mit großen, unordentlichen Stichen auf meinen Mantel setzte. »Dann sieht es viel besser aus!«

»Ich finde sie so unpraktisch«, sagte ich. »Wie soll man einen Saum in diese blöden Zacken bekommen?«

»Zuerst mußt du einen Saum hineinreihen«, sagte Bettie. »Danach steckst du ihn auf dem Mantel fest, nähst ihn an und nimmst den Reihfaden wieder heraus. Dann muß er anständig sitzen.«

Ich versuchte es noch einmal. Ich war nicht so geschickt mit Nadel und Faden wie meine Schwester. Schließlich kam der Stern schief zu sitzen.

»Jetzt kann man nicht lesen, was darauf steht«, sagte ich seufzend. »Aber das wird keine Schwierigkeit machen. Sie werden es sowieso wissen.«

»Guck mal!« sagte Lotte. »Er paßt genau ins Muster meines Mantels.« Wir betrachteten ihren Mantel, den sie sofort anzog.

»Wirklich hübsch, wie ihr das gemacht habt«, sagte meine Mutter.

Auch Bettie fuhr rasch in ihre Jacke. Zusammen liefen sie im Zimmer herum. »Der reinste Königinnentag«, sagte ich. »Wartet! Ich will mir auch mal den Mantel anziehen.«

»Der fällt dir gleich wieder ab«, sagte Lotte.

»Bestimmt nicht«, sagte ich. »Der kann nie wieder abgehen.«

»Was macht ihr da?« fragte Dave. Er stand in der Tür und sah uns erstaunt an.

»Wir sind dabei, die Sterne aufzunähen«, sagte Lotte.

»Ich suche meinen Mantel. Hat einer meinen Mantel gesehen?« fragte er.

»Der ist hier«, sagte Lotte. »Aber er ist noch nicht fertig.«

»Ich muß rasch fort«, sagte Dave. »Kann ich ihn noch einmal so anziehen?«

»Heute geht es noch«, sagte mein Vater.

»Soll ich ihn dir schnell annähen?« bot ich mich an. »Ich bin ziemlich geschickt darin.«

»Nein«, sagte Dave. »Laßt mich noch einmal gehen wie sonst.«

Als er die Gartentür öffnete und auf die Straße trat, sahen wir ihm nach, alle fünf, als ob etwas Besonderes an ihm gewesen wäre.

218

ÉTAT FRANÇAIS
Ville de VICHY
ARRÊTÉ MUNICIPAL
RECENSEMENT des ISRAELITES

Nous, Maire de la Ville de Vichy, Officier de la Légion d'Honneur,

Vu la loi du 2 Juin 1941 remplaçant la loi du 3 Octobre 1940, portant statut des Juifs,

Vu la loi du 2 Juin 1941, prescrivant le recensement des Juifs,

Vu les instructions Préfectorales du 21 Juillet 1941,

Vu la loi du 5 Avril 1884.

ARRÊTONS :

ARTICLE PREMIER. — Toutes personnes françaises ou étrangères, quel que soit leur âge, qui sont juives au regard de la loi du 2 Juin 1941, portant statut des Juifs et se trouvant en résidence à Vichy, devront se faire recenser à l'ÉCOLE JULES-FERRY, face à la Justice de Paix, **AVANT LE 31 JUILLET 1941.**

ARTICLE DEUX. — Les intéressés devront se présenter dans le délai de rigueur fixé ci-dessus, au bureau de recensement qui leur délivrera les imprimés réglementaires de déclaration individuelle à remplir.

ARTICLE TROIS. — Il est rappelé, conformément à la loi, que toute infraction à ces dispositions sera punie d'un emprisonnement de un mois à un an et d'une amende de 100 à 10.000 francs ou de l'une de ces deux peines seulement, sans préjudice du droit, pour le Préfet, de prononcer l'internement dans un camp spécial, même si l'intéressé est Français.

ARTICLE QUATRE. — M. le Directeur de la Police d'État et les Agents placés sous ses ordres sont chargés, chacun en ce qui le concerne, de l'exécution du présent arrêté.

Fait à Vichy, en l'Hôtel de Ville, le 24 Juillet 1941.

Le Maire : **P.-V. LEGER.**

Richtlinien

Der Befehlshaber
der Sicherheitspolizei und des SD
im Bereich des Militärbefehlshabers
in Frankreich
IV J–SA 24   Paris, den 26. 6. 1942

Geheim

Richtlinien für die Evakuierung von Juden

Die für die Evakuierung von Juden aus Frankreich maßgebenden Bestimmungen werden nachfolgend bekanntgegeben.
Nach diesen Richtlinien ist in Zukunft zu verfahren.

1. Im Zuge einer Evakuierungsaktion können alle dem Kennzeichnungszwang unterliegenden arbeitsfähigen Juden beiderlei Geschlechts im Alter von 16–45 Jahren erfaßt werden, ausgenommen
   a) in Mischehe lebende Juden,
   b) Juden mit der Staatsangehörigkeit
      des Britischen Empire,
      der USA,
      von Mexiko,
      der Mittel- und Südamerikanischen Feindstaaten sowie der neutralen und verbündeten Staaten.
2. Es empfiehlt sich, die zu evakuierenden Juden vor dem Abtransport zu konzentrieren. Transporte werden jeweils in Stärke von je 1000 Juden durchgeführt.
3. Pro Person muß mitgenommen werden:
   a) 1 Paar derbe Arbeitsstiefel, 2 Paar Socken, 2 Hemden, 2 Unterhosen, 1 Arbeitsanzug, 2 Wolldecken, 2 Garnituren Bettzeug (Bezüge und Laken), 1 Eßnapf, 1 Trinkbecher, Toilettengegenstände.
   b) Jeder Jude hat für 3 Tage Marschverpflegung bei sich zu führen.
      Insgesamt darf *nur 1 Gepäckstück* (1 Koffer oder Rucksack) mitgenommen werden.
4. Nicht mitgenommen werden dürfen:
   Wertpapiere, Devisen, Sparkassenbücher usw.,

Wertsachen jeder Art (Gold, Silber, Platin – mit Ausnahme des Eheringes),
Lebendes Inventar,
Lebensmittelmarken (diese sind vorher abzunehmen und den örtlichen Wirtschaftsämtern zu übergeben).
Die zurückgelassenen Gegenstände sind durch die Lagerverwaltung abzunehmen, die darüber in eigener Zuständigkeit verfügen kann.

5. Vor Abgang des Transportes ist eine eingehende Durchsuchung der Juden nach Waffen, Munition, Sprengstoffen, Gift, Devisen, Schmuck usw. vorzunehmen.
6. Ferner ist dem Transport Verpflegung für insgesamt 14 Tage (Brot, Mehl, Graupen, Bohnen usw. in Säcken) in einem gesonderten Güterwagen beizugeben. (Gegenüber den französischen Behörden kann bei der Anforderung der Verpflegung betont werden, daß die Transportteilnehmer in Kürze ganz aus dem französischen Verpflegungssektor ausscheiden.)
7. Für jeden Wagen ist ein Jude zu bestimmen, der für die Aufrechterhaltung der Ordnung während der Fahrt und die Reinigung des Wagens nach Beendigung der Fahrt verantwortlich ist. Dieser Jude hat auch Sanitätsmaterial mit sich zu führen. Da für die Transporte Güterwagen verwendet werden, ist für jeden Wagen mindestens *1 Abortkübel* bereitzustellen.
8. Die Gestellung der Begleitmannschaft in Stärke von mindestens 1:40 Mann bis zur Reichsgrenze ist mit der Feldgendarmerie örtlich zu regeln.
9. Für den Transport ist eine Transportliste in 4facher Ausfertigung aufzustellen. Diese soll neben den Personalien nach Möglichkeit auch Angaben über den früheren Aufenthaltsort und Beruf enthalten. 2 Ausfertigungen sind vom Transportführer mitzuführen und dem Auffanglager zu übergeben. Zwei Ausfertigungen sind dem hiesigen Referat IV J zuzuleiten.
10. Dem hiesigen Referat IV J ist unverzüglich nach Abfahrt eines Transportzuges *fernmündlich* (Ruf-Nr. PASsy 5418) bzw. durch FS die genaue Abfahrtszeit, die tatsächliche Transportstärke (gleichzeitig Angabe, wieviel weibliche Teilnehmer), der Name des Transportführers und die mitgegebene Verpflegung (Art und Menge) mitzuteilen.

• Für die Richtigkeit   I. A.
gez. Unterschrift   gez. Dannecker
Kanzleiangestellte   SS-Hauptsturmführer

Wir werden abgeholt

Nadine Heftler

Es geschieht in Lyon. Es ist neun Uhr morgens, das Wetter ist hervorragend, wir haben den 13. Mai 1944. Meine Großmutter, die sich vor einigen Wochen das Bein gebrochen hat, wohnt jetzt bei uns; sie liegt im Bett, eine Krankenschwester ist bei ihr.

Es klingelt an unserer Wohnungstür. »Geh öffnen«, sagt Mutter zu mir. »Nein, ich bin beschäftigt.«

Da bemüht sie sich selbst, und wir sehen drei Männer eintreten, die sehr groß und mager sind und tadellos Französisch sprechen.

»Ihre Ausweispapiere!« sagen sie. Wir zeigen ihnen unsere Ausweise, die auf unseren richtigen Namen ausgestellt sind, während ich mir sage: »Das ist nicht schlimm, das wird eine Überprüfung der Identität aller Hausbewohner sein.« Aber die Deutschen fangen an, uns eine Menge Fragen zu stellen; sie finden den Namen Heftler ziemlich seltsam und behaupten, wir seien keine Franzosen!

Da zeigt Papa ihnen alle möglichen Dokumente, die beweisen, daß wir alle in Frankreich und von französischen Eltern geboren sind usw. usw. Das stellt sie nicht zufrieden; da Papa sehr gut Deutsch spricht, sind sie überzeugt, er sei Ausländer und habe sich naturalisieren lassen.

Da sie uns um jeden Preis verhaften wollen, haben sie beschlossen, daß wir Juden seien, was übrigens stimmt. Sie haben aber keinerlei Beweise dafür, denn mein Vater, der jüdischer Abstammung ist, war nach der Geburt getauft worden. Darauf verlangen sie seinen Taufschein. Papa sucht ihn vergeblich in seinem Schreibtisch, wobei er alle Schubladen durchwühlt, eine nach der andern, da er völlig sicher ist, einen zu besitzen (und zwar einen echten!). Aber dabei passiert etwas Unerhörtes, und zwar bemächtigt sich der eine der Gestapo-Agenten des Scheins, den er auf dem Schreibtisch hat liegen sehen, und verschiebt ihn unter einen Stoß anderer Papiere, so daß Papa ihn natürlich nicht finden kann, und der Deutsche bleibt ganz einfach dabei, Papa sei Jude.

Triumphierend gehen die drei Riesen durch die Wohnung, um nachzusehen, ob sich niemand versteckt. Wie sie zu meiner Großmutter kommen, verlangen sie deren Ausweis. Sie gibt ihnen einen ungefälschten Ausweis auf den Namen »Bernet«. Die Deutschen finden diesen Namen verdächtig und erraten sofort, denn sie haben Übung darin, daß der richtige Name meiner Großmutter Bernheim ist, was uns als Israeliten verrät. Nun gibt es keine Zweifel mehr, wir sind in der Falle. Zudem liegt zufällig ein altes Familienfoto auf einem Tisch herum, das Mama und meine beiden Großeltern darstellt. Die Deutschen stürzen sich darauf wie auf eine Beute, denn sie finden, die abgebildeten Personen seien unleugbar von semitischem Typus.

Nach der Bedeutung des Fotos vernommen, kann meine schwerkranke Großmutter nicht umhin zuzugeben, daß sie es ist, ihr Mann und ihre Tochter. Ich beeile mich hinzuzufügen: »Meine Großmutter ist verrückt!« Und das ist das letzte Wort, das sie mich hat aussprechen hören.

Meine Eltern streiten in diesem Augenblick ab, daß wir Israeliten seien, aber einer der Gestapo-Agenten, der keinen Widerspruch duldet, versetzt meinem Vater und dann meiner Mutter einen furchtbaren Schlag ins Gesicht und sagt: »Ziehen Sie sich sofort an (meine Mutter war noch im Morgenrock), denn wenn Sie in fünf Minuten nicht fertig sind, nehmen wir Sie mit, wie Sie sind! Aber beunruhigen Sie sich nicht, auf dem Polizeikommissariat werden wir alles in Ordnung bringen. Wenn Sie jedoch in einer Stunde nicht wieder zurück sind, werden Sie nie mehr zurückkehren!«

Wir waren gewiß, nie mehr zurückzukehren. Um aber den Deutschen keinen Verdacht einzuflößen, haben wir uns angezogen, ohne irgend etwas an Gepäck mitzunehmen, denn wir hofften, den Deutschen so den Eindruck zu geben, wir wüßten keinen Grund für unsere Verhaftung, da wir keine Juden seien.

Immer wieder werde ich Mama vor mir sehen, die einfach in ihrem blauen Rock fortging und in einer hübschen leichten Bluse, die sie sich kurz zuvor gekauft hatte; sie trug keinen Hut, nicht einmal Strümpfe; man hätte denken können, sie ginge Einkäufe machen. Papa ging in der Strickweste. Vorsichtig, wie immer, zog ich einen sehr soliden Rock an, einen Schal und einen Mantel; selbst in dieser tragischen Minute dachte ich daran, mich gut anzuziehen.

Als wir fertig waren, getraute ich mich nicht einmal, meine Großmutter zu umarmen, und wir gingen alle drei fort, ohne einen Blick nach ihr zu werfen. Krachend schlug die Tür hinter uns zu, es war aus mit unserer Freiheit! Langsam und mit hallenden Schritten stiegen wir die dunkle Steintreppe hinab, gefolgt von den Polizisten. Ich warf einen letzten Blick auf das sonnenüberstrahlte Haus in der Rue Saint-Polycarpe, und wir stiegen alle drei in den Citroën. Wir blieben schweigsam, etwas erschreckt, aber ruhig. Wir wußten bereits, daß wir verloren waren und durch nichts mehr entkommen konnten. Mit schrecklichen Gefühlen blickten wir durch die Scheiben auf die Straßen von Lyon und auf die Leute, die sich darin bewegten und frei waren.

Razzia in Amsterdam

Heinz Landwirth

Am 27. Mai hatte die letzte große Razzia stattgefunden. Man sah kaum noch Juden in den Straßen, aber noch immer wohnten Hunderte von Familien in der Afrikanerbuurt. Auch in der Stadionbuurt gab es einige jüdische Familien. Wer noch nicht abgeholt war, würde bald abgeholt werden, daran war nicht zu zweifeln. Es war jedenfalls höchste Zeit zu verschwinden. Gleichzeitig mit dem Persoonsbewijs – ich wurde Johan Gerrit Overbeek, geb. in Aalten, Gelderland, am 7. Jänner 1926 – bekam ich von der jüdischen Widerstandsorganisation die Adresse eines Bauern in Jutphaas bei Utrecht, zu dem ich mich zu begeben hätte. Außerdem wurden mir Lebensmittelkarten für einen Monat ausgefolgt. Ich durfte den Persoonsbewijs selbst unterschreiben. Er war so gut, daß ich nie feststellen konnte, inwiefern er gefälscht war, und man sagte es mir auch nicht. Ich vermute, daß seine Nummer verändert war, aber das war unbedenklich, da man bei einer Straßenkontrolle nicht gleich fürchten mußte, daß die Nummer überprüft würde. So hatte ich also jetzt alles in Ordnung, das Abenteuer konnte beginnen. Und rascher als erwartet begann es auch wirklich drei Tage später am Sonntag, dem 20. Juni 1943.

Dieser strahlende Sommertag war der Stichtag, an dem Amsterdam »judenrein« werden sollte. Wer dann noch bleiben durfte, war hoher Funktionär des Joodschen Raads, Portugiese, in Mischehe, sterilisiert oder »Ehrenarier«. Um sieben Uhr früh wurde mit Lautsprechern verkündet, daß sich jede jüdische Familie mit ihrem Gepäck auf die Straße zu begeben hätte, die Wohnungen seien zu verschließen. Wer nicht folge und nach Abschluß der Aktion gefunden würde oder wer zu flüchten versuche, wurde mit Straflager bedroht. Das Ende hatte begonnen. Die Polizeiwagen mit den Lautsprechern fuhren fort, in andere Straßen. Es blieb merkwürdig ruhig in unserer Gegend. Die Bündel standen gepackt. Ich hatte ein Köfferchen mit den nötigen Dingen auf meinem Bett. Mein Entschluß, noch im letzten Augenblick zu verschwinden, stand fest, wie aber, das wußte ich nicht. Granaats sagte ich nichts von meiner Absicht, es wäre auch sinnlos gewesen.

Der Tag wurde heiß. Im Blauen zeichneten hochfliegende amerikanische Bomber ihre weißen Streifen. Die Flak böllerte kurz, verstummte aber nach einigen Minuten. Flugalarm wurde nicht gegeben. Ich machte kurze Spaziergänge, um das Viertel strategisch auszukundschaften. Die Sache schien hoffnungslos. An allen wichtigen

Punkten standen Polizei und SS. Doch noch konnte ich hoffen, daß man heute nicht bis in unsere Straße kommen würde. Schon am 27. Mai hatte es ähnlich bedrohlich ausgesehen, und gegen alle Erwartungen waren sie dann doch nicht erschienen. Der Nachmittag zog sich endlos hin. Man war zu aufgeregt, um etwas zu essen. Wie die Vögel im Käfig saßen die Juden in ihren Wohnungen oder spazierten unruhig vor ihren Häusern. Jeden Augenblick konnte der Wagen kommen.

Als ich ins zionistische Jugendheim gezogen war, hatte mir Onkel Louis hohe schwarze Reitstiefel und eine graue Reithose gekauft, die ich jetzt trug, dazu ein dunkles Hemd mit schwarzer Krawatte. Dann hatte ich eine Jacke ohne Stern, an der auch nie einer befestigt gewesen war. Das war wichtig, weil es mehr als einmal vorgekommen ist, daß die Naht oder eine leichte Verfärbung des Stoffes jemanden verraten hat. Schließlich besaß ich einen grauen Schlapphut mit heruntergelassener Krempe. Ich betrachtete mich vor dem Spiegel: ich sah wie der reinste Gestapomann aus, nur etwas zu jung. Mein Bartwuchs war bescheiden, zu einem Schnurrbart hatte ich es nicht gebracht. Ein Schnurrbart wäre gut gewesen, doch den konnte ich nicht herbeizaubern. Statt dessen übte ich, die Unterlippe vorzuschieben, um dem Gesicht einen strafferen Ausdruck zu verleihen. Dann hatte ich noch etwas Wichtiges zur Verkleidung, ein Abzeichen der NSB. Ich steckte es zwar nicht an, ließ es aber offen in der oberen Rocktasche. In einer Sekunde wäre es angesteckt. Aber noch immer wußte ich nicht, wie verschwinden. In diesem Aufzug auf die Straße zu gehen, traute ich mich nicht. Die Juden und Nichtjuden hätten mich erkannt. Das hätte sehr unangenehm werden können.

Ich mußte die Dunkelheit abwarten. Ich hatte den vagen Plan, im ärgsten Fall auf das Trittbrett eines Autos neben den Fahrer zu springen, so durch die Sperre zu fahren und dann irgendwo in der Stadt abzuspringen. Ich hoffte nur darauf, daß wir möglichst spät an die Reihe kämen, zumindest nach Beginn der Dämmerung. Ungeduldig wartete ich auf die Ereignisse. Gegen fünf Uhr nachmittags hörten wir die Autos am unteren Ende der Straße. Schaute man aus dem Fenster, so konnte man den Zug der Autos, der Polizei, der »Schwarzen« und der gefangenen Juden sehen. Das Geschrei, Weinen, Befehle und das Klirren der an den Rucksäcken befestigten Becher und Kochgeschirre, die auf dem Pflaster nachgeschleift wurden, kam näher.

Jetzt geschahen merkwürdige Dinge. Die Familie Granaat stieg auf den Dachboden hinauf, wo hinter einer Wand ein geräumiges Versteck eingerichtet war. Hier saß bereits eine siebenköpfige Familie aus Rumänien. Ich hatte sie noch nie gesehen und gar nicht gewußt, daß sie in diesem Haus wohnte. Granaat hatte mir nichts von diesem Versteck erzählt, vielleicht um zu vermeiden, daß ich manche meiner zahlreichen Bekannten mitbringen könnte. Wir saßen, zehn oder elf Personen, unter den Dachziegeln und hörten jedes Geräusch von der Straße. Nun erfuhr ich auch, daß Granaat und seine Frau falsche Persoonsbewijse hatten und sogar Adressen, um unterzutauchen. Sie wollten das tun, sobald sie hier oben die Razzia überdauert hätten. Wir saßen mit gesenktem Kopf und wagten kaum zu atmen. Jetzt waren die Nebenhäuser an der Reihe, die Stimmen und das Jammern wurden lauter. Retiefstraat 39 ist ein Eckhaus an einer Straßenkreuzung, so daß wenigstens auf einer Seite kein Nebendach angrenzt. In mir setzte sich der Entschluß fest, durch die Dachluke zu entkommen. Zunächst aber durfte ich mich nicht rühren, das leiseste Geräusch hätte uns verraten können. Granaat und seine Frau saßen aschfahl, die Augen auf die Dachbodentüre gerichtet. Man hörte Stimmen und die Stiefel der Polizisten im Haus, das Klopfen und Rütteln an den Türen. Und nun geschah etwas Eigenartiges. Ich glaube, daß der Lärm im Haus bereits verstummt war, als einer nach dem anderen – wer der erste war, weiß ich nicht – aufstand, sein Bündel packte und durch die Türe und die Treppe hinunter zu den wartenden Wagen schritt. Keiner blickte sich um, keiner sprach ein Wort. Ich aber saß in eine Ecke gekauert und sah das an. Was hätte ich sagen sollen? Sie hatten ihren Entschluß gefaßt.

Den Lärm auf der Treppe ausnützend, klomm ich durch die Dachluke. Ich hatte nur die Jacke bei mir, den Hut hatte ich in der Wohnung vergessen. Es dämmerte bereits stark, war aber noch nicht ganz dunkel. Ich kroch über die Dachziegel und legte mich, die Stiefel von mir gestreckt, hinter einen Schornstein. Daß die Polizei dieses Haus verlassen hatte, mußte natürlich nicht bedeuten, daß keine andere Streife mehr nachfolgen könnte. Sie hätte mich gewiß gefunden, wenn mir jemand durch die Luke nachgestiegen wäre. Ich rechnete damit, niemand würde annehmen, daß noch jemand im Hause oder auf dem Dache sei, nachdem man alle Türen versiegelt hatte. Eine Streife aus einem der Nachbarhäuser wäre aber sicher auf mich gestoßen. Ich lag mit dem Gesicht auf den Dachziegeln und hoffte, daß jemand, der nur meine Stiefel sehen konnte, mich für einen Polizisten halten würde, der durch eine Luke hinunterschaut. Ich lag und bewegte mich nicht. Der Lärm auf den Straßen hielt an. Je dunkler es wurde, desto günstiger wurden meine Chancen, nicht entdeckt zu werden. Ich dachte mir auch, daß sich nach einem langen Arbeitstag niemand von den Häschern die Mühe nehmen würde, über die Dächer zu klettern.

Es kam niemand aufs Dach. Von einem Dache auf der gegenüberliegenden Straßenseite leuchtete einmal eine Taschenlampe auf. Langsam ebbte der Lärm in den Straßen ab, ein Auto nach dem anderen rollte fort. Auch das Weinen der Kinder und Klappern des Kochgeschirrs war verhallt. Ich konnte aufatmen. Hinunter aber traute ich mich noch lange nicht. Es hätte noch jemand in der Wohnung sein können. Ich mußte mich auch vor nichtjüdischen Nachbarn in den Hinterhöfen einiger angrenzender Häuser hüten. Es wurde kalt. Rundum war es ganz dunkel, nur der Himmel blieb hell, als wäre der Mond aufgegangen. Ich lag auf dem Rücken und wollte mindestens bis nach Mitternacht warten, bevor ich mich hinunter in die Wohnung schlich.

Als sich nirgendwo ein Laut vernehmen ließ und ich dachte, daß alles schlafe, kroch ich bis zum Dachrand gegen den Hinterhof. Ich konnte die Küchentüre zum Balkon der Granaatschen Wohnung sehen. Um dort hinzugelangen, mußte ich mich über die Balkone bis zum dritten Stock hinunterarbeiten. Wie mir das glückte, weiß ich nicht mehr, aber irgendwie balancierte ich mich an Regenrinnen und Pfeilern hinabrutschend bis auf den richtigen Balkon. Ich hatte gehofft, die Küchentüre würde offen sein, doch sie war von innen versperrt, und auch die Fenster waren verschlossen. Ich überlegte nicht lange und schlug mit dem Ellbogen die Scheibe der Türe ein. Scherben klirrten. Genau gegenüber im Hofbau leuchtete ein Licht auf, etwas weiter unten noch eins. Ich duckte mich und verhielt mich still. Die Lichter gingen wieder aus.

Ich öffnete die Türe und stand in der Küche. Mühsam zog ich meine Stiefel von den Beinen, die schmerzten. Ich mußte möglichst leise sein. Ich hatte einen Riesenhunger. In einer Pfanne auf dem Gasherd waren kalte Erbsen. Ich aß, bis mir davon schlecht wurde. Dann legte ich mich in meinem Zimmer hin, aber aus Furcht zu verschlafen nicht ins Bett, sondern auf den Fußboden. Es galt, morgen früh so bald wie möglich zu verschwinden. Zunächst wollte ich feststellen, ob meine Schwester noch in Amsterdam war und mich dann erkundigen, wann Züge nach Utrecht fuhren. Sich lange auf den Bahnhöfen aufzuhalten, schien mir nicht geraten.

Nach drei Stunden verließ ich die Wohnung. Die Türe war nicht versiegelt, und ich hatte einen Schlüssel. Nachmittags oder am frühen Abend wollte ich zurück, um meinen Koffer zu holen. Es war nicht empfehlenswert, sich damit auf der Straße zu zeigen. Ein Koffer war immer verdächtig. Ich ging zur Straßenbahn. Es war noch früh. Arbeiter und Angestellte begaben sich zur Arbeit. Um jeder Unannehmlichkeit zu begegnen, steckte ich das NSB-Abzeichen an. Sobald es die Holländer in der Straßenbahn nur erblickten, verstummten sie in ihrem Gespräch und hätten mich am liebsten angespuckt. Zum erstenmal lernte ich das Gefühl kennen, was es heißt, schuldlos geächtet zu sein, ohne sich mit einem Wimpernzucken verraten zu dürfen. Als ich die Aufzugsglocke bei Polaks läutete, löste ich argen Schrecken aus. Onkel, Tante und Schwester waren noch heil. Sie hatten sich im Keller aufgehalten, doch es schien niemand ins Haus gekommen zu sein. Lange durfte ich mich nicht aufhalten.

Als ich am Nachmittag nochmals in die Wohnung zurückkehrte, wurde mir deutlich, daß ich zum zweitenmal Glück gehabt hatte. Inzwischen mußten die »Schwarzen« dagewesen sein. Die Wohnung war jetzt versiegelt. Das bildete kein Hindernis. Ärger war, daß nur noch die leeren Möbel hier standen. Alles war ausgeraubt, auch mein Koffer mit dem guten Anzug war verschwunden. Zum Glück fand ich noch ein anderes Bündel mit weniger guten Kleidern. Ich zog mich in Zivil um und packte Stiefel und Reithosen ein. Den Hut mit der herabgelassenen Krempe behielt ich auf.

Da sich auf der Zentralstation immer Wehrmacht und Polizeistreifen herumtrieben, was auf kleinen Bahnhöfen weniger zu befürchten war, nahm ich einen Zug von Muiderpoortstation nach Utrecht. Nach langer Zeit wieder in einem Zug zu fahren war ein sonderbares Gefühl. Man konnte den guten Holländer von einem NSB-Mann auf Abstand unterscheiden. Die Anständigen sahen müde und deprimiert aus, während man dem NSB-Mann die Kälte und das Unbehagen, zu einer geächteten und gleichzeitig gefürchteten Minderheit zu gehören, aus den Augen lesen konnte. Die Gesichter der »stillen« und uniformierten Nazis habe ich damals eingehend studiert. Sie hatten etwas Starres in den Augen, als ob sie sich vor etwas fürchteten, das sie sich nicht eingestehen wollten. Auf dieser ersten Fahrt ins ungewisse Abenteuer nahm ich mir vor, diese Leute zu imitieren, wenn sie mich nach meinem Ausweis fragen sollten oder wenn ich sonst mit ihnen zu tun haben würde, während ich mich anständigen Holländern entspannter zeigen wollte. Ich sagte mir, daß keiner daran zweifeln würde, daß ich jener sei, für den ich mich ausgab, wenn ich einen gewissen starren Augenausdruck erzielen konnte. Damals begann meine gekünstelte Haltung, die ich mit der Nachahmung eines gewissen Gesichtsausdruckes einleitete und später so vollendet entwickelte, daß ich jedem Gestapomann ohne Angst frei in die Augen sehen konnte. Ich sagte mir immer, man könne Jan Overbeek sein, wenn man es nur stark genug wolle.

Der Name des Bauern in Jutphaas ist mir entfallen. Es war kein übler Kerl, nur schrecklich geizig. Leider wurde er durch mein Kommen getäuscht, denn er hatte um einen erfahrenen Knecht gebeten, der melken und heuen konnte, und nun hatte ihm das Arbeitsamt jemanden geschickt, der von diesen Sachen keine Ahnung hatte. Der Bauer wußte natürlich nicht, daß ich Jude war. Ich wartete ab, bis sich herausstellte, welcher Kirche er angehörte. Als ich wußte, daß er katholisch war – viel davon war im Hause nicht zu merken –, gab ich mich als Kalvinisten aus. Damit ersparte ich mir, jeden Morgen mit ihm gemeinsam zu beten. Daß ich die Hände faltete und lautlos einen Segensspruch murmelte – ich wählte meistens das Schechijanah –, hat ihm sehr gut gefallen. Trotzdem haben wir uns nicht recht verstanden. Ich schlief im Stehen ein und verstand nicht, die Kühe zu melken. Es ging zwar, aber sehr langsam. Ich erzählte dem Mann, daß ich eigentlich Obstbauer sei und nur etwas von Birnen und Äpfeln verstünde.

Zwei Wochen später arbeitete ich beim Grasmähen mit Theo, einem seiner Knechte, der ein richtiger Bauernjunge war. Es war gegen zehn Uhr morgens, als wir ein Motorrad mit Beiwagen in den Hof einfahren sahen. An den hohen Mützen konnte man von weitem die holländische Feldgendarmerie erkennen, die damals als Aufspürer jüdischer und nichtjüdischer »Untertaucher« berüchtigt war. Die Gendarmen hielten nur kurz im Hof und kamen dann über die Weide zu uns gefahren.

»Persoonsbewijs!« Theo und ich wiesen uns aus. Die Männer prüften die Karten eingehend. Es war die erste Probe. Das Herz schlug mir bis zum Hals herauf. Ich zündete eine Zigarette an, der Beamte drehte den Ausweis nach allen Seiten. »Aus Aalten?« »Ja.« Aalten liegt an der deutschen Grenze. »Konnte ich gleich hören.« Er gab mir die Karte zurück, die beiden verschwanden. Ich durfte aber nicht aufatmen, denn auch Theo durfte ja nichts über meine Identität wissen. Darum sagte ich, was man unter einfachen Holländern zu tun hatte: »Saukerle!« Theo erging sich gleich in einer Tirade von Schimpfwörtern. Dann wurde er ernster. »Und weißt du«, so sagte er, als verriete er damit ein Geheimnis, »vor allem auf die Juden haben sie es jetzt abgesehen. Als ob sie dafür könnten, daß sie Juden sind. Die armen Kerle.« »Was kann man da machen?« fragte ich resigniert. »Was man da machen kann?« Theo wurde ganz böse. »Ich möchte mich da nicht einfach wegschicken lassen. Ich nicht. Wenn ich ein Jude wäre, würde ich einfach meinen Stern abnehmen, mir einen falschen Persoonsbewijs beschaffen und zu einem Bauern irgendwo arbeiten gehen, wo man mich nicht kennt. Was meinst du?« »Ich würde genau dasselbe tun«, sagte ich.

Die Nacht vor dem Transport
Etty Hillesum

Nach dieser Nacht habe ich einen Augenblick lang in aller Aufrichtigkeit geglaubt, daß es Sünde sei, wenn man in Zukunft noch lachte. Aber dann erwog ich, daß ja doch auch Menschen lachend weggegangen sind, obwohl diesmal nicht viele.

Als ich in der Frühe, nach der Nacht in der Krankenbaracke, noch eben an der Strafbaracke vorbeilief, war das ein Augenblick der Erholung. Die Menschen, hauptsächlich Männer, standen mit Sack und Pack innerhalb des Stacheldrahtes. Sehr viele machten einen unternehmungslustigen und handfesten Eindruck. Ein alter Bekannter – ich erkannte ihn gar nicht unter seinem kahlgeschorenen Schädel, das verändert einen Menschen manchmal völlig – rief mir lachend zu: »Wenn sie mich nicht gerade totschlagen, komme ich zurück.«

Aber die Babies, die kleinen durchdringenden Schreie der Babies, die mitten in der Nacht aus ihren Bettchen geholt wurden, um in ein fernes Land transportiert zu werden. Ich muß schnell alles durcheinander niederschreiben, später werde ich es nicht mehr können, weil ich glauben werde, daß es nicht wirklich wahr gewesen ist. Es ist schon jetzt wie eine Vision, die immer weiter von mir wegtreibt. Die Babies waren wohl das Schlimmste ...

Man hatte noch die kindliche Hoffnung, daß der Abtransport nicht stattfinden würde. Vom Lager aus hatten viele das Bombardement einer nahen Stadt, vielleicht war es Emden, beobachten können. Und warum sollte nicht auch einmal eine Bahnlinie getroffen werden, so daß der Zug nicht abfahren könnte? So etwas ist noch nie geschehen, aber man hofft es immer wieder bei jedem Transport mit einer unausrottbaren Hoffnung.

Am Abend vor dieser Nacht, von der ich jetzt erzähle, lief ich durch das Lager. Die Menschen standen zwischen den Baracken unter einem grauen Wolkenhimmel in Gruppen zusammen. »Schau, so stehen die Menschen auch nach einer Katastrophe an allen Straßenecken zusammen und unterhalten sich über das, was geschehen ist«, sagte mein Begleiter. »Aber das ist gerade das Unbegreifliche«, fuhr ich auf. »Die Katastrophe steht noch bevor!«

Wenn irgendwo ein Unglück geschieht, dann treibt ein natürlicher Instinkt den Menschen, zu Hilfe zu eilen und zu retten, was zu retten ist. Aber ich gehe heute nacht Babies anziehen und Mütter beruhigen, und das nenne ich dann »helfen«. Ich könnte mich deswegen verfluchen. Wir wissen doch, daß wir unsere Kranken und

Wehrlosen dem Hunger und der Kälte, der Schutzlosigkeit und Ausrottung preisgeben, und wir kleiden sie sogar an und bringen sie zu den kahlen Viehwaggons – wenn sie nicht laufen können, dann eben auf Tragbahren.

Ich laufe noch einmal durch meine Krankenbaracke und gehe von Bett zu Bett. Welche Betten würden morgen leer sein? Die Bekanntgabe der Transportlisten geschieht erst im allerletzten Augenblick, aber manche wissen es doch schon vorher, daß sie gehen müssen. Ein junges Mädchen ruft mich. Sie sitzt kerzengerade aufgerichtet in ihrem Bett, mit weit aufgerissenen Augen. Es ist ein Mädchen mit dünnen Handgelenken und einem durchsichtigen, schmalen Gesichtchen. Sie ist teilweise gelähmt und hatte gerade angefangen, zwischen zwei Krankenschwestern wieder laufen zu lernen. Schritt für Schritt. »Hast du es gehört? Ich muß weg.« Wir blicken uns eine Zeitlang stumm an. Sie hat gar kein Gesicht mehr, nur noch Augen. Endlich sagt sie mit einem nüchternen grauen Stimmchen: »Und so schade, nicht wahr? Daß nun alles, was man in seinem Leben gelernt hat, umsonst gewesen ist.« Und: »Wie schwer es doch ist, in den Tod zu gehen, nicht wahr?« Plötzlich wird die unnatürliche Starre ihrer Miene von Tränen und dem Schrei durchbrochen: »Oh, daß ich aus Holland weg muß, das ist das Schlimmste von allem!«

Im Waschraum steht eine Frau, eine Schüssel mit triefender Wäsche im Arm. Sie packt mich. Sie sieht ein wenig verwildert aus. Sie überschüttet mich mit einem Wortstrom: »Das geht doch nicht, wie ist das denn möglich, ich muß weg und bekomme nicht einmal meine Wäsche mehr vor morgen trocken. Und mein Kind ist krank, es hat Fieber, können Sie nicht dafür sorgen, daß ich nicht weg brauche? Und ich habe nicht einmal genug Kleider für das Kind, sie haben mir gerade erst die kleine Strampelhose geschickt statt der großen, oh, ich werde verrückt. Und nur eine Decke darf man mitnehmen. Da werden wir doch schrecklich frieren, oder denken Sie etwa nicht? Ich habe hier einen Vetter, er ist damals zusammen mit mir gekommen, und der braucht nicht weg, denn er hat gute Papiere. Denken Sie, daß mir das auch helfen könnte? Sagen Sie doch, daß ich nicht weg brauche, was denken Sie, werden sie die Kinder bei der Mutter lassen, ja? Kommen Sie heute nacht wieder zurück, können Sie mir dann helfen, was denken Sie, könnten die Papiere meines Vetters ...«

Wenn ich sage: In dieser Nacht war ich in der Hölle, was drücke ich damit schon aus? Ich habe es einmal mitten in der Nacht laut zu mir selbst gesagt, es mit einer gewissen Nüchternheit konstatiert: »So, nun bin ich also in der Hölle.« Man kann nicht erkennen, wer fort muß und wer nicht. Beinahe jeder ist auf, die Kranken helfen sich gegenseitig beim Anziehen. Es gibt einige, die kein einziges Kleidungsstück haben, deren Gepäck verlorengegangen oder noch nicht angekommen ist. Damen von der Fürsorge laufen umher, sie teilen Kleider aus. Ob sie passen oder nicht, das ist egal, wenn man nur etwas am Körper hat. Manche alten Frauen sehen lächerlich herausgeputzt aus. Es werden Milchflaschen fertiggemacht, um sie für die Säuglinge mitzugeben, deren erbärmliches Geschrei durch alle Ritzen der Baracke dringt. Eine junge Mutter sagt beinahe entschuldigend zu mir: »Mein Kind weint sonst nie, es ist gerade so, als ob es fühlt, was ihm bevorsteht.« Sie nimmt das Kind, ein herrlich gesundes Baby von acht Monaten, aus einer primitiven Wiege und lacht ihm zu: »Wenn du jetzt nicht artig bist, dann darfst du nicht mit Mammi auf die Reise!«

Die Frau mit der nassen Wäsche ist völlig fertig mit den Nerven: »Können Sie mein Kind nicht verstecken? Ach bitte, verstecken Sie es doch, es hat hohes Fieber, wie kann ich es dann mitnehmen?« Sie zeigt auf ein Häufchen Mensch mit blonden Locken und einem hochrotglühenden Gesichtchen, das unruhig in einem rohen Holzbettchen liegt. Die Krankenschwester will der Mutter noch einen wollenen Pullover über ihr Kleid ziehen. Sie wehrt sich: »Ich nehme nichts mit, was nützt mir das ... mein Kind.« Sie schluchzt: »Kranke Kinder werden einem fortgenommen und man bekommt sie nie mehr zurück.« Eine Frau läuft auf sie zu, eine schwergebaute Frau aus dem Volk mit gutmütigem, stumpfem Gesicht. Sie zieht die verzweifelte Mutter neben sich auf den Rand einer eisernen Pritsche und redet ihr in einem beinahe singenden Ton zu: »Du bist doch auch nur ein Jude, du mußt doch auch weg ...« Ein paar Betten weiter sehe ich das aschgraue Gesicht einer Kollegin. Sie hockt an dem Bett einer sterbenden Frau, die Gift genommen hat und die ihre Mutter ist ...

»Lieber Himmel, was ist denn los, was wollen Sie tun?« entfährt es mir. Da ist die kleine, anhängliche Frau aus Rotterdam. Sie ist nun im neunten Monat. Zwei Schwestern versuchen, sie anzuziehen. Sie steht mit ihrem ungestalten Körper an das Bettchen ihres Kindes gelehnt. Schweißtropfen laufen ihr vom Gesicht. Sie starrt in eine Ferne, in die ich ihr nicht folgen kann und sagt mit einer tonlosen, abgenutzten Stimme: »Vor zwei Monaten wollte ich freiwillig mit meinem Mann mit nach Polen. Da durfte ich nicht, weil ich immer solche schweren Entbindungen habe. Und nun muß ich weg ... weil heute nacht jemand weggelaufen ist.« Das Jammern der Säuglinge schwillt an, es füllt alle Ecken und Ritzen der gespenstisch beleuchteten Baracke, es ist fast nicht zu ertragen. Ein Name kommt mir in den Sinn: Herodes. Auf der Bahre, auf dem Wege zum Zug, setzen die Wehen ein, und da gibt man die Erlaubnis, die Frau zum Krankenhaus statt zum Güterzug zu tragen, was in dieser Nacht wohl zu den menschlichen Taten gerechnet werden darf ...

Ich komme noch mal am Bett des gelähmten Mädchens vorbei. Sie ist, mit der Hilfe anderer, schon teilweise angezogen. Ich sah niemals solche großen Augen in so einem kleinen Gesicht. »Ich kann es nicht fassen«, flüstert sie mir zu. Ein paar Schritte weiter steht eine kleine bucklige Russin. Sie steht da wie eingesponnen in ein Netz von Traurigkeit. Das lahme Mädchen ist eine Freundin von ihr. Später klagte sie mir gegenüber: »Sie hatte nicht einmal einen Teller, ich wollte ihr meinen Teller mitgeben, aber sie wollte es nicht haben, sie sagte: ›Ich gehe doch in zehn Tagen tot, und dann haben nur die widerlichen Deutschen meinen Teller.‹« Sie steht vor mir, einen grünseidenen Kimono um ihre kleine, verkrüppelte Gestalt. Sie hat weise, reine Kinderaugen. Sie sieht mich erst lange Zeit schweigend und prüfend an: »Ich wollte, oh, ich wollte wohl in meinen Tränen wegschwimmen.« Und: »Ich habe solch ein schreckliches Heimweh nach meiner guten Mutter.« Ihre Mutter ist vor einigen Monaten hier an Krebs gestorben, im Waschraum bei der Toilette. Da war sie wenigstens einen Augenblick allein, um sterben zu können. Sie fragt mich mit ihrem eigenartigen Akzent, im Ton eines Kindes, das um Vergebung bittet: »Der liebe Gott wird meinen Zweifel doch wohl begreifen können, in einer Welt wie dieser?« Dann wendet sie sich mit einer beinahe lieblichen Gebärde unendlicher Traurigkeit von mir ab. Während der ganzen Nacht sehe ich eine verkrüppelte, grünseidene Gestalt, die sich zwischen den Betten bewegt und kleine Handreichungen für die Fortgehenden verrichtet. Sie selbst braucht noch nicht fort, zumindest diesmal noch nicht ...

Ich sitze und presse Tomaten aus, um für die Babys Saft in Flaschen mitzugeben. Neben mir sitzt eine junge Frau. Sie sieht unternehmungslustig, reisefertig und sehr gepflegt aus. Es klingt beinahe wie ein Schrei der Befreiung, als sie mit einer weiten Armbewegung ausruft: »Ich trete die große Reise an, vielleicht finde ich meinen Mann.« Sie ist erst seit einigen Tagen bei uns und kam aus der Strafbaracke hierher. Es geht etwas Bedächtiges und Unabhängiges von ihr aus, sie hat einen trotzigen Zug um den kleinen Mund. Sie ist zu Beginn der Nacht schon fertig für die Abfahrt, in langer Hose, wollenem Pullover und wollener Strickjacke. Neben ihr auf dem Fußboden steht ein schwerer Rucksack mit aufgerollter Decke. Sie versucht, ein paar Schnitten hinunterzuwürgen. Sie sind verschimmelt. »Ich werde wohl noch öfter verschimmeltes Brot essen!« lacht sie. »Im Gefängnis habe ich tagelang nichts gegessen.« Ein kleines Stück ihrer Geschichte in ihren eigenen Worten: »Sie haben mich ins Gefängnis geworfen, während ich noch in anderen Umständen war. Wie haben sie mich dort mit Hohn und Geringschätzung behandelt. Ich habe unglücklicherweise gesagt, daß ich nicht stehen könne, und da haben sie mich stundenlang stehen lassen, aber ich habe es ohne einen Laut durchgestanden.« Sie blickt herausfordernd: »Mein Mann war auch dort im Gefängnis. Oh, sie haben ihn mißhandelt, aber er war so tapfer! Vorigen Monat ist er weitergeschickt worden. Ich lag gerade den dritten Tag in den Wochen und konnte nicht mit. Aber wie er sich gehalten hat!« Sie strahlt beinahe. »Vielleicht werde ich meinen Mann finden. Auch wenn wir verschmutzen und verschmieren, wir kommen durch!« Sie blickt auf die weinenden Babies um uns herum! »Ich werde gute Arbeit leisten im Zug, ich habe noch Muttermilch.«

Zwischen den durchwühlten Betten der unruhigen und wimmernden Säuglinge schwankt eine hohe Frauengestalt heran, die Hände greifen in die Luft nach einem Halt. Sie trägt ein langes, schwarzes, altmodisches Kleid, hat eine aristokratische Stirn und schlohweißes, welliges, hochfrisiertes Haar. Ihr Mann ist vor einigen Wochen hier gestorben. Sie ist weit über achtzig, aber sieht aus, als sei sie noch nicht sechzig. Ich bewunderte sie immer wegen der fürstlichen Art, in der sie auf ihrer armseligen Pritsche lag. »Was, Sie auch?« rufe ich entsetzt. Ihre Antwort kommt in einem heiseren Schrei: »Ja, ich durfte nicht bei meinem Mann im Grab liegen.«

»Ach, da kommt sie ja!« Es ist die kräftige Kleine, die immer so hungrig in ihrem Bett lag, weil sie nie Päckchen bekam. Sieben Kinder hat sie hier. Sehr energisch und eifrig trippelt sie auf ihren kurzen Beinen umher. »Ja, was denken Sie wohl, ich habe sieben Kinder, und die müssen doch eine mutige Mutter bei sich haben!« Mit flinken Bewegungen stopft sie einen Jutesack voll mit Wäsche. »Ich lasse hier nichts zurück, mein Mann ist vor einem Jahr weitergeschickt worden, und meine beiden ältesten Jungen sind auch schon weg.« Sie strahlt: »Meine Kinder sind mir doch so lieb!« Sie trippelt, sie packt, sie ist geschäftig und hat für jeden im Vorbeigehen ein ermutigendes Wort. Eine kleine, häßliche Frau mit schwarzen, fettigen Haaren, einem schweren Unterkörper und kurzen Beinen. Sie trägt ein armseliges Kleid mit halben Ärmeln. Ich glaube, daß sie damit noch hinter dem Waschzuber in der Jodenbreestraat gestanden hat. Nun zieht sie in demselben Kleid nach Polen. Drei Tage reisen, mit sieben Kindern. »Ja, was denken Sie wohl, ich gehe mit sieben Kindern, die müssen doch eine mutige Mutter bei sich haben!«

Jener Jungen dort kann man noch ansehen, daß sie einmal eine verwöhnte Dame war und sehr schön. Sie ist erst kurze Zeit im Lager. Sie war wegen ihres Babys untergetaucht. Nun ist sie durch Verrat hier, wie viele Untergetauchte. Ihr Mann ist in der Strafbaracke. Ihr Anblick ist jämmerlich. Unter dem blondierten Haar kommt hier und da die ursprünglich schwarze Farbe mit grünlichem Glanz zum Vorschein. Sie hat verschiedene Garnituren Unterwäsche und Kleider übereinander angezogen. Man kann doch nicht alles tragen, vor allem nicht, wenn man auch noch ein kleines Kind bei sich hat. Nun sieht sie unförmig und komisch aus. Ihr Gesicht ist fleckig. Sie sieht jeden mit umflorten, fragenden Augen an, wie ein völlig wehrloses und ausgeliefertes junges Tier. Wie wird diese Frau, die jetzt schon so übel zugerichtet ist, in drei Tagen aussehen, wenn sie aus dem überfüllten Güterzug ausgeladen wird, in den Männer, Frauen, Kinder, Säuglinge hineingepreßt werden, zusammen mit dem Gepäck und mit einer Tonne in der Mitte als einzigem Möbelstück?

Ich sehe, wie auf einer Bahre ein todkranker alter Mann weggetragen wird, der für sich selbst das Totengebet spricht ...

Es ist allmählich sechs Uhr früh geworden. Um elf Uhr wird der Zug abfahren, man beginnt mit dem Einladen von Menschen und Rucksäcken. Die Wege zum Zug werden von Männern des Ordnungsdienstes abgesperrt. Alle, die nichts mit dem Transport zu tun haben, müssen vom Gelände verschwinden und in den Baracken bleiben. Ich schlüpfe in eine Baracke, die dem Zug direkt gegenüber liegt. »Von hier aus hat man immer eine reizende Aussicht auf die einlaufenden und abfahrenden Transporte«, höre ich eine zynische Stimme sagen. Schon seit gestern steht der Zug in unserem Lager: vorn eine trostlose Reihe farbloser, leerer Güterwaggons, hinten ein Personenwagen für das Begleitpersonal. In manchen Wagen liegen Papiermatratzen auf dem Boden. Die sind für die Kranken. Es entsteht immer mehr Bewegung auf dem Asphaltweg entlang des Zuges. Männer der Fliegenden Kolonne in braunen Overalls fahren Gepäck auf Schubwagen.

Da schwärmen plötzlich viele grüne Polizisten über den Asphalt aus, Tornister und Gewehr auf dem Rücken. Ich begreife nicht, wo sie plötzlich herkommen. Ich betrachte die Gestalten und Gesichter und versuche, sie ohne Vorurteile anzuschauen.

Bei früheren Transporten waren oft noch unverdorbene, gutmütige Typen dabei, mit erstaunten Augen, die durch das Lager liefen und ein Pfeifchen rauchten, die einen unverständlichen Dialekt sprachen und mit denen man sich weniger gescheut hätte, die Reise anzutreten. Diesmal überfällt mich ein großer Schreck. Stumpfe, höhnende Köpfe, die man vergeblich nach einem kleinen Rest Menschlichkeit absucht. An welchen Fronten sind diese Leute groß geworden? In welchen Straflagern haben sie sich geübt? Aber es ist ja auch ein Straftransport! Einige junge Frauen sitzen schon im Güterwaggon. Sie haben ihre Säuglinge auf dem Schoß, ihre Beine baumeln heraus. Sie wollen noch so lange wie möglich die frische Luft genießen. Kranke werden auf Bahren vorbeigetragen. Ich muß beinahe lachen, das Mißverhältnis zwischen Bewachern und Bewachten ist zu grotesk. Mein Kamerad neben mir hinter dem Fenster schaudert zusammen. Vor Monaten ist er aus Amersfoort völlig zusammengeschlagen hierhergebracht worden. »Ja, so sind diese Kerle«, sagt er, »so sehen sie aus.«

Ein paar kleine Kinder drücken sich die Nase an den Scheiben platt. Ich lausche ihrer ernsthaften Konversation: »Warum tragen solche garstigen, gemeinen Kerle Grün, warum tragen sie nicht Schwarz? Schwarz ist doch auch schlecht!« »Guck mal, da ist der Kranke!« Eine graue Haarsträhne über einer durchwühlten Decke auf einer Tragbahre. »Guck mal, wieder ein Kranker ...« Und auf die Grünen zeigend: »Guck mal, jetzt fangen sie an zu lachen.« »Guck mal, da ist schon einer betrunken!«

Immer mehr Menschen füllen die leeren Güterwagen. Da kommt eine einsame, lange Gestalt über den Asphalt anspaziert, eine Aktentasche unter dem Arm. Es ist der Chef der sogenannten Antragstelle. Bis zum letzten Augenblick versucht er, Menschen aus den Händen des Kommandanten loszubekommen. Der Kuhhandel dauert bis zur Abfahrt des Zuges. Oft kann man Menschen noch aus dem Zug befreien. Der Mann mit der Aktentasche hat die Stirn eines jungen Stubengelehrten und müde, sehr müde Schultern. Eine alte, gebeugte Frau mit schwarzem, altmodischem Hut auf grauem Borstenhaar versperrt ihm den Weg. Sie gestikuliert und schwenkt viele Papiere unter seiner Nase. Er hört sie ein Weilchen an, schüttelt dann abweisend den Kopf und wendet sich schließlich ab, die Schultern noch etwas tiefer gebeugt als sonst. Man wird diesmal nicht viele Menschen im allerletzten Augenblick aus dem Zug holen können. Der Kommandant ist ärgerlich. Ein junger Jude hat es gewagt, wegzulaufen. Einen ernsthaften Fluchtversuch kann man es nicht einmal nennen – er rückte in einem Moment der Verwirrung aus dem Krankenhaus aus, eine Lüsterjacke über seinem blauen Pyjama, und versteckte sich in kindlich ungeschickter Weise in einem Zelt, wo er nach einer Treibjagd durch das ganze Lager schon bald gefunden wurde. Aber als Jude hat man nicht fortzulaufen und auch nicht in Verwirrung zu geraten. Das Urteil des Kommandanten ist unerbittlich. Fünfzig andere müssen zur Vergeltung unverhofft mit dem Transport mit, darunter verschiedene, die glaubten, geschützt zu sein. Dieses System wendet nun einmal Kollektivstrafen an.

R.F. SS
Sicherheits-Dienst
Nachrichten-Uebermittlung

Aufgenommen	Befördert	Raum für Eingangsstempel
Tag Monat Jahr Zeit 24. Aug. 1942 von durch	Tag Monat Jahr Zeit an durch	
Nr. 18157	Verzögerungsvermerk	

Telegramm — Funkspruch — Fernschreiben — Fernspruch

IV J SA 225 a   Paris, den 24.8.1942
He/Bir

<u>Dringend, sofort vorlegen !</u>

An das
Reichssicherheitshauptamt, Referat IV B 4,
z.Hd. SS-Obersturmbannführer EICHMANN o.V.i.A.
<u>B e r l i n</u>

An den
Inspekteur der Konzentrationslager
<u>in Oranienburg</u>

An das
Konzentrationslager
<u>in Auschwitz</u>

    Am 24.8.1942, 8.55 Uhr hat Transportzug D 901/18 den Abgangsbahnhof Le-Bourget-Drancy in Richtung Auschwitz mit insgesamt 1000 Juden verlassen.
    Der erfaßte Personenkreis entspricht den gegebenen Richtlinien.
    Transportführer ist Feldwebel R ö s s l e r , dem die namentliche Transportliste in zweifacher Ausfertigung mitgegeben wurde.
    Mitgegebene Verpflegung wie üblich pro Jude für 14 Tage.

                                I.A.
                                SS - Untersturmführer

Transport vom 24/8/42

Frankreich: 271
Rußland: 42
Polen: 315
Deutschland: 15
Holland: 14
Cechoslovakei: 5
Belgien: 1
Rumänien: 4
Türkei: 35
Unbestimmt: 355
Staatenlos: 1
Österreich: 2
Ungarn: 2

Summe 1.057.-

Die Güterwaggons sind jetzt schon voll. Lieber Himmel, sollen die alle auch noch hinein? Eine neue, große Gruppe erscheint. Die Kinder kleben noch immer mit ihren Nasen an den Scheiben. Sie erleben alles genau mit. »Guck mal, da kommen welche schon wieder raus. Die finden es sicher zu warm im Zug.« Plötzlich ruft eines der Kinder: »Der Kommandant!« Er erscheint am Anfang des Asphaltweges, wie der berühmte Star, der erst beim großen Finale einer Revue auftritt ...

Im Militärschritt läuft er an den Güterwaggons entlang, die vor Menschen überquellen. Er inspiziert seine Truppen: Kranke, Säuglinge, junge Mütter und kahlgeschorene Männer. Einige Kranke werden noch auf Bahren herangetragen, er macht eine ungeduldige Bewegung, es geht nicht schnell genug.

Mein Himmel, gehen diese Türen wirklich alle zu? Ja, sie gehen zu. Die Türen werden vor den aufeinandergepreßten, zurückgedrängten Menschenmassen in dem Güterzug geschlossen. Durch die schmalen Öffnungen oben sieht man Köpfe und Hände, die später, als der Zug abfährt, winken. Der Kommandant fährt noch einmal auf einem Fahrrad den ganzen Zug entlang. Dann macht er eine kurze Gebärde mit der Hand, wie ein Fürst aus einer Operette. Eine kleine Ordonnanz kommt angelaufen, um ihm ehrerbietig das Fahrrad abzunehmen. Die Pfeife stößt einen durchdringenden Schrei aus, ein Zug mit tausendundzwanzig Juden verläßt Holland. Die Forderung war diesmal nicht einmal hoch: tausend Juden nur, die zwanzig sind Reserve für unterwegs, denn es ist doch immer möglich, daß ein paar sterben oder totgedrückt werden, und diesmal ganz sicher, wo soviel Kranke mitfahren ohne eine einzige Krankenschwester ...

Die Helfer am Zug ziehen sich langsam zurück, sie suchen ihre Schlafstätten auf. Man sieht viele erschöpfte, bleiche und leiderfüllte Gesichter. Ein Stück unseres Lagers ist wieder amputiert worden. Am nächsten Dienstag kommt ein weiteres Stück an die Reihe. Dies erleben wir hier nun schon länger als ein Jahr, Woche um Woche. Einige tausend sind zurückgeblieben. Schon hunderttausend unserer Schicksalsgenossen aus Holland plagen sich unter einem fremden Himmel oder vermodern in fremder Erde. Wir wissen nichts von ihrem Los. Vielleicht werden wir es bald wissen, jeder zu seiner Zeit. Es ist ja auch unser zukünftiges Los, daran zweifle ich keinen Augenblick.

Brief aus dem Sammellager Westerbork/Niederlande, August 1943

Betrifft: Judentransporte

Drei Erfahrungsberichte der Schutzpolizei

II./Pol. 4   O. U., den 16. 2. 1943
– 1508 –
An den
Befehlshaber der Ordnungspolizei
in Paris

Betr.: Judentransporte.
Bezug: Dortiger Erlaß vom 12. 2. 1943 – Ia – 1500/43.
In der Anlage überreiche ich 3 Erfahrungsberichte über Judentransporte sowie meine Stellungnahme und einen Abdruck des für die Transporte ergangenen Batls.-Befehls mit der Bitte um Kenntnisnahme.

Anlagen – 5 –   gez. Zuschneid
                                              Major d. SchP. u. Batl.-Kdr.

II./Pol. 4   O. U., den 12. 2. 1943.
– 1508 –

Sonderbefehl

1. Die 5. Kompanie stellt am 13. 2. 1943 ein Sonderkommando von 15 Unterführern und Männern zur Begleitung eines Judentransportes vom Bahnhof Le Bourget-Drancy nach Neuburg a. d. Mosel.
2. *Führer des Kommandos:* Ltn. d. SchP. d. Res. *Nowak.*
3. Der Transportzug besteht aus 25 Güterwagen mit etwa 1000 Juden beiderlei Geschlechts und 3 Personenwagen für das Begleitkommando.
4. Der Transport wird von einem Kommando der französischen Gendarmerie in Stärke von 1 Führer und 30 Mann begleitet. Das französische Begleitkommando untersteht dem Offizier des deutschen Begleitkommandos.
5. Die Verladung der Juden und ihre Durchsuchung nach Waffen und Gerät erfolgt durch die französische Gendarmerie.
6. Das Begleitkommando 1/15 trifft am 13. 2. 1943 um 07.00 Uhr auf dem Bahnhof Le Bourget-Drancy ein. Abfahrt des Zuges: 08.55 Uhr.

7. Die gestellten Verladewaggons sind genau auf ihre Verwendbarkeit zu prüfen. Das Gepäck ist gegebenenfalls in beschädigte Wagen zu verladen. Das französische Zugpersonal ist bezüglich der auffallenden Geschwindigkeitsverringerung bei Nacht und in der Nähe der deutschen Grenze zu verwarnen. Während der Fahrt sind durch das Begleitkommando sämtliche Bremserhäuschen zu besetzen.
8. Der Transport des Begleitkommandos von der Unterkunft zum Bahnhof Le Bourget-Drancy erfolgt mit Mlkw. Ltn. d. SchP. d. Res. *Nowak* fordert das Kfz bei der K.-Staffel an und bestimmt die Abfahrzeit.
9. Die Verwaltung des Bataillons veranlaßt, daß an das Begleitkommando Marschverpflegung für 1 Tag ausgegeben wird.
10. *Anzug:* Dienstanzug ohne Tornister.
    Bewaffnung: Die Hälfte des Kommandos 2 M Pi. und Pistole, der Rest Gewehr und 60 Schuß.
11. Fahrtausweise (Berechtigungsscheine) für die Rückfahrt von Neuburg a. d. Mosel nach Paris sind durch die 5. Kompanie auszustellen.
12. Die Fahrtausweise für Ltn. d. SchP. d. Res. *Nowak* werden vom Bataillon ausgestellt.
13. Nach Durchführung des Transportes ist dem Bataillon Erfahrungsbericht vorzulegen.

F. d. R. d. A.   gez. Zuschneid
Winkler   Major d. SchP. u. Batl.Kdr.
Hauptm. d. Sch.

O. U., den 10. 2. 1943

Erfahrungsbericht

Am 9. 2. 1943, 7.00 Uhr, traf ich mit meinem Begleitkommando (1:15) auf dem Bahnhof Bourget-Drancy ein. Die für den Transport bestimmten Güterwagen standen schon bereit. Auch ein größeres Aufgebot Pariser Polizei sowie ein Kommando der französischen Gendarmerie (1:33), welches den Transport ebenfalls begleitete, war zur Stelle. Die Omnibusse mit den Juden trafen mit über 1stündiger Verspätung ein. Der Transport bestand aus 1000 Juden beiderlei Geschlechts, überwiegend Frauen und Kinder. Es standen mir 25 Güterwagen zur Verfügung. Die 20 besten Wagen benutzte ich zum Transport der Juden und belegte jeden Wagen mit 50 Häftlingen. In den restlichen Wagen wurden das Gepäck der Männer sowie die Verpflegung untergebracht. Da es sehr kalt war, ließ ich den Frauen und Kindern das Gepäck, das zum größten Teil aus Decken und warmen Bekleidungsstücken bestand. Der Führer des S.D. versicherte mir, daß alles genau durchsucht worden sei. Die 3 Personenwagen befanden sich vorne, in der Mitte und am Ende des Zuges. Beide Begleitkommandos wurden gleichmäßig auf diese Wagen verteilt. Die Bremserhäuschen wurden von meinen Männern besetzt.

Das Verladen der Juden nahm längere Zeit in Anspruch, da wir, der kurzen Laderampe wegen, in 2 Etappen verladen mußten. Der Zug wurde dann außerhalb des Bahnhofes zusammengestellt. Mit 2½stündiger Verspätung verließen wir den Bahnhof Bourget-Drancy.

Ich hatte angeordnet, daß beim Halten des Zuges alle Männer, auch das französische Begleitkommando, die Wagen sofort verlassen und sich auf beiden Seiten des Zuges verteilen sollten. Jede Beschädigung an den Waggons, die während der Fahrt durch die Häftlinge entstanden sein konnte, war mir zu melden. Bei etwaigen Fluchtversuchen sollte sofort von der Waffe Gebrauch gemacht werden.

Die Fahrt verlief glatt bis Chalons s. M., wo wir um 16.00 Uhr eintrafen. Als der Zug langsam in den Bahnhof einfuhr, sprangen aus einem Wagen 11 Häftlinge heraus. Sie hatten, wie wir später feststellten, in die Stirnwand des Wagens ein großes Loch scheinbar mit Hilfe einer Stichsäge ausgebrochen. Die Verfolgung der Flüchtlinge wurde sofort aufgenommen. Auf dem Bahnhof selbst konnte ich nicht schießen lassen, da sehr reger Zivilverkehr herrschte, aber außerhalb des Bahngeländes wurden von einem Beamten der französischen Gendarmerie 4 Schüsse abgegeben. Es gelang uns, 7 Männer und 1 Frau wieder einzufangen. 3 Häftlinge sind geflüchtet. Die französische Gendarmerie in Chalons s. M. wurde davon sofort verständigt. Den beschädigten Wagen ließ ich räumen und die Insassen in einem anderen Wagen unterbringen. Die wiedergegriffenen Häftlinge ließ ich von 3 Mann besonders bewachen. Nach 40 Minuten konnte der Zug weiterfahren. Auf freier Strecke hinter Chalons s. M. sprang noch ein Jude aus dem fahrenden Zug. Der sich im letzten Wagen befindliche Führer der franz. Gendarmerie zog sofort die Notbremse, worauf der Zug nach etwa 200 Metern hielt. Auf diesen Häftling wurden aus dem fahrenden Zug 6 Gewehrschüsse sowie von einem Mann, der ihn verfolgte, 2 Pistolenschüsse abgegeben. Darauf blieb der Jude stehen und ließ sich festnehmen.

Bis Neuburg a. d. M. verlief die Fahrt dann ohne Zwischenfälle. Der Transport wurde dort ordnungsgemäß an das neue Kommando übergeben.

Die Zusammenarbeit mit der franz. Gendarmerie war gut. Die franz. Beamten setzten sich bei der Wiederergreifung der Flüchtlinge restlos ein.

Soeben bringt mir ein franz. Gendarm die Meldung, daß am 9. 2. 1943, gegen 20 Uhr, 2 aus dem Transport entsprungene Juden von der franz. Gendarmerie in Chalons s. M. festgenommen wurden. Sie sind der deutschen Kommandantur in Chalons s. M. übergeben worden. Es ist somit von dem Transport nur noch ein Jude flüchtig.

gez. Nowak
Ltn. d. Sch. d. Res.

O. U., den 12. Februar 1943

Betr.: Erfahrungsbericht über Begleitung und Überwachung des Judentransportes am 11. 2. 1943 nach Neuburg a. d. Mosel.
Bezug: Sonderbefehl des Batl. vom 10. 2. 1943.

Das Begleitkommando traf am 11. 2. 1943, kurz vor 7.00 Uhr, am Verladebahnhof Le Bourget-Drancy ein.

Die französische Gendarmerie führte den Antransport und das Verladen der Juden durch. Um 11.00 Uhr erfolgte die Abfahrt des Zuges. Nach anfangs langsamer Fahrt wurde das Tempo im Laufe des Tages beschleunigt. Gegen Abend gab es wegen Dampfmangel der Lokomotive verschiedene Halte und nur langsame Fahrt. Letzteren Umstand nutzten ein Jude und eine Jüdin aus, durch eine Wagenöffnung vom fahrenden Zug abzuspringen. Sie wurden nach kurzer Verfolgung durch die französische Gendarmerie wieder eingebracht. Der französische Zugführer erhielt von mir den strikten Befehl, entweder schnell zu fahren oder den Zug zum Stehen zu bringen. Bei einem späteren Halt versuchte ein anderer Jude durch ein an der Stirnwand eines Wagens gesägtes Loch zu entkommen. Er wurde auch sofort wieder eingebracht und für die Weiterfahrt wurden 2 französische Polizisten in diesen Wagen kommandiert.

Die Weiterfahrt verlief bis Neuburg a. d. Mosel ohne Zwischenfälle. Die Wagen des Zuges waren teilweise in sehr schlechter Verfassung und auch mit Öffnungen versehen, durch die die Insassen des Wagens ohne große Schwierigkeiten entweichen konnten. Der Umstand, daß das Begleitkommando fast keine Taschenlampen besaß, erschwerte bei der Dunkelheit die Überwachung des Transports. Nach Möglichkeit sollte jeder Mann des Begleitkommandos eine Taschenlampe bei sich führen.

Langsame Fahrt des Zuges ist unter allen Umständen zu vermeiden. Bei jedem Halt sind die Wagen auf frische Beschädigungen zu untersuchen. Durch ständige Beobachtungen während der Fahrt und durch Kontrollen bei jedem Halt lassen sich die Fluchtmöglichkeiten der zu transportierenden Leute auf ein Mindestmaß herabdrücken. Da das Begleitkommando den ganzen Tag über stark in Anspruch genommen ist und erst am nächsten Vormittag nach Paris zurückkehrt, wäre es ratsam, den Männern Marschverpflegung für 2 Tage mitzugeben. Unterwegs besteht nämlich keine Möglichkeit, ohne Marken Lebensmittel einzukaufen, während am nächsten Tag die Männer in Paris diese Möglichkeit haben.

gez. Kassel
Oberleutnant der Schutzpolizei
6./Pol. 4

O. U., den 14. Februar 1943

Erfahrungsbericht

Das Verladen der 998 Juden beiderlei Geschlechts auf dem Bahnhof Le Bourget-Drancy nahm volle 4 Stunden in Anspruch, da ich, dabei die Erfahrungen der vorhergehenden Transporte auswertend, jede Vorsichtsmaßnahme anwendete, um ein Ausbrechen der Häftlinge unmöglich zu machen.

Die 455 männlichen Juden wurden von den übrigen getrennt und in 11 Waggons untergebracht. *Sämtliches Handgepäck wurde ihnen abgenommen.* Außerdem verteilte ich die franz. Gendarmerie in diese Wagen, so daß in jedem Wagen 2-3 Gendarme anwesend waren. Diesen Gendarmen hatte ich vorher Anweisung gegeben, jeden einzelnen Häftling im Auge zu behalten. Das konnte am besten dadurch geschehen, wenn alle Häftlinge im Güterwagen zum Hinlegen oder Sitzen gezwungen wurden. Nur so war die Aufsicht in der Lage, jedes Hantieren und Arbeiten der Häftlinge an den Wänden der Güterwagen genauestens zu beobachten. Diese Anordnung ließ ich dem Führer des franz. Kommandos noch persönlich durch einen Dolmetscher des SD übersetzen.

Meine Männer waren auf die 3 Personenwagen gleichmäßig verteilt. Sie hatten Auftrag, beim Halten des Zuges *sofort* die äußere Absperrung vorzunehmen und jeden einzelnen Wagen nach evtl. von den Häftlingen während der Fahrt vorgenommenen Beschädigungen zu untersuchen. Außerdem ließ ich die Bremserhäuschen durch mit MP ausgerüstete Männer besetzen. Alle Männer erhielten Anweisung, bei Fluchtversuchen ohne Anruf von der Schußwaffe Gebrauch zu machen. Diese Anordnung wurde auch den Häftlingen bekanntgemacht.

Bis Bar le Duc – die letzte Station vor der Übergabe – verlief die Fahrt ohne Zwischenfälle. Hier waren noch sämtliche Wagen, wie meine Männer feststellten, unbeschädigt. Die Strecke von Bar le Duc bis Neuburg a. d. Mosel wurde im Dunkeln in etwa $1\frac{1}{2}$ Stunden zurückgelegt. In Neuburg hatte der Zug keine Einfahrt; er hielt etwa 10 Minuten, und hier entdeckten meine Männer an einem Güterwagen, der mit 50 männlichen Juden belegt war, ein (etwa 40 mal 40 cm) ausgesägtes Loch.

Auf meine Frage, was hier los sei, antworteten die sich in dem beschädigten Wagen befindlichen 3 franz. Gendarmen, sie hätten noch nichts bemerkt. Beim sofortigen Nachzählen stellte sich heraus, daß *8 Juden fehlten*.

Es ist mir völlig unerklärlich, wie bei dieser Bewachung ein Entkommen der Juden möglich war. Die betreffenden Gendarmen müssen geradezu leichtsinnig gehandelt oder aber mit den *franz.* Juden, die ja von ihnen noch als Volksgenossen angesehen werden, unter einer Decke gesteckt haben.

Die Namen der franz. Gendarmen sind: *Hochette, Tosso* und *Hospital*.

In Neuburg a. d. Mosel wurde die franz. Gendarmerie in Bar le Duc von dem Ausbrechen der Juden telefonisch verständigt und der Transport dem neuen Kommando ordnungsgemäß übergeben.

Ich konnte mich des Eindrucks nicht erwehren, daß *diesmal* die franz. Gendarmerie nicht die Aufmerksamkeit zeigte wie das am 9. 2. 1943 gestellte franz. Kommando. Ob es die Unerfahrenheit des Führers der franz. Kommandos war oder der Umstand, daß diesmal der Transport aus *französischen* Juden bestand, konnte ich nicht feststellen.

Die Rückreise verlief ohne Zwischenfälle.

gez. Nowak
Ltn. d. Sch. d. Res.

II./Pol. 4
– 1508 –

O. U., den 15. 2. 1943

Stellungnahme
zu den Erfahrungsberichten über die Begleitung
von Judentransporten am 9. 2., 11. 2. und 13. 2. 1943

Die am 9. 2., 11. 2. und 13. 2. durchgeführten Judentransporte sind im allgemeinen zufriedenstellend durchgeführt worden. Die Transporte am 9. 2. und 13. 2. lagen in der Hand des Ltn. d. SchP. d. R. *Nowak*, der bereits durch viermalige Begleitung derartiger Sammeltransporte Gelegenheit hatte, Erfahrungen für ihre Durchführung zu sammeln. Der Transport am 11. 2. lag in Händen des Oberltn. d. SchP. *Kassel*. Die Stärke des Begleitkommandos 1/15 mit unterstelltem Französ. Begleitkommando von 1/30 war ausreichend. Die Zusammenarbeit mit der französ. Gendarmerie (besonders am 9. 2.) war gut. Abgesehen von der stets unpünktlichen Abfahrt der Züge wurde bei allen drei Transporten wieder die schon im seinerzeitigen Erfahrungsbericht (betr. Häftlingsbegleitung Lager Compiègne – Neuburg a. d. Mosel) festgestellte Beobachtung gemacht, daß die Züge bis in Gegend Chaumont, Bar le Duc flüssig durchfuhren, dann aber ihr Tempo wesentlich verkürzten oder wie am 9. 2. sogar in einem Bahnhof (Chalons sur Marne) hielten. Dies ist für einen Häftlingszug ein unmöglicher Zustand, da sich flüchtende Häftlinge – wie in diesem Falle geschehen – sofort unter das Reisepublikum mischten, damit einen Waffengebrauch unmöglich machten und nur mit Mühe wieder ergriffen werden konnten. Am 11. 2. wurden dem Lok-Führer durch den Transport-Offizier auch entsprechende Vorhaltungen gemacht. Durch die Fahrmethoden der Transportzüge und wiederum durch Gestellung schlechten Waggonmaterials war es bei allen drei Transporten möglich, daß Juden ausbrechen konnten, nachdem sie die Wagen soweit demoliert hatten, daß sich ein Weg in die Freiheit bot. Es ist auffällig, daß sich diese Zughalte (durch angebl. Dampfmangel usw.) erst bei Dunkelheit häuften. Bei den Transporten am 9. 2. und am 11. 2. war es nur der Schnelligkeit und dem guten Zusammenarbeiten mit der begleitenden Gendarmerie sowie dem noch herrschenden Tageslicht zu danken, daß alle durch Abspringen vom Zuge *entwichenen Juden* bis auf einen wieder gefaßt werden konnten. Daß die Möglichkeit des Ausbruchs aus den Waggons bestand und auch durchgeführt wurde, ist einerseits darauf zurückzuführen, daß den Juden bei der Durchführung der Durchsuchung anscheinend durch den SD die *Taschenmesser* belassen wurden (was mir durch Rücksprache mit einem SD-Führer vor Durchführung des letzten Transpor-

246

tes auch bestätigt wurde) und sie diese – wie beim ersten Transport festgestellt – zu Sägen hergerichtet hatten. Auf Grund der Erfahrungen vom 9. 2. und 11. 2. ordnete ich daher für den 13. 2. an, daß in allen von männlichen Juden besetzten Waggons französ. Gendarmen mitzufahren haben, um Beschädigungen der Waggons von innen, die zum Zwecke des Ausbruchs vorgenommen werden, zu unterbinden. Gleichfalls sollten sich die männlichen Juden (ohne Gepäck) in ihren Waggons hinsetzen oder hinlegen, damit sie besser übersehen werden könnten. (Stehende Gruppen bilden nur schützende Kulissen.) Von dem Transport-Offizier am 13. 2., Ltn. d. SchP. d. R. Nowak, wurden diese Maßnahmen auch angeordnet, jedoch von der französ. Gendarmerie nicht überall durchgeführt, so daß es den Insassen eines Waggons unter den Augen der französ. Gendarmen möglich war, in die Stirnwand eines Waggons ein großes Loch zu sägen, durch welches 8 Juden die Flucht ergriffen und bei Dunkelheit vom fahrenden Zuge absprangen. Ein fahrlässiges Verschulden des leitenden Transport-Offiziers ist nicht erwiesen, da er aufgrund seiner bisherigen Erfahrungen alle Vorkehrungen, wie Besetzen der Bremserhäuschen, häufige Wagenkontrollen (mindestens bei jedem Halt), Gestellung von Wachen (französ. Gendarmerie) in den Waggons, die trotz der Wagenwache noch von außen plombiert sind, getroffen hat sowie die von mir gegebenen Anregungen zur Fluchtverhinderung durchgeführt hat. Es liegt in beiden Fällen ein Ausbrechen vor, welches auf das Vorhandensein von Werkzeugen zurückzuführen ist, die bei der Durchsuchung nicht abgenommen worden sind, außerdem am 13. 2. auf ein restloses Versagen (ob fahrlässig oder absichtlich, etwa durch Bestechung, bleibt dahingestellt) der französ. Gendarmerie. Die Namen der im fraglichen Waggon eingesetzten französischen Gendarmen wurden festgestellt. M. E. trifft den transportleitenden Offizier, Ltn. d. SchP. d. R. Nowak, an dem Entweichen
a) eines Juden am 9. 2.
b) von acht Juden am 13. 2.
kein Verschulden.
Als Erfahrungen aus den bisherigen Transporten wären zu nennen:
1. Durchsuchung der Häftlinge bzw. Juden muß gründlich sein (keine Taschenmesser, Eßbestecke usw. belassen).
2. Innerhalb der Waggons mit männlichen Häftlingen 2–3 französ. Gendarmen zur Überwachung.
3. Auf dem Transport Trennung der männlichen Juden von ihrem Gepäck.
4. Sämtliche männlichen Häftlinge sitzen oder liegen im Waggon. (Kein Herumstehen dulden.)

5. Alle Bremserhäuschen werden wegen der besseren Übersicht besetzt. (M.Pi. soweit vorhanden.)
6. Bei jedem Halt alle Waggons auf Verschluß und evtl. Beschädigungen kontrollieren.
7. Zug darf keine Bahnsteige anlaufen (Halten vor – hinter der Station resp. auf Nebengleis.)
8. Gleichmäßiges Zugtempo.
9. Frauen und Kinder besondere Waggons.
10. Die Personenwagen des Begleitkommandos laufen am Ende je $\frac{1}{3}$ des Zuges.

Anlagen: Abdruck des für die Transporte ergangenen Batl.-Befehls. 3 Erfahrungsberichte über die Judentransporte am 9. 2., 11. 2. und 13. 2. 1943.

F. d. R. d. A.   gez. Zuschneid
Winkler   Major d. SchP. u. Btl.Kdr.

VII
Auschwitz
1942–1944

Das Lager Auschwitz hat aus naheliegenden Gründen erneut darum gebeten, den zu evakuierenden Juden vor dem Abtransport in keiner Weise irgendwelche beunruhigenden Eröffnungen über die Art ihrer bevorstehenden Verwendung zu machen. Ich bitte um Kenntnisnahme und Beachtung.
Insbesondere bitte ich, durch laufende Belehrungen der Begleitkommandos bemüht zu sein, daß auch während der Fahrt den Juden gegenüber nicht irgendwelche besonderen Widerstand auslösende Andeutungen gemacht bzw. Vermutungen über die Art ihrer Unterbringung usw. ausgesprochen werden. Auschwitz muß mit Rücksicht auf die Durchführung dringendster Arbeitsvorhaben darauf Wert legen, die Übernahme der Transporte und ihre weitere Einteilung möglichst reibungslos durchführen zu können.

Fernschreiben des Reichssicherheitshauptamts an seine Dienststellen in Den Haag, Paris, Brüssel und Metz vom 29. April 1943

Rauch über Birkenau
Seweryna Szmaglewska

Die in tiefen Schlaf versunkenen Häftlinge werden von Pfiffen und Schreien geweckt. In der Dunkelheit ist das Dröhnen und Fauchen einer Lokomotive, der aus ihr zischend entweichende Dampf und das Knirschen der Puffer zu hören. Das tote Geleis, welches angeblich nur deshalb gebaut wurde, um die Häftlinge irgendwie zu beschäftigen, scheint über Nacht zu einem lärmenden Bahnhof geworden zu sein.

Manchmal übertönt Kindergeschrei das Gewirr von Frauen- und Männerstimmen und dann wieder der alles überlagernde Ruf: »Los! Aufrücken! Aufrücken!«

Von Zeit zu Zeit kreischt jemand schmerzlich auf, was zu bedeuten hat, daß geschlagen wird. Dann wieder fällt ein Schuß. Danach wird es still.

Unter strengsten Strafen dürfen in dieser Nacht die Baracken nicht verlassen werden. Später wird die Strenge dieses Verbots nach und nach gelockert. Vorläufig jedoch geht alles genau nach Plan, der unter anderem vorsieht, die Häftlinge von dem Geschehen fernzuhalten.

Am Morgen wird die Häftlingskolonne der Frauen auf einem anderen Weg zur Arbeit geführt als sonst. Es ist verboten, sich der Rampe zu nähern oder in diese Richtung zu schauen. Tor »B« ist geschlossen, die Toilette auf der Nordseite darf nicht mehr benutzt werden. Die Frauen werden von den Aufseherinnen in Fünfergruppen aufgestellt und zu den Toiletten auf der Südseite des Lagers geleitet.

Das durch die Drähte von dieser Lagerseite hereinlachende Sonnenwetter, das die Felder und Wiesen mit feinem Goldstaub bedeckt, ist eine Täuschung. Alles, was man irgendwann, irgendwo als wirklich und real angesehen hat, ist eine Utopie.

Es gibt nur eines, das sicher ist, das keinem Zweifel unterliegt und über das keine Täuschung möglich ist: der Rauch.

In den Baracken und zwischen ihnen, hoch unterm Himmel und tief in den Erdeinbuchtungen verharrt er wie ein starrer Festkörper sogar in der beweglichen Luft. Er füllt Mund, Kehle, Lungen, Nase und durchdringt die Kleidung und das Essen.

Aus den vier Krematorien erheben sich träge Rauchsäulen senkrecht zum Himmel und fallen dann in Spiralen zur Erde herab. Von Zeit zu Zeit pafft ein Flammenbündel aus dem Rachen des Schornsteins, zerreißt die dicke schwarze Lava des Qualms und zwängt sich durch die Rauchsäule hoch zu dem hellblauen Himmel, um dann wieder ganz plötzlich zu verschwinden. Ein andermal, vor allem nachts, schleudern die Krematorien stundenlang blutrote Feuerbündel gen Himmel.

Nach einigen Tagen weicht die Strenge der SS-Männer gegenüber den Häftlingen einer fast vollkommenen Gleichgültigkeit. Sie haben mit den ankommenden Transporten, die größer sind als je zuvor, alle Hände voll zu tun und achten nicht mehr wie sonst auf das Lager. Man darf innerhalb der Umzäunung herumgehen, wo man will, und hinsehen, wo man will.

Es fällt jedoch schwer, hinzuschauen. Eine dichtgedrängte Menschenmenge füllt die an die Verladerampe grenzende Straße. Sie gehen Kopf an Kopf wie in einer Prozession. Ohne Unterschied des Alters, des Geschlechts, der Kleidung gehen sie zusammengeballt ganz langsam, Schritt für Schritt gen Westen. Die Sonnenglut veranlaßt sie, Schirme aufzuspannen, um die gesundheitsschädliche Hitze abzuwehren. Einige setzen sich, von dem langsamen Marschtempo ermüdet, ins Gras, welches auf der anderen Seite der Lagerdrähte am Wegesrand wächst, wobei sie jedoch nicht vergessen, vorher eine Reisedecke auszubreiten und nachher sorgfältig die Kleider abzustauben. Sie verhalten sich sehr korrekt und gefaßt, schauen geradeaus auf die rauchenden Schornsteine und marschieren vor sich hin. Auf dem Hintergrund dieser vorwärts schreitenden Menge zeichnen sich manchmal die Umrisse eines Kinderwagens ab, der wie ein kleines Boot auf einem schnell dahinfließenden Strom schwankt und, von fürsorglichen Händen geschoben, am Rande des Weges einherholpert.

Man hört das schrille Weinen des Säuglings, worauf der Kinderwagen stehenbleibt. Eine Frau beugt sich über das weinende Kind, streichelt es zärtlich, wechselt die Windeln, und wieder herrscht morgendliche Frühlingsstille über dem langsam vorwärts schreitenden Menschengewimmel.

Wenn der Zug an der Verladerampe hält – meistens geschieht es nachts –, müssen die von den SS-Männern und dem Sonderkommando angetriebenen Menschen beim Aussteigen alles stehen- und liegenlassen, was sie mitgebracht haben. Die naiven Versuche, sich dieser Aufforderung zu widersetzen, nehmen ein schlimmes Ende. Die Menschenschinder wissen sich schnell zu helfen.

Die Menge marschiert zum Krematorium, ihre Sachen bleiben auf der Rampe. Was da alles angefahren wird, übertrifft auch die größte Habgier. Betrunkene SS-Männer waten im Reichtum, im wörtlichsten Sinne trampeln sie auf Kostbarkeiten herum. Die Nazis ermunterten die »Ausgesiedelten« aus ganz Europa, ihr ganzes Hab und Gut mitzunehmen, um es ihnen dann wegzunehmen. So schufen sie eine zusätzliche Kapitalreserve, die die Kriegskosten decken half. Riesentransporte: Geld aller Währungen, Edelsteine, Gold und Platin, hochwertige Uhren, Pelze, Schuhwerk und Lebensmittel gehen ins Reich ab.

Am Graben sitzen orthodoxe Juden in ihren langen schwarzen Röcken. Die Schläfenlocken ringeln sich unter ihren schwarzen Hüten. Ihre alten Gesichter sind unruhig geworden, ihre ruhelosen Augen eilen zwischen der Gruppe der SS-Männer und den vorbeischreitenden Häftlingen hin und her. Sie glauben einen Augenblick erhaschen zu können, um ihre Bitte zu flüstern: »Wasser, Wasser.« Man kann ihnen nur einen Blick zuwerfen, und der muß obendrein noch nichtssagend sein, wenn man keine Ohrfeige von einem SS-Mann bekommen will.

Enttäuscht betrachten sie wieder mit ihren nichtssehenden, weit aufgerissenen Augen die Perspektive der Straße, die zum Krematorium führt und auf der unablässig eine schweigende Menge hinunterfließt. Auch sie werden bald schon darunter sein. Einige von ihnen schlagen sich ihre Gebetriemen um den Kopf und beginnen, am Rande des Grabens stehend, ganz in Schwarz gehüllt, vor dem Hintergrund der von der aufgehenden Sonne erhellten Drähte, ihre Morgengebete zu verrichten, zum letzten Mal auf Erden. –

Die SS-Männer treiben die Menschen aus den Waggons heraus, die gerade geöffnet worden sind. Die anderen sind noch plombiert und hallen von dem in ihnen herrschenden Lärm und Stöhnen wider. Durch den Türspalt kann man nur die Hand mit einem Becher herausstrecken, in einer Geste, die keiner Erklärung bedarf, oder um einige Tropfen von dem heißersehnten Naß aufzufangen, die nach dem nächtlichen Regen vom Waggondach fallen. Manchmal erscheint im Türspalt anstatt einer um Wasser bittenden Hand ein Mund, der um Wahrheit bettelt. In mehreren Sprachen zugleich wollen sie wissen, wo sie sind und ob es wahr sei, daß sie als Arbeiter in einer Fabrik beschäftigt werden sollen. Ob es auch wirklich eine Ziegelei sei. Neben Bergen von Gepäck, Koffern, Eimern stehen diese mit Brettern vernagelten Waggons, aus denen die Bitte um Wahrheit erschallt ...

Auf den Feldern reift das Korn; die Ähren werden fahl und schwer. Die Zeit vergeht. Eines Tages beginnen sich weit vom Lager entfernt die wogenden Felder in gleichmäßig voneinander entfernte Kornpuppen aufzulösen. Die Ernte nimmt ihren Anfang. Gleich hinter dem Wachhäuschen des Postens blüht gelblich ein riesiges Rapsfeld. Immer wenn der Wind aus dieser Richtung weht und die Rauchschwaden der Krematorien vertreibt, erfüllt der gesegnete Duft der winzigen Blüten den Raum zwischen den Baracken.

Innerhalb des Lagers scheint die Zeit jedoch stillzustehen. Das gleiche Grauen steht über jeder Stunde des Tages und der Nacht: die rauchenden Krematorien und die zu ihnen hinströmenden Menschenmengen ...

Wieder ist ein Transport eingetroffen. Es ist Nacht. Die Feuer der Krematorien und die auf der Rampe mit Petroleum übergossenen Kehrichthaufen – man hat der Flammen in der Nacht anscheinend nicht genug – beleuchten einen brodelnden Lagerplatz. Ein Bote rennt zum Block der Kapelle mit dem Befehl, sich am Tor aufzustellen. In der Dunkelheit werden die Notenständer aufgebaut, und das flackernde Licht der Flammen fällt auf die Noten ...

Ein nächtliches Konzert beginnt. Bei den Waggons schreien die SS-Männer wie besessen, jammern die Geschlagenen, weinen die Kinder, und auf diesem akustischen Hintergrund erklingen die Melodien spanischer Tänze, sehnsüchtiger Serenaden, sentimentaler Lieder.

Wenn man in Baracke 6 auf einer der mehrstöckigen Lagerstätten nahe der Tür schläft, dann hört und sieht man die ganze Nacht hindurch, bei jedem Aufwachen, die Rampe. Jedes Wort, das auf der Rampe fällt, ist aus dieser Entfernung ganz klar zu hören. Immer wenn man im Traum die Lider auch nur für den Bruchteil einer Sekunde hebt, fällt dort das unabänderliche Bild der dichten, vorwärts schreitenden Menschenmenge auf die Netzhaut, das Bild der gebeugten Menschen mit den von lodernden Flammen erleuchteten Gesichtern. Man kann nicht schlafen. –

Wieviel Frauen wälzen sich dann ruhelos auf ihrem Lager hin und her. Manchmal fällt ein Flüstern, ein Gebet in die tiefe Stille und gibt den anderen kund, daß man auch nicht schlafen kann. Köpfe erheben sich. Man kann alte Frauen sehen, die angesichts der schrecklichen Flammenbündel in den Worten der verschiedenen Religionen für die Sterbenden beten.

So ist nicht eine, so sind alle Nächte. Wer immer auch nach der täglichen Plackerei in einen bleiernen Schlaf verfällt, wird von dem Schrei der Rampe unabwendbar wachgerüttelt. Ihr Realismus zwängt sich in die Tiefe des Bewußtseins, reizt, weckt.

Seit der Zeit, da der erste Transport in Birkenau eintraf und ausgeladen wurde, schiebt sich der langsame Zug pausenlos an dem Zaun des Lagers vorbei. Es sieht so aus, als ob irgendwo in der Nähe Eisenbahnzug um Eisenbahnzug voller Menschen stünde, von denen man eine bestimmte Anzahl von Waggons für Birkenau abhängt.

Wenn zum Morgenappell angetreten wird, nähern sich die SS-Männer der in dieser Nacht angekommenen Gruppe.
»Los! Aufrücken! Los! Aufrücken!«
Die erste Fünferreihe betritt die Straße.
Ein junger Mann mit einer Reisedecke über dem Arm stützt eine junge Frau beim Gehen. Neben ihnen geht eine alte Frau, die von einem Greis und von einem jungen Mädchen untergehakt ist. Die zweite Fünferreihe bilden Männer im besten Alter. Sie tragen elegante Anzüge und Mäntel von auserlesenem Schnitt. In den folgenden Fünferreihen gehen Frauen mit Kindern. Eine muß sich mit unbändigen Zwillingen herumplagen, die auf der Straße hin- und herrennen. Vorläufig werden sie noch nicht aufgeteilt, sondern lediglich in Fünferreihen aufgestellt und von dem pausenlosen Ruf angetrieben.
»Los! Aufrücken!« Sie gehen auf dem Schotterweg entlang und haben zur Linken den Abschnitt 3 des Frauenlagers und zur Rechten die Verladerampe. In der Ferne dahinter ist das Männer- und Zigeunerlager sowie das Männerlazarett zu sehen. Am Ausgang der Straße und zu ihren beiden Seiten erheben sich auf dem Hintergrund einer Baumgruppe die roten Mauern und hohen Schornsteine der Krematorien I und II. Jetzt werden Frauen und Männer getrennt und erneut in Fünferreihen aufgestellt.
Vor dem Krematorium steht eine Gruppe von SS-Männern auf einem Hügel. – Bis zu dieser Stelle bewegt sich die Menge in Fünferreihen, hier biegt sie jedoch nach links ab und geht im Gänsemarsch auf die Gruppe der SS-Männer zu. So ist der Weg auch angelegt, an dieser Stelle biegt er ab, führt noch einige Meter zurück, der rechte zum Krematorium.
Hier wird schnell, im Gehen, die Auswahl getroffen.
Ohne auch nur für einen Augenblick stehenzubleiben, geht die Mehrzahl nach rechts, während einige wenige von den SS-Männern aufgefordert werden, nach links zu gehen. Die ersten gehen sofort in den Tod, während es den anderen gestattet sein wird, noch ein paar Wochen, vielleicht Monate, im tiefsten Elend des Lagers dahinzuvegetieren.
Nach links gehen die schönsten Mädchen und die stärksten jungen Burschen von ausgezeichneter Statur. Rechts biegen Greise, Krüppel, Kinder, Frauen mit Säuglingen, kleine, schlecht gebaute

Menschen ab. Sie wissen nicht, daß in diesem Augenblick das durch das Nazirecht geschaffene Urteil über sie gefällt wird.

Gegenüber der Rampe, wo die »Ausgesiedelten« aussteigen, lauern, hinter der deutschen Toilette versteckt, ein paar Frauen und beobachten die vor sich gehende Selektion. Unter ihnen befinden sich einige Jüdinnen, die seit Monaten oder Jahren nichts von ihren Familienangehörigen wissen. Edith Links, die in der Politischen Abteilung arbeitet, springt auf einmal einen Schritt vor in Richtung der Drähte. Sie schaut angestrengt auf jemanden und sagt dann leise: »Meine Schwester Sarika!«

Die Frauen wissen nicht, wer von den Menschen dort in der Menge ihre Schwester ist. Edith stellt sich auf die Zehen und schaut auf den ausgeladenen Zug, aus dem immer mehr Menschen herauskommen. Dann wird ihr Gesicht grau, und mit vor Entsetzen weit aufgerissenen Augen flüstert sie:

»Meine Mutter, mein Schwager, Vater, Großmutter, Tante. Alle sind da. Meine ganze Familie!«

Ohne auf die Gefahr zu achten, der sie sich aussetzt, ruft sie: »Sari, Sari! Gib der Großmutter das Kind.«

Die junge Frau mit dem Kind auf dem Arm schaut zum Lager, erkennt hinter den Drähten ihre Schwester und erhebt die Hand zum Gruß. Edith wiederholt störrisch: »Gib das Kind der Großmutter, gib das Kind der Großmutter.«

Sari weiß nicht, was diese Worte zu bedeuten haben. Gehorsam wendet sie sich der hinter ihr gehenden, ganz in Schwarz gekleideten Frau zu und gibt ihr den Säugling. Es ist schon zu spät, um weitere Gesten und Worte auszutauschen. Ediths Familie nähert sich einer Gruppe von SS-Männern, und man sieht, wie alle nacheinander nach rechts gehen, mit Ausnahme von Sari.

Irrsinn – oder fast Irrsinn – ergreift die »Glücklichen«, die zu verstehen beginnen, daß ihre Nächsten verbrannt worden sind oder gerade in diesem Augenblick verbrannt werden. Hier wirft sich eine junge Jüdin aus Lodz während des Tages, da der Strom ausgeschaltet ist, in die Drähte und klettert auf die Umzäunung, um nach außen auf die Straße zwischen den Lagern zu gelangen. Unter großen Anstrengungen heruntergeholt, steht sie blutend zwischen den Frauen, den Blick starr auf die Rauchsäule gerichtet. Immer wieder wiederholt sie das eine: »Die Deutschen sind doch Menschen. Und wir Juden sind auch Menschen. Ja, wir Juden sind Menschen, und die Deutschen sind auch Menschen.«

Die Todesfabrik
Miklos Nyiszli

Von der Rampe her ertönt der langgezogene Pfiff einer Lokomotive. Es ist noch früh am Morgen; ich trete ans Fenster, von dort hat man direkte Sicht. Ich bemerke einen sehr langen Zug. Einige Minuten später werden die Türen aufgeschoben, und aus den Waggons quillt zu Tausenden das auserwählte Volk Israels. Das Aufstellen und die Selektion dauern eine knappe halbe Stunde; dann entfernt sich langsam die linke Kolonne.

Laute Befehle und das Geräusch schneller Schritte dringen bis in mein Zimmer. Dieser Lärm kommt aus dem Heizungsraum des Krematoriums. Die Vorbereitungen für den Empfang des Transports werden getroffen. Man hört das Summen der Motoren: soeben sind die großen Ventilatoren in Betrieb gesetzt worden, die das Feuer schüren, um den erforderlichen Hitzegrad in den Öfen zu erreichen. Fünfzehn Ventilatoren drehen sich gleichzeitig – neben jedem Ofen einer. Der Verbrennungssaal ist ungefähr hundertfünfzig Meter lang; es ist ein heller Raum mit weißgetünchten Wänden, Betonfußboden und vergitterten Fenstern. Die fünfzehn Öfen selbst sind in eine Wand aus roten Ziegeln eingelassen. Riesige Eisentüren, glänzend vor Sauberkeit, reihen sich unheilverkündend die ganze Saalwand entlang.

Nach fünf bis sechs Minuten kommt die Kolonne vor dem Tor an, dessen Flügel sich nun öffnen. In Fünferreihen betreten die Menschen den Hof. – Keiner von ihnen kennt die Bedeutung des Augenblicks. Jene, die etwas darüber sagen könnten, sind den Schicksalsweg von dreihundert Metern, die diese Stelle von der Rampe trennen, niemals wieder zurückgegangen. – Das ist eines der Krematorien, das diejenigen erwartet, die bei der Selektion nach links geschickt wurden; und kein Lager für Kranke und Kinder, wo sich die Schwächeren um die Kleinen kümmern, wie die deutsche Lüge es glauben machen wollte, um die Angst ihrer nach rechts aussortierten Familienangehörigen zu zerstreuen.

Mit langsamen, müden Schritten gehen sie vorwärts. Kinder, denen die Augen vor Müdigkeit zufallen, klammern sich an die Kleider ihrer Mütter. Säuglinge werden meistens von den Vätern getragen oder im Kinderwagen geschoben. Die SS-Wachen bleiben vor dem Krematorium, da ein Anschlag an der Tür allen Fremden einschließlich der SS den Eintritt strengstens untersagt.

Die Deportierten entdecken sofort die im Hof angelegten Wasserhähne, die zur Pflege des Rasens dienen, und holen Kochgeschirr und Töpfe hervor. Die Reihen brechen auf. Sich gegenseitig fortstoßend, versuchen die Menschen, sich an die Hähne heranzudrängen und ihre Behälter zu füllen. Es ist kein Wunder, daß sie ungeduldig sind: sie haben seit fünf Tagen nichts getrunken. Das bißchen Wasser, über das sie verfügten, war faulig und konnte den Durst nicht löschen. Die SS-Posten, die die Transporte empfangen, sind an diese Szene gewöhnt. Geduldig warten sie, bis jeder seinen Durst gestillt und seine Gefäße gefüllt hat. Solange die Menschen sich nicht satt getrunken haben, kann man sie sowieso nicht wieder in Reihen bringen. Langsam beginnen nun die Posten, sie zusammenzutreiben. Dann geht es noch etwa hundert Meter auf einem mit grünem Rasen umsäumten Schlackenweg weiter, bis zu einer Eisenrampe, von der zehn oder zwölf Betonstufen in einen großen unterirdischen Raum hinunterführen. An der Tür befindet sich in deutscher, französischer, griechischer und ungarischer Sprache die Aufschrift: Bade- und Desinfektionsraum. Die Gutgläubigen, auch jene, die bis dahin Zweifel hatten, beruhigen sich und sind erleichtert. Fast fröhlich steigen sie die Treppen hinab.

Der Raum, in den die Ankommenden nun geführt werden, ist ungefähr zweihundert Meter lang, weißgekalkt und grell erleuchtet. In der Mitte des Saales stehen Säulenreihen. Um die Säulen herum und an den Wänden entlang stehen Bänke, über denen sich numerierte Kleiderhaken befinden. Zahlreiche Tafeln weisen jeden in seiner eigenen Sprache an, die zusammengebundenen Schuhe und die Kleider an den Haken zu hängen. Vor allem, sich die Nummer des Hakens zu merken, um bei der Rückkehr aus dem Bad unnötige Verwechslungen zu vermeiden. »Echt deutsche Ordnung«, sagen jene, die seit langem dazu neigen, diesen Ordnungssinn zu bewundern. Und sie haben recht. Diese Maßnahmen dienen tatsächlich der Ordnung; die Tausende guter Schuhe, auf die man im Dritten Reich schon lange wartet, sollen nicht durcheinanderkommen. Für die Kleider gilt dasselbe – die Bevölkerung der bombardierten Städte wird sie tragen.

Dreitausend Menschen sind nun im Saal, Männer, Frauen, Kinder. SS-Männer erscheinen und befehlen ihnen, sich innerhalb von zehn Minuten splitternackt auszuziehen. Die Alten, Großväter und Großmütter, die Kinder, die verheirateten Frauen und Männer, sie alle sind sprachlos vor Überraschung. Keusche Frauen und junge Mädchen sehen sich fragend an. Vielleicht haben sie die deutschen Worte nicht richtig verstanden? Sie haben keine Zeit, darüber nachzudenken, da das Kommando wiederholt wird, diesmal in drohend erhobenem Ton.

Die Menschen packt eine böse Vorahnung, ihr Schamgefühl empört sich. Aber mit der Resignation, die ihrem Volke eigen ist, begreifen sie, daß man sich ihnen gegenüber alles erlauben kann. Zögernd beginnen sie, sich auszuziehen. Den Alten, Gelähmten und Geistesgestörten hilft eine Gruppe des Sonderkommandos, die zu diesem Zweck bereitsteht. Innerhalb von zehn Minuten sind alle nackt, die Kleider und die mit Schnürsenkeln aneinandergebundenen Schuhpaare hängen an den Haken. Ihre Kleiderhakennummer haben sie sich gut eingeprägt.

Ein SS-Mann drängt sich durch die Masse und öffnet die beiden Flügel der großen Eichentür am Ende des Saales. Die Menge schiebt sich durch die Tür in den anliegenden Raum, der ebenfalls hell erleuchtet ist. Er hat dieselbe Größe wie der erste, aber keine Bänke und keine Kleiderhaken. In der Mitte des Saales, im Abstand von etwa dreißig Metern, stehen Säulen, die vom Betonboden bis zur Decke führen. Es sind keine Stützsäulen, sondern viereckige Eisenblechrohre, deren Wände wie ein Drahtgitter durchlöchert sind.

Es sind jetzt alle eingetreten. Ein scharfer Befehl: SS und Sonderkommando raus! Sie gehen hinaus und zählen ab, ob keiner von ihnen fehlt. Dann wird die große Tür verschlossen und das Licht von draußen ausgeschaltet.

Im selben Augenblick hört man ein Auto vorfahren. Es ist ein Luxuswagen mit dem Zeichen des internationalen Roten Kreuzes. Ein SS-Offizier und ein Sanitätsgefreiter steigen aus. Der Gefreite hat vier grüne Blechdosen in der Hand. Er geht über den Rasen, wo im Abstand von dreißig Metern kleine Betonschornsteine aus der Erde herausragen. Er setzt sich eine Gasmaske auf und hebt den Betondeckel des ersten Schornsteins ab. Dann öffnet er eine der Dosen und schüttet den Inhalt – eine violette, körnige Masse – in die Öffnung. Es ist Zyklon oder B-Chlor in Pulverform, das sich bei Berührung mit Luft sofort in Gas verwandelt. Dieses Pulver fällt auf den Grund der Blechrohre, ohne sich zu zerstreuen. Das entstandene Gas entströmt durch die Löcher und füllt in wenigen Augenblicken den Raum, in dem die Deportierten zusammengepfercht sind. In fünf Minuten sind alle getötet.

Auf diese Art spielt sich der Vorgang bei jedem neuen Transport ab. Die Rote-Kreuz-Wagen bringen das Gas von außerhalb. Es wird niemals im Krematorium selbst gelagert, eine niederträchtige Vorsichtsmaßnahme. Aber noch niederträchtiger ist es, daß der Wagen, mit dem das Gas herbeigeschafft wird, das Zeichen des internationalen Roten Kreuzes trägt.

Um ganz sicherzugehen, warten die beiden Gas-Scharfrichter noch weitere fünf Minuten. Dann zünden sie sich eine Zigarette an und fahren in ihrem Wagen davon. Sie haben soeben dreitausend unschuldige Menschen getötet.

Zwanzig Minuten später werden die elektrischen Entlüftungsapparate eingeschaltet, um die Gase herauszulassen. Die Türen öffnen sich, Lastwagen kommen herangefahren. Eine Sonderkommandogruppe lädt die Kleider und Schuhe getrennt auf. Die Sachen werden zur Desinfektion gebracht – diesmal handelt es sich tatsächlich um eine Desinfektion. Anschließend werden sie dann mit der Eisenbahn nach Deutschland transportiert.

Die modernen Saugventilatoren entfernen rasch das Gas aus dem Saal, aber in den Ritzen, zwischen den Toten und hinter den Türen bleibt es noch in kleinen Mengen zurück. Das Gas ruft selbst nach mehreren Stunden noch einen erstickenden Husten hervor. Deshalb sind die Männer vom Sonderkommando, die als erste die Gaskammern betreten, mit Gasmasken ausgerüstet. Der Saal ist nun wieder hell erleuchtet. Ein grauenerregendes Bild bietet sich den Augen der Anwesenden.

Die Leichen sind nicht der Länge und Breite des ganzen Raumes entlang auf dem Fußboden verteilt, sondern liegen zu einem hohen Berg bis zur Decke des Saales aufgetürmt. Das kommt daher, daß das Gas zuerst die unteren Luftschichten vergiftet, und dann langsam zur Decke steigt. Deshalb treten die Unglücklichen einander gegenseitig zu Boden, einer klettert auf den andern: wer sich höher befindet, wird vom Gas einige Augenblicke später erreicht. Welch schrecklicher Kampf ums Leben! Dabei handelte es sich nur um einen Aufschub von zwei bis drei Minuten. Wären diese Menschen noch fähig gewesen nachzudenken, so hätten sie verstanden, daß sie ihre eigenen Kinder, ihre Eltern, ihre Frauen niedertrampeln. Aber sie können nicht mehr überlegen. Ihre Bewegungen sind nur noch automatische Reflexe des Selbsterhaltungstriebes. Ich sehe, daß sich zuunterst in der Masse der Übereinanderliegenden Säuglinge, Kinder, Frauen und Greise befinden; obenauf liegen die Stärkeren. Die Körper, verunstaltet durch zahlreiche Kratzwunden vom Kampf, der soeben stattgefunden hat, haben sich oft fest ineinander verkrallt. Die aus Nase und Mund blutenden, blau angeschwollenen Gesichter sind bis zur Unkenntlichkeit entstellt. Trotzdem entdecken die Männer des Sonderkommandos häufig ihre eigenen Angehörigen. Es ist ein furchtbares Wiedersehen, und ich fürchte, daß ich es auch erleben könnte. Ich habe hier nichts zu suchen, und doch bin ich heruntergestiegen zu den Toten. Ich empfinde es als Aufgabe, vor meinem Volk und der ganzen Welt zu berichten, was ich gesehen habe – falls ich durch einen unvorhergesehenen Zufall je hier herauskommen sollte.

Das Sonderkommando in Gummistiefeln stellt sich um den Leichenberg auf und bespritzt ihn aus dicken Wasserschläuchen. Das ist unumgänglich, weil sich beim Tod durch Ertränken oder durch Gas als letzte Reaktion der Darm entleert. Jeder Tote ist beschmutzt. Nachdem das »Baden« der Toten beendet ist – eine Arbeit, die das Sonderkommando in vollkommener Selbstverleugnung der eigenen Person und in höchster Seelennot ausführen muß –, beginnt die Lostrennung der verschlungenen Leiber. Das ist eine sehr schwierige Arbeit. Um die im Todeskrampf erstarrten geballten Fäuste werden Riemen geschnallt; an ihnen schleift man die feuchten, glitschigen Leichen zum Fahrstuhl im anliegenden Raum. Vier große Lastenaufzüge sind in Betrieb. Es werden jeweils zwanzig bis fünfundzwanzig Tote verladen. Ein Klingelzeichen meldet, wenn die Ladung fertig ist und der Fahrstuhl abfahren kann. Der Aufzug hält beim Einäscherungssaal des Krematoriums, dessen große Türflügel sich automatisch öffnen. Die Männer vom Schleppkommando warten schon. Sie legen wieder Schlingen um die Handgelenke der Toten und ziehen sie dann auf dafür angefertigte Rutschbahnen, um sie vor den Öfen abzuladen.

Dichtgedrängt liegen die Leichen in Reihen. Alte, Junge und Kinder. Aus ihren Nasen, ihren Mündern und aus den Wunden, die beim Schleifen auf dem Boden entstanden sind, fließt Blut. Es vermischt sich mit dem fließenden Wasser in den Abflußrinnen, die im Betonboden eingelassen sind ...

Nachdem die letzte Goldprothese herausgebrochen ist, kommen die Leichen zum Verbrennungskommando. Sie werden zu dritt auf eine Schiebe aus Stahlblech gelegt. Automatisch öffnen sich die schweren Ofentüren, und das Schiebewerk wird in den bis zur Weißglut erhitzten Ofen eingeführt. In zwanzig Minuten sind die Leichen eingeäschert ... Es bleibt von ihnen nichts weiter zurück als die Asche im Ofen, die von Lastwagen zur zwei Kilometer entfernten Weichsel gefahren wird.

R.F. SS
Sicherheits-Dienst
Nachrichten-Uebermittlung

Aufgenommen	Befördert	Raum für Eingangsstempel
Tag Monat Jahr Zeit	Tag Monat Jahr Zeit	
von durch	an durch	
	Verzögerungsvermerk	Der Bef. d. SP. u. d. SD. f. d. Ber. d. Mil. Bef. in Frankreich Eing. 13 AUG 1942
Nr.		

Telegramm — Funkspruch — Fernschreiben — Fernspruch

```
BERLIN NUE 145 577 13.8.42 1617 =MA=
AN DEN BDS. DER SIPO UND DES SD IN BEREICH DES
MILITAERBEFEHLSHABERS IN FRANKREICH, PARIS. ==
G E H E I M -- DRINGEND. --
BETR.: ABRANSPORT VON JUDEN NACH AUSCHWITZ, DORT ABSCHUB
ABSCHUB DER JUDENKINDER. --
BEZUG: DORT. FS.-BERICHT V. 11.8.42 ROEM. 4 J. --
DIE IN DEN LAGERN PITHIVIERS UND BEAUNE-LA ROLANDE
UNTERGEBRACHTEN JUEDISCHEN KINDER KOENNEN NACH UND NACH
AUF DIE VORGESEHENEN TRANSPORTE NACH AUSCHWITZ AUFGETEILT
WERDEN. GESCHLOSSENE KINDERTRANSPORTE SIND JEDOCH
KEINENSFALLS (UNTERSTR.) AUF DEN WEG ZU BRINGEN. =

-- RSHA. ROEM. 4 B 4 KL. A - 3233/41 KL. G (1085)
      I.A. GEZ. GUENTHER SS-STUBAF
```

Auf einem fremden Planeten
Reska Weiss

Schon fünf Tage lang rumpelt der Zug dahin. Fünf Tage lang schwankt seine menschliche Fracht zwischen tiefer Verzweiflung und schwacher Hoffnung. Die Verwundeten verbluten langsam; starr sitzen die Toten da, wo man sie erschossen hat, und ihre verwesenden Körper verbreiten einen unerträglichen Gestank. Tote und Lebende hocken zusammengedrängt auf dem Boden – neun Tote und elf Verletzte. Die Kinder wimmern nicht mehr; sie sitzen matt und teilnahmslos auf dem Schoß ihrer Eltern. Nur manchmal hört man ein schwaches Stöhnen: »Wasser, Mammi! Wasser, Mammi!«

Seit fünf Tagen hat keiner gegessen. Aber niemand ist hungrig – der Geruch von abgestandenem Urin und Exkrementen, der Gestank der Toten, und nicht zuletzt eine schreckliche Vorahnung verschließen uns den Magen. Aber während die Übelkeit den Hunger vertreibt, ist der Durst eine ständige Qual.

Vor fünf Tagen sind zweiundneunzig gesunde Menschen in diesen Waggon gesperrt worden. Wie viele werden ihn noch auf eigenen Füßen verlassen?

Plötzlich hält der Zug. Von draußen dringt Lärm von Stimmen und Gelächter. Wir halten mit klopfendem Herzen den Atem an.

»Was siehst du?« fragt eine Frau ihren Mann, der durch die Entlüftungsluke späht. Entsetzt erwidert er, daß ein Schwarm schwarzuniformierter SS-Männer neben dem Waggon steht.

»O mein Gott!« Ein tiefer Seufzer entringt sich unserer ganzen Gruppe. Aber es bleibt uns nicht viel Zeit, über unser Schicksal nachzudenken. Die Querriegel klappern, und die Tür wird aufgeschoben. Frische Luft strömt herein, und plötzlich ist Licht. An die Dunkelheit gewöhnt, brauchen wir einige Augenblicke, ehe wir überhaupt etwas sehen können, aber wir hören den barschen Befehl:

»Raus – alles raus!«

»Wir sind angekommen«, flüstern wir uns zu, als wir nach unseren Bündeln tasten. Aber wieder stoßen SS-Männer mit schneidender Stimme einen Befehl aus; wir müssen alles liegenlassen.

Die Bündel werden auf den Boden geworfen. Steifgewordene, zitternde und gefühllose Füße setzen sich in Bewegung. Viele versuchen, ihre verwundeten Angehörigen zu stützen, andere wollen ihre Toten nicht verlassen. Aber die SS-Männer brüllen in die Waggons: »Tote und Kranke bleiben drin!«

Mein Mann legt seinen Arm um mich, meine ganze Familie steht in meiner Nähe. Wie gut, daß wir alle zusammen sind, denke ich. Aber ich täusche mich. Ein schrilles Kommando ertönt; die Männer und Jungen müssen sich auf der Seite aufstellen.

So beginnt die Selektion. Frauen werden von ihren Männern getrennt, Mütter von ihren Söhnen. Der Arm meines Mannes löst sich von mir. Meine Brüder murmeln etwas, durch Tränen lächeln wir uns zu. Und so sagen wir einander auf Wiedersehen.

»In Fünferreihen aufstellen!« brüllt ein SS-Mann. Wir gehorchen, aber es gibt ältere Frauen und Kinder, die den Befehl nicht verstehen. Wer zögernd stehenbleibt, bekommt einen Schlag auf den Kopf. Unter den Schlägen fallen viele Frauen zu Boden; anderen gelingt es, stehenzubleiben, obwohl sie ganz benommen sind. Die zu Boden Gestürzten werden von den SS-Männern mit Fußtritten bearbeitet. Sobald sich die Kolonne formiert hat, lassen die SS-Männer die Menschen einzeln vortreten und befehlen einigen, nach rechts, anderen, nach links zu gehen. Wir überlegen, welche Seite besser ist, weil wir den Zweck der Aussortierung nicht kennen.

»Rechts! Links! Rechts! Links!« Die Selektion geht schnell vonstatten. Die uniformierten Männer kommen meiner Familie näher und näher. Meine Schwägerin Kathy mit ihren Töchtern und meine Schwägerin Margit und ihre Kinder stehen schon auf der einen Seite. Meine Schwägerin Bözsi mit Eri, Alice, Gaby und Judith sind auf der anderen Seite. Eine meiner Schwägerinnen wird gefragt: »Ist das Ihr Sohn?« – »Ja«, antwortet die Mutter stolz. Es ist der kleine Joki. »Gehen Sie auf diese Seite. Sie fahren mit dem Lastwagen.« So tritt sie mit dem kleinen Sohn auf die linke Seite. Ein SS-Mann kommt auf mich zu. Vor mir sehe ich zwei kalte, stahlblaue Augen, eine riesige, schwammige Nase und dünne, grausame Lippen. Er wird begleitet von einem gutaussehenden Militärarzt.

Der Arzt sagt: »Wie ich sehe, haben Sie gute Füße. Sie können gut laufen. Auf die andere Seite.« Ich schließe mich Gaby und meinen anderen jüngeren Schwägerinnen an. Bözsi wird auch zu unserer Gruppe gewiesen.

»Rechts! Links! Rechts! Links! Rechts! Links!« Junge Mütter mit verschreckten Kindern in den Armen und alte Frauen werden auf der einen Seite zusammengetrieben, die Kräftigeren auf der anderen Seite. Einigen jungen Müttern wird befohlen, ihre Kinder älteren Leuten zu geben und sich der anderen Gruppe anzuschließen. Sie pressen ihre Kleinen an die Brust und wollen sich von ihnen nicht trennen. Schlag auf Schlag trifft sie, bis sie die Kinder aus ihrer Umklammerung freigeben und auf unsere Seite kommen; oder sie werden erbarmungslos in die Gruppe der Mütter und Kinder zurückgeprügelt. Nach weniger als einer Stunde ist die Selektion beendet.

»Rechts! Links! Rechts! Links!« Die Auslese wird nun in der Männerkolonne durchgeführt. Einen flüchtigen Augenblick lang sehe ich meinen Mann. Dann kommt das Kommando: »In Fünferreihen aufstellen! Marsch!« Und unsere lange, schlangenartige Kolonne setzt sich in Bewegung.

Wir blicken zurück, um noch einen letzten Blick unserer Männer zu erhaschen; Schläge fallen auf alle Köpfe, die sich umwenden, und da sehen unsere Augen nur noch nach vorn.

Nun tut es mir leid, daß ich nicht gesagt habe, meine Füße seien wund, denn dann hätte ich fahren können. So gehöre ich zum Heer derer, die marschieren – aber wohin und zu welchem Ende?

Einige hundert Frauen gehen vor und hinter mir. Und die SS brüllt immerzu: »Links! Zwei! Drei! Vier!«

Wie lange wir so marschieren, weiß ich nicht. Sind es Stunden, sind es nur zwanzig Minuten? Ich weiß nur, daß meine Füße schwer sind wie Blei, und meine Augen brennen wie glühende Kohlen. Während des Marsches reizt ein unangenehm süßlicher Geruch unsere Nasen – anders als alles, was wir jemals gerochen haben.

Rechts der Straße verläuft ein hoher Stacheldrahtzaun, hinter dem wir nackte Gestalten mit spindeldürren Gliedern erblicken; menschliche Vogelscheuchen mit rasierten Köpfen. Männer oder Frauen? Man kann sie kaum unterscheiden, alle sind mager und ausgemergelt. Als wir vorbeiziehen, schreien sie uns zu: »Werft Brot herüber, Zucker, irgend etwas!« Den ganzen Weg entlang ertönen diese Schreie – auf ungarisch, jiddisch, tschechisch, deutsch, von Hunderten und Hunderten welker, hungernder Lippen. Unter der Aufsicht von SS-Männern und -Frauen scheinen diese seltsamen, unbegreiflichen Gestalten sich nur mit großer Mühe dahinzuschleppen. Bòzsi und ich sehen uns an.

»Das sind sicher Geisteskranke«, sage ich. »Sie scheinen lauter Wahnsinnige hier zu konzentrieren; vielleicht sollen wir als Pfleger arbeiten.«

»Vielleicht«, antwortet Bòzsi achselzuckend.

»Ich habe schreckliche Angst vor Irren«, sage ich.

»Du wirst dich an sie gewöhnen«, ist ihre Antwort.

Innerhalb des Stacheldrahtzaunes stehen lange Reihen von Baracken. Eine sieht aus wie die andere. Es scheint von SS-Männern und -Frauen zu wimmeln. Sie tragen Peitschen und lange gebogene Knüppel. An bewaffneten Posten vorbei gehen wir durch das Tor und befinden uns innerhalb der Umzäunung, in der Nähe eines Gebäudes, an dessen rechter Seite sich ein Hügel von der Größe eines zweistöckigen Hauses befindet. Als wir uns ihm nähern, sehen wir, daß er nur aus Schuhen besteht: Frauenschuhe, Kinderschuhe, schöne Schuhe, häßliche Schuhe, wohin das Auge blickt. Nicht weit davon quellen Rauchwolken aus Schornsteinen, und wieder reizt dieser eigenartige, süßliche Geruch unsere Nasen.

Doch wir haben keine Zeit, unsere Umgebung in uns aufzunehmen; innerhalb weniger Minuten treibt man uns in eine riesige leere Halle mit Steinboden, die einem großen Flugzeugschuppen gleicht. Kaum sind wir drinnen, als uns jemand mit Stentorstimme befiehlt, uns bis auf die Haut auszuziehen. Entsetzt und gedemütigt entkleiden wir uns und suchen nach einem Platz, um unsere Sachen aufzuhängen. Als die SS-Männer das bemerken, schreien sie: »Alles auf den Boden werfen!« Wir gehorchen und stehen vollkommen nackt zwischen den schallend lachenden Posten, die um uns herumlaufen und obszöne Bemerkungen machen. Selbst in unseren wildesten Träumen hätten wir uns eine solche Erniedrigung nicht vorstellen können. Wir wagen nicht, die geringste Bewegung zu machen oder auch nur zu flüstern. Da stehen wir, eng aneinandergedrängt: Dünne und Dicke, reife Frauen und junge Mädchen, alle zusammen, entsetzt und sprachlos. Und falls jemand doch einmal »Mein Gott« seufzt, trifft ein Peitschenhieb den nackten Körper. Wenn dicke rote Striemen auf dem nackten Fleisch anschwellen und das Opfer vor Schmerz aufschreit, schlägt die Peitsche nur noch mitleidsloser zu. Einer der Gewalttäter tritt einer weinenden Frau in den Magen. Sie gibt keinen Ton mehr von sich, Tränen rinnen über ihr Gesicht, und ihr Peiniger sagt laut lachend: »Nun hast du wenigstens Grund zum Heulen.«

Beim Anblick solcher Barbarei denke ich: das kann nicht wahr sein. Diese Männer sind doch auch menschliche Wesen. Welche Erniedrigungen, Unmenschlichkeiten und Brutalitäten werde ich noch ertragen müssen?

Noch habe ich die Fotografie meiner Söhne bei mir, ich falte sie vierfach und verberge sie in meinem Schuh. Ich weiß, nie wieder werde ich mein Kleid tragen, das ich gerade ausgezogen habe. Aber irgendwie klammere ich mich an die Hoffnung, die Schuhe behalten zu dürfen. Es sind hohe graue Schnürstiefel aus dünnem Leder mit starken Sohlen. Ich hatte sie gekauft, als in unserer Stadt das Gerücht umging, wir würden zur Arbeit nach Kenyermezo geschickt.

Wir stehen in langen Reihen, und die ersten vierzig Frauen werden in eine kleinere Halle getrieben. In Vierzigergruppen führt man uns in kurzen Zeitabständen fort, bis die große Halle geleert ist. Ich packe meine Stiefel, um das Foto zu retten, und es gelingt mir, sie in die kleinere Halle zu schmuggeln, die ich mit meinen Gefährtinnen betrete.

Wieder werden wir von SS-Männern begafft und geprüft und wissen vor Scham nicht mehr, welche Körperteile wir mit unseren Händen bedecken sollen. Aber wir haben gar keine Zeit, uns zu schämen. Gefangene in gestreifter Kleidung kommen mit Scheren und anderen Geräten. Sie schneiden uns das Haar von den Köpfen, und dann rasieren sie uns sämtliche Körperhaare ab. Danach werden wir in einen anderen Raum getrieben, wo ungefähr vierzig Duschen in Abständen von etwa einem Meter installiert sind, zwanzig auf jeder Seite. Heißes, scharfriechendes Wasser ergießt sich auf unsere kahlen Köpfe und nackten Körper. Triefend naß und nackt werden wir aus dem Duschraum in eine andere leere Halle mit Steinboden getrieben, wo wir, ungefähr zweitausend Menschen, stundenlang in Fünferreihen vor Kälte zitternd stehen. Jede Kolonne besteht aus zweihundert Frauen, zwischen jeder der zehn Kolonnen bleibt ein Meter Abstand. Sprechen ist nicht erlaubt, und wo jemand versehentlich ein Stöhnen oder Seufzen entfährt, fallen wieder unbarmherzige Schläge.

Mehrere Stunden vergehen, dann kommen weibliche Gefangene, ebenfalls in gestreiften Kitteln, und teilen unter Aufsicht der SS Kleidung aus. Jeweils fünf nackte Frauen müssen zugleich vortreten. Jede bekommt ein Stück, das man nur als Lumpen bezeichnen kann. Keiner kümmert sich darum, ob es auch paßt. Ob groß oder klein, dick oder dünn, jede muß nehmen, was ihr zugeteilt wird. Die Kleidung berührt den nackten Körper, weil man uns keine Unterwäsche oder Strümpfe gibt, nur Kleider – ein altes Abendkleid mit Perlen und Schleppe oder ein zerrissenes Kinderkleid. Beim Versuch, sie anzuziehen, zerreißen wir die Sachen noch weiter, aber wir bekommen nichts anderes. Sowie eine Frau ihr Stück erhalten hat, wird sie fortgeschickt. Mir gibt man ein zerfetztes Kunstseidenkleid; der Kragen ist abgeschnitten, und die Knöpfe fehlen.

Als dieser Akt des Dramas beendet ist, werden wir auf einen großen offenen Platz getrieben, wo wir wieder Fünferreihen bilden müssen. Es ist der Appellplatz, eine riesige Fläche, von einem drei Meter hohen Drahtzaun umgeben. Uns gegenüber, in beträchtlicher Entfernung stehen die Blocks der Baracken. Sie sind durch Drahtzäune voneinander getrennt, an denen oben eine Hochspannungsleitung entlangführt. In Abständen von ungefähr drei Metern wird der Zaun von Holzpfählen gehalten, an deren Enden sich Fassungen für die elektrischen Birnen befinden. In der Mitte des Appellplatzes befindet sich ein hoher hölzerner Turm, der wie ein riesiger Taubenschlag aussieht; dort steht Tag und Nacht schußbereit ein bewaffneter Posten.

Wir stehen da, schaudernd, zitternd, geschoren und zerlumpt. Erst jetzt sehen wir einander an. Nicht einmal die engsten Verwandten kann man wiedererkennen. Mütter erkennen ihre Töchter, Mädchen die eigenen Schwestern nicht. Einigen von uns ist das Haar in Streifen abrasiert, andere sind vollkommen kahl; bei einigen sind kleine, vereinzelte Büschel übriggeblieben. Die Ohren stehen ungewöhnlich ab, und runde oder längliche Köpfe fallen grotesk auf. Das intelligenteste Gesicht hat plötzlich einen schwachsinnigen Ausdruck angenommen. Glücklicherweise können wir nicht uns selbst sehen, aber einige brechen, als sie ihre Gefährten erblicken, in hysterisches Gelächter oder hemmungsloses Schluchzen aus.

Jenseits des Drahtzaunes stehen Hunderte von anderen Frauen, genau wie wir jeder Menschenähnlichkeit beraubt. Sie rufen uns zu: »Ist jemand von euch aus Kassa oder Ujheli? Wann seid ihr gekommen?« Wir wagen nicht zu antworten; denn für jeden Laut würden die SS-Männer oder die Kapos, die uns abzählen, mit der Peitsche zuschlagen. Sie befehlen uns, in Fünferreihen anzutreten. Die SS-Männer schreien und schlagen auf uns ein, während die Kapos umherrennen und versuchen, Ordnung in unsere Reihen zu bringen. Für alles wird man geschlagen. Eine Frau steht außerhalb der Reihe, eine andere hält sich nicht gerade genug, eine schaut in die falsche Richtung – und ständig fallen Schläge.

Schließlich stehen wir militärisch ausgerichtet – zweitausend kahlköpfige Gefangene. Das Schweigen wird nur durch die heisere Stimme des SS-Mannes unterbrochen, der pausenlos schreit: »Judenschweine, Schweinehunde! Judenhuren!«

Stunden vergehen. Wir werden wieder und wieder gezählt, wieder und wieder geschlagen. Naiverweise glauben wir, daß wir uns nach dem Durchzählen auf die Erde setzen können, denn viele von uns brechen vor Erschöpfung und seelischer Erregung beinahe zusammen. Aber ein anderer SS-Mann erscheint, um uns noch einmal zu zählen, und sein gebogener Knüppel trifft noch einmal unsere Körper. Rasch lernen wir, daß wir uns nicht hinsetzen oder miteinander sprechen dürfen, sondern stehen müssen, bis wir vollkommen erschöpft sind. Viele, die ohnmächtig geworden sind, bleiben auf dem Boden liegen, unfähig, sich zu erheben. Wir drangen uns zusammen, um sie mit unseren Körpern zu verdecken.

Die Sonne ist untergegangen. Dunkelheit sinkt herab. Aber wir stehen immer noch bewegungslos. Das Geschehene liegt für uns jenseits jedes Begreifens. Eines jedoch wissen wir jetzt: jene menschlichen Wracks, die um Brot und Zucker gebettelt haben, sind keine Geisteskranken.

Dantes Inferno – eine Komödie

Aus dem Tagebuch des SS-Hauptsturmführers Prof. Dr. Dr. Kremer

28. August 1942

Zum Mützeneinkauf nach Berlin geschickt, werde ich beim Weggehen von der Aufnahme informiert, daß der Führer vom Dienst mich zu sprechen wünscht. Dieser teilt mir im Auftrage von Hstuf. *Koebel* mit, daß ich nicht nach Berlin reisen soll.

29. August 1942

Kommandierung lt. F. L. USSZ 2150 28. 8. 42 18.33 Nr. 1565 zum K. L. Auschwitz, da angeblich dort ein Arzt wegen Krankheit ausgefallen ist.

30. August 1942

Abfahrt Prag 8.15 über Böhmisch Trüben, Olmütz, Prerau, Oderberg. Ankunft im K. L. Auschwitz 17.36. Im Lager wegen zahlreicher Infektionskrankheiten (Fleckfieber, Malaria, Durchfälle) Quarantäne. Erhalte streng geheimen Instruktionsbefehl durch den Standortarzt *Hauptsturmführer Uhlenbrock* und werde im Haus der Waffen-SS in einem Hotelzimmer (26) untergebracht. Stabsscharführer *Wilhelmy*. Siehe Virchows Archiv 1936!

31. August 1942

Tropenklima bei 38 Grad im Schatten, Staub und unzählige Fliegen! Verpflegung im Führerheim ausgezeichnet. Heute abend gab's z. B. saure Entenleber für 0,40 RM, dazu gefüllte Tomaten, Tomatensalat usw. Wasser ist verseucht, dafür trinkt man Selterwasser, das unentgeltlich verabfolgt wird (Mattoni). Erste Impfung gegen Flecktyphus. Photographische Aufnahme für den Lagerausweis.

1. September 1942

Von Berlin schriftlich Führermütze, Koppel und Hosenträger angefordert. Nachmittags bei der Vergasung eines Blocks mit *Zyclon B* gegen die Läuse.

2. September 1942

Zum 1. Male draußen um 3 Uhr früh bei einer Sonderaktion zugegen. Im Vergleich hierzu erscheint mir das Dantesche Inferno fast wie eine Komödie. Umsonst wird Auschwitz nicht das Lager der Vernichtung genannt!

3. September 1942

Zum 1. Male an den hier im Lager jeden befallenden Durchfällen mit Erbrechen und kolikartigen anfallsweisen Schmerzen erkrankt. Da ich keinen Tropfen Wasser getrunken, kann es hieran nicht liegen. Auch das Brot kann nicht schuld sein, da auch solche erkranken, die nur Weißbrot (Diät) zu sich genommen haben. Höchstwahrscheinlich liegt's an dem ungesunden kontinentalen und sehr trockenen Tropenklima mit seinen Staub- und Ungeziefermassen (Fliegen).

4. September 1942

Gegen die Durchfälle: 1 Tag Schleimsuppen und Pfefferminztee, dann Diät für eine Woche. Zwischendurch Kohle und Tannalbin. Schon erhebliche Besserung.

5. September 1942

Heute mittag bei einer *Sonderaktion* aus dem F. K. L. (Muselmänner): das Schrecklichste der Schrecken. *Hschf. Thilo*, Truppenarzt, hat recht, wenn er mir heute sagte, wir befänden uns hier am anus mundi. Abends gegen 8 Uhr wieder bei einer *Sonderaktion* aus Holland. Wegen der dabei abfallenden Sonderverpflegung, bestehend aus einem Fünftelliter Schnaps, 5 Zigaretten, 100 g Wurst und Brot, drängen sich die Männer zu solchen Aktionen. Heute und morgen (Sonntag) Dienst.

6. September 1942

Heute Sonntag ausgezeichnetes Mittagessen: Tomatensuppe, ½ Huhn mit Kartoffeln und Rotkohl (20 g Fett), Süßspeise und herrliches Vanilleeis. Nach dem Essen Begrüßung des neuen Standortarztes, *Obersturmführer Wirths*, der aus Waldbröl gebürtig ist. Sturmbannführer *Fietsch* in Prag war sein ehemaliger Regimentsarzt. Nun bin ich eine Woche im Lager, doch bin ich die Flöhe in meinem Hotelzimmer noch immer nicht völlig wieder los, trotz aller Gegenmaßnahmen mit Flit (Cuprex) usw.

Einen erfrischenden Eindruck hat es bei mir gewonnen, als ich dem Adjutanten des Kommandanten meinen Antrittsbesuch machte und über seinem Arbeitszimmer die große auf Papier gemalte Inschrift »Radfahrer absteigen« las. Übrigens hängt auch in der Schreibstube unseres SS-Reviers der bemerkenswerte Spruch:

Hast du im Leben tausend Treffer,
Man sieht's, man nickt, man geht vorbei;
Doch nie vergißt der kleinste Kläffer,
Schießt du ein einzig Mal vorbei.

Abends um 8 Uhr wieder zur *Sonderaktion* draußen.

7. September 1942
Zweite Impfung gegen Flecktyphus. Heute regnerisches und kühleres Wetter.

9. September 1942
Heute früh erhalte ich von meinem Rechtsanwalt in Münster, *Prof. Dr. Hallermann,* die höchst erfreuliche Mitteilung, daß ich am 1. d. M. von meiner Frau geschieden bin. Ich sehe wieder Farben; ein schwarzer Vorhang ist von meinem Leben weggezogen!

Später als Arzt bei der Ausführung der Prügelstrafe an 8 Häftlingen und bei einer Erschießung durch Kleinkaliber zugegen. Seifenflocken und zwei Stück Seife erhalten. Mittags springt vor dem SS-Revier ein Zivilist mein Rad wie ein Attentäter an, läuft neben mir her und bittet mich, ihm doch zu sagen, ob ich nicht Regierungsrat Henner aus Breslau sei, mit dem ich eine ganz unglaubliche Ähnlichkeit habe. Er sei mit diesem Herrn im 1. Weltkrieg im Felde zusammengewesen. Wie viele Doppelgänger habe ich eigentlich in der Welt?! Abends bei einer Sonderaktion zugegen (*4.* Mal).

10. September 1942
Morgens bei einer Sonderaktion zugegen (5. Mal).

11. September 1942
Heute Obersturmbannführer *Lolling* im Lager, bei dessen Vorstellung ich erst erfuhr, daß ich Hauptscharführer *Kitt* vertrete, der jetzt zur Erholung auf dem Obersalzberg sich befindet.

14. September 1942
Zum 2. Male die Auschwitzer Krankheit; Temperatur 37,8. Heute die 3. und damit letzte Spritze gegen Fleckfieber erhalten.

17. September 1942
In Berlin bei der Kleiderkasse Allwettermantel bestellt nach Schneidermaßen: Bis Taille 48, Ganze Länge 81, Oberweite 107, Taillenweite 100, Gesäß 124. Uniformbezugschein dafür beigegeben, d. h. für einen Uniform-Wetterschutzmantel. Heute mit *Dr. Meyer* das Frauenlager Birkenau besucht.

20. September 1942
Heute Sonntagnachmittag von 3–6 Uhr Konzert der Häftlingskapelle in herrlichem Sonnenschein angehört: Kapellmeister Dirigent der Warschauer Staatsoper. 80 Musiker. Mittags gabs Schweinebraten, abends gebackene Schleie.

21. September 1942

Wegen Otto an das Polizeipräsidium Köln (Abt. Kriminalpolizei) geschrieben. Abends Entenklein. *Dr. Meyer* erzählt mir von einer Vererbung eines Traumas (Nase) in der Familie seines Schwiegervaters.

23. September 1942

Heute Nacht bei der 6. und 7. Sonderaktion. Morgens ist *Obergruppenführer Pohl* mit Gefolge im Hause der Waffen-SS eingetroffen. Vor der Tür steht ein Posten, welcher als erster seinen Präsentiergriff vor mir macht. Abends um 20 Uhr Abendessen mit *Obergruppenführer Pohl* im Führerheim, ein wahres Festessen. Es gab gebackenen Hecht, soviel jeder wünschte, echten Bohnenkaffee, ausgezeichnetes Bier und belegte Brötchen.

25. September 1942

Gruppenführer *Grawitz* im Revier und Lager. Bei der Visite will er von mir wissen, was der Arzt bei allen Infektionskrankheiten zu allererst verordnet. Darauf weiß ich ihm wirklich keine Antwort zu geben, da sich das doch in dem Sinne nicht ganz allgemein angeben läßt. Und was meinte er? Man höre und staune: ein Abführmittel! – Als wenn der Arzt bei jedem Schnupfen, jeder Angina, Diphtherie, mit Abführmitteln eingreifen würde – geschweige denn beim Abdominaltyphus! So läßt sich die Medizin nun doch nicht schematisieren, ganz abgesehen davon, daß der junge, unerfahrene Revierarzt noch einige Tage zuvor ein frisches perforiertes Magenulcus durch das blinde Verordnen von Rizinus um die Ecke gebracht hatte.

27. September 1942

Heute Sonntagnachmittag, 16–20 Uhr, Kameradschaftsabend im Gemeinschaftshaus mit Abendessen, Freibier und Rauchwaren. Rede des Kommandanten *Höß* und musikalische sowie theatralische Darbietungen.

30. September 1942

Heute Nacht bei der 8. Sonderaktion zugegen. *Hstuf. Aumeir* erzählt mir auf Befragen, daß das K. L. Auschwitz eine Länge von 12 km und eine Breite von 8 km habe und 22 000 Morgen groß sei. Hiervon seien 12 000 Morgen unter dem Pflug und 2 000 Morgen Fischteiche.

3. Oktober 1942
Heute lebendfrisches Material von menschlicher Leber und Milz sowie vom Pankreas fixiert, dazu in absolutem Alkohol fixierte Läuse von Fleckfieberkranken. In Auschwitz liegen ganze Straßenzüge an Typhus darnieder. Habe mir deshalb heute früh die erste Serumspritze gegen Abdominaltyphus verabfolgen lassen. Obersturmführer *Schwarz* an Fleckfieber erkrankt.

6. Oktober 1942
Ostuf. *Entress* auf seinem Motorrad verunglückt. Verband angelegt, der Kommandant *Höß* vom Pferde gestürzt; *Ostuf. Wirths* noch immer nicht zurück.

7. Oktober 1942
Bei der *9.* Sonderaktion (Auswärtige und Muselmänner) zugegen. *Wirths* wieder zur Stelle. Vertretung von *Entress* im Männerlager (Arztvorstellen usw.)

9. Oktober 1942
1. Paket mit 9 Pfund Schmierseife mit 200,– RM Wert nach Münster abgeschickt. Regenwetter.

10. Oktober 1942
Lebendfrisches Material von Leber, Milz und Pankreas entnommen und fixiert. Faksimilestempel von Häftlingen anfertigen lassen. Zum 1. Male das Zimmer eingeheizt. Noch immer Fälle von Flecktyphus und Typhus abdominalis. Lagersperre geht weiter.

11. Oktober 1942
Heute Sonntag gab's zu Mittag Hasenbraten – eine ganze dicke Keule – mit Mehlklößen und Rotkohl für 1,25 RM.

12. Oktober 1942
2. Schutzimpfung gegen Typhus; danach abends starke Allgemeinreaktion (Fieber). Trotzdem in der Nacht noch bei einer Sonderaktion aus Holland (1600 Personen) zugegen. Schauerliche Szene vor dem letzten Bunker! *(Hößler!)* Das war die *10.* Sonderaktion.

13. Oktober 1942
Ustuf. Vetter angekommen. *Stubaf. Cäsar* ebenfalls an Typhus erkrankt, nachdem seine Frau vor einigen Tagen daran gestorben ist. Bei einem Strafvollzug zugegen und danach bei der Exekution von 7 polnischen Zivilisten.

14. Oktober 1942

Wetterschutzmantel (Größe 52) von Berlin erhalten, Preis 50,– RM. Auf Anregung vom Sanitätsamt beim Rektorat in Münster nach dem Beginn des Wintersemesters angefragt.

15. Oktober 1942

Heute Nacht ist draußen der erste Reif gefallen; nachmittags wieder sonnig und warm. Lebendfrisches Material von Leber, Milz und Pankreas von einem Ikterischen entnommen.

16. Oktober 1942

Heute Mittag das 2. Paket mit 300,– RM Wert an Frau Wizemann zum Aufheben abgeschickt, Seife, Seifenflocken, Nährmittel. Im Lager einen syndaktylen Juden photographieren lassen. (Vater und Onkel dasselbe Leiden.)

17. Oktober 1942

Bei einem Strafvollzug und 11 Exekutionen zugegen. Lebendfrisches Material von Leber, Milz und Pankreas nach Pilvearpininjektion entnommen. Mit *Wirths* nach Nikolai gefahren; vorher eröffnete er mir, daß ich länger bleiben müsse.

18. Oktober 1942

Bei naßkaltem Wetter heute Sonntagmorgen bei der *11. Sonderaktion* (Holländer) zugegen. Gräßliche Szenen bei drei Frauen, die ums nackte Leben flehen.

19. Oktober 1942

Mit *Ostuf. Wirths* und *Frau Höß* nach Kattowitz gefahren zum Einkauf von Schulterstücken für den Wettermantel. Zurück über Nikolai.

24. Oktober 1942

6 Frauen von der Budger Revolte abgeimpft *(Klehr)*.

25. Oktober 1942

Heute, Sonntag, bei wunderschonem Herbstwetter Radtour über Raisko nach Budy. *Wilhelmy* von seiner Fahrt nach Kroatien wieder zurück. (Zwetschgenschnaps.)

Ich erkläre an Eides Statt
Kai Feinberg

1. Ich wurde am 23. Dezember 1921 in Oslo, Norwegen, als Sohn des Elias Feinberg, geboren im Jahre 1896 in Oslo, und der Klara Feinberg, geb. Oster, geboren im Jahre 1885 in Oslo, geboren.
2. Am 26. Oktober 1942 wurde ich, da meine Schwester Lillimor Feinberg, geboren am 6. Juni 1923 in Oslo, mit der Verhaftung bedroht wurde, falls ich mich nicht arretieren lassen wollte, verhaftet. Ich wurde mit etwa dreihundert anderen Häftlingen in das norwegische Konzentrationslager Berg gebracht und von dort nach etwa einem Monat mit fünfhundertdreiundzwanzig anderen norwegischen Konzentrationslager-Häftlingen, darunter zahlreiche Frauen und Kinder jeden Alters und sogar Säuglinge, mittels Dampfer »Donau« nach Stettin und sodann per Bahn nach Auschwitz gebracht.
3. Während ich im norwegischen Konzentrationslager Berg war, wurden mein Vater, meine Mutter, meine Schwester, mein Stiefbruder Hansi Reiss und meine gesamte übrige Verwandtschaft, Onkel, Tanten, Vettern usw., insgesamt etwa dreißig Personen, verhaftet, und ich traf sie alle auf dem Schiff.
4. Der Transport von Stettin nach Auschwitz dauerte drei Tage und drei Nächte. Wir wurden in Viehwaggons transportiert, etwa fünfundvierzig Personen, Männer, Frauen und Kinder in einem geschlossenen Waggon. Während der ganzen drei Tage und drei Nächte haben wir nichts zu essen und nichts zu trinken bekommen, und war es uns nicht erlaubt, unsere Notdurft anderswo als im Waggon zu verrichten. Der Waggon war verschlossen.
5. Als wir in Auschwitz ankamen, wurden die Türen der Waggons zum ersten Male seit Stettin geöffnet, und wir wurden herausgetrieben. Sodann mußten wir sofort alle unsere Habseligkeiten auf Rollwaggons legen, und es wurde uns gesagt, daß wir sie später wiederbekommen sollten.
6. Sodann mußten sich alle Neuankömmlinge in Fünferreihen aufstellen – die Männer auf der einen Seite und die Frauen und Kinder auf der anderen Seite. Die Kranken mußten sich separat aufreihen. Daraufhin wurden die Frauen und Kinder sowie die gebrechlichen Männer – einschließlich z. B. Männer mit Brillen oder schlecht aussehende Männer – auf Lastwagen verladen. Ich wollte mich noch von meiner Mutter und von meiner Schwester verabschieden, erhielt aber sofort einen Fußtritt von einem SS-Mann und mußte mich wieder in die Reihe zurückstellen.

7. Die übrigbleibenden Männer wurden von einem SS-Arzt flüchtig abgemustert, und die älteren Männer und die schwächlicheren wurden wiederum von den kräftigeren abgesondert. Diese als arbeitsunfähig betrachteten Männer erlitten dasselbe Schicksal wie die Frauen und die anderen Arbeitsunfähigen, unter diesen war auch mein fünfzehnjähriger Stiefbruder.

8. Die als arbeitsfähig zurückgebliebenen Männer, darunter ich, mein Vater und zwei Brüder meines Vaters, blieben zusammen. Wir wurden gebadet, entlaust; es wurden sämtliche Kopf- und Körperhaare geschoren, und wir wurden sodann sechzehn bis achtzehn Stunden nackt gelassen. Es war sehr kalt (2. Dezember 1942). Dann erhielten wir Häftlingskleider und Holzschuhe – nachdem uns alle unsere Kleider und Schuhe weggenommen worden waren, und es wurden auf dem linken Vorderarm Nummern eintätowiert. Meine Nummer war 79108. Meines Vaters Nummer war 79109; die beiden Onkel 79110 und 79111.

9. Erst nun – d. h. nach beinahe vier Tagen – bekamen wir die erste Nahrung, jeder ein Stück Brot und einen halben Liter Wassersuppe. Sodann wurde ich sofort zum Arbeitseinsatz in den Bunawerken bestimmt, zusammen mit den anderen übriggebliebenen Männern, etwa dreihundert. Wir mußten vier bis fünf Stunden zum Bunawerk marschieren. Dort angekommen, wurden wir wieder entlaust. Sodann mußten wir während drei Wochen sogenannte Quarantänearbeit verrichten, das heißt, wir mußten ebenso schwer arbeiten wie die anderen, aber abgesondert von den anderen Bunaarbeitern.

10. Nach drei Wochen, am 23. Dezember 1942, wurde ich mit meinem Vater und seinen zwei Brüdern nach Block 6 des Arbeitskommandos 4 geschickt. Wir wurden in dem Sonderkonzentrationslager Monowitz untergebracht. Die Bedingungen waren unerträglich. Drei Holzgestelle übereinander enthielten – in Reihen nebeneinander aufgestellt – per Raum etwa dreihundert Personen. Es war beinahe unmöglich zu atmen. Um einhalb fünf Uhr mußten wir aufstehen und um 5.15 Uhr mußten wir zum Marsch nach der Arbeitsstelle antreten. Nach dreiviertelstündigem Marsch erreichten wir die Arbeitsstelle. Am ersten Arbeitstag, Vorabend vor Weihnachten, 24. Dezember 1942, mußten wir ohne Essen bis drei Uhr morgens des 25. Dezember durcharbeiten. Unser Dienst bestand im Ausladen von Waggons, Eisenstangen und Zementsäcken und schweren Öfen. Zum Beispiel fünfzig Kilo.

11. Am 5. Januar 1943 war mein Vater bereits derartig geschwächt, daß er, als er im Laufschritt einen solchen fünfzig Kilo schweren Zementsack schleppen mußte, vor meinen Augen zusammenbrach. Ich wollte ihm helfen, wurde aber von einem SS-Mann mit einem

Stock geschlagen und zurückgestoßen. Mein Vater konnte sich nicht mehr erheben und wurde von den Kameraden ins Lager getragen. Mein Vater war nicht nur von der unmenschlich schweren Arbeit geschwächt, sondern war auch, da er der Arbeit nicht gewachsen war, von dem Aufsichtspersonal ständig geschlagen worden und am schwersten am letzten Tag.

Da der Arzt in der Krankenbaracke, in die er getragen worden war, ein tschechischer Arzt war, konnte ich meinen Vater noch sehen und er ist in meiner Gegenwart am 7. Januar 1943 gestorben.

12. Ein Bruder meines Vaters verletzte sich während der Arbeit am Arm und wurde vergast. Der zweite Bruder meines Vaters ist ungefähr ein oder zwei Wochen nach dem Tode meines Vaters aus Schwäche in Buna während der Arbeit gestorben.

13. Ich selbst hielt die Arbeit bis 15. Januar 1943 aus; dann bekam ich Lungenentzündung und arbeitete wieder vom 15. Februar bis Ende Februar. Dann wurde ich als arbeitsunfähig erklärt, weil ich nicht mehr gehen konnte und zur Vergasung bestimmt. Zufälligerweise kam aber an diesem Tag kein Lastauto, das zu den Vergasungskammern ging, in das Bunawerk und ich wurde daher in das Konzentrationslager Auschwitz zurückgebracht. Später war ich im Konzentrationslager Auschwitz bis zum Ende.

14. An einem Tage im Februar 1943 mußten wir wie auch sonst oft nach Arbeitsbeginn und nach Arbeitsschluß bei Buna an mehreren Deutschen vorbeimarschieren, die am Tor standen, darunter Lagerführer Schwarz und der Betriebsführer und mehrere hohe deutsche Offiziere. Diese Personen entschieden nach dem Anblick der vorbeimarschierenden Häftlinge, wer vergast werden sollte. Ich weiß selbst, daß auf diese Weise während meiner Arbeitszeit in Buna achthundert Häftlinge zur Vergasung geschickt wurden. Außerdem wurde täglich ein schwarzer Wagen, mit einem roten Kreuz gezeichnet, vom Bunawerk mit kranken und toten Häftlingen nach Auschwitz geschickt und die noch Lebenden zur Vergasung.

15. Im April 1943 wurde ich, weil ich krank war und mich unter einem Verschlag versteckt hatte, da ich nicht mehr arbeiten konnte, von zwei SS-Leuten und einem Blockassistenten so lange geprügelt, bis sie glaubten, daß ich tot bin. Als ich wieder zum Bewußtsein kam, sah ich, daß ich unter den Leichenhaufen geworfen worden war in einem Keller. Ein Häftling sah mich und zog mich heraus.

16. Nach meiner Erfahrung haben Häftlinge, die zum Arbeitseinsatz in den Bunawerken verwendet wurden, es höchstens zwei Monate ausgehalten, bis sie entweder zur Vergasung oder, in meinem Falle, in das Konzentrationslager Auschwitz zurückgeschickt wurden.

DR. OTTO AMBROS
I.G. FARBENINDUSTRIE AKTIENGESELLSCHAFT

LUDWIGSHAFEN A.RH. 12.April 1941/Si
Fernsprecher 6498

An die Herren
Direktor Dr. ter Meer
Direktor Dr. Struß

I.G. - F r a n k f u r t

Sehr geehrte Herren!

In Anlage übersende ich Ihnen die Berichte über unsere Baubesprechungen, die regelmäßig wöchentlich einmal unter meiner Leitung stattfinden.
Sie entnehmen daraus die organisatorische Regelung und vor allem den Beginn unserer Tätigkeit im Osten.
Inzwischen fand auch am 7.4. die konstituierende Gründungssitzung in Kattowitz statt, die im großen und ganzen befriedigend verlief. Gewisse Widerstände von kleinen Amtsschimmeln konnten schnell beseitigt werden.
Dr. Eckell hat sich dabei sehr bewährt und außerdem wirkt sich unsere neue Freundschaft mit der SS sehr segensreich aus.
Anläßlich eines Abendessens, das uns die Leitung des Konzentrationslagers gab, haben wir weiterhin alle Maßnahmen festgelegt, welche die Einschaltung des wirklich hervorragenden Betriebes des KZ-Lagers zugunsten der Buna-Werke betreffen.

Ich verbleibe mit besten Grüßen
Ihr

Anlage

Auf dem Fußballplatz
Zalman Kleinmann

Was geschah am Haman-Festtag – zum Purimtag?
Am Versöhnungstage verbreitete sich die Nachricht, daß eine zusätzliche Brotration verteilt werde. Man brachte in die Baracke ein Viertel Brot zur Verteilung und noch etwas Käse usw. So was hatte es in Auschwitz vorher noch nicht gegeben – wir freuten uns sehr, daß wir am Vorabend des Versöhnungstages essen können, um am Versöhnungstag zu fasten ... Man sprach über diese Gutherzigkeit und daß wir nun am Versöhnungstag fasten könnten. Aber wir wußten nicht, was unser noch harrte. Einige Stunden darauf, also in den Nachmittagsstunden – kam auf einmal der Befehl: Blocksperre. Wir hatten noch die Möglichkeit, in die Baracke hineinzugehen, und schon wieder hallte der Befehl: Alle Knaben auf den Fußballplatz. Es gab einen Fußballplatz im Lager. Dieser war wahrscheinlich für die Zigeuner, die einige Wochen vorher vernichtet worden waren – also »Alle Knaben auf den Fußballplatz!« ...

Die Bewegung war enorm. Die Beamten, der Oberbeamte, alle Kapos, alle liefen hin und her. Alle versammelten sich, und wir wurden in Hundertschaften eingegliedert. Jemand verbreitete das Gerücht, daß man uns zur Kartoffellese in der Gegend bringen würde. Wir waren zweitausend Knaben. Plötzlich erzitterte alles, der Todesengel erschien – Dr. Mengele. Irgend jemand ging auf ihn zu, nahm ihm das Fahrrad ab und lehnte es bei der Baracke an. Er kam an unsere Gruppe heran. Wir standen neben der Straße. Er verschränkte seine Arme nach rückwärts; seine Lippen waren – wie gewöhnlich – fest geschlossen. Er kam auf den Fußballplatz, erhob das Haupt, damit seine Augen den Platz umfassen könnten. Sein Blick hing an einem kleinen Knaben, vielleicht 14, vielleicht 15 Jahre alt, der in meiner Nähe stand. Das war ein Knabe aus dem Ghetto Lodz, er war blond, mager, sonnengebräunt. Er stand in der ersten Reihe. Mengele ging auf ihn zu, fragte ihn: »Wie alt bist du?« Der Knabe zitterte und sagte: »Ich bin achtzehn Jahre alt.« Mengele war sehr erzürnt und begann zu brüllen. »Ich werde es euch schon zeigen. Bringt mir einen Hammer, bringt mir Nägel und eine Leiste.« Jemand lief sofort und wir standen, und schreckenserstarrt schauten wir ihn an. Todesstille herrschte auf dem Platze. Die Geräte wurden angebracht, und Dr. Mengele wandte sich an einen Knaben, der in der Nähe stand. Ein großer Knabe stand in der ersten Reihe, sein Gesicht war pausbäckig, gut aussehend, und Mengele brachte ihn nun zum Tor auf dem Fußballplatz. Es gab zwei

Tore eines gewöhnlichen Fußballplatzes. Er brachte ihn zu einem der Tore auf dem Fußballplatz, führte ihn bei der Schulter; der andere mit der Leiste und dem Gerät kam auch nach. Er stellte ihn beim Tor auf und befahl nun, die Leiste über dem Kopf des Knaben einzuschlagen. Die erste Gruppe begann zu marschieren.

Sagte er irgend etwas, was dort geschehen wird?

Wir verstanden schon alles; wir verstanden, daß all diejenigen, deren Kopf nicht so hoch war wie die eingeschlagene Leiste, zum Tode gehen würden.

Glauben Sie, daß diese Leiste auch irgendeine andere Bedeutung hatte?

O nein, das hatte gar keine andere Bedeutung. Die einzige Bedeutung war, wer eben nicht groß genug war, dessen Kopf nicht zur Leiste gelangte, der würde zu den Gaskammern gehen. Wir streckten uns, so weit wir konnten, noch einen Zentimeter höher, noch einen halben Zentimeter höher; auch ich streckte mich, soviel ich konnte. Aber ich verstand, daß es hoffnungslos war. Größere Knaben als ich konnten die Leiste nicht erreichen und jeder Knabe, dessen Kopf die Leiste nicht erreichte, wurde zur zweiten Seite geschickt.

Ihrem Bruder ist es gelungen, unter der Leiste durchzugehen?

Ich war so mit mir selbst beschäftigt, daß ich mich um meinen Bruder nicht kümmerte. Mein Bruder war ein großer Junge, er war vor seinem sechzehnten Geburtstag. Also, ich dachte, mein Leben sei damit zu Ende und plötzlich flüsterte mir mein Bruder zu: »Willst leben, tu etwas!« Ich erwachte plötzlich aus meiner Apathie und erlangte mein Bewußtsein zurück. Meine Augen erfaßten die herumliegenden Steine und ich hoffte, das wird vielleicht meine Rettung sein. Ich bückte mich, hob einige kleine Steine auf, öffnete die Schuhe und steckte die Steine in die Schuhe. Das waren Halbschuhe, etwas zu groß. Ich füllte die Schuhe mit Steinen und dadurch wurde ich einige Zentimeter größer und hoffte: vielleicht werde ich so die Leiste erreichen. Inzwischen fühlte ich, daß ich mit den Steinen in den Schuhen nicht mehr Habacht stehen könne und sagte meinem Bruder: »Ich werde die Steine wegwerfen.« Darauf sagte mein Bruder: »Wirf nicht, komm, ich gebe dir etwas.« Er gab mir eine Mütze. Ich zerriß die Mütze in zwei Teile und stopfte nun die Teile der Mütze in die Schuhe, damit ich leichter stehen konnte.

So stand ich dann zehn Minuten mit den Steinen in den Schuhen und glaubte, vielleicht wird es mir doch gelingen, die Leiste zu erreichen. Nach einigen zehn Minuten ging es weiter. Zweien gelingt es, zweien gelingt es nicht, die Höhe zu erreichen. Schließlich blickte mein Bruder auf mich und sagte: »Er wird ja doch nicht hoch genug sein.« Vielleicht werden sie merken, daß ich etwas in den Schuhen habe. Mein Bruder verlangte von einem anderen Jungen, der eine bessere Perspektive hatte, uns zu schätzen, und alle waren der Meinung, daß ich keine Chancen hätte, die richtige Höhe zu erreichen. So suchte ich ein Mittel, um zu denen zu entkommen, die durch die Selektion schon durchgekommen waren. Sie standen in Hundertschaften gegenüber und die Kleinen, die die Leiste nicht erreichten, hatte man auf der anderen Seite des Platzes aufgestellt.

Ich schlich dann zu den Großen. Einen Moment glaubte ich, es sei mir gelungen durchzukommen, und dann ging es auch mit einem anderen so. Dr. Mengele merkte es und begann auf die Wachmannschaften einzuschreien und schrie: »Was macht ihr denn hier, Sabotage?!« Er verlangte, daß die ganze Gruppe noch einmal vorbeigehen müßte. Als man uns wieder zurückbrachte, trat ich wieder an den Platz, an dem ich früher stand. Es war ein kleiner Durchgang und es gelang mir, wieder zu entkommen. Sie waren noch nicht bis zu mir gekommen und es schien mir, es wäre vielleicht lohnenswert, noch eine halbe Stunde zu leben. Ich entkam wieder zu den Großen. Keiner merkte es. So ist diese Auslese zu Ende gegangen: ungefähr tausend Kindern ist es nicht gelungen.

Was ist mit ihnen geschehen?

Als die Auslese zu Ende war, brachte man alle diese Kinder und untersuchte sie auch körperlich.

Was geschah mit ihnen?

Sie wurden in die Baracken 20 und 26 eingesperrt. Es begann dunkel zu werden.

Was geschah mit den Kindern schließlich?

Man hielt sie eingesperrt bis zwei Tage nach dem Versöhnungstag.

Was ist mit ihnen nachher geschehen?

Man brachte sie in die Gaskammern, man hat sie dort vernichtet.

Merkten Sie irgendeine Verbindung zwischen dem Versöhnungstag und dieser eigenartigen Auslese?

Ja, der Eindruck ist entstanden, als ob Dr. Mengele zeigen wollte, daß dieses Gebet am Versöhnungstag, in dem davon gesprochen wird, daß Schafe unter dem Stab des Hirten durchgehen – als wollte er das symbolisch ausdrücken, daß es schließlich auf eine andere Weise auch in Auschwitz so vor sich ging.

Wir sahen, daß dies schon ein System war in bezug auf die Feiertage. Wir warteten auf Dr. Mengele, der in den ersten Tagen des Laubhüttenfestes kommen sollte. Er kam aber nicht. Wir dachten, er hat das doch nicht auf die letzten Feiertage verschoben. In diesen Tagen kamen Transporte aus Theresienstadt nach Auschwitz und in den ersten Tagen des Laubhüttenfestes wurde uns bekannt, daß man einen Transport aufschreibt zum Verschicken in ein Arbeitslager. Ungefähr hundert von uns Jungen ist es gelungen, dort eingetragen zu werden. Wir glaubten, vielleicht wird ein Wunder geschehen, man wird keine Kontrolle durchführen, und wir könnten Auschwitz verlassen. Man machte einen Stempel auf unsere Hand, damit keine Verwechslung entstehe. Nachher kam ein Häftlingsarzt in die Baracke.

Er untersuchte alle, ob sie arbeitsfähig sind. Er kam zu mir und untersuchte meine Handmuskeln. Ich sah, daß er zögerte. Ich glaubte, es sei ein kritischer Moment. Ich blickte in seine Augen und er wußte, daß, wenn er mich aus der Reihe wies, das wäre ein Todesurteil für mich. Und nach einigem Schwanken ließ er mich dann doch in den Transport. Am selben Abend gab man uns andere Kleider.

Sie verließen Auschwitz mit diesem Transport, was geschah mit denen, die übrigblieben? Wissen Sie das?

Ich möchte noch etwas Wichtiges sagen. Hundert Jungen waren schon an einem Ausgangstor. Wir Kleinen wußten schon, warum Dr. Mengele kam. Wir begannen zu fliehen. Es blieb keiner von uns mehr in den Reihen. Mengele stand an einem Tisch mit zwei Angestellten in der Mitte der Straße, und der ganze Transport ging an ihm vorbei. Es gab einige große Jungen, die glaubten, daß sie groß genug sind und Mengele sie nicht herausnehmen wird. Aber auch diese nahm er heraus. Mengele ließ keinen der Jungen Auschwitz verlassen. Als wir dann noch herumliefen – mein Bruder und ich sind noch in der Gegend mit einigen anderen herumgelaufen. Wir glaubten, vielleicht könnten wir uns doch in den Transport hineinstehlen und so gelang es uns – ungefähr zwölf Jungen –, uns in diesen Transport hineinzuschmuggeln.

Aussage im Eichmann-Prozeß, Jerusalem 1961

Gespräch mit einem Toten
Jacques Furmanski

Sie beginnen diesmal in Block X, es wird streng werden, sie nehmen viele ...

Ich sehe mich um – die Gesichter sind fahl, die Blicke fiebrig, man kann nicht mehr sprechen. Selbst die Tapfersten und die Gesprächigsten sind stumm geworden. Man wartet. Wer kann die Atmosphäre dieses Wartens beschreiben und berichten, was in uns vorgeht. Da sind sie, sie kommen. Wir sind alle nackt und in Reihen angetreten. Der Blockälteste zählt, zählt von neuem, und beim Erscheinen dieser Banditen, die unser Leben in ihren Händen halten, sind wir alle nur noch »lebendige Tote«. Wir blicken uns an, und mit diesem Blick sagt man sich: »Wer ist dran? Wer von uns wird zum Tode verurteilt werden?«

Ein Kommando: »Achtung! Stillgestanden!«, und die unheilvollen Worte tönen in meinen Ohren:

»Wie viele Juden? Alle da?«

Wie Vieh für den Schlachthof werden wir ausgemustert. Man betrachtet uns von allen Seiten, wir müssen uns umdrehen und im Verlauf einer halben Minute ist das Schicksal eines Menschen entschieden.

»Die Nummer? Bist du krank? Seit wann im Lager?« Der Schreiber notiert die Nummern der Verurteilten ...

Ich bin als einer der ersten durch. Um nicht die »Gesehenen« mit den anderen zu vermischen, hat man uns zum Eingang gedrängt. Mein Herz schlägt, ich bin beunruhigt über das Schicksal meiner Freunde.

Einer von ihnen ist vom Typhus so geschwächt und mager, daß er sich auf keinen Fall sehen lassen darf; er wird sonst mit Sicherheit für den Tod bestimmt. Im letzten Augenblick bewege ich ihn, eine »Arierjacke« anzuziehen und sich unter die zwölf »Arier« zu mischen, die glücklicherweise in unserem Block geblieben sind. Der Blockälteste hilft uns und zählt so gut, daß die SS die Abwesenheit nicht bemerkt. Die Minuten erscheinen mir wie Jahre. Ich zittere vor Angst, daß der Betrug aufgedeckt wird. Wir alle kennen die Bestrafung: man nimmt alle ohne Unterschied fest. Die Verantwortung ist schrecklich. Im Augenblick hatte ich mir das Wagnis und das Risiko nicht klargemacht, ein Gefühl der Solidarität und der feste Wille, meinen Freund zu retten, hatten mich veranlaßt, so zu handeln.

Die Selektion ist beendet. Man trifft wieder zusammen, als sei nichts geschehen. Wir werden gerufen, damit wir die Suppe essen. Die zum Tode Verurteilten und wir, die Geretteten, dicht nebeneinander; und so erstaunlich es klingt, es gibt keine Revolte, keinen Protest. Keine Szene der Verzweiflung. Es ist so unfaßbar, daß ich es noch jetzt nicht verstehe, trotz aller Argumente, die ich zu finden versuche. Eine Totenstille rings um mich herum; die zur Gaskammer Verurteilten suchen ihre Bekannten auf. Ich bin niedergeschmettert und lege mich auf mein Bett. Nach einigen Augenblicken laufe ich auch, ich will die Freunde, die Bekannten sehen, will wissen, ob man etwas machen kann. Ich sehe den Ansturm auf die Schreibstube, wo die Papiere mit den eingetragenen Namen sind und wo man beginnt, die Liste der zukünftigen Toten aufzustellen. Jeder versucht vorzudringen, zu intervenieren, zu bitten. Ich sehe den Kopf meines Freundes K. vor mir, der sein Leben riskiert und das Unmögliche tut; er streicht in den Listen und trägt falsche Nummern ein, um noch einige zu retten.

Wer nicht dabei war bei diesem Gang, wer nicht die verstörten Augen der Verurteilten gesehen hat, die das Ergebnis der Vermittlung eines Freundes erwarten, weiß nichts von Hoffnungslosigkeit und nichts von wahrer Verzweiflung.

Ich bleibe im Block – man erzählt sich, daß man die »Verurteilten« gegen Abend von uns trennen wird, um sie morgen zur Gaskammer zu führen.

Einer meiner Kameraden, ein »zukünftiger Toter«, nähert sich mir und sagt: »Für mich ist Schluß. Ich habe nichts mehr zu leiden. Du Armer, für dich wird es noch weitergehen, und das Ergebnis wird das gleiche sein.« Ich habe verstanden; er tröstet sich. Ich wage nichts zu sagen. Er setzt sich neben mich, es ist still. »Gib mir zu essen.« Ich gebe ihm etwas, und er sagt nichts mehr. Eine Viertelstunde ist vergangen. »Ich habe noch Hunger«, sagt er; ich suche nach Brot, er ißt weiter. Ich wage nicht, irgend etwas zu sagen, obwohl ich so vieles sagen möchte, denn dieser Junge hat mir gegenüber immer wiederholt: »Mich kriegen sie nicht. Sie werden meine Haut teuer bezahlen, ich werde zu sterben wissen.« Ich warte, daß er mir seine Gedanken, seine Pläne mitteilt, was er unternehmen wird, etwas Besonderes, was noch niemand im Lager getan hat.

Nichts ... kein Wort. Er versteht und fühlt, was in mir vorgeht. Er sagt zu mir: »Es erstaunt dich, daß ich esse. Ich esse und sage nichts.« – »Ja«, sage ich und warte mit nervöser Spannung darauf, daß er weiterspricht.

»Ich denke an den Tod«, sagt er, »aber nicht wie du denkst. Ich weiß, daß man sogar die nach Gesetz verurteilten Verbrecher und Banditen vor dem Sterben auffordert, einen Wunsch zu äußern. Gewöhnlich Alkohol oder Zigaretten. Und für uns nichts, gar nichts. Ich möchte auch noch eine Freude haben, bevor ich sterbe. Das einzige, was mir bleibt, ist Essen! Essen! Satt sterben! Ich habe so an Hunger gelitten!«

In mir geschieht etwas Furchtbares. Ich hatte eine andere Auffassung vom Tod. Ich dachte, er würde von seiner Familie sprechen, von Rache, mir Grüße auftragen. Nichts ... Er ist vollkommen geleert. Alle Worte, die er früher immer benutzte, waren nur ein Versuch, sich selbst Mut zuzusprechen.

Im entscheidenden Augenblick ist nichts geblieben, und plötzlich verstehe ich, warum so viele Tausende vor ihm in Fünferreihen widerspruchslos in den Tod gegangen sind.

Sie haben ihre ganze Lebenskraft verloren; ihre Existenz erdrückt sie, und das tägliche Todesschauspiel hat in ihnen jegliche Reaktion getötet. Was soll man der Frau, der Mutter, der man den Tod eines Kameraden mitteilt, später einmal sagen und wie vor allem auf die so oft gestellte Frage antworten: »Hat er etwas für mich bestellt?« »Hat er an mich gedacht?«

Mein Kamerad bleibt lange an meiner Seite. Wir sprechen nicht. Schließlich drückt er mir die Hand, schaut mir in die Augen und sagt: »Betrag dich gut, Alter, halt dich tapfer.«

Ich bin stumm, erstarrt, der schrecklichsten Verlegenheit meines Lebens preisgegeben.

Ich weiß nichts zu antworten. Ich fühle in mir die gebieterische Notwendigkeit, ihm zu sagen: »Verteidige dich, zeig zumindest etwas, wir werden mitmachen!« Aber während er vor mir steht, fühle ich, daß er schon weit von uns entfernt ist, daß er schon davongegangen ist und an nichts mehr denkt.

Eine Stille tut sich zwischen uns auf. Ich umarme ihn, und er geht fort.

Wer hat es gewußt?

Aus der eidesstattlichen Erklärung des SS-Rottenführers Pery Broad

Ungefähr Ende 1942 wurde mit dem Bau von 4 großen Krematorien, die mit Gaskammern verbunden waren, in Birkenau begonnen. Der Bau wurde von der Zentralbauleitung der Waffen-SS ausgeführt in Zusammenarbeit mit zivilen Firmen, deren Namen mir jedoch nicht bekannt sind. Ich vermag nur anzugeben, daß zahlreiche Zivilarbeiter polnischer und deutscher Nationalität ebenfalls dort gearbeitet haben.

Die baulichen Anlagen der Gaskammern, die bei den Krematorien I und II unter der Erde lagen und mit Aufzügen zu den Verbrennungsräumen versehen waren, müssen den Zivilarbeitern über die tatsächliche Verwendung dieser Kammern Aufschluß gegeben haben. Außerdem war einer der provisorischen Gasbunker, der damals noch in Betrieb war, von der Baustelle der Krematorien IV und V aus zu sehen. Die Zivilarbeiter, die außerhalb des Lagerbereiches wohnten, mußten gesehen haben, wie aus einem der Bunker Leichen herausgezerrt und auf Loren verladen wurden, um dann auf offenen Brandstätten verbrannt zu werden. Es gab in der Umgebung von Birkenau etwa 10 große Brandstätten, wo 200–1000 Menschen jeweils auf Scheiterhaufen verbrannt wurden. Der Schein dieser Feuerstellen war mindestens in einem Umkreis von 30 km noch sichtbar. Ebenso weit war der unverkennbare Geruch von verbranntem Fleisch zu bemerken. Es müssen also alle Bewohner von Auschwitz und den umliegenden Ortschaften sowie alle in den Fabriken beschäftigten Leute, das Eisenbahnpersonal, die umliegenden Polizeistationen und Reisende auf der Linie Krakau–Kattowitz die Tatsache gewußt haben, daß in Auschwitz täglich eine große Masse Leichen verbrannt wurde.

Ungefähr im Januar 1944 war im Vorraum der SS-Zentralbauleitung in Auschwitz eine Tafel aufgehängt, die etwa 30 Photographien enthielt. Auf diesen Photos war der Bau der Krematorien in Birkenau in verschiedenen Phasen dargestellt. Unter anderem konnte man Bilder von den langen Reihen der Verbrennungsöfen dort sehen. Auf einem Bild, an das ich mich genau erinnere, war eine Reihe von 15 Öfen dargestellt. Es war deutlich, daß in einem Ofen mehr als eine Leiche gleichzeitig verbrannt werden konnte. Wie ich später erfuhr, wurden gleichzeitig 5 Leichen in einem Ofen verbrannt. Diese Bilder waren für ungefähr eine Woche ausgestellt. Ich schätze, daß während dieser Zeit viele Zivilpersonen von Baufirmen, die geschäftlich in der Zentralbauleitung zu tun hatten, sie gesehen haben.

Ich muß annehmen, daß der Anblick dieser vielen Verbrennungsöfen den Besucher davon überzeugt hat, daß Auschwitz ein Vernichtungslager sein sollte. Denn die Epidemien waren eine sporadisch und zeitlich begrenzte Erscheinung, für die man nie einen großen, derart langgeplanten Aufwand gemacht haben würde. Nach einer Woche wurden die Bilder auf Befehl des Lagerkommandanten entfernt, weil dadurch die Geheimhaltung gefährdet wurde.

Die Transporte wurden von Begleitkommandos der Ordnungspolizei und von Eisenbahnbegleitpersonal der Reichsbahn bis zur Ausladerampe, die zwischen Auschwitz und Birkenau lag, gebracht. Gleich nach dem Ausladen begann die Aussonderung der für die Vergasung bestimmten Menschen. Die Züge standen meistens noch einige Minuten leer an der Rampe, so daß die Eisenbahner und die Polizisten Gelegenheit hatten, diese Selektionen zu beobachten. Sie konnten weiterhin sehen, daß den Ankömmlingen ihr ganzes Hab und Gut abgenommen wurde, und konnten aus den Umständen entnehmen, daß sie ihre Sachen niemals wieder bekommen sollten. Außerdem konnten sie sehen, wie der größte Teil von Neuankömmlingen in einer Gruppe abgesondert wurde, der dann auf Lastwagen unter brutaler Behandlung verladen wurde. 8–10 dieser Lastwagen, die nach einiger Zeit leer zurückkamen, fuhren dann in Richtung der sichtbaren Brandstätten.

Die Eisenbahner blieben gern längere Zeit an der Ausladerampe und täuschten selbst Maschinenschaden vor, um die von den Häftlingen zurückgelassenen Koffer zu bestehlen. Das Aufsichtspersonal der Reichsbahn, das längere Zeit bei der Bahnstation Auschwitz stationiert war, muß gewußt haben, daß eine außerordentlich große Zahl von Transporten nach Auschwitz eingeliefert wurde. Diese Beamten müssen außerdem gewußt haben, woher die Transporte kamen und müssen einen ungefähren Überblick über die Zahl der Zugänge gehabt haben. Dies gilt namentlich für das Frühjahr 1944, wo täglich durchschnittlich 3 Transporte in Auschwitz eintrafen. Es sind im April–Mai–Juni 1944 oftmals 8000–10000 Menschen täglich in Auschwitz eingetroffen. Im Verhältnis zu den ankommenden sind nur wenige Transporte weitergeleitet worden zu anderen Konzentrationslagern innerhalb des Reiches.

Ungefähr Ende 1942 oder Anfang 1943 erfuhr ich von einem als Waldaufseher eingesetzten SS-Mann, daß sich einmal die Bewohner des Dorfes Wohlau am Ufer der Weichsel versammelten, um von dort aus zu beobachten, wie Hunderte von Menschen, die entkleidet waren, mit Schlägen und Pistolenschüssen in einen der früher benutzten, provisorischen Gasbunker getrieben wurden. Die Vorgänge waren deutlich sichtbar, weil nur wenige Meter neben dem Bunker eine große Feuerstelle war. Die Entfernung von diesem Bunker zur Beobachtungsstelle mag etwa 1000 m betragen haben.

Die als Telephonistinnen und Funkerinnen eingesetzten SS-Helferinnen haben von der Ankunft der Transporte und vom Inhalt sämtlicher Fernschreiben Kenntnis gehabt. Es ist selbstverständlich, daß sie im Laufe ihrer Tätigkeit den Sinn der Worte Aussiedlung, gesonderte Unterbringung und Sonderbehandlung erfahren haben. So mußten sie genau wissen, was der Sinn des Funkspruches war, der im Jahre 1943 vom Reichskriminalpolizeiamt, Berlin, einging, der ungefähr das folgende besagte: Auf Befehl des Reichsführers SS werden alle Zigeuner in das Konzentrationslager Auschwitz eingewiesen. Von einer Sonderbehandlung wie bei Juden ist vorläufig abzusehen. Diese Angestellten wurden auch häufig versetzt und müssen sicherlich die Kenntnis weit ins Reich hineingetragen haben.

Die Zivilarbeiter müssen zum größten Teil von der Vergasung und sonstigen Vorgängen genau Bescheid gewußt haben. Etwa 1944 wurde vom RSHA eine umfangreiche, von einer polnischen Widerstandsbewegung herausgegebene Schrift zur Stellungnahme durch Auschwitzer Stellen nach Auschwitz geschickt, die genaue Angaben über die Vergasung und alle sonstigen Vorgänge und Aktionen in Auschwitz enthielt. Die Broschüre hieß: »Das Todeslager« (Obóz Śmierci). Die in dieser Broschüre geschilderten Tatsachen müssen zum größten Teil durch die Zivilarbeiter aus dem Lager herausgekommen sein. Diese Schrift ist, meiner Meinung nach, in allen polnischen Großstädten bekannt gewesen, wie überhaupt alle Vorkommnisse über Auschwitz in Polen bekannt waren.

Auch Zivilisten aus allen Teilen Deutschlands mußten über Auschwitz, zumindest gerüchtweise, Bescheid gewußt haben, sonst wäre das große Interesse nicht zu erklären gewesen, das sie beim Vorbeifahren in der Eisenbahn am Lager aufbrachten. Die Fahrgäste pflegten sich bei Annäherung an das Lager zu erheben und an die Fenster zu treten, um möglichst viel sehen zu können.

Selbstverständlich mussen die Bewohner von Auschwitz und die Zivilangestellten der umliegenden Fabriken von Krupp, IG., Deutsche Ausrüstungswerke und anderer deutscher Firmen, die Häftlinge benutzten, von allen Vorkommnissen im Lager, insbesondere von den Gasaktionen gehört haben. Es würde absolut absurd sein, wenn irgend jemand, der sich für etwas längere Zeit in solchen Fabriken befand, behaupten würde, nicht gerüchtweise von den Gasaktionen gewußt zu haben.

In vielen Fällen haben flüchtige Häftlinge, die von Gendarmeriestellen aufgegriffen wurden, auf Befragen die Antwort gegeben, daß sie aus Auschwitz geflohen seien, um den Gaskammern zu entgehen. Die Polizisten erfuhren natürlich auch von diesen Häftlingen alles, was den einzelnen bereits über diese Vorkommnisse bekannt war. Man konnte mehrfach von Polizisten oder Zivilisten die Bemerkung hören, daß »in Auschwitz wieder sehr nett gebraten würde«.

Die Volksdeutschen Mittelstellen und die Reichskasse, die die den Ermordeten abgenommenen Kleidungsstücke bzw. Wertsachen erhielten, müssen ebenfalls von diesen Aktionen gewußt haben. In diesen Dienststellen waren natürlich sehr viele deutsche Zivilisten beschäftigt, die ihrerseits diese Kenntnis verbreitet haben werden. Zumindest in den deutschen Großstädten waren gerüchtweise die Vergasungen von Menschen in Konzentrationslagern seit Ende 1943 bekannt, wie ich auf meinen Dienstreisen feststellen konnte.

VIII
Deutschland wird »judenrein«
1941–1943

Gleichwertig neben unserer antibolschewistischen Propaganda steht diejenige gegen das Judentum. Jedem Volksgenossen muß es zur unumstößlichen Gewißheit werden, daß die Juden die unerbittlichsten Feinde unseres Volkes sind und sowohl hinter dem Bolschewismus als auch hinter den Plutokratien stehen. Der »Deutsche Wochendienst« weist deshalb mit Nachdruck auf seinen heutigen Beitrag über das kriminelle Wesen des Judentums hin. Die Behandlung dieses Themas gehört in den Rahmen der kürzlich hier als notwendig bezeichneten Weckung von Haßgefühlen.

Anweisung des amtlichen Zeitschriften-Dienstes vom 2. April 1943

Die innere Front
Ruth Andreas-Friedrich

Freitag, 19. September 1941

Es ist soweit. Die Juden sind vogelfrei. Als Ausgestoßene gekennzeichnet durch einen gelben Davidstern, den jeder von ihnen auf der linken Brustseite tragen muß ... Der gelbe Stern erleichtert die Aussonderung. Er leuchtet voran, auf dem Weg in die Finsternis. Ghetto nennt sich diese Finsternis. Seit etlichen Tagen hat der dritte und letzte jüdische Aufbruch begonnen. Abholung aus den Wohnungen. Zwangsevakuierung mit unbestimmtem Ziel. »In polnische Judenlager«, sagen die einen. – »In den sicheren Tod«, prophezeien die anderen. Jede Nacht fahren die Abholeautos durch die Stadt. Zwischen Sonnenuntergang und Sonnenaufgang. Jede Nacht kampieren andere Flüchtlinge auf den Sofas ihrer arischen Freunde. »Wenn man nicht zu Hause ist, gehen sie wieder weg. Alles ist gut, wenn man nicht zu Hause ist«, sagt Frau Rosenthal, und ihre Zähne klappern aufeinander vor Entsetzen.

Manchmal gelingt es mit dem »Nicht-zu-Hause-sein«. Noch öfter gelingt es nicht. Mehr als einer wird auf der Straße aufgegriffen oder von seiner Arbeitsstätte weggeholt. Niemand kennt die Regeln, nach denen die Abholungen erfolgen. Diesen erwischt es. Jener bleibt verschont. Weshalb? Auf Grund welcher Vorrechte? »Wir kommen alle dran«, seufzen die Zurückbleibenden. »Was macht es aus, ob es einen Monat früher oder später geschieht?«

Freitag, 17. Oktober 1941

Die Deutschen stehen vor Moskau und Leningrad. »Der Sieg ist entschieden«, renommiert Herr Dietrich, unser Reichspressechef. »Die Heere Budjonnys vernichtet, die Heere Woroschilows eingekesselt. Die Heere Timoschenkos vor der Auflösung.« – »Von solchen Schlägen erholt sich keine Armee«, ergänzt Hitler stolz. – »Durchhalten –, durchhalten!« knirscht Andrik verbissen. »Moskau ist noch nicht Astrachan. Leningrad noch nicht Archangelsk.« – Die Nazis verbreiten das Schlagwort, daß wir den »großen deutschen Lebensraum« am Ural verteidigen müßten ...

Montag, 1. Dezember 1941

Noch immer stehen die Deutschen vor Moskau und Leningrad. Von den vernichteten Heeren Woroschilows und Timoschenkos ist keine Rede mehr. Statt dessen empört man sich darüber, daß Stalin den »verbrecherischen Befehl gegeben habe, auch Zivilisten zur

Verteidigung der Städte auszubilden«. »Das letzte Aufgebot«, überschreibt man die Meldung. »Das letzte Aufgebot« scheint Hitler verdammt viel zu schaffen zu machen.

Samstag, 6. Dezember 1941

»Wenn man nicht zu Hause ist, gehen sie wieder weg«, sagte Frau Rosenthal. »Alles ist gut, wenn man nicht zu Hause ist.« Irgendwann aber muß man mal zu Hause sein. Man kann nicht immer auf fremden Sofas schlafen, planlos durch die Straßen spazieren oder in muffigen Kinos sitzen. Man muß auch mal nach den Blumen sehen – zu Hause –, sich Wäsche holen, man muß ... Jeder braucht ab und zu das Gefühl, daß er nicht heimatlos ist. Margot Rosenthal trennt sich den Stern von der Jacke, wenn sie am Abend ihre Wanderschaft antritt. Und ehe sie des Morgens in ihre Wohnung zurückkehrt, heftet sie ihn im letzten Haustor wieder an die Brust. Fast alle machen es so, seitdem ein ungeschriebenes Gesetz den Ariern jeglichen Umgang mit Sternträgern verbietet.

Gestern abend ist Margot Rosenthal nicht zu uns gekommen. Obgleich wir uns fest miteinander verabredet hatten. Es wird ihr doch kein Unglück zugestoßen sein?

Sonntag, 7. Dezember 1941

Andrik hat sich zu ihrer Wohnung geschlichen. Hat geklingelt und geklopft: sechsmal, zehnmal, zwanzigmal. Alles totenstill. Nichts rührt sich drinnen. Kein Schritt, kein Laut. Das Telephon antwortet nicht. Morgen probieren wir es wieder.

Montag, 8. Dezember 1941

»Die vom ersten Stock. Die Jüdin meinen Se«, sagte die Portiersfrau. »Die haben se abgeholt. Schon vorgestern. So um die sechste Stunde.« Also weg! Niedergeschmettert machen wir uns auf den Heimweg. »Japan im Kriegszustand mit USA und England«, rufen die Zeitungshändler aus. Wir hören kaum hin. Es interessiert uns nicht. Im Augenblick interessiert uns nur eines: Wohin haben sie Margot Rosenthal gebracht?

Mittwoch, 24. Dezember 1941

Ins Ghetto bei Landshut haben sie sie geschafft. Zusammen mit neunhundert Leidensgefährten. Heute, am Weihnachtsabend, kam ihr erster Brief. »Schickt uns zu essen, wir verhungern«, steht in ihm. »Vergeßt mich nicht«, steht in ihm. »Ich weine den ganzen Tag.«

Es dürfte keine Weihnachtsbäume geben, solange Menschen auf der Welt sind, die den ganzen Tag weinen müssen. In acht Tagen beginnt das vierte Kriegsjahr. Das zehnte Jahr unseres staatlichen Antisemitismus ...

Donnerstag, 30. April 1942

»Lies das«, sagt Andrik, ins Zimmer tretend, und legt mir mit verzerrtem Gesicht ein zittrig beschriebenes Seidenpapierblatt auf den Tisch. »Geliebte Freunde«, entziffere ich mühsam. »Nun hat mich das Unglück in seiner ganzen Wucht gepackt. Heute bin ich von Grüßau abtransportiert worden. Wohin ...? Ich bin so krank und glaube nicht, daß ich das, was mir bevorsteht, überleben werde. Warum konnte dieser Kelch nicht an mir vorübergehen? Der Weggang innerhalb von achtundvierzig Stunden war herzzerreißend. Vierhundertundfünfzig Menschen. Rucksack, Rolle mit Schlafdecke und so viel Gepäck, wie man tragen kann. Ich kann nichts tragen und werde eben alles am Wege liegen lassen. Das ist der Abschied vom Leben. Ich weine und weine. Lebt wohl für immer und denkt an mich!« – »Margot Rosenthal«, stammle ich. Andrik nickt ...

Freitag, 3. Juli 1942

Heinrich Mühsam, Mutti Lehmann, Peter Tarnowsky, Doktor Jakob. Seine kleine Evelyne, seine Frau und Bernsteins, seine Schwiegereltern. Acht Menschen, die auf ihr Schicksal warten. Jetzt ist Heinrich Mühsam an der Reihe. Zwischen gepackten Koffern und verstörten Hausbewohnern sehen wir uns zum letztenmal. »Kommen Sie wieder«, würge ich hervor. Er lächelt, weise wie Buddha und sanft wie Lao-Tse. »Ich komme ... wieder. Wir alle kommen wieder. Vielleicht nicht so. Aber doch irgendwie.« Er beugt sich zu mir, und seine Augen stehen dicht vor den meinen. »Auf Wiedersehen«, sagte er langsam, jede Silbe betonend. Und plötzlich weiß ich, daß ich ihn küssen möchte. Heute! Morgen! Alle Tage! »Sie gehen gar nicht weg«, flüstere ich. »Sie ... Sie sind immer da!« – »Leb wohl«, sagt er und küßt mich auf den Mund.

Am Mittwoch, dem 1. Juli 1942, hat man Heinrich Mühsam nach Theresienstadt transportiert. Das Ghetto für bevorzugte Juden. Weil er evangelisch getauft ist und ein Holzbein trägt ...

Mittwoch, 2. September 1942

Unsere Keller sind bis zur Decke vollgestopft mit jüdischem Gepäck. Drei Parteien, vier Parteien, fünf Parteien. Wir kennen uns fast selber nicht mehr aus. Wer jetzt weg muß, darf nur noch das Notwendigste mitnehmen.

»Kommen Sie, und helfen Sie mir packen«, schreibt Frau Lehmann. »Es ist soweit. Morgen holen sie mich ab.« Den ganzen Abend packen wir in ihrem Zimmer. Wirtschaften mit Schere, Nadel und Faden. Hundertmarkscheine ins Mantelfutter, Trauring in die Steppdecke, Füllfederhalter unter die Hutschleife, Dollarnote zwischen den Rocksaum. »Die stillen Reserven«, scherzt Mutti Lehmann. Im Nebenzimmer wohnt ein jüdischer Untermieter. Zwangseingewiesen seit wenigen Wochen. Gestern hat man ihm den Evakuierungsbrief zugestellt. Wir sitzen und sticheln. Im Nebenzimmer wandert es auf und ab. Sechs Schritte nach rechts, sechs Schritte nach links. Ruhelos, pausenlos, immer hin und her. »Was ist mit Herrn Erichsohn?« frage ich erstaunt. »Packt er nicht?« Die Umsitzenden senken verlegen die Augen. Hinter Frau Lehmann legt jemand beschwörend den Finger an die Lippen. »Er will nicht mehr mitmachen«, flüstert man mir zu. »Er hat sich anders entschieden.« Im Nebenzimmer wandert es auf und ab. Sechs Schritte nach rechts, sechs Schritte nach links. Im Nebenzimmer ... Barmherziger Gott! Im Nebenzimmer ... Jetzt wird es dort still. Beängstigend still. Da stirbt doch ein Mensch, denke ich voller Grauen. Wie dürfen wir ihn denn sterben lassen! Nur dort, die Schiebetür! Wenn man sie aufmacht ... Niemand öffnet die Schiebetür. Wir sitzen und sticheln. Im Nebenzimmer stirbt ein Mensch. »Sie soll es nicht wissen«, raunt man mir ins Ohr. »Sie hat schon genug auf der Seele.« – »Und er?« – »Er? Können Sie ihm Besseres bieten?« Hinter der Schiebetür kämpft irgendein Herr Erichsohn seinen Todeskampf. Einsam, rücksichtsvoll und diskret. Morgen, wenn der Abholwagen weggefahren ist, wird man seine Leiche finden. Jetzt lebt er noch. Lauscht vielleicht, mit verschwimmenden Sinnen, dem Lärm der Stimmen, die zu ihm herüberdringen. Wir reden laut und viel. Aber je lauter wir reden, desto deutlicher vernehmen wir die Totenstille nebenan. Wie ein Hammer dröhnt sie in unser Gehirn. Wie ein Glockenklöppel schlägt sie an unser Herz. Ruhe in Frieden, unbekannter Herr Erichsohn! Der du nicht mitmachen willst und dich anders entschieden hast.

Sonntag, 11. Oktober 1942

Wir tagen bei Hinrichs. Viele sind dort. Leute der Kirche und Leute des öffentlichen Lebens. Zivilisten, Berufskollegen, Urlauber. Ein Kreis der verschiedensten Meinungen. Nur in einem Punkt sind sich alle einig. Daß erst ein verlorener Krieg das Ende der Nazis bedeutet. In einer Ecke sitzt, still in den Sessel zurückgelehnt, ein ernster Mann. Betrachtet aus großen Augen aufmerksam jeden Anwesenden. Er spricht wenig. Mischt sich kaum in die leidenschaftliche

Unterhaltung. Nur manchmal nickt er zustimmend vor sich hin. »Ja, das ist so ... Gewiß, damit mögen Sie recht haben!« – »Wer war der Herr?« erkundige ich mich bei Hinrichs, als der schweigsame Unbekannte sich, früher als alle anderen, verabschiedet hat. »Moltke. Graf Helmuth von Moltke. Unser bester Kopf.« Er zieht mich vertraulich beiseite. »Man wird noch von ihm hören. Große Gruppen stehen hinter ihm. Von rechts bis links. Er arbeitet bei ...« Ein Major der Luftwaffe tritt an uns heran. »Canaris«, setzt Hinrichs rasch und leise hinzu ...

Sonntag, 22. November 1942

Die Russen haben die Front durchbrochen. In Afrika machen die Engländer gewaltige Fortschritte. Schon wetten viele, daß der Krieg vor Ablauf der nächsten sechs Monate zu Ende sein wird. Jeder Tag früher spart Opfer an Menschen. Jede deutsche Niederlage bedeutet einen Schritt näher zum Frieden. Wie recht hat Flamm! Das Schlagwort von der Verteidigung des Vaterlandes ist unser gefährlichster Feind. Jeder, der sich einziehen läßt, verlängert den Krieg ... Man verbietet den Juden, öffentliche Verkehrsmittel zu benutzen. Man ächtet jeden Andersdenkenden. Wie eine Seuche schleicht die Denunziation durchs Land. Freiheit hat sich in Zwang verkehrt. Nein, wer sein Vaterland liebt, darf für Adolf Hitler nicht kämpfen. Er muß ihn hassen als seinen bösesten Feind.

Mittwoch, 2. Dezember 1942

In Scharen tauchen die Juden unter. Furchtbare Gerüchte gehen um über das Schicksal der Evakuierten. Von Massenerschießungen und Hungertod, von Folterungen und Vergasung. Niemand kann sich freiwillig solchem Risiko aussetzen. Jeder Unterschlupf wird zum Himmelsgeschenk. Zur Rettung aus höchster Lebensgefahr. Der »Ringverein« schiebt sich die Einquartierungen gegenseitig zu. Ihr eine Nacht – wir eine Nacht! Dauergäste sind verdächtig. Ohnehin macht das ständige Kommen und Gehen die Nachbarn mißtrauisch.

Jakobs haben ihre Wohnung verlassen. Seit vierzehn Tagen hausen sie in einem verfallenen Werkzeugschuppen. Umschichtig kampieren ein oder zwei Mitglieder der Familie auf unserem schmalen Gästesofa. Peter Tarnowsky steckt die Nase nicht mehr vor die Tür. Öffnet auf kein Klingelzeichen und entrückt sich in die Welt von Kant, Hegel und Schopenhauer. Er vermag sich immer noch nicht vorzustellen, daß man auch ihn damit meinen könnte. Mit dem Ausbürgern, Abtransportieren und Umbringen. Ihn, den Rechtsanwalt Doktor Tarnowsky, Weltkriegsoffizier, Träger des Eisernen Kreuzes und Ehrenmann vom Scheitel bis zur Sohle.

»Marken sammeln, Marken sammeln!« drängt Frank. »Für morgen hab' ich zwei Schlafgelegenheiten. Für übermorgen drei. Ab 15. Dezember steht in Lankwitz eine sturmfreie Wohnung zur Verfügung. Kranke werden zu mir geschickt. Wer Atteste braucht, wendet sich an mich oder an meinen Kollegen Doktor Kühn.« Doktor Kühn ist Kommunist. Er hat erst vor kurzem eine monatelange Leidenszeit in jugoslawischen Gefängnissen durchgemacht. Jetzt arbeitet er wieder, als wäre nichts geschehen. Illegal, konspirativ, ein fanatischer Kämpfer für seine Sache. Wir wissen nichts Näheres über diese seine Sache. Sein Kreis ist ein anderer als der unsrige. Doch wenn wir uns nötig haben, sind wir füreinander da. Immer häufiger haben wir uns in diesen Wochen nötig.

Mittwoch, 30. Dezember 1942

»Kohlrüben allein tun es nicht«, sagt Heike. »Man muß auch mal an den inneren Menschen denken.« – »Und was willst du mit dieser Weisheit andeuten?« erkundige ich mich. – »Daß unser Weihnachtsbaum noch ziemlich gut aussieht und Evelyne an den halbausgebrannten Kerzen bestimmt keinen Anstoß nehmen wird.« – »Also du meinst ...?« – »Gewiß meine ich. Man kann doch nicht dauernd im Werkzeugschuppen sitzen.«

Wir werfen unsere Marken zusammen und arrangieren ein Festessen. Heike »überholt« den Weihnachtsbaum, Andrik kramt die Weihnachtsplatten heraus, und kurz nach Einbruch der Dunkelheit erscheinen Herr und Frau Jakob, Evelyne und die Großeltern Bernstein zum verspäteten Christfest. »Es ist ein' Ros' entsprungen«, singen wir. Die vierjährige Evelyne schaut mit großen Augen in die Kerzenpracht. »Ich hab' auch schon mal eine Birne gegessen«, sagt sie feierlich. »Eine richtige Birne!« Irgendwo klopft es in der Wand. Vielleicht schlägt ein Hausbewohner einen Nagel ein. »Sst!« flüstert die kleine Evelyne. »Jetzt müssen wir ganz leise sein.« Setzt sich mit gefalteten Händen in den Stuhl und blickt gespannt auf ihre Eltern. »Es ist nichts«, beruhigt die Mutter sie und streicht ihr über den Kopf. »Es ist nichts, Evelyne. Du darfst ruhig weitersprechen.« Andrik wendet das Gesicht beiseite. Heike macht sich am Christbaum zu schaffen. Ich schlage die Augen nieder und wage unsere Gäste nicht anzuschauen.

Samstag, 6. Februar 1943

Stalingrad ist gefallen. Dreihunderttausend deutsche Soldaten kehren nicht mehr zurück. Ihr Befehlshaber, General Paulus, lebt. Warum überleben immer die den Krieg, die ihn arrangieren? Und fast niemals die, die ihn ausführen müssen? Aus Theresienstadt kommt die Nachricht, daß Frau Lehmann gestorben sei. Auch der Arrangeur dieses »Feldzuges« erfreut sich bester Gesundheit.

»Marken sammeln, Marken sammeln!« drängt Frank. Bis zu Hitlers Geburtstag soll Deutschland ›judenrein‹ sein. Jakobs Notquartier ist als Autoreparaturwerkstatt beschlagnahmt worden. Unsere verfügbaren Sofas sind alle belegt. Wir telephonieren in der Stadt herum. »Frühestens in einer Woche«, vertröstet man uns. »Ja, wenn es einer wäre. Aber fünf! Nein, fünf ist ausgeschlossen.« – »Trennen Sie sich doch!« fleht Andrik. »Es braucht ja nicht auf lange zu sein.« – »Wir bleiben zusammen!« beharrt Doktor Jakob. »Wir bleiben zusammen!« sagen Herr und Frau Bernstein. Wie Diebe schleichen sie sich Nacht für Nacht in die eigene Wohnung. Auf Socken, und wagen nicht mal ein Licht anzuzünden.

Freitag, 12. Februar 1943

In der Nacht schrillt das Telephon. »Sie werden vom Münzfernsprecher verlangt«, sagt das verschlafene Fräulein vom Amt. – »Hallo?« frage ich. – »Mein Schwiegersohn ist verhaftet«, stammelt eine bebende Stimme. »Wir fürchten uns so. Wir wissen uns keinen Rat.« Das ist Frau Bernstein! Sie hat schon wieder aufgelegt. Ich wecke Andrik und Heike. »Was tun wir nur ... was tun wir nur?« Sie schauen mich hoffnungslos an. »Vor morgen früh wird kaum was zu machen sein.«

Flamm hat eine Beziehung zum Untersuchungsgefängnis. Kühn kennt dort den Oberaufseher. Wenn wir erst rausgekriegt haben, wo er sitzt, wird es leichter gehen.

Samstag, 13. Februar 1943

In Jakobs Wohnung meldet sich niemand. Die Mieter des Hauses wagen wir nicht zu befragen. Wenn sie kann, wird Frau Bernstein bestimmt wieder anrufen. Kühn ist verständigt. Flamm ebenfalls. Beide versprachen, sofort alle Hebel in Bewegung zu setzen.

Sonntag, 14. Februar 1943

Auch heute hat Frau Bernstein nicht angerufen. Unsere Unruhe wächst von Stunde zu Stunde. Dreimal sind wir schon vor der Wohnung gewesen. Die Klingel ist abgestellt. Nur mit knapper Mühe konnten wir uns ungesehen wieder davonschleichen.

Montag, 15. Februar 1943

Es bleibt nichts übrig. Wir müssen es riskieren. Frau Bernstein meldet sich nicht. Am Nachmittag werde ich ihre Nachbarsleute aufsuchen. Es sollen vernünftige Menschen sein.

Dienstag, 16. Februar 1943

Eine freundliche Dame öffnet mir. »Verzeihung, könnten Sie mir sagen, ob Frau Jakob zu Hause ist?« Sie schüttelt den Kopf und bricht in Tränen aus. – »Wird sie ... wird sie heute noch zurückkommen?« Wieder ein Kopfschütteln. Stumm zieht mich die Frau ins Zimmer. »Sie kommt nicht mehr. Sie kommt nie mehr«, sagt sie schluchzend. – »Und Bernsteins? Und die kleine Evelyne?« – »Alle fort. Alle am Samstag abgeholt.« Entsetzt sinke ich auf den nächsten Stuhl. – »Alle abgeholt«, wiederhole ich mechanisch. Die fremde Dame nimmt mir gegenüber Platz. »Sie sind eine Freundin von Frau Jakob?« erkundigt sie sich teilnahmsvoll. Ich nicke. – »Es ist qualvoll gewesen! So schrecklich, daß man weinen muß, wenn man daran denkt.« – »Erzählen Sie«, bitte ich. »Vielleicht können wir etwas tun. Irgendwie helfen.« – »Helfen? Wenn die Gestapo das Haus wie eine Festung stürmt? Türschlösser knackt und Stahlriegel durchsägt? Ich bitte Sie, wer soll – wer kann da noch helfen! Um neun Uhr morgens hält ein Lastwagen vor der Tür. Sechs Beamte springen heraus. Laufen hinauf und läuten Sturm. Man öffnet nicht. Sie läuten weiter. Zehn Minuten lang hämmern sie auf den Klingelknopf. Dann kommen sie zu mir. ›Sind die drüben zu Haus?‹ fragen sie scharf. ›Ich weiß nicht‹, stottere ich. Ich wußte. O Gott, ich wußte nur zu genau, daß sie zu Hause waren. Alle vier. Einer hängt sich an mein Telephon. Telephoniert nach nebenan. Ich höre durch die Wand, wie das Läutewerk anschlägt. ›Haben Sie eine Leiter?‹ herrscht er mich an. Ich nicke. Man holt die Leiter, schiebt sie vorsichtig zum Küchenfenster hinaus. Ein Fenster der Nebenwohnung steht offen. Die Leiter reicht nicht hinüber. Zwei Sprossen fehlen. ›Verfluchte Bande!‹ knirscht das Braunhemd. Dann gehen sie zum Sturmangriff über. Vordertür, Hintertür. Fußtritt dagegen. Äxte und Stahlsäge. Gott schütze euch alle! flehe ich im stillen. Die Tür ist stabil. Endlich gibt sie nach. Klafft auseinander – stürzt und poltert in den Korridor. Drei Minuten später steigen die vier die Treppe hinunter. Einer nach dem anderen. Sie reden nicht, sie bewegen sich kaum. Sie gehen, als wären sie gestorben.«

»Gestorben«, weht es wie ein Echo durch den Raum. Die Frau mir gegenüber ringt die Hände. »Zwei Stunden haben sie dort gesessen! Wissen Sie, was das heißt? Zwei Stunden in seiner Wohnung belagert zu sein? Man wagt nicht zu flüstern, man wagt nicht zu atmen. Gleich werden sie kommen ... sie müssen ja kommen. Und das Kind! Das Kind immer dazwischen ...« – »Es hat auch schon mal eine Birne gegessen. Eine richtige Birne«, murmele ich mechanisch. – »Wie meinen Sie?« fragt die Dame erstaunt. »Oh, nichts«, antworte ich verwirrt. »Gar nichts ... Es fiel mir nur so ein ...« Ich erhebe mich. »Man muß versuchen, sie aufzuspüren. Wenn ich etwas höre, gebe ich Ihnen Nachricht.« Wir schütteln uns die Hände. »Ich heiße Frau Meyerowitz, Maria Meyerowitz!« sagt die Dame, »und ...«, sie zögert, »auch mein Mann ist Jude gewesen.«

Freitag, 19. Februar 1943
Goebbels hält im Sportpalast eine »Kundgebung des fanatischen Willens« ab. »Für die Rettung Deutschlands und der Zivilisation!« »Nur der stärkste Einsatz, der totalste Krieg«, beschwört er seine Hörer, »kann und wird die Gefahr bannen ...«

Samstag, 27. Februar 1943
Seit heute morgen um sechs Uhr fahren Lastautos durch Berlin. Eskortiert von bewaffneten SS-Männern. Halten vor Fabriktoren, halten vor Privathäusern. Laden Menschenfracht ein. Männer, Kinder, Frauen. Unter den grauen Planverdecken drängen sich verstörte Gesichter. Elendsgestalten, wie Schlachtvieh zusammengepfercht und durcheinandergewürfelt. Immer neue kommen hinzu, werden mit Kolbenhieben in die überfüllten Wagen gestoßen. In sechs Wochen soll Deutschland »judenrein« sein. Wir laufen herum. Wir telephonieren. Peter Tarnowsky – weg. Der Verleger Lichtenstein – weg. Unsere jüdische Schneiderin – weg. Unser nichtarischer Hausarzt – weg. Weg – weg – weg! Alle! Ohne Ausnahme. Gestern noch sprach ich mit Tarnowsky. »Ich halte mich an den kategorischen Imperativ«, sagte er. »Gegen Grundgesetze der Sittlichkeit wird man nicht vorgehen.«

Dienstag, 2. März 1943
Die Engländer haben die Untat gerächt. Mit einem Großangriff auf Berlin, wie er bisher nicht seinesgleichen sah. 160000 Menschen, sagt man, sind obdachlos geworden. Es brennt in der Stadt und in allen West- und Südvororten. Schwefelgelb raucht die Luft. Durch die Straßen stolpern gehetzte Menschen. Mit Bündeln, mit Koffern und Hausrat. Stolpern über Trümmer und Scherben. Fassen es nicht, daß man gerade ihnen – ausgerechnet ihnen – so übel mitgespielt hat. Von der Ursache zur Wirkung ist ein langer Weg. Die wenigsten wissen ihn zu gehen. Kaum einer versteht, daß die Folge von heute der Anlaß von gestern sein kann. Der Anlaß Coventry, der Anlaß Dünkirchen, der Anlaß Judengreuel, Städte ausradieren und Konzentrationslager. Der Besen, der Deutschland judenrein kehrt, will nicht mehr in die Ecke zurück. Und die Geister, die man rief, die wird man nun nicht los.

Sonntag, 7. März 1943

Wenigstens einige sind wiedergekehrt. Die sogenannten »Privilegierten«. Die jüdischen Partner rassisch gemischter Ehen. Abgesondert von den übrigen, hat man sie vergangenen Sonntag in ein Sammellager geschafft. Zur Prüfung und endgültigen Beschließung. Noch am selben Tage machten sich die Frauen jener Männer auf, ihre verhafteten Ehegefährten zu suchen. Sechstausend nichtjüdische Frauen drängten sich in der Rosenstraße, vor den Pforten des Gebäudes, in dem man die »Arischversippten« gefangen hielt. Sechstausend Frauen riefen nach ihren Männern. Schrien nach ihren Männern. Heulten nach ihren Männern. Standen wie eine Mauer. Stunde um Stunde, Nacht und Tag.

In der Burgstraße liegt das Hauptquartier der SS. Nur wenige Minuten entfernt von der Rosenstraße. Man war in der Burgstraße sehr peinlich berührt über den Zwischenfall. Man hielt es nicht für opportun, mit Maschinengewehren zwischen sechstausend Frauen zu schießen. SS-Führerberatung, Debatte hin und her. In der Rosenstraße rebellieren die Frauen. Fordern drohend die Freilassung ihrer Männer. »Privilegierte sollen in die Volksgemeinschaft eingegliedert werden«, entscheidet am Montagmittag das Hauptquartier der SS. Wen das Zufallsglück traf, einen nichtjüdischen Partner geheiratet zu haben, der darf sein Bündel schnüren und nach Hause gehen. Die anderen werden in Güterzüge verladen und abtransportiert. In unbekannter Richtung – mit unbekanntem Ziel. Leb wohl, Peter Tarnowsky, Freund von Kant, Hegel und Schopenhauer! Leb wohl, du Deutscher! Du Ehrenmann vom Scheitel bis zur Sohle! Leb wohl! ... Leb ewig wohl!

Dienstag, 9. März 1943

Die Militärs sollen sich weigern, noch weiter mitzumachen. Hinrichs berichtet es uns. Ein Umsturz sei geplant. Ein regelrechter Regierungsputsch. »Stammt die Nachricht von – ›ihm‹?« erkundige ich mich vorsichtig. Er nickt. »Die Nachricht wohl, aber nicht die Absicht. Das Militär muß den Anstoß geben. Sie haben die Waffen. Sie sind die einzigen, denen ein solcher Versuch – vielleicht – gelingt. Wir anderen können nur nachfolgen. Daß wir dann bereit sind ... bereit, mit einer vernünftigen Regierung auf den Plan zu treten, daran arbeiten wir. Daran arbeitet ›er‹. Nun schon seit fünf Jahren.«

Mittwoch, 10. März 1943

Was geht in München vor? In München soll irgend etwas geschehen sein. Etwas Illegales, Rebellisches. Die Studenten hätten sich erhoben, erzählt man. Viele Tausend Flugblätter seien verteilt worden. Anschriften stünden an den Mauern: »Nieder mit Hitler! Es lebe die Freiheit!« Wir horchen herum. Wir brennen, Genaueres zu erfahren. Geht der Sturm weiter? Hat man ihn schon erstickt? Es wird davon gesprochen, daß Freisler, der Präsident des Volksgerichtshofes, vor kurzem in »Sondermission« nach München gefahren sei. Die Wahrheit! Die Wahrheit wollen wir wissen!

Dienstag, 23. März 1943

Nun wissen wir die Wahrheit. Aus München kam ein Geheimkurier. Verbindungsmann der Gruppe M. Er brachte einen Lagebericht und zwei Flugblätter. Das letzte, was von dem Münchener Studentenaufstand übriggeblieben ist. Jetzt liegt schon alles in der Vergangenheit: Aufstand, Empörung, Verhaftung und Urteil. Am 19. Februar aber hat sich dort folgendes abgespielt: ein neuer Gauleiter ist ernannt. Ein scharfer Nazi, Paul Gießler mit Namen. In der Aula der Universität spricht er zu den versammelten Studenten. Wettert über die mangelnde Bereitschaft der akademischen Jugend, sich fürs Vaterland einzusetzen, diffamiert das Frauenstudium. Höhnt, es sei nur zum Männerfang geschaffen, krakeelt desto lauter, je mehr er die Opposition unter seinen Hörern wachsen fühlt. Die Studentinnen verlassen den Saal. Plötzlich ein Zwischenruf: »Wir lassen unsere Kommilitoninnen nicht beleidigen!« Füßescharren, Getrampel, Geschrei. Gießler muß weichen. Von der Empore fliegen Hunderte von Flugblättern. Draußen formiert sich ein Demonstrationszug. In diesem Augenblick erscheint die Polizei. Sperrt die Türen der Aula, treibt den Zug auseinander. »Es lebe die Freiheit!« steht wie von Geisterhand geschrieben an allen Mauern.

In der Münchener Universität gibt es einen Pedell. Hilfspedell Schmidt. Er hat gesehen, wie ein paar Studenten beim Anrücken der Polizei eine Aktentasche in den Lichtschacht warfen. So etwas muß gemeldet werden. Hilfspedell Schmidt meldet die Sache der Gestapo. Wenige Stunden später sind drei Studenten verhaftet. Hans Scholl, Sophie Scholl und Christoph Probst. Frontkämpfer die Männer, beurlaubt zum Studium der Medizin. Das Mädchen, Scholls Schwester, Studentin der Naturwissenschaften.

Freisler wird telephonisch aus Berlin beordert. Schon am nächsten Tag tritt unter seinem Vorsitz in München das Volksgericht zusammen. »Würden Sie Hitler töten, wenn Sie Gelegenheit dazu hätten?« fragt man die Angeklagten. – »Ja, sofort!« antworten sie wie aus einem Munde. Hans Scholl nimmt alle Schuld auf sich, stellt sich ritterlich vor seine Schwester. »Wir sind unfrei geworden und müssen die geistige Freiheit wiedergewinnen«, erklärt er in seiner Verteidigungsrede. Und als ihm Freisler das Urteil verkündet, entgegnet er stolz: »Sie werden in kurzer Zeit an meinem Platze stehen!« – Zwei Tage nach der Verhaftung, am 22. Februar um sechzehn Uhr dreißig, besteigen Hans Scholl, Sophie Scholl und Christoph Probst das Schafott. »Es lebe die Freiheit!« ist ihr letztes Wort. Sophie Scholl hat man beim Verhör das Bein gebrochen. Sie muß zur Hinrichtungsmaschine getragen werden. »Gott, du bist meine Zuflucht in Ewigkeit. Amen!« betet sie ...

So der Bericht. Wir lesen ihn hinter verriegelten Türen. Hinrichs, Frank, Andrik, Flamm, Heike, Wolfgang Kühn und ich. Dann faltet Hinrichs das Flugblatt auseinander. Eng um ihn geschart lauschen wir ehrfürchtig dem Aufruf unserer Münchener Gesinnungsfreunde:

Kommilitoninnen! Kommilitonen!
Erschüttert steht unser Volk vor dem Untergang der Männer von Stalingrad. 330000 deutsche Männer hat die geniale Strategie des Weltkriegsgefreiten sinn- und verantwortungslos in Tod und Verderben gehetzt! Führer, wir danken dir! Es gärt im deutschen Volke. Wollen wir weiter einem Dilettanten das Schicksal unserer Armeen anvertrauen? Wollen wir den niedrigsten Machtinstinkten einer Parteiclique den Rest der deutschen Jugend opfern? Nimmermehr!
Der Tag der Abrechnung ist gekommen ...

Behutsam legt Hinrichs das Blatt auf den Tisch. »Dem Hilfspedell Schmidt ist für seine staatspolitisch wertvolle Denunziationsarbeit eine Belohnung von tausend Mark und der Beamtentitel verliehen worden«, sagt er lakonisch. Frank springt auf. »Wo ist die Schreibmaschine? Wer tippt? Wer diktiert? Wenn wir dieses Flugblatt nicht weiterverbreiten, sind wir nicht wert, es gelesen zu haben.« Heike setzt sich an die Maschine. »Kommilitoninnen! Kommilitonen!« diktiert ihr Frank. Bis wir uns trennen, liegen fünfzig Exemplare fertig zur Verteilung vor. Morgen wird weitergeschrieben.

Nach Riga abgeschoben

»Betr.: Evakuierungen von Juden aus dem Altreich«

1. In der Zeit vom 1. November bis 4. Dezember 1941 werden durch die Sicherheitspolizei aus dem Altreich, der Ostmark und dem Protektorat Böhmen und Mähren 50000 Juden nach dem Osten in die Gegend um Riga und um Minsk abgeschoben. Die Aussiedlungen erfolgen in Transportzügen der Reichsbahn zu je 1000 Personen. Die Transportzüge werden in Berlin, Hamburg, Hannover, Dortmund, Münster, Düsseldorf, Köln, Frankfurt a. M., Kassel, Stuttgart, Nürnberg, München, Wien, Breslau, Prag und Brünn zusammengestellt.
2. Aufgrund der Vereinbarungen mit dem Chef der Sicherheitspolizei und des SD übernimmt die Ordnungspolizei die Bewachung der Transportzüge durch Gestellung von Begleitkommandos in Stärke von je 1/12. Einzelheiten sind mit den zuständigen Dienststellen des SD zu besprechen.
Die Aufgabe der Begleitkommandos ist nach der ordnungsmäßigen Übergabe der Transporte an die zuständigen Stellen der Sicherheitspolizei in den Bestimmungsorten erledigt. Sie kehren dann unverzüglich zu ihren Heimatdienststellen zurück.
3. Die durch die Gestellung der Begleitkommandos entstehenden Kosten trägt der Chef der Sicherheitspolizei. Die Kostenaufstellungen der Polizeiverwaltungen sind nach Beendigung der Transporte zur Abrechnung an den Chef der Sicherheitspolizei einzureichen.

Schnellbrief des Chefs der Ordnungspolizei vom 24. Oktober 1941

Zu spät!

Frankfurt/Main, den 10. November 1941
Meine lieben Kinder! Gestern kam ich in Besitz Eures lieben Briefes vom 22. Oktober. Ich wußte gar nicht, daß Ihr nach so langer Pause meinen Brief vom 30. September erhieltet. Ich schreibe Euch jede Woche. Wenn auch der eine Brief nicht richtig adressiert war, so müßtet Ihr doch die anderen erhalten haben. Ich werde zukünftig, wenn es mir möglich sein sollte, Candler-Straße schreiben. Aber, was weiß man denn, was morgen ist. Ich freue mich, daß Ihr gesund seid, hoffentlich verdient Ihr gut, so daß Ihr bald Euren Verpflichtungen nachkommen könnt. Ja, Eure Depesche habe ich Euch bestätigt. Es ist sehr schön vom lieben Benno, daß er 375 Dollar dazugeben will. Aber das nützt mir gar nichts,

nachdem Du leider Gottes nicht in der Lage bist, das Weitere zu tun, und anscheinend niemand gefunden hast, der für mich etwas tun kann. Vielleicht können sich meine Verwandten R. u. K. oder sonstige Bekannte, auch S., an einer Sammlung beteiligen. Dies wäre dringend nötig. Nachdem Fürsts nicht nach den USA kommen können, wird S. keine Gelegenheit mehr haben, etwas für sie zu tun, und ich wäre ihm sehr dankbar, wenn er etwas für mich zusammenbringen könnte. Heute vor drei Jahren war ein ereignisreicher Tag für Dich, und ich denke heute auch daran. Ich habe meine Möbel abgegeben und nur noch meine Couch behalten. Gestern war ich beim Notar. Ich habe Euch als Erben eingesetzt und mein Vermögen Euch vermacht. Was ich tun konnte, habe ich erledigt, man weiß nicht, was passiert. Lieber wäre es mir schon, Euch noch ein Mal zu sehen, aber diese Hoffnung ist sehr trübe, und es wird wohl nichts daraus werden. Auch Resel Mayer hat an ihre Kinder depeschiert, und Hans hofft bestimmt, daß er es schaffen wird. Ich werde morgen früh mit Resel zum Finanzamt gehen und zur Bürgerstraße, um mir die Unbedenklichkeit zu besorgen, was ich eventuell zu meiner Ausreise benötige. Denke Dir nur, Frau Herz ist plötzlich gestorben, was ich sehr bedaure. Du hast sie auch gut gekannt. Ich habe nur noch einen ganz kleinen Bekanntenkreis und gehe auch kaum fort. Nun will ich für heute Schluß machen, in der Hoffnung, Euch bald wieder schreiben zu können. Lebt wohl, alles, alles Gute, bleibt gesund und denkt auch öfters an mich, so wie ich Euch nicht vergessen werde. Es grüßt und küßt Euch herzlichst
Eure Euch liebende Mutti

Frankfurt/Main, den 17. November 1941
Meine lieben Kinder! Seit Ihr mir die Depesche sandtet, habe ich leider nichts mehr von Euch gehört und hoffe täglich, von Euch einen Brief zu empfangen. Ich hoffe, daß Ihr gesund seid und alles nach Wunsch bei Euch ist. Gewiß habt Ihr Euch für mich recht bemüht, und es ist nicht leicht zu erreichen, das kann ich mir vorstellen. Aber ich weiß, daß Ihr alles aufbietet, der Mutter zu helfen, was ja dringend nötig wäre. Vielleicht gelingt es Euch doch, eine Sammlung zu veranstalten. Wie ich aber von der Schiffahrtsgesellschaft höre, kann man jetzt keine Einreise erhalten und muß warten, bis sich die Pforten wieder öffnen. Trotzdem versuche ich meine Auswanderung zu betreiben, man darf nichts unversucht lassen. Wenn es eben auch keinen Zweck hat, so kann ja auch wieder eine andere Bestimmung kommen. Man muß Gottvertrauen haben und den Mut nicht verlieren. Ich will

hoffen, daß ich Euch weiter jede Woche schreiben kann. An mir soll es nicht liegen. Soeben schickte mir Frau Sommer Marthas Brief, worin sie ihre glückliche Ankunft in Montevideo mitteilt. Sie sind überglücklich, daß sie bei ihren Lieben sind, hatten einen wunderbaren Empfang. So ein Glück, wie Rosenbaums hatten, ist selten. Sie haben es noch zur rechten Zeit geschafft. Ich bin mit meinen Nerven sehr unten und bin sehr gealtert. Julius Weil hat nun seine Einreise nach Schweden zu seinem Sohn und ist überglücklich und will dann nach Ecuador zu seinem anderen Sohn. Er hofft, daß ich es auch bald erreichen werde. Für heute lebet wohl, lasset es Euch gut gehen und seid herzlichst gegrüßt und geküßt von Eurer Euch liebenden Mutti.

Frankfurt/Main, den 18. November 1941

Meine lieben Kinder! Ich hoffe, Ihr seid gesund. Seit Eurer Depesche habe ich nichts mehr von Euch gehört. Ich bin in größter Aufregung, da ich schon die Mitteilung bekam, daß ich übermorgen, Donnerstag, Frankfurt verlassen muß. Ich darf nur das Nötigste mitnehmen. Wenn es erlaubt ist, werde ich meine Adresse mitteilen. Vielleicht könnt ihr mir etwas dorthin senden. Leider ging mein Wunsch, Euch wiederzusehen, nicht mehr in Erfüllung. Auf jeden Fall will ich von Euch Abschied nehmen und wünsche Euch alles Gute, was eine Mutter ihren Kindern wünschen kann. Ich will rasch den Brief zur Post bringen. Ich bin so nervös, daß ich auch nicht mehr weiterschreiben kann. Haltet in Leid und Freud immer zusammen und betet für Eure Mutter. In Gedanken bin ich immer bei Euch. Viele herzliche Grüße und Küsse.   Mutti
Auch Benno und Lucie sage ich herzlich Lebewohl.

Bertha Oppenheimer an ihre Kinder in den USA

Es hat nie einer geschrieben

Seit Anfang Januar sind wieder Transporte abgegangen (sämtlich nach Riga), so daß aus Berlin schon zehntausend Leute fort sind. Im Februar ist Ruhe. Dafür wird es wohl im März im verstärkten Umfang weitergehen. Dann ist es aber wenigstens nicht so kalt wie jetzt. Neuerdings müssen alle Evakuierten oder, wie man jetzt nur noch sagen darf, »Abgewanderten« unter sechzig Jahren den Weg von der Levetzowstraße bis zum Bahnhof Grunewald zu Fuß gehen. Kannst Du Dir vorstellen bei dieser Kälte, was das bedeutet? Die Leute, die gestern fortfuhren, fuhren in Viehwagen. Es waren sehr viele alte Leute darunter, zum Teil wurden sie aus den Altersheimen herausgeholt (bis zu fünfundsiebzig Jahren). Wieviele von den alten Leuten werden die Fahrt gar nicht überleben! Was hinterher geschieht, weiß man schon gar nicht: aus Litzmannstadt kommt seit Jahresbeginn keine Nachricht mehr. Post, die dorthin gesandt wird, kommt mit dem Vermerk zurück, daß in der betreffenden Straße zur Zeit keine Postzustellung stattfindet. Als Ursache wird Flecktyphus vermutet. Also, man weiß es nicht. Geld kommt nicht zurück, der Empfang wird aber auch nicht bestätigt. Am 12. November ging ein Transport nach Minsk. Es wird erzählt, daß einzelne Leute mittels Feldpost Briefe hierher durchgeschmuggelt hätten. Gesehen habe ich so einen Brief noch nicht. Ebenso steht es mit den Leuten, die am 27. November und im Januar nach Riga fuhren. Hier kenne ich allerdings eine Dame, die wirklich einen solchen Brief gelesen hat. Von den tausend Leuten, die am 17. November angeblich nach Kowno gefahren sind, hat nie einer geschrieben. So entstand das weitverbreitete Gerücht, daß diese Menschen unterwegs erschossen oder sonstwie ermordet worden sind. Alle diese Dinge steigern natürlich nicht den Mut der von der Evakuierung Betroffenen. So nehmen denn die Selbstmorde in ungeheurer Weise zu.

Aus einem Brief von Hermann Samter vom 26. Januar 1942

Ein Waggon Schuhe

Am 13. Januar 1942 kamen 70 Juden, die ein Teil eines Transports von 1050 Juden aus der Tschechoslowakei waren, im Lager Salaspils an. Drei Tage später mußten wir drei Waggons mit Gepäck und Kleidungsstücken ausladen. Diese wurden von den tschechischen Juden als Kleidungsstücke von Transportangehörigen erkannt. Es war auch ein Waggon mit Schuhen und Kleidungsstücken angefüllt, die planlos hineingeworfen waren und zum Teil mit Erde beschmutzt waren. Die meisten Erschießungen von Juden haben im Zeitraum vom 20. Februar 1942 bis Ende Juli 1942 im Bickernikker Wald stattgefunden. Von den überlebenden lettischen Juden erfuhr ich, daß 27000 lettische Juden bereits im November 1941 liquidiert wurden. Im September und Oktober 1942 kamen Juden-Transporte aus Frankfurt am Main, Königsberg und Berlin an. Ein lettischer SS-Mann namens *Perkons* sagte mir, daß sie vom Bahnhof in Skirotawa bei Riga nach Salaspils in den Wald gebracht und dort erschossen wurden. Nach den Kleidungsstücken zu urteilen, die wir später im Ghetto ausluden, dürfte es sich dabei um etwa

2000 Personen gehandelt haben. Die Kleidung war mit Erde beschmutzt. Im Dezember 1942 oder Januar 1943 mußte ich mit noch mehreren Juden, die auf dem Arbeitskommando arbeiteten, Munition, Handgranaten und Alkohol aufladen. Die LKW gingen nach Minsk. Auf den LKW befanden sich auch Kisten mit der Aufschrift »EK 3«.

Eine Gruppe von annähernd 200 Angehörigen des Einsatzkommandos 2 ging auch nach Minsk, angeblich zur Partisanen-Bekämpfung. Sie kamen nach ungefähr fünf Wochen zurück und hatten statt Munition Zivilkleidung, die zum Teil Schußlöcher aufwies und blutbefleckt war, auf den LKW.

Aus einer eidesstattlichen Erklärung von Alfred Winter

Abschied von den Freunden

Als meine Freundin Dora Rosenthal im Juni 1939 Berlin verließ, um von England aus für sich und ihren Mann die Einreise nach den Vereinigten Staaten zu betreiben, ahnte sie nicht, daß sie ihn nie wiedersehen sollte. Nach einjähriger Ehe wurde der junge Haushalt aufgelöst, und Alfred Rosenthal zog wieder zu seiner unverheirateten Schwester in die Lutherstraße, um auf den Tag zu warten, an dem ihn seine Frau nach England rufen konnte. Aber der Krieg brach aus, und er fand keine Möglichkeit mehr, Deutschland zu verlassen ...

Im Mai 1942 erhielten Alfred und seine Schwester Grete die Aufforderung, sich am soundsovielten zur »Evakuierung« bereitzuhalten. Hoffnungslos und verzweifelt gingen sie daran, alles, was ihnen an persönlichen Erinnerungen lieb war, zu verbrennen oder zu verschenken und ihre wenigen Sachen vorzubereiten. Grete litt unter Herzanfällen, aber der jüdische Arzt, der kam, erklärte, er könne sie nicht freistellen, denn in diesem Zustand befänden sich alle. Im gleichen Hause befand sich ein Antiquitäten-Geschäft. Der Inhaber war einer der wenigen Mutigen in jener Zeit. Er erlaubte Alfred immer, von seinem Laden aus zu telefonieren, wenn es einmal nötig war. Und so benutzte Alfred R. dieses Angebot an dem für die Evakuierung festgesetzten Tag. In Abständen von mehreren Stunden rief er dreimal bei meiner Dienststelle an, um mich zu verständigen, daß sie noch immer nicht abgeholt worden seien. Noch am gleichen Abend ging ich zu den beiden, und wir waren glücklich, daß sich nichts ereignet hatte. Alfred ging am nächsten Tag wieder zur Arbeit, als ob alles in bester Ordnung wäre. –

Als ich am 13. August 1942 abends nach dem Dienst wieder zu meinen Freunden ging, wie ich es zweimal wöchentlich tat, war Alfred noch nicht von der Arbeit zurück. Grete war in großer Unruhe. Aber bald kam er und tat seiner Schwester gegenüber, als ob er nur hätte länger arbeiten müssen. Als Grete in die Küche ging und wir einen Augenblick allein waren, sagte er mir, er hätte gehört, daß an diesem Abend viele Abholungen vorbereitet würden. Freunde auf der Arbeitsstelle hätten ihm vorgeschlagen, in ihre Wohnung in der Tauentzienstraße zu kommen, wo es immerhin zwei Ausgänge gäbe. Er sei aber darauf nicht eingegangen, weil er die Schwester nicht allein lassen könne, die nicht mitmachen würde. Außerdem fehle ihm auch der Mut, denn wohin solle man flüchten? – Kurz vor zehn Uhr brach ich auf. Alfred brachte mich hinunter, weil die Haustür verschlossen war. Ich sprach ihm beim Anblick des mit Sternen übersäten Himmels Mut und Zuversicht zu, und wir verabschiedeten uns mit guten Wünschen. Am anderen Morgen wurde ich im Dienst von Alfreds jüdischen Freunden angerufen, die mir sagten, daß Alfred und seine Schwester Grete gestern abend, wenige Minuten nach zehn Uhr, abgeholt worden wären. Die Wohnung sei versiegelt. Mieter des Hauses, die unter Rosenthals wohnten, hätten berichtet, es seien zwei Burschen gewesen, die wohl die ganze Wohnung durchwühlt haben müßten, denn es habe ein furchtbares Gepolter gegeben. Wenige Minuten später hätten sie Alfred und Grete die Treppe hinuntergeführt. Grete hätte sehr geweint. Wie man erfahren habe, seien sie in die Synagoge Levetzowstraße gekommen. – Wir waren nun endgültig getrennt, und nur jüdische »Ordner« gaben ab und zu allgemeine Berichte von den Menschen, die wie Vieh in der Synagoge lagerten. Ich fuhr mit der Mutter meiner Freundin nach Frohnau zu einem Direktor des Werkes, in dem Alfred gearbeitet hatte, um ihn zu bitten, Alfred doch zu reklamieren, was auch hin und wieder möglich war. Antwort: »Ja, das ist möglich, der Rosenthal hat sich immer gut geführt. Vielleicht ist er schon da, wenn Sie jetzt nach Hause kommen. Im übrigen weiß ich gar nicht, warum Sie so aufgeregt sind. Es ist doch Krieg. Da werden die Juden eben auch mit herangezogen und müssen Schützengräben ausheben usw.« Darauf ich: »O nein, da sind Sie aber falsch unterrichtet. Die Juden werden alle umgebracht.« Doras Mutter stieß mich unter dem Tisch an, aber zum Glück reagierte dieser Herr nicht darauf, was ich sagte.

Da sich auch am nächsten Tag, das war ein Sonnabend, nichts an der Lage änderte, bat ich meine Schwester telefonisch, doch einmal zur Synagoge zu gehen und zu sehen, was sich dort abspielt, weil sie zu der Zeit ganz in der Nähe wohnte. Sie nahm sich ihre damals drei Jahre alte Tochter an die Hand, um wie eine harmlose Spaziergängerin zu erscheinen, und rief mich nach kurzer Zeit an, um mir mitzuteilen, daß es dort leider sehr nach Aufbruch aussehe. Es stünden Lastwagen vor der Tür, und Koffer würden herausgetragen. Darauf setzte ich mich sofort mit Alfreds Schwiegermutter in Verbindung, und wir fuhren zur Levetzowstraße. Hier bot sich uns ein gespenstisches Bild. Vor den Eingangstüren der Synagoge, die halb geöffnet waren, standen SS-Leute. Auf der Straße warteten große Lastautos. Auf sie wurden nur die alten Leute verladen, die nicht mehr gehen konnten, und junge Frauen, die entweder schwanger waren oder kleine Babys im Wagen hatten. Ich sehe heute noch eine junge, zuversichtliche Frau mit ihrem Korbwagen, in dem hellblau gekleidete Zwillinge saßen, den Wagen besteigen. Beim Abfahren winkte sie, wahrscheinlich mit der starken Hoffnung im Herzen, die Kinder würden auch ihr das Leben retten.

Dann setzte sich plötzlich von der Seitenstraße ein Zug von Menschen mittleren Alters in Bewegung. Mir war klar, daß in diesem Zug Alfred und Grete sein müßten. Ich lief mit Frau L. schnellstens hinterher und sah unsere beiden Unglücklichen in diesem Elendszug. Sie waren in Reihen zu fünf oder sechs geordnet, jeder hatte eine orangefarbene Tüte. Wie ich später hörte, waren darin die letzten Brote, die die Jüdische Gemeinde ihren Menschen mitgeben durfte. Vorn, hinten und an den Seiten ging die Polizei. Alfred ging als Äußerster einer Reihe direkt am Bürgersteig, seine Schwester Grete, in Tränen aufgelöst, neben ihm. Leider muß ich auch berichten, daß viele Menschen in den Haustüren standen und angesichts dieses Elendszuges ihrer Freude Ausdruck gaben. »Guck mal, die frechen Juden!« rief einer. »Jetzt lachen sie noch, aber ihr letztes Stündlein hat geschlagen.« So unauffällig wie möglich folgten wir dem Zug, und an einer Straßenkreuzung gelang es mir, so dicht an Alfred heranzukommen, daß ich ihn fragen konnte, wohin sie kämen. Seine Antwort war: »Riga.« Wir folgten dem Zug bis zum Lehrter Bahnhof, wo er in einem Eingang des Güterbahnhofes verschwand. Alfred drehte sich noch zwei-, dreimal nach uns um, hilflos wie ein Tier, das zur Schlachtbank geführt wird.

Wir haben nie mehr etwas von diesen beiden Menschen gehört, obwohl ich mich sehr darum bemüht habe. Einmal gelang es mir, mit einem Holländer Kontakt zu bekommen, der als Aufseher des jüdischen Lagers in Riga eingesetzt worden war. Er sagte mir, daß um diese Zeit kein Transport aus Berlin in Riga eingetroffen sei.

Aus einem Bericht von Hilde Miekley

Daß das Judentum niemals wieder auch nur den geringsten Einfluß in unserem Volke erhält, dafür mußt Du durch Deine Haltung dem Juden gegenüber sorgen.

Erkenne den wahren Feind!

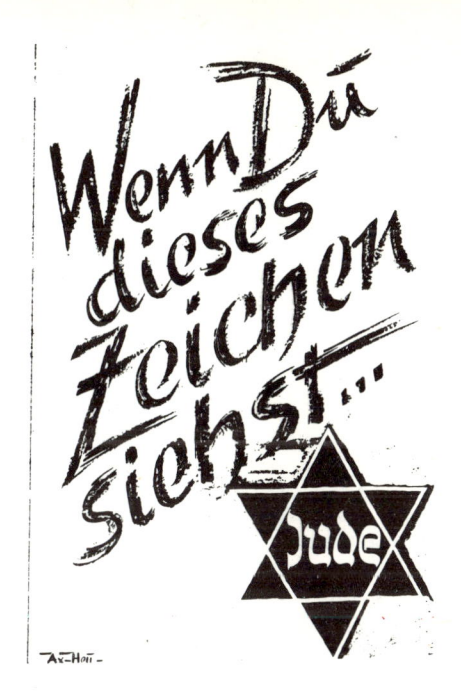

Wenn Du dieses Zeichen siehst...

Jude

Im Namen des Deutschen Volkes!

Strafsache

gegen den Domprobst und Prälat Bernhard Lichtenberg aus Berlin W 8, Hinter der katholischen Kirche 4, geboren am 3. Dezember 1875 in Ohlau, zur Zeit in dieser Sache in Untersuchungshaft in der Untersuchungshaftanstalt Berlin NW 40, Alt-Moabit 12 a, ledig,

wegen Kanzelmißbrauchs und Vergehens gegen das Heimtückegesetz.

I.

Am 29. August 1941 hielt der Angeklagte in der St. Hedwigskirche eine Abendandacht, welcher zahlreiche Gläubige beiwohnten. Diese Andacht schloß er mit einem Gebet, in dem er u.a. erklärte: "Laßt uns nun beten für die Juden und die armen Gefangenen in den Konzentrationslagern, vor allem auch für meine Amtsbrüder". Hieran nahmen zwei Studentinnen, welche sich gerade in der Kirche befanden, Anstoß und erstatteten Anzeige.

II.

Etwa Mitte Oktober 1941 fand der Angeklagte auf seinem Schreibtisch ein gedrucktes Flugblatt vor, welches auf der Vorderseite die Aufschrift "Wenn Du dieses Zeichen siehst..." und darunter den Judenstern zeigte und auf den nächsten Seiten folgenden Inhalt hatte:

Der Angeklagte war sofort entschlossen, gegen den Inhalt des Blattes innerhalb seiner Gemeinde Stellung zu nehmen, und zwar in der Form der Vermeldung, d.h. einer Verkündung während des Gottesdienstes durch alle Geistlichen der St. Hedwigskirche. Zu diesem Zweck fertigte er folgenden Entwurf an, der bei seiner Festnahme am 23. Oktober 1941 vorgefunden wurde:

Vermeldung.
In Berliner Häusern wird ein anonymes Hetzblatt gegen die Juden verbreitet. Darin wird behauptet, daß jeder Deutsche, der aus angeblicher falscher Sentimentalität die Juden irgendwie unterstützt, und sei es auch nur durch ein freundliches Entgegenkommen, Verrat an seinem Volke übt.
Laßt Euch durch diese unchristliche Gesinnung nicht beirren, sondern handelt nach dem strengen Gebote Jesu Christi:
"Du sollst Deinen Nächsten lieben wie Dich selbst.".

Illegal in Berlin
Rolf Joseph

Als ich am 6. Juni 1942 von der Arbeit kam, sah ich schon den gefürchteten Möbelwagen vor unserem Haus. Da wußte ich Bescheid. Heiß und kalt ist mir geworden, denn um diese Zeit waren die Eltern immer zu Hause.

Ein Nachbar winkte mir zu, ich solle fortgehen – er war ein anständiger Mann. Aber ich konnte nicht anders: ich bin die Treppe hinaufgerannt und habe vor unserer Türe gehorcht. Ich hörte die Mutter laut weinen und eine fremde Männerstimme, die ihr drohte. Was konnte ich tun? In dieser Minute habe ich hundert verrückte Pläne gefaßt – aber es war ja alles unmöglich. Das wußte ich auch, und trotzdem stand ich da wie festgewachsen. Ich habe auf die Tür gestarrt und alles vor mir gesehen: Vater, der sich kaum rühren konnte, weil er schwer kriegsversehrt war, und Mutter, die angebrüllt wurde und vor Angst verging und an uns Jungens dachte. Dann habe ich Schritte im Korridor gehört. Da packte mich eine so entsetzliche Furcht, daß ich in großen Sätzen die Treppe hinunterjagte. Und so bin ich weitergelaufen über die Straße, bis ich keinen Atem mehr hatte und nur noch keuchte. In einem Torweg blieb ich stehen und stöhnte und weinte vor mich hin. Das habe ich getan – ich weiß nicht, was mit mir war! Helfen hätte ich ja nicht können, und Mutter war bestimmt froh, daß ich nicht hereingekommen bin. Aber trotzdem kann ich das nie vergessen, daß ich mich habe retten wollen, und die Eltern sind fortgeführt worden.

Ich traf meinen Bruder im Haus einer Bekannten, und wir gingen zusammen zu Freunden in Oranienburg, die uns schon früher Unterkunft versprochen hatten. Als wir nun ankamen, da hatten sie Angst und sagten, sie könnten uns nicht aufnehmen, weil Gestapoleute in der Nähe wohnten. Wir standen ratlos auf der Straße und wußten nicht, wohin. Zuerst kann man so einen Gedanken gar nicht fassen, daß man wirklich nirgends mehr eine Zuflucht haben soll! Selbst die Allerärmsten konnten früher wenigstens in ein Nachtasyl gehen, sie konnten irgendwo auf einem Strohsack nächtigen!

Wir hatten uns für das Untertauchen nicht viel vorbereiten können. Das einzige war: wir hatten etwas Geld. Eine Freundin von Mutter gab uns zweitausend Mark, die hatte ihr Mutter noch im letzten Moment zustecken können. Aber selbst mit diesem Geld hätten wir nicht den Mut gehabt, auch nur eine Nacht durchzuhalten, wenn wir gewußt hätten, daß dieses Leben drei volle Jahre dauern sollte.

Die ersten vier Monate waren wir obdachlos. Zum Glück war es Sommer. Wir haben uns ständig herumgetrieben. Hunderte von Illegalen lebten so wie wir. Man fuhr abends lange mit der S-Bahn herum, ewig in Angst vor einer Razzia, denn wir hatten ja nur unsere Kennkarte mit dem großen »J« und den Ausmusterungsschein von der Wehrmacht. Die Nächte verbrachten wir in Anlagen, im Wald, und wenn es sehr schlechtes Wetter war, in Bahnhofstoiletten. Einmal habe ich die Zeit verschlafen und wurde am Morgen von den Putzfrauen geweckt, die an der Tür rüttelten. Sie dachten, da hätte sich ein Betrunkener eingeschlossen, und bevor ich aufwachte, hatten sie schon einen Bahnbeamten geholt, der dann aufschloß. Ich spielte den Trunkenbold und torkelte hinaus. Niemand hielt mich an.

Mit dem Essen halfen wir uns so schlecht und recht durch; in den einfachen Kneipen bestellten wir »Stamm«, das war ein sehr mageres Eintopfgericht, für das man keine Marken brauchte. Es war auch dementsprechend, meist eine dünne Suppe. Hunger hatten wir immer! Wir bettelten uns von allen Bekannten das Essen zusammen und kauften manchmal für viel Geld etwas auf dem Schwarzen Markt. Damals war unser Freund Arthur schon mit uns, und wir blieben immer zusammen.

Bekannte von Mutter hatten uns an Mieze empfohlen. Ihr richtiger Name war Marie Burde. Sie war Zeitungsfrau und Ende der Vierzig. Sie lebte in einem Keller in der Tegeler Straße. Ihre Hilfsbereitschaft war großartig. Wir lebten nun zu vieren von ihrer einen Lebensmittelkarte. Zum Glück war sie Vegetarierin. Sie weigerte sich sogar, auf Betten zu schlafen, weil Federn etwas »Tierisches« waren. Sie selbst schlief auf Zeitungsstapeln. Sie verkaufte nämlich nur einen Teil ihrer Zeitungen, die anderen sammelte sie. Wäsche, Kleider und Bücher schonte sie für später, wenn sie im Altersheim sein und Zeit genug haben würde, sich hübsch sauber anzuziehen und in Ruhe zu lesen. Sie war ein ganz seltsames Wesen, dabei klug und von größter Güte. Sie sammelte leere Flaschen, Lumpen, rostige Nägel, jedes Fetzchen, jeden Abfallbrocken. In ihren kleinen Kellerraum konnte man kaum treten, so übervoll lag alles herum. Dort schliefen wir also zu vieren. Es wimmelte von Ungeziefer, und man konnte kaum atmen. Damit uns niemand von den Leuten im Hause sah, krochen wir schon morgens früh um fünf Uhr vorsichtig durch das Fenster auf die Straße hinaus und blieben bis in die Nacht fort. Bei starken Regengüssen verschliefen wir die trostlosen Stunden auf irgendeinem Lumpenbündel in Miezes Keller, hinter den aufgetürmten Zeitungsstapeln versteckt.

Natürlich waren wir ständig auf irgendeine Razzia gefaßt und hielten uns nach Möglichkeit von besonders gefährlichen Gegenden fern. Aber wir mußten ab und zu bestimmte Wege machen, um irgendwo Lebensmittel aufzutreiben. Ich ließ mir von der Mutter meines verstorbenen Freundes Paul Wagner dessen Kennkarte geben. Mit ihr fühlte ich mich etwas sicherer.

Eines Tages wurde ich in der Nähe des Bahnhofs Wedding von zwei Männern in Zivil angehalten. Sie wiesen sich als Militärstreife aus und verlangten meinen Ausweis. Dann sahen sie in einer Fahndungsliste nach und erklärten mich für verhaftet. Es gab nämlich noch einen lebenden Paul Wagner, der ausgerechnet Deserteur war, und die Beamten waren fest überzeugt, in mir den Gesuchten gefunden zu haben. Sie entsicherten ihre Revolver und führten mich sofort auf die Polizeiwache in der Lynarstraße. Jetzt hatte ich keine Wahl mehr. Ich wußte, wenn man mich für einen Deserteur hält, werde ich in jedem Fall erschossen. Also gestand ich die Wahrheit. Nun wurde ich in der »Grünen Minna« zum Alexanderplatz gebracht. Dort kam ich in einen großen Keller, wo Hunderte von Ausländern festgehalten wurden. Da wir fast nichts zu essen bekamen, blühte auch dort der Schwarzhandel zwischen den Gefangenen und den Wachtmeistern. Für ein Brot wurden goldene Armbanduhren gegeben.

Nach zwei Tagen brachten sie mich zur Vernehmung in die Dirksenstraße. Dort teilte ich die Doppelzelle mit einem jüdischen Mädchen, das gerade »geschnappt« worden war. Nur ein Eisengitter trennte uns voneinander. Die Arme verlor die Nerven. Ich mußte tatenlos mit ansehen, wie sie sich mit einer Rasierklinge die Pulsadern öffnete. Man trug sie blutüberströmt hinaus. Ich versuchte, dieses Bild loszuwerden, denn ich brauchte jetzt alle Energie, um das Verhör zu überstehen und keine Fehler zu machen. Oft genug hatte ich davon erzählen hören, was für raffinierte und unmenschliche Methoden die Nazis bei Vernehmungen anwendeten. Ich war fest entschlossen, nichts zu gestehen, was anderen schaden konnte.

Als ich dann in die Burgstraße gebracht wurde, wo das Hauptquartier der Gestapo war, hatte ich wenig Hoffnungen mehr. Dort wollten sie von mir durchaus wissen, wo und bei wem ich mich während der letzten Zeit aufgehalten hatte. Ich versicherte, daß ich wirklich ohne jedes Obdach gelebt hätte, aber das wollte niemand glauben. Ich sollte unbedingt Namen angeben, aber ich weigerte mich. Da führten sie mich in den Keller, banden mir Hände und Füße zusammen und schnallten mich über eine Holzkiste. Dann bekam ich mit einem Ochsenziemer fünfundzwanzig Hiebe auf das nackte Hinterteil. Ich mußte selber laut zählen.

Es war das erste Mal, daß ich am eignen Leibe die Nazimethoden erlebte. Die körperlichen Schmerzen waren groß, aber mehr noch litt ich unter der Tatsache, daß diese Verbrecher die Macht hatten, mich so zu demütigen. Doch ich war entschlossen, mich nicht unterkriegen zu lassen.

Darauf kam ich in das Altersheim in der Hamburger Straße, wo man uns Juden vor dem Abtransport sammelte. Man brachte mich in den Bunker 1, wo die »schweren Fälle« festgehalten wurden. Zuerst war ich allein, dann bekam ich noch fünf Gefährten. Sie hatten versucht, aus einem Deportationszug auszubrechen. Unser Bunker lag unter dem Hausflur und war etwa 1,20 m hoch. Fenster gab es nicht. Die Bedürfnisse mußten auf dem Kübel erledigt werden. Anfangs lagen wir auf der Erde, später bekamen wir Matratzen.

Vier Wochen blieb ich da, dann wechselte ich nach Bunker 6 hinüber, wo ich mit zwölf anderen Gefangenen zusammen war. Im Gegensatz zum ersten Bunker war dieser nicht verschlossen. Wenn kein SS-Mann zu sehen war, konnte man auf dem Korridor miteinander reden. Mit meinen Freunden im Bunker 1 konnte ich mich durch das Gitter verständigen. Wenn die Gestapo kontrollieren kam, so pfiffen die jüdischen Ordner, und jeder raste in seine Zelle zurück.

Wir sechs arbeiteten einen Fluchtplan aus. Wir hatten ausgekundschaftet, daß sich gegenüber von Bunker 1 ein unverschlossener Abstellraum befand, von dem eine Treppe zu einem Ausgang ins Freie führte. Die Tür hatte nur ein einfaches Stahlschloß. Oft kamen Klempner in den Keller, um die Toilettenrohre zu reparieren. Das gab uns Gelegenheit, ein paar Werkzeuge zu entwenden. Außerdem schmuggelte einer der Ordner ein Brot zu uns herein, in dem ein Dietrich und ein Schraubenzieher verborgen waren.

Noch etwas anderes machte uns Sorgen. Wir mußten damit rechnen, daß uns ein Ordner anzeigen würde, um nicht selbst bestraft zu werden. Eine jüdische Krankenschwester wollte uns helfen. Sie übernahm es, ein Schlafmittel zu besorgen und es den Ordnern in den Kaffee zu tun. Sie war in Haft, weil sie einen SS-Mann geschlagen hatte, aber da sie sehr hübsch war, hatte sie bei SS-Oberscharführer Duberke einen Stein im Brett und genoß viele Freiheiten. Es gelang ihr auch wirklich, das Schlafmittel zu ergattern. Aber es tauchte eine neue Schwierigkeit auf. Der Schäferhund von Duberke schlief im Keller, und wir hofften nur, er würde nicht bellen.

Die Nacht der Flucht kam. Die Schwester tat das Schlafpulver in den Kaffee, und alles verlief planmäßig. Die Ordner schliefen, der Hund rührte sich nicht. Es gelang mir, die Tür von Bunker 1 mit dem Dietrich zu öffnen. Dann machten wir die Tür des Abstellraumes auf, indem wir einfach das Schloß herausnehmen. Wir schnitten die Telefon- und Alarmdrähte durch und rannten los.

Niemand von uns hatte daran gedacht, daß die ganze Hamburger Straße nachts angestrahlt wurde. Draußen standen überall Wachtposten. Als die ersten von uns die Straße betraten, brüllte der Posten sofort: »Sie brechen aus!« Ich kam als letzter heraus, der Posten stürzte sich auf mich, und wir fielen beide die Treppe hinunter. Aber auch meine Kameraden wurden alle schnell eingefangen. Am nächsten Abend waren wir alle wieder in Bunker 1 beisammen. Jeder bekam fünfundzwanzig Hiebe, und Duberke entschied, daß wir in Handschellen auf Transport gehen sollten. Unsere Lage hatte sich also bedrohlich verschlechtert.

Nach acht Wochen war der Transport endlich zusammengestellt; wir wurden diesmal wirklich mit Handschellen aneinandergefesselt. Da ich der Letzte war, blieb mir eine Hand frei, und es gelang mir, mit dieser beweglichen Linken aus dem Transportauto eine Kneifzange zu entwenden, die ich in einem Werkzeugkasten entdeckte. Auf dem Bahnhof Putlitzstraße wurden wir zu achtundvierzig Mann in einen französischen Eisenbahnwaggon gepfercht. Da waren Männer, Frauen und Kinder – eine trostlose und verzweifelte Gemeinschaft!

So rasten wir durch die Nacht. Es war ein furchtbarer Lärm, weinende Frauen und Kinder und das laute Gerüttel des Zuges. Wir sechs Kameraden ließen uns aber von dem Jammer und der allgemeinen Hoffnungslosigkeit nicht unterkriegen. Ich nahm die Kneifzange aus meinem Schuh und fing an, uns die Handschellen aufzuknipsen. Es war keine leichte Arbeit, aber nach einigen Stunden hatten wir es geschafft. Wir überlegten, was wir nun tun könnten. Endlich entdeckten wir, daß die eine Waggonseite gegen den Puffer keine Eisenstangen hatte. Zuerst mußten wir die jüdischen Ordner einschüchtern, die Angst hatten, unsertwegen zur Verantwortung gezogen zu werden. Dann traten wir mit unseren Stiefeln die ungesicherte Waggonwand ein, so daß man herausspringen konnte.

Inzwischen war es dunkel geworden. Wir befanden uns in der Gegend von Lübbenau, etwa achtzig Kilometer von Berlin. Wir wußten, daß es um unser Leben ging; also faßten wir uns ein Herz. Ich sprang als erster! Nur wir sechs haben es gewagt, die anderen fanden nicht den Mut dazu, obwohl sie ahnten, was sie erwartete.

In hohem Bogen flog ich über die Böschung, meine Kameraden folgten mir. Kaum waren wir draußen, als die Wachmannschaften scharf zu schießen begannen. Die ganze Strecke wurde mit Leuchtkugeln erhellt. Aber niemand von uns wurde verletzt, und glücklicherweise hielt der Zug nicht an. Ich war auf Hände und Knie gefallen und hatte nur einige Schrammen und Prellungen abbekommen. Ein Mann hatte sein Bein gebrochen, ein anderer seinen Arm. Wir mußten versuchen, möglichst rasch von der Bahnstrecke fortzukommen. Wir blieben kurze Zeit liegen, noch halb betäubt vom Sprung, dem Schießen und Geschrei. Wir krochen ein Stück, liefen weiter, blieben wieder atemlos liegen und begannen von neuem zu rennen, bis uns der Wald aufnahm und wir verschnaufen konnten.

Aber der schwierigste Teil der Flucht lag noch vor uns. Wir beschlossen, uns in Zweiergruppen nach Berlin durchzuschlagen. Unser Kamerad mit dem gebrochenen Bein lief, gestützt auf den anderen, so gut er konnte. Am Tage versteckten wir uns im Wald und in Scheunen, und nachts wanderten wir weiter, ohne Essen, denn wir wagten niemand anzusprechen und um Brot zu bitten. So kamen wir bis zum Spreewald. Da konnten wir wegen der vielen Wasserläufe nicht weiter.

Die Feldgendarmerie durchsuchte die ganze Gegend mit Polizeihunden nach uns. Nacheinander sind wir ihnen alle in die Arme gelaufen! Zwei Tage saßen wir im Polizeigefängnis von Lübben; dann brachte man uns gefesselt im Extra-Abteil nach Berlin. Am Schlesischen Bahnhof stand Duberke persönlich mit seinem Stabe zu unserem Empfang bereit. Was in uns vorging, läßt sich nicht beschreiben!

Zunächst fuhr man uns zur Gestapo in die Burgstraße. Wieder bekamen wir fünfundzwanzig Hiebe. Dann mußten wir in die Hamburger Straße zurück, und dort wurden wir von neuem geprügelt. Man schlug mir mit der Peitsche ins Gesicht. Kurz darauf bekam ich plötzlich hohes Fieber. Wahrscheinlich lehnte sich mein Körper gegen all diese Aufregungen und Strapazen auf. Mein Zustand gab mir einen unerwarteten Einfall: ich zerkratzte mich furchtbar und behauptete, ich hätte Scharlach. Ich wußte, daß die SS vor ansteckenden Krankheiten die größte Angst hatte. Der dortige Arzt stellte dann auch Scharlach fest, und ich wurde auf einer Bahre gefesselt in das Lazarett des Polizeigefängnisses in der Iranischen Straße eingeliefert. Ich spielte also weiter den Schwerkranken.

Nach etwa zwei Wochen erfuhr ich durch die jüdische Krankenschwester, daß ich demnächst in die SS-Kaserne in Lichterfelde gebracht werden sollte, um dort erschossen zu werden. Ich entschloß mich, noch einmal eine Flucht zu wagen. Der Tod war mir jetzt gewiß – ich hatte nichts zu verlieren. Ein Kamerad und ich überredeten die Krankenschwester, uns Hosen zu verschaffen.

Wir hatten auch keine Schuhe und trugen Hemden mit dem Aufdruck: »Jüdisches Polizei-Gefängnis«, den wir nicht beseitigen konnten. Wir zogen daher die Hemden links herum an, damit die Schrift nicht lesbar war. Ein großes Problem waren die vergitterten Fenster. Mit einem nassen Handtuch und einem Holzscheit als Hebel bog ich je zwei Gitterstäbe so zusammen, daß wir uns mit größter Mühe hindurchzwängen konnten. Unsere Krankenzelle lag im zweiten Stock – unten war der steinerne Asphalt. Es war ein Sprung ins ungewisse, aber vielleicht in die Freiheit.

Erich sprang zuerst. Ich wartete mit hämmerndem Herzen. Dann sah ich zwei Posten zum Haupteingang des Gefängnisses laufen. Sie ließen ihre Motorräder an und fuhren hinter ihm her. Erich konnte noch nicht weit gekommen sein. Ich blickte hinunter, der Hof war leer. Ich hatte einen schrecklichen Moment der Unentschlossenheit. Beobachteten sie den Hof jetzt besonders scharf oder war ihre Aufmerksamkeit abgelenkt? Ich wußte es nicht. Ein starker Lebenswille erwachte in mir – und ich sprang.

Mit furchtbarer Wucht prallte ich unten auf die Steine und fühlte einen stechenden Schmerz im Rückgrat. Obwohl ich wie gelähmt war, lief ich, von Todesangst getrieben, weiter. Ich kletterte über die Mauer und ließ mich auf die Straße hinunter. Es gelang mir, auf eine vorüberfahrende Straßenbahn zu springen. Ich handelte völlig unbewußt und nur aus einem dumpfen Instinkt heraus.

Ich stand neben dem Fahrer. Niemand beachtete meinen seltsamen Aufzug; ich war in Strümpfen. Vielleicht dachten sie, ich wäre ausgebombt. Ich verschränkte die Arme über der Brust, um den verräterischen Stempel zu verdecken, der immer noch durchschien. Es war Sommer, und viele Menschen trugen nur Hemd und Hose. Die Straßenbahn war überfüllt, und der Schaffner bemerkte mich zum Glück nicht. In der Tegeler Straße sprang ich ab.

Mein Bruder, Arthur und Mieze hatten mich längst verloren geglaubt. Unsere Freude war unbeschreiblich, aber ich mußte mich sofort hinlegen; mein Körper versagte.

Einen Arzt wagten wir nicht zu holen. Ich konnte nicht mehr gehen, wahrscheinlich hatte ich das Rückgrat verletzt. So blieb ich drei volle Monate im Keller liegen – auf Miezes Zeitungsstapeln. Mein Bruder sah nach mir und massierte mich mit großer Vorsicht. Es war keine leichte Zeit für uns alle, denn wir lebten in unsagbarem Schmutz, ohne frische Luft und ausreichende Ernährung.

Als ich das erste Mal wieder ausgehen konnte, machte ich mich gleich auf die Suche nach Lebensmitteln. Drei Monate hindurch war ich den anderen zur Last gefallen. Ich ging nach Heiligensee, wo ich etwas Essen auftreiben wollte. Unterwegs traf ich einen Arbeitskollegen von früher, den ich als anständigen Menschen zu kennen glaubte. Er wußte, daß ich zu den Verfolgten gehörte und fragte mich teilnehmend nach meinem Schicksal. Ich hatte Vertrauen und schilderte meine Flucht aus dem Gefängnislazarett. Es war ja wichtig, neue Beziehungen anzuknüpfen. Er versprach mir, für den nächsten Tag Lebensmittel zu beschaffen.

Ich ging auch wie verabredet zu ihm in die Wohnung. Er empfing mich ganz freundlich, aber es kam mir etwas sonderbar vor, daß er sofort wegging und mich bat zu warten. Ich dachte: Vielleicht holt er nur die Sachen schnell herauf. Ich wollte nichts anderes denken. Aber als er nicht wiederkam, wurde mir doch sehr unbehaglich. Ich stand auf und ging schon unschlüssig zur Tür, um doch lieber fortzugehen. Da kam er zurück – in Begleitung von zwei Kriminalbeamten! Mir blieb das Herz stehen – diesmal gab es keine Rettung! Ich war körperlich und seelisch noch viel zu schwach, um irgendeinen Fluchtversuch zu machen. Sie stellten keine Fragen – sie waren ja genügend informiert durch die Aussagen meines Kollegen. Sie nahmen mich zwischen sich, und wir machten uns auf den Weg zum Polizeirevier.

Nach hundert Metern blieb ich stehen. Es kam mir kaum zu Bewußtsein, was ich unternahm. Ich sagte leise zu ihnen: »Macht mit mir, was ihr wollt! Knallt mich hier auf der Straße nieder! Aber ich gehe nicht mit! Ihr könnt mit mir tun, was ihr müßt! Ich gehe nicht mit, keinen Schritt weiter! Lieber sterbe ich sofort, es ist genug.«

Sie entsicherten ihre Revolver und standen dicht vor mir. Auch ich rührte mich nicht und sah sie nur stumm an. Um mich herum brauste die Straße mit ihrem Lärm und ihrer Bewegung, aber mir erschien alles so unwirklich, daß ich nicht einmal fähig war, Angst zu empfinden. Ich wußte nur eines: Es sollte ein Ende nehmen. Ich hatte genug.

Eine endlose Zeit verging – wahrscheinlich war es in Wirklichkeit noch keine Minute. Aber mir schien in diesem Augenblick mein ganzen Leben vorüberzuziehen. Ich wollte nicht mehr, und ich konnte nicht mehr! Der eine Beamte sagte ganz leise zu seinem Kollegen: »Wollen wir ihn laufenlassen?«

Ich begriff noch nichts und starrte die beiden nur an.

Der andere zuckte die Achseln: »Von mir aus. Aber er darf sich nie wieder bei dem Kerl da oben sehen lassen, wo wir ihn eben geholt haben! Sonst haben wir Schwierigkeiten!« Ich konnte nur nikken. Wenn ich versucht hätte zu reden, so wäre es ein Schrei geworden.

Ich drehte mich um und ging ganz langsam die Straße hinunter; ich war wie im Traum. Eine Stunde später war ich wieder daheim – in Miezes Keller. Ich fiel auf die Zeitungsstapel und verlor das Bewußtsein.

Die »Fabrik-Aktion«
Kurt Lindenberg

Am Morgen des 27. 2. 1943 stand ich, wie gewöhnlich, an meiner Drehbank in der Judenabteilung unserer Fabrik in der Leibnizstraße. Diese Abteilung, die einstmals aus fünfundzwanzig Leuten und einem arischen Meister bestanden hatte, war infolge der Deportation auf nur noch neun Leute zusammengeschrumpft. Etwa gegen viertel neun kam der Meister, ein Bayer, in die Werkstatt heraus und teilte uns mit, daß soeben die Betriebsleitung von der Abteilung Turmstraße angerufen und durchgesagt hätte, daß keiner von uns seinen Platz verlassen dürfte und daß sie sofort herüber kämen. Er selbst, der Meister, habe nicht die geringste Ahnung, was eigentlich los sei, ob wir vielleicht etwas angestellt hätten. Kopfschüttelnd verschwand er wieder in seinem Büro. Die nun unter uns aufkommenden Vermutungen, was das zu bedeuten habe, wurden innerhalb von zwei Minuten zur Gewißheit, als »der Dicke« wieder aus seinem Büro herauskam, um uns zu sagen, daß anscheinend die ganze Abteilung Turmstraße verrückt geworden sein müßte. Soeben habe der Lagerverwalter aus der Turmstraße angerufen und nur kurz gesagt: »Die Karabiner kommen.« Worauf er sofort wieder abgehängt habe. Wir erklärten unserem Meister, wenn er es nicht wüßte, was das alles zu bedeuten habe, wüßten wir es erst recht nicht. Als der Mann wieder im Büro verschwunden war, ging ich sofort in die Garderobe, wo ich aus meinem Mantel alles Mitnehmenswerte herausnahm und zu mir steckte. Der Lagerverwalter aus der Turmstraße war nämlich bei uns Arbeitern aus der Abteilung »J« als ein überaus anständiger Mensch bekannt, und es bestand für mich gar kein Zweifel, daß er uns hatte warnen wollen. Es war tragisch zu sehen, wie die Kollegen nun versuchten, gleichmütig auszusehen. Es hatte ihnen ja noch niemand gesagt, daß sie jetzt abgeholt werden sollten. Keiner erwähnte mit nur einem Wort das, was allem Anschein nach in den nächsten Minuten eintreffen sollte – als wenn sie es dadurch verhindern könnten. Einer, ein neunundsechzig Jahre alter Mann, der mir schon am frühen Morgen gesagt hatte, daß ich im Laufe der nächsten Woche zu einem in der Turmstraße arbeitenden jüdischen Kollegen in die Wohnung gehen sollte, um mir Kartoffeln von ihm abzuholen, kam jetzt wieder zu mir und sagte mir das Ganze noch einmal, so als ob wir noch gar nicht darüber gesprochen hätten. Dabei sah er quittegelb aus im Gesicht. Man sah ihm an, daß er sich einzureden versuchte: es wird gar nichts sein; er wird nächste Woche zu Felix gehen und sich die Kartoffeln holen, und alles wird so sein wie bisher; es *muß* alles so sein wie bisher!

Nachdem ich Portemonnaie, Brieftasche und Füllfederhalter in meinen Hosentaschen untergebracht hatte, ging ich zunächst an meine Maschine zurück und arbeitete weiter. Ein großes Tempo legte ich dabei nicht mehr zutage, denn ich achtete hauptsächlich darauf, daß die Toilette frei wurde. Sie befand sich auf dem Korridor, an dem auch die Eingangstür der Treppe lag, so daß man von dort aus beobachten konnte, wer ins Haus kam. Außerdem führte vom Toilettenraum eine Feuerleiter an der Hauswand entlang zum Hof. Diese Leiter sah ich aber nur als letzten Ausweg an, da man auf ihr von den Bewohnern der gegenüberliegenden Häuser gesehen werden konnte. Keine drei Minuten nachdem ich endlich im Toilettenraum »Posten beziehen« konnte, ging die Türklingel. Der Meister öffnete, und ich hörte eine Stimme: »Heil Hitler, sind alle Leute auf ihrem Platz?« »Ja!« sagte der Meister, ziemlich überrascht. »Gut«, sagte die Stimme. »Wir müssen abholen.« »Wen?« fragte der Meister. »Alle«, kam die knappe Antwort. Und weiter: »Sie kommen jetzt mit mir ins Büro, wir müssen telefonieren!« Ich hörte die Schritte mehrerer Leute, die im Büro verschwanden, und dann war es still auf dem Korridor – und totenstill in der Werkstatt.

Als man nun im Büro jemanden telefonieren hörte, sagte ich mir, daß »es« jetzt losginge. Unwiderruflich. Um keinen Verdacht zu erregen, zog ich die Wasserspülung, öffnete die Tür und – stand einem unverkennbaren Gestapobeamten gegenüber. Der Mann hatte offensichtlich die Eingangstür zu bewachen. Er schrieb dabei in einem Notizbuch, ließ aber den Bleistift bei meinem Erscheinen sinken und sah mich prüfend an. Ich ging an ihm vorbei, wie eben ein Mensch geht, der keine übermäßige Eile hat, wieder an seine Arbeit zu kommen. Als ich die Werkstattür öffnete, erschrak ich über den Ausdruck in den Gesichtern meiner Kameraden. Sie hatten die Tür gehen hören, hatten aber nicht verstehen können, was gesprochen wurde und starrten mich nun mit fragenden, entsetzten Augen an. Ich dachte an den Mann auf dem Korridor und sagte kein Wort, sondern ging an meine Drehbank und schaltete den Motor ein. Im Büro sollte der Eindruck entstehen, daß draußen alles in Ordnung war. Die Ruhe in der Werkstatt hätte leicht Verdacht erregen können. Dann ging ich um die laufende Maschine herum und zog meinen Schlüssel zur Hintertür aus der Tasche. Da wußten es alle. »Wenn L. seinen Schlüssel zieht, dann ist es soweit.« Im Vorübergehen sah ich, wie mich einer von ihnen mit einem unglaubwürdigen Lächeln ansah. Ich weiß bis heute nicht, warum er so gelächelt hat, aber der Eindruck ist unverlöschlich. Ich ging in den nächsten angrenzenden Raum, der leer war, und schloß die Tür hinter mir. Meine Maschine lief.

Bis jetzt war ich langsam gegangen, nun begann ich zu laufen. In Sekunden war ich an der Hintertür, schloß auf und verschloß die Tür von der Treppenseite wieder. Die Treppe lief ich nicht hinunter; ich sprang. Ich mußte damit rechnen, daß meine Flucht bereits entdeckt war und die Verfolger den kürzeren Weg über die Vordertreppe nahmen, um mich an ihrem Ausgang, den ich passieren mußte, abzufangen. Ich lief über den zweiten Hof, auf den die Hintertreppe mündete, passierte eine Durchfahrt, vorbei am unbesetzten Ausgang der Vordertreppe, und lief über den ersten Hof. Ich wollte eben in die Durchfahrt zur Straße einbiegen, als mir ein Auto, das ebenfalls auf die Straße wollte, den Weg versperrte und mich so zwang, langsam zu gehen. Im gleichen Augenblick sah ich, daß das mein Glück war. Vor der Durchfahrt, auf der Straße, stand ein Lastwagen, bewacht von zwei SS-Sturmmännern mit Karabiner und aufgepflanztem Bajonett. Das hätte ich vorher nicht wissen können. Die Ehre einer derartigen Bewachung bei der Deportierung hatte man den Juden bisher noch nicht erwiesen. Die Mitteilung des Lagerverwalters, daß »die Karabiner kommen«, hatte ich lediglich für eine Warnung in möglichst deutlicher Form gehalten, aber nicht wörtlich genommen. Wäre ich durch die Durchfahrt gelaufen, wäre ich wohl kaum heil auf die Straße gekommen. Ich mußte mich wohl oder übel entschließen, langsam vor mich hinpfeifend, die eine Hand lässig in der Rocktasche, auf die Straße hinauszuschlendern, wie einer, der während der Arbeitspause einmal kurz telefonieren gehen will. Die SS-Leute sahen mich prüfend an, aber da ich keinen Stern trug und ihnen sonst weiter nicht verdächtig vorkam, ließen sie mich passieren. Im Vorübergehen sah ich meine jüdischen Kollegen aus der Abteilung Turmstraße im Innern des Wagens hocken. Sie alle sahen mich. Wenn einer von ihnen ein Wort gesagt hätte, wäre ich verloren gewesen. Wie sie so dasaßen, am Boden des Wagens, mit ihren blauen, schmutzigen Monteuranzügen und den gelben Judensternen, sahen sie zum Erbarmen aus.

Ich hatte nun noch etwa hundert Meter bis zur nächsten Straßenecke zu gehen. Dabei war ich in klarer Sicht für die SS-Leute und mußte daher genauso langsam gehen, wie ich aus dem Haus gekommen war. Wenn meine Flucht da bemerkt worden wäre – ein bequemeres Schußziel als mich hätte man sich schwer vorstellen können. Aber es geschah nichts. Ich kam heil um die Ecke. Sobald ich außer Schußweite war, begann ich zu laufen. Als ich da nun ohne Mantel und Jackett, lediglich im Arbeitsrock über die Straße lief, wie ich oft gelaufen war, wenn ich während der Werkpause schnell etwas einkaufen wollte, kam es mir plötzlich zum Bewußtsein, daß ich nicht mehr zur Arbeit zurückkehren konnte, daß ich jetzt kein Zuhause mehr hatte, daß es jetzt keine Eltern mehr gab und daß nun ein scharfer Kampf mit Gangstermitteln gegen Gangster beginnen würde.

Um eventuelle Verfolger abzuschütteln, schlug ich zweimal einen Haken durch Seitenstraßen und lief zum Stadtbahnhof Savignyplatz. Ich erwischte einen Zug im Augenblick des Ausfahrens, fuhr mit ihm eine Station weiter bis Bahnhof Zoo und rief von dort einen alten arischen Freund an. Ein paar harmlose und vorher verabredete Worte am Telefon genügten. Zwanzig Minuten nachdem ich die Fabrik verlassen hatte, wusch ich mir in seiner Wohnung den letzten Maschinenschmutz von den Fingern. Es fehlten genau zehn Tage, um die sechs Jahre vollzumachen, die ich in dieser Fabrik gearbeitet hatte. Später erfuhr ich, daß mein Vater am selben Vormittag von seinem Arbeitsplatz in einer Waffenfabrik in Treptow deportiert worden war, während die Osram-Fabrik in Reinikkendorf, in der meine Mutter arbeitete, von der Gestapo vergessen worden war. Meine Mutter wurde erst in der Nacht vom 5. März 1943 von zu Hause abgeholt, als die Gestapo auf alle bis dahin vergessenen Juden Jagd machte. Meinem Vater gelang es, seinem Bruder, der in Mischehe lebte und in Berlin bleiben durfte, eine Postkarte zu schicken. Die Karte kam aus Auschwitz und war datiert vom 1. März 1943. Wo meine Mutter geblieben ist, habe ich nie erfahren ...

Das Ende einer Gemeinde
Eine Krankenschwester berichtet

Im Oktober 1941 wurde der erste Berliner Transport zusammengestellt. In der Folge fuhren laufend Transporte zu je 1000–1500 Mann in Abständen von drei bis sechs Wochen. Als Sammellager diente die Synagoge Levetzowstraße. Dem jüdischen Hilfspersonal wurde strengste Schweigepflicht auferlegt. Die Einberufung zum Transport erfolgte etwa eine Woche vor dem Stellungstermin im Lager, der Abgang des Transportes wenige Tage danach; wenn keine Waggons zur Verfügung standen, nach Wochen.

Pro Person waren fünfzig Kilogramm Gepäck zugelassen, das je nach Laune der Gestapo mitkam oder zurückblieb. Der Abtransport erfolgte durch das jüdische Hilfspersonal unter strengster Aufsicht der Gestapo und SS. Peitschenhiebe, Ohrfeigen und Fußtritte waren an der Tagesordnung. Die Menschen fuhren in versiegelten Viehwaggons, ohne Abtrittsmöglichkeit, ohne Reiseproviant und Wasser. Das Ziel war unbekannt.

Beim Abtransport hatte man alles Schriftliche, vom Geburtsschein bis zum gelben Fahrtausweis, abzugeben. Der Abwandernde mußte eine eidesstattliche Erklärung unterschreiben, daß sein Vermögen und sein Besitz dem Staat gehöre. Die Wohnung wurde versiegelt.

Es war ein schreckliches und erschütterndes Bild, an Sammeltagen die Juden familienweise, vom Vater bis zum Jüngsten, mit Rucksäcken und Decken beladen, begleitet von den weinenden Freunden und Verwandten, zur Sammelstelle gehen zu sehen. Da man die Einberufung eine Woche vor dem Stellungstermin erhielt, war jedoch genügend Zeit, bei arischen Freunden unterzutauchen, eine Flucht ins Ausland zu versuchen oder Selbstmord zu begehen. Zu Transportzeiten war das Jüdische Krankenhaus meist derartig mit Selbstmördern überbelegt, daß wir lange Bettreihen auf den Korridoren aufstellen mußten. In einer Nacht hatten wir bis zu dreißig Einlieferungen. Die Leute, die wir ins Leben zurückrufen konnten, mußten wir nach ihrer Genesung oder auch schon vorher direkt ins Sammellager überstellen.

Bald ging die Gestapo dazu über, die Transportteilnehmer nur noch einen Tag vor dem Sammeltermin zu verständigen. Als auch dann noch Hunderte von Personen nicht erschienen, holte man im letzten Moment völlig unvorbereitete Menschen aus den umliegenden Wohnungen oder griff jüdische Passanten von der Straße auf, um die Zahl voll zu machen. Von Polizei, SS, Gestapo und einer zu diesem Dienst gezwungenen jüdischen Ordnergruppe wurden die Leute in den Abendstunden aus den Wohnungen geholt. Sie hatten eine halbe Stunde zum Packen und Vorbereiten, immer noch Zeit genug, um in der Toilette Blausäure zu nehmen oder sich aus dem Fenster zu stürzen. Oft wurden die Familien auseinandergerissen, da manche Fabriken ihre jüdischen Arbeiter nicht freigaben.

Viele Juden versuchten, ihren Begleitpersonen auf dem Weg von der Wohnung ins Lager zu entwischen. Man schoß während der Verfolgungsjagd erbarmungslos auf sie und prügelte sie blau, wenn man sie einholte. Entwischte einem Ordner ein zur »Abwanderung« bestimmter Jude, so mußte er selbst statt dessen in den Transport eintreten. Oft genug erlebten wir auch, daß es am Bahnhof einem SS-Mann plötzlich einfiel, ein paar der Ordner, die dort Hilfsdienst taten, so, wie sie da am Zug arbeiteten, in ein Abteil zu stecken und mit fortzuschicken.

Wehe dem Ordner, der sich erwischen ließ, wenn er harmlose Abschiedsbriefchen, ein letztes Butterbrot oder ein paar warme Strümpfe in das Lager schmuggelte. Er kam, so wie er da stand, nach gehörigen Prügeln in den Arrest und bei Abgang des Zuges in ein besonders versiegeltes Abteil. Nach den ersten derartigen Ereignissen hatte jeder Ordner an einer versteckten Stelle im Sammellager seinen gepackten Rucksack stehen. Die Familie zitterte, bis er nach dem Dienst lebend und unverletzt wieder zu Hause war.

Eines Tages im August 1942 erhielten wir um acht Uhr abends den Befehl, uns sofort im Gemeindegebäude Oranienburger Straße einzufinden. Dort angekommen, teilte uns die Gestapo mit, daß ein Transport von Waisenkindern abgehen solle. Da die erforderliche Anzahl nicht allein aus den Heimen gedeckt werden konnte, sollten wir sofort auch jene Kinder abholen, die sich in Privatpflege befanden, und sie im Sammellager einliefern. Wir jungen jüdischen Mädchen sollten jüdische Kinder abholen! Ich war damals zwanzig Jahre alt. Wir bekamen einen allgemeinen Fahrtausweis und eine Liste mit vier bis fünf Adressen. Man stellte uns die Frist, die Kinder bis zum nächsten Morgen um vier Uhr abzuliefern.

Wir machten uns jeweils zu zweien auf diesen schweren Weg und suchten im Dunkeln die Hausnummern ab. Da die Berliner Häuser um neun Uhr geschlossen werden, mußten wir zuerst den Hauswirt wecken und unsere Ausweise vorzeigen. Die Wohnungstüren der Juden wurden uns erst nach wiederholtem Klingeln und Klopfen geöffnet, denn es war die berüchtigte Stunde der Abholungen, wo die Familie bei jedem Klingeln blaß wird und die Frau schon die Rucksäcke hervorholt, während der Mann die Tür öffnet.

Wenn die Leute sahen, daß wir auch den Stern trugen, atmeten sie auf. Aber was für schreckliche Szenen erlebten wir, wenn wir den Grund unseres Kommens gesagt hatten! Ich werde nie vergessen, mit welchem unbeschreiblichen Gesichtsausdruck ein kleiner Junge seine Pflegeeltern fragte: »Seid ihr denn nicht meine richtigen Eltern?« Und wie ein andermal ein altes Ehepaar herzzerbrechend weinte, als es seine sechzehnjährige Pflegetochter hergeben sollte, die von Geburt an bei ihnen war und ihnen Glück und Freude ins Haus gebracht hatte.

Bei diesem Transport hatte ich auch noch Schwesterndienst im Lager. Es war furchtbar, als Jude den eigenen Glaubensgenossen die letzten Hilfsdienste zu erweisen, sie an den Güterzug zu bringen und tatenlos zusehen zu müssen, wie sie von der SS mißhandelt wurden.

Der Winter 1942/43 war die schrecklichste Zeit, die ich je erlebt habe. Ich glaube, in Berlin gab es in dieser Zeit keinen Juden mehr, der nicht seinen Rucksack fertig gepackt bereitstehen hatte. In den Abendstunden fuhren SS-Autos und von der SS gemietete Möbelwagen durch die Stadt. Sah man irgendwo die bekannten Autos vor einem Haus stehen oder durch die Straßen fahren, lief man fort, so schnell und unauffällig man nur konnte. Wenn es dazu zu spät war, verdeckte man, so gut es ging, den Stern oder riß ihn ab, obwohl es streng verboten war und mit dem Abtransport bestraft wurde. Das Risiko, ohne Stern zu gehen, wenn man seine dringendsten Wege erledigen wollte, war zu dieser Zeit gering im Vergleich zu der sicheren Gefahr, als Sternträger auf der Straße angehalten und ohne Familie, ohne Gepäck in das SS-Auto verladen und auf Transport geschickt zu werden.

Noch gefürchteter waren die Häuserrazzien. Sobald das Auto hielt, umstellten SS-Männer den ganzen Block, so daß es unmöglich war zu entkommen. Während der Razzia durfte auch kein »Arier« hinein oder heraus. Je zwei SS-Männer gingen, mit Pistolen bewaffnet, in die Wohnungen, die durch den Stern an der Tür gekennzeichnet waren, und nahmen nach wüsten Durchsuchungen alle Menschen mit, die sie vorfanden. Lebensmittel, Geld und Wertgegenstände steckten sie ein. Was sie nicht mitnehmen konnten, schlugen sie kurz und klein, obwohl doch alles »deutsches Staatseigentum« war. Die Wohnungen wurden versiegelt, die Menschen in das Möbelauto verladen, und die Fahrt ging zum nächsten Wohnblock. Wenn das Auto so voll war, daß selbst ein SS-Mann niemand mehr hineinpressen konnte, wurden die Leute im Sammellager abgeladen, und das leere Auto holte neue Opfer. An manchen Tagen fuhren bis zu dreißig Wagen durch Berlin. Wir, die Dienst im Lager taten, hatten einen traurigen Hochbetrieb und wußten nicht, wem von den Armen wir zuerst helfen und was wir ihnen als Trost sagen sollten, wenn sie um ihre Männer und Söhne weinten, die während der Razzia noch in der Fabrik waren und nun zu Hause sicher vor der versiegelten Wohnungstür standen.

Am 26. Februar 1943, es war Freitagabend, saßen wir gerade im Schwesternheim bei Tisch, als der Befehl kam, sechzehn Schwestern hätten sich am nächsten Morgen um sieben Uhr in Tracht im Sitzungssaal zu melden. Leider wurde auch ich bestimmt.

Am Sonnabend warteten wir in völliger Ungewißheit den ganzen Vormittag bis zwölf Uhr. Niemand wußte etwas Bestimmtes. Endlich sickerte durch, daß die berüchtigten Autos aus allen Fabriken Berlins die dort noch arbeitenden Juden abholten und sie in acht von der Gestapo in aller Eile leer gemachte Lager, wie Kasernensäle, Pferdeställe und ein ehemaliges Kino, brachten. Gegen zwei Uhr wurden wir zum Hilfsdienst auf die verschiedenen Lager verteilt. Wir bekamen unsere Fahrtausweise und rote Armbinden, die uns auf der Straße schützen sollten, und fuhren jeweils zu zweien los.

Klara und ich waren für den Pferdestall der Kaserne in der Rathenower Straße eingeteilt. Als wir ankamen, waren schon etwa 800 Menschen da, hungrig, frierend in ihren dünnen Arbeitskitteln, wie sie aus der Fabrik geholt worden waren. Die schlimmsten Gerüchte schwirrten herum. Die Mütter schrien nach ihren Kindern, die zu Hause auf sie warteten; die Männer bangten um ihre Frauen, die in anderen Fabriken arbeiteten; die jungen Menschen weinten und klagten um die alten Eltern, die hilflos zu Hause saßen. Es herrschte eine unbeschreibliche Panikstimmung. Die Menschen waren vor Angst um ihre Angehörigen halb von Sinnen. Sie baten um einen Abtritt, um einen Schluck zu trinken, um ein bißchen Stroh, damit sie sich hinsetzen konnten, denn sie standen schon seit Stunden auf dem schmutzigen, feuchten Lehmboden des Pferdestalles.

Mit uns zusammen waren zehn Ordner gekommen, die als erstes eine Abtrittgrube im Hofe schaufelten, da die Juden ja nicht die Toiletten der Kaserne benutzen durften. Dann schafften sie Stroh herbei, beruhigten die Menschen, so gut es ging, und wiesen ihnen Plätze zu.

Unterdessen hatten der jüdische Arzt und wir die Aufgabe, die immer neu ankommenden SS-Autos abzuladen und die vor Angst zitternden Menschen in den Stall zu führen, während die SS mit aufgepflanzten Gewehren zusah und uns fotografierte. Ohne Unterbrechung liefen die SS-Wagen mit immer neuen Verhafteten ein. Nie werde ich das entsetzliche Bild vergessen, das sich uns bot, als wir den Verschlag eines dieser Autos öffneten. Eine ältere Frau fiel uns blutüberströmt, ohnmächtig in die Arme. Hinter ihr taumelte ein vielleicht siebzehnjähriges Mädchen vom Wagen, dem das Blut über das Gesicht lief. Ihm folgte ein Mann, der aus einer Beinwunde blutete. Er stützte seine Frau, deren Kleid völlig zerrissen war. Es waren Menschen, die sich »zur Wehr gesetzt« hatten, wie die SS lachend erklärte. Ein junger Bengel, kaum älter als ich, stand lachend da und machte Aufnahmen. Es wurde uns nicht erlaubt, diese vier Menschen ins Krankenhaus zu überstellen. Wir mußten sie im Stall verbinden, so gut es eben ging.

Es war bei Strafe verboten, den Festgenommenen Gepäck oder Briefe zu bringen. Am Montag früh, also nach zwei Tagen, konnten wir ihnen das erste Essen geben: es war heißer Malzkaffee. Die Jüdische Gemeinde war völlig unvorbereitet. Wo sollte man auch im Jahre 1943 ohne Geld und Marken von einem Tag zum anderen Verpflegung für Tausende von Menschen herbekommen?

Wir mußten uns auf den Weg machen, um die in den Wohnungen zurückgebliebenen Kinder der Verhafteten in die Gemeinde und die Alten in das Jüdische Krankenhaus zu bringen. Vierundzwanzig Stunden später hatten wir beide wieder unseren Dienst im Pferdestall anzutreten, der unterdessen mit 2000 Menschen vollgestopft worden war. Etwa sechs Tage darauf wurden alle Juden aus diesen acht Lagern auf einem Nebenbahnhof Berlins in die bereitstehenden Viehwaggons verladen und so, wie sie eine Woche zuvor aus der Fabrik geholt worden waren, deportiert. Eine spätere Zählung ergab, daß mit diesem Fabriktransport am 3. März 1943 12000 Juden Berlin verlassen haben.

Obwohl wir schon damals die schlimmsten Befürchtungen über die Osttransporte hegten, haben wir erst hier in der Schweiz erfahren, daß sie wirklich alle in den Tod gefahren sind.

Lausanne, Ende 1943

Ein günstiges Angebot

H. KORI G.m.b.H.

Technisches Büro und Fabrik für
Abfallverbrennungsöfen aller Art
und vollständige Verbrennungsanlagen
Kesseleinmauerungen – Schornsteinbau
Einäscherungsöfen für Krematorien

Berlin W 35, den 18. Mai 1943
An das   Dennewitzstr. 36
Amt C III vom Reichsführer der SS und
Chef der Deutschen Polizei
z. Hd. des Herrn Dipl.-Ing. Waller
Berlin-Lichterfelde West
Unter den Eichen 126–135

Betr.: Krematoriumsöfen

Im Verfolg der mit Ihnen gehabten mündlichen Rücksprache wegen der Beschaffung einer Einäscherungsanlage in einfacher Ausführung bringen wir Ihnen unsere Reform-Einäscherungsöfen mit Kohlenfeuerung in Vorschlag, die sich bisher in der Praxis bestens bewährt haben. – Wir bringen für das in Aussicht genommene Bauvorhaben zwei Stück Einäscherungsöfen in Vorschlag, empfehlen aber, durch Rückfrage nochmals festzustellen, ob diese beiden Öfen für den Bedarf ausreichend sind. Auch ist noch die Ofenanordnungsfrage klarzustellen, weil davon die Ausführung der Armaturteile sowie des Verankerungsgerippes abhängig ist. Die Ofenanlage ist möglichst in einem abgeschlossenen Raum unterzubringen und an einen evtl. vorhandenen Schornstein anzuschließen. – Falls ein Aufstellungsraum bereits in Aussicht genommen ist, bitten wir Sie, uns hiervon einen Plan einzusenden, damit wir Ihnen einen brauchbaren Anordnungsvorschlag unterbreiten können. Den erforderlichen Platzbedarf der Öfen mit Bedienungs- und Schürstand können Sie aus den beigefügten Zeichnungen ersehen. Die Zeichnung – J. Nr. 8998 – veranschaulicht die Anordnung von zwei Öfen, wogegen nach der Zeichnung – J. Nr. 9122 – für das *Bauvorhaben Dachau* vier Öfen zur Ausführung gekommen sind. Eine weitere Zeichnung mit der J. Nr. 9080 zeigt Ihnen die *Anlage Lublin* mit fünf Einäscherungsöfen und zwei eingebauten Heizkammern.

Was nun die Anschaffungskosten für zwei Krematorien anbetrifft, so bieten wir Ihnen diese wie folgt an:

1. 2 Stück Reform-Einäscherungsöfen neuester Konstruktion mit gewölbter Sargkammer und horizontaler Aschenraumsohle einschließlich der gesamten Armaturteile, den Einführungs-, Bedienungs- und Reinigungstüren, den Luftrosetten, den Feuerungsgarnituren für die Hauptfeuerung und dem Ausglührost, dem vollständigen Verankerungsgerippe aus kräftigen Winkeleisenschienen und U-Eisenschienen mit Ankerstangen verbunden, allen Baumaterialien an erstklassigen Schamotteform- und Normalsteinen, Schamottemörtel, Vorsatz- und Hintermauerungssteinen, Mauermörtel und Zement sowie mit der gesamten Montage durch unseren Feuerungsmonteur unter Bereitstellung sämtlicher Hilfskräfte
je RM 4500,–   RM 9000,–

Falls die Aufstellung des zweiten Ofens im Anschluß an die erste Ofenmontage erfolgt, ermäßigt sich der Preis für den zweiten Ofen um RM 450,–, also auf RM 4050,–.

In diesem Betrag sind jedoch die Kosten für Fracht und Rollgeld der Materialien frei Verwendungsstelle sowie die Reisekosten für den Monteur und Reisespesen sowie Landzulage nicht enthalten. Diese Kosten würden wir gesondert zum besonderen Nachweis in Anrechnung bringen.

Ebenso schließt unser Angebot aus die baulichen Nebenarbeiten am Aufstellungsort, wie Erdaushub, Ofenfundament, Herstellung des Ofenaufstellungsraumes sowie die Rauchkanäle von den Öfen bis zum Schornstein und den Schornstein selbst.

Sobald die Anordnungsfrage für die Ofenanlage klargestellt worden ist, reichen wir Ihnen aber gern ein Sonderangebot über die Herstellung der Rauchkanäle nach.

Für die Einführung der Leichen in die Verbrennungskammer der Öfen bieten wir Ihnen noch zusätzlich an:

1. 2 Stück Einäscherungswagen, muldenförmig ausgebildet, mit Rollen und Handgriffen, per Stück RM 160,–   RM 320,–
2. 2 Stück Rollenböcke zur Auflagerung der Einführungswagen, per Stück RM 75,–   RM 150,–
                                                                                    RM 470,–

Für den Effekt der zu liefernden Einäscherungsöfen sowie für deren Stabilität, auch für die Lieferung nur bester Materialien und Ausführung tadelloser Arbeiten übernehmen wir die volle Garantie.

Die Lieferung der gußeisernen Armaturen und Verankerungsteile sowie der Schamotteformsteine kann kurzfristig erfolgen, falls uns hierfür ein Wehrmachtsfrachtbrief zur Verfügung gestellt wird.

Für die Lieferung der eisernen Ofenteile benötigen wir pro Ofen 1460 kg, also für zwei Öfen 2920 kg. Die Eisenanforderungsscheine hierfür finden Sie beigeschlossen.

Ihren werten Nachrichten gern gewärtig, empfehlen wir uns Ihnen bestens mit

Heil Hitler!
H. KORI G.m.b.H.
gez. Unterschrift

Anlagen: 3 Zeichnungen – J. Nr. 8998, J. Nr. 9122, J. Nr. 9080 – Eisenanforderungsscheine

IX
Der Aufstand gegen den Tod
1943

Auch uns gehört das Leben! Auch wir haben das Recht darauf! Man muß nur verstehen, darum zu kämpfen! Es ist keine Kunst zu leben, wenn sie dir das Leben gnädigst schenken! Es ist dann eine Kunst zu leben, wenn sie dir das Leben entreißen wollen!
Erwache, Volk, und kämpfe um dein Leben!
Jede Mutter werde zu einer Löwin, die ihre Jungen verteidigt! Kein Vater sehe mehr ruhig auf den Tod seiner Kinder! Die Schande des ersten Aktes unserer Vernichtung soll sich nicht mehr wiederholen!

Illegaler Aufruf im Warschauer Ghetto

Kurier für den Widerstand
Renja Kulkielko

Ilsa und ich liefen, um den Bus nach Kattowitz noch zu bekommen. Plötzlich hörte ich hinter uns Rufe: »Juden, Juden!« Als ich mich umdrehte, sah ich zwei Frauen atemlos hinter uns herrennen. Eine Horde von Kindern folgte ihnen. Ilsa schlug vor zu fliehen, aber ich redete es ihr aus, weil wir damit den Verdacht nur bestätigt hätten. Trotzdem beschleunigten wir unser Tempo und eilten auf ein leeres Haus zu. Die Menge folgte uns. Die zwei Frauen holten uns schließlich ein. Mit den Fingern auf uns zeigend, schrien sie immerzu: »Juden, Juden! Ihr seid gar keine Polen.« Rasch umringte uns eine Menge, die immer größer wurde. Eine der Frauen begann mich in Richtung des Polizeireviers zu zerren. Sie kreischte: »Wir werden euch alle totschlagen. Wenn Hitler es nicht besorgt, werden wir es tun.« Der Gefahr bewußt, in der wir schwebten, tat ich sehr wütend und schlug der Frau ins Gesicht. »Wenn ich eine Jüdin bin, dann wirst du ja auch wissen, wozu eine Jüdin fähig ist«, schrie ich. »Sag noch einmal, daß ich Jüdin bin, und ich schlage dich zusammen.«

Zwei Gestapo-Agenten kamen heran und fragten nach dem Grund der Unruhe. Mit gespielter Entrüstung berichtete ich ihnen auf polnisch, daß mich die Frau mit der Behauptung, ich sei Jüdin, beleidigt hätte. Mit demonstrativem Selbstbewußtsein bat ich die Gestapo-Agenten, unsere Papiere zu prüfen. Einer von ihnen fragte nach meinem Alter und Geburtsort. Auch Ilsa antwortete tapfer und richtig auf alle Stichfragen. Ein dritter Deutscher kam hinzu und sagte: »Wenn sie nicht Deutsch sprechen, sind sie sicher Polen. Alle Juden können Deutsch.« Diese Weisheit wirkte. Einige in der Menge, die unsere Selbstsicherheit beeindruckt hatte, begannen sich zuzuflüstern, wir sähen wirklich nicht wie Jüdinnen aus. Die Frau, die versucht hatte, mich zur Polizei zu zerren, stand beschämt da. Ich schlug sie noch zweimal, um den Eindruck des Selbstvertrauens zu stärken, den ich auf die Deutschen gemacht hatte, und verlangte, sie sollten ihre Personalien feststellen. Sie lachten laut: »Du bist ein polnisches Schwein, und sie auch.« Sie gingen fort, und die Menge zerstreute sich. Ilsa und ich setzten unseren Weg fort. Ein paar Burschen folgten uns voller Bewunderung, und einer sagte: »Du hättest ihr die Zähne dafür einschlagen sollen, daß sie gewagt hat, dich eine Jüdin zu nennen.« Ich antwortete, daß ich das sicherlich gemacht hätte, wäre sie nicht schon so alt gewesen.

Am Abend traten wir die Rückreise nach Warschau an. Unsere Fahrkarten von Kattowitz nach Warschau waren schon gekauft. Ilsa und ich besaßen Pässe und die nötige Reisebewilligung. Unsere einzige Sorge war jetzt der Grenzübergang. Nach zwei Stunden kamen wir in Trzeblinia an, der Grenzstation. Wir saßen in verschiedenen Wagen. Da wir beide gefälschte Pässe mit dem Warschauer Stempel hatten, schien es geraten, diesen Abschnitt der Fahrt getrennt zu fahren.

Es war fünfzehn Minuten nach Mitternacht. Die Kontrolle begann. Ilsa saß drei Wagen vor mir. Man hörte schwere Schritte. Warum dauerte die Kontrolle in den vorderen Wagen so lange? Normalerweise ging es viel schneller. Oder kam es mir nur so vor? Endlich waren wir an der Reihe. Scheinbar unbekümmert zog ich Paß und Reisebewilligung hervor und übergab sie mit einer beiläufigen Geste den Beamten. Sie betrachteten die Papiere eine Zeitlang und schauten mir prüfend ins Gesicht. »Genau wie die im vorderen Wagen«, sagten sie. Ich wußte sofort, was sie meinten, tat aber, als ob ich ganz ruhig sei und kein Deutsch verstünde.

Mein Herz setzte einen Schlag aus, dann begann es wild zu klopfen. Sie gaben mir die Papiere nicht zurück. Statt dessen befahlen sie mir in scharfem Ton, meine Sachen zu nehmen und ihnen zu folgen. Ich gab vor, nichts zu verstehen. Ein höflicher Mann im Wagen übersetzte den Befehl ins Polnische. Ich versuchte noch immer, sorglos auszusehen, aber in meinem Herzen dachte ich: jetzt sind wir verloren.

Ich behielt einen klaren Kopf. Obwohl mehrere Polizisten mich eskortierten, gelang es mir auf dem Weg, heimlich meine Tasche zu öffnen, die Warschauer Adressen herauszunehmen und zu verschlucken. Unbemerkt warf ich das Geld fort, das ich hatte überbringen sollen. Aber einige Adressen waren in meinem Strumpfhalter eingenäht, und die konnte ich nicht vernichten. Wir kamen zum Zollhaus. Ilsa stand im Flur, umgeben von Polizisten. Sie fragten, ob ich Ilsa kenne. Ich verneinte. Ilsa wurde rot. Auf ihrem Gesicht lag ein Ausdruck tiefer Niedergeschlagenheit, und ihre Augen verrieten deutlich ihre Verzweiflung.

In einem kleinen, extra zu diesem Zweck eingerichteten Raum unterzog mich eine dicke deutsche Polizistin einer Leibesvisitation. Sorgfältig durchsuchte sie jedes meiner Kleidungsstücke und öffnete jeden Saum. Sie fand die Warschauer Adressen. Ich flehte sie an und versuchte, an ihr Gewissen zu appellieren. Schließlich nahm ich meine Armbanduhr ab und bot sie ihr an, damit sie die Adressen vernichtete. Aber sie ließ nicht mit sich reden. Als sie fertig war, kehrten wir in den großen Raum zurück. Sie berichtete, daß ich versucht hatte, sie zu bestechen, und übergab die Adressen.

Eine Menge Polizisten stand herum. Sie verhöhnten uns und mutmaßten, wer wir wohl seien und was mit uns geschehen würde.

Ich war barfuß, denn meine Schuhe waren während der Leibesvisitation zerrissen worden. Mein Mantel war auch zerrissen, die Handtasche war in Stücke geschnitten. In die Zahnpastatube hatten sie Löcher gebohrt, um zu sehen, ob etwas darin versteckt war; mein kleiner Spiegel war zerbrochen; jedes kleinste Stück war mehrmals untersucht worden.

Ilsa wurde zuerst verhört. Dann kam ich an die Reihe. Wo ich die Papiere her hätte? Wieviel ich dafür gezahlt hätte? Wie es mir gelungen sei, mein richtiges Foto in den Paß zu heften? Ob ich Jüdin wäre? Aus welchem Ghetto ich entflohen wäre? Wohin ich fahren wollte? Ich blieb dabei, daß ich katholisch wäre und meinen Paß von der Firma erhalten hätte, bei der ich als Sekretärin arbeitete.

Meine Antworten machten sie wütend. Einer der Polizisten begann mich zu schlagen und an den Haaren zu ziehen. Dabei schrie er, ich sollte mich nicht unterstehen, in so einem Ton mit ihnen zu reden. Aber die Schläge bestärkten nur meinen Entschluß, bei meiner Geschichte zu bleiben, da dies der einzige Weg zur Rettung war.

Ein Polizist erzählte, sie hätten allein in dieser Woche mehr als zehn Juden erschossen, die mit ebensolchen Pässen erwischt worden wären. Ich versuchte, diese Worte lachend beiseite zu schieben: War es möglich, daß jeder in Warschau ausgestellte Paß gefälscht und an einen Juden ausgegeben war? Sie drängten mich, die Wahrheit zu sagen, und versprachen mir dafür ein leichteres Los. Zur gleichen Zeit äußerten sie kaum verhüllte Drohungen: »Wenn wir wollen, bekommen wir immer die Wahrheit heraus.« Ich wiederholte meine bisherigen Aussagen.

Dann schrieben sie ein offizielles Protokoll. Sie fixierten mich wieder und verglichen mein Gesicht mit der Fotografie. Ich mußte mehrmals meinen Namen schreiben, und sie verglichen ihn mit der Unterschrift im Paß. Tatsächlich war der Paß völlig korrekt, bis auf den Stempel, der sich kaum von einem echten unterschied.

Ich hatte starke Kopfschmerzen. Der Flur war mit meinen Haaren übersät, die sie mir ausgerissen hatten. Das Verhör dauerte bis vier Uhr früh. Dann ließen sie mich die Fußböden scheuern und die Zimmer aufräumen. Ich sah mich nach einer Fluchtgelegenheit um, aber alle Fenster und Türen waren verschlossen und vergittert, und neben mir stand ständig ein bewaffneter Wächter.

Gegen sieben Uhr morgens kamen die anderen Beamten zur Arbeit. Ich wurde in eine kleine Zelle eingeschlossen. Was würde jetzt geschehen? Würde ich sofort erschossen werden? Ich war zum erstenmal hinter Gittern. Ich beneidete jene, die schon tot waren, und wünschte mir nur, auf der Stelle erschossen zu werden. Dann hätten meine Leiden ein Ende gehabt. Völlig erschöpft schlief ich ein.

Alle paar Minuten wurde meine Zellentür geöffnet und irgend jemand schaute herein, um festzustellen, was ich machte und wie ich aussah. Um zehn Uhr kamen Polizisten und führten mich in die Haupthalle. Ilsa war schon dort. Man legte uns Ketten um die Handgelenke und befahl uns, unser Gepäck zu nehmen. Die Uhr und andere Wertgegenstände wurden von dem Gestapobeamten zurückbehalten. Wir verließen das Zollhaus und gingen zum Bahnhof. Ein Zug fuhr in die Station ein. Die aus- und einsteigenden Passagiere drehten sich um und starrten uns an. Der Gestapomann stieß uns in einen Wagen mit vergitterten Fenstern. Dann stieg er selbst ein und verschloß die Tür von innen. Durch das Gitter fiel ein Sonnenstreifen auf den Boden, als wenn er uns trösten wollte. Der Gestapobeamte sprach ununterbrochen von der schrecklichen Behandlung, die uns erwartete, und versuchte so, uns zu zermürben. Er schlug auf uns ein und verbot uns zu sitzen. So fuhren wir von Trzeblinia nach Kattowitz.

Wir verließen den Zug, eine große Menschenmenge folgte uns. Beim Gehen schnitten die Ketten in unsere Handgelenke. Ilsa war blaß und zitterte, und mich erfüllte großes Mitleid mit ihr. Sie war noch so jung – gerade siebzehn Jahre alt. Ich flüsterte ihr zu, sie solle auf keinen Fall zugeben, daß sie Jüdin sei. Alle paar Schritte trat uns der Gestapomann, weil wir ihm bald zu langsam und bald zu schnell gingen. Nach einer halben Stunde kamen wir zu einem großen Gebäude in einer Seitenstraße, das mit Hakenkreuzfahnen geschmückt war. Mehrere Wagen standen vor der Tür. Mit Stößen und Fußtritten brachte uns unser Begleiter in den vierten Stock. Ich schauderte. Aus den Zimmern hörte man Weinen und Schreie. Wir wurden in einen Raum geführt, in dem ein aufgedunsener großer, ungefähr fünfunddreißigjähriger Mann hinter einem Schreibtisch saß. Schon sein brutales Gesicht und seine vorstehenden Augen flößten Furcht ein.

Wir mußten uns mit dem Gesicht zur Wand stellen. Der Gestapomann, der uns hergebracht hatte, erzählte seinem Vorgesetzten unsere Geschichte, wobei er jeden seiner Sätze mit einem Schlag begleitete. Er übergab unsere Pässe und das Protokoll über unsere Verhaftung an der Grenzstation. Ein junger Gestapomann kam herein und nahm uns die Ketten ab. Wieder wurden wir geschlagen. Unser Wächter lachte hämisch: »Das ist die Kattowitzer Gestapo. Hier wird euch bei lebendigem Leibe die Haut abgezogen, wenn ihr nicht die Wahrheit sagt.«

Man brachte uns in den Keller, unsere Sachen blieben oben. Wir wurden in verschiedene Zellen eingeschlossen. Obwohl der Tag warm war, zitterte ich in dem kalten, feuchten Keller. Es war schwierig, in der Dunkelheit irgend etwas zu erkennen. In der Mitte der Zelle standen zwei lange Bänke. Ich wollte mich hinsetzen, aber an ihnen klebte angetrocknetes Blut. Ich ging zum Fenster: zwei Eisengitter machten jede Flucht unmöglich. Verzweifelt begann ich an ihnen zu rütteln, und zu meinem Erstaunen gelang es mir, ein Gitter herauszunehmen. Aber meine Anstrengung war umsonst, das zweite ließ sich nicht bewegen. Sorgfältig fügte ich das erste Gitter wieder ein und verwischte alle Spuren.

Ich wußte nicht, was ich tun sollte. Der Gedanke an die mir bevorstehenden Folterungen quälte mich. Mir wurde von Minute zu Minute kälter. Von den Wänden tropfte Wasser. Ich begann zu weinen. Ich setzte mich auf eine Ecke der blutverschmierten Bank und versuchte, nicht an die Zukunft zu denken. Durch das Fenster hörte ich Kirchenmusik. Ich hatte vergessen, daß Sonntag war. Wahrscheinlich gab es in der Nähe eine Kirche. Wieder bedrängte mich die Angst vor dem, was mir bevorstand. Ich konnte den Gedanken daran nicht fortschieben. Lohnte es sich weiterzuleben? Wenn ich wenigstens den Leuten hätte helfen können, die auf meine Rückkehr aus Warschau warteten. Eines zumindest hatte ich erreicht. Ich hatte der Widerstandsgruppe in Bendzin die Warschauer Kontaktadresse übergeben. Vielleicht würde es ihnen gelingen, mit ihr Verbindung aufzunehmen.

Gegen Abend wurden wir aus dem Keller geholt. Man legte unsere Hände und Füße in Ketten und befahl uns, unsere Koffer zu nehmen – ein sicheres Zeichen, daß wir noch nicht erschossen würden. Ein Gestapobeamter führte uns wie Hunde an der Leine. In der Hand hielt er die Enden der Ketten, die unsere Hände fesselten. Ich erinnerte mich plötzlich, daß ich vor Jahren gesehen hatte, wie ein Verbrecher auf diese Art abgeführt wurde. Er hatte eine siebenköpfige Familie ermordet, und alle Leute kamen auf die Straße, um ihn zu sehen. Jetzt liefen deutsche Kinder uns nach und warfen Steine. Der Gestapomann lächelte befriedigt.

Wir näherten uns einem mehrstöckigen Gebäude, das von einer dicken, hohen Mauer umgeben war. Die Fenster waren klein und schwer vergittert. Wir kamen an ein eisernes Tor. Eine Inschrift in deutscher Sprache besagte, daß es sich um ein Gefängnis handelte. Die schweren Torflügel öffneten sich quietschend. Die Wächter grüßten unseren Gestapomann. Dann schloß sich das Tor hinter uns. Man nahm uns die Ketten ab und übergab uns dem Gefängnisaufseher. Der Gestapomann ging. Ich war erleichtert. Ein Gefängnisbeamter notierte unsere Personalangaben, machte sich genaue Aufzeichnungen über unser Aussehen und maß unsere Größe.

Dann wurden wir in eine Zelle gebracht. Um acht Uhr wurde die Tür geöffnet, und zwei elend aussehende Mädchen brachten uns ein paar dünne Scheiben Schwarzbrot und Gerstenkaffee. Dann wurde die Tür wieder verschlossen. Obwohl wir den ganzen Tag nichts gegessen hatten, konnten wir keinen Bissen herunterbringen. Ein paar Minuten lang berieten wir, wie wir unserem Leben am besten ein Ende machen könnten. Eine Flucht war unmöglich. Ilsa erklärte, falls man noch einmal anfinge, sie zu schlagen, würde sie die Wahrheit sagen und zugeben, daß sie Jüdin sei. »Dann werden sie mich erschießen, und alles hat ein Ende.« Ich versuchte, ihr das auszureden, und wies darauf hin, daß viele andere leiden würden, wenn sie die Wahrheit sagte. Aber ich war nicht sicher, ob sie weitere Foltern durchmachen könnte, ohne zusammenzubrechen.

Völlig verzweifelt legten wir uns auf die schmutzigen Bänke. Aber wir konnten nicht schlafen, denn sofort überfiel uns das Ungeziefer in Scharen. Der Gestank war zum Ersticken. Dann versuchten wir, auf dem Fußboden etwas Ruhe zu finden. Ich war wohl etwas eingenickt, als ich plötzlich aufschrak. War es ein Alptraum? Ilsa versuchte, sich mit ihrem Gürtel zu erhängen, aber er zerriß unter ihrem Gewicht. Ich brach in hysterisches Gelächter aus. Für einen Augenblick war mir, als verlöre ich den Verstand. Es dauerte eine Weile, bevor ich mich wieder beruhigen konnte. Ich ging zu ihr, aber sie stieß mich ärgerlich von sich, voller Scham über ihren Mißerfolg.

Am Morgen kamen Aufseher und trieben uns mit unanständigen Schimpfreden jede in eine andere Zelle. Nach dem Frühstück wurde ich auf den Korridor gejagt. Ohne jeden Grund versetzte mir einer der Wächter einen heftigen Schlag und schrie: »Du scheinst auch gern herumzustehen. Wir Deutschen dulden so etwas nicht. Marsch, an die Arbeit!« Im Korridor standen lange Tische, an denen Frauen Federn zupften. Ich setzte mich zu ihnen und machte mir zu schaffen. Vorsichtig hielt ich nach Ilsa Ausschau. Sie saß nicht weit von mir entfernt. Aber ich konnte nicht näher an sie heranrücken, da Aufseher mit Peitschen in der Hand um uns herumstanden und achtgaben, daß die Frauen nicht miteinander sprachen.

Bis zur Rückkehr in unsere Zellen lagen noch viele Stunden vor uns. Ich wurde von großer Unruhe erfaßt, und dumpfe Vorahnungen plagten mich. Alle paar Minuten wurde eine Gefangene aufgerufen und zum Verhör abgeführt. Plötzlich rief jemand: »Wanda Wyduchowska.« Ich versteinerte. Ein Peitschenhieb brachte mich wieder zu mir. Was mochte mich jetzt erwarten?

Wieder wurde ich in Ketten durch die Straßen geführt. Den ganzen Weg redete der Gestapomann in deutscher Sprache auf mich ein. Ich gab vor, nichts zu verstehen, aber seine Worte gruben sich in mein Bewußtsein. »Schau dir dein Kleid gut an«, sagte er. »Nach den Schlägen, die du jetzt bekommst, wirst du es nicht wiedererkennen. Sie werden es auf deinem Körper zu Fetzen zerreißen.« Er brachte mich wieder zur Gestapo. Einer fragte mich, ob ich Deutsch verstünde. Ich verneinte. Zwei heftige Schläge, von denen mir der Kopf dröhnte, waren die Antwort. Ich stand still, als wäre nichts geschehen. Vier Männer und ein Mädchen kamen ins Zimmer. Das Mädchen sollte dolmetschen. Der Gestapomann, der mich hergebracht hatte, leitete die Vernehmung. Die anderen nannten ihn »Chef Gehringer«. Das Kreuzverhör begann.

Unzählige Fragen trommelten auf mich ein. Einer versuchte, den anderen zu übertreffen in dem Bemühen, mich zu verwirren. Aber statt mich einzuschüchtern, flößten mir ihre harten Gesichter nur größere Entschlossenheit ein. Energisch hielt ich meine erste Aussage aufrecht. Einer der Männer ging zum Schreibtisch und nahm ein Bündel gefälschter Dokumente aus der Schublade. Die Inhaber dieser Dokumente waren auch an der Grenze festgenommen worden. Alle trugen den Stempel des gleichen Büros, von dem auch ich meine Reisepapiere hatte. Vom Namen abgesehen, glichen sie einander aufs Haar.

Ich wußte sehr wohl, daß der Fälscher die Dokumente für Riesensummen an jeden Interessenten verkaufte. Beim Anblick dieser Papiere verließ mich der Mut, der mich bis dahin aufrechtgehalten hatte. Ich spürte, wie ich die Farbe verlor, und hätte mein Gesicht nicht noch von den Schlägen geglüht, wäre meine Blässe zweifellos aufgefallen. Die Gestapoleute warteten auf meine Antwort, und einen Augenblick lang wußte ich nicht weiter. Dann sagte ich: »Möglicherweise sind diese Papiere gefälscht, aber das beweist noch nicht, daß meine auch falsch sind. Das Büro, das ich erwähnt habe, existiert wirklich. Ich arbeite jetzt schon drei Jahre dort. Meine Reisebewilligung hat ein Angestellter der Firma ausgestellt. Der Stempel ist der des Bürgermeisters von Warschau. Meine Papiere sind nicht gefälscht.«

»Alle, die wir mit diesen Papieren geschnappt haben, haben behauptet, sie wären echt«, schrien sie, »aber immer stellte sich heraus, daß es Juden waren, und sie wurden am nächsten Tag erschossen. Wenn du gestehst, lassen wir dich am Leben.«

Ich lächelte nur. »Ich kann nicht lügen. Meine Papiere sind echt. Wie kann ich da behaupten, sie wären falsch? Wie kann ich sagen, ich wäre Jüdin, wenn ich katholisch bin?«

Heftige Schläge waren die Antwort. Die Dolmetscherin war bereit zu beschwören, ich wäre keine Jüdin. »Sie hat ausgesprochen arische Gesichtszüge, und außerdem spricht sie perfekt Polnisch.« »Dann muß sie eine Spionin sein«, schloß einer der vier, und die anderen stimmten ihm zu. Die nun folgenden Fragen gingen von dieser Annahme aus. Für welche Organisation ich als Kurier arbeitete, die Polnische Arbeiterpartei oder die Londoner Exilregierung? Wieviel Gehalt ich bekäme? Was für geheimes Material ich transportierte? In welchen Gegenden die Schlüsselstellungen der Partisanen wären?

Einer meiner Peiniger versuchte, meinen Widerstand mit Freundlichkeit zu brechen. »Sei kein Idiot«, sagte er, »warum solltest du deine Vorgesetzten schützen? Sie würden nichts für dich tun, selbst wenn sie wüßten, daß du erwischt worden bist. Sag die Wahrheit, und wir lassen dich laufen.« Ich stellte mich mit Hartnäckigkeit weiter unwissend. »Ein Kurier? Ist das jemand, der Flugblätter verteilt? Ich habe von der Arbeiterpartei und der Exilregierung reden hören, aber ich weiß nichts über sie. Ich weiß auch nichts über die Partisanen – nur das, was man sich auf der Straße erzählt. Ich würde gerne sagen, wo sie sind, wenn ich es wüßte. Ich sage die Wahrheit. Wenn ich lügen wollte, könnte ich doch leicht irgendwelche Namen erfinden.«

Sie waren wütend. Das Verhör dauerte schon über drei Stunden, und sie hatten noch immer nichts herausbekommen. Sie beschlossen, daß eine Fortsetzung des Kreuzverhörs zwecklos sei, und ihr Anführer gab Befehl, mich in einen anderen Raum zu führen. Er war riesengroß und ohne ein einziges Möbelstück. Die Gestapomänner kamen mit Peitschen herein. »Wenn wir mit dir fertig sind, wirst du singen wie ein Vogel«, knurrte einer. Ein heftiger Fußtritt warf mich zu Boden. Einer der Männer packte mich bei den Füßen, und ein zweiter hielt meinen Kopf. Zwei andere schlugen erbarmungslos auf mich ein. Ich biß die Zähne zusammen. Vor Schmerz wurde mir schwarz vor Augen. »Mutter!« schrie ich, als die Peitschen wieder niedersausten. Einer meiner Peiniger wickelte meine Haare um seine Hand und zerrte mich über den Fußboden. Mein ganzer Körper wurde von einem Krampf geschüttelt. Die Schläge regneten weiter auf mich herunter. Ich spürte eine zunehmende Schwäche. Ich konnte nicht mehr schreien. Dann wurde es dunkel um mich.

In einer Wasserlache liegend, kam ich wieder zu mir. Mein Oberkörper war nackt. Man hatte ganze Eimer voll Wasser über mich geschüttet, um mich aus meiner Ohnmacht zu wecken. Zwei der Männer halfen mir aufzustehen. Ich zog meinen Pullover an. Das Kreuzverhör wurde fortgesetzt. Sie versuchten, Unstimmigkeiten zwischen meinen jetzigen Antworten und den früheren Aussagen zu finden. Sie drängten mich und drohten. Einer von ihnen richtete seine Pistole auf mich und befahl mir, ihm zu folgen. »Wenn du dich weigerst zu reden«, sagte er, »schieße ich dich nieder wie einen Hund.« Ich ging die Treppe hinunter, glücklich bei dem Gedanken, daß meine Qualen nun ein Ende nehmen würden. »Dies ist der letzte Sonnenuntergang, den ich in meinem Leben sehe«, sagte ich mir immer wieder, aber ich fühlte keine Traurigkeit und kein Bedauern. Mein Führer blieb stehen: »Tut es dir nicht leid, so jung zu sterben? Warum bist du so hartnäckig? Warum willst du nicht die Wahrheit sagen?«

Ich sagte zu ihm: »Solange es Menschen wie Sie auf der Welt gibt, möchte ich unter ihnen nicht leben. Ich sage die Wahrheit, und ihr versucht, mich durch Foltern zum Lügen zu bringen. Lieber sterbe ich.« Er versetzte mir mehrere Fußtritte und führte mich wieder die Treppen hinauf.

Eine Weile versuchten sie es nochmals mit Freundlichkeit, und einer zog mir einen Stuhl heran. Er gab mir sein Ehrenwort, daß ich, wenn ich die Wahrheit sagte, nach Warschau gebracht und eine Anstellung bei der Gestapo bekommen würde. Ich ging auf alles ein, bestand aber darauf, die ganze Zeit die Wahrheit gesagt zu haben. Daraufhin befahl ihr Chef, sie sollten aufhören, mit mir »herumzuspielen«, und mir noch fünfundzwanzig Schläge geben oder so viele, wie nötig wären, um die Wahrheit aus mir herauszuholen. Zwei Gestapomänner begannen mich zu schlagen. Aus meiner Nase und meinem Kopf floß Blut. Die Dolmetscherin konnte den Anblick nicht mehr ertragen und verließ das Zimmer. Der Chef, der die Wirkung der Schläge sah, drängte seine Leute, ihre Anstrengungen zu verdoppeln. Er war augenscheinlich unzufrieden und fing selbst an, mich zu treten. Aber die Schmerzen ließen nach. Ich spürte die Schläge nicht mehr und fiel in eine totenähnliche Ohnmacht.

Eine lange Zeit schien vergangen zu sein. Dann fühlte ich Wasser über mein Gesicht rinnen und in meinen Mund fließen. Ich kam wieder zu mir, hielt aber die Augen weiter geschlossen. »Sie ist schon kalt«, hörte ich einen der Männer sagen. Sie gossen noch einen Eimer Wasser über mich. Zwei beugten sich herunter und fühlten meinen Puls und meinen Herzschlag. »Sie ist in Ordnung, der Puls schlägt wieder«, sagte einer. »Sie hat den Verstand verloren«, meinte der andere und zeigte auf meine Augen, die aus den Höhlen getreten waren. Sie hoben mich auf und legten mich auf eine Bank. Ich bekam einen Schüttelfrost. Ich bedauerte tief, wieder zu Bewußtsein gekommen zu sein. Jetzt würde ich wieder geschlagen werden. Aber ich war schrecklich geschwächt und konnte nicht mehr viel ertragen. Das war ein Trost. Noch ein anderer Gedanke half mir: da sie bisher nichts aus mir herausbekommen hatten, würden sie mich wahrscheinlich bald erschießen.

Ich konnte ohne Hilfe nicht aufstehen. Einer verband mir den Kopf mit einem schmutzigen Tuch, hing mir den Pullover um und führte mich zum Tisch. Er schob mir ein fertiges Protokoll zu und sagte: »Hier, unterschreib diese Lügen.« Während er sprach, kam seine Frau herein. Sie sah mich an und verzog das Gesicht. Offenbar bot ich keinen erfreulichen Anblick. Sie sah meine Uhr auf dem Tisch liegen und bat ihren Mann, sie ihr zu schenken, da ich ja doch erschossen würde. Er versprach ihr, sie ihr später zu geben. Sie wurde ärgerlich und verließ mißgelaunt das Zimmer.

Der Gestapomann mußte mir die Hand führen, damit ich das Protokoll unterschreiben konnte. Dann telefonierten sie nach einem geschlossenen Wagen, und einige Minuten später wurde ich von einem Gestapomann fortgebracht. Er setzte sich neben mich und verschloß die Tür. Der Fahrer lud ihn ein, vorne zu sitzen, aber er lehnte ab. »Sie ist mehr tot als lebendig, aber die gehört zu der Sorte, die immer noch versucht zu entkommen.«

Die Sonne war untergegangen, und draußen herrschte ein graues Zwielicht. Aus beiläufigen Bemerkungen erriet ich, daß sie mich nach Myslowice brachten, offenbar ein Ort des Schreckens, denn der Fahrer sagte grinsend: »Dort wird man ihr die Widerspenstigkeit schon austreiben.«

Es wurde Abend. Wir kamen in einen weiten Hof. Große Hunde sprangen von allen Seiten heran und umringten uns. Mein Führer gab mich im Büro ab, zusammen mit allen Papieren, die sich auf meinen Fall bezogen. Auf dem Hof patrouillierten bewaffnete Posten. Im Büro saß ein junger Mann, ungefähr zweiundzwanzig Jahre alt. Er sah mich spöttisch an und sagte: »Sie haben dich ganz schön zusammengeschlagen, was?« Ich gab keine Antwort. Er winkte mir, und ich folgte ihm.

Er führte mich in einen Keller. An der Wand war eine Koje. Ich versuchte mich hinzulegen, aber es ging nicht. Endlich gelang es mir, mich mit dem Gesicht nach unten auszustrecken. Die Schmerzen wurden stärker. Ich hatte das Gefühl, als ob mir alle Knochen gebrochen wären. Ich versuchte mich aufzusetzen, aber ohne Erfolg. Nach einigen Stunden schwoll mein Körper ganz an, und ich konnte kein Glied mehr rühren. Nie hätte ich geglaubt, daß ein Mensch solche Schläge ertragen kann. Und doch, ich war immer noch am Leben und konnte sogar noch denken.

In Würde sterben

Beginn des Warschauer Ghettoaufstands
Chaim Frimer

Vater und ich waren als einzige unserer ganzen Familie übriggeblieben. Seit der großen Aussiedlung war alles Leben zerstört und aufgelöst. Alle Verbindungen zwischen den Mitgliedern unseres Jugendverbandes waren seit Monaten unterbrochen. Jeder Tag brachte neue Sorgen. Jede Stunde, die man noch lebte, war ein Geschenk des Schicksals. Trauer und Einsamkeit waren unser tägliches Brot. Unser einziger Kontakt mit der Außenwelt waren die Briefe, die Vater und ich von meinen in Arbeitslager deportierten Brüdern bekamen oder doch zu bekommen hofften. Tag für Tag lief ich zum Postamt, um nachzufragen. Allein die Tatsache, daß man ein Ziel vor Augen hatte, auch wenn es unerreichbar war, schien uns etwas Positives zu sein.

Eines Tages im November 1942 ging ich wieder zur Post, um nach Briefen zu fragen. Der Tag war dunkel und regnerisch. Es war nach der Arbeit, kurz vor Sonnenuntergang. Ich stellte mich in der Schlange an. Nachdem ich wie üblich eine negative Antwort bekommen hatte, wandte ich mich zum Ausgang, um nach Hause zu gehen. In diesem Augenblick öffnete sich die Tür, und herein kam ein Mann mit Vollbart und Brille. Trotz dieser Aufmachung erinnerte er mich irgendwie an Israel Kanal, ein Mitglied unseres Jugendverbandes.

Ich kannte Israel gut, er war früher oft bei uns zu Besuch, aber ich hatte ihn schon mehrere Monate nicht mehr gesehen. Seit einiger Zeit erzählte man sich von einer Untergrund-Organisation, die Rache an den Deutschen nehmen wolle und schon einige von ihnen getötet habe. Aber man hatte das schon so oft gehört, daß man kaum noch daran glaubte.

Ich war durchaus nicht sicher, daß es Israel war. Schließlich kannte ich ihn ohne Bart, aber plötzlich kam mir ein Gedanke. Vielleicht gehörte er zu dieser Organisation? Der Mann sah mich an, als ob er mir etwas Wichtiges mitteilen wollte. Nun war ich sicher, daß er es war. Ein Zittern durchlief mich.

Israel hielt sich einige Augenblicke in der Post auf, während ich hinausging und beschloß, auf der Straße auf ihn zu warten. Als ich sah, daß er herauskam und in meine Richtung schaute, ging ich ein Stück weiter und betrat einen Hof. Ich bemerkte, daß er mir folgte. Kurz darauf holte er mich ein und sagte im Vorübergehen:

»Wir treffen uns morgen abend Mila-, Ecke Zamenhofstraße.«
Ich ging nach Hause. Ich konnte die ganze Nacht kein Auge schließen. Die Erregung machte mich ganz benommen. Mir schien, als hätte mein trauriges Leben einen neuen Sinn bekommen.

Den größten Teil des Tages blieben die Straßen leer, nur in der Zeit vom Fabrikschluß bis zur Polizeistunde war das Ghetto voller Menschen. Zwischen fünf und sechs Uhr fand ich mich am Treffpunkt ein. Israel wartete schon auf mich. Wir traten in einen Hof. Er gab mir einen ganz kurzen Bericht. Es existierte eine jüdische Kampforganisation, die nur über sehr bescheidene Mittel verfügte. Ihre Mitglieder waren nur mit Stöcken und Messern bewaffnet. Er gehörte auch dazu. Das war alles, was er von sich erzählte. Er sagte, daß er schon längere Zeit auf der Suche nach einem ehemaligen Mitglied unseres Jugendverbandes sei, das als Verbindungsmann zwischen den früheren Kameraden und der Kampforganisation dienen könnte. Er schlug mir vor, diese Funktion zu übernehmen. Zuvor hatte er im Laufe des Gesprächs verschiedene Fragen geklärt. Zunächst, ob ich imstande wäre, der Kampforganisation beizutreten. Das bedeutete, die Familie zu verlassen und die ganze Person ausschließlich in den Dienst der Sache zu stellen. Ob ich bereit wäre, mein Leben aufs Spiel zu setzen und, wenn nötig, Mann gegen Mann mit so primitiven Waffen wie einem Stock, einem Messer oder einer Flasche Schwefelsäure zu kämpfen.

Ich stand zitternd und aufgeregt da, wie ein Schüler vor seinem Lehrer. Aber ich fühlte, daß jemand, dem eine so wichtige Aufgabe anvertraut wird, sich nicht aufregen durfte. Ich versuchte daher, so gut ich konnte, meine Erregung zu verbergen, und willigte in alle Bedingungen ein. Ich sah keinerlei Schwierigkeiten darin; ich war zu allem bereit. Er gab mir die Adressen der Akiba-Mitglieder, mit denen ich Verbindung aufnehmen sollte. Wir machten einen Termin für ein gemeinsames Treffen der ganzen Gruppe aus. Er versprach mir, jemanden zu schicken, von dem ich Genaueres über die Kampforganisation erfahren würde. Dann drückte er mir die Hand, und wir gingen auseinander.

Am nächsten Abend besuchte uns ein junger Mann, der wie ein Talmudschüler aussah. Er trug einen Kaftan wie ein frommer Jude. Er fragte nach mir, und ich wußte gleich, daß er der Kurier von Israel war. Es war Hirsch Berlinsky von den Linken Zionisten, einer der Leiter der Kampforganisation. Er bat mich, mit ihm hinauszukommen. Wir gingen in eine Ecke unseres Hofes, und er sagte mir, daß Israel ihn geschickt hätte. Dann sprach er über die Organisation. Er fragte mich, welchem Jugendverband ich angehört hätte, und erkundigte sich nach meinen Familienverhältnissen, meinem Arbeitsplatz und anderen Einzelheiten.

Augenscheinlich war er zufrieden, denn er schlug mir vor, in meiner Werkstatt eine sogenannte »Fünfergruppe« zu bilden, das heißt eine Zelle, die nicht direkt zur Kampforganisation gehörte. Ich erfuhr von ihm, daß in unserer Fabrik bereits eine Kampfgruppe bestand. Im Augenblick sollte ich mich nicht darum kümmern. Zu einem späteren Zeitpunkt würde die Verbindung hergestellt werden. Damit war unser Gespräch beendet, und wir trennten uns.

Die Aufregung des ersten Tages war vorüber, und ein Gefühl der Sicherheit begann mich zu erfüllen. Ich hatte jetzt einen neuen Maßstab, mit dem ich die Dinge und Ereignisse um mich herum beurteilte. In meinem Herzen erwachte das Bewußtsein der Verantwortung für eine große Sache, deren Bedeutung ich noch nicht kannte.

Wir trafen uns zweimal in der Woche bei unserem Genossen Lutek Rotblatt in der Muranowskastraße 44, um uns an Waffen ausbilden zu lassen. Wir waren drei Jungen und fünf Mädchen. Eine von ihnen war Krisia, meine Verlobte. Unser Instruktor war ein Mitglied der Linkssozialistischen Jugend, der in der polnischen Armee Korporal gewesen war. Sein Deckname war »Koza«.

In der ersten Stunde lernten wir, aus welchen Teilen eine Pistole besteht und wie sie funktioniert. Wir nahmen die Waffe auseinander und setzten sie wieder zusammen. Diese Übungen wurden mehrere Stunden lang fortgesetzt, bis wir mit der Waffe vollkommen vertraut waren. Luteks Mutter stand Wache, um uns vor unangenehmen Überraschungen zu schützen.

Es bestand ein Verbindungsweg zwischen diesem Haus und der Zamenhofstraße 56, wo eine Kampfgruppe stationiert war. Man hatte uns bis jetzt noch nichts über die wirklichen Aktionen gesagt, und wir kannten keine Kämpfer außer den Mitgliedern unserer Gruppe. Wir wußten nicht einmal, daß unsere Waffen jedesmal über die Dachböden aus der Zamenhofstraße gebracht wurden.

Einmal ging ich zu Lutek, um neue Anweisungen für die weitere Arbeit zu erhalten. Ich erfuhr von ihm, daß die Ausbildungsgruppen aufgelöst und die Mitglieder auf die regulären Kampfgruppen verteilt werden sollten. Ich wurde der Gruppe Benjamin Wald in der Fabrik von Többens zugeteilt. Eines Abends nach der Arbeit sagte ich meinem Vater, daß ich am nächsten Tag fortgehen müsse. Seine Augen füllten sich mit Tränen. Mit erstickter Stimme fragte er, was aus Krisia werden sollte. Ich antwortete ihm, daß man ihr gleichfalls einen Platz zuteilen würde. Vater unterstützte den Gedanken der Selbstverteidigung und eines Vergeltungskampfes, denn es gab in unserer Familie viele Tote zu rächen.

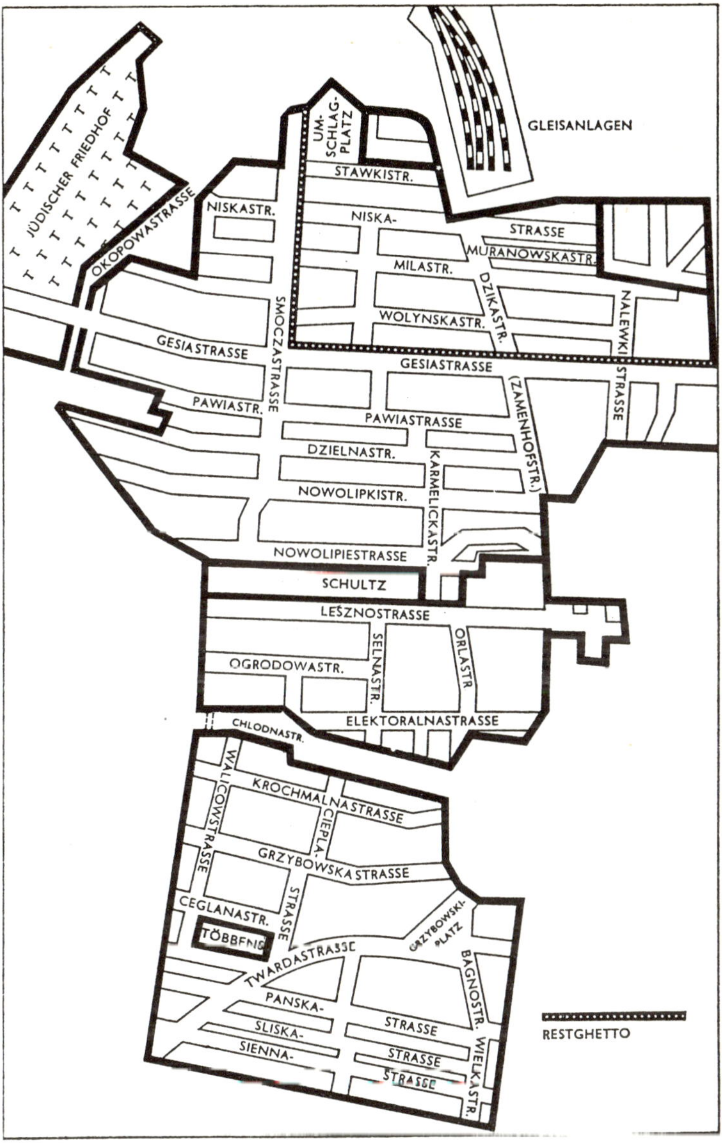
GLEISANLAGEN
UM-SCHLAG-PLATZ
JÜDISCHER FRIEDHOF
OKOPOWASTRASSE
STAWKISTR.
NISKASTR.
NISKA-
STRASSE
MURANOWSKASTR.
MILASTR.
DZIKASTR.
NALEWKI
WOLYNSKASTR.
SMOCZASTRASSE
GESIASTRASSE
GESIASTRASSE
STRASSE
(ZAMENHOFSTR.)
PAWIASTR.
PAWIASTRASSE
DZIELNASTR.
KARMELICKASTR.
NOWOLIPKISTR.
NOWOLIPIESTRASSE
SCHULTZ
LESZNOSTRASSE
SELNASTR.
ORLASTR.
OGRODOWASTR.
ELEKTORALNASTRASSE
CHLODNASTR.
WALICOWSTRASSE
KROCHMALNASTRASSE
CIEPLA-
GRZYBOWSKA STRASSE
CEGLANASTR.
STRASSE
GRZYBOWSKI-PLATZ
TÖBBENS
TWARDASTRASSE
BAGNOSTR.
PANSKA-
STRASSE
SLISKA-
STRASSE
SIENNA-
STRASSE
WIELKASTR.
RESTGHETTO

Aber nun, da er sich von mir trennen mußte, dem Letzten der ganzen Familie, der ihm noch geblieben war, konnte er nur mit Mühe seinen Schmerz beherrschen. Er fragte, ob ich innerhalb des Ghettos bleiben oder auf die »arische« Seite gehen würde. Aber ich durfte es ihm nicht sagen, so sehr ich es wünschte. Ich antwortete, daß ich nicht wüßte, wo man mich hinschicken würde. Krisia war unzufrieden, weil sie noch keiner Gruppe zugeteilt war. Ich erklärte ihr, daß alles nach einem strengen Plan vor sich ginge und wir alle Anordnungen befolgen müßten wie Soldaten. Sie gab mir zweihundert Zloty und ein kleines Bündel Wäsche mit. Ich empfing den Abschiedssegen meiner Lieben und verließ das Haus am frühen Morgen. Többens' Fabrik befand sich außerhalb des Restghettos.

Es war ein milder Wintertag. Diejenigen, deren Arbeitsplatz sich außerhalb des Ghettos befand, waren schon abmarschiert. Ich sah sie am Tor in der Zamenhofstraße stehen, wo sie von den Posten kontrolliert wurden. Ich ging die Lubeckistraße hinunter, passierte den verbotenen Mauerdurchbruch und betrat die tote Zone des bisherigen Ghettos, deren sämtliche Bewohner im Sommer 1942 nach Treblinka in den Tod geschickt worden waren. Heimlich schlich ich durch die Smoczastraße. Kurz vor der Ecke Nowolipki entdeckte ich in einiger Entfernung drei Gestalten. Es waren zwei Männer und ein Mädchen, die vor mir gingen und sich genauso vorsichtig bewegten wie ich. Von Zeit zu Zeit sahen sie sich um, als wenn sie sich fürchteten, und beschleunigten ihr Tempo. Aus ihrem Benehmen schloß ich, daß auch sie Juden seien, und versuchte sie einzuholen und mich ihnen anzuschließen. Sie begannen auch schneller zu laufen. Von einer bestimmten Stelle an mußte man die Straße verlassen und den Weg über die Dachböden fortsetzen. Sie blieben am Ende eines Dachbodens stehen, von dem man über eine Mauer auf ein höhergelegenes Dach klettern mußte, um auf das Fabrikgelände von Schultz zu gelangen. Hier holte ich sie ein und sah sie zum erstenmal aus der Nähe. Die Männer versuchten gerade, das Mädchen heraufzuheben, und ich bot meine Hilfe an. Wir fanden eine alte Kiste und kletterten zusammen über die Mauer. Ihre Gesichter kamen mir bekannt vor, als hätte ich sie irgendwo schon einmal gesehen. Später erfuhr ich, daß es Mordechai Anielewicz, Itzhak Zuckermann und Ziwia Lubetkin, drei leitende Genossen unserer Kampforganisation, waren. Als wir wieder die Straße betraten, traf ich auf eine Verwandte meines Vaters, und während ich mit ihr sprach, verschwanden die drei.

Nun mußte ich durch das Fabrikgelände. Die Losung, die ich bekommen hatte, hieß »Stefan«. Entsprechend der Anweisung von Lutek ging ich in ein bestimmtes Haus in der Nowolipiestraße und begab mich in den vierten Stock, wo eine unserer Gruppen unter dem Dach wohnte. Ich klopfte dreimal kurz an der Tür, wie Lutek es mir gezeigt hatte. Von drinnen fragte jemand nach der Parole, dann öffnete ein Mädchen die Tür. Ich wiederholte die Losung, und sie ließ mich ein.

Ich befand mich in einem kleinen Raum mit einem winzigen Fenster zum Hof. Zu meiner Überraschung sah ich auf einem Bett die drei von vorhin sitzen. Mordechai flüsterte einem Burschen etwas zu, der mich daraufhin hinausbrachte. Er stellte mir einige Fragen und führte mich dann über mehrere Dachböden. Die ganze Zeit über sprach er kein Wort. Das beunruhigte mich, und ich fragte ihn: »Wohin bringst du mich?« »Du wirst schon sehen«, sagte er. Das war alles, was wir uns zu sagen hatten. Nach einer Viertelstunde kamen wir zur Lesznostraße. Wir verließen den Dachboden und gingen durch ein Treppenhaus hinunter. Es war gegen acht Uhr morgens. Die Straße war leer, alle waren schon zur Arbeit. Der Pförtner wollte uns zuerst das Tor nicht öffnen, aber schließlich tat er es doch. Als wir auf die Straße traten, sagte mein Begleiter: »Paß auf jetzt!«

Wir gingen die Straße hinunter, entlang der Mauer, hinter der das Fabrikgelände von Többens begann. Ich hatte Anweisung, mich beim etwaigen Auftauchen eines Deutschen in einem der Häuser oder zerstörten Werkstätten zu verstecken. In großer innerer Anspannung liefen wir bis zur Nr. 56 und betraten einen Hof. Er ging voran. Hier war die Gruppe stationiert, der man mich zugeteilt hatte. Wir betraten eine verlassene Wohnung, klopften an eine Tür und sagten das Losungswort. Es öffnete ein junger Mann, der durch seinen kleinen Wuchs und seine helle Stimme wie ein Knabe wirkte. Es war Benjamin Wald, der Kommandeur der Gruppe. Ich stellte mich vor und sagte, daß ich von Lutek Rotblatt käme. Benjamin erkundigte sich, wie wir durchgekommen wären, und schickte mich in den Nebenraum.

Es war ein schmales Zimmer mit drei hintereinander stehenden Betten und einer zweistöckigen Schlafstelle. Auf den Betten lagen einige junge Männer in ihren Kleidern und schliefen oder lasen. Es war kurz vor dem Frühstück. Sie wiesen mir ein Bett zu, nahmen mein Bündel und legten es in den gemeinsamen Schrank. Wir bekamen Brot, etwas Marmelade und Tee mit Sacharin. Es gab nicht genügend Tassen und Teller, so daß wir nacheinander essen mußten. Nach dem Essen kam Benjamin und fragte mich, welche Waffe ich handhaben könnte. Hier galten Waffen als persönliches Eigentum, und jeder war für sein Stück verantwortlich. Außerdem waren noch einige Reservestücke in einem Kachelofen versteckt. Ich erhielt eine Parabellum. Unter Benjamins Aufsicht mußte ich sie mehrere Male auseinandernehmen und wieder zusammensetzen. Es war üblich, nicht mehr als eine Waffe auf einmal auseinanderzunehmen, da man immer mit einer Entdeckung rechnen mußte.

Es war Sonntag, der 18. April. Ich hatte für ein paar Stunden Urlaub bekommen. Unsere Gruppe war jetzt in der Milastraße, ganz in der Nähe meiner alten Wohnung. Daher konnte ich öfter nach Hause gehen. Ich wusch dort meine Wäsche, sprach mit Krisia, die noch immer keiner Gruppe zugeteilt worden war, und traf Vater. So wußten sie wenigstens, daß ich noch am Leben war.

Als ich gegen Mittag nach Hause kam, traf ich nur Krisia an, denn Vater arbeitete um diese Zeit in der Fabrik. Ich hatte gerade begonnen, mich umzuziehen, als ein Kurier von Israel Kanal kam und mir mitteilte, daß ich sofort auf meinen Posten zurückkehren müßte. Ich fragte, ob irgend etwas Besonderes vorgefallen sei, aber er wußte es auch nicht. Ich verabschiedete mich wie immer, ohne zu ahnen, daß ich Krisia nie wiedersehen sollte.

Bei unserer Gruppe eingetroffen, ging ich zu Israel und fragte ihn, warum er mich zurückgerufen hätte. Ohne irgendeine Erklärung befahl er mir, Schuhe und Stahlhelme an die Kampfgruppen auszugeben. Ich bestimmte andere, den verschiedenen Gruppen die Sachen zu überbringen. Dann erhielt ich den Befehl, Munition zu verteilen. Wir packten Körbe mit Molotow-Cocktails und gaben sie an die einzelnen Stellungen aus. Jeder ahnte, daß bald etwas geschehen würde.

Mordechai Anielewicz erschien bei uns und verschwand in Israels Zimmer. Nach einer Besprechung gingen sie durch das Haus und legten die Stellungen fest. Kuriere von anderen Gruppen kamen, um die eiserne Ration entgegenzunehmen, die aus Zwieback, Zucker und Gerstenkörnern bestand. Ein Teil der Männer bekam Zyankali, vor allem jene, die Streifengänge zu machen hatten und daher besonders der Gefahr ausgesetzt waren, den Deutschen in die Hände zu fallen und bei einem Verhör gefoltert zu werden.

Am Abend wurde der Alarmzustand erklärt. Alle Losungen wurden ungültig. Nun wußten wir, daß die Deutschen die Liquidierung des Ghettos vorbereiteten. Für die Kämpfer aller Gruppen wurde eine gemeinsame Parole ausgegeben: »Jan-Warszawa«. Wir begannen die Stellung zu verstärken. Wir versperrten den Eingang zum Hof mit einem umgestürzten Wagen, dessen Räder in die Luft standen. Wir schleppten Schränke und andere schwere Möbelstücke aus den Wohnungen herunter und verbarrikadierten damit die Toreinfahrt. Die Fenster befestigten wir mit Sandsäcken. Dann wurden den Männern ihre Plätze zugewiesen.

Die Straße lag still. Es war bereits Polizeistunde. Die Nacht war klar, wir hatten Vollmond. Ich lag auf einem Balkon hinter vielen Kisten und Polstern in Deckung. Es war ein Beobachtungsposten, von dem aus man die Zamenhofstraße und den Ghettoeingang genau übersehen konnte. Ich hatte Mordechai und Israel ständig darüber zu informieren, was draußen vor sich ging. Ich sollte, wenn es soweit war, eine Granate werfen und damit das Signal zum Kampf geben. Ich hatte ein Mausergewehr, zwei volle Magazine, ungefähr zwanzig Schuß, mehrere selbstgemachte Granaten und eine polnische Handgranate. Angespannt beobachtete ich den Eingang zur Straße, von wo die Deutschen kommen mußten. Um mich herum war die helle, kühle Frühlingsnacht. Ich wechselte mich jede Stunde mit einem Kameraden ab.

Gegen zwei Uhr früh bog ein großer Lastwagen in die Zamenhofstraße ein. Einige Dutzend Letten in schwarzen Uniformen stiegen aus. Sie verteilten sich über die Straßen und bezogen dort Posten. Einer von ihnen brachte an der Zamenhof- Ecke Muranowska ein Maschinengewehr in Stellung. Ich fragte unser Kommando, was ich tun sollte, und bekam den Befehl, liegenzubleiben und abzuwarten.

Um fünf Uhr hörte man ein lautes Rattern. Wenige Augenblicke später sah ich mehrere Autos in das Ghetto hineinfahren. Sie erreichten den Platz und hielten an. Soldaten stiegen aus und stellten sich auf der Seite auf. Dann erschien ein Lastauto, das mit Tischen und Bänken beladen war. Die Entfernung zwischen mir und den Autos betrug ungefähr zweihundert Meter. Ich hatte einen Feldstecher und konnte alles gut beobachten. Die Tische wurden aufgestellt, Drähte wurden gelegt und Telefone installiert. Offenbar wurde eine Befehlsstelle eingerichtet. Neue Wagen kamen angefahren, in denen Soldaten mit Maschinengewehren saßen. Dann erschien eine Motorradabteilung. Es wurden Vorbereitungen getroffen wie für eine große Schlacht. Mehrere Rote-Kreuz-Wagen und leichte Panzer waren am Ghettoeingang zu sehen. Die Letten, die während der ganzen Nacht Posten gestanden hatten, wurden nun zurückgezogen und marschierten in Richtung Umschlagplatz ab, vermutlich um die dortigen militärischen Depots zu bewachen.

Punkt sechs Uhr traf eine Kolonne Infanterie ein. Eine Abteilung bog in die Wolynskastraße ab; die übrigen blieben stehen, als ob sie auf einen Befehl warteten. Kurz darauf erschien jüdische Polizei am Ghettotor. Sie verteilte sich auf beide Straßenseiten und begann sich in Richtung auf unser Haus zu bewegen. Durch einen anderen Kämpfer, der hinter mir lag, gab ich meine Beobachtungen an die Kampfleitung weiter. Als die Polizisten unser Haus erreichten, fragte ich, ob ich jetzt meine Granate werfen sollte. Man ließ mir sagen, ich solle noch warten. Sicher würden die Deutschen bald folgen, und sie wollten wir treffen. Tatsächlich erschien gleich darauf eine motorisierte Kolonne schwerbewaffneter Infanterie. Ich bekam Befehl, meine Granate zu werfen, sobald die Mitte der Kolonne sich unter dem Balkon befände.

Die Granate mußte mit einem Streichholz gezündet werden. Es war windig. Ich riß ein Streichholz an, aber bevor ich es an die Granate halten konnte, verlöschte es. Mit dem zweiten ging es mir ebenso. Die Kolonne war sehr lang, so daß keine Gefahr bestand, die Gelegenheit zu verpassen. Ich versuchte es noch einmal, aber ohne Erfolg. In der Stellung, in der ich lag, konnte ich mich nicht richtig bewegen. Ich machte Meldung, und ein anderer Kämpfer, der neben dem Fenster postiert war, wurde bestimmt, seine Granate zu werfen.

Eine gewaltige Explosion gab das Signal. Von allen Stellungen zu beiden Seiten der Straße flogen jetzt Granaten auf die Deutschen. Durch das Getöse der Explosionen und Schüsse hörten wir das Rattern eines deutschen MGs, das von einem unserer Genossen aus der Nachbargruppe bedient wurde. Ich schoß mit meiner Mauserpistole in die Kolonne. Von meinem Balkon aus konnte ich die Verwirrung und Hilflosigkeit der Soldaten beobachten. Die Luft war voller Rufe und Geschrei. Viele suchten in den Hauseingängen Deckung, aber alles war verbarrikadiert. Mitten im Lärm und dem Schreien der Verwundeten hörte ich die überraschte Stimme eines Deutschen: »Die Juden haben Waffen! Die Juden haben Waffen!« Lange noch klang dieser erschreckte Ausruf in mir nach und erfüllte mich mit Freude. Einige gingen in den Eingängen ausgebrannter Läden in Stellung und erwiderten das Feuer. Das Gefecht dauerte ungefähr eine halbe Stunde. Dann zogen die Deutschen ab. Ihre Toten und Verwundeten ließen sie zurück. Ich blieb weiter auf meinem Beobachtungsposten.

Jetzt fuhren zwei große Panzer ins Ghetto herein, gefolgt von einer Kolonne Infanterie. Als der erste Panzer sich unserem Haus näherte, flogen von verschiedenen Seiten Molotow-Cocktails und mehrere selbsthergestellte kleine Bomben auf ihn herunter. Er fing Feuer und fuhr, während die Flammen aus ihm schlugen, in Richtung Umschlagplatz weiter. Der zweite Panzer blieb brennend auf der Straße stehen. Kurz darauf wurde unser Häuserblock mit Artilleriefeuer belegt, und wir erhielten den Befehl, uns zurückzuziehen. Unsere Männer begannen, jeweils zu zweit, das Haus zu verlassen. Sie waren alle mit Kalk und Mörtel bedeckt, denn einige Granaten waren in das Gebäude eingeschlagen. Nun rief Mordechai auch mich: »Steh auf, wir gehen!«

Ich folgte ihm. Wir gingen die Treppe zum Hof hinunter. Als wir im Hausflur waren, sah ich, daß der Ausgang zur Straße, den wir am Vortag verbarrikadiert hatten, einen Spaltbreit offenstand. Wahrscheinlich hatte jemand versucht, ihn aufzubrechen. Gegen den Türpfosten gelehnt stand ein Deutscher. Ich dachte, daß er uns auflauere, und zog meine Pistole, um ihm zuvorzukommen. Aber bevor ich schießen konnte, brach er in die Knie und stürzte zu Boden. Wahrscheinlich war er verwundet worden und hatte hier Schutz gesucht. Mordechai mahnte mich zur Eile.

Wir gingen durch den Hof in einen Keller, wo sich der Eingang zu dem darunter gelegenen »Bunker« befand. Beim Appell stellte sich heraus, daß niemand verwundet oder getötet worden war. Von draußen hörte man vereinzelte Schüsse. Wir setzten uns und aßen etwas. Jeder begann zu berichten, was er erlebt hatte. Einer versuchte, die Verluste des Feindes zu schätzen. Obwohl wir am Rande des Grabes standen, erfüllte uns ein Siegesgefühl, das stärker war als alles, was uns in den kommenden Tagen erwartete.

Der Bunker, in den wir hinunterstiegen, war ein unterirdischer Keller. Er begann mit einem kleinen Raum, der als Küche diente. Wenn man eintrat, konnte man nicht ahnen, daß dahinter noch ein zweiter großer Raum lag. Der geheime Eingang zu ihm befand sich in einem großen Ofen. Man mußte die Platte abnehmen, in den Ofen hineinsteigen und durch ein Loch in der Mauer kriechen, um dorthin zu gelangen. Obwohl der Raum gut getarnt war, hatten wir außerdem einen unterirdischen Tunnel gegraben, der zu einer Baugrube im Hof führte.

Am Abend hörten wir die Nachrichten des Geheimsenders der Polnischen Widerstandsbewegung. Man schilderte den heutigen Kampf und beglückwünschte uns. Auch ein englischer Sender berichtete über den Aufstand. Wir waren glücklich, denn nun wußten wir, daß die Welt auf uns blickte – uns, die letzten Überlebenden in den Erdlöchern unter dem toten Ghetto.

Den Tag über konnten wir keine Verbindung zu anderen Kampfgruppen aufnehmen. Als es Abend wurde, befahl mir Mordechai, auf das Dach unseres Hauses zu klettern und auszukundschaften, was in der Straße vor sich ging. Ein Kamerad begleitete mich. Wir wickelten uns Lumpen um unsere Stiefel, setzten Stahlhelme auf und steckten uns einige Granaten in den Gürtel. Mit gezogener Pistole gingen wir hinaus. Der Torweg war noch immer verbarrikadiert, der umgestürzte Wagen lag an seinem Platz. Wir stiegen auf den Dachboden. Vorsichtig schauten wir auf die Straße hinunter. Alles war leer und verwüstet, und man konnte kein Lebenszeichen entdecken. Wir gingen in die Wohnung, und ich kroch auf den Balkon. Am Ghettotor standen die Posten wie immer. Unter uns lag der ausgebrannte Panzer, aus dem noch immer schwelender Rauch stieg. Die Deutschen hatten ihre Toten und Verwundeten fortgeschafft...

Flucht aus dem Feuer

Ende des Warschauer Ghettoaufstands
Ziwia Lubetkin

Nach einer zehntägigen Schlacht wagten die Deutschen nicht mehr, in das Ghetto einzudringen. Nunmehr zündeten sie das Ghetto an, zuerst mittels Brandbomben aus der Luft und danach durch Brände, die sie vom Boden aus an seinen vier Ecken legten. Sie feierten ihren Sieg aus der Entfernung – in der Überzeugung, das Feuer werde das Vernichtungswerk vollenden, das sie selbst im offenen Kampf nicht hatten durchführen können.

Aber der geplante Triumph blieb aus. Mit ihrer letzten Lebenskraft suchten und fanden die Juden Schutz hinter jeder Mauer, inmitten von ausgebrannten Ruinen. Die Insassen aller Bunker – Männer, Frauen und Kinder – krochen aus ihren unterirdischen Verstecken hervor und irrten umher, beladen mit den letzten Resten von Lebensmitteln, Decken und Kochtöpfen, Säuglinge wurden von ihren Müttern getragen, Kinder liefen hinter ihren Eltern drein, in den Augen abgrundtiefes Leiden und Flehen um Hilfe ...

In der Nacht, in der das große Feuer ausbrach, rannte ich aus meinem Versteck weg. Der grelle Feuerschein machte mich ganz benommen. Überall um mich herum hörte ich das Prasseln des Feuers, das Krachen einstürzender Mauern. Außerhalb des Ghettos war es Frühling. Wir schlängelten uns durch die Ruinen hindurch, umgingen die Flammen, gelangten durch Löcher in den Mauern von einem Dachgeschoß zum andern und, wenn die Häuser bis auf den Grund heruntergebrannt waren, von einem Keller zum andern. Die Deutschen schossen dabei auf alles, was sich bewegte.

Noch waren die Flammen nicht bis zu dem großen Hof vor einem Wohnblock in Mila Nr. 7 vorgedrungen, der in der ersten Brandnacht von Hunderten von Kämpfern wimmelte, die hier am Ende eines Tages des Herumwanderns Zuflucht gefunden hatten. Erschöpft, gespannt, benommen, so lagen wir auf dem Boden, und über uns schwebte die Frage, auf die es keine Antwort gab: Was jetzt? Tausende von Fliehenden drängten sich um uns herum, sie ruhten sich auf ihren armseligen Bündeln aus und warteten, daß wir die Antwort geben sollten.

Hier saßen wir nun, unsere nutzlosen Waffen neben uns, umringt von den Tausenden, die voller Spannung auf ein Wort der Hoffnung warteten, von uns, den letzten verzweifelten jüdischen

Kämpfern. Es war klar, daß wir es ohne Lebensmittel, Wasser und Löschgerät nicht lange inmitten des tobenden Flammenmeers würden aushalten können.

Irgendein Ausweg mußte gefunden werden, aber wo und wie? Ein junger Bursche erzählte uns, er wisse einen Weg, der durch die unterirdischen Abflußkanäle aus dem Ghetto in den nichtjüdischen Teil der Stadt führe. Einen Augenblick lang wirkte diese Zuversicht ansteckend. Aber was sollte das nutzen? Da es draußen niemanden gab, der uns aufnehmen würde, war das der sichere Tod. Man kam einfach aus dem einen Feuer in ein anderes. Dennoch beschlossen wir nach einer langen Diskussion, einen Versuch zu wagen. Fünf nicht jüdisch aussehende junge Leute wurden ausgesucht, um zusammen mit dem Führer den Rettungsweg zu erkunden. Sollte einer von ihnen zurückkommen, dann wollten wir uns entscheiden. Sie zogen los. Und das qualvolle Warten begann.

Kinder weinten, die Schwachen stöhnten, und man konnte sehen, wie die Flammen näher kamen. Von einer Gruppe von Kämpfern drang leiser Gesang zu uns her. Ein Glückspilz kam mit einem Stück Brot, belagert von Hunderten, die wenigstens eine Krume erhaschen wollten. Stunden vergingen. Um ein Uhr morgens kehrten zwei von den Kundschaftern zurück, ein Führer und Tuwia Buschikowskij, der verwundet und blutüberströmt war. Sie berichteten, daß sie durch die Kanalisationsanlage ungefährdet durchgekommen waren. Am Einsteigeschacht angelangt, hatten sie die Abdeckungsplatte in die Höhe gehoben, und zwei Mädchen und zwei junge Männer hatten auf den Zehenspitzen die stille Straße überquert. Wenige Minuten danach, während Tuwia noch in der Öffnung stand, hatten die Deutschen zu schießen begonnen. Er wurde von zwei Kugeln getroffen; über das Schicksal der anderen, die weggelaufen waren, wußte man nichts.

Der Gedanke eines Massenauszugs mußte fallengelassen werden. Zunächst einmal lag unsere einzige Hoffnung innerhalb des brennenden Ghettos. Ein Appell für die Kämpfer wurde abgehalten, und es ergingen Weisungen, wir sollten uns in den vor dem Feuer sicheren Bunkern und in den von den Flammen noch nicht verzehrten Ruinen verschanzen. Viele, die keinen anderen Unterschlupf finden konnten, gingen in die Abwasserkanäle hinunter, um dort den nächsten Tag abzuwarten. Vorläufig schlug noch der Puls des jüdischen Lebens tief unter der Erde in Bunkern und Kanälen.

Unter den schwelenden Ruinen, weit weg von dem Frühlingstag, lagen Hunderte von uns in einer Tiefe von fünf Metern in völligem Dunkel auf dem Boden eines Bunkers. Kein Strahl des Tageslichts konnte hier eindringen, nur die Uhr sagte uns, daß draußen die

Sonne unterging. Hier, in Mila Nr. 18, war das Hauptquartier des Jüdischen Kampfbundes. Wenn die Nacht kam und in der Stadt jenseits der Ghettomauern Schweigen herrschte, wurden die Straßen des Ghettos lebendig. Die Menschen in den Bunkern standen auf und krochen aus der Tiefe hervor. Das Verlangen nach Tageslicht ließ sich zwar nicht befriedigen, aber man konnte wenigstens frische Luft schöpfen.

Auch die Kämpfer standen auf, um ihre Tätigkeit zu beginnen. Eine Menge war zu erledigen. Die dünne Suppe mußte ausgeteilt werden, und Spähtrupps, Patrouillengänger und Kampfgruppen erhielten ihre Befehle. Manchmal entdeckten wir ein Telefon, das noch funktionierte; dann versuchten wir, die Verbindung mit unseren Kameraden außerhalb der Mauern aufzunehmen. Verlassene Bunker wurden nach Lebensmitteln durchsucht.

Jede Nacht streiften Juden, die aus den dunklen, stickigen Unterständen herausgekommen waren, auf der Suche nach ihren Familien und Freunden durch die Straßen, und jede Nacht sahen wir, wie schnell sich unsere Zahl verringerte. Das Ghetto schrumpfte rasch zusammen. Der Hunger und die Entdeckung eines Bunkers nach dem anderen durch deutsche Patrouillen forderten ihren Zoll. Deutsche Soldaten pflegten sich bei Nacht in einem Winkel der Ruinen zu verstecken und nach Stimmen und Zeichen von Tätigkeit zu lauschen. Auf diese Weise spürten sie unsere Bunker auf. Dann kamen sie und erzwangen sich Eingang. Überall lagen die Leichen unserer Kameraden verstreut. Ich fürchtete mich, bei Nacht umherzugehen, aus Angst, auf sie zu treten. Scharen von Krähen ließen sich auf den verwesenden Leichen in den Straßen nieder.

Manchmal hörte man, wenn man durch die Ruinen ging, in der Grabesstille plötzlich ein schwaches, verzweifeltes Stöhnen. Dann durchsuchten wir den Schutt. Lautes Rufen war gefährlich, und wenn wir in die Nähe eines Verwundeten kamen, verhielt er sich still, aus Angst, wir könnten Deutsche sein. Einmal fand ich eine Frau mit ihrem Kind; sie hatten beide tagelang nichts zu essen und auch kein Wasser gehabt und waren mehr tot als lebendig. Mehr als einmal baten uns die Verwundeten: »Tötet mich!« Wir wußten zwar, daß dieses Verlangen nur vernünftig war, aber wir hatten nicht das Herz, zu schießen. Viele andere waren durch das Grauen und die Qualen unseres Daseins irrsinnig geworden und wanderten jetzt ziellos im Ghetto umher.

Seit Beginn des Aufstands waren nun drei Wochen verstrichen. Wir hungerten und konnten keinen Nachschub erhalten. Die Zeit verging in endlosen Gesprächen – wir redeten über den Hunger, sprachen immer wieder von Einzelheiten der Schlacht mit den

Deutschen und ständig von Palästina, das keiner von uns hatte erreichen können.

Wir saßen in einer Falle, und die einzige Aussicht, die wir hatten, war die auf einen langsamen Hungertod. Was konnten wir tun? Die Verbindung mit der Stadt war völlig abgeschnitten. Berl Broide schlug vor, wir sollten am hellen Tag die deutschen Patrouillen überraschend angreifen, überwältigen und dann in die Wälder fliehen. Einer wandte dagegen ein: »Schön, angenommen, wir überwältigen die Nazipatrouille. Aber wie sollen wir durch die Straßen Warschaus hindurch in die Wälder gelangen?«

Tuwia Buschikowskij sprach wieder von dem direkten Weg zu den Abflußkanälen, von dem man ihm in dem Bunker bei Franciskanska Nr. 20 erzählt hatte. Auf dieser Route konnte man ausschließlich durch unterirdische Gänge in die Kanäle gelangen. Viele machten Einwendungen. Angenommen, wir kämen wirklich zu den Kanälen. Wir alle wußten, wie ausgedehnt und verzweigt sie waren. Wie leicht man in sie einsteigen konnte, aber wie schwer es war, einen Ausgang zu finden. Wie viele hatten versucht, durch sie zu entkommen, waren tagelang ausweglos umhergewandert und schließlich vor Hunger, Durst und Grauen gestorben! Tuwia antwortete auf unsere zweifelnden Einwendungen. In dem anderen Bunker gab es einen Führer, der uns sicher durch das Labyrinth geleiten konnte.

In unserer Verzweiflung schoben wir schließlich alle Befürchtungen beiseite und schmiedeten einen Plan. Eine zehn Köpfe starke Gruppe sollte in die Kanäle entsandt werden. Sie sollten sich nachts auf den Weg machen und sich in den Ruinen verlassener Häuser außerhalb des Ghettos verstecken. Wenn sie erst so weit waren, sollten Kameraden, die nicht wie Juden aussahen, die bereits früher Entkommenen aufzuspüren versuchen und mit ihnen zusammen einen Fluchtplan ausarbeiten. Ich erhielt Weisung, die Gruppe zu begleiten, mit dem Führer zu verhandeln und unsere Kundschafter zu entsenden. Die letzten Vorbereitungen wurden getroffen. Wir nahmen unsere Waffen und sagten unseren Freunden Lebewohl. Würden wir einander jemals wiedersehen?

Erst krochen wir einzeln auf dem Bauch aus dem Bunker heraus. Der Ausgang war eng und mit Steinen bedeckt. Die Debatte hatte unsere Aufmerksamkeit so in Anspruch genommen, daß wir ganz vergessen hatten, daß es Nacht war. Aus irgendeinem Grunde hatten wir mit Tageslicht gerechnet. Nach Wochen der Dunkelheit hatten wir alle ein großes Verlangen nach Licht. Im Freien angelangt, tranken wir die frische Luft mit offenem Munde ein. Die draußen aufgestellte Wache flüsterte uns zu: »Von links her wird geschossen; rechts ist alles ruhig; dort könnt ihr gehen.« Wir gingen in aller Stille weiter; unsere Füße waren mit Lumpen umwickelt, um unsere Schritte unhörbar zu machen.

Trümmer, das Gerippe ausgebrannter Gebäude, Ruinen. Hin und wieder brach die schwelende Glut eines Hauses in helle Flammen aus. Es war seltsam; jedesmal, wenn wir aus unserer Höhle herauskamen, war es schwieriger, das Ghetto wiederzuerkennen. Die Dinge änderten sich so schnell. Stille. Von Zeit zu Zeit wurde das Schweigen durch ein Fenster unterbrochen, das in seinen Angeln in den verkohlten Resten einer Mauer hin und her schwang, oder durch die Eisenstäbe eines zerstörten Ladens, die im Winde kreischten und hin und her schlugen.

Gespannt und vorsichtig, den Finger am Abzug der Pistole, schritten wir auf verborgenen Pfaden weiter. Hier und da trafen wir einzelne Überlebende, die neuen Mut faßten, als sie uns sahen, bewaffnete Juden, die noch am Werke waren. Sie beneideten uns, da sie nicht ahnten, daß wir genauso hilflos waren wie sie. »Was soll aus uns werden?« fragten sie, »es gibt nichts mehr zu essen. Alles ist verbrannt.« Wir sagten ihnen ein paar aufmunternde Worte und überquerten, auf dem Bauch kriechend, die dunkle Straße. Und wieder nahmen uns die Ruinen auf. Wir machten auf unserem Weg bei verschiedenen Bunkern halt, um Anordnungen von der Befehlsstelle zu überbringen.

In Franciskanska Nr. 20, wo wir unseren Führer finden sollten, gab es ein rührendes Wiedersehen mit den Freunden. Wir hatten schon seit längerer Zeit nichts von ihnen gehört und mußten ihnen viel erzählen, da sie kein Radio hatten und keine Nachrichten hören konnten. Dieser Bunker war einmal von den Deutschen umzingelt gewesen und seine Besatzung beinahe vernichtet worden, aber 160 Überlebende von seinen 300 Insassen waren in die Kanäle entkommen. Da sie keine neue Zufluchtstätte finden konnten, waren sie zurückgekehrt und hausten auch weiterhin in dem alten Bunker, in der Hoffnung, daß der Feind glaubte, alle getötet zu haben, und sich nicht die Mühe nehmen werde, nochmals anzugreifen.

Wir erhielten die Weisung, aus dem Schacht in der Belinskastraße auszusteigen und in einer Häusergruppe Deckung zu nehmen, die, wie wir wußten, bei der Beschießung im Jahre 1939 gesprengt worden war. Dort angekommen, sollten Pawel und Helene Schipper bis zum Morgengrauen auf uns warten und dann versuchen, mit unseren Kameraden außerhalb des Ghettos Verbindung aufzunehmen. Wir brachten ihnen sorgfältig die Adressen und Telefonnummern bei. Die übrigen Teilnehmer sollten in den zerbombten Gebäuden warten, bis die beiden zurückkehrten. Einen oder zwei Tage später sollte dann eine andere Gruppe losgehen. Sie sollte um neun Uhr abends an der Ausstiegstelle sein und dort auf ein Signal – drei Klopftöne hintereinander – warten, das bedeutete, daß die erste Gruppe in Sicherheit sei und daß sie herauskommen sollten. Der Ausgang war in der Mitte der Straße, von allen Seiten einzusehen – ein gefährlicher Fleck.

Zweieinhalb Stunden später kamen zwei von ihnen zurück; der eine davon war unser Führer. Sie erzählten uns, wie sie die Straße erreicht hatten. Es war still. Aber kaum hatten sie den Schacht wieder zugemacht und den Rückweg angetreten, als sie hörten, daß in der Straße über ihnen geschossen wurde. Galten die Schüsse unseren Kameraden? Sie wußten es nicht mit Sicherheit zu sagen.

Unfähig, unsere Erschöpfung zu überwinden, verbrachten wir den ganzen Tag im Bunker. Einmal im Laufe des Tages kam von der Wache eine Schreckensbotschaft: Die Deutschen kommen! Unsere Nerven waren zum Zerreißen gespannt, und die Angst vor den Deutschen war größer geworden als die Furcht vor dem Tod. Aber die Deutschen kamen nicht.

In dieser Nacht machten wir, nämlich Chaim P., Marek Edelman und ich, uns auf den Weg zurück zu unserem Bunker. Als wir zu unserem Bunker kamen, erkannte ich den Platz kaum wieder. Ich dachte, wir hätten uns verirrt. Keine Wache war da und der Eingang verschlossen. Wir stürzten zu allen sechs Eingängen, aber sie waren nicht zu erkennen, und nirgends ein Posten. Wir schrien das Losungswort, aber es erfolgte keine Antwort. Dann fanden wir in einem nah liegenden Hof im Dunkel einige unserer Kameraden, schlammbedeckt, schwach und zitternd. Wir waren von zerbrochenen Menschen umringt. Die Deutschen waren über sie hergefallen, und nur einige wenige waren entkommen.

Beim Anruf der Deutschen hatten sich nur die Zivilisten ergeben, aber keiner unserer Kämpfer. Die Aufforderung wurde wiederholt. Die Deutschen kündigten an, daß jeder, der herauskäme, in den Arbeitsdienst gesteckt werden würde; alle übrigen würden auf der Stelle erschossen. Unsere Kameraden verschanzten sich in der Nähe des Eingangs und warteten mit schußbereiten Waffen. Da begannen die Deutschen den Bunker zu vergasen. Sie ließen eine kleine Menge Gas hineinströmen und hörten dann damit auf, in dem Versuch, den Kampfgeist der Besatzung durch einen langsamen Erstickungsprozeß zu brechen. Ein furchtbarer Tod stand den 120 Kämpfern bevor.

Arye Wilner war der erste, der rief: »Kommt, wir wollen uns selbst umbringen! Wir wollen nicht lebendig in ihre Hände fallen!« Nun begannen die Selbstmorde. Einzelne Pistolen versagten, und die Eigentümer baten ihre Freunde, sie zu töten. Aber niemand hatte den Mut, einem Kameraden das Leben zu nehmen. Lutek Rotblatt feuerte auf seine Mutter vier Schüsse ab, aber obwohl sie verwundet war und blutete, bewegte sie sich noch immer. Dann entdeckte jemand einen verborgenen Ausgang, aber nur wenige kamen auf diese Weise davon. Die übrigen erstickten langsam durch das Gas. So fanden die besten jüdischen Kämpfer ihren Tod, 100 an der Zahl, darunter auch unser Kommandant, den wir alle geliebt hatten.

Von den einundzwanzig Entkommenen waren achtzehn Mitglieder des Kampfbundes. Einige von ihnen waren infolge Selbstmordversuchs verwundet, andere litten an Gasvergiftung. Jetzt fühlten wir, daß uns allen der sichere Tod bevorstand. Aber obwohl wir das Ende herbeisehnten, versuchten wir noch, die aufgehäuften Steine zu entfernen, die den Eingang zu unserem Bunker verrammelten. Vielleicht konnten wir die Leichen finden und Waffen retten. Es war unmöglich; alles war mit Dynamit gesprengt worden. Hier lag unsere letzte Hoffnung begraben, und wir gingen weg, eine Schar entseelter Körper, um einen Platz für die paar verwundeten und geschwächten Kameraden zu finden.

Als wir unser neues Hauptquartier erreichten, fielen wir auf den Boden und lagen wie gelähmt da. Wir verbanden weder die Verwundeten noch rührten wir die Suppe an. Aber die Verantwortung für die Überlebenden rüttelte uns wieder zum Handeln auf.

Eine weitere Gruppe mußte durch die Kanäle gesandt werden. Zehn Kameraden erhielten den Befehl zu gehen, und mit ihnen gingen die zwei, die in der Nacht zuvor zurückgekommen waren. Wir weinten, als sie uns verließen. Jeder von uns dachte: welche letzte Botschaft soll ich den Lieben, der Welt, den kommenden Geschlechtern, den Kameraden in dem ersehnten Land senden? Erzählt von unserem Kampf, von unserer Einsamkeit, von unserem letzten Standhalten! Erzählt! Erzählt!

Dann sah ich die beiden Führer. Ich war ganz verwirrt. Was wollten die hier? Ein neues Unheil muß über die anderen hereingebrochen sein. Mit gehetztem Atem erzählten sie uns, daß sie in den Abwasserkanälen Simcha Rithauser, der uns unter dem Namen Kazhik bekannt war, gefunden hätten und daß er auf uns warte. Eine Woche war vergangen, seitdem wir Kazhik zusammen mit Sigmund Friedlich durch einen Tunnel nach außen geschickt hatten, um unsere dortigen Kameraden zu treffen. Dieser Tunnel hatte eine Öffnung an der Muranowska nahe an der Ghettomauer. Jeden Tag gingen wir dorthin in der Hoffnung, von ihnen eine Botschaft zu empfangen. Die Deutschen auf der anderen Seite der Mauer sahen uns oft und schossen auf uns, aber zum Glück hatten wir keine Verluste. Jeden Abend erwarteten wir irgend etwas von ihnen zu hören, aber als keine Nachricht von ihnen kam, waren wir überzeugt, daß sie tot waren.

Kazhik und Friedlich hatten jemand ausfindig zu machen versucht, der mit dem verzweigten Kanalisationssystem vertraut war, aber als sie sich nach früheren Kanalarbeitern erkundigten, erregten sie Verdacht. Unter großen Schwierigkeiten kamen sie schließlich mit einem Polen in Berührung, der sich für einen großen Betrag bereit erklärte, mit Kazhik durch die Kanäle zum Ghetto und zurück zu gehen. Mehr als einmal versuchte der Pole umzukehren, aber Kazhik hielt ihn bei der Stange, manchmal mit Schnaps, manchmal durch Drohungen mit der Pistole. Als sie nahe ans Ghetto herangekommen waren, blieb der Pole unter der Erde, während Kazhik sich bei Nacht nach oben wagte, um uns zu suchen. Aber alles sah so ganz anders aus, und auch unsere Verstecke waren nicht mehr an den gleichen Stellen wie früher. Kazhik rannte wie ein Wahnsinniger herum und rief sogar mit lauter Stimme inmitten der Ruinen, aber es kam keine Antwort. Schließlich begegnete er durch Zufall der Gruppe, die wir durch die Kanäle nach außen gesandt hatten.

Nun warteten die anderen in der Kanalisationsanlage, sagten unsere Führer; sie seien beide zurückgekommen, um uns zu ihnen hinzugeleiten, und wir müßten sofort mit ihnen kommen. Wir empfanden keine Freude. Gerade am Tage zuvor waren Hunderte ums Leben gekommen, die jetzt nicht mehr mit uns weggehen und gerettet werden konnten. Wir saßen da, völlig benommen und außerstande, uns zu erheben. Aber die beiden Kameraden drängten; der Pole werde nicht warten, und wir seien alle verloren, wenn wir Zeit vergeudeten.

Es fiel uns schwer, das Ghetto und die Toten zu verlassen. Der Gedanke, die Einheiten von Zechariah und Josef Farber im Stich zu lassen, peinigte uns. Wir hatten verabredet, sie am nächsten Tage zu treffen, und jetzt, im Morgengrauen, bot sich keine Gelegenheit, Verbindung mit ihnen aufzunehmen ... Wenn wir bei beginnender Tageshelle uns zeigten, würden wir sie nur dem Feinde verraten. Wir sahen ein, daß wir jetzt nichts weiter tun konnten und daß wir gehen mußten. Dennoch weigerten sich einige Kameraden, mitzukommen: »Wir werden uns nicht vom Fleck rühren. Solange auch nur einer von uns im Ghetto ist, wollen wir alle dableiben.«

Aber wir wußten: wir mußten gehen. Schweren Herzens stiegen wir hinunter in die Kanalisationsanlage, an der Spitze die beiden Führer, Marek und ich am Ende. Es war ein Abgrund von Dunkelheit, und ich fühlte, wie das Wasser um mich herum aufspritzte, als ich hinuntersprang, und dann wieder weiterströmte.

Ein gräßliches Gefühl des Ekels überkam mich in dem kalten, schmutzigen Wasser, und ich fühlte, daß nichts – nicht einmal die Freiheit – das lohnte.

Nur ganz wenige konnten mit uns kommen. Die Alten und die Kinder konnten bei einer solchen Unternehmung nur ums Leben kommen. Sie baten nicht einmal, mitgehen zu dürfen. Sechzig Menschen krochen durch den engen Abwasserkanal, halb zusammengekrümmt, während das schmutzige Wasser uns bis an die Knie reichte. Jeder hatte eine Kerze. In dieser Weise arbeiteten wir uns halb gehend, halb kriechend zwanzig Stunden lag, einer hinter dem anderen, ohne Rast, ohne etwas zu essen oder zu trinken, durch diesen grauenvollen Kanal. Hunger und Durst nahmen uns die Kräfte. Zu unserer Gruppe gehörten auch die achtzehn Überlebenden der Katastrophe bei Mila Nr. 18, die sich von den Wirkungen des Gases noch nicht erholt hatten. Einige von ihnen waren nicht imstande zu laufen, und wir zerrten sie an Händen und Füßen durch das Wasser. Mehr als einmal fiel einer von uns hin und bat, man solle ihn liegenlassen; aber keiner wurde während dieser ganzen Wanderung zurückgelassen.

Am nächsten Morgen erreichten wir in der Frühe eine Stelle unter der Frostastraße außerhalb des Ghettos. Hier machten wir halt, um zu rasten. Kazhik und sein polnischer Gefährte hoben den Kanaldeckel in die Höhe und verschwanden. Wir saßen im Wasser und warteten. An jenem Tage hörten wir nichts mehr von ihnen. Marek und ich, die beide am Ende des ganzen Zuges waren, beschlossen in unserer Ungeduld, nach vorn zu gehen und mit den anderen zu besprechen, was geschehen solle. Eng gegen die Kanalwand gepreßt, zwängten wir uns hinter der Reihe der sitzenden Kameraden hindurch, bis wir zu denen in der Nähe des Ausgangs kamen. Sie wußten ebenfalls nichts.

Nun kam uns der Gedanke, zum Ghetto zurückzugehen und die anderen herauszubringen. Viele meldeten sich als Freiwillige für diese Mission, aber nur zwei wurden dafür bestimmt. Der eine von ihnen war Schlamek Schuster, ein etwa siebzehnjähriger Junge. Jeder wußte, daß keiner für dieses gewagte Unternehmen geeigneter war als er. Wir alle erinnerten uns, wie er seine Einheit aus einem brennenden, von den Nazis umstellten Haus im Bürstenbinderviertel gerettet hatte. Er war mit Handgranaten durch eine Mauer von Deutschen hindurchgebrochen, und als sie sich wieder faßten, hatte er bereits für sich und seine Kameraden einen Weg frei gemacht. Ihm schloß sich jetzt Jorek Blons an, ein älterer, wegen seiner Intelligenz und Tapferkeit geschätzter Kamerad. Sie verließen uns, bevor es Abend wurde.

Erst um Mitternacht nahmen die Kameraden von der Außenwelt die Fühlung mit uns auf. Der Deckel über dem Einstiegsschacht wurde in die Höhe gehoben, und man reichte uns Suppe und Brotlaibe herunter. Wir konnten die Eßwaren kaum berühren; uns peinigte nur der Durst. Jehuda Vengrover, noch durch das Gas geschwächt, konnte seinen Durst einfach nicht mehr ertragen. Er hatte sich in dem Kanalwasser heruntergebückt und davon getrunken. Als wir am nächsten Tag den Wald erreichten, fiel er zu Boden und starb in wenigen Minuten.

Die Kameraden von draußen – unter ihnen auch ein von der PPR (Polnische Arbeiterpartei) zur Unterstützung des Jüdischen Kampfbundes bestimmter Pole – sagten uns, sie würden uns am Morgen holen. Wir erzählten ihnen, daß zwei unserer Kameraden zurückgegangen seien, um die übrigen zu holen; wir wüßten nicht, wann die zurückkämen, und würden uns nicht von der Stelle rühren, bevor sie nicht wieder da wären. Wir machten uns Sorgen, daß, wenn wir erst einmal hier herausgestiegen waren, es nicht mehr möglich sein könnte, die anderen herauszuholen, da die Deutschen bestimmt den Ausgang entdecken und sorgfältig beobachten würden. Über uns ging das Leben auf der Straße wie gewohnt weiter. Wir lauschten auf den Lärm der Straße und hörten die fröhlichen Laute polnischer Kinder, die auf dem Bürgersteig spielten.

Am Morgen kamen unsere beiden Boten, Schlamek und Jorek, mit leidverzerrten Gesichtern zurück. Alle in das Ghetto führenden Kanalausgänge waren verrammelt.

In unserem Kummer beteten wir, es möge doch alles zu Ende gehen. Die körperlichen und geistigen Kräfte versiegten. Dann, um zehn Uhr, hörten wir ein Geräusch, und bald darauf war der Tunnel von einem Licht erfüllt, so hell, wie wir es seit vielen Tagen nicht mehr gesehen hatten. Wir waren alle davon überzeugt, daß die Deutschen unser Versteck aufgestöbert hatten, und rannten weiter zurück in die Kanäle. Aber es waren unsere Kameraden, die gekommen waren, uns zu holen. Sie riefen uns aufgeregt zu und halfen uns, die Leiter hinaufzusteigen. Nahe beim Ausgang stand ein Lastwagen. In wenigen Minuten waren vierzig Personen in ihm verladen, er fuhr weg, und ein anderer kam herangefahren.

Jetzt, da wir einander bei Tag sahen – schmutzig, in Lumpen gewickelt, mit dem Unrat der Kanäle beschmiert, mit ausgemergelten Gesichtern, während die Knie vor Müdigkeit schlotterten –, überwältigte uns das Entsetzen. Nur unsere fiebernden Augen verrieten, daß wir noch lebendige Menschen waren. Wir legten uns alle auf den Boden des Lastwagens, um von der Straße nicht gesehen zu werden, und jeder hatte seine Waffe neben sich liegen. In dieser Weise fuhr ein Lastwagen voll bewaffneter jüdischer Kämpfer am 12. Mai 1943 mitten durch das von den Nazis besetzte Warschau. Der Pole Kaszek, der unser Bundesgenosse war, saß neben dem Fahrer und zeigte ihm den Weg, während Kazhik, für jedermann

Fernschreiben

Absender: - und Polizeiführer im Distrikt Warschau

Warschau, den 16. Mai 1943

Az.: I ab - St/Gr. - 1607 Tgb.Nr. 652/43 geh.

Betr.: Ghetto-Großaktion.

An den
Höheren SS- und Polizeiführer Ost
SS-Obergruppenführer und Genral d. Polizei Krüger
o.V.i.A.
K r a k a u

Verlauf der Großaktion am 16.5.43, Beginn 10.00 Uhr:

Es wurden 180 Juden, Banditen und Untermenschen vernichtet. Das ehemalige jüdische Wohnviertel Warschau besteht nicht mehr. Mit der Sprengung der Warschauer Synagoge wurde die Großaktion um 20.15 Uhr beendet.

Die für die errichteten Sperrgebiete weiter zu treffenden Maßnahmen sind dem Kommandeur des Pol.-Batl. III/23 nach eingehender Einweisung übertragen.

Gesamtzahl der erfaßten und nachweislich vernichteten Juden beträgt insgesamt 56 065.

Keine eigenen Verluste.

Schlußbericht lege ich am 18.5.43 bei der SS- und Polizeiführertagung vor.

                                      Der SS- und Polizeiführer
                                      im Distrikt Warschau

                                              gez. Stroop
                                            SS-Brigadeführer
                                        u. Generalmajor d. Polizei

F.d.R.

[signature]

SS-Sturmbannführer.

sichtbar, aufrecht im Wagen stand. Wir, die wir am Boden lagen, wurden durch seinen Gesichtsausdruck beruhigt. Wir wußten weder, wohin es ging, noch, durch welche Straßen wir fuhren. Wir sprachen nicht. Und um uns herum war der Lärm des Warschauer Lebens, das Geräusch vorüberfahrender Autos und der Menschenmassen.

Die Fahrt dauerte nur eine Stunde, aber die Minuten schleppten sich dahin. Verschiedene Male erging im Flüsterton das Kommando: »Waffen bereithalten! Deutsche in Sicht!« Aber es gab keinen Zusammenstoß. Die schwerste Phase kam, als wir versuchten, über die aus der Stadt führende Brücke zu fahren. An jeder Brücke standen deutsche Posten, die jedes Auto durchsuchten. Unser Lastwagen fuhr von einer Straße zur anderen; wenn der Fahrer merkte, daß bei einer Brücke eine sorgfältige Untersuchung stattfand, machte er kehrt, um einen anderen Ausweg zu suchen. Bei der vierten Brücke gelang es uns dann, in dem Durcheinander des dichten Verkehrs unangefochten hinüberzukommen und so den Wald von Mlochini, sieben Kilometer vor Warschau, zu erreichen.

Unsere Flucht war von unseren Kameraden außerhalb des Ghettos organisiert worden. Wenn die polnische Untergrundbewegung ein Unternehmen dieser Art in der Hauptstadt bei Tage hätte versuchen wollen, dann hätte sie dafür starke Kampfeinheiten einsetzen müssen. In unserem Fall wurde die ganze Aktion lediglich von drei Juden und einem Polen durchgeführt. Zwei von ihnen standen an den beiden Enden der Straße und hinderten mit ihren Waffen jedermann daran, sie zu betreten. Ein polnischer Polizist erschien zufällig auf der Szene, und als einer unserer Kameraden ihn anschrie: »Fort von hier, oder ich schieße!«, rannte er davon.

Einer unserer Kameraden hatte am Morgen eine Speditionsfirma angerufen, sie solle zwei Lastwagen nach der Frostastraße schikken, um Holzschuhe abzufahren. Als die Wagen kamen, war schon alles für die Befreiungsaktion vorbereitet. Unsere Kameraden gingen bewaffnet zu den Fahrern und sagten: »Hier sind keine Holzschuhe. Wir haben eine Gruppe jüdischer Kämpfer. Ihr müßt sie in die Wälder außerhalb Warschaus bringen, oder wir machen euch kalt.« Sie gehorchten, und der erste Lastwagen fuhr uns aus der Stadt hinaus.

Während der Fahrt sorgten wir uns um die anderen, die in der Kanalanlage geblieben waren. Sie waren vom Ausgang ziemlich weit entfernt gewesen, und als sie dort angekommen waren, konnten die Kameraden draußen den Verkehr von der Straße nicht mehr länger fernhalten. Der Fahrer des zweiten Lastwagens bekam Angst und verließ seinen Sitz. Man konnte ihnen nur noch sagen:

»Geht durch den Kanal zu dem Ausgang der nächsten Straße. Wir holen euch später.«

Aber wie wir später erfuhren, kamen sie doch aus dem Kanal heraus. Sofort wurde die ganze Nachbarschaft von einer großen Zahl Deutscher umstellt, da inzwischen unsere Flucht ruchbar geworden war. Sie warfen Handgranaten in den Kanal, und als die Zwanzig die Straße erreicht hatten, kam es zu einem schrecklichen, sich lange hinziehenden Handgemenge zwischen der kleinen Schar unserer hungrigen und entkräfteten Leute und den deutschen Truppen. Die Polen äußerten ihre staunende Bewunderung für diese Handvoll jüdischer Burschen und Mädchen, die es wagten, in die Stadt auszubrechen, um gegen die Deutschen zu kämpfen. Legenden bildeten sich um diesen Zusammenprall, bei dem all die jungen Kämpfer den Tod fanden.

Wir wußten nicht, wohin man uns brachte, aber als wir uns dem Walde näherten, fanden wir uns plötzlich von Freunden umringt. Eine Gruppe von Kämpfern, die das Kleine Ghetto verlassen hatte, die Gruppe Többens-Schultz, lief herbei, uns zu begrüßen. Sie waren ebenso wie wir entkommen, aber etwa zehn Tage früher hier eingetroffen. Sie hatten schon um uns getrauert, in dem Glauben, wir seien verloren und sie selbst die letzten Überlebenden.

In unseren Lumpen, voller Unrat und mit unseren verschmutzten und noch ungewaschenen Gesichtern waren wir menschlichen Wesen so unähnlich, daß man uns kaum erkannte. Sie brachten uns sofort warme Milch. Alles war so seltsam. Um uns der grüne Wald und ein schöner Frühlingstag. Es war lange her, daß wir einen Wald, den Frühling und die Sonne gekannt hatten. Alles, was jahrelang in unseren vereisten Herzen begraben und zurückgedrängt war, regte sich jetzt. Ich brach in Tränen aus.

Revolte im »Sonderkommando 1005«
Leon Weliczker

Freitag, der 25. Juni. Der Morgen verlief wie üblich. Heute machte man sich daran, neue Gräber zu öffnen. Diese Gräber befanden sich gegenüber der Längswand unseres Bunkers in einer Entfernung von etwa 20 m. Hier waren drei Gräber, die über 700 Leichen enthielten. Bevor wir uns heute zur Arbeit begaben, erwähnte unser Chef, daß er ab Montag Gesang hören wolle, wenn wir zur Arbeit hinausgingen.

Die Gräber waren bewachsen, so wie das ganze Gelände. Aber die Leitung hatte einen Gräberplan. Außerdem gab es unter unseren SD-Männern welche, die bei den Hinrichtungen zugegen gewesen waren. Wenn man die Stelle, wo sich ein Grab befand, etwas näher betrachtete, so bemerkte man, daß die Erde, die die Leichen bedeckte, Risse bekommen hatte und locker war. Der Rasen war nicht so dicht und geschlossen wie daneben. Die Leichen lagen hier in ihrer Kleidung. Sie waren ungeordnet hineingeworfen und mit einer Erdschicht von ungefähr 1 m bedeckt. In einer Tiefe von etwa 20 cm von oben lagen über der unteren Schicht einige Leichen, als wären sie zusätzlich begraben worden. Es waren lauter Männer. Höchstwahrscheinlich waren es diejenigen, die beim Zuschütten der anderen gearbeitet hatten. Und damit es keine Zeugen gab, waren sie zum Schluß ebenfalls erschossen und schließlich von den Deutschen selbst zugedeckt worden.

Wir legten eine Feuerstätte an, auf der die Leichen verbrannt werden sollten. Wir planierten ein Geländestück in der Größe von 7 m im Quadrat. An zwei Seiten schütteten wir eine Erhöhung von etwa 1 m auf. Auf diesem planierten Platz legte man ein sogenanntes Fundament an, das heißt, man legte auf die Erde in bestimmten Abständen dicke Holzscheite, die das Gerüst für die Leichen darstellten. Es ging darum, daß die Leichen nicht auf der bloßen Erde lagen, sondern von unten Luft bekamen und gut brannten. Im Verlauf des heutigen Tages wurden alle drei Gräber geöffnet und alles vorbereitet, was nötig war, um die Leichen herauszuziehen und zu der sogenannten »Brandstelle« zu schaffen. Man hatte Haken gebracht, die so aussahen wie die Haken, die zum Herausziehen von Eis benutzt werden. Sie sollten dazu dienen, die Leichen aus den Gräbern herauszuziehen. Bei diesen Vorbereitungen arbeitete eine aus zwanzig Personen bestehende Brigade. So ging der Freitag vorüber.

Sonnabend, der 26. Juni. Heute beim Appell, der um 7 Uhr stattfand, sonderte Herches auf Befehl des Untersturmführers eine spezielle Brigade ab, die sich zusammen mit der gestrigen Brigade zur Arbeit bei den neuen Gräbern begab. Die übrigen Männer stiegen in die Schlucht hinunter.

In der Schlucht, in der die Leichen schon verbrannt worden waren, wurde die ganze Erde umgegraben, um festzustellen, ob nichts übriggeblieben sei. Nach dem Umgraben dieser Erde mußte man dem Untersturmführer darüber Meldung erstatten, der die Arbeit kontrollierte. Falls er in der Erde auch nur ein Haar fand, bekam die ganze Brigade 25 Hiebe mit dem Ochsenziemer, und 25 Hiebe mit dem Ochsenziemer bedeuten mehr als 110 Hiebe mit der Nagaika.

Die Arbeit bei den Gräbern sah folgendermaßen aus: drei Mann stiegen mit Haken in das Grab hinunter, und zwei standen mit einem zweiten Haken oben. Die drei, die unten standen, schlugen den Haken in die Leiche und zogen sie von dem Platz weg, wo sie sich gerade befand. Die zwei von oben schlugen dann ihren Haken in die geeignete Stelle hinein, damit die Leiche nicht in zwei Teile riß, und zogen sie hinauf. Hier legten Träger zwei bis vier Leichen auf Tragen (in der Art der Krankenhaustragen), die uns gestern geliefert worden waren. Bei jeder Trage arbeiteten zwei Mann, welche die Leichen zur Brandstelle trugen, die sich in der Nähe der Gräber befand. Der Brandmeister goß Benzin und Öl auf das gestern angelegte Fundament und zündete es an. Die Träger stiegen mit den Tragen auf die vorbereiteten Erhöhungen und warfen die Leichen ins Feuer. Auf der einen Seite stieg das Trägerpaar hinauf, und auf der anderen stieg es herunter, um den nächsten Trägern nicht im Wege zu sein, die ihnen mit Leichen folgten. Der Träger mußte sich die Hände immerzu mit Sand einreiben, weil die Hände und die Handgriffe der Tragen vom Anfassen der Leichen glitschig wurden. Der Brandmeister, vom Rauch geschwärzt und vom Feuer versengt, hielt in der Hand einen eisernen Haken, mit dem er fortwährend im Feuer rührte, und regelte den Betrieb. Er gab an, wohin die Leichen zu werfen seien, auf welche Erhöhung man hinaufzusteigen und wie man zu werfen habe, um das Feuer nicht zu ersticken. Gott behüte, daß man sie schlecht hineinwarf! Dann mußte man ans Feuer hinuntergehen, die Leiche herausziehen und noch einmal hineinwerfen. Das Feuer war so groß, daß seine Glut einen schon in einer Entfernung von mehr als zehn Metern versengte. Unmittelbar neben dem Brandmeister standen sein Gehilfe und der Zähler. Der Gehilfe des Brandmeisters schob die verbrannten Knochen beiseite und legte immerfort Holz zu.

Nachdem bereits alle Leichen aus dem Grab herausgezogen waren, suchten einige Männer (später eine spezielle Brigade) das Grab ab. Sie lasen mit den Händen jeden Knochen und jedes Haar auf, die sie in einen Eimer taten und nachher ins Feuer warfen. Wenn sie mit dem Durchsuchen des Grabes fertig waren, erstatteten sie darüber dem Untersturmführer Meldung. Der Untersturmführer führte eine Kontrolle durch. Die Männer, die sich in der Grube befanden, kratzten die von den Leichen grün gefärbte Erde der Wände ab und bestreuten die leere Grube mit Chlorkalk, um den Gestank zu ersticken.

Nun wurde die Grube zugeschüttet und die Erde planiert. Dann fuhr man noch mit einer Egge über das ehemalige Grab, die statt von einem Pferd von uns gezogen wurde, und zum Schluß säte man auf diese Stelle ein Samengemisch verschiedener Grasarten, die hier ringsherum wuchsen. Nach einigen Wochen war diese Stelle bewachsen, so daß man nicht erkennen konnte, daß hier etwas gemacht worden war.

Wie am vergangenen Sonnabend arbeiteten wir heute nur bis 12 Uhr. Am Nachmittag ging eine Zehnergruppe – immer eine andere – mehrmals Wasser holen.

Ich wusch mich und meine Wäsche ...

Dienstag, der 29. Juni 1943 ... Heute wurden die drei Grabstellen zu Ende planiert, die man am Freitag aufgemacht hatte. Das Feuer war am Verlöschen. Man sah, wie die Männer die Asche in Kisten zu der Aschkolonne trugen.

Der Untersturmführer kam immerzu und fragte, ob wir zufrieden seien. Jeder von uns wußte, daß man nicht nein sagen durfte. Dabei fragte er diesen oder jenen, warum er ein so trauriges Gesicht habe, ob ihm vielleicht etwas nicht gefalle, weil er ihn dann ins Lager zurückschicken könne. Wir wußten alle, daß bei ihm »Lager« das Feuer bedeutete. Wir erinnerten uns an die Worte des Schupos, deshalb bemühten wir uns von nun an, »fröhlicher Stimmung« zu sein. Wir wurden zu Komödianten. Das Herz weinte, aber das Gesicht war fröhlich.

Heute machten wir früher Schluß, schon um vier Uhr. Wie gewöhnlich nach der Arbeit fand ein Appell statt. Nach dem Appell wuschen wir uns. Plötzlich unterbrach man unser Waschen. Man ließ uns alle in die Baracke gehen und den Eingang mit einem Mantel verhängen. Es war Fliegeralarm. Dabei warnten uns die Schupos, ja nicht aus der Baracke hinauszuschauen, weil sie sonst sofort hineinschießen würden. Jeder von uns hatte den gleichen Gedanken: möchte doch hier eine Bombe herunterfallen und uns zusammen mit den Deutschen töten!

Plötzlich bellte ein Hund. Wir hörten das Stapfen einer größeren

Anzahl von Füßen, das Schlagen mit Peitschen. Wir lauschten und hörten »Ausziehen!« Einige von uns schauten durch Spalten im Dach hinaus. Sie berichteten uns, was sie sahen. Man sah einen Haufen Menschen, die sich auszogen. Um sie herum standen Schupos mit Peitschen und schlugen auf sie ein. Man hörte Schreie: »Los, los!« Plötzlich hörte man ein lautes »O jej!« Einer von den Juden hatte sich umgedreht und war von einem Hund ins Bein gebissen worden. Später hörte man: »Zu fünf antreten!« Die Menschen – bereits nackt – stellten sich in Fünferreihen auf. Jeder hatte die Hände im Nacken verschränkt. Alles das geschah hinter dem Stacheldrahtzaun unseres Lagers, gegenüber der längeren Barackenwand.

Diese Menschen traten zu fünfen an das Feuer heran, das in einer Entfernung von reichlich zehn Metern brannte. In der Nähe des Feuers stand ein Scharführer aus dem Lager, namens Siller. Er hielt sich ein getränktes Tüchlein vor den Mund, damit er Luft schnappen konnte, weil es hier entsetzlich stank. In der rechten Hand hielt er einen Revolver. Eine Fünferreihe trat ans Feuer heran, er stellte sich dahinter, knallte jedem eine Kugel ins Genick und versetzte ihm einen Fußtritt, damit er nach vorn fiel. War er mit fünf Leuten fertig, führte man schon die nächsten heran. Die übrigen standen gegenüber und sahen zu, was geschah. Sie standen da wie die Lämmer, nicht ein einziger versuchte Widerstand zu leisten. Sie standen gleichgültig da – was hätte ihnen Widerstand genützt? Sie würden dadurch nur Schläge heraufbeschwören; und das wäre lediglich eine Verlängerung der Qualen vor dem Tode, nichts weiter.

Etwa nach einer halben Stunde war alles zu Ende. Wir hörten jetzt die Stimme eines Schupos, der am Zaun Posten stand: »Herches, schnell!« Herches ging hinaus. Dann hieß es: »Alles heraus!« Alle gingen hinaus. Herches bekam den Befehl, aus zwanzig der besten Arbeiter und den beiden Brandmeistern eine Brigade zu bilden. Sie sollten noch heute alle Erschossenen ins Feuer werfen. Vier Mann gingen hinaus, um die Sachen zu sortieren. Die Schupos machten sich dabei zu schaffen wie auf einer Hochzeit. Sie durchsuchten die Taschen, der eine legte sich ein Paar Stiefel beiseite, ein anderer wiederum einen Anzug. Man hatte vier Eimer und ein großes Waschfaß Gold, Geld und Brillanten zusammenbekommen. Nach einer Stunde waren alle Leichen verbrannt ...

Mittwoch, der 30. Juni 1943 ... Beim Abendappell war der Untersturmführer zugegen, er hielt eine Ansprache an uns.

»Alle diese Sachen, die vor euch liegen«, sagte er, »sind für euch bestimmt. Morgen will ich jeden von euch anständig angezogen sehen. Jeder soll einen Anzug für die Arbeit und den anderen nach der Arbeit anziehen, so daß er nicht in demselben Anzug und denselben Stiefeln, in denen er gearbeitet hat, in den Bunker zu gehen braucht.« Dabei erklärte er: »Alles werde ich für euch besorgen, aber anständig und sauber müßt ihr sein! Nur diese zwei Sachen verlange ich von euch, dann werde ich für euch sorgen wie ein Vater für seine Kinder. Werdet ihr mich aber enttäuschen, dann bin ich für euch un-barm-herzig!«

Wie gewöhnlich fuchtelte er mit der Hand herum, kniff seine glänzenden Augen halb zu und lächelte: »Paßt auf, dann werdet ihr zwanzig Jahre, aber was zwanzig? – hundert Jahre werdet ihr leben. Arbeit haben wir noch viel. Wir werden noch nach Mexiko fahren. Nur aufpassen, nur sauber und anständig. Herschel, paß auf, du sollst die Sachen gut verteilen.« Am Schluß fragte er: »Habt ihr verstanden, was ich zu euch gesprochen habe? Also gut.« Er hob die linke Hand, gewissermaßen zum Verabschieden, und ging weg. Ein rechter Vater. Ein Schauspieler, wie ihn die Welt noch nicht gesehen hat. Er hatte uns vor einigen Tagen versprochen, daß jeder noch einen Anzug und Stiefel bekäme, und schon hatte er sein Wort gehalten.

Jeder bekam Wäsche, einen Anzug und ein Paar Stiefel. Was am besten war, hatten gestern die Schupos mitgenommen. Aber wir brauchten das alles nicht. Wir hätten lieber in denselben Lumpen geschlafen, in denen wir bei den Leichen arbeiteten, und uns für diese Anzüge bedankt, wäre nicht der Befehl gewesen. Hätten wir die Anzüge der Getöteten nicht angezogen, dann wäre man imstande gewesen, uns zu erschießen, denn es hätte geheißen, daß wir meutern.

Donnerstag, der 1. Juli 1943 ... Heute kam der Untersturmführer lächelnd zum Appell. Jeder von uns hatte einen Anzug an. »Na, ich werde noch mehr für euch sorgen. Nur anständig und sauber. Ja, laßt zur Arbeit antreten, zur Arbeit, Kinder, zur Arbeit.«

Alle gingen zur Arbeit. Einige konnten sich kaum auf den Beinen halten und vorwärts schleppen. Sie konnten nicht mehr gehen, weil sie bereits seit sechs oder sieben Tagen Typhus hatten. Man mußte aufpassen, daß die Deutschen es nicht bemerkten. Wenn sie nur erst den Weg überstanden, bei der Arbeit wußten sie sich schon irgendwie zu helfen. Sie bekamen leichtere Arbeit und wurden von den anderen gedeckt. Außerdem gab man alle Kranken in die Aschkolonne. Dort saßen sie und suchten vorgeblich nach Gold, während die Gesunden den ganzen Tag die Knochen zerkleinerten. Die Schupos sahen zwar, daß sich bei der Arbeit Kranke befanden, aber mit ihnen kamen wir zurecht. Der Brigadier steckte ihnen ein

Stück Gold zu, und sie schwiegen. In der Baracke organisierten wir für die Kranken einen Hilfsdienst. Sie bekamen einen besonderen, bequemen Platz. Ich stand auch einige Male in der Nacht auf und machte ihnen Umschläge. Jeder Kranke wurde von einem Gesunden betreut, der ihn wusch und die Notdurft unter ihm forttrug. Alle halfen ihnen, wie sie nur konnten. Aber was nützte es schon – es kamen die Tage der Krisis, und wenn der Kranke zur Arbeit ging, taumelte er und fiel um. Dann fragte der Untersturmführer, was mit ihm los sei. Man erklärte ihm, daß es am vergangenen Tage sehr heiß gewesen wäre und der Mann daher einen Sonnenstich bekommen hätte. Der Untersturmführer ließ ihn in den Bunker führen, damit er einen Tag lang läge.

Der Untersturmführer begann alle genau zu beobachten. Er bemerkte, daß der eine schlecht aussah, ein anderer sich kaum auf den Beinen hielt. Abends beim Appell fragte er, was der Kranke mache. Herches sagte, daß es ihm besser gehe, aber als der Untersturmführer in den Bunker hineinging, traf er ihn bewußtlos an. Der Kranke phantasierte, glühte vor Hitze. Der Untersturmführer ging schweigend hinaus. Fortwährend versicherte man ihm, daß dies ein so starker Sonnenstich sei. Er befahl, ihn bis zum nächsten Tag sein zu lassen. Als sich am nächsten Tag der gleiche Fall mit noch einem Arbeiter ereignete, schickte der Untersturmführer alle in den Bunker zurück.

Abends kam ein Auto an. Der Untersturmführer ließ alle Kranken hinausbringen und gut anziehen, weil sie ins »Krankenhaus« fahren sollten. Sie taten uns sehr leid. Diese Männer, die sich soviel abgeplagt hatten, brauchten nur noch zwei Krisistage zu überstehen, und nun fuhren sie ins »Krankenhaus«.

Man fuhr sie direkt ans Feuer heran und machte die rückwärtige Wagenklappe auf. Der Kranke stellte sich unmittelbar an die geöffnete Klappe, mit dem Gesicht zum Feuer. Der Scharführer gab einen Schuß ins Genick ab. Ein Fußtritt, und der Erschossene fiel direkt ins »Krankenhaus«. Am nächsten Morgen war von ihm keine Spur mehr übrig …

Der Untersturmführer schickte einen Sanitäter der Schupo zu uns, der sich täglich beim Appell die Zunge von jedem ansah. Wer eine weiße Zunge hatte, fuhr ins »Krankenhaus«. So kamen über zehn Mann um, ohne Rücksicht darauf, ob sie wirklich krank waren oder aus weniger ernsten Gründen eine weiße Zunge hatten. Auch bei dieser Sache konnte man sich helfen. Alle Kranken aßen vor dem Appell harte Brotrinde und rieben sich auf diese Weise die Zunge, daß sie rot wurde. Als jedoch nach dem sogenannten Zungenappell, der gezeigt hatte, daß alle gesund waren, sich bei der Arbeit die vorgestrigen Fälle von neuem ereigneten, gab der Untersturmführer bekannt, wenn sich die Kranken nicht selber meldeten, er sie aber entdecke, so würde er sie nicht einmal ins Krankenhaus fahren lassen. So befahl er am Sonnabend vor dem Mittagsappell einem gewissen Jaffe, sich auszuziehen, und streckte ihn vor unseren Augen nieder. Zwei Träger brachten ihn ins Feuer.

Auf diese Weise blieben von hundertzweiundzwanzig Personen vierundneunzig übrig. Es waren nicht einmal welche zum Arbeiten da. Eines Donnerstags ging daher auch ich zur Arbeit.

Die neue Arbeitsstelle – nun schon die vierte – befand sich direkt an dem Weg, der das Lager mit der Schlucht verband. Die Entfernung von der Schlucht betrug etwa 30 Meter. Die Arbeit war sehr schwer, weil man einen Waggon Erde herauswerfen mußte, bevor man einige Leichen fand. Die Leichen lagen in ihren Kleidern. Das waren Lagerinsassen aus der Zeit vor sechs bis acht Monaten. Sie lagen schichtenweise. In einem gewissen Abstand voneinander lagen immer Schichten von 30 bis 50 Leichen. Die untersten Schichten erreichten eine Tiefe bis zu 8 Metern. Dieses Grab hatte ungefähr eine Länge von 25 Metern. Am Ende des Grabes hatte man auf beiden Seiten Pfähle aufgestellt und sie durch ein Drahtnetz miteinander verbunden. In dieses Netz hatte man eine große Menge grüner Zweige gesteckt. Das Netz war ungefähr 4 Meter hoch. Das war eine sogenannte Blende, die errichtet worden war, damit vom Lager aus nicht zu sehen war, was man hier machte.

War denn vom Lager aus nicht zu sehen, was hier geschah? Man sah doch den Rauch, man roch doch den schrecklichen Gestank. Schließlich gingen wir selbst hinter die Blende, so daß man auch uns sah, wenn wir zur Arbeit gingen. Wir sangen doch so laut, daß es auch dort zu hören war.

Die Arbeit ging hier vor sich wie in einer amerikanischen Fabrik. Jeder hatte seinen bestimmten Platz. Jeder Spaten Erde passierte eine Reihe von Händen, ehe er bis zu der Stelle kam, wo er bis zur Beendigung der Arbeit liegen bleiben konnte. Diese Stelle sah aus wie eine kleine Schlucht, weil sich auf beiden Seiten eine Erhebung befand, die eine Höhe von 2 Metern erreichte. Die Brandstelle wurde in der Nähe der großen Schlucht angelegt. Da sich auf beiden Seiten Erhöhungen befanden, ging der ganze Rauch in der Mitte durch, wo die Arbeiter standen. Man mußte etwas ersinnen, um den Rauch auf eine andere Seite zu leiten, aber vorläufig war dagegen nichts zu machen.

Bei dieser Brandstelle sah die Arbeit anders aus als vorher. Das Fundament hatte man hier in der Weise angeordnet, daß man jeweils in einem Meter Abstand schnurgerade ein sehr dickes Holzscheit legte, so daß die Anzahl der Holzscheite zugleich die Größe der Feuerstätte ergab. So viele Holzscheite eine Brandstelle hatte, so viele Quadratmeter minus einen zählte ihr Fundament. Dicke Holzscheite spaltete man nun zu sehr dünnen und legte sie quer auf die dicken Scheite ziemlich dicht nebeneinander, damit die Leichen nicht herunterfielen. Jetzt legte man darauf eine Schicht Leichen in Reihen nebeneinander und mit den Füßen zueinander, so daß auf zwei parallelen Seiten nur die Köpfe lagen, während sich auf den zwei anderen Seiten, die an jene grenzten, keine Köpfe befanden. Damit die Leichen nicht herunterglitten, legte man an den Rand dickere Leichen. Wenn eine Schicht, die eine ebene Oberfläche haben mußte, fertig war, legte man von neuem gespaltetes Holz schnurgerade im Abstand von einem halben Meter in derselben Richtung, in der man die Leichen gelegt hatte. Jetzt folgte die zweite Schicht Leichen, aber nunmehr quer auf die vorherige Schicht.

Und so zogen wir gleichmäßig eine Schicht nach der anderen immer höher, so daß der Scheiterhaufen, von der Seite gesehen, wie ein mit einem Lineal auf dem Papier gezeichnetes Trapez aussah. Anfangs errichteten wir Scheiterhaufen, die bis zu 500 und später bis zu 750 Leichen zählten. Nachdem wir uns eingeübt hatten, erreichte die Zahl der Leichen 2000 und mehr. Auf den Scheiterhaufen stiegen die Träger über Laufbretter, die mit Querleisten beschlagen waren wie auf einer Baustelle. Wenn die Träger auf dem Scheiterhaufen angelangt waren, warfen sie die Leichen von der Trage ab und holten neue. Oben befanden sich zwei sogenannte Aufschichter; sie legten jede Leiche, je nach Gewicht und Größe, an die entsprechende Stelle.

Hier holte man wenig Leichen heraus, weil man manchmal einen ganzen Tag lang graben mußte, bis man auf 30 bis 40 Leichen stieß. Infolgedessen dauerte das Errichten eines Scheiterhaufens eine ganze Woche, und am Sonnabend wurde er angezündet.

Das Anzünden des Scheiterhaufens sah folgendermaßen aus: Die ganze Oberfläche und die Seiten des Scheiterhaufens begoß man mit etlichen Eimern Benzin. Dann umwickelte man einen Knüppel von einem halben Meter Länge mit einem Lappen, zündete den Lappen an und warf ihn auf den Scheiterhaufen. Es entstand ein solcher Feuerausbruch, daß der Himmel schwarz wurde von Rauch.

Beim erstenmal hatte diese neue Erfindung keinen Erfolg gehabt. Der ganze Scheiterhaufen war auseinandergefallen, und das Feuer verlöschte. Man hatte dann mit einer Pumpe Öl hineingespritzt, Holz aufgelegt, alle Leichen mit eisernen Haken herangezogen und später wieder ins Feuer zurückgeworfen.

Wie hoch so ein Scheiterhaufen war? Das hing davon ab, ob die

Leichen frisch waren oder gänzlich verwest, ob es lauter Männer waren oder ob sich Frauen und Kinder darunter befanden.

Und wie lange so ein Scheiterhaufen brannte? Das hing davon ab, ob die Leichen in Kleidern waren oder nicht. In Kleidern brannten sie schlechter. Es hing auch davon ab, ob die Leichen verfault waren. Sofern sie verwest waren, brannten sie schlechter. Jedenfalls betrug der Zeitunterschied zwischen dem Verbrennen eines Scheiterhaufens mit verfaulten und einem mit frischen Leichen einen Tag. Am meisten hing die Dauer der Verbrennung jedoch von unserer Erfahrung, von der Übung in der Arbeit ab. Und so brannte zum Beispiel der gleiche Scheiterhaufen, dessen Verbrennung am Anfang eine ganze Woche gedauert hatte und wobei eine große Menge Öl verbraucht worden war, neuerdings nicht länger als zwei Tage, und zwar ganz ohne Öl; außerdem wurde nur der vierte Teil der ursprünglichen Menge Benzin und die Hälfte Holz verbraucht ...

Ungefähr am 18. August war die Arbeit in der Schlucht beendet, und man verlegte den Arbeitsplatz dorthin, wo die letzte Exekution stattgefunden hatte. Dort dauerte die Arbeit ungefähr anderthalb Wochen. Dort befanden sich 1500 Leichen. Im Laufe von drei Tagen hatte man aus 750 Leichen einen Scheiterhaufen errichtet und verbrannt. Auch die Aschkolonne zog aus der großen Schlucht hier in die Nähe. Man hatte eine spezielle »Säbrigade« geschaffen. Diese Brigade säte die ganz feine Asche auf die gleiche Weise, wie man auf dem Felde Getreide sät. Die Asche mußte so gesät sein, daß sie für das Auge unsichtbar war. Gott sollte uns bewahren, daß jemand vom SD auch nur ein kleines Häufchen Asche erblickte! Die Steine, auf denen man die Knochen zerstampfte, zog man später wieder nach oben hinauf, aber an dieser Stelle blieb ein ganzer Berg ganz kleiner Knochen zurück, die nicht durchs Sieb hindurchgegangen waren ...

Der Untersturmführer hatte auch daran gedacht, wie man diese Knochen zermahlen könne. Eines Tages wurde eine Maschine hergebracht. Sie sah aus wie eine Maschine zum Mahlen von Kies und wurde von einem kleinen Dieselmotor angetrieben. Sie besaß eine Art großen geschlossenen Kessel, in dessen Innern Eisenkugeln waren. Dieser Kessel drehte sich, und die Kugeln zermalmten die Knochen, die man immerzu hineinschüttete. Auf einer Seite befand sich ein Sieb, welches das Pulver durchsiebte, dagegen wurden die gröberen Stücke weitergemahlen. Die zermahlenen Knochen bildeten ein ganz feines Pulver, das wie Luxusmehl oder grauer Puder aussah. Dieses Pulver wurde dann auf die Felder gestreut. Die Leute, die dabei arbeiteten, waren immer schwarz wie Mohren, weil dieses Pulver furchtbar staubte. Die Maschine mahlte sehr langsam. Um mit dem Knochenmahlen bis zum 1. September fertig zu werden, arbeitete die Maschine von 5 Uhr morgens bis 9 Uhr abends. Infolge dieser großen Beanspruchung war die Maschine immerzu verstopft, hingegen kam aus dem alten und geplatzten Motor Luft heraus. Ehe man ihn morgens in Betrieb gebracht hatte, vergingen immer einige Stunden, und einmal dauerte es sogar den ganzen Tag. In diesem Falle machte der Untersturmführer das Experiment, die Knochenreste auf eine andere Art loszuwerden. Man versuchte, die kleinen Knochen auf den Äckern, die sich in der Nähe befanden und den Bauern aus Holosk Maly gehörten, auszustreuen und das ganze Feld umzupflügen. Da jedoch bei einem solchen Säen die Spur nicht gänzlich verschwand, beschloß man in Ermangelung eines anderen Auswegs, sich mit Geduld zu wappnen und zu warten, bis die Maschine alles zermahlen haben würde.

Am 19. November war kaum der Abend hereingebrochen, als Herches mich hieß, alle jungen Männer, die nicht älter waren als um die zwanzig, und alle »Draufgänger« in der Werkstatt zusammenzurufen. Von einigen älteren ließ er die beiden Zelte umzingeln, damit sie uns benachrichtigten, wenn jemand kam. Was die übrigen betraf, so veranlaßte man einige, in unser Zelt zu gehen. Hier wurde Musik gemacht, und sie sangen dazu. In der Werkstatt fing die Sitzung an. Zunächst ergriff Herches als Leiter das Wort. Er begann seine kurze Ansprache mit diesen Worten:
»Kameraden und Brüder! Die Stunde des Lebens oder des Todes hat geschlagen. Morgen werden wir im Feuer oder in der Freiheit sein. Ich spreche hier zuerst vom Feuer und dann von der Freiheit, weil man sich das Schlimmste vorstellen muß, damit das Beste herauskommt. Dabei haben wir vor dem Feuer keine Angst, weil uns in der nächsten Stunde sowieso der Tod begrüßen würde. Ist es denn nicht besser, von einer Kugel zu fallen, die von wer weiß wo kommt, und ehrenvoll für die Freiheit zu sterben, als sich zu entkleiden und fügsam zu fünfen ins Feuer zu gehen und unseren Henkern bis in den Tod treu zu dienen? Ihnen zu helfen, die Spuren der Morde zu vernichten? Genug davon!« Allmählich kam Herches zur Einteilung der Aufgaben. Zuerst legte er den allgemeinen Plan vor und bestimmte, wer wohin gehen sollte; dabei betonte er, daß jeder von diesen Ausgewählten, der sich nicht bei Kräften fühle, die ihm zugewiesene Aufgabe durchzuführen, es sofort sagen solle, weil diese Aufgaben schließlich sehr verantwortungsvoll und riskant seien. Die Männer wurden zu viert eingeteilt ...

Wie gewöhnlich waren die Pläne jedoch auch diesmal schöner

als die Taten. Einige waren dafür, daß man um neun Uhr vorging, andere wiederum, daß es sofort geschehen solle, denn wenn man anfinge, es von einer Stunde auf die andere zu verschieben, dann würde nichts daraus. Diejenigen, die diese beiden Schupos angreifen sollten, waren der Meinung, es müsse auf der Stelle gehandelt werden.

Ich bekam den Posten des Verbindungsmannes auf dem Hof zugewiesen. Ich stand also an der Küche, aß angeblich und beobachtete unauffällig den Schupo.

Plötzlich sah ich, daß einer der Schupos an die Pforte herantrat, als wolle er jemandem die Tür aufmachen. Ich blickte nach dieser Richtung und sah, wie die zwei von uns, die ihn unschädlich machen sollten, zu ihm hinausgingen. Einer von ihnen hatte einige Holzstücke in der Hand, der andere wiederum hielt unter der Bluse ein Paar Stiefel versteckt. Sie hatten bereits vorher mit ihm darüber gesprochen, daß sie für ihn ein gutes Paar Stiefel aufbewahrt hätten und es ihm gleich bringen wollten. Der Schupo war damit einverstanden gewesen. In demselben Augenblick sollten die anderen zwei zu dem anderen Schupo hinausgehen, daher lief auch ich schnell zu der Pforte. Schon traten sie an die Pforte heran, die ihnen der andere Diensthabende öffnen sollte, damit auch ihm etwas hinausgebracht würde. Der andere Schupo war aber nicht da. Er verspätete sich um einige Minuten.

Die ersten zwei gingen zu dem Schupo hinaus, der zwischen unserem und ihrem Zelt stand. Sie gingen mit ihm bis in sein Wachhäuschen. Der eine der Burschen warf das Holz hin, der andere dagegen begann die Stiefel herauszuziehen. Der Schupo beugte sich vor, um sie entgegenzunehmen und schnellstens im Wachhäuschen zu verstecken. Er hatte Angst, es könne jemand auftauchen und sehen, daß er einem von uns erlaubt habe, zu ihm zu kommen, was streng verboten war. Das Holz für ihre Feuerung mußte man ihnen immer über die Umzäunung hinüberwerfen und durfte es nicht an Ort und Stelle bringen. Als sich der Schupo vorbeugte, um die Stiefel zu nehmen, warf sich derjenige von uns, der das Holz getragen hatte, auf ihn und begann ihn zu würgen. Leider hatte er ihn schlecht gepackt. Der Deutsche vermochte laut aufzuschreien. Einen weiteren Laut gab er nicht von sich. Die Unseren warfen sich so auf ihn, daß sie ihn gleich erwürgten.

Unterdessen spielte die Musik in der Baracke weiter, einige sangen wie sonst und ließen sich nichts anmerken. Als ich den dünnen Aufschrei des Schwaben hörte, eilte ich in Richtung auf die andere Pforte. Aber den Aufschrei hatte nicht nur ich gehört, sondern auch einige in den Zelten, die im selben Augenblick auf den Hof hinauseilten.

Die zum Hinausgehen vorbereiteten anderen zwei Mann standen da und fragten, was mit der ersten Zweiergruppe los sei, ob sie schon hinausgegangen wären, weil man ihnen im Augenblick ihres Weggehens kein Zeichen gegeben hatte. Ich sagte ihnen, der Schupo sei schon erledigt. Als sie das hörten, gingen sie zu der anderen Pforte, an der auch schon der Schupo stand und auf sie wartete, damit sie ihm brächten, was sie ihm zugesagt hatten. Ohne bemerkt zu haben, daß etwas vorgefallen war, öffnete er das Pförtchen. Da wir aber wußten, daß wir nicht warten durften, warfen wir uns auf ihn, und im selben Augenblick hörten wir hinter uns Schüsse.

Wie sich erwies, hatten auch die im Zelt befindlichen Schupos den Aufschrei gehört, sich schnell bewaffnet und waren herausgelaufen. In Erkenntnis der Lage eröffneten sie sofort das Feuer in Richtung auf unsere Zelte.

Einer der beiden, die sich mit dem an der anderen Pforte stehenden Schupo auseinandersetzen sollten, hielt gerade einen Spaten in der Hand, auf dem brennendes Holz zum Feuermachen lag. Als der Schupo die Pforte aufmachte, versetzte er ihm mit diesem Spaten einen Schlag ins Gesicht, ich warf ihn zu Boden und betäubte ihn mit einem Schlag meines beschlagenen Stiefels gegen den Kopf. Er vermochte noch aufzuschreien: »Meine Herren, laßt mich leben.« (So wurden wir innerhalb einer Minute aus »Figuren« zu Herren.) Einen zweiten Ton brachte er nicht heraus. Er fiel direkt an der Pforte hin, und jeder der Fliehenden trat beim Passieren der Pforte auf ihn und zermalmte sein Gesicht.

Alle ergriffen die Flucht. Wir hatten verabredet, in den Wald zu gehen. Aber wie sollte man jetzt die anderen Kameraden suchen, da hinter uns geschossen wurde? Wir wollten uns nach dem dichten Wald zu absetzen. Da ich überzeugt war, daß die Schupos diese Seite bereits abgeriegelt hatten, setzte ich mich in entgegengesetzter Richtung ab und lief schnell vorwärts nach der Seite, wo der Berg war ...

Draußen war es so finster, daß einer den anderen nicht sah. Hinter uns hörte man laute Schüsse aus Maschinenpistolen, Handgranaten wurden geworfen. Ich war noch keine zehn Meter gelaufen, als ich in dem Stacheldrahtverhau hängenblieb, der unter dem Gestrüpp versteckt lag. Ich fiel hin, erhob mich und sprang über die Verhaue, die mir bekannt waren, weil wir sie ja selbst angelegt hatten. Ich lief weiter ...

X
Das Ende

1944–1945

Ich habe am 1. September 1939 im Deutschen Reichstag es schon ausgesprochen – und ich hüte mich vor voreiligen Prophezeiungen –, daß dieser Krieg nicht so ausgehen wird, wie es sich die Juden vorstellen, nämlich daß die europäisch-arischen Völker ausgerottet werden, sondern daß das Ergebnis dieses Krieges die Vernichtung des Judentums sein wird. (Abermals erhebt sich ein ungeheurer Beifallssturm.)

Adolf Hitler in einer Rede am 30. Januar 1942

Noch immer Richtung Auschwitz

Als die Deutschen im März 1944 Ungarn besetzten, war ich ein dreizehnjähriges Schulmädchen und besuchte die Jüdische Bürgerschule in Debreczen, einer größeren Provinzstadt, etwa einhundertzwanzig Meilen von Budapest. Ich kümmerte mich nicht viel um den Lauf der Welt, meine Tage verliefen regelmäßig zwischen Elternhaus, Schule und Freundeskreis. Ich wußte, daß Krieg war, und hörte die Erwachsenen sagen, daß die Deutschen schließlich diesen Krieg verlieren würden – aber all dies besagte mir nicht viel.

Eines Morgens, auf dem Wege zur Schule, sah ich in den Straßen viele Autos und Motorräder, voll mit deutschen Soldaten. Die Einwohner blieben auf der Straße stehen und sahen sich den Einzug der Deutschen an, viele waren aufgeregt. In der Klasse sagte uns die Lehrerin, wir sollten nach Schulschluß gleich, ohne jeden Aufenthalt, nach Hause gehen und uns möglichst wenig auf der Straße aufhalten. Zu Hause machten die Erwachsenen ernste Gesichter und steckten die Köpfe zusammen. Wir Kinder gingen dann noch am nächsten und auch noch am übernächsten Tage in die Schule, aber am dritten Morgen sagte uns die Lehrerin, daß die Schule bis auf weiteres geschlossen werde; wir sollten uns nur schön ruhig bei den Eltern zu Hause aufhalten – man werde uns schon rechtzeitig verständigen, sobald der Unterricht wieder aufgenommen werde.

Aber keine Verständigung kam, und die Tage vergingen. Die Eltern ließen uns nicht auf die Straße gehen, und wir blieben die ganze Zeit über zu Hause. Wir wagten uns nicht zu freuen, daß wir schulfrei hatten; denn die Eltern sagten immer: Jetzt kommen schwere Zeiten. Nachbarn und Bekannte gingen ein und aus. Alle machten ernste Gesichter und sprachen viel und aufgeregt miteinander. Ein schwerer Druck legte sich auf uns alle, und auch wir Kinder blieben davon nicht verschont.

Ich hatte noch drei Schwestern, außerdem kam nach kurzer Zeit ein Knabe zu uns, ein Cousin aus der nicht sehr weit gelegenen Stadt Munkacs, den man zu uns geschickt hatte, weil sein Vater zum Arbeitsdienst eingezogen worden war. Aber bald darauf wurde auch mein eigener Vater zum Arbeitsdienst eingezogen, und die Mutter blieb mit den vier Mädchen im Alter von neunzehn, vierzehn, dreizehn und elf Jahren sowie mit dem kleinen Cousin zu Hause. Eine neue Verordnung kam heraus, wonach alle Juden links auf der Brust einen gelben Stern an der Kleidung tragen mußten, auch die Kinder waren nicht davon ausgenommen. Die Mutter schnitt den sechszackigen Stern in der vorgeschriebenen Größe aus gelbem Stoff aus und nähte ihn uns Kindern an die Kleider. Es war ein unheimliches Gefühl, ihn tragen zu müssen. Und noch unheimlicher war es, wenn man aus dem Fenster blickte und sah, wie die Straße verändert war, wie die Menschen, die man bisher alle gleich geglaubt hatte, plötzlich in zwei Gruppen zerfielen, in solche, die den gelben Stern trugen, und in solche, die ihn nicht hatten. Die gelben Sterne waren so auffallend, daß sie förmlich durch die stille Straße zu schreien schienen.

Wiederum kurze Zeit später kam eine neue Verordnung – und diese war noch schlimmer. Alle Juden in der Stadt mußten zusammenziehen, und zu diesem Zwecke wurde ein Ghetto geschaffen. Wir hatten in der Schule früher gelernt, daß unsere Vorfahren im Mittelalter im Ghetto gewohnt und gelebt hätten. Jetzt erlebten wir ganz plötzlich und unerwartet, daß wir selbst in ein neugeschaffenes Ghetto gesperrt wurden, und es war ein Gefühl, als ob die ganze Welt, die wir bisher gekannt hatten, auf einmal versinke.

In Debreczen wurden zunächst zwei Ghettos gebildet. Das eine – wir nannten es das »kleine Ghetto« – erstreckte sich rund um die Csokonai-Gasse, wo unser eigenes Haus stand. Das wurde als Glück im Unglück empfunden; denn es bedeutete für uns, daß wir nicht umzusiedeln hatten, sondern in den eigenen Wänden blieben. Aber unsere altvertraute Wohnung war es nicht mehr. Wir mußten alle in ein einziges Zimmer zusammenrücken, und in die beiden anderen Zimmer der Wohnung wurden zwei verwandte Familien einquartiert. Die Küche blieb gemeinsam. In den drei Wohnzimmern hausten nun drei Familien mit insgesamt fünfzehn bis zwanzig Seelen. Und dabei konnten wir uns noch glücklich schätzen; denn alle die umliegenden Wohnungen und Häuser waren noch weit stärker mit Menschen belegt. Wenn man jetzt aus dem Fenster sah oder sich über die Schwelle wagte, erblickte man nur noch Menschen mit gelben Sternen an der Brust. Die ganze Welt war verändert. Sie war eng geworden und schien wie ein Gefängnis. In der Mitte der Zugo-Gasse erblickte man einen Holzzaun, der das Ghetto von der Umwelt absperrte. Und ebenso war es in der anderen Richtung, in der Garai-Gasse.

Das war nun unsere neue, unsere klein gewordene Welt. Aber nicht für lange. Neue Veränderungen kamen, und stets wurde es schlimmer und schlimmer. Nach etwa einer Woche wurden wir aus dem »kleinen Ghetto« hinausgetrieben ins »große Ghetto«. Das war ein etwas umfangreicherer Straßenblock, rings um den jüdischen Tempel. Auch das Schulgebäude fiel in diesen Bezirk, und dort wurde unsere Familie zusammen mit vielen anderen untergebracht. All unser Hab und Gut hatten wir zurücklassen müssen, nur kleine Bündel schleppten wir mit uns. In einem Klassenzimmer lagen an die achtzig Menschen, meist Frauen, Kinder und ältere Männer, auf Stroh. Aber wiederum hatten wir Glück im Unglück. Unser Vater kam zu uns, und von nun an blieb er mit uns. Er hatte sich, als er von unserem Schicksal erfuhr, Urlaub von der Arbeitskompanie erwirkt, und von diesem Urlaub kehrte er nicht zum Arbeitsdienst zurück. Die Familie blieb nun beisammen.

Mitte Mai hieß es für alle Ghettobewohner aufbrechen. Gerüchte gingen bereits um, daß wir alle mit der Eisenbahn irgendwohin weit weg gebracht werden würden. Erst sehr viel später sollte ich hierfür das Wort »Deportation« kennenlernen. Zunächst brachen wir, von Gendarmen und bewaffneten Männern geleitet, zu Fuß auf. Mehrere Stunden lang mußten wir marschieren, bis wir zu dem kleinen Orte Jozsa kamen. Es war große Hitze, und wir waren alle sehr durstig. Bauern standen längs der Landstraße und sahen dem traurigen Zuge zu. Mein Vater rief den einen Bauern, den er von früher her kannte, an und bat ihn um etwas Wasser. Der Bauer rührte sich nicht. Aber seine neben ihm stehende Frau eilte ins Haus und kam gleich darauf mit einem großen wassergefüllten Kruge heraus. Schon wollte sie ihn uns reichen, da trat der Bauer heran und schlug ihr den Krug mit zornigen Worten aus der Hand. Durstig und müde mußten wir weiterziehen. Dicht beim Dorfe Jozsa übernachteten wir in einem Schuppen. Daneben zog sich die Eisenbahnstrecke hin, und am nächsten Tage wurden wir einwaggoniert. Wir kamen nicht in solch schöne, luftige Eisenbahnabteile, wie ich sie von früher her kannte, sondern in schmutzige, finstere, geschlossene Waggons, in denen man sonst Vieh transportiert hatte. Wir wurden eng zusammengedrängt. Wer einen Platz an der Wand bekommen hatte, durfte sich glücklich schätzen, daß er sich anlehnen konnte; die übrigen mußten sich, wenn sie müde waren, auf den schmutzigen Boden hocken, zum Ausstrecken oder Niederlegen war kein Platz vorhanden.

Nun folgten furchtbare Tage. Der Wagen fuhr und fuhr, blieb dann wieder lange stehen, rollte weiter, blieb wieder stehen. Niemand von uns wußte, wohin es ging, niemand konnte zählen, wieviel Tage und Nächte wir unterwegs waren. Das Licht des Tages kam nur ganz spärlich mit wenigen Strahlen durch das kleine vergitterte Fenster; die Türen waren dicht verschlossen. Die Luft war unerträglich schlecht. Etwas Proviant hatte noch jeder bei sich; dagegen plagte uns der Durst ununterbrochen. Wenn der Wagen irgendwo stehenblieb, wo wir draußen menschliche Stimmen hörten, riefen wir durch das Fensterchen hinaus und bettelten um frisches Wasser. Manchmal bekamen wir etwas, meistens aber nichts. Auf einer Station warfen die Insassen unseres Waggons Geldscheine aus dem Fensterlein, um Wasser zu bekommen. Das

Geld wurde draußen eingesammelt, aber wir bekamen nichts, und der Waggon rollte weiter. Wieder an einer anderen Station wurden diejenigen, die sich ans Fenster wagten, mit rohen Worten zurückgetrieben.

Niemand wußte, wohin diese furchtbare Reise ging. Wir vernahmen draußen ungarische Worte, und da dies viele Tage und Nächte lang so ging, folgerten wir daraus, daß man uns kreuz und quer durch ungarisches Gebiet fahre. Oft hatten wir auch das Gefühl, daß der Wagen wieder rückwärts rollte. Mehrmals blieben wir viele, viele Stunden lang an einem Fleck stehen. Dann ging es wieder weiter. Jedes Gefühl für die Zeit ging verloren.

Bericht von M. Laszlo

Miskolc ist ein Eisenbahnknotenpunkt, wo die Verbindungen aus ganz Ober-Ungarn zusammenlaufen. Die Deportationszüge aus Kaschau, aus Losonc, aus Gyöngyös und aus anderen Städten fuhren durch Miskolc durch, blieben hier meist auf dem Außen-Perron mehrere Stunden, oft auch die ganze Nacht stehen, wurden dann umrangiert und nach ihrem unheilvollen Bestimmungsort weitertransportiert. Diese Umstände hatten sich mit Blitzeseile in der Stadt herumgesprochen, und wir jüdischen Arbeitsdienstler setzten nun alles in Bewegung, um auf den Bahnhof gelangen und dort unseren Glaubensgenossen irgendwie helfen zu können. Zu diesem Zweck meldeten wir uns freiwillig für die Arbeit auf dem Bahnhof oder erreichten es durch Bestechung unserer Vorgesetzten und Begleitmannschaften, daß wir Zutritt zum Bahnhof erlangten. Unsere Sorge war um so größer, als diese Deportationszüge aus unseren früheren Wohnorten kamen und wir annehmen mußten, daß unsere eigenen Angehörigen in den Zügen waren.

Sooft wir auf den Perron kamen, wo die Züge standen, wurden wir von den dort befindlichen Gendarmen barsch zurückgewiesen. Unter Berufung darauf, daß wir auf dem Bahnhof arbeiten mußten, ließen wir uns nicht herausjagen, sondern hielten uns wenigstens in Rufweite der Züge auf. Es waren lange Züge, alle Waggons dicht verschlossen, nur aus den Luftklappen und Fenstern drangen Rufe heraus. Wir rieten zurück, und über die Köpfe der Gendarmen hinweg entwickelte sich eine Art Konversation, die nur allzuoft unterbrochen wurde. Sobald die Insassen der Züge durch unsere Rufe erfahren hatten, daß wir jüdische Arbeitsdienstler waren, riefen sie laut und verzweifelt einzelne Namen. Auf diese Weise wurde unsere eigene Vermutung bestätigt, daß unsere Verwandten in den Zügen waren. Auch mein Name wurde gerufen. Meine alte Großmutter war in einem der Züge, die aus Losonc kamen.

Die Unglücklichen flehten verzweifelt um frisches Wasser und baten, daß man die Türen wenigstens für kurze Zeit öffnen möge, da in den dicht gedrängten Waggons unerträgliche Hitze herrschte. Wir wandten uns immer wieder an die Gendarmen, versuchten sie zu rühren, auch der Stationsvorsteher und einige Eisenbahner, an deren Menschlichkeit wir appelliert hatten, legten sich ins Mittel. Aber es blieb alles umsonst. Die Gendarmen blieben unerbittlich und erlaubten auch nicht, einen einzigen Becher Wasser, nicht eine einzige Schnitte Brot zu den Waggons hinüberzubringen. Einige unserer Leute, die die Stimmen ihrer Ehefrauen oder Mütter gehört hatten, liefen verzweifelt durch die Kette der Gendarmen hindurch, aber bevor sie noch die Waggons erreichten, wurden sie gepackt und mit Kolbenstößen und Fußtritten zurückgetrieben. Wir warteten stundenlang, machten immer neue Versuche; nach Eintritt der Dunkelheit schlichen einige Leute von der Rückseite des Bahnhofs bis dicht an einen Zug heran und konnten einige Worte aus der Nähe mit den Eingesperrten wechseln, wurden dann aber von den Gendarmen entdeckt und vertrieben. Sie hatten bei dieser Gelegenheit erfahren, daß in dem einen Waggon – es war ein Zug aus Gyöngyös – eine junge Frau, schwanger im achten Monat, ohnmächtig geworden war. Am nächsten Morgen verbreitete sich diese Nachricht in der Stadt. Der Zug stand noch immer auf dem Perron. Mehrere nichtjüdische Zivilisten, die sich einen Funken von Menschlichkeit bewahrt hatten, gingen zu den Gendarmen und begannen zu ihnen zu reden; es entstand eine Ansammlung vor dem Bahnhof, und der Kommandant der Gendarmen, der wohl einen Skandal befürchtete, gab schließlich in diesem einzigen Fall die Erlaubnis, die Tür des Waggons für einige Minuten zu öffnen. Wir sahen, daß im Innern des Waggons, wo die Eingesperrten dicht gedrängt nebeneinander standen und saßen, viele sich in der unerträglichen Hitze die Kleider vom Leibe gerissen hatten. In aller Eile wurde ein Kübel Trinkwasser in den Waggon gebracht, aber als wir noch einige Brote und andere Lebensmittel hineingeben wollten, geriet der Kommandant in Wut und gab den Befehl, die Tür des Waggons wieder zu schließen. Ein Aufschrei der Empörung und des Entsetzens ging durch die Menge. Es half alles nichts. Der Waggon mit seiner Fracht menschlichen Elends wurde wieder verschlossen, und die Gendarmen drängten mit aufgepflanztem Bajonett die Menge vom Bahnsteig zurück. Kurze Zeit später setzte sich der Zug in Bewegung und fuhr, während noch immer Hilferufe aus dem Innern ertönten, in nördlicher Richtung davon.

Bericht eines Unbekannten

Die Alliierten kommen
Paula Littauer

Brüssel, Donnerstag, den 6. Juni 1944. Endlich ist es geschehen. Sie sind gelandet. Hurra! Wir sind alle ganz verrückt vor Freude und jubeln, als wäre schon Frieden. Ich hoffe, daß nun die letzte Phase des Krieges begonnen hat. Möge Gott geben, daß es schnell geht und ohne allzu große Verluste für die Alliierten. Wie oft haben wir von diesem Tag gesprochen! Mit welcher Ungeduld haben wir ihn ersehnt! Wir haben auf die Engländer, unsere Retter, gewartet, und nun sind sie endlich gekommen. Die Belgier, optimistisch wie immer, glauben, daß der Krieg schon in ein paar Wochen vorüber ist. Wir haben alle einige Lebensmittel als Vorrat zurückgelegt, weil wir erwarten, daß die Situation kritisch wird. Es hat nun schon eine ganze Weile kein Gas gegeben, und da wir sehr wenig Kohlen haben, ist das Kochen schwierig geworden. Vor ungefähr vier Wochen haben die Deutschen das Telefon-Netz stillgelegt. Die Jagd auf Juden geht mit zunehmender Heftigkeit weiter ...

Kaum eine Woche, nachdem ich mein Versteck in der Rue Lumée verlassen habe, kam die Gestapo und durchsuchte das ganze Haus vom Boden bis zum Keller unter dem Vorwand, nach einer Mrs. Morris zu fahnden. Ich nehme an, irgendein Spitzel hat mich denunziert. Als die Männer das Haus verließen, drohten sie der Hausbesitzerin, sie würde eingesperrt, wenn sie jemals erwähnen würde, daß die Gestapo bei ihr war.

Die Zeit vergeht im Fluge. Ich verfolge den Vormarsch der Alliierten mit fieberhaftem Interesse. Sonst sehe ich kaum etwas, außer der Küche meiner heimlichen Gastgeber und am späten Abend meinen Dachboden, der genauso ärmlich ist wie der vorige.

Heute, am 21. Juli, hörte ich im Rundfunk von dem Attentat auf Hitler. Wie schade, daß es mißlang. Die Welt hätte wieder aufatmen können, wenn sie den größten Verbrecher los gewesen wäre. Ich hoffe, daß die Opposition in Deutschland sich weit ausgebreitet hat. Die Flugzeuge der Alliierten fliegen Tag und Nacht über Brüssel. Die Flakgeschütze schießen die ganze Zeit. Aber wie ein altes Kriegspferd habe ich mich so an den Kanonendonner gewöhnt, daß ich kaum aufsehe, wenn die Flak auf dem Dach des Gestapohauses gegenüber zu schießen anfängt.

Am Sonntag, dem 30. Juli, verläßt der sechsundzwanzigste Judentransport Malines. Es sind ungefähr achthundert Juden. Da die Deutschen keine Güterzüge mehr haben, werden die armen Menschen nachts auf Lastwagen nach Antwerpen gebracht. Von dort aus soll es mit Schiffen weitergehen. Bis zum letzten Augenblick, die Schlinge schon um den Hals, verfolgen uns die Nazis noch mit ihrem Haß. Solange sie hier sind, ist kein Jude auch nur eine Minute seines Lebens sicher.

Wunderbare Erfolge an allen Fronten. Wir leben in ständiger Spannung! Paris est libre! Vive l'Angleterre! Vive l'Amérique! Der Jubel ist unbeschreiblich, fast so groß wie der, den ich in Berlin erlebte, als die Deutschen Paris einnahmen. Nun fängt man hier an, sich auf den Kampf vorzubereiten. Überall in den Straßen gibt es Schützengräben und Panzersperren. Die Alliierten sind noch zweihundert Kilometer von der belgischen Grenze entfernt. Aber sie kommen jeden Tag näher.

Die Deutschen verlassen Brüssel! Anfangs waren es nur die Zivilisten, aber nun ist es eine richtige Flut geworden. Das Geschütz auf dem Gestapohaus gegenüber ist noch da, und sicherlich auch noch ein paar von den Gestaposchweinen. Sie bleiben bis zum letzten Augenblick. Aber die SS aus den Baracken in unserer Straße ist schon abgezogen. Die Deutschen laufen nervös herum und eilen mit ihrem Gepäck hin und her, mit den gleichen erschrockenen Gesichtern wie wir Juden damals in Berlin, als man uns alles genommen hatte und wir mit unseren kleinen Koffern umherirrten und uns bemühten, etwas von unseren Sachen zu verstecken. So ändern sich die Zeiten.

Ich kann es noch nicht fassen und kann es kaum glauben. Tag und Nacht fahren in ununterbrochenem Strom Autos, Kanonen und Lastwagen durch Brüssel. Sie nehmen alles mit, was sie können – Möbel, Fahrräder, Maschinen usw. Die ganze Avenue Louise, das Paradies der Gestapo, ist verstopft von langen Reihen beladener Lastwagen. Wer über die Straße will, muß seinen Ausweis vorzeigen. In einem Café an der Ecke sitzen drei deutsche Offiziere. Sie haben mehrere Schnapsflaschen auf dem Tisch und sind vollkommen betrunken. Sie brüllen: »Wir haben den Krieg verloren. Auf nach Berlin!« Ich habe das Gefühl, sie betrinken sich aus Verzweiflung. Die Belgier stehen herum und sehen ihnen zu.

Seit Stunden laufe ich, um etwas Brot zu bekommen. Auch Gemüse ist nicht zu haben. Die Preise schießen in die Höhe. Zwei Pfund Butter kosten 650 Francs. Als Deutscher muß man jetzt sehr vorsichtig sein; wenn die Belgier sich wirklich erheben, ist jeder Deutschsprechende in Gefahr, von der Menge gesteinigt zu werden. Ich bin überzeugt, daß gerade jene Belgier, die am meisten Juden an die Gestapo denunziert und gute Geschäfte mit den Deutschen gemacht haben, dann am lautesten schreien werden: »Tod den Deutschen!«

Heute ist der erste September. Schon fünf Jahre Krieg. Heute vor fünf Jahren zog Hitler aus, um die Hakenkreuzfahne in der ganzen Welt zu hissen. Und jetzt ist seine stolze Armee nur noch eine fliehende, sich auflösende Masse.

Die ganze Nacht hindurch höre ich den Kanonendonner, das Geknatter der Maschinengewehre, das Krachen der Bomben. Ich kann kaum schlafen.

Sonntag, den 3. September 1944. Schon seit den frühen Morgenstunden donnern die Kanonen ohne Unterbrechung. Die Alliierten haben die belgische Grenze überschritten und sind in Tournay. Um ein Uhr mittags fängt plötzlich der Justizpalast an zu brennen. Es sieht aus, als ob eine riesige Fackel ganz Brüssel erleuchtet. Die Deutschen haben den Brand gelegt, bevor sie abzogen. Ich wohne im sechsten Stock, und da unser Haus auf einem der höchsten Plätze von Brüssel steht, kann ich fast die ganze Stadt unter mir sehen. Der Justizpalast steht genau gegenüber. Als er zu brennen anfing und die schöne Kuppel einstürzte, erschien ein anderes Bild vor meinen Augen – die brennenden Synagogen von Berlin am 10. November 1938. Ich fing an zu weinen, wie ich seit vielen Jahren nicht mehr geweint habe. Meine belgischen Freunde trösteten mich und konnten nicht verstehen, warum ich weinte, statt jetzt zu lachen, wo die Stunde der Befreiung gekommen ist.

Schießen in der ganzen Stadt. Kanonen, Maschinengewehre und Bomben machen ein furchtbares Getöse. Die ganze Zeit fahren Wagen mit deutschem Militär durch die Straßen. Wie Trauben hängen Schwärme von Soldaten an jedem Auto und Lastwagen. Der Rückzug macht einen erbärmlichen Eindruck. Die Deutschen benutzen jedes Fahrzeug, das sie beschlagnahmen können. Sie ziehen in kleinen Pferdewagen ab, in zweirädrigen Bauernkarren, mit einem Pferd davor und einem dahinter; sogar Kühe und Schweine treiben sie mit.

Um acht Uhr abends hört man überall Rufe: »Sie kommen.« Wir sind alle unbeschreiblich aufgeregt. Ich renne hinunter auf die Straße, die plötzlich ein Meer von Flaggen geworden ist – belgische, englische und amerikanische Fahnen an jedem Fenster. Ich stehe an der Chaussée de Waterloo, in der Nähe unseres Hauses. Es ist fast dunkel. Als die ersten Autos und Panzer ankommen, kennt die Freude und Begeisterung keine Grenzen. Die Soldaten werden mit Blumen überschüttet. Die Frauen küssen sie, und die Menge wirft fast die Wagen um.

Es ist nicht leicht, in solch einem Augenblick allein zu sein. Seine Sorgen kann man auch allein tragen, aber das Glück dieser Stunde würde ich gern mit jemandem teilen. Eine Stunde lang beobachtete ich das Schauspiel. Ich werde es niemals vergessen. Ich kann das große Glück kaum fassen, diese Veränderung von einem Tag zum anderen. Der Jubel und das Singen dauern die ganze Nacht hindurch.

Montag, den 4. September. Ganz Brüssel feiert. Selbst die Hunde sind mit Fähnchen geschmückt. Die Leute tanzen auf den Straßen, und man hört die Melodie von »It's a long way to Tipperary« aus jedem Café und fast jedem Haus. Überall hängen ausgestopfte Hitlerpuppen mit einem Strick um den Hals. Meist wird er mit Farbtopf und Pinsel dargestellt.

Heute mußte ich in die Stadt gehen, um Verschiedenes einzukaufen. Die Kolonnen der Engländer marschieren die ganze Zeit durch Brüssel – die Begeisterung der Bevölkerung von Brüssel ist grenzenlos. Langsam fange ich wieder an, Freude zu empfinden. Der Himmel ist voller Flugzeuge, die zu Tausenden über die Stadt hinwegfliegen.

Am Samstag, dem 9. September, wurden die Synagogen in Brüssel zum ersten Mal wieder geöffnet. Ich ging mit Anna zum Gottesdienst. Die meisten Menschen weinten, es gibt hier kaum einen Juden, der nicht mehrere Angehörige verloren hat ...

Ich kann immer noch nicht recht begreifen, daß ich frei bin.

Im Massengrab
Zalman Teichmann

Die Gefangenen waren so schwach und erschöpft, daß sie sich hinsetzten. Keiner hatte genug Kraft, zu gehen oder zu reden. Sie seufzten, verfluchten sich und hofften nur auf einen baldigen Tod, weil sie es nicht länger ertragen konnten. Einige meinten, daß wir auf der Stelle erschossen würden, aber wir konnten das kaum glauben. Jemand sagte: »Die Luft ist voller Pulver.« Sofort widersprachen ihm zwanzig andere: »Schämst du dich nicht, so zu reden? Glaubst du ernsthaft, die Deutschen denken jetzt an so etwas, da die Russen nur noch zwanzig Kilometer entfernt sind?« Gespräche dieser Art wurden den ganzen Freitag lang geführt.

Den ganzen Tag über feuerten die SS-Leute in die Luft, als ob sie Zielübungen machten oder sich vergnügen wollten. Der Zweck war, die Einwohner der Umgebung an das Geräusch von Schüssen zu gewöhnen, damit es nicht weiter auffiele, wenn es Ernst wurde. Schließlich konnte man nicht dreitausend Menschen auf einmal erschießen. Es wurde Abend, und die Gefangenen legten sich hin, um zu schlafen. Am Morgen lief das Gerücht um, daß unser ungarischer Leutnant ins deutsche Hauptquartier nach Sombor gefahren sei und erklärt habe, er könne mit so vielen Kranken nicht weitermarschieren, es sei denn, sie bekämen etwas zu essen. Die Deutschen erwiderten, so wollte das Gerücht wissen, daß sie für die Juden keine Lebensmittel hergeben würden und daß sie auch den Weitermarsch nicht erlaubten, damit der Rückzug nicht gestört werde. Das erzählten sich die Juden.

Als wir am Samstagmorgen aufstanden, hörten wir die lauten Rufe der SS-Leute, die uns befahlen herauszukommen. Wir gingen, und sofort wurden fünfzig Menschen weggeführt, einige mit ihren Bündeln und einige ohne. Danach begann die SS uns zu quälen, sie ließ uns von einem Platz zum anderen rennen, um uns zu ermüden. Wenn jemand hinfiel, wurden die hinter ihm Laufenden aufgehalten und geschlagen. Die Gefangenen schrien, weinten und verfluchten den Tag, an dem sie geboren waren. Eine Stunde lang wurden wir so herumgejagt, bis wir außer Atem waren. Dann wurden wir in einen kleinen Schuppen gestoßen, zehn mal fünf Meter groß, in dem gewöhnlich Ziegel zum Trocknen gelagert wurden. Etwa vierhundert bis fünfhundert Menschen drängten sich in diesem kleinen Raum, sie stießen aneinander, ohne Luft und unfähig, sich zu bewegen. Es war verboten, einen Laut von sich zu geben oder auch nur einen Seufzer. Wer von der SS gehört wurde, bekam mit einem Gewehrkolben Schläge auf den Kopf, bis das Blut floß. Mehrere fielen in Ohnmacht, aber niemand bemerkte es. Die Gefangenen verloren die Nerven, und keiner achtete mehr auf sich. Ein toter Körper war uns nichts anderes als ein Stück Holz oder ein Ziegel. Die Menschen hatten keine Skrupel, auf Leichen zu treten.

Nach einer Stunde ließen sie uns in Frieden. Fünfzehn bis zwanzig Menschen blieben liegen, als ob sie tot seien. Später wurde versucht, sie wieder zu beleben. Einige waren noch am Leben, und andere starben, und jeder kümmerte sich wieder um sich selbst. Um zwei Uhr nachmittags wurde ein neuer Befehl gegeben: Aufstehen, herauskommen, in Reihen aufstellen! Die SS ging hinein, um nachzuprüfen, ob jemand sich versteckt hatte. Viele waren zu schwach, um aufzustehen, aber als die Schläge auf ihre Köpfe regneten, mußten sie hinausgehen. Als alle Gefangenen draußen standen, schrien die SS-Leute den Befehl, daß jede Kompanie sich getrennt in Zehnerreihen aufstellen sollte. Wir hatten Angst, daß jeder Zehnte umgebracht würde. Die SS-Leute tobten – schlimmer als wilde Tiere im Dschungel – und schlugen uns ununterbrochen.

Einer von ihnen rief: »Ich brauche fünfzig kräftige Männer, Freiwillige.« Aber wer fühlte sich noch gesund? Wer hatte noch genug Kraft, zu arbeiten? Niemand meldete sich. Der SS-Mann kam näher, wählte selbst starke, gesünder aussehende Männer aus, einen nach dem anderen, bis er fünfzig zusammen hatte, und führte sie fort, wir wußten nicht wohin. Dann hörten wir einen SS-Mann den Befehl schreien: »Alle Nicht-Juden zu mir kommen!« Die getauften Juden mit ihren weißen Armbinden traten vor und wurden mit den Worten »Ihr seid auch halbe Juden« zurückgeschickt. Die SS-Leute meinten die Adventisten und zogen sie aus den Reihen heraus. Nun erst begannen die Menschen zu begreifen, daß es Ernst würde. Sie wünschten nur, daß alles so schnell wie möglich vorbei wäre, denn sie konnten es nicht länger ertragen. So standen wir in Zehnerreihen von drei Uhr bis neun Uhr abends. Es war uns verboten, uns zu setzen, wir mußten in »Rührt euch«-Stellung sechs Stunden stehen. Und das, nachdem achtzig Prozent von uns seit vier oder fünf Tagen nichts gegessen hatten. Um neun Uhr wurde uns gesagt, wir könnten schlafen gehen. Die Freude war groß, und wir alle legten uns hin. Nach neun Uhr kam einer der fünfzig Männer zurück und fiel auf sein Lager und brach in Tränen aus. Wir fragten ihn: »Warum weinst du so?« Er antwortete, er habe sehr hart gearbeitet. Er wollte die schlechte Nachricht nicht weitergeben, daß Munition, Kugeln, herbeigeschafft worden waren. Um halb elf am Abend – es war die Nacht vor Hashana Rabba (7. Oktober 1944) – hörten wir Schreie und Stöhnen und Schüsse, und uns blieb das Herz stehen. Die Ziegelfabrik war groß. Jede Kompanie hatte ihren eigenen

Platz, und wir waren alle ziemlich weit voneinander entfernt. Von ferne hörten wir Rufe. Plötzlich kamen sie näher, wir hörten Rufe: »Aufstehen! Raus!« Alle fingen an zu rennen. Viele von uns waren nackt oder nur im Hemd, weil sie geschlafen hatten.

Die SS-Männer leuchteten mit Taschenlampen in alle Ecken und schlugen jedem, den sie noch drinnen fanden, mit ihren Gewehrkolben den Schädel ein. Als alle draußen waren, begannen die Greuel des vergangenen Morgens von neuem. Ungefähr tausend Menschen mußten rennen, bis sie außer Atem waren. Eine ganze Stunde lang mußten sie rennen, dann wurden sie für eine halbe Stunde in einen engen Raum gestoßen, dann wieder herausgerufen und in einen anderen Raum gezwängt, der noch enger als der erste war. Siebenhundert bis achthundert Menschen auf so kleinem Platz zusammengepfercht! Die Gefangenen waren wie aneinandergeschweißt, Fuß an Fuß, Leib an Leib oder Rücken an Rücken. Die Leiden waren fürchterlich. Der Raum hatte drei Wände, die vierte Seite war offen. Dort standen etwa zwanzig SS-Leute wie eine Mauer. Sie sagten, daß jeder erschossen würde, der auch nur einen Zentimeter unter dem Dach hervorkame. Sie verboten uns wieder, zu reden oder in unserer Pein auch nur zu seufzen. Sie redeten und schrien in solcher Wut, daß unsere Herzen weinten. Jene, die Schuhe hatten, traten auf die Zehen der Barfüßigen, und wir konnten uns keinen Millimeter rühren.

Einmal flüsterte einer der Gefangenen zu einem Freund. Ein SS-Mann fragte, wer gesprochen habe. Keiner meldete sich. Darauf schlug er mehrere Gefangene mit seinem Gewehr, und einer der Männer verlor ein Auge, aber wir durften nicht weinen.

Einer der SS-Leute sagte: »Achtung! Jeder, der eine Uhr, goldene oder silberne Ringe hat, muß sie sofort abgeben. Auch ungarisches Geld.« Zornig fügte er hinzu: »Daß keiner denkt, ich scherze.« Er sagte, anschließend würde eine Kontrolle durchgeführt. Alle, bei denen man etwas fände, würden erschossen. Die Gefangenen begannen, ihr Eigentum herauszugeben. Ein SS-Mann sagte, er könne nicht glauben, daß unter so vielen Menschen nur so wenige eine Uhr besäßen, und fügte hinzu: »Seht euch bloß vor. Ich kriege euch noch.« Einer der Juden wandte sich an seine Kameraden: »Laßt euch nicht lange zureden, gebt ihnen eure Sachen; es kommt sowieso nicht mehr darauf an.« So gaben die Gefangenen mehr Uhren und Silber heraus.

Ein SS-Mann kam und verlangte mehr. Sonst würde er schießen, sagte er. Also gaben wir mehr. Da sahen wir schon, wie weit es mit uns gekommen war. Aber wir glaubten immer noch nicht an ein allgemeines Massaker, wie es später stattfand. Einer der SS-Leute forderte noch eine Uhr, da einer seiner Kameraden noch keine bekommen hätte. Wenn er sie nicht bekäme, würde das zehn Menschenleben kosten. Es war keine Uhr mehr da. So wählte er die ersten zehn aus. Dann sagte er: »Das ist nicht genug« und nahm noch weitere zehn. Er führte die zwanzig Mann in einen anderen Hof. Unmittelbar darauf hörten wir Schüsse – und nun wußten wir, wohin wir geraten waren. Viele von uns waren bereits geistesgestört. Nach zwei Minuten kamen die SS-Männer zurück und führten weitere zwanzig Männer ab. Wir waren auf allen Seiten von SS umgeben, damit wir nicht weglaufen sollten. Ein Gefangener wich etwas zurück, als die Reihe an ihn kam. Sofort schlugen sie ihm den Schädel ein. Stellt euch vor, was die Gefangenen in diesem Augenblick gefühlt haben. Aber Gott sei Dank behielt ich einen klaren Kopf. Das war mein Glück. Alle drei Minuten kam die SS und führte mehr Leute ab. Schließlich kam ich an die Reihe. Es war die zehnte Gruppe, ungefähr zwanzig Leute. Es gab keine Gnade, wir mußten gehen. Sechs SS-Leute begleiteten uns. Während wir gingen, musterte ich die zwanzig, um zu sehen, ob ein Orthodoxer darunter war, den ich kannte. Und wirklich fand ich einen guten Freund, einen sehr frommen Juden. Ich nahm ihn beiseite, und zusammen begannen wir unter Tränen das Beichtgebet zu flüstern. Dann sprachen wir das »Höre Israel«. Wir hatten gerade geendet, da standen wir schon vor der Grube. Wir waren in der dritten Reihe – in jeder Reihe zwei. Wir standen und warteten. Der SS-Mann sagte: »Worauf wartet ihr?« Sie hatten keine Zeit, die Nacht war kurz.

Die Grube war etwa vierzig bis fünfzig Meter lang, acht bis zehn Meter breit und anderthalb Meter tief. Man hatte sie vor langer Zeit gegraben, weil man Erde für die Ziegelfabrikation brauchte. Die Arbeitsmethode der »Todesengel« war folgende. Auf jeder Seite der Grube standen vier SS-Leute. Zwei von ihnen führten die Opfer heran, und zwei erschossen sie. An jede Seite der Grube wurden jeweils zwanzig Gefangene geführt. Jene, die rechts standen, wurden vor die Mörder auf der rechten Seite geführt, und die, die links standen, vor die Mörder auf der linken Seite. Schließlich kam die Reihe an meinen Freund. Als wir uns verabschiedeten, gaben wir uns die Hand und segneten einander: »Gott sei mit dir. Eine gute Reise zu denen, die für die Heiligung Seines Namens getötet wurden.« Wer getötet wird, weil er Jude ist, wird sicher nicht die Hölle kennenlernen. Ein SS-Mann packte ihn und ein anderer mich. Sie stießen uns an den Rand der Grube und drehten uns um, damit die Kugeln uns von hinten träfen. Der SS-Mann trat zurück, und mein Freund wurde sofort erschossen. Sie feuerten aus einer Entfernung von drei Metern. Er fiel in die Grube. Da ich hinter dem SS-Mann stand, konnte ich alles sehen. Dann machten sie es mit mir genauso. Ein SS-Mann kam an mich heran, brachte mich in die richtige Stellung und trat beiseite. So empfing auch ich die Gabe, die Kugel ...

Ich wurde mit solcher Gewalt niedergeworfen, daß ich dachte, ich sei bereits im Jenseits. Zwei oder drei Minuten lang wußte ich nicht, was geschehen war. Glücklicherweise hatte die Kugel meinen Körper sofort wieder verlassen. Mein Blut floß wie aus einem Wasserhahn. Später fühlte ich mich etwas besser, aber ich war immer noch verwirrt. Die Kugel hatte mich im Nacken getroffen, zwei oder drei Zentimeter unter dem Ohr, und war direkt neben der Nase wieder ausgetreten. Da der Schuß von der Seite gekommen war, fiel ich auf die rechte Seite der Grube. Dann hörte ich einen der SS-Leute zu dem Mann hinter ihm sagen, er solle mich richtig in die Grube werfen, um Platz für die anderen zu schaffen. Er packte mich bei den Füßen, aber es ging nicht. Der SS-Mann sagte zu ihm: »Warum packst du ihn nicht am Kopf?« Er zog mich am Kopf hoch und warf mich auf die bluttriefenden Körper, von denen einige noch schwach atmeten. Als er mich hineinwarf, stieß er mich heftig, und in diesem Augenblick merkte ich, daß ich noch nicht tot war. Ich fiel etwa zwei Meter vom Rand entfernt in die Grube, auf einen großen Leichenhaufen. Dort lag ich zwei oder drei Minuten, während die Mörder ihre Anstrengungen verdoppelten. Lachend sagten sie: »Kannst du nicht schneller gehen? Du wirst es gleich können.« Nach dem Erschießen sagte einer: »Jetzt kannst du es.«

Von der anderen Seite hörte ich, wie ein Mann, auf den sie bereits geschossen hatten, auf ungarisch um eine zweite Kugel bat. Er bekam sie sofort. Glaubt mir, mein Überleben in diesem Augenblick hing nur von meiner Geistesgegenwart ab. Ich dachte: »Habe ich nicht wenigstens einen ruhigen Tod verdient? Habe ich nicht genug gelitten? Ich bin so und so verloren. Ich bin erschossen worden, ich bin tot, aus. Alle meine Leiden sind vorbei.« Ein ruhiger Tod war das, was ich mir in diesem Augenblick als größtes Glück wünschte. So wollte ich auch um eine weitere Kugel bitten, aber ich hatte den Mund noch nicht aufgemacht, als mir ein anderer Gedanke kam: Eine Kugel ist genug! Bis zum Morgen werde ich auf jeden Fall tot sein. Und wenn nicht – sie werden uns alle am Morgen beerdigen. Wenn ich nicht sterbe, dann kann ich immer noch um eine weitere Kugel bitten, damit ich nicht lebendig begraben werde. Andere Gedanken kamen. Vielleicht wird Gott mir helfen? Ich bewegte mich und glitt näher an die Innenseite der Grube, in die Nähe der Öffnung, damit nicht eine verirrte Kugel, die für einen anderen bestimmt war, mich traf. Es war Nacht, und Kugelsplitter regneten auf die Leichen in der Grube herunter. Mit allerletzter Kraft stieß ich einen Körper beiseite und legte mich auf den

Grund, in den Schlamm, der dort durch das viele vergossene Blut entstanden war. Ich wagte nicht, auf einem Toten zu liegen. Er war noch etwas warm und wurde erst allmählich kälter, bis er ganz kalt war. Aber meine Füße ruhten auf einem Toten. Um nicht allzuviel Blut zu verlieren, hatte ich mich so gelagert, daß meine Wunden hochlagerten. Plötzlich sah ich, wie mehrere SS-Leute die Grube mit Taschenlampen ableuchteten, um zu sehen, ob noch einer am Leben war. Wenn sie jemand noch lebendig fanden, sagten sie: »Der atmet noch«, und jagten ihm sofort eine Kugel in den Leib. Sie bemerkten mich nicht, und falls sie mich entdeckten, sahen sie wahrscheinlich eine so fürchterliche Wunde, daß sie nicht annehmen konnten, ich sei noch am Leben.

Jede Minute wurde ein Mensch erschossen. Das Schießen machte mich benommen und bewußtlos. Ich litt mehr darunter als unter den Schmerzen meiner Wunde. Es brannte höllisch, aber ich fühlte keinen großen Schmerz. Ab und zu versuchte ich mich zu bewegen, um endlich zu sterben. Ich versuchte den Atem anzuhalten, aber umsonst. Es ist nicht so einfach zu sterben. (Noch vier Wochen später hörte ich Tag und Nacht den Lärm der Schüsse, die Todeskrämpfe, das Stöhnen und die Schreie. In meinem Kopf war ein ständiges Summen.) Ihr müßt wissen, als sie auf mich schossen, war es zwischen zwölf und halb ein Uhr nachts, und die Erschießungen gingen ohne Pause noch fünf Stunden weiter. Ich hörte, wie ein SS-Mann zu einem anderen, der schoß, sagte: »Paß doch auf, die Leute fallen ja, bevor sie getroffen sind.« So war es tatsächlich. Sie schauten nach und fanden einen Mann, der nicht getroffen worden war. Darauf sagte einer der SS-Leute: »Werft Handgranaten auf die Toten, wir wollen sichergehen.« Das taten sie und rissen so die Leichen in Stücke. Unglücklicherweise traf mich ein Splitter am Fuß. Er verletzte mich unterhalb der Zehen, etwa sechs oder sieben Zentimeter von der Ferse. Ein halber Zentimeter mehr, und der ganze Fuß wäre verloren gewesen. Der Splitter saß in meinem Fuß.

Ich litt unbeschreibliche Schmerzen und konnte mich nur mühsam beherrschen, nicht laut aufzuschreien. Den Schmerz der Kopfwunde spürte ich kaum, aber der Fuß – das war entsetzlich! Ich quälte mich ungefähr eine halbe Stunde, dann schlief ich ein. In meinem Fieber war ich völlig bewußtlos und merkte nicht, wie die Zeit verging. Der Morgen kam. Ich fühlte mich besser. Kein Geräusch war zu hören, der Platz war verlassen. Ich versuchte mich aufzusetzen, aber ich fiel zurück. Ich dachte: »Vielleicht kann ich weglaufen?« Ich legte mich wieder hin. Es hatte keinen Zweck! Mein Blut floß immer noch. Viel davon hatte ich geschluckt, weil ich es nicht ausspucken konnte. Mein ganzer Körper und meine

Kleider waren blutgetränkt. Nach einigen Minuten hörte ich Leute kommen und sprechen. Sofort schloß ich die Augen. Ich fürchtete, daß die SS käme und im Tageslicht alles sehen würde. Ich hatte Angst, daß sie wieder auf mich schießen würden. Obwohl ich ganz sicher war, daß ich nicht überleben würde, versuchte ich mein Leben zu erhalten. Ich weiß nicht, ob das Leben so kostbar ist, daß man versuchen soll, sich so daran zu klammern; besonders jemand wie ich, der annahm, daß er, selbst wenn er gerettet werden sollte, kein menschliches Wesen mehr sein würde, Gott behüte. Ich dachte auch daran, daß jenen, die für die Heiligung Seines Namens getötet werden, zugesagt ist, nicht zur Hölle zu fahren. Trotzdem hing ich am Leben. Ich schloß die Augen, aber irgendwie sah ich Leutnant Liebmann, den Kommandanten der 69. Kompanie, auf die Grube zukommen, in seiner Begleitung Feldwebel Potoy von der 3. Kompanie. An der Grube angekommen, bewegte er seinen Kopf hin und her, als ob er uns zunickte. Vielleicht würde er Mitleid zeigen, wenn er sah, daß einige noch am Leben waren? Auf ungarisch sagte er: »Ihr unglücklichen Menschen. Wer von euch noch Kraft hat und denkt, er kann davonkommen – läuft so schnell wie möglich. Vielleicht könnt ihr euer Leben retten.« Dann gingen sie weiter.

Und wirklich, von den tausend oder eintausendfünfhundert Menschen in der Grube standen drei auf, die nicht zu schwer verwundet worden waren. Ich hatte mehrere Male versucht aufzustehen und war wieder zurückgefallen. Dann dachte ich: wie der Leutnant gesagt hat, gibt es noch eine Chance. Wenn ich sie nicht nutze, bin ich verloren. Ich nahm also meine letzten Kräfte zusammen und erhob mich mühsam. Ich sah die aufeinandergetürmten Leichen und versuchte, Bekannte ausfindig zu machen. Aber so, wie die Menschen jetzt am Morgen aussahen, konnte ich niemand erkennen. Da waren nur Blut und bläulicher Schmutz, die Nacken waren geschwollen. Bei einem Mann war der Hals dicker als der Kopf. Unter Schwierigkeiten gelang es mir, aus der Grube zu klettern. Ich mußte auf mehrere Leichen treten, aber ich konnte nicht mehr auf meinen Füßen stehen. Ich hinkte, bei jedem Schritt lief ein Schaudern durch meinen Körper, so sehr schmerzte mein Fuß. Das Blut auf meinem Gesicht war geronnen. Kann man das alles mit Worten beschreiben? Ich war völlig erschöpft. Mein Mund war voll geronnenem Blut, das auch meine Kehle verstopfte, und ich blutete immer noch weiter. Ich spürte mein Herz nicht mehr. Ich ging nur schwerfällig und mit äußerster Anstrengung. Als ich aus dem Hof wankte, stieß ich auf volksdeutsche Zivilisten, Frauen mit kleinen Kindern. Sie sahen mich, meine blutigen Kleider und das Blut, das aus meiner Wunde rann. Durch Gesten fragte ich sie, wohin ich gehen sollte. Sie hatten noch genug menschliches Gefühl, um mir zu sagen, daß ich dieselbe Richtung nehmen sollte wie die drei anderen, die ungefähr zehn Minuten vor mir gegangen waren.

So machte ich mich auf den Weg. Ich sah die Adventisten und die ungarischen Soldaten in Reihen aufgestellt. Sie gingen nach Hause. Die Juden waren ermordet, jetzt konnten sie besser marschieren. Ich sah, daß in den letzten Reihen sechs oder sieben Juden mitmarschierten. Einige waren verwundet und verbunden, andere waren nicht verletzt. Einer von ihnen war ein junger Mann aus meiner Kompanie. Dieser Mann, Winkler, sah mich, streckte seine Arme aus und fragte: »Bist du Teichmann?« Und er begann sich auszuziehen. Er zog sein Hemd aus und gab es mir als Verband für meinen Kopf. Er war nicht verwundet. Kaum hatte ich das Hemd um meinen Kopf gebunden, da war es schon durchblutet. Einige der Juden entfernten den gelben Stern von ihren Kleidern, um nicht erkannt zu werden.

Da sagte Hauptfeldwebel Talos: »Juden, lauft sofort weg! Es ist mir gleich, wohin – lauft zurück zur Grube oder versteckt euch zwischen den Häusern. Die SS kommt ...« Sofort liefen alle, jeder in die Richtung, die ihm am besten schien, einer nach rechts und ein anderer nach links. Die SS-Leute waren ungefähr zweihundert Meter entfernt, und als sie die Menschen laufen sahen, rannten sie ihnen nach. Stellt euch vor, mit meinem verwundeten Fuß konnte ich doch nicht laufen. Sie schossen hinter uns her. Ich bin sicher, sie zielten auf mich. Die Kugeln flogen rechts und links vorbei und über unsere Köpfe. Gott allein hat uns geschützt. Drei von uns liefen in ein Kornfeld, wo man uns nicht sehen konnte. Es war wahrhaftig ein großes Wunder, daß wir dem Tod entkamen, besonders ich, der keinen Schritt noch weiter gehen konnte. Aber es ging um Leben und Tod, und trotz der fürchterlichen Schmerzen rannte ich zwischen den Maisstielen und Stoppeln – mit einem Granatsplitter im Fuß. Mein Blut floß, und die Wunde brannte. Offenbar wurde einer der Flüchtenden getroffen, und einige andere rannten zur Grube zurück.

Die ganze Zeit blieb ich zurück, während die anderen riefen: »Los, weiter!« Aber ihr Gewissen verbot ihnen, mich zurückzulassen. Ich war sehr schwach, schwer verwundet, ich konnte mich kaum weiterschleppen; Blut und Schweiß liefen an mir herunter, und trotzdem rannten wir. Wir hörten die Rufe der SS-Leute. Sie verfolgten uns mehr als zwei Kilometer durch das Kornfeld und schossen die ganze Zeit. Wir verließen das Feld und rannten zwischen Häusern weiter. Zuletzt erreichten wir den Hof eines Volksdeutschen, aber wir wußten nicht, was für einer er war. Er konnte uns der SS übergeben, doch Gott war mit uns.

Wir liefen, bis die SS unsere Spur verlor und wir sie nicht mehr hören konnten. Dann gingen wir langsamer weiter, bis wir ungefähr sechs oder sieben Kilometer von Crvenka entfernt waren. Wir gingen durch die Felder und durch den Wald. Ich schleppte mich unter großen Schwierigkeiten vorwärts, und die zwei, die mit mir gingen, waren ziemlich ärgerlich. Aber sie ließen mich nicht im Stich. Allerdings wußten sie, daß wir durch eine von Serben bewohnte Gegend gingen und daß ich als einziger die Sprache ein wenig kannte.

Wir kamen an ein Kornfeld, und durch Gesten – ich konnte immer noch nicht sprechen – gab ich ihnen zu verstehen, daß wir bis zum Einfall der Nacht hier bleiben sollten. Sobald es dunkel wäre, würden wir weitergehen. Sie hatten die Absicht, den Adventisten und den ungarischen Offizieren zu folgen, aber ich war damit nicht einverstanden. Ich hielt sie zurück und gab ihnen zu verstehen, daß ich nicht mitkommen würde – sie könnten machen, was sie wollten. (Hätte ich sie nicht zurückgehalten und wäre ich ihrem Rat gefolgt, so hätten wir ein schreckliches Schicksal erlitten. Ein Serbe erzählte mir später, daß mehrere Juden, die mit jenen marschierten, dann erschossen wurden.) So lagen wir im Kornfeld. Es war ein sehr schwerer Tag. Um sieben Uhr ging die Sonne auf. Anfangs dachte ich, daß der Sonnenschein gut für meine Wunden wäre, und hatte ein angenehmes Gefühl, aber die Sonne trocknete mein Blut zu schnell. Ich wagte nicht aufzustehen, aus Furcht, gesehen zu werden. Und so blieb ich liegen. Ich litt fürchterliche Schmerzen. Jede Minute wechselte ich meine Lage. Wie gewöhnlich war der Boden am Morgen feucht, und ich legte meinen bloßen, verwundeten Kopf auf die feuchte Erde. Ich hatte nichts, was ich unter den Kopf hätte tun können. Auch die Maisblätter waren feucht. Den ganzen Tag über lag ich in Agonie – gewiß, daß ich den Abend nicht mehr erleben würde. Ich werde diesen Tag nie vergessen – und nie die Qual und den Schrecken, die ich durchlebte. Ich war völlig erschöpft und ausgetrocknet wie ein Stein. Die Erde drehte sich vor meinen Augen.

Aber die Gefahr war noch nicht vorbei. Ein neuer Zwischenfall ereignete sich um halb elf vormittags. Während wir ganz still lagen, sah Abramovicz, einer meiner Kameraden, einen Hund mit einem hübschen Lederhalsband. Er erschrak, aber er sagte uns nichts. Der Hund kam näher und schnüffelte. Er war etwa drei Meter von uns entfernt. Plötzlich hörten wir eine Sirene – Alarm in Crvenka! Der Hund hob seinen Kopf, erschrak und lief fort. Abramovicz schaute ihm nach und erblickte einen SS-Mann in ungefähr dreihundert Meter Entfernung. Er durchsuchte die Felder nach Juden. Stellt euch vor, wenn er uns gefunden hätte! ...

Es wurde Abend. Es war dunkel, und wir gingen weiter. Wenn mir jemand zu diesem Zeitpunkt einen Tropfen Wasser gegeben hätte, ich hätte ihm jede mögliche Belohnung versprochen. Während wir gingen, sahen wir in der Ferne einen offenen Bauernhof. Wir gingen hinein, und ich trat sofort zum Brunnen. Das bißchen Wasser, das ich fand, machte mich glücklicher als aller Reichtum auf Erden. Oberflächlich wusch ich meine Wunden, und meine Lebensgeister erwachten wieder, aber meinen Durst konnte ich nicht stillen. Ich konnte meinen Mund nicht um einen Millimeter öffnen, er war voll Blut, flüssigem und geronnenem Blut, und Fleisch und Haut um den Mund herum waren wund, als ob sie in kleine Stücke zerschnitten worden seien. Die Kugel hatte drei Zähne herausgebrochen, sie hingen im Zahnfleisch und schwammen in meinem Mund hin und her. Aber ich konnte sie nicht herausnehmen, weil ich den Mund nicht aufmachen konnte. So wanderte ich durch die dunkle Nacht weiter. Mein verwundeter Fuß blutete die ganze Zeit. Der Granatsplitter war immer noch darin, und ich hatte keinen Verband. Wir gingen weiter, wateten durch den Schmutz, zwischen Steinen und Dornen. Endlich kamen wir an ein Haus, in dem Licht brannte. Einer von uns klopfte an die Tür. Eine Frau kam ans Fenster: »Wer seid ihr?« – »Wir kommen aus Crvenka.« Sie wußte Bescheid. Einer von uns bat sie, uns einzulassen. Die Frau war Ungarin. Sie sagte, sie habe Angst vor der SS, aber sie würde ihren Mann fragen und tun, was ihm richtig erscheine. Der Mann kam, öffnete die Tür und ließ uns ins Haus. Er gab uns ausgezeichnetes Essen: Butter, Milch, Käse und Schinken mit wunderbarem weißem Brot. Meine beiden Kameraden begannen zu essen, wenn auch sehr langsam, denn nach sechs oder sieben Tagen ohne jede Nahrung ist es nicht einfach, zu essen. Unglücklicherweise konnte ich nicht das geringste essen. Sie hatten Mitleid mit mir und sagten, ich solle wenigstens versuchen, etwas Milch zu schlucken. Aber ich konnte den Mund nicht öffnen. Ich nahm einen Löffel und steckte den Griff unter großen Schwierigkeiten zwischen meine gesunden Zähne, vielleicht einen Millimeter weit. So versuchte ich, meinen entzündeten Mund zu öffnen. Ich verschüttete ungefähr einen Liter Milch – vielleicht ein Viertel davon konnte ich schlucken. Dann führte uns der Bauer in den Stall, machte ein Bett aus frischem Heu und gab uns Decken und Säcke. Meine Kameraden legten sich hin. Aber ich konnte meinen verwundeten Kopf nicht legen. So saß ich die ganze Nacht an eine Wand gelehnt. Stellt euch vor, was für eine Nacht ich verbrachte – von sechs Uhr abends bis sechs Uhr morgens.

Es war kaum Morgen geworden, da kam der Bauer in den Stall und brachte frischgemolkene Milch, Käse und Brot. Er gab uns etwas Proviant mit auf den Weg und acht Pengö. Er begleitete uns etwa zwei Kilometer und sagte, wir brauchten keine Angst zu haben, aber wir sollten nicht auf den Straßen gehen. Die Straßen seien voll von Deutschen. Er riet uns, nur durch die Felder zu gehen. Auf den Höfen in dieser Gegend seien nur Serben, die uns helfen würden.

Wir gingen weiter. Mein Verband war völlig durchgeblutet, und ich hatte nichts, um ihn zu erneuern. Endlich verließen wir die Felder und gingen auf einem Pfad. Ein Wagen mit zwei Männern und zwei Frauen fuhr an uns vorbei. Sofort gingen wir ins Feld zurück, weil wir Angst hatten. Aber einer von ihnen rief uns auf ungarisch nach: »Ihr könnt euch verstecken, aber ich habe euch schon gesehen. Ich bin ein Deutscher, aber nicht so wie die in Crvenka.« Er hatte Mitleid mit uns und bat uns, näher zu kommen. Als er sah, daß wir Angst hatten, brach er fast in Tränen aus und beschwor, daß er ein guter Mensch sei und gegen Hitler. Wir kamen näher, und er nahm etwas aus seinem Sack. Wir erschraken, weil wir dachten, es sei ein Gewehr. Da streichelte er uns und sagte: »Kinder, habt keine Angst.« Er gab uns Weißbrot und Trauben, und meine Kameraden erzählten ihm unsere Geschichte, während die Leute im Wagen uns durch Gesten ermunterten. Ich sah, wie die deutsche Frau mich betrachtete und ihre Augen sich mit Tränen füllten. Sie wischte die Tränen fort, und ich dachte: Wie muß ich wohl ausschauen, wenn eine deutsche Frau meinetwegen weint? Auch mir kamen die Tränen. Die Frau nahm ihren seidenen Schal ab und gab ihn mir, denn mein Verband war blutdurchtränkt. Sie sagten, wir sollten keine Angst haben und weiter durch die Felder gehen. Dort lebten nur Serben.

Wir gingen bis zehn Uhr. Plötzlich hörten wir zwei Männer reden. Wir erschraken sehr und warfen uns zwischen den Maisbüscheln auf die Erde. Sie kamen auf uns zu. Meine Kameraden hatten große Angst, aber ich gab ihnen durch Gesten zu verstehen, daß sie ruhig sein könnten, denn ich hörte, daß die zwei Männer serbisch sprachen. Sie kamen näher und näher. In gebrochenem Ungarisch riefen sie: »Wo seid ihr, wir suchen euch. Wir wollen euch nichts antun, Gott behüte, wir wollen euch retten.« Sie sagten, sie seien serbische Partisanen und hätten bereits zwei unserer Leute gerettet. Jetzt wollten sie uns helfen. Sie kamen zu uns heran, schüttelten unsere Hände und weinten.

Temesvar, Ende 1944

Der letzte Marsch

Jenny Spritzer

Am 16. Januar 1945, als wir von der Arbeit kamen, hörten wir überall Gerüchte: Das Lager Auschwitz wird evakuiert! Die Russen rücken immer näher! Die Bahnhöfe sind voll von Familienmitgliedern der SS, die ins Reich flüchten. In der Stadt Auschwitz ist ein Soldat von Haus zu Haus gegangen mit der Aufforderung an die Deutschen, ihre Kinder und Frauen bis fünf Uhr zum Bahnhof zu bringen!

Am nächsten Tag wurde in der Politischen Abteilung ein großes Lastauto mit Akten vollgeladen, ein anderer Teil wurde verbrannt. Jeder suchte fieberhaft nach Schuhen, vor allen Dingen Stiefeln, langen Hosen, warmer Wäsche und einem Rucksack für Proviant. In unserem Block, dem »Eliteblock«, gelang das vielen, aber wir waren nur ein kleines Häufchen von Glücklichen. Tausende von Häftlingen besaßen nicht einmal warme Wäsche. Wir zerbrachen uns den Kopf: Werden sie uns wirklich bei solcher Kälte und so hohem Schnee verschleppen?

Kein Mensch zog sich an diesem Abend aus. Wir erwarteten jeden Moment den Befehl, anzutreten. Um sieben Uhr hieß es endlich: »Aufstellen.« Mindestens zehnmal mußten wir innerhalb des Lagers stehenbleiben. Es vergingen Stunden, bis sich unser Zug in Bewegung setzte. Es war bitter kalt. In meinem Gehirn kreiste nur der eine Gedanke, mich innerhalb des Lagers zu verstecken und so die Befreiung abzuwarten. Aber es war unmöglich, auch nur aus der Reihe der Kolonne zu treten, denn auf alle fünf Reihen kam ein bewaffneter SS-Mann.

Es lag ziemlich hoher Schnee, und schon nach drei Stunden gab es die ersten Opfer. Sie konnten das Tempo, in dem wir vorwärts getrieben wurden, nicht einhalten, blieben immer mehr zurück, gerieten in die hinteren Reihen, fielen, standen wieder auf und versuchten mit letzter Kraft weiterzumarschieren. Wir stützten sie, aber bald konnten wir nicht mehr. Es war schon unmenschlich schwer, sich selbst im Schnee vorwärts zu schleppen. Sie blieben zurück, und der letzte SS-Mann schoß sie nieder. Gesprochen wurde unterwegs nicht, wir brauchten alle Kräfte, auch benahm uns der Schneesturm den Atem. Immer und immer wieder bettelten wir weinend die SS-Männer an: »Wir können nicht mehr!« Aber nur alle paar Stunden hielt der Zug für drei bis vier Minuten. Wo konnte man sich da ausruhen? Ich warf meine aufgerollte Decke auf die Erde und sank so in die Knie. An Essen war nicht zu denken. Bevor wir mit unsern steifgefrorenen Fingern mühsam den Beutel öffnen konnten, um das vereiste Brot herauszunehmen, setzte sich die Kolonne wieder in Bewegung. Dieses Kilo Brot, es war so schwer zu schleppen, und die meisten warfen es unterwegs fort. Man hatte einfach keine Kraft mehr.

Um vier Uhr morgens kamen wir in Pleß in einem Zustand völliger Erschöpfung an. Wir kümmerten uns nicht mehr um Schnee oder Nässe und legten uns einfach auf den Bürgersteig. Manche hatten das Glück, eine Hausnische zu erwischen. Während wir zu Tode erschöpft und frierend auf dem Boden lagen, zogen Tausende von Männer-Häftlingen aus Auschwitz und Birkenau an uns vorüber. Wir blieben ungefähr eine dreiviertel Stunde, dann hieß es wieder »Formieren«. Es war inzwischen Tag geworden, und wir zitterten vor Kälte.

Unser Zug glich einer traurigen Maskerade. Die Decken hatten wir uns über den Kopf gestülpt, denn der Sturm riß und zerrte an unseren Kopftüchern. Menschen erschienen hinter den Fenstern, auch den Weg durch die Stadt säumten sie, und so manche sah ich weinen. Aber jedermann hatte Angst, uns zu helfen, geschweige denn etwas zu geben.

Es war elf Uhr, als wir in Poremba an einer großen Scheune haltmachten. Die Aussicht, nach sechzehn Stunden endlich unter ein Dach zu kommen und vielleicht für einige Stunden ausruhen zu können und etwas zu essen, wenn auch nur vereistes Brot, gab uns für die letzten hundert Meter neue Kräfte. Wir stürzten durch die große Scheunentür, verteilten das Stroh und fielen erschöpft nieder.

Dunja und ich dachten nicht an Essen, wir kauerten uns zusammen und wollten nur die Augen schließen. In mir reifte der Entschluß zu flüchten. Links von der hohen Scheunentür befand sich eine Leiter; dort oben wollte ich mich im Heu verkriechen. Es fiel nicht weiter auf, viele kletterten hinauf, weil dort mehr Stroh lag und es vielleicht auch wärmer war. Es hieß, in einer Stunde müßten wir wieder marschbereit sein. Schon der Gedanke, mit meinen zerschundenen Füßen weiterlaufen zu müssen, brachte mich zur Verzweiflung. Ich kauerte neben Dunja nieder und flüsterte ihr ins Ohr: »Verstecken wir uns. Vielleicht kommt morgen oder übermorgen schon die Befreiung.« Sie antwortete: »Die SS wird beim Abzug das Stroh durchsuchen, uns finden und erschießen.« »Schau, wieviel Stroh hier ist«, sagte ich, »mindestens fünfzehn Meter hoch, das kann man unmöglich gründlich durchsuchen. Wenn du nicht mitmachst, lasse ich dich allein!« Sie wurde blaß vor Aufregung und sagte dann: »Gut, ich mache mit.« Ich ergriff unsere Decken und Brotbeutel und zog sie in die äußerste Ecke unter einen Querbalken, wo sicher schon monatelang kein Mensch gestanden hatte, denn dort hingen dicke Spinngewebe. Wir machten eine tiefe Kuhle, legten unsere Decken hinein und zogen soviel Stroh als möglich über unseren Kopf.

Zitternd vor Aufregung warteten wir auf das Signal zum Abmarsch. Es schien uns eine Ewigkeit vergangen, als wir es endlich hörten. Alle packten ihre Sachen zusammen, eine rief nach der anderen. Es wurde immer stiller, bis sich die Stimmen ganz entfernten. Eine Dreschmaschine wurde angeschaltet. Auf einmal hörten wir die Stimme eines Postens: »Ist noch jemand oben?« Wir hielten vor Schreck den Atem an. »Nein«, antwortete der Bauer, und der SS-Mann entfernte sich.

Wir lagen unbeweglich bis zum Abend. Die Dreschmaschine wurde bei Einbruch der Dunkelheit abgestellt, und wir hörten, wie das Scheunentor von außen abgeschlossen wurde. Wir hatten großen Hunger, getrauten uns aber nicht, von unserem Brot abzuschneiden, denn das Stroh raschelte, und es konnte doch noch jemand in der Scheune sein. Plötzlich hörten wir Stimmengewirr, das immer näher kam. Mein Herz klopfte bis zum Halse. Das Scheunentor wurde geöffnet. Zuerst glaubten wir, es seien deutsche Soldaten, und wir würden nun entdeckt. Aber es war eine Häftlingskolonne aus Auschwitz. Wir blieben in unserem Versteck und rührten uns nicht. In allernächster Nähe lagen die Männer, ohne zu ahnen, daß da zwei Frauen waren. Es war sehr schwer, stundenlang regungslos liegenzubleiben, zumal sich ein Hohlraum um den Balken bildete und wir immer tiefer im Stroh versanken. Ich hatte das Gefühl, in die Tiefe gesaugt zu werden. Es war eine furchtbare Nacht. Um nicht zu ersticken, warfen wir einige Bündel Stroh über unseren Köpfen ab und konnten endlich etwas freier atmen.

Es war noch dunkel, als das Pfeifen zum Antritt ertönte. Plötzlich kam ein Mann dicht an uns heran und stieß zu meinem Schrecken gegen meinen Fuß, den ich sofort zurückzog. Er begann hastig im Stroh zu suchen. Aber bevor er uns fand, richtete ich mich in der Dunkelheit hastig zu dem Knienden auf, schlang meinen Arm um seinen Hals und zog ihn zu uns nieder. »Seien Sie um Gottes willen still. Wir sind zwei Frauen aus Auschwitz!« flüsterte ich ihm ins Ohr. Er konnte es nicht fassen, daß es uns gelungen war, uns im Stroh zu verstecken. »Hat man euch denn nicht gefunden? Ist das Stroh nicht durchsucht worden?« Wir erzählten ihm alles, und er beschloß, auch sein Glück zu versuchen. Dann fragte er uns, ob wir etwas brauchten. »Bitte, bringen Sie uns etwas Wasser, wir verdursten.« Schnell lief er hinunter und brachte uns eine Konservenbüchse voll Wasser, die er auf einen Balken setzte. Es dauerte nicht lange, da war das Wasser voll Staub und zu Eis gefroren. Spinnweben klebten uns im Haar und Gesicht, und wir fühlten den Staub in den Lungen. Bevor unser Kamerad sich versteckte, sagte er noch: »Gott segne euch, möge euch die Flucht gelingen! Sollte ich entdeckt werden und euch nicht mehr beistehen können, dann sind noch zwei Kameraden hier, denen ihr vertrauen könnt.« Dann verschwand er. Wir konnten den Abmarsch der Männer kaum erwarten, denn wir zitterten vor der kommenden Kontrolle. Es war schon ganz leer in der Scheune, als plötzlich ein Mann in unsere Nähe gekrochen kam, offenbar ebenfalls auf der Suche nach einem Versteck. Er stieß gerade auf unseren Kameraden. »Was machst du hier? Los, Jude, verschwinde!« Ein kurzer Wortwechsel entstand zwischen den beiden, und unser Freund mußte zu den übrigen auf den Hof. Der Neue war ein deutscher Krimineller, von denen es viele in Auschwitz gab. Es stand schlimm um uns, falls er im Stroh blieb.

Die Kontrolle begann. SS-Leute stocherten mit Stöcken im Stroh herum und fanden zu unserem Glück den Deutschen. Er jammerte: »Herr SS-Mann, ich habe hier nur etwas gesucht, und vorhin fand ich sogar einen versteckten Juden!« Er wurde einem anderen Posten übergeben, und der erste setzte seine Suche fort. Ich glaubte, man müßte mein Herz schlagen hören. Und plötzlich – das Blut gefror mir fast in den Adern – stand der SS-Mann auf meinem Knie. Er schien unschlüssig, wo er noch suchen sollte, stocherte noch einige Male mit seinem Stock im Stroh herum und entfernte sich. Wir waren in Schweiß gebadet.

Den ganzen Tag lagen wir, zitternd vor Kälte, dicht zusammengekauert und bewegungslos. Mitten in der Nacht hörten wir plötzlich das Stroh rascheln, und jemand rief: »Liegt hier einer?« Da wir von den zwei Versteckten wußten, warfen wir das Stroh über uns ab und steckten die Köpfe heraus. Sofort kamen die beiden zu uns. Es waren Russen. Sie klapperten vor Kälte mit den Zähnen. Sie hatten nicht einmal eine Decke, und wir boten ihnen eine von unseren an. Morgens krochen sie in ihr Versteck zurück, und wieder lagen wir den ganzen Tag hindurch bewegungslos.

Es war Sonntag, der 21. Januar abends. Auf einmal hörten wir Rufen und Schreien, das sich immer mehr der Scheune näherte. Wir waren überzeugt, daß die Russen kämen. Doch dann konnten wir deutlich deutsche Befehle unterscheiden. Es war die letzte Kolonne aus Auschwitz. Diesmal wurde es verboten, auf dem Heuboden zu übernachten. Da wir aber leises Flüstern und Schritte hörten, waren wir auf der Hut. Wieder verging eine qualvolle Nacht voll Angst vor der nächsten Kontrolle. Aber sie blieb aus, da man annahm, niemand hätte das Verbot überschritten. Wieder hörten wir den Befehl zum Antreten, die Scheune leerte sich. Auf einmal kam ein Mann auf unser Versteck zugelaufen, teilte das Stroh über unseren Köpfen und sprang mit seinen schweren Stiefeln auf unsere zusammengeduckten Körper. Wir waren stumm vor Schreck. »Mein Gott, hier sind zwei Weiber!« rief er erschrocken, als er uns erblickte, und lief sofort weiter, um einen anderen Platz ausfindig zu machen.

Die Kolonne war längst abgezogen, als drei Männer mit rotem Winkel zu uns kamen. Es waren deutsche Kommunisten, die bereits sieben Jahre Konzentrationslager abgesessen hatten. Wir riefen auch die zwei Russen, aber es kam nur einer. Der zweite war auf und davon. Vier gute Kameraden hatten wir jetzt: Heinz, Harry und Fritz und den Russen Jury. Nur eines fehlte uns, das Wasser. Morgens probierte einer, unbemerkt zum Brunnen zu gelangen. Der Gutsverwalter entdeckte ihn und kam wenig später mit einer Kanne heißer Kartoffelsuppe. Nach vier Jahren Gefängniskost aß ich zum erstenmal eine kräftige, schmackhaft gekochte Suppe.

Es wurde Mittwoch, und die Deutschen zogen nicht ab. Jetzt bekam es der Gutsverwalter mit der Angst zu tun. Er meinte: »Sie müssen sich nach einem anderen Versteck umsehen. Es können Soldaten kommen, und dann bin ich verloren. Aber ich hätte gern eine schriftliche Bestätigung von Ihnen, daß ich Häftlingen Unterschlupf gewährt und sie mit Essen versehen habe.« Wir gaben ihm diese Bescheinigung in russischer, polnischer, holländischer und deutscher Sprache.

Es war stockdunkle Nacht, als wir uns in zwei Abteilungen auf den Weg machten. Wir marschierten durch den verschneiten Wald, immer in Angst, Wehrmachtsstreifen zu begegnen. Nach einer Stunde kamen wir an das Gelände einer großen Ziegelei, die außer Betrieb stand. Das kleine Bürohaus schien uns als Unterschlupf am besten geeignet. Die Männer holten vom nahen Bauernhof Stroh, im Gelände fanden wir einen kleinen eisernen Ofen. Ein wackliger Tisch und ein Stuhl vervollständigten die Einrichtung.

Am Tage getrauten wir uns nicht vor die Tür. Oft genug wuschen wir uns mit Schnee, denn das Wasserholen war gefährlich. Tagelang standen wir am Fenster und beobachteten in der Ferne den Rückzug der Deutschen. Endlos schienen die Kolonnen von Tanks, Ambulanzwagen, Lastautos, Pferden und Tausenden von Soldaten.

Es war am siebenten Tag abends, unsere kleine Laterne gab kaum noch Licht. Wir lagen im Stroh und lauschten dem Sturm. Mit einem Ruck wurde plötzlich die Tür aufgerissen, und herein drängten deutsche Soldaten. Wir waren vor Schreck erstarrt. »Wir suchen Quartier«, sagte der Kompanieführer. Da es sich nicht um ein Wohn-, sondern um ein Fabrikgelände handelte, stieg in ihm Verdacht gegen uns auf.

»Wer seid ihr eigentlich? Versprengte?«

Keiner von uns wußte, was Versprengte waren, und niemand gab Antwort. Jetzt stellte er an Heinz die Frage: »Sind Sie Deutscher?«

»Ja«, sagte Heinz.

»Warum seid ihr nicht beim Volkssturm?«

»Wir kommen aus Auschwitz, waren zu drei Monaten Arbeitsdienst verurteilt und sind geflitzt.«

»Wer ist dieser Mann?« fragte der Kompanieführer, auf Jury weisend. »Ein Pole«, sagte ich schnell, denn er wäre verloren gewesen, wenn sie gewußt hätten, daß er Russe war.

»Amüsiert habt ihr euch wohl auch gleich, was?« fragte der Kompanieführer, auf uns zwei Frauen weisend.

Das gab mir eine rettende Idee. Ich trat dicht an ihn heran, und gleichsam beschämt sagte ich leise lächelnd: »Herr Kompanieführer, wir sind Mädchen aus dem Dorf und haben uns mit den Jungens hier heimlich getroffen.«

»Also dann los, verschwindet!« Dabei winkte er zwei Soldaten heran und sagte: »Nehmen Sie die Männer mit, der Pole wird extra abgeführt.« Das Herz schien uns zu brechen, als unsere Kameraden fortgebracht wurden. Ich schlüpfte schnell in meine Stiefel, zog die Joppe an, nahm meinen Beutel und ging hinaus. Dunja stand bereits draußen. Rechts lag der tiefverschneite Wald, links breiteten sich die Felder aus, und es gab nur ein einziges Bauernhaus in der Nähe. Ohne uns lange zu besinnen, liefen wir zur Bäuerin, die bereits alles wußte. Sie meinte: »Ihr könnt nicht hierbleiben, es ist zu gefährlich für mich. Das Haus wimmelt von Soldaten!« »Aber wohin?« sagte ich verzweifelt. »Nehmen Sie uns wenigstens für vierundzwanzig Stunden auf. Man wird uns bald suchen, denn bei der Vernehmung unserer Kameraden wird sich herausstellen, welchen Irrtum sie mit unserer Freilassung begangen haben.«

Schon nach einer Stunde wurden wir gesucht. Wir standen im dunklen Flur und flüsterten noch, als sich eine Streife dem Haus näherte. Außer sich vor Angst, öffnete die Bäuerin eine Tür und stieß mich als erste hinein. Ich tastete mich mit beiden Händen vorwärts und stürzte Hals über Kopf eine Kellertreppe hinunter. Dunja hielt sich am Geländer fest. Wir tappten im Dunkeln herum, bis wir einen Haufen Kartoffeln fanden. Dort legten wir uns nieder. Eine kleine Kerze, die ich bei mir trug, wagte ich nicht zu entzünden, aus Angst, das Licht könnte durch eine Öffnung nach draußen scheinen und uns verraten. Die Nacht war lang. Mehrere Male hörten wir mit Herzklopfen, wie die Kellertür geöffnet wurde, und sahen einen Lichtschein in der Ferne; aber niemand kam in unsere Nähe.

Der ganze nächste Tag verging, ohne daß sich jemand um uns kümmerte, bis endlich abends die Bauerstochter zu uns kam und sagte, wir müßten fort. »Aber wohin sollen wir gehen?« fragten wir. »Nehmt den Weg geradeaus über die Felder, bis ihr an eine Chaussee kommt. Dort stehen von Deutschen verlassene Häuser.«

Wir machten uns auf den Weg. Die Luft hallte wider von schweren Geschützen. Granaten sausten pfeifend über unsere Köpfe. Tief kreisten die russischen Flugzeuge und warfen Leuchtraketen ab, die für Minuten alles taghell erleuchteten. Zweimal schlugen Granaten ganz in unserer Nähe ein. Wir hielten uns fest bei den Händen. Man konnte sein eigenes Wort nicht verstehen. Auf einmal donnerte ein lautes: »Halt, wer da?« Es war ein deutscher Posten. Wir waren vor Schreck wie gelähmt. Erst auf den zweiten Anruf antworteten wir: »Zwei Frauen.« »Geht durch!« sagte er.

Wir kämpften uns weiter durch den tiefen Schnee, bis an die Knie versanken wir. Endlich kamen wir auf eine Chaussee, wo wir das erste Haus sichteten. Nicht nur die Tür, sondern auch die Fensterläden waren verschlossen. Wir gingen um das Haus herum. Ein kleiner Drahtzaun lief um die zwei Fenster, die hintere Haustür war ebenfalls geschlossen. Ich schwang mich über den Drahtzaun und schlug mit dem Ellbogen ein Fenster ein. Es schien das Zimmer einer Untermieterin zu sein, denn nicht nur Bett und Schrank, sondern auch ein Ofen und Kochtöpfe standen darin. In einem Topf fanden wir gekochte Kartoffeln, über die wir herfielen wie hungrige Tiere. Auf dem Bett lag nur ein zerrissener Strohsack. Es war eisig kalt. Dicht aneinandergekauert versuchten wir, mit unseren Jacken zugedeckt, einzuschlafen. Dann raffte ich mich auf. Alle erfrorenen Häftlinge kamen mir in den Sinn. »Wir werden mit dem Schlafen abwechseln«, schlug ich Dunja vor, »dann kann eine auf die andere aufpassen.«

Am nächsten Morgen beschlossen wir, die Tür einzuschlagen, um ins Haus zu gelangen. Aber das Haus war noch bewohnt. Die Bäuerin hatte nur über Nacht mit ihren Kindern Schutz bei einer Nachbarin gesucht. Wir klopften an die Tür, und erstaunt machte sie uns auf. »Seien Sie uns nicht böse, wir wußten nachts nicht, wohin, und sind durch das Fenster eingebrochen«, erklärte ihr Dunja auf polnisch. Die Kinder standen neugierig um uns herum. Zwei Frauen in Männerhosen und Militärstiefeln, und brachen nachts in die Wohnung ein!

»Wir haben selbst kaum zu essen, ich habe sieben Kinder, und das ganze Vieh ist mir weggeholt worden«, sagte die Bäuerin. »Am besten, Sie probieren es einmal in der Nachbarschaft.« Aus Angst, daß die Frau uns verraten könnte, wollten wir uns ihr nicht anvertrauen. Ich sagte, wir wären deutsche Frauen aus Kattowitz und befänden uns auf der Flucht vor den Russen. Am liebsten wäre sie uns gleich losgeworden, aber sie hatte Angst, weil sie glaubte, es mit Deutschen zu tun zu haben. Wir setzten uns in die Küche, und sie gab uns Kartoffeln zu essen, wobei sie sagte: »Davon lebten wir die ganze Zeit, wir hatten nichts sonst.« Die älteste Tochter bat die Mutter, uns nicht schutzlos fortzuschicken. Frau Szmit, so hieß die Bäuerin, duldete uns auf Drängen der Tochter achtundvierzig Stunden. Das Mädchen kam schließlich zu uns und sagte: »Erzählt uns doch die Wahrheit, wer ihr seid. Wir müssen wissen, mit wem wir es zu tun haben. Ihr seid keine Deutschen!« Wir waren sehr erschrocken, und ich bat, sie möchte mir etwas über ihre eigene Familie erzählen. Ich wollte mir zuerst einen Begriff machen, welche Einstellung diese Leute hatten. Nun vertrauten sie uns weinend an, ihr Vater sei im Konzentrationslager Mauthausen gestorben. Jetzt hatten wir keine Angst mehr vor ihnen.

Als abends die Kinder in den Keller schlafen gegangen waren, blieben Frau Szmit und Anny mit uns in der Küche sitzen, und wir erzählten ihnen abwechselnd unsere Leidensgeschichte. Die Bäuerin war erschüttert, Anny weinte. »Das bißchen Essen, das wir haben, teilen wir jetzt mit euch. Ihr bleibt hier! Wenn jemand kommt, gebt ihr euch einfach als unsere Nichten aus Kattowitz aus. Und ihr ruft mich Tante!« sagte Frau Szmit. Wir fielen ihr um den Hals und küßten sie, aber sie wehrte jeden Dank ab.

Am vierten Tag kamen deutsche Soldaten, die Quartier suchten. Ich nahm für alle das Wort und sagte: »Wir haben sieben Kinder. Außerdem sind zwei Frauen da, und meine Tante ist krank.« Aber sie ließen sich nicht fortschicken. Mit aller Verstellungskunst spielten wir nun Komödie. Wir gingen nie aus dem Haus, damit die Dorfbewohner uns nicht sehen und den Soldaten sagen könnten, daß wir gar nicht die Nichten der Frau Szmit wären. Die Deutschen belegten die Küche und das große Zimmer.

Auch wenn wir allein waren, zogen wir niemals die Jacken aus. Wir waren voller Angst, es könnte jemand ohne Klopfen ins Zimmer treten und auf unserem Arm die tätowierte Nummer entdecken. Oft wurden wir von den Offizieren gefragt, an welcher Front eigentlich unsere Männer kämpften. Dunja sagte, ihr Mann wäre getötet, und wollte nicht weiter darüber sprechen. Aber sie meinte Birkenau, wo ihr Mann vergast worden war, und die Soldaten dachten, es sei an der Front geschehen. Ich sagte stets, mein Mann wäre verschollen.

Vierzehn Tage lang lebten wir so mit den Soldaten unter einem Dach. Bis eines Tages Anny ins Zimmer gestürzt kam und uns aufgeregt erzählte, der Offizier habe sie gefragt, wer wir denn eigentlich seien. Frau Szmit hätte gar keine Nichten. Uns ergriff panische

Angst, und ich machte sofort den Vorschlag, in der Nacht zu den Russen überzulaufen, die schon ganz nahe waren. Manchmal, wenn der Wind sich drehte, hörten wir deutlich ihr Singen aus den Bunkern. Frau Szmit meinte, wir müßten einen Führer haben, und so blieben wir noch eine Nacht. Das war unser Glück. Am nächsten Tag kam der Befehl zum Rückzug. Die wilde Freude, die wir empfanden, kann man gar nicht beschreiben.

Die Deutschen nahmen mit, was ihnen von Nutzen sein konnte. Selbst das Vieh schleppten sie fort. Sie kamen zu uns hereingestürzt: »Kommt mit, macht euch fertig! Die Russen kommen!« Wir antworteten: »Geht nur vor, wir kommen schon nach. Wir können doch die Tante mit den Kindern nicht allein lassen.« Die Deutschen hatten eine fürchterliche Angst vor den Russen. Wir hingegen begannen zu tanzen vor Freude und umarmten uns. Vierzehn Tage lang hatten wir Komödie gespielt, jeden Tag in Angst, so kurz vor dem Ende noch entdeckt zu werden.

Die letzte Kriegsnacht ließ uns Frau Szmit nicht mehr in der Wohnung, sie nahm uns mit in den Keller. Wir waren froh, denn ein ohrenbetäubendes Trommelfeuer begann. Mit noch ungefähr sechzig Menschen lagen wir im Dunkeln zusammengepfercht. Jeden Augenblick erwarteten wir, daß das Haus in Flammen aufgehe. Endlich, in der Frühe, als es still wurde, kroch ich mit Dunja aus dem Keller. Da griff die russische Infanterie an. Nur wenige Meter von unserem Haus entfernt sahen wir sie mit aufgepflanzten Bajonetten und Maschinenpistolen in den Fäusten vorrücken und schießen, was die Läufe hergaben. Wir liefen rasch wieder in den Keller zurück. Zehn Minuten später öffnete sich leise die Tür. Dunja ging hinauf und begrüßte den ersten Rotarmisten in ihrer Muttersprache: »Sdrawstwuitje, Towarischtsch!«

Von Lager zu Lager
Zdeňka Vantlová

Plötzlich kam der Befehl: »Sofort das Lager verlassen! Die Russen sind gefährlich nahe gekommen.« Das Packen war diesmal keine Schwierigkeit mehr. Wir steckten unsere paar Lumpen in den improvisierten Brotsack. Die Taschen füllten wir uns mit rohen Kartoffeln, um unterwegs etwas zu essen zu haben. Im letzten Moment bot man uns die Kartoffeln an, da ja keiner der Dorfbewohner sie mitnehmen konnte. Alle begaben sich auf die Flucht. Wir rollten uns die Decken in militärischer Art über die Schulter und waren für die Reise vorbereitet, die für viele die letzte sein sollte. Morgens erhielten wir ein Brot für drei Tage. Wir sollten auch Wurst und Margarine auf den Weg mitbekommen, aber plötzlich entstand eine große Schlägerei. Jeder versuchte zu erbeuten, was er nur konnte. Alle erfaßte eine panische Angst vor dem Hunger, und man achtete gar nicht auf die schweren Peitschenhiebe, mit denen die Wachen diesmal vergeblich die Disziplin aufrechtzuerhalten suchten.

Wir befanden uns im Kriegsgebiet, im vordersten Frontabschnitt, wo wir täglich das Donnern der Kanonen und die Detonationen hörten. Das klang in unseren Ohren wie Musik, denn wir glaubten, daß die Russen schneller sein und uns jeden Augenblick erreichen würden. Wir marschierten in westlicher Richtung, ununterbrochen, Tag und Nacht. Am Wege überholten uns hochgetürmte Wagen der flüchtenden Bevölkerung. Die Dörfer wurden geräumt. Die Menschen verließen in aller Hast ihre Häuser. Das Geflügel, das Vieh, alles mußte mit. Die Straßen füllten sich immer mehr mit Fahrzeugen. Überall Bewegung und Eile. Alles flüchtete: Tiere, Menschen, Dörfer, Städte, alle von dem einzigen Gedanken erfüllt, sich vor dem herannahenden Unglück zu retten. Von rückwärts brauste der mächtige russische Koloß heran.

Drei Tage schon marschierten wir ohne Essen und ohne Schlaf. Der Weg wurde ein Kalvariengang für uns. Wie beneideten wir die Leute um ihre Decken über den Wagen, die sie vor Kälte, Schnee und Nachtfrost schützten. Unsere Reihen begannen sich bald zu lichten. Die Schwächeren konnten das Tempo nicht durchhalten und blieben zurück. Viele zogen die schweren Holzschuhe aus und gingen lieber barfuß, denn sie fürchteten, aus dem Strom zu fallen, und wußten, daß dann die Kugel unserer Wachen sie erwartete. Die rohen Kartoffeln beschwerten uns wie Steine und nahmen uns den Atem. Obwohl wir schwer mit dem Hunger kämpften, warfen wir sie schließlich fort. Das war ein verzweifelter Entschluß. Am vierten Tage war es selbst bei der größten Anspannung des Willens und aller Energie nicht mehr möglich, die Entkräftung und den Hunger zu meistern. Viele Frauen und Mädchen sanken in den Schnee.

Endlich gelang es, eine Herberge für uns zu finden. Es war eine große Scheune mit Stroh, das in Stockwerken aufgestapelt war. Im Innern herrschte völlige Dunkelheit. Man konnte die Hand vor Augen nicht sehen. Sie stopften uns alle hinein und schlossen zu. Niemand kann sich vorstellen, was dort geschah. Die Finsternis verursachte eine große Verwirrung. Wir lagen alle auf einem Haufen, eine über der anderen. Am nächsten Morgen standen wir noch müder auf, als wir am Abend gewesen waren.

Wir wurden immer weniger, und immer mehr blieben im Schnee zurück. Ihre Leichen säumten den Weg, auf dem wir gingen. Jetzt erst sah ich, welche übermenschlichen Strapazen wir überwinden mußten. Endlich, nach vierzehntägigem, erschöpfendem Marsch kamen wir zu den Toren des Konzentrationslagers Groß-Rosen. Von den tausend waren noch siebenhundertfünfzig übriggeblieben. Wir waren froh, daß wir überhaupt irgendwohin gekommen waren, und es störte uns gar nicht mehr, daß wir uns wieder hinter Stacheldraht befanden.

Aber bald mußten wir von neuem flüchten. Diesmal jedoch Zehntausende auf einmal. Alles fort, weiter nach dem Westen, tief nach Deutschland hinein. Wir dachten an die Schrecken der letzten Reise, und Angst erfüllte uns. Auf dem Eisenbahngelände erwartete uns jedoch ein langer Zug. Wir freuten uns unsagbar, daß das Glück uns auch einmal günstig war, und es fiel uns nicht auf, daß es ein Güterzug mit offenen Kohlenwagen war. Wir sprangen in die Waggons. Überall zu neunzig Menschen. Im letzten Augenblick kam noch ein Transport Kranker und Verwundeter, der nicht zurückbleiben sollte. Und so drängten sich in dem Wagen, der kaum Platz für neunzig hatte, hundertsechsunddreißig Menschen. Wir standen einer neben dem anderen, nur auf einem Fuß. Es war kein Platz mehr, den zweiten Fuß zu Boden zu setzen. Das Brot und die Paste, die wir auf den Weg mitbekommen hatten, schluckten wir auf einmal hinunter, und dann hungerten wir zwei Tage lang. Nach der Paste hatten wir großen Durst, aber es gab nirgends eine Möglichkeit, Wasser zu bekommen. Auf den Stationen machten wir keinen Halt.

Plötzlich begann es zu schneien. Gott selbst hatte uns den Schnee als Manna gesandt. Wir leckten ihn wie die größte Delikatesse von den Waggonwänden und den Kleidern des Nebenmannes. Dabei bemerkten wir gar nicht, daß es zu regnen begann. In zehn Minuten waren wir naß bis auf die Haut. Wir hatten keine Decken. Die dünne Kleidung war bald vollkommen durchnäßt und klebte an unseren Körpern. Wir zitterten in der Nachtkälte. Die Augen fielen vor Müdigkeit und Ermattung nach der dreitägigen Reise zu. Wir waren schläfrig. Der Zug stieß uns hin und her; wir schwankten wie auf Wellen. Es war unmöglich, von einem Ende des Waggons zum anderen zu kommen. Sich durch die lebende Masse um einen halben Meter vorwärts zu bewegen, dauerte zwei Stunden. Diejenigen, die nicht mehr länger stehen konnten, fielen auf den Boden des Waggons, wo sich der Staub mit den Exkrementen vermengte. In diesem Schmutz starben diejenigen, die zu Boden gefallen waren. Die anderen fielen beim Rütteln des Wagens auf sie, verschütteten sie wie eine Lawine und traten sie zu Tode. Es war fürchterlich. Wir waren halb wahnsinnig. Jeden Augenblick entstand eine neue Panik im Wagen, und wieder gab es neue Tote. Die Leichen türmten sich auf dem Boden. Man durfte sie nur an großen Stationen hinauswerfen. Wir traten auf tote Körper. Ich selbst saß einen ganzen Tag und eine Nacht auf der Leiche eines jungen Mädchens. Es war das widerlichste Gefühl, das ich je gehabt habe, unter mir das erweichte und stinkende Fleisch eines toten Menschen zu haben.

Endlich, nach fünftägiger Fahrt, kamen wir in Weimar auf einem Nebengleis an. Und hier verwandelte sich der Bahnsteig plötzlich in einen ungeheuren Schindanger, auf dem sich unglaubliche Mengen von Leichen auftürmten, hingeworfen wie unnütze Stück Lumpen. Und die anderen – entsetzlich! – waren froh, daß sie jetzt mehr Platz für sich hatten. Wir sollten aussteigen und nach Buchenwald gehen. Aber im letzten Augenblick teilte man uns mit, daß Buchenwald überfüllt sei und daß wir nach Mauthausen fahren würden.

Und wieder drei Tage einer unerträglichen Reise und wieder Hunger, Durst, Kälte und neue Tote. Wenige Stunden vor dem Ziel gaben sie uns Proviant, Brot und Käse. Keiner von uns konnte auch nur einen Bissen herunterschlucken. Wir waren durch den furchtbaren Durst völlig ausgetrocknet. Die Fahrt schien uns endlos, und wir glaubten nicht mehr, daß sie einmal irgendwo enden würde. Spät am Abend hielt unser Zug an einer kleinen Bergstation, auf der ein einfaches Schild den Namen bezeichnete: »Mauthausen«.

Wir krochen, so schnell wir konnten, aus den Waggons, denn bei den Deutschen muß alles schnell gehen, Schlag auf Schlag. Unsere Füße waren völlig steif geworden. Beim Gehen wankten unsere Knie. Viele von uns hatten im Wagen beim Kampf um einen Platz ihre Schuhe verloren und mußten jetzt im tiefen Straßenschmutz und im erweichten Schnee barfuß gehen. Plötzlich erblickten wir in der Dunkelheit die mächtigen Befestigungen von Mauthausen. Die weißen Quader leuchteten in der Finsternis. Wir gingen durch das Tor. Der erste Eindruck war: peinliche Sauberkeit. Und Stille, eine schreckliche, grausige, schweigende Stille. Die Luft schien von der Stille übersättigt. Alles hier schwieg, als ob es sein schreckliches Geheimnis nicht preisgeben wollte. Wir mußten ins Bad, wo sie uns wie gewöhnlich alles abnahmen. Leider auch unser größtes Vermögen, das Brot. Das war ärger als Tantalusqualen. Als wir nicht essen konnten, hatten sie uns das Brot gegeben. Jetzt, wo wir Wasser hatten und essen konnten, nahm man es uns wieder fort.

Im Bad tranken wir, anstatt uns zu waschen. Wir tranken und tranken. Kaltes Wasser, warmes Wasser, schmutziges Wasser. Wir tranken alles, was rann. Dann gaben sie uns große Männerunterhosen und Hemden, weil sie hier auf Frauen nicht eingestellt waren, und schickten uns in die Baracken. Wir schliefen zu viert auf einer Bettstelle. Bis heute weiß ich nicht, wie wir uns dort zusammengepfercht haben. Ich weiß nur, daß das damals für uns die Höhe des Glücks bedeutete. Hier führten nur unsere Blockältesten das Kommando und schlugen uns furchtbar. Vor dem Appell, bei dem Appell, nach dem Appell, ständig, den ganzen Tag. Wir blieben nur einige Tage, und schon drohte uns eine neue Reise. Wir hatten überhaupt nichts anzuziehen. Das, was sie uns gegeben hatten, war absolut ungenügend. Da wagte ich in der letzten Nacht vor der Abreise eine gefährliche Sache. Als ich sah, daß zwei Häftlinge neben der Baracke eine Kiste mit Kleidungsstücken vorbeitrugen, sprang ich aus dem Fenster und nahm in der Eile einen Arm voll Sachen. Meine Schwester half mir zurück ins Fenster und – wir beide waren angezogen. Ich hatte nur Glück, daß mich niemand sah.

Am nächsten Morgen jagten sie uns mit schrecklichen Prügeln hinaus und trieben uns wie eine Schafherde auf den Weg zum Bahnhof. Gruppen, die sich die ganze Zeit über ängstlich aneinander gehalten hatten, wurden auseinandergerissen. Schwestern, Mütter und Töchter suchten einander. Es entstand völlige Verwirrung und Chaos. Auf halbem Wege überraschte uns ein betäubender Luftangriff. Der einzige Lichtblick dieser Fahrt war die Durchreise durch das Protektorat. Dort brachten uns die Leute Brot und Kaffee. Sie begrüßten uns herzlich, machten uns Mut und wünschten uns eine glückliche Rückkehr in die Heimat. Welch ein Unterschied, als wir die Grenze des Protektorats hinter uns hatten! Die deutsche Bevölkerung bewirtete uns nicht wie ihre tschechischen Nachbarn. Sie sahen uns nur an und – schwiegen.

Endlich kamen wir ans Ziel: Bergen-Belsen. Es war der 26. Februar 1945. Einen ganzen Monat waren wir auf Reisen gewesen. Wir hatten viele Kameradinnen verloren. Alle hatten wir uns verändert. Als wir aus dem Eisenbahnzug stiegen, erschraken wir eine vor der anderen. Magere, eingefallene Gesichter, ungewaschen, und müde Augen mit dem ergebenen Ausdruck eines Menschen, der nichts mehr erwartet. Wir durchgingen die gewohnten Konzentrationslagerformalitäten und traten zum Kampf um das Essen an. Wie wilde Tiere warfen die Gefangenen sich auf die Schüsseln. Die Suppe war in einer Minute ausgegeben.

Nach zwei Tagen wurden wir in Arbeitsblocks überwiesen. Dort hatten wir dreistöckige Bettstellen. Auf so einer Bettstelle, an der oft mehrere Bretter fehlten, schliefen wir zu zwölft. Die unteren schliefen beinahe auf der Erde. Sie konnten sich nicht aufrichten, denn über ihnen waren Bretter. Diejenigen, die ganz oben schliefen, hatten die Barackendecke über dem Kopf. Wir lagen zusammengedrückt, unbequem, in fürchterlichen Positionen. Fanden sich vier vernünftige Menschen, so wechselten sie einander ab, so daß bis Mitternacht zwei ihre Füße ausstrecken und nach Mitternacht die beiden anderen. Auf andere Weise konnte man nicht schlafen. Meiner Schwester und mir gelang es, Arbeit im Garten zu bekommen, wo wir eine Extraration Suppe erhielten. Brot versprach man uns nur. Ich erinnere mich, wie wir einmal nahe der Arbeitsstelle ein Faß mit stinkenden Knochen fanden, an denen noch etwas rohes Fleisch und gelb gewordenes Fett hing. Hungrig nagten wir diese Knochen ab, wie die Wölfe.

Bevor die Befreiung kam, überschwemmte eine furchtbare Typhusepidemie das Lager, die viele Tausende hinraffte. Meine Schwester und ich erkrankten. Der Körper glühte in schwerem Fieber, im Kopf dröhnte es, die Ohren hörten nicht. Wir konnten nichts mehr essen. Ein unbeschreiblicher Durst stellte sich ein und, was das Schlimmste war, entkräftende Durchfälle und dieses Fieber. Aber zur Arbeit mußten wir. Krankheit wurde nicht anerkannt. Von Tag zu Tag wurde es ärger. Bei der Arbeit sanken wir vor Müdigkeit und Entkräftung um, und bei den Appellen wurden wir ohnmächtig. Die Krankheit breitete sich aus und verseuchte auch die letzte Ecke im allerletzten Block. Jeden Tag vermehrte sich die Anzahl der Toten. Endlich wurden die Schwester und ich in den Block aufgenommen, wo man nicht zu arbeiten und Appelle zu stehen brauchte. Wir lagen auf dem nackten Boden, eine neben der anderen. Um diese Blocks kümmerte sich niemand, niemand reinigte sie. Die Deutschen zeigten sich nirgends. Sie überließen uns unserem Schicksal. Millionen von Läusen überschwemmten den Raum, in dem sich ungefähr dreihundert Menschen zusammendrängten, und benagten unbarmherzig die Körper der Lebenden und der Toten. Sie setzten sich in den Kleidern fest, in der Wäsche, in den Haaren, überall. Wir zerkratzten unsere Haut bis aufs

Blut, und bei vielen bildeten sich große Wasserblasen, in denen auch Läuse saßen. Wir sahen aus wie vom Aussatz befallen. Alle, die sich der Läuse erwehrt hatten, flüchteten vor uns und ekelten sich wie vor widerlichen Tieren.

Dann folgte die Zeit, in der das Lager von jeglicher Versorgung abgeschnitten war. So lebten wir nur von Wasser und Luft. Und um das Vernichtungswerk zu krönen, sperrten sie uns auch das Wasser ab. In unserer Verzweiflung gingen wir zu einem Wasserbehälter, in dem man die schmutzige Wäsche wusch, und löschten unseren Durst. Nach einigen Tagen war der Behälter halb leer. Liter um Liter dieses gefährlichen stinkenden Wassers durchrann die Kehlen und die Gedärme der Kranken. Wir bekamen Bauchtyphus. Obwohl wir alle wußten, was uns erwartete, wenn wir das Wasser trinken würden, wählten wir lieber freiwillig den Tod als die wahnsinnigen Qualen des Durstes. Wer die Möglichkeit hatte, in die Küche zu kommen, bekam Trinkwasser und verkaufte es zu phantastischen Preisen. Ich selbst kaufte Wasser für eine ganze Brotration, die eine Woche lang reichen sollte. Meine Schwester tadelte mich, aber ich konnte mich nicht beherrschen, und statt mit dem Wasser zu sparen, trank ich es auf einmal aus.

Es wurde von Tag zu Tag schlimmer. Wir wälzten uns auf dem schmutzigen Fußboden und konnten uns bald vor Schwäche nicht mehr erheben. Wir warteten nur noch auf den Tod. Dutzende Frauen starben täglich unter gräßlichen Umständen. Die Leichen blieben zwischen den Lebenden liegen. Es war schwer zu unterscheiden, wer tot war und wer noch lebte. Wir waren einander alle so ähnlich. Bis auf die Knochen abgemagerte Körper, und in den Augen jener rätselhafte, entsetzte Ausdruck. Die Toten begrub niemand. Im besten Falle wurden sie vor die Baracke geworfen, wo sich in wenigen Tagen Berge dieser Menschenknochen auftürmten. Die Anzahl der Toten stieg in astronomische Ziffern. Es gab keine Rettung. Es schien, als ob das Lager aussterben würde, wenn Hilfe und Rettung nicht schnell kämen. Wer noch atmete, wartete auf das Wunder, und in seiner Seele glimmte noch ein Fünkchen Hoffnung. Viele jedoch unterlagen trotz aller Bemühungen, sich zu erhalten, und starben noch wenige Tage, oft wenige Stunden vor der Befreiung.

Eines Sonntagmorgens, ich glaube, es war der 15. April 1945 – damals konnte ich die Umwelt nicht mehr wahrnehmen – hörte ich Rufe: »Sie sind da! Sie sind da!«

»Wer?«

»Die Engländer!«

Wenige Stunden zuvor war die Schwester in meinen Armen gestorben.

Belsen im April

Harold Osmond Le Druillenec im Lüneburger Prozeß

Ich bin britischer Staatsbürger, von Beruf Lehrer. Meine Adresse ist St. Helier, Jersey, Trinity Road 7. Am 5. Juni 1944 wurde ich, zusammen mit den meisten Angehörigen meiner Familie, von den Deutschen verhaftet, weil wir etwa achtzehn Monate zuvor einem russischen Gefangenen zur Flucht verholfen hatten. Außerdem hatten wir Radio-Apparate, deren Besitz verboten war. Ich wurde zuerst in ein Gefängnis in der Nähe von Reims in der Bretagne, dann nach Belfort und schließlich in das KZ Neuengamme gebracht. Dort kam ich, soweit ich mich erinnere, am 1. September 1944 an. Von Neuengamme wurde ich zum Arbeitseinsatz nach Wilhelmshaven geschickt. Ich arbeitete als Schweißer im Waffenlager. Dann schließlich kam ich nach Belsen, wo ich um den 5. April herum gegen zehn Uhr abends eintraf. Nach meiner Ankunft im Lager bekam ich nichts zu essen. Einige Glückliche, die von der Reise noch ein paar Zigaretten oder ein Stück Brot hatten, konnten sich dafür etwas Kohlrübensuppe eintauschen. Ich wurde in Block 13 eingewiesen. Ich schätze, daß in dieser Nacht etwa vierhundert oder fünfhundert Menschen in diesem Block waren.

Würden Sie bitte dem Gericht mit Ihren eigenen Worten die Zustände beschreiben, die in jener Nacht in dem Block herrschten?

Ein französischer Oberst, mit dem ich mich in einem anderen Lager angefreundet hatte, und ich legten uns zuerst in eines der wenigen Betten in der Baracke. Die Betten waren dreistöckige Kojen. Etwa fünf Minuten später brachten uns einige schwere Schläge auf den Kopf bei, daß wir dort nichts zu suchen hatten. Auf diese Art und Weise lernten wir, daß die Betten für die Kapos und Blockältesten unter den Gefangenen reserviert waren. Der Oberst und ich machten uns auf die Suche nach anderen Franzosen. Man war sicherer in einer Gruppe. Dort saßen wir mit gespreizten Beinen, zwischen denen wieder andere Leute saßen, die ganze Nacht auf dem Boden. Es war unmöglich zu schlafen. Am besten beschreibt man die Baracke als ein verrückt gewordenes Babylon. In Wirklichkeit war es noch die angenehmste Nacht, die ich in Belsen verbrachte, denn am nächsten und übernächsten Tag wurden uns weitere Kommandos zugewiesen, die ebenfalls in der bereits überfüllten Baracke schlafen mußten. Der Fußboden war naß und unwahrscheinlich schmutzig. Wir mußten in diesem Unrat liegen. Immerhin wurden uns zwei völlig zerlumpte Decken zugestanden. Am folgenden Morgen, gegen halb vier, wurden wir aufgejagt und aus der Baracke getrieben. Wieder waren Schläge die einzige Sprache, in der die Befehle gegeben wurden.

Sind während der Nacht in der Baracke Gefangene gestorben?

Nachdem wir am kommenden Morgen einige Zeit zum Appell draußen waren, wurde die Baracke oberflächlich von Unrat gesäubert, und dabei wurden sieben oder acht Tote herausgebracht und in den Latrinengraben gelegt, der an den meisten Baracken entlanglief.

Gab es Dachbalken in der Baracke?

Ja. Gewöhnlich legten einige tatkräftige Gefangene über zwei dieser Balken Bretter und schliefen dort. Sie lagen lieber auf den schmalen Brettern als auf dem mörderischen Fußboden. Die meisten in der Baracke litten an Ruhr. Auch viele von denen, die auf den Brettern schliefen, waren erkrankt. Ich glaube, ich kann den Rest Ihrer Vorstellungskraft überlassen. Jene, die unten lagen, konnten zwar weggehen, aber dann hätten sie wahrscheinlich nie mehr einen Platz gefunden, um sich auf dem Boden niederzulassen. So lernten sie bald, daß sie besser blieben, wo sie waren.

Durften Sie während der Nacht die Baracke überhaupt verlassen?

Nein. Es war völlig unmöglich, da der ganze Fußboden eine einzige Menschenmasse war. Um hinauszukommen, hätte man über die Menschen hinweggehen müssen. In jedem Fall war die Tür geschlossen. Die Menschen saßen dicht davor, gegen die Tür gelehnt, und ich glaube, sie war außerdem verriegelt.

Welche Atmosphäre herrschte in der Baracke?

Das läßt sich schwer mit Worten ausdrücken. Ich glaube, es ist menschlich unmöglich zu beschreiben – es war schauerlich. Ich denke, ich habe genügend erzählt, um Ihnen einen Begriff davon zu geben, daß der Gestank entsetzlich war. Er war wirklich das Allerschlimmste im Lager Belsen. Vielleicht könnte ein Dante eine Nacht in der Baracke beschreiben – ich kann es einfach nicht.

Sie sagten, daß Sie am nächsten Morgen die Baracke verlassen haben. Würden Sie bitte dort fortfahren?

Während der ersten drei oder vier Tage in Belsen hatten wir nichts Besonderes zu tun. Aber allein schon der Appell, der gewöhnlich von ungefähr halb vier bis acht oder neun am Morgen dauerte, war eine schreckliche Anstrengung. Ich kann die Zeit immer nur schätzen, da ich keine Uhr hatte. Beim Appell mußten wir in Fünferreihen in Hab-acht-Stellung stehen – ich nehme an, um das Zählen zu erleichtern –, und dann wurde gezählt und stundenlang wieder und wieder gezählt, ad infinitum. Anscheinend konnten nicht zwei Aufseher zu demselben Resultat kommen. Wer sich bewegte, bekam den üblichen Schlag über den Kopf. Die Waffe, die dabei benutzt wurde, war ein vier Zentimeter dicker Stock von anderthalb Meter Länge. Gewöhnlich war es ein sehr harter Schlag.

Bekamen Sie vor dem Appell irgend etwas zu essen?

Nein, auch nichts zu trinken.

Was bekamen Sie tagsüber zu essen?

Am ersten Tag bekam ich absolut nichts.

Wie wurden Sie tagsüber beschäftigt?

An diesem Tag taten wir nichts. Die meisten von uns gingen in den an die Baracke anschließenden Hof und schliefen – wie das in Belsen üblich war – in Haufen zusammen. Gegen Mittag kam ein französischer Freund und fragte mich, ob ich schon die Ziegel-Baracke auf der anderen Seite des Hofes besichtigt hätte. Er sagte, ich solle hingehen und durch die Fenster, oder besser Löcher in der Wand schauen. Durch das erste Fenster sah ich nur einen Waschraum, einen sehr primitiven Raum, in dem ein oder zwei Leichen herumschwammen, oder besser gesagt, auf dem überfluteten Fußboden herumlagen. Der Blick durch das zweite Fenster war ein entsetzlicher Schock für mich. Der Raum war bis zur Decke mit Leichen angefüllt. Die Körper waren so geschichtet, daß die Schädeldecke des einen gegen das Kinn des unter ihm Liegenden stieß. Auf diese Weise lagen nach meiner Schätzung viele hundert Leichen in jedem Raum. Wir gingen den Hof entlang und schauten in jedes Fenster, und in jedem Raum dieser sehr langen Baracke sahen wir dasselbe. Ich hatte schon früher Tote gesehen, sowohl in Bremen wie in Lüneburg. Aber bei diesem Anblick nach der ersten Nacht in Belsen fragte ich mich, in welche Hölle ich geraten war. Den Rest des Tages verbrachten wir auf dem Boden liegend, entgegen aller Vernunft darauf hoffend, daß wir irgend etwas zu essen bekommen würden.

Wie war die nächste Nacht?

Eher noch schlimmer. Einige neue Kommandos waren angekommen, und die Baracke war noch überfüllter als in der Nacht zuvor. Am zweiten Tag stellten wir fest, daß es eine sehr primitive Toilette gab – aber der größte Teil der Gefangenen benutzte sie nicht.

Bekamen Sie am nächsten Tag etwas zu essen oder Wasser?

Ich bekam etwas Suppe, vielleicht vier Zentimeter in einem normalen Armee-Eßgeschirr, also ungefähr einen Viertelliter. Das Geschirr mußte ich von einem Haufen holen, auf den das Eigentum der Toten geworfen worden war. Da es kein Wasser zum Spülen gab, mußte ich so daraus essen, wie Hunderte andere auch. Das Essen wurde in der Baracke ausgegeben; jeder mußte zur Ausgabe in der Baracke sein. Dann gingen wir mit unseren kleinen Portionen wieder hinaus. Wir mußten uns durch das Gedränge einen Weg bahnen und dabei ständig aufpassen, um keinen Tropfen des wertvollen Essens zu verschütten.

Wie verhielten sich die SS-Leute zu den Gefangenen?

Während meines kurzen Aufenthaltes in Belsen sah ich wenig von der SS, aber bei einer Gelegenheit sah ich, wie ein SS-Offizier im Frauenlager, in der Nähe der Massengräber, Frauen auspeitschte, weil sie ein Feuer gemacht hatten, um sich eine primitive Mahlzeit zu bereiten.

Wie war die Haltung der Blockältesten?

Besonders gemein. Gewöhnlich verteilten sie gegen Mittag die Suppe, die offensichtlich für die Baracke bestimmt war, an privilegierte Häftlinge und solche, die Zigaretten eintauschen konnten. Die normale Tauschrate war drei Zigaretten für einen Teller Suppe. Die meisten Gefangenen in der Baracke sahen die Suppe nicht einmal. Wenn wir überhaupt etwas davon bekamen, war es am Abend. Die SS machte keinen Versuch, die Blockführer zu kontrollieren. Am fünften Tag begann ich zu arbeiten, und an den noch folgenden letzten fünf Tagen arbeitete ich sehr hart ...

Würden Sie jetzt bitte dem Gericht über den ersten Tag berichten, an dem Sie arbeiteten?

Der ganze Block, ungefähr sechs- oder siebenhundert Leute, wurde mit Schlägen – eine Sprache, die wir alle gut verstehen gelernt hatten – in den Hof der Leichenhalle getrieben. Dort gab man uns zu verstehen, daß wir die Toten auf einer Sandbahn zu den großen Gruben zu schleifen hätten, die sich als riesige Massengräber erwiesen. Wir arbeiteten nach folgendem Verfahren: Wir rissen uns Streifen aus Decken und Kleidern der Toten, die auf einem Haufen gestapelt waren. Dann banden wir diese Streifen um die Hand- und Fußgelenke der Leichen und zogen diese dann in Richtung der Gruben. Unsere Arbeit begann bei Sonnenaufgang, aber wir waren schon vorher lange Zeit auf. Wir bekamen nichts zu essen, bevor wir anfingen, und mußten bis ungefähr acht Uhr abends durcharbeiten. Während der fünf Tage, die ich bei dieser Arbeit verbrachte, bekam ich keinen Bissen und keinen Tropfen Wasser.

Bitte beschreiben Sie einen solchen Tag!

Nach der üblichen schrecklichen Nacht mußten wir zuerst zum Appell. Nach ungefähr zwei Stunden wurden wir in der üblichen Weise zum Hof getrieben. Wir banden die Stoffstreifen an die Hand- und Fußgelenke der Leichen, die wir sehr sorgfältig auswählten. Erstens suchten wir uns den kleinsten Körper aus, den wir finden konnten. Sie waren alle völlig ausgezehrt und dünner als ich je für möglich gehalten hätte. Wenn man den Kleinsten nahm, hatte man daher auch den leichtesten. Zweitens achteten wir darauf, daß der Körper nicht zu schwarz war. Unsere erste Aufgabe am Morgen war, die in der Nacht Gestorbenen fortzuschaffen, die von den verschiedenen Baracken in unserem Teil des Lagers in den Hof der Leichenhalle gebracht worden waren. Erst danach kamen die Toten aus der Halle an die Reihe.

Obwohl insgesamt mehr als zweitausend Häftlinge damit beschäftigt waren, brauchten wir fast den ganzen Vormittag, um den Hof zu leeren. Erst dann konnten wir in die Baracke gehen und damit beginnen, die früher Gestorbenen zu begraben. Wir verließen den Hof, die Leichen hinter uns herziehend, durch das nördliche Tor. Gewöhnlich hielten wir einen Abstand von zwei Metern. Wenn er größer war, zwang uns ein Schlag über den Kopf, uns zu beeilen und die Entfernung zum Vordermann aufzuholen. Wir zogen entlang der Hauptstraße zu den Gruben. In Abständen standen Aufseher, die aufpaßten, daß der Strom der Toten zu den Gruben ohne Unterbrechung floß. In der Nähe der Küche und des Wasserspeichers standen besonders viele Aufseher. Eine der schlimmsten Qualen während unserer Arbeit war es, daß wir, halbtot vor Durst, jedesmal an dem Wasserspeicher vorbei mußten und uns ihm nicht nähern durften, geschweige denn ihn berühren. Genausowenig durften wir zu dem Haufen der Abfälle vor der Küche. In unserem Zustand wären schon einige wenige Kohlrübenschalen eine köstliche Mahlzeit gewesen.

Als ich zu den Gruben kam, sah ich, daß sie von sogenannten freien Fremdarbeitern gegraben wurden. Ich kann nur schlecht schildern, was ich empfand, als ich zum ersten Male eine dieser Gruben sah, in der schon viele Tote lagen, und meine Leiche auf die übrigen werfen mußte. Während des Ziehens bemerkte ich häufig eine sehr seltsame Wunde am Oberschenkel vieler Toter. Zuerst dachte ich, sie rührten von einem aus der Nähe abgefeuerten Pistolenschuß her. Aber nachdem ich noch mehrere sah, fragte ich meinen Freund. Er erzählte mir, daß viele Gefangene Fleisch von den Leichen schnitten, um es zu essen. Als ich das nächste Mal in die Leichenhalle kam, sah ich selbst, wie ein Gefangener ein Messer herauszog, ein Stück aus dem Bein eines Toten herausschnitt und es schnell in den Mund steckte, verständlicherweise voller Furcht, daß man ihn dabei sehen konnte. Ich überlasse es Ihrer Phantasie, sich auszumalen, auf welche Stufe die Häftlinge gesunken sein mußten, wenn sie es über sich brachten, die Fleischstückchen aus schwarz angelaufenen Leichen zu essen.

Wie verhielten sich die SS und die Aufseher, die Sie erwähnten, zu alldem?

Sie wollten so schnell wie möglich fertig werden. Meiner Meinung nach wollten sie einen guten Eindruck auf die herannahende britische Armee machen. Wir wußten, daß die Engländer kamen. Wir konnten die Kanonen hören, und ich glaube, es ging der SS einfach darum, noch so viele Leichen wie möglich verschwinden zu lassen, bevor sie eintrafen. Bitte, stellen Sie sich diese endlose Kette von Toten vor, die zu den Gruben geschleift wurden, ungefähr fünf Tage lang, von Sonnenaufgang bis Sonnenuntergang. Ich weiß nicht, wie viele da begraben wurden. Es muß eine große Zahl gewesen sein – sie hat sicherlich fünf Stellen.

Was geschah mit einem Häftling, der während dieser Prozession nicht mehr weiter konnte?

Das wagte keiner, nicht mehr weiterzukönnen. Aber viele brachen unterwegs zusammen. Sie lagen plötzlich tot am Wegrand oder starben. Sie wurden dann selbst von vier anderen aufgehoben und zu den Gruben getragen. Die Leute starben auf dem Weg wie die Fliegen. Sie hatten nicht mehr genug Kraft, selbst diese leichten Leichen zu ziehen. Wenn jemand stolperte, wurde er gewöhnlich über den Kopf geschlagen. Viele der Gefangenen gebrauchten eine List. Wenn kein Wächter in der Nähe war, ließen sie ihre Leiche am Wegrand liegen und gingen zur Leichenhalle zurück, um eine neue zu holen. Auf diese Weise kamen sie wieder an der Küche oder am Wasserspeicher vorbei; sie hofften immer noch, zu etwas Eßbarem oder zu Wasser gelangen zu können.

Sind Sie während dieser Zeit je selbst geschlagen worden?

Oh, sehr oft. Man konnte es gar nicht vermeiden, während des normalen Tagesablaufs geschlagen zu werden. Man konnte es nicht vermeiden, am Morgen beim Verlassen der Baracke auf den Kopf geschlagen zu werden, gleichgültig, ob man als erster oder letzter hinausging. Man konnte es nicht vermeiden, auf dem Weg zur Leichenhalle geschlagen zu werden und auf dem langen Weg zu den Gruben. Es wurde einfach drauflos geschlagen, einmal hier und einmal dort; ich nehme an, aus Vergnügen an der Sache. Im Konzentrationslager gibt man es auf, zu fragen, warum etwas geschieht. Von Anfang an wird man gelehrt, die Dinge so hinzunehmen, wie sie sind.

Hatten die Posten Feuerwaffen?

Ja, alle SS- und ungarischen Posten auf den Wachtürmen und jene, die im Lager herumgingen. Während der ersten Tage hörte ich einige Schüsse, aber ich sah nicht, ob und was sie anrichteten. Während der letzten Tage wurde andauernd geschossen. Es verging kaum eine Minute am Tag oder am Abend, in der man nicht von irgendwoher einen Schuß hörte. Meistens waren es ganze Garben. Ich sah häufig, wie Leute erschossen wurden, gewöhnlich ohne jeden Grund. Manchmal gab es einen verborgenen Grund, den wir erst erfuhren, nachdem Dutzende getötet worden waren. Zum Beispiel wurden viele Häftlinge am Nordeingang zum Hof der Leichenhalle erschossen, bevor wir schließlich begriffen, daß gerade dieser Posten die Häftlinge, die die Leichen hinter sich herschleiften, in Paaren an sich vorbeiziehen sehen wollte. Er war ein Ungar, aber die Ungarn waren nicht die einzigen, die schossen. Es war fürchterlich, jeden Tag wurden Hunderte erschossen.

Haben Sie gesehen, welche Folgen die Prügel hatten?

Die Prügel bestanden gewöhnlich aus Schlägen über den Kopf. Einmal sah ich auch, wie jemand auf dem Bock fünfundzwanzig Hiebe erhielt. Sie waren nicht besonders schlimm – nicht halb so schlimm wie in dem Lager, in dem ich vorher war. Aber die ständigen Schläge über den Kopf, den ganzen Tag lang, waren grausam.

Würden Sie einen der Posten wiedererkennen, der während Ihres Aufenthalts im Lager Häftlinge mißhandelt oder erschossen hat?

Nein. Zu dieser Zeit sahen für mich alle gleich aus. Ich glaube nicht, daß ich einen identifizieren könnte!

Haben Sie jemals gesehen, daß einer der Posten einem Häftling half oder beistand?

Nein, niemals. Die Wachtposten im Konzentrationslager – ich spreche hier von allen Lagern – sind wie wilde Tiere, und im Lauf der Zeit werden auch die Gefangenen zu Tieren. Menschliche Güte ist an einem solchen Ort völlig unbekannt. Ich möchte versuchen, jedem vor Augen zu führen, was es heißt, zu verhungern, buchstablich zu verhungern, sechs Tage lang kein Wasser zu haben, keinen Schlaf zu finden – denn es war unmöglich, in der Nähe der Leichengruben zu schlafen – und derart von Ungeziefer bedeckt zu sein, daß es überhaupt nichts nützt, sich drei- oder viermal am Tag zu entlausen. Die fatalistische Haltung der Häftlinge gegenüber dem Ende, das sie erwartete – das Krematorium oder das Massengrab; der faule Gestank und die Verkommenheit dieses Ortes; jene Szenen, die die ganze Welt erschütterten und die wir Tag für Tag vor Augen hatten; die Prügel, die grauenhafte Arbeit und – während der letzten drei Tage – die ungarischen Wachen, die aus allen Richtungen auf uns schossen wie auf Kaninchen: wenn Sie sich das alles vorstellen können, alles zusammen, dann werden Sie vielleicht eine entfernte Ahnung davon haben, wie das Leben in Belsen während dieser letzten Tage war.

Vier kamen durch

Ich floh in die Schweiz

Als Österreich von fremden Truppen besetzt wurde, war ich sechs Jahre alt. Man hat uns gesucht und wollte meinen Papi in das Konzentrationslager nach Buchenwald einliefern. Da ist Papi nach Belgien geflohen, und wir sind ihm einen Monat später nachgereist. In Brüssel lebten wir bis zu meinem achten Lebensjahr. Als der Krieg ausbrach, sind wir nach Frankreich geflüchtet. In Toulouse hat man uns aus dem Viehwagen, in dem wir reisten, ausgeladen und ins Camp St. Cyprien abtransportiert. Später wurden wir ins Lager Gurs geschickt. Der Papi kam nach, aber wir waren durch Stacheldrahtzäune voneinander getrennt. Das Lager war sehr schmutzig; wir schliefen auf dem Boden, weil im Stroh die Ratten wohnten. Einmal hatte sogar eine Ratte in unsern Kleidern ein Nest gebaut. Nach acht Monaten mußten wir wieder in ein anderes Konzentrationslager. Eines Abends wurden alle Insassen im Hof zusammengerufen, und ein Mann mit einer langen Liste hat fast alle aufgerufen und sagte, daß diese sich am anderen Morgen zum Abtransport bereitmachen müßten. Fast alle Leute sind ohnmächtig hingefallen. Auch Mutti war dabei. Es war furchtbar, wie sie ins Zimmer gekommen ist, geweint hat und ohnmächtig wurde. Am Morgen ist ein großer Camion gekommen und wir wurden in das Auto geschubst. Papi, der auch verladen wurde, weinte, weil er gehofft hatte, Mutti und ich würden verschont. Das war das erstemal, daß ich Papi weinen sah. Auch die anderen Männer sahen wie Tote aus. In einem Lager in Marseille verbrachten wir die Nacht. Am Morgen erkannten wir uns kaum mehr, weil wir von Wanzenbissen ganz geschwollen waren.

Auf Holztafeln standen unsere Namen, und darunter hieß es, daß wir zur endgültigen Deportation bestimmt seien. Wieder wurden viele Leute ohnmächtig. Ich durfte als einzige hin- und hergehen, um Wasser zu holen. Das tat ich den ganzen Tag. Später wurde eine Anzahl Kinder, darunter auch ich, vom Camion eines Hilfswerkes geholt. Das war das Ärgste in meinem ganzen Leben, denn ich wußte, daß ich Mutti und Papi nicht mehr sehen würde. Zuerst kam ich in ein Kinderheim in Savoyen, und später zeigte mir ein Herr den Weg nach Annemasse. So kam ich in die Schweiz, wo man mich zuerst vieles fragte. Dann kam ich ins Kinderheim, dort bin ich sehr glücklich.

Unbekanntes Mädchen, 12 Jahre (1944)

Man nennt mich Mitja

Man nennt mich Mitja Ostapschuk. Aber ich bin Chaim Roitman. Ich komme aus Berditschew. Ich bin jetzt dreizehn Jahre alt. Die Deutschen haben meinen Vater und meine Mutter getötet. Ich hatte noch einen jüngeren Bruder, Broja. Sie erschossen ihn vor meinen Augen.

Ich stand schon am Rande der Grube. Ein Deutscher kam zu mir heran. Ich zeigte auf den Boden: »Schau, eine kleine Uhr!« Dort lag ein blinkendes Stück Glas. Der Deutsche machte einen Schritt und bückte sich, um es aufzuheben, und ich rannte los. Er lief mir nach und schoß. Ich rannte und rannte, bis ich hinfiel. Was dann passiert ist, weiß ich nicht mehr.

Ein alter Mann fand mich, Gerassim Prokofiewitsch Ostapschuk. Er sagte zu mir: »Du bist jetzt mein Sohn und heißt Mitja.« Er hatte schon sieben eigene Kinder, ich wurde das achte.

Einmal kamen betrunkene und lärmende Deutsche. Ihnen fiel auf, daß ich schwarze Haare habe. Da fragten sie Gerassim Prokofiewitsch: »Wem gehört der?« Er antwortete: »Mir.« Sie fluchten und sagten, er lüge. Aber er antwortete ganz ruhig: »Er ist von meiner ersten Frau. Sie war eine Zigeunerin.«

Als Berditschew befreit wurde, ging ich in die Stadt zurück. Dort fand ich meinen großen Bruder Jascha. Jascha ist stark, er ist fast sechzehn und kämpft schon mit. Als die Deutschen abzogen, fand er den Verbrecher, der unsere Mutter tötete. Er hat ihn erschossen.

Chaim Roitman, 13 Jahre (1944)

Rosa will nicht spielen

Als sie Vati und Mutti in der Eisenbahn schnappten und nach Deutschland verschleppten, blieben wir allein bei einem Bauern, dem wir auf Gedeih und Verderb ausgeliefert waren. Wir mußten ihm teuer bezahlen für die zweihundert Gramm Brot und sechs Pellkartoffeln, die er uns täglich gab. Der Bauer, die Bäuerin und ihre Tochter wußten, daß wir Juden sind, der Schwiegersohn nicht, weil er ein Faschist war und uns anzeigen konnte. Im Bunker gab es drei Öffnungen, und bei schönem Wetter war es etwas heller. An trüben Tagen war es jedoch ganz dunkel. Wir lagen so Tag und Nacht. Im Frühling, wenn es taute, überschwemmte uns das Wasser und machte alles naß. Im Winter froren wir. So lagen wir ein halbes Jahr, ein ganzes Jahr, anderthalb Jahre. Die Bäuerin klagte immerzu, daß sie uns verbergen mußte. Wir haben ihr alles gegeben und hatten gar nichts mehr. Wenn uns jemand gesagt hätte:

»Gib zwei Groschen, oder ich schlage dich tot«, dann hätten wir sie ihm nicht geben können, weil wir sie nicht hatten.

Wir hungerten so, daß keiner von uns mehr laufen konnte. Schließlich wollte uns die Bäuerin nicht einmal mehr Wasser geben. Da ist unser Bruder nachts hinausgegangen und hat aus einer Pfütze getrunken. Er starb daran. Wir haben ihn nachts im Wald vergraben. Einmal ist unser Onkel aus dem Bunker hinausgegangen und nicht mehr zurückgekehrt. Achtzehn Monate hielten wir uns im Bunker versteckt, bis die Russen gekommen sind. Wir konnten überhaupt nicht mehr laufen und haben heute noch schwache Füße. Rosa ist immer traurig, sie weint oft und will nicht mit den Kindern spielen.

Krystyna Gold, 11 Jahre (1945)

Ich möchte vergessen

Es war ein Frauenlager, und wir schliefen zu dreißig ohne Decken in einer Koje. Es gab Krankheiten, Hunger und viel Schmutz. Täglich starben die Menschen wie Fliegen. Dann brachten sie uns nach Neustadt. Wir saßen zweieinhalb Tage in offenen Waggons. Die Leichen wurden einfach auf den Schnee hinausgeworfen. Sie sahen nicht mehr wie Menschen aus. Aber auch Mutti sah wie eine Leiche aus, und ich konnte nicht mehr aus den Augen sehen. Man trieb uns in einen Pferdestall, wo wir auf Stroh lagen. Wir bekamen keine Decken und kein Wasser zum Waschen. Ich wollte am liebsten sterben, aber Mutti redete mir gut zu. Kaffee und Brot wurde endlich verteilt, aber man mußte sich schlagen, um an den Kessel heranzukommen. Woher Mutti die Kraft nahm, um mein Essen zu kämpfen, weiß ich wirklich nicht. Die Lagerälteste dort haßte Juden. Sie nahm uns die Suppe fort und schlug uns wie Vieh. Alle hatten Typhus und Durchfall. Viele Frauen starben. Bis zum 2. Mai wurden wir immer weniger. Dann sperrten sie unseren Block, nagelten Türen und Fenster mit Brettern zu, und alle dachten, man würde uns in die Luft sprengen oder verbrennen. Sie haben es aber wohl nicht mehr geschafft, weil die Amerikaner kamen und uns befreiten. Zuerst konnte ich nicht begreifen, daß wir keine Angst mehr haben mußten. Wir bekamen Essen und Schokolade, und endlich begriff ich, daß der Krieg zu Ende war ... Jetzt bin ich in Zakopane im Internat und gehe zur Schule. Ich möchte die Lager gern vergessen, aber das kann ich nicht, weil andere Kinder, die auch so etwas erlebt haben, immer davon reden.

Giza Landau, 13 Jahre (1945)

Am Beispiel Dresdens
Heinz Mayer

Wenn jemand zur Gestapo bestellt wurde, dann wartete immer ein Angehöriger in der Nähe, um ihn nach der Vorladung nach Hause zu bringen. Manchmal haben wir auch gleich Tote dort abgeholt. Dies alles nahm ein Ende, als man uns alle aus den Wohnungen heraussetzte und nach dem Barackenlager am Hellerberg brachte. Wir haben uns im Lager sehr gut vertragen. Es gab wenig Krankheiten und nur einen Toten in der ganzen Zeit. Eine Schneiderei, Schuhmacherei und einen Friseur hatte man auch eingerichtet. Ich wünschte, man hätte uns bis Kriegsende dort gelassen. Alle würden noch leben.

Vom Schicksal der Bekannten, nach denen Sie fragen, will ich Ihnen nur schnell das Wichtigste berichten:

Frau Irma Barasch war bei der Belegschaft von Zeiss Ikon. Am 1. März 1943 wurde sie nach Auschwitz deportiert und ist, soviel ich weiß, gar nicht erst ins Lager gekommen.

Frau Betti Aron. Ich erinnere mich noch ganz genau, ihr behilflich gewesen zu sein, als man sie auf Transport nach Theresienstadt schickte. Sie hatte keine Vorstellung von dem, was kommen wird. Wir hatten auch den meisten alten Leuten eingeredet, dies bedeute nur eine Übersiedlung in ein anderes Altersheim.

Frau Rosa Meyer wurde mit meiner Großmutter zusammen deportiert. Weitere Auskünfte müßte man über Theresienstadt einholen. Viele Aussichten sind, glaube ich, bei diesen alten Menschen nicht, denn ich habe hier viel mit ehemaligen Leuten aus Theresienstadt gesprochen.

Frau Joski ging auf Transport nach Theresienstadt.

Amtsgerichtsrat Barasch und Frau wurden mit mir nach Auschwitz gebracht und sind beide nicht ins Lager gekommen.

RA Wienskowitz, EK1-Träger, ist mit Frau und Töchterlein nach Theresienstadt gebracht worden.

Heinz Wienskowitz ist mit mir nach Auschwitz gekommen und nach ungefähr drei Wochen, zwei Tage vor meinem Bruder, verstorben.

Kurt Hirschel und Frau mit zwei Söhnen sind nach Theresienstadt gebracht worden. Gestern erhielt ich einen Brief von Dr. Wolf, in dem er mir schrieb, daß Trude Glauber, die in New York ist, ein Telegramm aus Prag bekommen hat, mit der Auskunft: »Family well acquainted, sorry, won't return.«

Peter Kirschstein habe ich ungefähr im April 1943 im Lager wiedergetroffen. Ich war aber schon so krank, daß ich mich an nichts mehr erinnere. Ich habe Hoffnung, daß er durchgehalten hat, wenn er nicht gerade in den furchtbaren Transport nach Warschau hereingekommen ist, von dem niemand wiedergekehrt ist. Er war damals noch kerngesund.

Liese Philippsohn und Liese Welsch. Rigaer Transport 21. Januar 1943.

Lotte Meyer wurde auch deportiert, ich weiß nicht wohin.

Herbert Samuel ist am 1. März 1943 nach Auschwitz gekommen und dort nach kurzer Zeit gestorben.

Kurt Hepner mit Frau wurde mit meinen Eltern zusammen nach Riga deportiert. Herr Hepner ist da gestorben. Als ich mich von ihm verabschiedete, war er vielleicht der zuversichtlichste von allen. Wahrscheinlich wird seine Schwester nach ihm fragen, die Frau von Herrman Hepner, dem Bäckermeister. Wir waren in Dresden sehr befreundet und haben viel zusammen musiziert.

Dr. Richard Elb und Frau Rigaer Transport.

RA Reichenbach und Frau fuhren mit mir zusammen nach Auschwitz. Sie sind gar nicht erst ins Lager gekommen.

Dr. Ludwig Katz und Frau Rigaer Transport. Dr. Katz war Transportleiter. Ich habe späterhin gehört, daß er bei einer Minensuchkolonne ums Leben gekommen ist.

Frau Edith Levy wahrscheinlich Transport Theresienstadt.

Frau Salinger desgleichen.

Herr Stern ist nach einer Haussuchung verhaftet worden und nach dreiwöchiger Gefängnishaft in einem KZ gestorben.

Frau Else Stern ist mit einem kleinen Transport nach Warschau geschickt worden.

Frau Lotte Kornblum war auch in diesem Transport.

Frau Pionkowski und Rolf sind beide mit dem Rigaer Transport deportiert worden.

Lehrer Hoexter und Frau sind ebenfalls nach Riga auf Transport gegangen.

Leonhard Natowitz und Margot, geb. Hoexter, kamen beide mit mir nach Auschwitz. Leonhard war die meiste Zeit in einer Kohlengrube, die zum Auschwitz-Lager gehörte. Ich fand seinen Namen in Kommandolisten. Er war bis zum Tage der Befreiung dort, so daß anzunehmen ist, daß er lebt. Margot war in Auschwitz auch in einem guten Kommando. Sie ist eine der drei Dresdener Frauen, die das Lager überlebt haben.

Frau Weiss und Tochter kamen nach Auschwitz und sind beide nach kurzer Zeit im Lager gestorben.

Richard Neumark fuhr mit mir nach Auschwitz und ist nicht erst ins Lager gekommen.

Frau Szybilsky und Sohn Leo kamen beide nach Auschwitz. Frau Szybilsky ist nicht erst ins Lager gekommen. Leo ist am selben Tag wie mein lieber Bruder verstorben.

Fritz Hammer Theresienstadt.

Frau Dienstfertig ist auch nach Theresienstadt gekommen.

Herrn und Frau Choyke hat man nach Theresienstadt gebracht. Frau Choyke bat mich damals noch, die Tochter zu benachrichtigen, doch es gab keine Möglichkeit, da wir keine Adresse hatten.

Frau Nußbaum und Frau Burgheim sind beide nach Theresienstadt gekommen.

Nathan Friedmann ist nach einer Haussuchung verhaftet worden und im KZ gestorben, nachdem er vorher lange im Gefängnis war. Seine Frau ist mit einem kleinen Transport nach Warschau geschickt worden.

Ruth Glueckmann war auf der Gemeinde angestellt. Bitte versuchen Sie, den in England lebenden Bruder zu finden. Vielleicht hat sich Ruth auch schon selbst gemeldet. Sie ist die zweite der Überlebenden. Ruth wurde eine Woche nach überstandener Kopfgrippe in Dresden nach Auschwitz gebracht und hat es überlebt, da sie dort auch im Büro tätig war. Ihre Mutter und der kleine Bruder Egon sind vergast worden.

Familie Meder ist nach Auschwitz gekommen und dort verstorben. Ich sah Herrn Meder nach drei Wochen noch einmal im Lager. Man hatte ihm eine Operation gemacht, nach der er sich nicht mehr erholen konnte.

Eduard Müller und Frau. Wir haben zuletzt mit Müllers zusammen gewohnt. Eduard wurde nach einer Haussuchung verhaftet und nach drei Wochen Gefängnis ins Lager Auschwitz gebracht. Dort ist er verstorben. Frau Müller ist es gelungen, zu ihrer Tochter nach Ungarn zu fliehen. Ob sie dort verschont geblieben ist, weiß ich nicht. Ich selbst habe die Villa dann einem SS General übergeben müssen.

Familie Zobel hat auch bei Müllers im Haus gewohnt und ist mit meinen Eltern nach Riga gebracht worden.

Leon Feuerstein und Frau. Eines Tages war im Hause Turmeck, zuletzt Altenzeller Straße 24, wo Feuerstein damals wohnte, eine Haussuchung. Frau Feuerstein hatte an diesem Tage Fische von irgendwelchen arischen Bekannten bekommen, was für Juden streng verboten war. Die Gestapo-Leute fanden die Fische. Sie haben beide furchtbar geschlagen und für den nächsten Morgen zur Bismarckstraße bestellt. In der Nacht begingen die beiden Selbstmord.

Familie Geiringer ist genau derselbe Fall wie Feuersteins. Herr Geiringer verlor infolge der furchtbaren Schikanen, die ihm widerfuhren, die Nerven und beschimpfte die Gestapo. Man schlug ihn mit einer Gießkanne halb ohnmächtig und stülpte sie ihm zuletzt über den Kopf. Dann bestellte man ihn mit Frau für den nächsten Vormittag zur Gestapo. Er hat sich auch zusammen mit seiner Frau das Leben genommen.

Familie Rieger mit Tochter Ruth sind alle in Dresden geblieben, da Mischehe.

Edi Lichtenstein ist mit mir nach Auschwitz gebracht worden und hat gar nicht erst das Lager betreten.

Familie Wietepsky. Die Eltern sind nach Auschwitz gebracht worden und sind auch nicht ins Lager gekommen. Hans Wietepsky ist nach Riga abgeschoben worden.

Edith Goldmann wurde mit der ganzen Familie nach Auschwitz gebracht; sie allein kam ins Lager und ist dort nach einem Monat gestorben.

Herr Lehner und Frau fuhren mit uns allen nach Auschwitz. Sie sind auch nicht erst ins Lager gekommen.

Sally Satsch, Vater von Rosl Satsch, der Geigerin, ist im Lager Auschwitz gestorben.

Nelly Steinberg ist auch nach einer Haussuchung verhaftet und nach langer Gefängnishaft in das KZ Ravensbrück gebracht worden. Sie hat es dort vielleicht ein halbes Jahr ausgehalten, bis man alle jüdischen Häftlinge dieses Lagers nach Auschwitz überstellte. Dort ist sie nach drei Wochen gestorben. Ihr Sohn Franz kam mit mir nach Auschwitz und ist von dort auf Transport nach Warschau gegangen. Von diesem Transport lebt kein Mensch. Vielleicht können Sie Stephan Steinberg ausfindig machen, der in London sein muß.

Paul Loewenstein und Frau kamen auch beide nach Auschwitz, aber nicht erst ins Lager.

Familie Michaelis. Herrn Michaelis verhaftete man wegen Hören ausländischer Sender, ließ ihn aber zwei Tage vor Abgang des Rigaer Transportes wieder frei. Kurz vor Abgang des Transportes wurde er wieder verhaftet und sofort nach Buchenwald transportiert, wo er nach ganz kurzer Zeit starb. Frau Michaelis und Anki sind in Auschwitz verstorben.

Frau Lenczinsky und Sohn sind in Auschwitz verstorben.

Werner Steiner ist mit Frau und Kind nach Riga transportiert worden.

Berthold Weinstein war auch von der Gestapo verhaftet worden und hat, nachdem man ihm seine Überführung in ein KZ verkündete, Selbstmord begangen.

Familie Auerbach ist nach Auschwitz gekommen und hat das KZ nicht gesehen. Ihr Sohn Hans war zuletzt in Holland. Gerd ist noch nach Amerika herausgekommen.

Familie Magen. Herr Magen war Apotheker und hatte eine große Apotheke in Chemnitz. Die älteste Tochter lebt in England. Als der Rigaer Transport abgehen sollte, war nur der Sohn Claus auf der Liste, da die übrige Familie, Vater, Mutter und Tochter Steffi, bei Zeiss Ikon arbeitete. Claus floh eine Nacht vor Abgang des Transports, und man fand ihn lange Zeit nicht. Endlich wurde er an der Schweizer Grenze geschnappt und nach Dresden gebracht. Am selben Tag wurde Herr Magen verhaftet. Claus ist nach kurzer Zeit nach Auschwitz gebracht worden und dort verstorben. Herr Magen hat im Gefängnis eine Herzattacke erlitten und ist daran gestorben. Frau Magen und Tochter Steffi sind mit mir nach Auschwitz gekommen und beide im Lager umgekommen.

Lieber Herr A., ich habe Ihnen offen und ehrlich alles geschrieben, aber zuerst nur für Sie. Ich weiß nicht, wie weit Sie den Angehörigen die Wahrheit berichten wollen. Was ich geschrieben habe, weiß ich genau.

Wir langjährigen Häftlinge hatten keine Angst mehr vor dem Sterben, denn wir wollten nicht einen Tag länger in diesen Schreckenslagern leben. Daß wir noch einmal herauskommen könnten, hat eigentlich niemand zu hoffen gewagt.

Noch eine Erklärung zur Liste. Wenn ich schreibe, daß jemand das Lager nicht erst betreten hat, so heißt das, daß er sofort vergast wurde.

Brief nach London, September 1945

Anhang

Danksagung

Dieses Buch verdankt seine Entstehung dem verständnisvollen Entgegenkommen mehrerer ausländischer Institute und ihrer Mitarbeiter, die den Herausgebern die Benutzung ihrer Archive und Bibliotheken gestattet und sie bei der Aufgabe beraten haben, sich mit der fast unübersehbaren Fülle des Materials vertraut zu machen. Genannt seien hier:

Dr. Léon Czertok und Lucien Steinberg, Centre de Documentation Juive Contemporaine, Paris;
Drs. A. H. Paape, Rijksinstituut voor Oorlogsdocumentatie, Amsterdam;
C. C. Aronsfeld, Ilse R. Wolff, Bertha Cohn und Emil Frank, The Wiener Library/Institute of Contemporary History, London;
Dr. Josef Kermisz, Bronia Klibański, Arie Segall und Dr. K. J. Ball-Kaduri, Yad Vashem, Jerusalem;
Tatjana Berenstein, Żydowski Instytut Historyczny, Warschau.

Zahlreiche Verlage, die im Quellenregister aufgeführt sind, weil sie an dieser Stelle nicht alle erwähnt werden können, sowie Ruth Andreas-Friedrich, München, Dr. Eric H. Boehm, Santa Barbara/Kalifornien, und Dr. Michel Mazor, Paris, unterstützten diese Arbeit durch die großzügige Erlaubnis, Auszüge aus ihren Büchern zu veröffentlichen.

Truus van Egmond, Eva Furth, Wolfgang F. Haug, Witold Kosny, Lorelies Oehlschläger und Iris von Stryk haben einen Teil der Übersetzungen besorgt. Ihnen allen, den Instituten, Verlagen und ungenannten Freunden, ohne deren Hilfe dieses Buch nicht hätte entstehen können, gilt der aufrichtige Dank der Herausgeber.

Die Erforschung der Geschichte der Jahre 1933 bis 1945 kann nur geleistet werden, wenn alle, die dazu in der Lage sind, dabei mithelfen. Gesucht werden Dokumente, Berichte, Briefe, Bücher, Zeitungen, Zeitschriften sowie private Fotosammlungen, Foto-Alben und auch einzelne Aufnahmen über das Leben der deutschen Juden vor und nach 1933, die NS-Bewegung, das »Dritte Reich«, den zweiten Weltkrieg und die Judenverfolgung in Hitlerdeutschland und den besetzten Ländern.
An alle Leser, die Material zu diesen Themen besitzen und bereit sind, es zu Forschungszwecken zur Verfügung zu stellen, ergeht die Bitte, ihre Unterlagen mit möglichst genauen Angaben, unter dem Vermerk »Zeugen«, an den Verlag einzusenden, der es entsprechend weiterleiten wird.

Die Zeugen

Max Abraham, der Rabbiner von Rathenow 37
Dr. Otto Ambros, Vorstandsmitglied der IG-Farben, Ludwigshafen 277
Ruth Andreas-Friedrich, Journalistin in Berlin 290
Dr. Fritz Ball, ein Berliner Rechtsanwalt 23
Tuwia Belski, Partisanenkommandeur in Belorußland 145
Mary Berg, eine Lyzealschülerin in Warschau 91
Erwin Bingel, Oberleutnant der Wehrmacht aus Wiesbaden 126
Franz Blättler, ein Chauffeur aus der Schweiz 107
Johannes Blaskowitz, Generaloberst der Wehrmacht 88
Dr. Otto Blumenthal, ein Gutsbesitzer bei Wangen, Württemberg 55
Pery Broad, SS-Rottenführer, Gestapobeamter in Auschwitz 285
M. B., ein Mitglied der Polnischen Widerstandsorganisation »Wolność« 158
Aron Carmi, ein junger Mann aus Opoczno/Polen, später Partisan 185
Kurt Daluege, SS-Obergruppenführer, Chef der Ordnungspolizei, Reichssicherheitshauptamt Berlin 302
Theodor Dannecker, SS-Hauptsturmführer, Leiter des Judenreferats der Gestapo in Paris 220
Harold Osmond Le Druillenec, Lehrer aus St. Helier/Jersey, England, Häftling in Bergen-Belsen 413
Gert Erren, Gebietskommissar in Slonim/Belorußland 133
Kai Feinberg, Student der Mathematik aus Oslo, als Häftling in Auschwitz 274
Dr. Ludwig Foerder, ein Rechtsanwalt aus Breslau 18
Adolf Folkmann, Vertreter einer Glasfabrik in Lwow 113
Chaim Frimer, Mitglied der Kampforganisation im Warschauer Ghetto 342
Jacques Furmanski, Ingenieur der Agronomie aus Paris, als Häftling in Auschwitz 282
Oskar Maria Graf, ein deutscher Schriftsteller 16
Krystyna Gold, ein Kind aus Polen 421
Nadine Heftler, Schülerin in Lyon, später Häftling in Auschwitz 222
Etty Hillesum, Krankenschwester im Sammellager Westerbork/Niederlande 230
Rudolf Höß, Kommandant von Auschwitz 154
Jardena, Mitglied der Zionistischen Jugend in Lodz 86
Rolf Joseph, ein Zimmermannslehrling, illegal in Berlin 311
Kassel, Oberleutnant der Schutzpolizei, Führer des Begleitkommandos bei einem Judentransport 243
Rebekka Kleiner, eine Achtjährige aus Tel Aviv, zu Besuch bei ihrem Großvater in Sosnowiec/Polen 201
Josef Zalman Kleinmann, ein Vierzehnjähriger aus Ougoosh/Karpato Ukraine, Häftling in Auschwitz 278

431

H. Kori, Berlin, Fabrikant von Verbrennungsöfen 328
Dr. med. Dr. phil. Johann Paul Kremer, Universitätsprofessor aus Münster/Westfalen, SS-Arzt in Auschwitz 268
Ktana, ein Mitglied der Zionistischen Jugend in Warschau 84
Renja Kulkielko, Kurier der Jüdischen Widerstandsorganisation in Będzin/Polen 332
Felix Landau, SS-Hauptscharführer, ein Blutordensträger aus Wien, Judenreferent in Drohobycz bei Radom 130
Giza Landau, eine Zwölfjährige aus Tarnów/Polen 422
Heinz Landwirth, ein Gymnasiast aus Wien, als Flüchtling in Amsterdam 224
M. Laszlo, Schülerin aus Debrecen/Ungarn, 13 Jahre alt 378
Leni, eine Zwölfjährige aus Wien 77
Kurt Lindenberg, ein junger Berliner Arbeiter 319
Paula Littauer, Brüssel, Flüchtling aus Berlin 383
Ziwia Lubetkin, Mitglied der Leitung der Jüdischen Kampforganisation im Warschauer Ghetto 352
Moses Maiersohn, ein Tischler aus Gorodok/Ukraine 122
Heinz Mayer, ein Häftling aus Auschwitz, früher in Dresden 423
Dr. Michel Mazor, Rechtsanwalt, Mitglied der Sozialen Selbsthilfe im Warschauer Ghetto 176
Alfred Metzner, Dolmetscher und Fahrer beim Gebietskommissar in Slonim 137
Hilde Miekley, Sekretärin in Berlin 306
Marga Minco, eine Schülerin in Amersfoort/Niederlande 217
Nowak, Leutnant der Schutzpolizei, Führer eines Begleitkommandos bei Judentransporten 241
Dr. Miklos Nyiszli, Gerichtsmediziner aus Nagyvárad/Ungarn, als Häftling in Auschwitz 256
Bertha Oppenheimer, eine Siebzigjährige in Frankfurt am Main 302
Emilie Reich, eine Hausfrau aus Wien 69
Chaim Roitman, ein Dreizehnjähriger aus Berditschew/Ukraine 421
Hermann Samter, Angestellter der Jüdischen Gemeinde in Berlin 304
Harry C. Schnur, ein deutscher Emigrant in den Niederlanden 206
Fritz Schürmann, Schneider aus Hildesheim, als »Schutzhäftling« in Buchenwald 63
Fanja Simkin, Lehrerin in Schamowo bei Smolensk 142
Jenny Spritzer, eine Hausfrau aus den Niederlanden, als Häftling in Auschwitz 398
Jürgen Stroop, SS- und Polizeiführer im Distrikt Warschau 362
Seweryna Szmaglewska, eine polnische Schriftstellerin, Häftling in Auschwitz 250
Dr. Tadeusz Stabholz, ein Arzt aus Warschau 192
Zalman Teichmann, ein Talmudschüler aus Tuska/Karpato-Ukraine, zwangsverpflichtet zum Jüdischen Arbeitsdienst 387
Zdeňka Vantlová, Lyzealschülerin aus Rokycany/Tschechoslowakei 407
Reska Weiss, eine Hausfrau aus Ungvár/Ungarn, als Häftling in Auschwitz 262

Leon Weliczker, Schüler aus Lwow, Häftling im »Sonderkommando 1005« 365
Alfred Winter, Gymnasiast aus Mönchengladbach, als Häftling in Riga 305
Zuschneid, Major der Schutzpolizei, Bataillonskommandeur im besetzten Frankreich 240
Ein Apotheker aus Ungarn 381
Eine Arztfrau in Köln 50
Ein Kind aus Österreich 420
Eine Krankenschwester in Berlin 323
Ein Referent im Reichssicherheitshauptamt Berlin 151
Eine Unbekannte aus Tarnopol 141

Erläuterungen

19
Landwehr (Landsturm): Im Deutschen Reich bis zum Versailler Vertrag das Reserveheer aus allen Wehrpflichtigen bis zu 39 Jahren, die nicht dienstpflichtig waren, und allen Wehrpflichtigen über 39 Jahre.

Deutschnationaler: Anhänger der konservativen, monarchistischen und nationalistischen Deutschnationalen Volkspartei (DNVP), 1918 gegründet, ab 1928 unter Führung des Konzernherrn Alfred Hugenberg (1865–1951), Mitbegründer der Harzburger Front (DNVP, Stahlhelm und NSDAP), eines Rechtskartells gegen die Weimarer Republik, und Wirtschaftsminister im ersten Kabinett Hitler 1933.

23
Gestapo: Geheime Staatspolizei. Mit der Errichtung des Geheimen Staatspolizeiamtes Ende April 1933 wurde die Kernzelle der Terrorapparatur geschaffen, in der später Partei (SS) und Staat (Polizei) mit ihren Einrichtungen zusammengefaßt waren.
1936 wurden Gestapo und Kriminalpolizei im Hauptamt Sicherheitspolizei (SIPO) vereint und Reinhard Heydrich unterstellt, der den Sicherheitsdienst der SS leitete. Im Hauptamt Ordnungspolizei, dem Kurt Daluege vorstand, waren Schutzpolizei, Gendarmerie und Gemeindepolizei zusammengefaßt. 1939 wurden SIPO und SD im Reichssicherheitshauptamt (RSHA) vereint. Sein Leiter, Reinhard Heydrich (nach dessen Tod Ernst Kaltenbrunner), hieß nun offiziell »Chef der SIPO und des SD«. Das RSHA und das Hauptamt Ordnungspolizei, das Wirtschafts- und Verwaltungshauptamt (WVHA), das für die Konzentrationslager und die SS-Wirtschaftsbetriebe zuständig war, sowie das SS-Führungshauptamt, dem die SS, die Waffen-SS und die zur Bewachung der KZs eingesetzten »Totenkopfverbände« (40000 Mann) unterstanden, waren die vier wichtigsten der insgesamt zwölf SS-Hauptämter. An ihrer Spitze stand der »Reichsführer SS und Chef der deutschen Polizei«, Heinrich Himmler, der ab 1943 auch Reichsminister des Inneren war.

Jüdischer Frontkämpferverband: Reichsbund jüdischer Frontsoldaten, 1919 gegründet, 30000 Mitglieder. Im Ersten Weltkrieg leisteten etwa 100000 deutsche Juden Kriegsdienst, 35000 erhielten Auszeichnungen, 12000 fielen an der Front.

25
Brigade Ehrhardt: Freikorpsverband unter Führung des ehemaligen Korvettenkapitäns Hermann Ehrhardt, beteiligt an der Niederwerfung der Novemberrevolution 1918/19 und am Kapp-Putsch 1920. Die Freikorps waren rechtsradikale paramilitärische Freiwilligenverbände demobilisierter Militärs, die im Baltikum, in Oberschlesien, in Bayern und Berlin den bewaff-

neten Kampf gegen die revolutionäre Arbeiterbewegung, aber auch gegen die Weimarer Republik führten; 1920 aufgelöst.

101

Czerniaków: Adam Czerniaków (1880–1942), Vorsitzender der Jüdischen Kultusgemeinde, später des Judenrats von Warschau; bemühte sich in Verhandlungen mit den deutschen Behörden vergeblich, das Los der Ghettoinsassen zu erleichtern. Im Juli 1942, als die Deportationen in die Vernichtungslager begannen und der Judenrat den Befehl erhielt, die täglichen Kontingente an Opfern bereitzustellen, nahm er sich das Leben.

123

Schabbes: Schabbat (auch Sabbat), der 7. Tag der Woche (Sonnabend), nach der mosaischen Religion ein Ruhetag, an dem Arbeitsverbot herrscht. Der Schabbat beginnt, wie alle jüdischen Feiertage, mit dem Vorabend (Erev) bei Sonnenuntergang und endet am folgenden Tag ebenfalls bei Sonnenuntergang.

125

Purim: Freudenfest zur Erinnerung an die Errettung der Juden in Persien und die Hinrichtung Hamans, der einen Pogrom geplant hatte. (Vgl. Das Buch Esther im Alten Testament.)

130

25. Juli 1934: Putschversuch der österreichischen Nazipartei in Wien, Ermordung des Kanzlers Dollfuß (1892–1934).

Heimwehr (Heimatwehr): Austrofaschistische bewaffnete Freiwilligenverbände, 1918 gegründet zur Bekämpfung der revolutionären Arbeiterbewegung, 1934 auch gegen die Nazis eingesetzt, 1936 vom Dollfuß-Nachfolger Schuschnigg (1897–1977) im Zuge eines deutsch-österreichischen Abkommens aufgelöst.

133

Generalkommissar: Dem Reichskommissariat Ostland, das dem Reichsministerium für die besetzten Ostgebiete nachgeordnet war, unterstanden sog. Generalkommissariate für Estland, Lettland, Litauen, Weißrußland und Weißruthenien. Es handelte sich um die deutsche Zivilverwaltung in diesen Gebieten.

Gebietskommissar: Jedem Generalkommissar unterstanden in den okkupierten Teilen der Sowjetunion die Gebietskommissare, der Funktion nach einem Kreishauptmann im Generalgouvernement (Polen) oder einem Landrat in Preußen vergleichbar. In Weißruthenien waren wegen der Größe des Territoriums noch sog. Hauptkommissare zwischengeschaltet.

Burgarzt, Krössinsee: In Krössinsee (Mecklenburg) befand sich eine der sog. Ordensburgen. Es handelt sich um Schulungsstätten der NSDAP, die der »weltanschaulich-politischen Ausrichtung« ihrer politischen Leiter dienten. Mit Burgarzt ist der dortige Standortarzt gemeint.

Ordensjunker: Absolvent einer Ordensburg der NSDAP.

GPU (Gossudarstwennoje polititscheskoje uprawlenije): Staatliche politische Verwaltung. Bezeichnung für die politische Polizei in der UdSSR (1922–1934).

Ostministerium: Reichsministerium für die besetzten Ostgebiete.

177
Poalé Zion: Arbeiter Zions, sozialistische Gruppierung innerhalb der jüdischen Nationalbewegung; aus der mehrheitlich nichtzionistischen jüdischen Arbeiterbewegung Osteuropas kommend, erstrebte sie ein sozialistisches Palästina als jüdischen Staat.

Ringelblum: Dr. Emanuel Ringelblum (1900–1944), Historiker, Mitglied der Leitung des Antifaschistischen Blocks im Warschauer Ghetto, Gründer und Leiter des illegalen Ghetto-Archivs, Autor eines Tagebuchs über die Okkupationszeit; im März 1944 von der Gestapo verhaftet und erschossen.

188
Erez Israel: Land Israel, biblische Bezeichnung für das Land Kanaan; im 20. Jahrhundert jüdische Bezeichnung für das heutige Palästina, von den Siedlern auch verkürzt Ha'aretz (das Land) genannt.

206
ARP-Kurs: Luftschutzübung. Das englisch geschriebene Manuskript benutzt die in Großbritannien damals übliche Abkürzung für »Air Raid Precaution« (Luftschutz).

209
Rotterdam: Nach amtlichen Angaben betrug die Bilanz des deutschen Luftangriffs 980 Tote, 2000 Verletzte und 78 000 Obdachlose. Rotterdam und Coventry wurden in Europa zu Symbolen des neuen barbarischen Luftkrieges gegen die Zivilbevölkerung, dem später auch zahlreiche deutsche Großstädte zum Opfer fielen.

224
Joodsche Raad: Der Judenrat, im Februar 1941 in den Niederlanden, wie in anderen besetzten Ländern, auf Druck der deutschen Besatzungsmacht gegründet, verstand sich auch hier zunächst als Interessenvertretung der jüdischen Bevölkerung, wurde jedoch unfreiwillig zu einem Instrument bei der Vorbereitung und Durchführung ihrer Deportation.

225
NSB: Nationaal-Socialistische Beweging, die holländische Nazipartei, Ende 1931 gegründet von Anton Adriaan Mussert, der 1946 als Kollaborateur zum Tode verurteilt und hingerichtet wurde.

Die Schwarzen: Die SS.

268
Sonderaktion: Selektion der eintreffenden Transporte auf der Rampe von Auschwitz. Arbeitsfähige kamen bei Bedarf zunächst ins Lager, während alle anderen (Frauen mit Kindern, Schwangere, Brillenträger, Ältere und Behinderte) sofort vergast wurden. Die Selektionen wiederholten sich im

Lager, wo arbeitsunfähig gewordene Häftlinge (Muselmänner) regelmäßig aussortiert und in die Gaskammern geschickt oder durch Injektionen getötet wurden.
Über die im Tagebuch von Kremer erwähnten Selektionen liegen genaue Angaben vor, zum Beispiel

2. 9. Transport aus Drancy: 957 Personen, davon 39 ins Lager
5. 9. Nachselektion im Lager: 800 Frauen vergast
   Transport aus Westerbork: 714 Personen, davon 53 ins Lager
6. 9. Transport aus Drancy: 981 Personen, davon 54 ins Lager
9. 9. Transport aus Westerbork: 893 Personen, davon 111 ins Lager.
(Alle, die nicht ins Lager kamen, wurden sofort vergast.)

269
F. K. L.: Frauen-Konzentrationslager im Komplex Auschwitz II (Birkenau).

272
Lebendfrisches Material: Bei einem Verhör am 30. 7. 47 in Kraków erklärte Kremer, er habe sich für die Veränderung menschlicher Organe infolge von Hunger interessiert. Laut eigener Aussage wählte er unter den kranken Häftlingen, die bei den Nachselektionen im Lager als arbeitsunfähig aussortiert wurden, jene aus, die ihm wegen ihrer extremen Unterernährung für seine »wissenschaftliche« Arbeit besonders geeignet schienen. Diese Häftlinge wurden noch lebend auf den Seziertisch gelegt und nach eingehender Befragung durch Kremer von einem SS-Sanitäter durch eine Phenolinjektion ins Herz getötet (in der Sprache der SS »abimpfen« genannt).

278
Haman-Festtag: Siehe Anmerkung zu S. 125 (Purim).

Kapo: Ableitung von Caporal (franz.) oder capo (ital.: Haupt, Vorsteher), Bezeichnung für den 1. Vorarbeiter eines Häftlings-Arbeitskommandos, der dem SS-Kommandoführer unterstellt war. Um diese Funktion, ebenso wie die der Blockältesten und des Lagerältesten, wurde in allen Konzentrationslagern ein erbitterter Kampf zwischen den von der SS bevorzugt eingesetzten Kriminellen (grüner Winkel) und den in der Widerstandsorganisation des Lagers organisierten politischen Häftlingen (roter Winkel) geführt.

Mengele: Dr. Dr. Josef Mengele (1911–1979), SS-Hauptsturmführer, ab Frühjahr 1943 Lagerarzt in Auschwitz, verantwortlich für Selektionen in die Gaskammern und medizinische Experimente an Häftlingen, die er in Verbindung mit dem Kaiser-Wilhelm-Institut für Anthropologie, menschliche Erblehre und Eugenik in Berlin durchführte. Lebte nach 1950 in Lateinamerika.

294
Moltke: Helmuth James Graf von Moltke (1907–1945), Rechtsanwalt, ab 1939 als Sachverständiger für Kriegs- und Völkerrecht im Amt Ausland/Abwehr des Oberkommandos der Wehrmacht (OKW). Moltke war neben Dr. Peter Graf Yorck von Wartenburg (1904–1944) der führende Kopf des Kreisauer Kreises, einer politisch breit gefächerten Gruppe von entschiedenen Gegnern des Nazi-Regimes mit zahlreichen Kontakten zu anderen Widerstandsgruppen. Vor dem 20. Juli 1944 verhaftet und in das KZ Ravensbrück einge-

liefert, später vom sogenannten »Volksgerichtshof« zum Tode verurteilt, im Januar 1945 in Berlin-Plötzensee hingerichtet. Graf Yorck und sechs weitere führende Mitglieder des Kreisauer Kreises gingen den gleichen Weg.

Canaris: Wilhelm Canaris (1887–1945), hoher Marineoffizier, 1935–1944 Chef des militärischen Geheimdienstes der Wehrmacht (Abwehr). Seine Stellung innerhalb der militärischen Opposition gegen Hitler, zu der er 1938 Kontakt aufnahm, ist bis heute ungeklärt. Canaris wurde unmittelbar nach dem 20. Juli verhaftet, ein halbes Jahr in der Berliner Gestapo-Zentrale festgehalten, aber nie vor Gericht gestellt, im Februar 1945 in das KZ Flossenbürg verschleppt und dort im April 1945 ermordet.

305
Litzmannstadt: Łódź, die zweitgrößte Stadt Polens, wurde nach dem Überfall Hitlerdeutschlands und der Annexion der polnischen Westprovinzen (Warthegau) in Litzmannstadt umbenannt. General Karl Litzmann (1850–1936), der im ersten Weltkrieg eine militärische Operation in der Nähe von Łódź leitete, trat 1929 der NSDAP bei und war für sie Abgeordneter im Preußischen Landtag und im Deutschen Reichstag; nach 1933 preußischer Staatsrat.

323
Ende einer Gemeinde: 1933 hatte die Jüdische Gemeinde zu Berlin nach eigenen Angaben 160500 Mitglieder; Bürger jüdischer Herkunft, die sich nicht zum mosaischen Glauben bekannten, wurden erst später aufgrund der Nazi-Rassengesetzgebung statistisch erfaßt.
Die Volkszählung von 1939 nennt für Groß-Berlin 82457 »Rassejuden« und 18145 »Mischlinge 1. Grades«. Zu diesem Zeitpunkt waren etwa 90000 Menschen bereits ausgewandert. Viele von ihnen, die nicht nach Übersee gingen, sondern in den europäischen Nachbarländern Schutz suchten, fielen nach Kriegsausbruch doch noch in deutsche Hände. Ende 1941 wurde ein generelles Auswanderungsverbot erlassen. Die Transportlisten sind, bis auf wenige Ausnahmen, erhalten geblieben. Etwa 55000 Menschen wurden aus Berlin deportiert; weitere 7000 starben hier, viele von ihnen durch Selbstmord. 1945 zählte die Gemeinde noch 8000 Mitglieder. 4700 von ihnen hatten in sogenannten »privilegierten Mischehen« gelebt, 1900 kehrten aus den Lagern zurück, 1400 von insgesamt 5000 Illegalen überlebten im Versteck.

343
Akiba: Orthodoxer jüdischer Jugendverband »Ben Akiba« (Söhne von Akiba). Rabbi Akiba, bedeutender jüdischer Gelehrter, unterstützte den Freiheitskampf von Bar Kochba gegen die römische Besatzungsmacht in Israel (132–135 u. Z.), geriet in Gefangenschaft und wurde zu Tode gefoltert.

Linke Zionisten: Siehe Anmerkung zu S.177 (Poalé Zion).

360
Milastr. 18: Befehlsbunker der Jüdischen Kampforganisation ZOB (Żydowska Organizacja Bojowa) während des Aufstands im Warschauer Ghetto (19. April–16. Mai 1943). Ihr jugendlicher Kommandant war Mordechai Anielewicz (1920–1943).

Zu den Quellen

Erlebnisberichte über die Judenverfolgung, die bereits gedruckt in deutscher Sprache vorliegen, wurden in dieser Sammlung absichtlich nicht berücksichtigt. Eine Ausnahme bilden wenige Textauszüge und kurze Zitate aus bereits erschienenen Büchern. Alle übrigen der siebzig Beiträge werden hier zum ersten Mal veröffentlicht.

Es handelt sich etwa zur Hälfte um ungedruckte Manuskripte, vor allem aus den Archiven der Wiener Library, London, und des Yad Vashem, Jerusalem. Eine zweite Quelle waren die zahlreichen Publikationen zum gleichen Thema, die während des zweiten Weltkrieges und unmittelbar danach im Ausland erschienen sind. In dem hier vorgelegten Auswahlband werden die wichtigsten dieser Bücher in auszugsweisen Übersetzungen vorgestellt.

Unter den Texten befinden sich einige von historischer Bedeutung, wie das erste aus dem Warschauer Ghetto geschmuggelte Tagebuch eines sechzehnjährigen Mädchens und zwei weitere Berichte über Warschau und Lwow, die noch während des Krieges im neutralen Ausland veröffentlicht wurden. Besondere Aufmerksamkeit verdient eine Beschreibung der »Aussiedlung« des Warschauer Ghettos, die 1943 im besetzten Polen als illegale Broschüre erschien, sowie ein Brief aus dem Sammellager Westerbork, der im selben Jahr von der holländischen Widerstandsbewegung verbreitet wurde.

Aber auch die Berichte über die Vernichtungsanlagen in Auschwitz-Birkenau, über die Beseitigung der Massengräber durch das »Sonderkommando 1005« und über die Flucht aus einer Erschießungsgrube haben Seltenheitswert, weil es nur ganz wenige Überlebende gibt, die von diesen Vorgängen berichten können. Jede einzelne der veröffentlichten Aufzeichnungen ist dokumentarisch belegt oder durch gleichlautende Aussagen vielfach bestätigt. Sämtliche Texte wurden möglichst in der Form und Sprache des Originals belassen. Die Notwendigkeit einer Kürzung der Manuskripte und einer Beschränkung auf Auszüge ergab sich aus der Absicht, die eindrucksvollsten Schilderungen in einem Band zu vereinen. Die Quelle, wo der vollständige Text eingesehen werden kann, ist jeweils im Register angegeben. Folgende Abkürzungen wurden benutzt:

CDJC: Centre de Documentation Juive Contemporaine, Paris
RvO: Rijksinstituut voor Oorlogsdocumentatie, Amsterdam
WL: The Wiener Library, London/Institute for Contemporary History, London
YV: Yad Vashem, Martyrs' and Heroes' Memorial Authority, Jerusalem
ZIH: Żydowski Instytut Historyczny, Warschau

Quellenregister

15 Reichsgesetzblatt, Teil I, Nr. 17 vom 28. 2. 1933, S. 83
16 Oskar Maria Graf, Das Leben meiner Mutter; Kurt Desch Verlag, München o. J., S. 875–879
18 Ludwig Foerder, Der erste Pogrom auf ein deutsches Gericht (Ms.); Sammlung Dr. K. J. Ball-Kaduri E/4-1, Institut für Zeitgeschichte, München, 2128/58
23 Dr. Fritz Ball, Eine Nacht im Gestapokeller (Ms.); Sammlung Dr. K. J. Ball-Kaduri 01/41, YV, 577/15
37 Max Abraham, Jude verrecke, Ein Rabbiner im Konzentrationslager; Druck- und Verlagsanstalt, Teplitz-Schönau 1934, S. 7–38
47 Der gelbe Fleck, Die Ausrottung von 500 000 deutschen Juden. Mit einem Vorwort von Lion Feuchtwanger; Editions du Carrefour, Paris 1936, S. 250–252
49 Internationaler Militärgerichtshof, Bd. XXXII, S. 1f, Dokument 3058-PS
50 Eine deutsch-jüdische Familie – November 1938, anonymer Bericht (Ms.); WL, P. II. d. 772
55 Dr. Otto Blumenthal, Dachau 1938 (Ms.), WL, P. III. h. 223
63 Fritz Schürmann, Unsere Leiden in Buchenwald (MS.), WL, P. III. h. 1098
69 Emilie Reich, Die Rolle der Frau (Ms.), WL, P. III. h. 1058
77 Briefe einer Zwölfjährigen aus Wien (Ms.), WL, P. III. i. 651
83 Rede Hermann Görings in der Reichstagssitzung vom 6. 10. 1939, in: Deutschland im zweiten Weltkrieg, Originalaufnahmen aus den Jahren 1939 bis 1945 (2 Lpl.) Ariola, Gütersloh
84 Youth admidst the Ruins, Scopus Publishing Company, New York 1941, S. 11–15, 21–24
88 Notizen des Oberbefehlshabers Ost, Generaloberst Johannes Blaskowitz, für den Vortrag beim Oberbefehlshaber des Heeres am 15. 2. 1940 in Spala; NO-3011, CDJC, CXXXVI-15
91 Mary Berg, Warsaw Ghetto, a diary, edited by S. L. Shneiderman; L. B. Fischer, New York 1945, S. 32–157 (Auszüge)
107 Franz Blättler, Warschau 1942, Tatsachenbericht eines Motorfahrers der zweiten schweizerischen Ärztemission 1942 in Polen; Micha-Verlag, Zürich o. J., S. 26–34
113 Stefan Szende, Der letzte Jude aus Polen; Europa Verlag, Zürich 1945, S. 298–308
121 Internationaler Militärgerichtshof, Bd. XXIX, S. 145, Dokument 1919-PS
122 Mojsze Maherzon, Protokoll Nr. 7 der Historischen Kommission in Bad Salzschlirf (Ms.) CDJC, LXX-41
126 Aussage des Oberleutnants Erwin Bingel am 15. 8. 1945 über Massenexekutionen in Winniza und Uman/Ukraine, YV
130 Tagebuch des SS-Hauptscharführers Felix Landau über seine Tätigkeit

in Drohobycz, 1941–1944, hrsg. von Tuwia Friedmann; Historisches Institut für Erforschung der Nazi-Kriegsverbrechen, Haifa 1959, S. 8–16

133 Lagebericht des Gebietskommissars in Slonim, Gert Erren, vom 25. 1. 1942; CDJC, CXLVa-8

137 Eidesstattliche Erklärung des Dolmetschers Alfred Metzner in Augsburg am 18. 9. 1947; NO-5558, Staatsarchiv Nürnberg

141 ... besonders jetzt tu Deine Pflicht! Briefe von Antifaschisten, geschrieben vor ihrer Hinrichtung; VVN-Verlag, Berlin–Potsdam 1948, S. 73–75

142 The Black Book, The Nazi Crime against the Jewish People; The Jewish Black Book Committee, New York 1946, S. 344

145 Tuvia Belsky, Partisans, in: Albert Nirenstein, A Tower from the Enemy, Contributions to a History of Jewish Resistance in Poland; The Orion Press, New York 1958, S. 365–372

151 Vermerk des Referates II D 3 a (Kraftfahrwesen der Sicherheitspolizei) vom 5. 6. 1942 an den Leiter der Gruppe II D (Technische Angelegenheiten) SS-Obersturmbannführer Rauff im Amt II (Organisation, Verwaltung und Recht) des Reichssicherheitshauptamtes, Bundesarchiv Koblenz, Signatur R 58/871

154 KL Auschwitz in den Augen der SS, Oświęcim 1973, S. 108–113

157 Joseph Goebbels, Tagebücher, Aus den Jahren 1942–1943, hrsg. von Louis P. Lochner; Atlantis-Verlag, Zürich 1948, S. 142

158 M. B., Likwidacja ghetta warszawskiego, reportaż. Illegale Broschüre, hrsg. von der Widerstandsorganisation »Wolność«, Warschau 1943, S. 6–25, ZIH

176 Michel Mazor, La cité engloutie, Souvenirs du ghetto de Varsovie, Editions du Centre, Paris 1955, S. 127–167 (Auszüge)

185 Aaron Carmi, The Journey to »Eretz Israel«, edited by Aaron Meirovitch, in: Extermination and Resistance, Historical Records and Source Material, Vol. I; Ghetto Fighters' House (Kibbutz Lohamel Haghettaot) 1958, S. 95–101

192 Dr. Tadeusz Sztabholc, Treblinka (Ms.), YV, 1182/1162

201 Alfred Goldstein (Hrsg.), Cinq Récits des enfants du ghetto; Alliance Press, London o. J., S. 22–27

205 Kennzeichen J. Bilder, Dokumente, Berichte zur Geschichte der Verbrechen des Hitlerfaschismus an den deutschen Juden 1933–1945, hrsg. von Helmut Eschwege, Berlin 1981, S. 257

206 Harry C. Schnur, Bombs and Barbed Wire (Ms.) WL, P. III. I. 121

217 Marga Minco, Das bittere Kraut, Eine kleine Chronik; Rowohlt, Hamburg 1959, S. 14–16

220 Geheime Richtlinien des Befehlshabers der Sicherheitspolizei und des SD in Paris vom 26. 6. 1942, A.-Z. IV J – SA 24; CDJC, XXVI-32

222 Nadine Heftler (Ms.) WL, P. III. h. 728

224 Heinz Landwirth, Erlebnisse in den Jahren 1938–1945 (Ms.), aufgenommen von H. G. Adler, WL, P. III. d. 197

230 Etty Hillesum, Twee brieven uit Westerbork, Illegale Flugschrift 1943, nach: Dagboek Fragmenten 1940–1945, hrsg. vom Rijksinstituut voor Oorlogsdocumentatie; Nijhoff, Den Haag 1954, S. 27–41

240 Bericht des Majors der Schutzpolizei, Bataillonskommandeur Zuschneid, an den Befehlshaber der Ordnungspolizei vom 16. 2. 1943 (5. Kom. II. Pol. 4-1508-); CDJC, XXVC-208

249 Fernschreiben des RSHA an die Befehlshaber der SIPO und des SD in Den Haag, Paris, Brüssel und Metz, vom 29. 4. 1943; CDJC, XXVI-24

250 Seweryna Szmaglewska, Rauch über Birkenau, in: Adolf Rudnicki (Hrsg.), Ewiges Gedenken, Fremdsprachenverlag »Polonia«, Warschau 1955, S. 85–101

256 Miklos Nyiszli, Mengele boncolo oroosa voltam, Debrecen 1947, nach: Miklos Nyiszli, Médecin à Auschwitz, Souvenirs d'un médecin déporté, traduit et adapté du hongrois par Tibère Kremer; René Juillard, Paris 1961, S. 52–61

262 Reska Weiss, Journey through Hell, A Woman's Account of her Experiences at the Hands of the Nazis; Vallentine & Mitchell, London 1961, S. 35–43

268 KL Auschwitz in den Augen der SS, Oświęcim 1973, S. 214ff.

274 Eidesstattliche Erklärung des ehem. Häftlings Kai Feinberg im Nürnberger Prozeß, in: SS im Einsatz, Eine Dokumentation über die Verbrechen der SS; Kongress-Verlag, Berlin 1957, S. 464–467

278 Eidliche Aussage des ehem. Häftlings Josef Zalman Kleinmann im Eichmann-Prozeß; Bezirksgericht Jerusalem, Protokoll der 68. Sitzung vom 7. Juni 1961

282 Jacques Furmanski, Des millions d'hommes, de femmes, d'enfants ..., in: Olga Wormser & Henri Michel (Hrsg.), Tragédia de la Déportation 1940–1945, Témoignages de survivants des camps de concentration allemands; Hachette, Paris 1955, S. 427–430

285 Eidliche Erklärung des ehem. SS-Rottenführers Pery Broad in Nürnberg am 20. 10. 1947, NI-11984, CDJC, CLXVI-37

289 Zeitschriften-Dienst Nr. 8613 vom 2. 4. 1943, NG-4710; CDJC

290 Ruth Andreas-Friedrich, Der Schattenmann, Tagebuchaufzeichnungen 1938–1945; Berlin 1977, S. 75ff.

302 Kennzeichen J., a. a. O., S. 189

302 Briefe von Frau Bertha Oppenheimer, Frankfurt a. M.; dem Herausgeber zur Verfügung gestellt von Mr. Gustav Oppenheimer, Atlanta/Georgia, USA

304 Hermann Samter, Briefe aus Berlin 1940–1942 (Ms.) WL P. III. a. 53

305 Eidesstattliche Erklärung des ehem. Häftlings Alfred Winter in Nürnberg vom 15. 10. 1947, NO-5448, WL

306 Bericht von Hilde Miekley, im Besitz des Herausgebers

311 Rolf Joseph, Rags, Picklogs and Pliers, in: Eric H. Boehm, We survived, The stories of fourteen of the Hidden and Hunted of Nazi Germany; Yale University Press, New Haven 1949, S. 152–160

319 Kurt Lindenberg (Ms.) WL, P. III, d. 83

323 Anonymer Bericht einer Berliner Krankenschwester (Ms.), Sammlung Dr. Hans Klee, CDJC, LXX-70 (gekürzt)

328 Brief der Firma H. Kori, Berlin, an das Amt C III des Reichsführers der SS und Chefs der Deutschen Polizei vom 18. 5. 1943; Staatliche Kommission zur Feststellung von Kriegsverbrechen, Beograd, Inv. Nr. 1145

331 Aufruf der jüdischen Kampforganisation ZZW, vom 22. 1. 1943; in: Bernard Mark, Der Aufstand im Warschauer Ghetto, Dietz-Verlag, Berlin 1959, S. 171

332 Renya Kulkielko, Escape from the Pit, Sharon Books, New York 1947, S. 126–149 (gekürzt)

342 Hayim Frimer, With the Rebals of the Warsew Ghetto, edited by Aaron Meirovitch, in: Extermination and Resistance, Historical Records and Source Material, Vol. I; Ghetto Fighters' House (Kibbutz Lohamel Haghettaot) 1958, S. 47–60

352 Ziwia Lubetkin, Die letzten Tage des Warschauer Ghettos; VVN-Verlag, Berlin–Potsdam 1949, S. 6–33 (gekürzt)

365 Leon Weliczker, Die Todesbrigade, hrsg. von Rachela Auerbach, in: Im Feuer vergangen, Tagebücher aus dem Ghetto. Mit einem Vorwort von Arnold Zweig; Rütten & Loening, Berlin 1960, S. 73–162 (Auszüge)

377 Rede Adolf Hitlers vom 30. 1. 1942; NG-5805, CDJC

378 M. Laszlo, Erlebnisse eines dreizehnjährigen Mädchens (Ms.) WL, P. III. h. 1059

381 Anonymer Bericht eines jüdischen Arbeitsdienstlers in Ungarn (Ms.) WL, P. III. i. 897

383 Paula Littauer, My experiences during the Persecution of the Jews in Berlin and Brussels 1939–1944, Jewish Survivors Report No. 5; Jewish Central Information Office, London 1945 (Auszüge)

387 The Memoirs of Zalman Teichmann, edited by Nathan Eck, in: Yad Vashem Studies Nr. II, Jerusalem 1958, S. 271–284

398 Jenny Spritzer, Ich war Nr. 10 291, Tatsachenbericht einer Schreiberin der politischen Abteilung aus dem KZ Auschwitz, hrsg. von Jack Schumacher; Zürich o. J., S. 125–151 (Zusammenfassung durch den Herausgeber)

407 Zdeňka Vantlová, Modernes Mittelalter (Ms.) YV, E/1-4-1 (Zusammenfassung durch den Herausgeber)

413 Eidliche Aussage des ehem. Häftlings Harold Osmond Le Druillenec im Lüneburger Prozeß, in: Trial of Josef Kramer and Forty-four Others, hrsg. von Raymond Phillips; Hodge, London 1949, S. 57–63

420 Menschen fliehen zu uns ..., Tatsachenberichte hrsg. von der Schweizerischen Zentralstelle für Flüchtlingshilfe; Zürich 1944, S. 18–19

421 The Black Book, The Nazi Crimes against the Jewish People; The Jewish Black Book Committee, New York 1946, S. 359

421 Adolf Rudnicki (Hrsg.), Ewiges Gedenken; Fremdsprachenverlag »Polonia«, Warschau 1955, S. 42

422 M. Hochberg-Marianska und N. Gruss (Hrsg.), Dzieci Oskarżają, Central Jewish Historical Commission of Poland; Warschau 1947, nach: L. Poliakov/J. Wulf, Das Dritte Reich und die Juden, Dokumente und Aufsätze; arani-Verlag, Berlin (West) 1955, S. 287

423 Heinz Mayer, Juden aus Dresden, Brief aus Paris an Rudolf Apt vom 9. 9. 1945 (Ms.) WL, P. II. a. 543

Verzeichnis der Abbildungen

　　　Umschlagfoto: Memel, 23. III. 1939 (Foto: RvO)
　35　Boykottaufruf zum 1. IV. 1933, Plakat; (Foto: Landesbildstelle Berlin [West], Bildarchiv)
　36　Titelseite des antisemitischen Wochenblatts »Der Stürmer«, Sonder-Nummer 1 (»Ritualmord«-Nummer), Nürnberg, Mai 1934; (Foto: Bildarchiv Preußischer Kulturbesitz, Berlin.)
　89　Einführung der Kennzeichnungspflicht für Juden in Łódź, Polen, vom 14. IX. 1939; Plakat (ZIH)
129　Aufruf zur »Umsiedlung« an die Juden von Kislowodsk, Kaukasus, vom 17. IX. 1942; Plakat, Nürnberger Dokument USSR-1 A-2 (Foto: CDJC)
143　Fernschreiben des Befehlshabers der SIPO und des SD Ostland in Riga vom 6. II. 1942 an die Leiter der Einsatzkommandos in Reval, Minsk und Kauen (Kowno); Archiv der Zentralen Stelle der Landesjustizverwaltungen, Ludwigsburg
144　Fernschreiben Nr. 412 des Einsatzkommandos Kauen (Kowno) vom 9. II. 1942 an die Einsatzgruppe A in Riga (handschriftlich); Quelle wie 143
167　Aufruf zur »Aussiedlung« an die Bewohner des Warschauer Ghettos vom 1. VIII. 1942; Plakat (ZIH), in: Faschismus–Getto–Massenmord, hrsg. vom Jüdischen Historischen Institut in Warschau, Rütten & Loening, Berlin 1960, S. 309
200　Bekanntmachung für die nichtjüdische Bevölkerung im Kreis Sanok, Polen, vom 4. IX. 1942; Plakat (ZIH)
219　Anordnung zur Registrierung der Juden in Vichy, Frankreich, vom 24. VII. 1941; Plakat (Foto: Stéphane Richter, Paris)
237　Fernschreiben des Befehlshabers der Sicherheitspolizei und des SD im besetzten Frankreich vom 24. VIII. 1942 (Aus den Akten der Gestapo, Paris – CDJC)
238　Notizzettel eines Transportführers über die nationale Zusammensetzung des Deportationszuges aus Drancy vom 24. VIII. 1942 (Aus den Akten der Gestapo, Paris – CDJC)
261　Fernschreiben des Reichssicherheitshauptamtes, Berlin, vom 13. VIII. 1942 (Aus den Akten der Gestapo, Paris – CDJC)
277　Brief des Vorstandsmitgliedes der IG-Farben, Dr. Otto Ambros, Ludwigshafen, vom 12. IV. 1941; Nürnberger Dokument NI-11 118, in: Reimund Schnabel, Macht ohne Moral, Röderberg-Verlag, Frankfurt 1957, S. 227
309　Titelseite eines antisemitischen Faltblatts (anonym, o. J.); (Flugblattsammlung – WL)
310　Urteil des Sondergerichts I bei dem Landgericht Berlin vom 22. V. 1942

gegen den Dompropst Bernhard Lichtenberg (Auszüge); Archiv der Staatsanwaltschaft bei dem Landgericht Berlin (West), A–Z: (Sond. I) P. K. KMS. 2. 42 (371. 42)

345 Straßenplan des Warschauer Ghettos (Foto: ZIH)

362 Fernschreiben des SS-Brigadeführers und Generalleutnants der Polizei, Jürgen Stroop, vom 16. V. 1943; in: Es gibt keinen jüdischen Wohnbezirk in Warschau mehr, Bericht über die Liquidierung des Warschauer Ghettos; Nürnberger Dokument PS-1061 (Foto: ZIH)

Inhaltsverzeichnis

VORWORT 5

I DEUTSCHLAND KAPITULIERT (1933) 15

Hitler wird Reichskanzler 16
SA-Terror in Breslau 18
Eine Nacht im Gestapokeller 23
Die neue Justiz 37
»Rassenschande« 47

II DER NOVEMBER-POGROM (1938) 49

Im Hause eines Kölner Arztes 50
Die Verhaftung 55
»Schutzhaft« im KZ 63
Der Kampf der Frauen 69
Ein Kind schreibt aus Wien 77

III POLEN UNTERM HAKENKREUZ (1939–1942) 83

»Die Deutschen kommen!« 84
Die »Neue Ordnung« 88
Zwei Jahre im Warschauer Ghetto 91
Der jüdische Friedhof 107
Auf der »arischen« Seite 113

IV EXEKUTIONEN IM OSTEN (1941–1943) 121

Unter deutscher Besatzung 122
»Volkszählung« in Uman 126
Jetzt klappt der Laden 130
Freudigster Arbeitseinsatz 133
Ich habe mitgeschossen 137
Es ist nicht zu begreifen 141
Bei den Partisanen 145
Verbesserungsvorschläge 151

V DIE »AUSSIEDLUNG« (1942) 157

Das Ghetto wird geräumt 158
Eine Welt versinkt 176

Im Waggon 185
Die Reise nach Treblinka 192
»Aktion« in der Provinz 201

VI DEPORTATIONEN IM WESTEN (1940–1944) 205

Flucht aus Holland 206
Die Sterne 217
Richtlinien 220
Wir werden abgeholt 222
Razzia in Amsterdam 224
Die Nacht vor dem Transport 230
Betrifft: Judentransporte 240

VII AUSCHWITZ (1942–1944) 249

Rauch über Birkenau 250
Die Todesfabrik 256
Auf einem fremden Planeten 262
Dantes Inferno – eine Komödie 268
Ich erkläre an Eides Statt 274
Auf dem Fußballplatz 278
Gespräch mit einem Toten 282
Wer hat es gewußt? 285

VIII DEUTSCHLAND WIRD »JUDENREIN« (1941–1943) 289

Die innere Front 290
Nach Riga abgeschoben 302
Illegal in Berlin 311
Die »Fabrik-Aktion« 319
Das Ende einer Gemeinde 323
Ein günstiges Angebot 328

IX DER AUFSTAND GEGEN DEN TOD (1943) 331

Kurier für den Widerstand 332
In Würde sterben 342
Flucht aus dem Feuer 352
Revolte im »Sonderkommando 1005« 365

X DAS ENDE (1944–1945) 377

Noch immer Richtung Auschwitz 378
Die Alliierten kommen 383
Im Massengrab 387

Der letzte Marsch 398
Von Lager zu Lager 407
Belsen im April 413
Vier kamen durch 420
Am Beispiel Dresdens 423

ANHANG 429

Danksagung 430
Die Zeugen 431
Erläuterungen 434
Zu den Quellen 439
Quellenregister 440
Verzeichnis der Abbildungen 444